촘스키 이펙트

촘스키 이펙트
위대한 석학에서 친숙한 대중 지식인까지

지은이 | 로버트 F. 바스키
옮긴이 | 이종인
펴낸이 | 김성실
편집기획 | 박남주 · 천경호 · 조성우 · 손성실
마케팅 | 이준경 · 이용석 · 김남숙 · 이유진
편집디자인 | 하람 커뮤니케이션(02-322-5405)
인쇄 | 미르인쇄
제본 | 광성문화사
펴낸곳 | 시대의창
출판등록 | 제10-1756호(1999. 5. 11)

초판 1쇄 인쇄 | 2009년 8월 28일
초판 1쇄 발행 | 2009년 9월 04일

주소 | 121-816 서울시 마포구 동교동 113-81 (4층)
전화 | 편집부 (02) 335-6125, 영업부 (02) 335-6121
팩스 | (02) 325-5607
블로그 | sidaebooks.net
이메일 | sidaebooks@daum.net

ISBN 978-89-5940-147-5 (93300)
책값은 뒤표지에 있습니다

ⓒ 시대의창, 2009, Printed in Korea.

• 잘못된 책은 바꾸어 드립니다.

THE CHOMSKY EFFECT: A Radical Working Beyond the Ivory Tower
by Robert F. Barsky
Copyright ⓒ 2007 Massachusetts Institute of Technology
All rights reserved.
This Korean edition was published by Window of Times Publishing Co. in 2009 by arrangement with The MIT Press through KCC(Korea Copyright Center Inc.), Seoul.

이 책은 (주)한국저작권센터(KCC)를 통한 저작권자와의 독점계약으로 시대의창에서 출간되었습니다. 저작권법에 의해 한국 내에서 보호를 받는 저작물이므로 무단전재와 복제를 금합니다.

위대한 석학에서 친숙한 대중 지식인까지
노엄 촘스키의 영향력

The Chomsky Effect

로버트 F. 바스키 지음
이종인 옮김

시대의창

나를 키워주신 부모님 팻트와 시드에게, 지혜와 유머를 빌려준 내 아이들 벤과 트리스탄에게, 그리고 언제나 옆에서 지켜주는 아내 마샤에게 이 책을 바친다.

대중은 위험하다. 만약 그들이 중요한 문제들에 직접 참여하게 된다면 그들은 부유한 특권층에게 피해를 줄 정도로 권력의 분포를 바꾸어 놓을 수 있다.

―노엄 촘스키

나는 때때로 일반 대중들 앞에서는 안 그런 척했지만 실은 대중문화로부터 그리 멀리 떨어져 있는 사람이 아닙니다.

―노엄 촘스키

친애하는 밥,
당신의 친구는 내게 30년 전을 생각나게 하는군요. 그때는 우리 아이들이 아직 어릴 때인데 한 아이가 내 방에 들어와 내가 작업하는 책들을 물끄러미 쳐다봤어요. 고문, 인종학살 등의 제목이 적힌 책들이었지요. 그러더니 그 아이가 이렇게 말하는 거였어요. 왜 아빠가 때때로 슬프게 보이는지 이제 알겠어요.

―노엄 촘스키(저자와의 개인편지, 2001년 10월 3일)

THE CHOMSKY EFFECT

노엄 촘스키와 그의 개 프레더키트의 모험

www.PostmodernHaircut.com

The Adventures of...
NOAM CHOMSKY
... and his dog Predicate!
by 제프리 웨스턴

아직도 타자기를 사용하고 있어요? 자, 노엄. 21세기 방식으로 살아봐요.

난 타자기를 좋아해. 상당히 시적이잖아.

자, 여기 당신에게 멋진 노트북 컴퓨터를 갖고 왔어요.

네가 어떻게 나에게 노트북을 사줄 수 있지? 넌 개잖아.

난 아주 설득력이 강해요.

이것으로 인터넷 접속도 가능해요. 그러니 '블로그'를 할 수도 있죠.

블로그가 내게 무슨 필요지?

블로그를 하면 사람들에게 당신 일상생활의 소소한 점을 널리 알릴 수 있어요.

난 사람들이 내 일상생활을 아는 걸 원하지 않아.

뭐라고요? 트랜스포머 팬들을 위해 소설 쓰는 것도요?

쉿, 그건 비밀이야. 아무도 내 비밀을 알아선 안 돼.

인터넷의 비밀이 드러나다!

노엄 촘스키가 트랜스포머를 만나다
노엄 촘스키 지음

제1장 자동로봇의 전쟁범죄

사이버트론까지는 긴 여행이었다. 옵티머스 프리모가 나를 만나기로 되어 있었는데, 그의 크고 거대한 신체가 사이버트론을······

* 프레더키트predicate는 단정적으로 말하는 자를 의미한다.

CONTENTS

들어가는 글 _ 12

PART 01 | 체제에 대한 저항

CHAPTER 01 _ 상아탑 안팎에서의 촘스키 이펙트 _ 31
　　　록음악에 영감을 준 촘스키 _ 45 | 반체제 영화의 주인공 _ 72 | 학계에서의 인기 _ 82

CHAPTER 02 _ 촘스키 이펙트에 대한 저항 그리고 비방 _ 99
　　　학문적 동료들 _ 101 | 비방의 말 퍼트리기 _ 105 | 촘스키 깎아내리기 _ 109 |
　　　프랑스 지식인의 저항 _ 123 | 표면화한 증오 _ 131 | 포리송 사건 _ 141 |
　　　표현 자유의 권리에 대한 몇 가지 기본적인 논평 _ 147 |
　　　프랑스 지식인 사회에 대한 촘스키의 생각 _ 153 |
　　　'포리송은 일종의 몰정치적 자유주의자' _ 155 |
　　　촘스키의 답변을 게재하지 않은 프랑스 언론 _ 163 | 미디어를 넘어서 _ 165 |
　　　폴포트 사건 _ 170

CHAPTER 03 _ 촘스키 사상의 선구자들:
　　　　　　　아나키스트, 데카르트 학파, 자유주의자, 급진 좌파 _ 193
　　　스코틀랜드 계몽사상 _ 199 | 상식과 공동선 _ 202 | 미국의 고전자유주의 _ 203 |
　　　데카르트 학파 사상가들 _ 205 | 빌헬름 폰 훔볼트와 '국가행동의 제한' _ 210 |
　　　자기 혼자 있을 수 있는 권리 _ 213 | 자유와 가능성의 씨앗을 키우기 _ 218 |
　　　테러와 보안 그리고 과도한 국가 조치 _ 219 | 사랑과 신앙 그리고 이성 _ 221 |

THE CHOMSKY EFFECT

루돌프 로커, '아나키스트 랍비' _ 224 | 언어와 그 이전에 존재하는 지식 _ 229 |
자유주의 _ 231 | 아나키즘 _ 235 | 인공지능과 행동주의 이론 _ 237 |
왜 마르크시즘이 아닌가 _ 240 | 젤리그 해리스 _ 243 | 젤리그 해리스의 영향 _ 257

PART 02 _ 구체적인 문제들

CHAPTER 04 _ 정의로운 효과:
법률, 윤리, 인권에 대한 촘스키의 생각 _ 273

합리적 과거에 호소함으로써 위선에 맞서기 _ 280 | 권위에 대한 미국식 저항 _ 286 |
법률의 합리적 권위와 도덕적 권위 _ 298 | 자연법과 실정법 _ 304 |
법치와 법률의 예외 _ 308 | 자유와 책임 _ 312

CHAPTER 05 _ 효과적인 교육: 촉매 역할과 석좌교수 _ 325

촉매 역할을 하는 교육 _ 326 | 권위에 저항하는 교육 _ 329 | 사회변화의 산파 _ 334 |
사상 전파의 방법론 _ 340 | 교육자 촘스키 _ 342 | 복종의 연구 _ 345 |
교육과 직장 _ 354 | 서머힐 _ 359 | 교육과학: 마인드 프로젝트 _ 361

CHAPTER 06 _ 촘스키 이펙트 방해하기:
미디어, 프로파간다, 포스트모던 언어연구 _ 371

촘스키와 컴퓨터 과학 _ 377 | 미디어와 프로파간다 _ 379 |

THE CHOMSKY EFFECT

언어연구에서 포스트모던 언어연구로 _ 389 | 포스트모던 어프로치에 대한 저항 _ 401 |
소칼의 사기극과 포스트모더니티 _ 404 | 언어연구와 아나키 _ 422

CHAPTER **07** _ 문학, 유머, 창조적 담론의 효과 _ 437

언어의 '창조적' 사용 _ 439 | 깊이 있는 설명의 원칙 _ 455 |
받아들일 수 있는 담론 _ 458 | 문학적 영감을 주는 촘스키 _ 460 |
진짜 오프 브로드웨이 연극 _ 464 | 노엄 촘스키의 데이비드 레터맨식 유머 _ 468 |
유토피아와 웃음 _ 475

CHAPTER **08** _ 효과적인 '대중' 지식인 _ 489

분간과 '문화비평' _ 491 | 행동을 위한 동기 _ 495 | 새로운 만다린 _ 500 |
실제 현실 _ 502 | 정신적 구명부대 _ 509 | 현대의 관심사 _ 511 |
시무어 멜만 어프로치 _ 516 | 급진적 지식인으로서 발언하기 _ 518 |
세계에서 가장 중요한 대중 지식인 _ 521

옮긴이의 글 _ 530
참고문헌 _ 536
찾아보기 _ 552
부록 _ 571

| 일러두기

1. 단행본·정기간행물에는 겹꺾쇠(《 》)를, 논문·음악 앨범·TV 프로그램·미술작품·영화·공연에는 꺾쇠(〈 〉)를, 단행본의 한 장·신문기사·노래제목에는 따옴표(' ')를 사용했습니다.
2. 원문의 이탤릭체는 고딕체로 표기했습니다.
3. 본문 ( ) 안의 내용은 지은이의 설명입니다. 옮긴이의 설명은 괄호 안에 '_옮긴이'라고 표시했습니다.

THE CHOMSKY EFFECT
들어가는 글

노엄 촘스키는 우리 시대에 가장 널리 알려진 이름 중 하나고, 2005년에 실시된 한 투표에서 현대의 가장 중요한 지식인으로 선정되었다. 영국의 월간지인 《프로스펙트Prospect》와 워싱턴에서 발간되는 잡지인 《포린 폴리시Foreign Policy》가 공동으로 실시한 여론조사에서 2만 표 중 4827표를 얻어 오늘날의 가장 중요한 대중(상아탑 밖에서 적극적으로 활동하며 발언하는) 지식인으로 꼽혔던 것이다.[1]

이러한 결과는 그리 놀라운 것도 아니다. 그의 언어학 이론과 인간정신 이론은 50년 이상 지성계를 사로잡아왔다. 특히 통사구조에 대한 그의 초기 저작과 언어에 대한 데카르트적 접근은 많은 비평가들의 찬사를 불러일으켰다. 베트남 전쟁에 대한 반전운동, 미국 외교정책에 대한 지속적인 비판, 중동과 중앙아메리카에 대한 분석, 오랜 세월에 걸친 국내외에서의 시민운동, 현대 미디어의 행태에 대한 분석(때때로 에드워드 S. 허만과 공동저작) 등을 통해 전 세계적으로 정치적 비판가들의 중심인물로 부상했다. 비판가들은 촘스키로부터 유익한 분석자료를 얻고, 압제정권에 효율적으로 항거하는 방법론을 배웠다.

그는 억압받는 사람들에게 햇불 같은 존재였으며, 2006년 9월 20일 텔레비전으로 중계된 유엔총회 연설을 통해 세상의 많은 사람들이 알게 됐듯이, 베네수엘라의 우고 차베스 같은 대통령에게 영감을 주었다. 차베스는 세계 각국의 대표들에게 촘스키의 저서 《패권인가 생존인가 Hegemony or Survival》를 읽어보라고 권했던 것이다.[2]

촘스키는 '스탈린주의적인' 정치가들, '인민위원 같은' 학자들, 탐욕스러운 관리계급들, 허세 부리는 진보주의자들, '과학적인' 마르크스주의자들, 과대망상에 빠진 사회과학자들, 권위주의적인 교육자들, 앞잡이 언론인들, 광신적인 스포츠팬들을 줄기차게 공격해왔다. 이 때문에 촘스키의 방법론을 비하하고, 경고하고, 비판하고, 무시하려고 엄청나게 애를 쓰는 많은 적수들이 생겨났다.

상황이 이렇지만 여든이 넘은 그는 여전히 정력적이고 겁 없고 용감하게 꿋꿋이 자신의 입장을 견지하고 있다. 세월이 흘러가면서 새로운 경험과 낙관론, 의협심(불의에 대한 혐오감)이 깊어진 촘스키는 더욱 더 정력적으로 비판의 목소리를 높이고 있다. 그 때문에 록그룹 U2의 보노는 그를 가리켜 "쉼 없는 반항자 rebel without a pause"라고 불렀다.

그 결과 거의 모든 사람이 노엄 촘스키에 대하여 호감이든 반감이든 강렬한 인상을 갖게 되었다. 국가적·사회적·제도적 경계를 가로질러 촘스키가 사람들에게 끼친 효과는 하나의 흥미로운 현상이 되었고, 지식인이 상아탑 바깥에서 적극적인 활동을 벌일 때 어떤 성취를 이룰 수 있는지 보여주는 놀라운 증거가 되었다.

그가 미국의 일반 대중으로부터 소외되어 있는 한 분야는 관중 동원 스포츠인데, 이 한 가지 사례는 촘스키 효과의 복잡성을 잘 보여주고 있다. 관중 동원 스포츠와 관련해서 생각해 보면 노엄 촘스키는 인기 높은 시트콤 〈프레이지어 Frasier〉에 나오는 나일 부부와 비슷하다. 그는 의도적으로 대중 스포츠와 자신 사이에 담을 쌓고 있다. 이것은 사회 각계각층의 많은 사람들에게 부정적인 효과를 끼쳤다. 이것은 미국 사회에서 스포츠가 얼마나 중요한지 보여주는 방증이면서, 일반적인 원칙을 적용할 때 전반적인 목적 성취에 역효과가 나는 중요한 사례다.

촘스키가 볼 때, 스포츠의 사회적 역할은 '조 식스 팩 Joe Six Pack(여섯

병들이 맥주팩을 옆에 놓고 텔레비전으로 스포츠 중계를 보는 사람_옮긴이)'의 주의력 분산을 겨냥한 오락일 뿐 가족, 공동체, 친구들 사이의 사교 등에는 전혀 도움이 안 된다. 가령 〈여론조작Manufacturing Consent〉이라는 영화에서 촘스키는 대중문화가 여러 가지 방법으로 사람들의 주의력을 분산시킨다고 말했다. 그러니까 "중요한 문제들"로부터 관심을 돌려서 "생각하는 능력을 빼앗으려는" 많은 방법이 있다는 것이다. 이러한 관점에서 볼 때, 스포츠는 "세뇌 시스템의 한 사례" 혹은 "사소한 것에 신경 쓰게 만드는 장치"라는 것이다. 사람들이 자신의 생활에서 정말 중요한 것에 대하여 진지하게 걱정함으로써 뭔가 대책을 강구하기 위해 나서는 것을 막으려는 장치라는 것이다. 이 영화의 한 장면에서 촘스키는 이렇게 말한다.

지금 생각해 보니 저는 고등학교 때 이미 노숙했던 것 같습니다. 어느 날 이렇게 자문했어요. '우리 학교 팀이 풋볼에서 이기든 말든 나하고 무슨 상관이야?(웃음) 팀에 들어 있는 애들을 나는 하나도 모르잖아(청중들은 웃음을 터트린다). 걔들하고 나하고는 아무 상관도 없어. 그런데 왜 내가 우리 학교 팀을 위해 응원해야 하지? 그건 아무 의미도 없잖아.'

하지만 정작 중요한 사항은 이게 의미가 있다는 겁니다. 그건 권위에 무조건 복종한다는 비합리적인 태도, 지도자 뒤에 무조건 줄을 서는 태도를 양성하는 겁니다. 다시 말해 비합리적이고 호전적인 애국주의를 주입한다는 겁니다. 이건 경쟁 스포츠의 특징이기도 합니다. 이 문제를 자세히 살펴보면 거기에 어떤 전형적인 기능이 있음을 알게 됩니다. 바로 이 때문에 스포츠에 많은 지원을 하고, 그 기반을 만들어주려 하고, 또 광고주들이 기꺼이 광고를 주는 것입니다.[3]

촘스키가 끼친 부정적 '효과' 중에서 스포츠 비판은 촘스키 비판자들이 내놓는 반대 리스트의 첫 번째 혹은 두 번째를 차지할 것이다.

두 번째라고 하면, 이스라엘에 대한 비판적인 태도, 미국에 대한 비애국적인 태도 등이 될 것이다. 하지만 이 짧은 인용문을 면밀히 살펴보면 촘스키의 기본적인 태도를 알 수 있고 그로 인해 그를 존경하게 된다. 그는 자의적인 권위와 그에 대한 복종을 증오한다. 비합리적인 신념과 복잡한 문제에 대한 호전적 애국주의를 싫어한다. 미국의 기업계가 이익을 올리기 위해 보통사람들의 일상생활을 폭압적으로 비집고 들어오는 방식을 낱낱이 파헤친다.

촘스키는 스포츠가 부자 간의 세대 차이를 극복해주고, NCAS 토너먼트 경기가 미국의 공동체와 개인들이 집에서 많이 유리되어 있음을 보여주고, 글이라고는 평생 관심 없던 아이가 창조적이고 유머러스한 기자들이 쓴 스포츠 기사를 탐독하게 만든다는 사실에 대해서는 유의하지 않는다. 오히려 촘스키는 권위에 대한 무조건적 복종과 민족주의 혹은 애국주의가 가져올 수도 있는 광기에 대하여 주목한다. 이것이 한 가지 측면이다.

또 다른 측면은 인용문에 나타나는 순수한 유머감각이다. 청중들의 폭소가 이것을 증명한다(하지만 관중들은 그렇게 웃음을 터트린 후 격렬한 찬반 토론을 벌인다. 그런 발언을 자신에 대한 모욕으로 느끼는 청중도 있으니까). 이러한 유머는 촘스키로 하여금 주제를 더욱 명확하게 제시하게 해주고 그것을 바탕으로 하여 더 깊은 메시지로 나아가게 해준다.

그런데 정말 중요한 점은, 이런 무의미한 공동체에 비합리적인 충성심을 바친다는 것은 권력에 대한 복종, 혹은 배타주의에 대한 몰입 등을 훈련시킨다는 것입니다. 스포츠 관중은 일종의 검투사를 보고 있는 겁니다. 자신이 할 수 없는 일을 하는 사람을 쳐다보는 것이지요. 가령 당신은 장대높이뛰기도 못하고 운동선수들이 보여주는 여러 가지 어려운 기술도 하지 못합니다. 하지만 그것은 당신이 따라하려고 애써야 하는 모델이 됩니다. 그들은 당신의 대의를 위해 싸우는 검투사고 당신은 그들을 응원해야 합니다. 상대방 팀의 쿼터백이 심한 부상을 당하여 경기장 밖으로 실려 나갈 때 당신은 행복함을 느껴야 합니다. 이런 것들은 인간 심리 중 극단적으로 반사회적인 측면을 키워줍니다. 아무튼 그런 측면이 있습니다. 관중 동원 스포츠는 그런 측면을 강조하고, 과장하고, 또 유도하는 겁니다. 이것은 비합리적인 경쟁, 권력제도에 대한 비합리적인 충성심, 아주 끔찍스러운 가치에 대한 수동적 묵종, 바로 그것입니다. 이 스포츠처럼 권위주의적인 태도에 열렬히 봉사하는 행사는 아마 따로 없을 겁니다. 게다가 스포츠는 사람들의 관심을 많이 빼앗아가기 때문에 사람들은 다른 중요한 것들에 대하여 관심을 쏟지 못하게 됩니다.[4]

그는 사람들이 프로 스포츠에 열광하는 태도에서 또 다른 측면을 간파한다. 관중들은 엄청난 창조성, 지능, 집중력을 발휘하면서 스포츠를 평가한다는 것이다. 그래서 라디오 방송국이나 중계차에 직접 전화를 걸어 코치 혹은 '권위자'들이 내린 잘못된 결정에 대해 비판한다는 것이다. 이 점을 촘스키는 이렇게 지적한다.

나는 차를 몰고 갈 때 라디오의 대담 프로를 즐겨 듣습니다. 스포츠에 관한 대담 프로를 들어보면 정말 놀랍지요. 스포츠 기자와 전문가가 패널로 나오고 일반 청취자들이 전화를 걸어와 패널과 대담을 하는 형식입니다. 무엇보다도 라디오 청취자들이 스포츠에 엄청난 시간을 투자하는 것 같더군요. 더 놀라운 점은 전화를 걸어온 청취자가 엄청난 양의 전문지식을 갖고 있다는 겁니다. 각종 스포츠 기록에 대하여 소상한 지식을 갖고 있었고 아주 복잡한 주제에도 거뜬하게 토론한다는 겁니다. 게다가 그들은 전문가들을 그리 두려워하는 것 같지도 않았습니다. 이런 일은 좀 이례적이거든요. 사회의 다른 분야에서는 전문가라고 하면 일단 인정해주고 들어갑니다. 실제로 우리는 필요 이상으로 전문가를 평가해주고 있지요. 하지만 스포츠 분야에서 사람들은 그렇게 하는 것 같지 않았습니다. 그들은 보스턴 켈틱스 팀의 감독과도 활발하게 대화를 나누면서 지난 번 경기에서 그 감독이 취하지 않은 조치에 대하여 이의를 제기하고는 논쟁을 벌였습니다. 따라서 스포츠 분야에서 사람들은 꽤 자신감이 있는 듯했고 아는 것도 많았습니다. 또 그런 논쟁을 하기 위해 상당히 생각도 많이 하는 것 같았습니다.[5]

사람들이 정치가들을 상대로 이렇게 해준다면 얼마나 좋겠냐고 촘스키는 생각한다. '최고 사령관'이 사람들을 상대로 거짓말을 할 때 분연히 일어서서 그 점을 지적하고 또 '지도자들'이 추진하는 정책이 실패작이 틀림없다고 그들에게 전화를 걸어서 항의해준다면 얼마나 좋겠냐는 것이다. 어떤 사람들은 촘스키가 일관된 가치를 추구하는 데 칭송을 보내지만 어떤 사람들은 많은 국민들이 사랑하는 스포츠를 그처럼 거만하게 무시하는 태도를 용납하지 못한다. 그리고 이 두 그룹은 결코 만나는 법이 없다.

촘스키의 논증에 대해 이처럼 다양한 반응이 나오는 것에 나는 신경을 쓰지 않을 수가 없다. 왜냐하면 그런 다양한 반응들이 이른바 '노엄 촘스키 어프로치(접근방법)'에 기여한다고 보기 때문이다. 이 어프로치와 그것이 가져오는 효과는, 노엄 촘스키 개인을 이해하려는 사람에게도 중요할 뿐 아니라 '좋은 사회'로의 발전을 가로막는 현재의 조직적 불평등을 제거하려는 사람에게도 도움이 된다.

노엄 촘스키를 비롯해 여러 사람들이 상아탑 바깥에서 윤리적이고 책임 있는 행동을 주장하는 것은 보람 있는 일이다. 하지만 그렇다고 해서 긍정적인 변화가 오로지 노엄 촘스키를 비롯한 그 사람들의 공로에 의한 것이라고 보아서는 안 된다. 누군가가 이런 시각을 갖고 있다면 그건 우려스러운 일이다. 왜냐하면 그건 개인숭배의 컬트 혹은 고정관념의 도그마에 대한 집착 등을 의미할 수도 있기 때문이다.

사회를 바꾸려면 먼저 그 사회에 대한 태도를 바꾸어야 한다. 개인과 결사結社의 이익을 추구하는 방향으로 합리적이면서도 타당한 의사결정을 추진해야 한다. 촘스키는 이런 역할을 수행하는 데 크게 기여한다. 먼저 어떤 특정 사건들에 대하여 날카롭게 분석하고, 이어 자신의 활동에 대한 일관된 태도, 중요한 문제들에 대한 합리적 접근방법, 자신의 방법에 관한 확신 등으로 많은 사람들에게 모범을 제시하는 것이다.

이런 관점에서 보자면 노엄 촘스키는 어떤 사람들에게 구루guru 혹은 이념 선동가로 보일지도 모른다. 하지만 그는 이런 이미지를 단호히 거부한다. 오히려 사회를 개선시킬 수 있는 사업에 더 많은 에너지와 지원이 투입되도록 하는 데 깊은 관심을 갖고 있다. 하지만 그가 이런 촉매제 역할(사람들에게 정말 중요한 일들에 대한 관심을 환기시켜 '위험한' 사람이 되도록 유도하는 것)에만 그쳤더라면 그의 역할은 한결 수행하기가 쉬웠으리라. 반체제인사들은 으레 현재의 권력상태를 유지하기 바라는 권력기관이나 힘 있는 이익단체에 맞서야 한다. 그렇게 하자면 반체제인사는 믿을 만한 근거나 '이의제기 불가능한 객관적' 사실, 설득력 있는 논리 등을 갖추어야만 세상의 공동이익과 자기 자신의 이익을 추진하려는 사람들을 도와줄 수 있다.

그러자면 정부가 예산을 어떻게 집행하는지 소상하게 알고 있어야 한다. 연방 예산의 상당 부분을 국민 대다수의 생활 수준을 높여주는 사회 프로그램에 쓰지 않고, 군부나 펜타곤 비용으로 사용하는 이유를 알고 있어야 한다. 이것은 국민 개개인의 자기 이익을 위한 것이다. 이런 식으로 정치적 논의에 참여하는 것은 우리 개개인의 이익을 지키기 위한 것이다. 그것은 우리의 월급이 매달 어떻게 지출되는지 알고 있어야 하는 것과 마찬가지 이치다. 하지만 이런 개인의 이익은 파워 엘리트들의 이익과는 상충한다. 왜냐하면 정부 관리들은 기업 관리자들과 마찬가지로 아무런 문책도 당하지 않고 행동하기를 좋아하기 때문이다(여러 정부정책에 대하여 비밀유지의 망토를 둘러치고 있다는 사실이 이것을 증명한다). 따라서 정부의 일도 곧 개인의 일이라고 주장하며 그 일에 참여하려고 들면 거부와 경멸을 당하기 십상이다.

촘스키의 활동은 많은 반대세력을 만들었는데, 특히 자원이나 권력을 많이 갖고 있어서 잃을 것도 많은 자들 사이에서 촘스키에 대한 반대가 극심하다. 그들은 자신들의 권력을 침해할지도 모르는 사항들에 대해서는 아주 민감하게 반응하고, 그리하여 '자기이익 효과'를 스스로 창출한다. 바로 이 때문에 노엄 촘스키에 대하여 그처럼 다양한 반응이 나오는 것이다. 권력 스펙트럼에서 차지하고 있는 위치가 높을수록 반발의 강도는 세어진다. 촘스키의 저서(혹은 촘스키를 다룬 저서)에 대한 리뷰, 촘스키의 중요한 역할과 활동 그리고 영향력 등에 대한 논평, 각종 분야에 대한 촘스키의 기여도 평가 등에 있어서 권력을 가진 자일수록 부정적인 태도를 보이는 것이다.

이런 비판적 평가는 다양한 전선에서 드러나고 있는데, 특정 문제들에 이르러서는 더욱 노골적이다. 그래서 나는 이런 문제들을 아주 자세히 다루고자 한다. 가령 미국의 베트남전 참전, 이른바 '사회과학' 연구라는 미명 아래 이루어지는 허세, 홀로코스트를 부정한 로베르 포리송 사건, 서방의 동티모르 무시 경향, 미국이 주도하는 이스라엘의 군사 대국화 등이 그런 문제다.

간단히 말해서 이 책은 촘스키의 활동과 관련하여 가장 빈번하게 제기되는 문제들을 다루고 있다. 그가 많은 공을 들여 기여하고 있는 분야들, 가령 언어학, 미디어(언론), 교육, 법률, 정치 등에 대한 촘스키의 접근방법을 살펴보고 그에게 영향을 준 선배 학자들이나 사상가들을 알아본다. 그의 접근방법이 사회 안에서 수용되는 과정은 '노엄 촘스키 이펙트Noam Chomsky Effect'라는 제목으로 토론될 것이다. 이 효과는 그가 미친 긍정적인 영향과 부정적인 영향, 그리고 그에 대한 대중들의 높은 호감과 비호감 등을 동시에 아우를 것이다.

그래서 이 책의 CHAPTER 01에서는 촘스키의 대중적 호소력을 다룬다. 록음악, 영화, 연극 등 대중문화에서 촘스키의 페르소나가 어떻게 이용되고 있는지 살펴보고, 촘스키와 다른 학자, 사회사상가들 사이의 연계를 검토한다. CHAPTER 02에서는 다양한 견지에서 노엄 촘스키를 거부하는 세력을 다룬다. 여기에는 현대의 시온주의자들, 주류(메인스트림) 정치사상가들, 학자 공동체들(특히 언어학회) 등이 있다. 또 포리송 사건과 폴 포트 사건도 깊이 있게 다루고 있다.

CHAPTER 03에서는 촘스키의 활동에 영향을 준 개인이나 운동을 다룬다. 데카르트·훔볼트·몽테스키외·루소·볼테르 같은 '데카르트파' 사상가들, 흄이나 스미스 같은 스코틀랜드 계몽사상가들, 듀이·제퍼슨·매디슨·소로 같은 미국의 고전적 자유주의 사상가들, 그람시·코르시·룩셈베르크·매틱·판네코크 같은 반볼셰비키 마르크스주의자들, 바쿠닌·골드만·크로포트킨·로커 같은 아나키스트, 1930년대의 스페인 땅에서 빛을 보았던 아나키스트-신디칼리스트, 젤리그 해리스 와 버트란드 러셀 등이 등장한다. 나는 젤리그 해리스, 루돌프 로커, 빌 헬름 폰 훔볼트 등 현대 미국 문화에서 무시되는 경향이 있는 선구자들 을 좀더 비중 있게 다루었다. 왜냐하면 내가 보기에 촘스키의 개인적·지적 성장은 이런 인물들과 함께 놓고 볼 때 더욱 잘 이해되기 때문이다.

이 책의 후반부에서는 촘스키의 활동과 관련하여 종종 오해되는 구체적 분야들을 평가했다. CHAPTER 04는 촘스키 활동의 법률적 측면을 다룬다. 여기서 나는 윤리, 고전자유주의, 국제법, 인권, '좋은 사회'에서 의 법의 기능 등에 대한 촘스키의 사상을 다루어보았다. CHAPTER 05는 현대 사회에 있어서 교육의 역할과 좋은 사회를 만들기 위한 교육의 기능 등에 대한 촘스키의 사상을 다룬다. 이 장에서는 촘스키에게 영향을 준 교육이론과 그가 언급한 교육사상가들, 가령 미하일 바쿠닌, 존 듀이, 엠마 골드만, 빌헬름 폰 훔볼트, 버트란드 러셀 등을 다루고 인터넷 에서의 교육적 노력(Z네트 등)을 살펴본다. CHAPTER 06은 촘스키의 언어학 연구와 여러 언어학적 문제들을 다룬다. 그의 언어학 연구가 언어학 이외의 분야에서 활용되는 현황과 미디어 연구와 언어학 연구의 다양한 어프로치 등도 살펴본다.

CHAPTER 07은 창조적 담론을 다루고 있는데 주로 문학 분야에서의 담론을 다루고 있다. 이 담론은 어떤 지식, 주장과 어떻게 관련을 맺고 있으며 그것을 어떻게 거부하는지 등과 관련이 있다. 소설가 등 픽션작가들의 반항적 태도는 파티에 갑자기 나타나 참석자들이 무슨 소리인지 도 모르는 지식을 읊어대는 술꾼 타입으로 상징되는데, 이것은 자연히 유머의 역할을 성찰하게 만든다. 폭넓게 본다면 촘스키의 활동과 연설에도 많은 유머가 깃들어 있다. 마지막 CHAPTER 08은 과거의 혹은 현대의, '대중 상대 지식인'의 어프로치들을 살펴본다. 그렇게 하는 가운데 왜 촘스키가 이토록 많은 사람들에게 의미 있는 존재가 되었는지, 이후 세대에 그가 어떤 의미로 남을 것인지 등을 살펴본다.

이 책의 원고를 검토한 어떤 친지는 이 책의 여러 장들을 말하고 있는 서술자의 목소리(혹은 목소리들)에 대해서 반성해 보라는 얘기를 해주었다. 나는 이 문제와 관련하여 갈등을 느끼고 있음을 솔직히 시인하겠다. 이 책을 읽은 사람들은 내가 '촘스키의 어프로치'에 아주 동정적임을 발견하게 될 것이다. 하긴 이 책을 쓰는 데 10년이 걸렸는데 그런 동정심이 없었다면 10년씩이나 붙들고 있지 못했을 것이다. 반면에 이 책의 최종 교정쇄를 수정하고 나서는 이런 느낌도 들었다. 이 책의 원래 제목은 '백성들이 위험하다People are Dangerous'였는데, 이것은 이 책이 촘스키만을 다루고 있는 건 아님을 보여준다. 이 책《촘스키 이펙트》는 노엄 촘스키가 나와 다른 사람들에게 가르쳐준 교훈을 엄정하게 (때로는 비판적으로) 평가한 것이다.

이 책은 여러 분야에 파급효과를 일으키고 있는 '촘스키 이펙트'의 구체적 사례들을 기술한 것이다. 이처럼 촘스키가 추진한 사상들을 한 자리에 모아놓고 보니, 사람들이 노엄 촘스키를 통해 구축하게 된 각종 인간관계(사랑, 공포, 증오, 존경, 혐오, 소망 등)에 대한 성찰의 서書 같다는 느낌도 든다. 이런 이유 때문에 이 책에 단 하나의 '목소리'만 들어 있는 건 아닌 것 같다는 리뷰어의 지적을 정확하다고 생각하면서 감사하게 받아들인다. 이 책에는 각종 확신, 분석, 공격, 방어, 설명, 사상 등이 집적되어 있는 것이다.

특히나 노엄 촘스키와 이 책의 저자가 서로 만나 다양하게 분기해온 사상들이 그 자체로 독자들에게 다소나마 감동을 주고 나아가 아직 상상되지 않은 세계의 시공간을 오고가는 다양한 목소리들에게도 영향을 줄 수 있기를 바란다. 간단히 말해서 이 책은 하나의 대화 혹은 미하일 바흐친의 용어를 빌어 말하자면 '대화적' 텍스트다. 이 책은 다양한 발언의 장르를 검토함으로써 촘스키 사상체계의 배경을 설명하는 것에만 그치지 않고 거기서 한 걸음 더 나아가 그 사상이 각 분야에 미친 영향의 구체적 궤적을 살펴보고자 애썼다.

이 책은 주로 카를로스 오테로가 따라간 연구의 방향을 취했다. 그가 편집한 《비평적 평가: 노엄 촘스키 Critical Assessments: Noam Chomsky》《급진적 우선사항 Radical Priorities》《언어와 정치 Language and Politics》 등에 나오는 해설과 주석을 많이 활용했다. 폴 아브리치와 조지 우드콕의 아나키스트 연구서, AK 출판사와 블랙 로즈 출판사에서 나온 여러 훌륭한 저작들도 많이 참조했다. 촘스키의 친구 데이비드 바사미언, 마크 아크바, 피터 윈토닉(《여론조작 Manufacturing Consent》이라는 책을 영화로 만듦)의 촘스키 관련 저작으로부터 많은 도움을 얻었다. 프레드 다고스티노의 《촘스키의 사상체계 Chomsky's System of Ideas》, 밀란 레이의 《촘스키의 정치학 Chomsky's Politics》, 레이플 솔키의 《촘스키 업데이트: 언어와 정치 The Chomsky Update: Language and Politics》, 마이클 앨버트와 그 동료들이 꾸려가는 Z네트 Znet와 Z매거진 Z Magazine에 많은 신세를 졌다.

이 책의 원고가 준비되어가는 과정에서 많은 분들이 좋은 논평을 해주었다. 지금 이 순간 그분들의 이름을 일일이 호명한다는 것은 불가능하리라. 하지만 다음의 이름들은 거명하고 싶다. 샘 아브라모비치, 살렘 알리, 스티븐 앤더슨, 마르크 앙즈노, 매리언 애플, 질 브라셀, 칼 브라셀, 머레이 이든, 알랭 골드쉬라거, 존 골드스미스, 엘리자베스 하비, 데이비드 히프, 데니스 헬리, 헨리 히즈, 헨리 호니그스월드, 마이클 홀퀴스트, 러셀 재코비, 마틴 제이, 조지 조크노비치, 콘라드 코어너, 줄리아 크리스테바, 시무어 멜만, 브루스 네빈, 주브날 디지리기아, 크리스토퍼 노리스, 마크 패블릭, 미셸 피에르샹스, 래리 포티스, 마커스 래스킨, 니콜라스 루웨트, 티페인 사모요, 엘리스 스나이더, 조지 산토, 다코 수빈, 제프 테넌트, 클라이브 톰슨, 리사 트래비스 등. 미셸 반 셴델은 이 프로젝트에 귀중한 지원을 해주었고 알람 우스만은 이 책의 원고를 마지막으로 읽고서 최후의 교정의견을 제시해주었다.

나는 다음과 같은 조직들로부터도 많은 배움을 얻었다. 워싱턴 D.C.의 버티고 북스의 촘스키 독서 그룹, 캘리포니아의 팔로 알토 평화와 정의 센터, 콜로라도 주 볼더에서 데이비드 바사미언이 운영하는 공영 라디오 쇼 Z네트 등. 그리고 촘스키의 저서를 읽고 그 소감을 그들의 인터넷 블로그에 올린 인터넷 영웅들의 글도 재미있게 읽었다.

이 책의 집필과정에서 여러 기관들로부터 특별한 은고를 입었다. 가령 컬럼비아 대학, MIT, 펜실베이니아 대학, 웨스턴 온타리오 대학, 밴더빌트 대학, 예일 대학 등. 또 MIT 출판부의 직원들에게도 신세를 많이 졌는데 특히 캐롤린 앤더슨, 에이미 브랜드, 지타 마낙탈라, 샌드라 미키넨, 마니 스미스, 벤 윌리엄스, 톰 스톤 등이 그들이다. 캐나다의 사회과학 및 인문과학연구 협의회는 이 프로젝트를 위하여 자금을 지원해주었다. 촘스키와 그의 개 프레더키트를 그려준 제프리 웨스턴의 만화는 재미와 지혜의 원천이었다. 이 책을 위해 만화를 그려준 데 대하여 감사드린다.

나의 두 아들 트리스탄과 벤저민의 지원이 없었다면 이 모든 것이 아무 의미가 없었을 것이다. 두 아들은 창의력과 겁 없음을 발휘하여 '파격적' 발상을 해내가도록 영감을 주었다. 그리고 아내 마샤에게 감사드린다. 그녀의 마법은 이성을 넘어서고 그녀의 춤은 중력을 무시한다. 그녀 덕분에 나는 황홀하고 열정적이고 숭고한 평온을 늘 유지할 수 있었다.

로버트 F. 바스키 Robert F. Barsky

주

* 번역이 필요하지 않은 항목은 원서 그대로 실었습니다. 따라서 각 항목 사이에 표기형식이 약간 다를 수 있습니다._편집자

1   See www.prospect-magazine.co.uk/intellectuals/results (accessed 2/13/2007).

2   차베스의 연설은 다음과 같은 놀라운 찬사로 시작된다. "세계 정부들의 대표자 여러분, 모두 좋은 아침을 맞이하길 바랍니다. 먼저 나는 이 책을 읽어보지 않은 분들에게 이것을 읽어보라고 권합니다. 미국의 저명한 교수이면서 세계적인 지식인 노엄 촘스키의 책입니다. 이것은 그가 최근에 펴낸 책으로 제목은 《패권인가 생존인가》입니다. (책을 쳐들고 총회 앞에 그것을 흔들면서) 이것은 20세기 내내 세상에서 무슨 일이 벌어졌는지, 무슨 일이 현재 벌어지고 있는지, 그리고 어떤 커다란 위험이 지구를 위협하고 있는지 우리에게 알려주는 좋은 책입니다. 미 제국의 패권주의는 인류의 생존을 위태롭게 하고 있습니다. 우리는 당신에게 계속해서 이 위험을 경고했고 우리 머리 위에 칼처럼 걸려 있는 이 위험을 치워달라고 미국과 세계의 시민들에게 호소합니다. 나는 이 책을 직접 읽어줄까 생각했습니다. 그러나 시간을 감안하여 (두꺼운 페이지들을 넘겨 보이며) 읽어보라고 적극 추천하기로 했습니다. 쉽게 읽히는 좋은 책입니다. 마담(의장)은 이 책을 잘 알리라 생각합니다. 이 책은 영어, 러시아어, 아랍어, 독일어로 출간되었습니다. 이 책을 읽은 첫 번째 사람들은 미국에 사는 우리의 형제자매들일 거라고 생각합니다. 왜냐하면 이런 위험이 그들의 집앞까지 쳐들어와 있기 때문입니다." 다음에서 자료를 검색할 수 있다. http://www.newsmax.com/archives/articles/2006/9/20/123752.shtml (accessed 2/13/2007).

3   Cited at http://www.chomsky.info/interviews/1992-02.htm (accessed 2/13/2007).

4   *Understading Power: The Indispensable Chomsky*, ed. Peter R. Mitchel and John Schoeffel(New York: The New Press, 2002), p. 98.

5   Ibid., p. 98.

THE CHOMSKY EFFECT

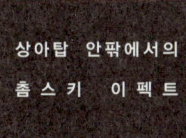
상아탑 안팎에서의
촘스키 이펙트

Dissent

PART
01

촘스키 이펙트에
대한 저항
그리고 비방

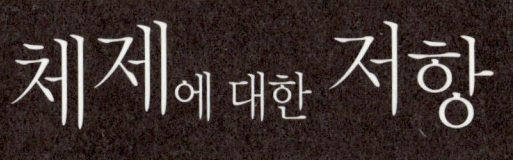
체제에 대한 저항

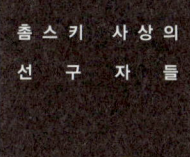
촘스키 사상의
선구자들

THE CHOMSKY EFFECT

CHAPTER
01

상아탑 안팎에서의 촘스키 이펙트
The Chomsky Effect Within and Beyond the Ivory Tower

패트리셔 스톰스, 〈나는 노엄에게 끌린다〉[1]

나는 스케치 기술을 좀더 유연하게 만들 필요가 있었다. 이러한 필요에 유념하면서 '나는 당신에게 끌린다'라는 카테고리를 만들어냈다. 나는 때때로 나를 매혹시키고, 흥미를 안겨주고, 영감을 주고, 간혹 혐오감을 안기는 인물들의 캐리캐처를 만들어왔다.

나는 늘 사람들의 얼굴에 마음이 끌렸다. 어릴 때는 사람들의 얼굴을 오래 쳐다보면서 그 직선과 곡선을 기억하려고 애썼다. 또 그들의 눈빛과 미소(그들이 잘 웃는 사람이라면)의 분위기를 파악하려고 했다. 대학에 들어가서 '사서司書 테크닉'을 배울 때, 강의실에 들어온 여학생들의 얼굴을 빤히 쳐다보았다(그 강좌의 수강생은 95퍼센트가 여성이었다). 강의에 들어온 여학생의 얼굴이 매력적이면 몰래 그림을 그렸다. 물론 강의가 아주 지겨운 탓도 있었다. 내가 여학생들을 그리 오래 쳐다보고 있어서 그런지 내가 레즈비언일지 모른다는 소문이 나돌았고 그게 내 귀에까지 들어왔다. 나한테 그런 명칭을 들이대다니 정말 이상하지만, 어쨌거나 그런 가십이 있었다는 얘기다.

내 그림을 보고 사람을 알아본다면, 나의 첫 번째 선택이 다름 아닌 노엄 촘스키였음을 알아볼 것이다. 이게 그의 얼굴을 제대로 그린 것이기를 바랄 뿐이다. 나는 그가 지금 이 순간 세계에서 활약하고 있는 가장 중요한 지성인이라고 생각한다. 그의 나른한 목소리는 좀 지겹긴 하지만……. 그가 집필한 저서는 나로서는, 아주 읽기가 빡빡하다. 그래도 계속 읽으려고 애쓴다. 혹시 당신이 전에 그를 만나본 경험이 없다면, 〈여론조작〉〈기업The Corporation〉, 가장 최근의 것인 〈노엄 촘스키: 쉼 없는 반항자Noam Chomsky: Rebel Without a Pause〉란 비디오를 볼 것을 강력 추천한다.

노엄 촘스키 선생님, 나는 당신에게 무척 끌려요. 하지만 사모님에게 걱정하실 필요 없다고 말해주세요.

상아탑 너머에서 활발하게 활동을 벌인 나머지 노엄 촘스키의 활동은 칭찬이든 비난이든, 중상이든 무시든, 오해든 검열이든 대중적 미디어의 표적이 되었다. 촘스키의 활동은 주로 현대 사회를 급진적으로 개조해야 한다는 데에 초점이 맞추어져 있다. 그래서 촘스키는 급격한 정치 활동을 추구했던 유수한 지식인들과 같은 반열에 들어가게 되었다. 이런 지식인들 중에는, 자신의 학문 분야에 지속적으로 기여하면서도 학원의 경계 너머에서 적극적으로 활동을 벌인 교수나 학자들도 있었다.

촘스키가 강한 유대감을 느끼는 인물을 들라면 젤리그 해리스Zellig Harris(언어학, 펜실베이니아 대학), 시무어 멜만Seymour Melman(공학, 컬럼비아 대학), 안톤 판네코크Anton Pannekoek(천문학, 암스테르담 대학), 버트란드 러셀Bertrand Russell(철학, 케임브리지 대학), 에드워드 사이드Edward Said(영문학, 컬럼비아 대학), 하워드 진Howard Zinn(역사학, 보스턴 대학) 등이 있다.

촘스키는 자신이 동료교수들과 같은 반열에 들어가는 것을 별로 즐기지 않다. 그래서 자신의 학문에 영향을 끼친 선배들을 들라고 하면 명시적으로든 묵시적으로든 미하일 바쿠닌Michael Bakunin과 루돌프 로커Rudolph Rocker 같은 아나키스트, 칼 코르쉬Karl Korsch나 로자 룩셈부르크Rosa Luxemburg 같은 반反볼셰비키 마르크스주의자들, 빌헬름 폰 훔볼트Wilhelm von Humboldt와 아담 스미스Adam Smith 같은 고전자유주의자들, '좋은 사회'의 이론을 제시하면서 현상에 불만을 터트리는 사람들(촘스키의 협력자들인 마이클 앨버트Michael Albert, 데이비드 바사미언David Barsamian, 에드워드 S. 허만Edward S. Herman, 카를로스 오테로Carlos Otero 등) 얘기를 많이 한다.

이스라엘과 팔레스타인에 관한 촘스키의 견해는 사회주의 국가의 건설이라는 이상론으로 소급된다. 이러한 이상론은 키부츠 아르치Kibbutz Artzi의 주창자들과 중동의 압박 받는 아랍인, 유대인, 팔레스타인인들 사이의 협력을 강조한 다양한 단체들이 주장했던 것이었다. 그런 단체로는 아부카Avukah, 하쇼머 하차이르Hashomer Hatzair, 아랍-유대인 협력동맹Arab-Jewish Cooperation 등이 있었다.[2] 이러한 사상들은 촘스키에게 커다란 영향을 주었다.

여기에는 그가 10대 시절에 큰 영향을 받았던 외삼촌의 공로도 있다. 그 외삼촌은 뉴욕시 72번가에서 신문가판대를 운영하면서 그곳을 일종의 문학과 정치토론장으로 만들었던 사람인데, 어린 촘스키에게 집중적이면서도 탁 트인 토론이 무엇인지를 가르쳐 주었다. 이 영향은 지대했고, 성년이 된 촘스키는 MIT 강연, 상아탑 너머의 단합대회, 강연회, 토론회 등에서 이런 토론방법을 사용했다. 언어학 연구방법에 대해 논평하면서 촘스키는 이런 말을 했다. "평생 동안 연구실에 혼자 앉아 과학적 연구를 할 수 있는 사람은 거의 없습니다. 대학원생들과 얘기를 나누고, 그들의 의견을 청취하고, 동료들과 의견을 교환하면서 상대가 다른 생각을 갖고 있음을 알게 됩니다. 그렇게 하는 가운데 아이디어가 생겨나는 겁니다. 또 자신의 생각을 어떻게 바꾸어야겠다고 감을 잡습니다. 정치생활이나 사회생활에서도 이것은 마찬가지라고 봅니다."[3]

촘스키는 1928년 필라델피아의 훌륭한 가문에서 태어났다. 아버지 윌리엄 촘스키는 1977년 《뉴욕타임스》 부고기사에서 이렇게 묘사되었다. "세계 최고의 히브리어 문법가들 중 한 사람". 어머니 엘시 촘스키는 남편과 함께 미크베 이스라엘 신자들의 종교학교에서 가르쳤다. 엘시는 비상한 머리의 소유자였고 시온주의, 히브리어, 유대인 문화 등에 대하여 아주 진지하면서도 비타협적인 태도를 견지했다.

노엄은 청년기에 아나키스트와 반볼셰비키 작가들의 글을 읽었고 1945년 펜실베이니아 대학에 들어가면서 훌륭한 사람들과 직접 만나 그들로부터 영향을 받았다. 그 중 대표적인 인물이 그 대학의 교수였던 젤리그 해리스였다. 해리스는 촘스키의 언어관과 정치관에 상당한 영향을 미쳤다. 내가 이 책의 집필과 곧 나올 젤리그 해리스 연구서를 위해 지난 몇 년 동안 접촉했던 사람들은, 하나 같이 이 놀라운 인물에게 신세를 많이 졌다고 대답했다.

이러한 사실로 미루어볼 때 촘스키를 제대로 이해하려면 청년기의 촘스키에게 영향을 미친 인물들과 현대 자본주의 사회의 복잡성과 모순을 극복하기 위해 촘스키가 읽었던 계몽주의 사상과 아나키즘 등의 역사적 저작을 세심하게 연구해볼 필요가 있다. 촘스키의 고유 사상 이외에 이러한 역사적 저작들을 살펴봐야만 '좋은 사회'에 대한 촘스키의 접근방식을 입체적으로 파악할 수 있다. 또 그러한 사상들이 현대라는 상황 속에서 어떻게 구체화되는지 살펴보려면 우리가 먼 길을 걸어가야 한다는 것도 알 수 있다.

그러나 촘스키는 이러한 이상적 목표가 당대에 달성될 수 있으리라고 보지 않았다. 그래도 그는 자신의 역사서들(여러 종류가 있다)에서 이런 바람직한 방향으로 구체적 진보가 이루어진 과거의 순간들을 지적했다. 가령 카탈로니아의 노동자 조합이 좋은 사례인데 이 조합은 프랑코의 파시스트 일당이 집권하면서 사라졌다. 이 조합이 사라진 것은 프랑코 자신의 노력에 의한 것도 있지만, 무자비한 현대 자본주의에 저항하는 인민운동과 자유결사를 분쇄하기 위해 나치, 소비에트, 영국, 미국 등이 저마다 일조했기 때문이다.

아무튼 촘스키는 여러 가지 이유로 사람들에게 인기가 높다. 하지만 그의 목표를 제대로 이해하고 있는 사람은 그리 많지 않다고 생각한다. 그의 목표는 20세기 초의 카탈로니아 노동조합처럼 현대사회를 과감하게 개조하자는 것이다. 이 때문에 촘스키는 다른 대중적 지식인들(이들에 대해서는 이 책의 끝부분에서 언급할 예정이다)과는 많이 다르다.

실제로 그의 초기 저작들 중 일부는 '새로운 만다린들new mandarins'을 통렬하게 비판하고 있다. 이 만다린들(지식인)은 정기적으로 권력 엘리트들에게 불려가 그들의 인기 없는 정책을 홍보하고 정당화해주는 역할을 떠맡는다. 일반 대중들이 너무 무식하고 아둔하여 '권력 엘리트들에게 좋은 것'이 곧 국가의 법률이 돼야 함을 이해하지 못하는데, 그걸 이해시키는 역할을 맡는 것이다. 촘스키는 이렇게 비판한다. "지식인계급은 그들에게 유리한 얘기를 잔뜩 퍼트리고 있는데, 이런 사실과는 다르게 그들(지식인)은 국내외 정부에 아주 순종적인 경향이 있다. 주로 자국 정부의 명령을 아주 잘 따른다. 하지만 자국 정부에 대한 복종은 하나의 규칙 비슷하게 되어 있기 때문에 외국 정부의 명령에 순종한 에피소드가 더 많이 주목받는다."[4]

많은 사람들은 촘스키의 정치적 견해가 아나키즘에 바탕을 두고 있다는 사실을 잘 모르기 때문에 그런 급진적 사상을 촘스키가 지지한다는 것을 알면 깜짝 놀란다. 왜냐하면 대부분의 사람들은 아나키즘 하면 폭력이나 혼돈과 같은 것, 실현 불가능하기 때문에 바람직하지 않은 이상론 정도로 여기기 때문이다. 촘스키는 지속적으로 반反자본주의적이고 친親협력주의적인 아나키즘을 옹호하면서 이 사상이 미국 내에서 많은 연계(특히 노동자계급과의 연계)를 갖고 있음을 지적해왔다.

자연발생적으로 벌어지는 아나키즘적인 항거는 중요하다. 왜냐하면 아나키즘, 인간의 실질적 욕구(자연스럽게 표현되는 욕구), 창조와 협력을 바라는 인간의 자연적 경향 등은 자연스럽게 어울리는 것이기 때문이다. 바로 이러한 어울림 때문에 그냥 내버려둔다면 아나키즘이 폭넓은 대중의 지지를 받을 것이라는 역사적 인식은 타당하다. 하지만 언론은 아나키즘이란 폭력적인 것, 통제 불가능한 것, 위협적인 것이라는 이미지를 대중의 마음속에 강하게 심어놓았다. 촘스키는 언론의 집요한 비방에도 불구하고 이런 아나키즘의 자연스러운 분출이 여러 번 있었다고 지적한다.

아나키즘과 폭력을 서로 연결시키는 데에는 몇 가지 역사적 이유가 있었다. 우선 아나키즘은 제도적 밑받침을 인정하지 않는다는 것과 많은 아나키즘 사상이 역사적 근거에서 나왔다는 사실을 대중들이 편리하게도 잊어버린다는 것을 들 수 있다. 그런 역사적 근거라면 고대 그리스에서의 자유로운 결사(이것은 루돌프 로커의 걸작 《민족주의와 문화Nationalism and Culture》에 서술되어 있다)와 보다 최근의 일로는 1930년대의 스페인 노동조합 등을 들 수 있다. 하지만 아나키즘의 테러리스트 측면이 더 강력하게 부각되어 일반 대중의 뇌리 속에 각인되어버렸다.

가령 1892년 3월부터 1894년 6월까지 프랑스에서 11건의 폭발사건이 일어나 9명이 살해되고 많은 사람이 부상당한 사건이 그것이다. 이 폭발 사건들은 아나키스트들의 소행이라고 여겨졌다. 그런데 미나 그라우어는 최근의 루돌프 로커 전기에서 이렇게 말하고 있다. "바로 그 사건을 계기로 하여 손에 단도를 들고, 호주머니에는 폭탄이 든 사악한 아나키스트의 이미지가 대중의 뇌리에 깊이 각인되었다. 언론과 경찰은 이런 이미지를 강화하기 위하여 최선을 다했고 '엄청난 국제 아나키스트 음모'를 떠들어대며 대중에게 겁을 주었다."[5] 세계 여러 나라에서 다양한 시대에 걸쳐 이와 유사한 사례들이 많이 발생했다. 하지만 촘스키가 제안하는 아나키즘은 이런 것들과는 거리가 멀다. 촘스키는 루돌프 로커 같은 다양한 아나키스트들로부터 영향을 받았는데 이들의 각종 정치경제사상은 그 누구보다도 촘스키의 것과 가깝다.

촘스키의 아나키즘이 사람들을 당황하게 만드는 요인이라면 그의 유대인 유산과 반反이스라엘 견해는 많은 사람들에게 당황이 아니라 경악의 요인이다. 다시 한 번 말하지만 촘스키의 이스라엘과 팔레스타인에 대한 견해는 이상주의적인 역사적 저작들로 소급된다. 그 중에서도 키부츠 아르치(하쇼머 하차이르 청년운동이 주도한 키부츠주의 연맹)의 주창자들이 팔레스타인에 세우겠다고 한 비종교적·사회주의적 국가가 대표적이다.[6] 또 많은 개인과 단체들이 중동과 기타 지역에서 억압 받는 사람들(아랍인, 유대인, 팔레스타인인) 사이의 협력 강화를 주장했다.

독자들은 이런 운동에 가담했던 사람들을 잘 모를 것이다. 이런 사상을 갖고 있으면서도 반유대주의라고 비방 받지 않은 사람을 한 명 들라면 거의 신성한 존재라고 할 수 있는 앨버트 아인슈타인을 들 수 있을 것이다. 아인슈타인이 팔레스타인에 유대인을 포함하여 압박받는 다양한 인종들을 모두 수용하는 공동체를 세우자고 주장했던 사실은 거의 언급되지 않는다. 그는 이러한 내용을 담은 1921년부터 1933년까지의 네 개의 연설들을 담아 《나의 세계관Mein Weltbild》[7]이라는 책을 펴냈는데, 유대인과 시온주의를 다룬 이 책만으로도 이미 독일에 머무는 것이 어렵게 되었다. 이미 앞(이스라엘 군대가 아랍지역을 점령하는 것)을 내다본 사람인 양 아인슈타인은 이렇게 경고했다.

> 우리는 아랍과의 관계에 크게 신경을 써야 합니다. 이런 좋은 관계를 유지함으로써 위험스러운 긴장관계가 조성되는 것을 미리 막을 수 있습니다. 안 그러면 사람들은 그 긴장관계를 이용하여 전쟁을 일으키려 할 것입니다. 이러한 평화적 목표는 우리의 힘이 미치는 범위 안에 있습니다. 왜냐하면 우리의 건설사업은 아랍주민들의 이익에도 봉사하는 방향으로 수행되어왔기 때문입니다. 이렇게 해나간다면 우리는 유대인이나 아랍인 모두에게 불쾌한 외부 강대국의 개입이라는 전망을 피할 수 있습니다. 우리는 신성의 명령만을 따라가는 것이 아니라 유대인 공동체에 안정과 의미를 제공했던 전통 또한 따라가게 되는 겁니다. 따라서 우리의 공동체는 정치적인 어떤 것이 되어서는 안 됩니다. 이렇게 해야만 새로운 힘을 계속 조달할 수 있고, 그 공동체의 존속이 정당화될 수 있을 것입니다.[8]

촘스키의 아나키즘이 역사적 원천에서 나온 사상과 원칙들(3장에서 자세히 설명할 것이다)에 바탕을 두고 있듯이, 시온주의에 대한 촘스키의 입장도 역사적 근거를 갖고 있다. 이 문제에 있어서도 촘스키는 로커와 아주 비슷한 입장이다. 로커는 파리와 런던의 급진적 유대인 그룹들과 친하게 지냈는데, 이 유대인들은 오늘날의 '시온주의' 단체나 기타 유대인 과격파들과도 아주 다른 입장을 취했다.

분트Bund는 유대인종 문제의 해결방안으로 치외법권적 자율이라는 공식을 내놓은 오토 바우어Otto Bauer의 견해를 지지한다. 시온주의자들은 유대국가라는 형태의 정치적 자결을 선호한다. 하지만 이들과는 다르게, 파리의 급진적 유대인들은 유대민족의 자결권을 본질적으로 비민족적 문제라고 생각한다. 그들은 이것을 사회적 문제라고 생각하여 모든 것을 포괄하는 사회적 혁명에 의하여 해결되기를 바란다. 로커는 바쿠닌 식의 혁명가를 자처하는 이들 아나키스트들에게 매혹되었다. 그들은 혁명가의 이상에 혼신의 힘을 다 바치고 있었다.[9]

사실 촘스키는 초기의 급진 시온주의자들과 공통점이 많다. 그러나 이 시온주의자들에 대해서 아는 사람은 많지 않고 오늘날의 시온주의자들조차도 그렇다. 이렇게 된 것은 시온주의와 조직화된 종교를 일치시키고 시온주의를 이스라엘 정치의 국시로 삼은 사람들과 조직이 그들(초기 급진 시온주의자들)의 이상을 밀어냈기 때문이다. 촘스키는 20세기의 위대한 히브리어 교수의 아들이고 그 자신도 어려서부터 히브리어 텍스트를 읽어왔다. 따라서 한 몫 하는 유대인 지식인이라고 할 수 있다. 그는 유대인들이 이 세상에 질문을 던지는 방식을 존경했고 탈무드 학자들이 보여준 꼼꼼히 읽기의 전통을 숭상했다. 그는 이렇게 회상한다.

나는 유대전통에서 성장했고 아주 어려서부터 히브리어를 배웠다. 부모님은 두 분 다 히브리어 교수였다. 부모님은 그리 종교적 심성이 강하지 않았음에도 불구하고 유대교의 관습을 지켰다. 유대주의는 어떤 권리들을 실천하는 데 그 바탕을 두고 있다는 것을 알아야 한다. 하지만 신앙의 행위를 해보일 것을 요구하지는 않는다. 그래서 겉으로는 유대교의 가르침을 지키면서도 속으로는 무신론자일 수도 있다.

나의 아내는 나와 비슷한 환경에서 성장했다. 우리 두 사람은 적극적 신자도 실천자도 아니다. 나는 히브리어 신문과 문학을 계속하여 읽었고 어릴 적부터 나의 관심을 끄는 질문방법을 깊이 명상해왔다.[10]

이러한 태도는 독자들에게 좀 기이하게 보일 것이다. 포리송 사건(3장에서 자세히 다룰 것이다)과 관련하여 촘스키를 반시온주의자 혹은 반유대주의자라고 생각하는 사람이 많을 것이다. 아무튼 우리는 이 문제를 좀더 근거 있는 정보를 가지고 자세히 살펴보게 될 것이다.

촘스키는 과학계의 대중적(대중을 상대로 하는) 학자들, 가령 자크 쿠스토Jacques Cousteau, 스티븐 J. 굴드Stephen J. Gould, 스티븐 호킨스Stephen Hawkins, 칼 세이건Carl Sagan, 데이비드 스즈키David Suzuki 등과는 약간 다른 대중적 학자다. 왜냐하면 그가 내놓는 의견은 좀더 논쟁적이기 때문이다. 그래서 자신이 촘스키로부터 무시를 당했다고 생각하는 언어학자들이 있는가 하면, 촘스키의 이스라엘관이 반시온주의라고 생각하는 시온주의자들이 있고, 동티모르·학원의 자유·폴포트·유엔·이스라엘·포리송 등에 관한 촘스키의 견해는 용납할 수 없다고 생각하는 일반인들도 있다. 여기서 한 가지 강조해야 할 사항이 있다. 촘스키는 사람들을 상대로 어떤 문제에 대한 자신의 견해가 정확한 것임을 설득하려고 애쓰기는 하지만, 어떤 처방전을 내놓고 그것을 강요하지는 않는다는 것이다. 그러니까 권위자의 언동에 세심하게 신경을 쓰되 그런 권위에 굴복하지 말라고 주장하는 것뿐이다.

그는 인간의 본성에 대하여 한 가지 확고한 신념을 갖고 있다. 그것은 상아탑 바깥에서 그가 벌이는 활동을 살펴보면 잘 알 수 있는데, 인간에게는 일정한 인지도구가 선천적으로 내장되어 있고 그걸 잘 활용하면 인간의 잠재력이 겉으로 분출된다는 것이다. 그렇다면 그는 무엇 때문에 이런 내재된 능력과 정치활동을 연결시키려고 하는가. 왜냐하면 그렇게 해서 억압, 권위주의적 구조, '자칭 지도자들'을 제거해버리면 세상이 더 좋아진다는 확신을 갖고 있기 때문이다.

이런 점에서 촘스키는 아나키스트 전위그룹의 지도자라기보다는 촉진자, 촉매제, 영감의 원천 등의 역할을 수행한다. 따라서 촘스키의 방법론을 평가하려면 어떤 특정 사안에 대한 촘스키의 입장이나 논평만을 살피지 말고, 그가 지지하는 보편적 가치들을 먼저 살펴보라고 말하고 싶다. 만약 우리의 가치들이 그의 가치와 상당히 일치한다고 생각된다면, 우리는 그에게 동조할 수 있다.

내가 촘스키에 대하여 특히 인상적으로 생각하는 점은 그가 현재의 세상에 대해 불만족을 느끼는 사람들에게 아주 긍정적인 효과를 미치고 있다는 것이다. 우리는 학교, 종교단체, 직장, 나아가 사회 등에서 명령하는 힘을 가진 사람들의 견해를 존중해야 한다고 배웠다. 다시 말해 어떤 사건들(교사들, 신문기자들, '전문가들')에 대하여 어떻게 반응해야 한다고 미리 귀띔을 당한다. 그런데 촘스키 정도의 지능과 명성을 가진 사람이 나타나서 우리가 평소 직장, 가정, 이웃, 세상 등에서 느꼈던 불합리하고 불공정한 것들이 정의의 관점에서 볼 때 잘못된 것이라고 쉽고 분명하게 말해주면, 우리는 힘을 얻는 듯한 느낌이 된다.

이라크에서 무고한 민간인들을 폭격하고 오랜 기간 굶주리게 만드는 것은 잘못된 일이고, 그라나다를 침공하고 트리폴리를 폭격하고 살육적인 콘트라 세력을 지원하는 것은 끔찍한 일이며, 기업의 이익을 지켜주기 위해 헐벗은 이웃을 도와주지 않으면서 자유와 평등을 설교하는 것은 위선이라고 말해주는 것 또한 우리에게 힘을 준다. 힘 있고 잘사는 사람들이 근본적인 문제들을 외면하면서 기업의 이익 보호, 국방예산의 증가, 산업의 '조정', '국가의 부채 규모 축소'(부자들의 세금을 깎아주었기 때문에 결국 가난한 사람들의 돈으로 축소한다) 따위에 대하여 애매모호한 둔사를 둘러대며 사태의 본질을 숨기려 하는 것은 부끄러운 일이라고 촘스키는 대놓고 말한다.

촘스키가 이런 문제들에 대하여 속시원히 말해주는 것을 듣고 있노라면 존경은 물론이고 감사의 마음까지 샘솟는다. 그동안 세상의 일이 잘못되었음을 막연히 알고는 있었지만 드러내놓고 말하지 못해온 사람들은 그런 감사의 감정을 느끼는 것이다. 촘스키는 국가가 제시하는 각종 운동이나 '해결안'을 경계해야 한다고 말한다. 그런 운동이라는 게 결국은 비효율적이거나 살육적이었다는 것이다(환경을 파괴하는 국가자본주의, 국가사회주의, 마오주의가 다 그렇다는 것이다).[11] 이런 접근방법 때문에 촘스키는 존경을 받고 있고, 그러한 아이디어를 상아탑 너머의 세계로까지 널리 퍼트리고 있는 것이다.

제도적 기관(가령 대학) 안에서 혹은 밖에서 어느 정도 권력을 가지고 있는 사람들(지식인, 작가, 교사 등)에게 촘스키의 커리어는 하나의 영감이 될 법하다. 왜냐하면 그는 MIT의 저명한 교수라는 자신의 신분을 활용하여 억압당하는 사람들의 대의를 널리 알리고 있기 때문이다. 그는 체포되고, 위협 당하고, 닉슨의 '요주의인물 리스트'에 올라갔고 그리하여 여러 단체나 제도로부터 따돌림을 당했음에도 불구하고 정치적인 활동을 계속해 나갔다. 그의 이런 활동은 정의로운 가치(출세, 이익 실현, 권력 유지 등이 아닌 가치)를 지속적으로 추진한다는 믿음과 일반 대중들과의 의사소통으로 충분히 보상받았다.

이것은 그의 연설회가 언제나 만원이라는 사실로 증명된다. 그는 어디든 가리지 않고 모두 가고 여행을 많이 한다. 은퇴 이후에 그의 연설회는 더욱 늘어났다. 어디를 가든 촘스키 강연회에는 사람들이 꽉 들어차고 호기심으로 가득 찬 구경꾼들이 북적거린다. 그에게는 인터뷰, 명예박사 학위, 시민활동단체에 대한 연설 등의 요청이 쉴 새 없이 밀려든다. '촘스키는 주류에 역류하여 헤엄친다Chomsky Swims Against Mainstream'라는 기사는[12] 이렇게 말했다. "수백만의 미국인들이 정치분석가 촘스키의 책과 연설에 마음이 끌린다. 해박한 지식, 명료한 설명, 강력한 주장, 인간적 가치에 대한 확신 등으로 인해 촘스키는 가장 널리 평가 받는 연설가가 되었다. 또 사회적 활동에 영감을 주는 촉진자가 되었다. 전국을 무대로 자주 개최되는 그의 연설회에는 보통 수천 명의 청중이 운집한다."

그는 이런 사람들에게 횃불이요 영감이요 촉매제다. 점점 소외되고 경멸받는 주변부의 사람들에게 구체적인 항의운동에 나서라고 자극을 준다. 물론 이런 연설회에 참석한 사람들이 모두 만족감을 느끼며 그곳을 떠나는 것은 아니다.《로스앤젤레스 타임스》의 캐슬린 헨드릭스Kathleen Hendrix 기자가 쓴 '고삐 풀린 언어학자The Unbridled Linguist'[13]는 이렇게 보도했다. 연설회 도중 한 남자가 국가안전보장회의에 대한 촘스키의 말이 거짓말이라고 외치면서 100달러 내기를 걸었다. 그러자 배우인 에드 애스너가 그 내기를 받아들이겠다고 말했다. 한 여자는 화가 난 목소리로 "왜 당신은 미국에 살고있나요?"라고 소리쳤다. 연설회가 끝난 후 또다른 남자는 "노엄 촘스키에게 반대성의 질문을 하려는 것은 전기톱에 머리를 들이미는 것과 마찬가지"라고 말했다.

나는《노엄 촘스키: 반체제인사의 생애Noam Chomsky: A Life of Dissent》라는 책을 홍보하는 동안 이런 청중들 몇몇을 만날 수 있었다. 나는 그 홍보회에 참석하러 오는 많은 사람들을 보고서 놀랐다. 그들은 복지연금을 수령하는 싱글맘, 저명한 철학자, 현지의 시민운동가, 촘스키의 옛 동창생들, 제자들 등 정말 다양했다. 한 전과자는 감방에 있을 때 촘스키와 한 방을 썼다는 말도 했다. 노먼 메일러Norman Mailer의《밤의 군대Armies of the Night》에도 유사한 경험이 서술되어 있지만, 그 얘기와는 다르게, 이 전과자는 촘스키의 반체제 활동과는 관계없는 일로 투옥되었었다.

사람들은 촘스키에 대한 얘기를 듣고 싶어 했고 **그들이 아는**their own 촘스키와 그의 저작에 대해서 말하고 싶어 했다. 그들의 견해는 다양했지만, 이 세상의 문제에 접근하는 촘스키의 방법론에 대해서는 모두 열광했다. 동료 언어학자인 데이비드 히프David Heap는 나와 대화를 나누는 중에 이렇게 지적했다. 사람들이 촘스키의 견해에 대하여 어떤 입장을 취하든 간에 그를 무시한다는 것은 불가능하다. 그래서 홍보여행에서 만난 많은 사람들은 마이크가 꺼지고 연설회장이 어두워진 뒤에도 촘스키가 남긴 파급효과는 오래 갔다고 증언했다.

이처럼 촘스키는 연설회와 거기에 들어간 에너지를 가지고 사람들 가슴에 불을 지르는 것이다. 그는 강연하는 것으로 끝내는 것이 아니라 행사가 끝난 뒤에도 사람들과 대화를 더 나누고 싶어 하고, 하나라도 질문을 더 받으려 하고, 시민단체 하나라도 더 알려 하고, 밤늦게까지 호프집에 남아 있는 청중들을 위해 맥주를 한 잔이라도 더 마시려 하는 강연자로 기억되고 있다. 이런 청중과 단체들을 위해 그는 지적 영웅이요, 유능하면서도 용감한 전사다. 각종 형태의 압제에 맞서 투쟁하는 싸움에서 그 자신의 에너지, 시간, 목숨까지도 기꺼이 내주려 하는 것이다.

이것은 이미 1969년경부터 발견되었던 태도다. 가령 1969년 12월 30일자 《뉴욕타임스》에서 로버트 레인홀드Robert Reinhold 기자가 쓴 '보스턴 회의에서 도덕적 문제가 제기되다Moral Question is Raised At Conference in Boston'라는 기사는 이제는 유명해진 이런 장면을 묘사하고 있다. "대학이 미국 국방부의 자금지원을 받아야 하는가에 대한 닥터 실링의 발언은 별반 반응이 없었다. 하지만 촘스키 교수의 발언은 청중들 중 젊은 사람들의 열렬한 반응을 이끌어냈다. 젊은 학생들은 항의의 붉은 주먹이 그려진 단추를 달고 있었고 열심히 전단을 돌리고 있었다."

촘스키 효과는 오래 지속될 뿐 아니라 아주 다양하기까지 하다. 심지어 집을 설계하는 건축가에 관한 얘기도 있다. 그래서 2002년 《뉴욕타임스》에는 이런 기사가 나온다. "에이센만 씨와 포크 씨는 노엄 촘스키의 언어학 이론에 관심이 많다는 공통점을 갖고 있다. 두 사람은 에이센만 씨가 촘스키 풍의 주택이라고 이름 붙인 집에 대하여 의견을 교환했다. '나는 그런 집이 어떻게 생긴 집일까 궁금했습니다.' 포크 씨는 최근의 인터뷰에서 말했다. '하지만 어쩐지 멋지게 들리는군요.'"[14] 멋지게 들린다고? 사실 촘스키는 음악계에서도 상당한 선풍을 일으키고 있다. 이제 그것을 살펴보기로 하자.

록음악에 영감을 준 촘스키

질문 | 지난 10년 동안 특정 음악과 특정 아티스트를 검열하려는 광적인 노력이 있어왔습니다. 연예계 내에 지배체계와 역정보의 베일에 위협을 가하는 어떤 것들이 있다고 생각하십니까?

촘스키 | 있습니다. 하지만 나는 연예계에 대해서 많이 안다고 할 수는 없을 것 같군요. 하지만 독립적인 정신, 체제 저항, 제약의 철폐 등은 되살아나고 있고 또 건강한 현상이지요. 이런 일들은 1960년대에 발생했는데 음악계의 발전과도 밀접한 관계가 있다고 봅니다. 바로 이런 현상이 그들을 놀라게 하는 거지요. 엘리트들은 뭐든지 통제하고 질서를 잡으려 하니까요.[15]

― 톰 모렐로Tom Morelo(기타리스트, Rage Against the Machine)

그의 날카로운 비판적 메시지는 테이프와 CD 그리고 대학 순회강연 등을 통해 널리 보급되었다. Pearl Jam, Rage Against the Machine, U-2(이 그룹의 리드싱어 보노는 촘스키를 가리켜 "쉼 없는 반항자"라고 했다) 등 슈퍼스타 밴드들의 록 콘서트에서 촘스키의 사상이 널리 전파되고 있다.

― 데이비드 호로비츠David Horowitz[16]

지난 여러 해 동안 촘스키의 사상에 동조하는 사람들이 급격히 늘어났다. 그리고 이제 그 여파가 대중문화 영역, 특히 펑크음악과 록음악에까지 미치고 있다.[17] 1996년 5월 24일, 《탐파 트리뷴The Tampa Tribune》의 기자 마이크 오닐Mike O'Neill은 "촘스키는 학계의 엘비스"라고 한 보노Bono의 말을 인용했다. 이에 대한 증거는 많다.

그룹 호시스Horsies가 〈노엄 촘스키Noam Chomsky〉라는 싱글을 내놓았고, 미드나이트 오일Midnight Oil이 그에게 바치는 찬사를 썼다. 〈로큰롤 컨피덴셜Rock and Roll Confidential〉은 촘스키에 대해 "모든 로커들에게 영감을 주는 인용의 원천"이라고 했다. 《할리우드 파티: 1930년대와 1940년대에 어떻게 공산주의가 미국 영화산업을 유혹했나Hollywood Party: How Communism Seduced the American Film Industry in the 1930s and 1940s》의 저자인 K. L. 빌링슬리K. L. Billingsley는 촘스키의 연설이나 페르소나를 음악 활동이나 정치적 활동에 활용하는 음악 밴드들을 조사하고 나서 '노엄 촘스키, 펑크의 영웅Noam Chomsky, Punk Hero'이라는 도발적 제목의 기사를 썼다.[18]

그룹 펄잼Pear Jam이 1996년 미국 전역 순회공연에 나섰을 때 이런 일이 있었다. 이 그룹은 콘서트 사업을 티켓마스터 사가 거의 독점하고 있는 것에 분개했다. "에디 베더Eddie Vedder(펄잼의 리드싱어)는 좋아하는 밴드의 쇼에서 밴드의 얼굴이 박힌 T셔츠 한 장 사 입을 돈이 없는 게 어떤 기분인지 잘 알았다. 그래서 그는 이런 상황을 바꾸고 싶어 했다." 펄잼의 매니저 켈리 커티스Kelly Curtis는 말했다. 그래서 그들은 T셔츠를 사 입을 수 있도록 펄잼 쇼의 최고 좋은 표를 20달러에 판매하기로 결정했다.

그리고 "로큰롤 사업이 운영되는 방식에 조그마한 경제적 반항을 시도하는 행위의 일환으로, 펄잼은 순회공연지마다 75와트 '해적' 라디오 방송국을 설치했다. 이 방송국은 그들의 앨범 중에서 선별한 곡들을 내보냈다. 거기에는 소란스러운 록음악 이외의 것이 있었다. 그것은 펄잼의 임시 라디오 운영의 백미였다. 노래와 노래 사이에 천박한 마르크시즘을 말해주는 단조로운 남자의 목소리가 흘러나왔다. 그 남자는 언론의 여론조작, 기업들의 사악함, 미국의 일반적인 죄악상들을 비판했다. 그 녹음된 목소리는 MIT 교수인 노엄 촘스키의 것이었다. 그 사람은 골수 좌파인사로서 기이하게도 그 영향력이 음악계에까지 뻗치고 있는 것이다."

빌링슬리의 저서에서 '천박한 마르크스주의'라는 표현이 나오는 것은 시사하는 바가 있다. 이 세상에서 아무리 인기가 높다고 해도 그것이 100퍼센트 정확한 입장 전달을 보장해주지는 않는다는 것이다. 그렇지만 그는 촘스키의 음악계 침투가 펄잼의 단발현상으로 그치는 게 아님을 정확하게 지적했다. 그룹 REM은 순회공연을 떠나면서 그들의 쇼 시작에 앞서 간단한 연설을 해달라고 촘스키에게 요청했다(그는 정중히 거절했다). 펑크밴드 배드 릴리전Bad Religion은 그들이 발간한 한 음반의 B면에 촘스키의 연설을 수록했다. 레이지 어게인스트 더 머신Rage Against the Machine은 〈악의 제국Evil Empire〉이라는 CD 표지에 촘스키의 책 사진을 집어넣었다. 롤링스톤스Rolling Stones의 전 제작자와 보니 레이트Bonnie Raitt는 (빌링슬리가 이 기사를 쓰던 당시에는) 잘 알려진 (하지만 빌링슬리의 기사에는 언급되지 않은) 로커들의 앨범을 제작했는데, 그 로커들이 "촘스키의 발언에 음악적 리듬을 실어주는 작업을 하고 있다"는 것이었다. 그래서 빌링슬리가 이렇게 묻는다. "도대체 어떻게 된 거야? 노엄 촘스키는 늘 숭배자들을 갖고 있었다. 하지만 슬래커즈Slackers 관중의 영웅이 되고 60대의 나이에 로큰롤 매스 컬트(대중문화)의 중심인물이 되다니? 정말 이것은 기이한 사태 발전이다. 노엄 촘스키가 골수 좌파의 구루guru(정신적 스승)로 나서다니 정말 기이하다."

이 '구루'의 신분은, 앞서 우리가 살펴본 바와 같이 촘스키에 의해 철저히 거부되고 있다. 하지만 콘서트가 끝나고 모든 사람이 집으로 돌아간 뒤에도 이 구루라는 느낌은 끈덕지게 촘스키에게 달라붙어 있다.

예전의 몇몇 좌파 동료들이 볼 때 촘스키는 괴상한 인물에 지나지 않았다. 극좌의 닥터 디멘시아Dr. Dementia(치매 걸린 영감) 같은 사람으로 한물간 듯한 얘기를 하는 급진적 요설가일 뿐이었다. 하지만 이런 흐름과는 달리, 촘스키를 컬트 영웅으로 만드는 전설이 생겨났다. …… 실제로 소수 추종자 사이에서 촘스키는 영웅이었다. 나머지 좌파들이 어색한 침묵에 빠져든 동안 그 혼자서 정부를 공격했기 때문이다. 그들이 볼 때 촘스키는 급진 아메리카의 인물로서 유럽의 지식인에 비견될 수 있는 유일한 인물이었다. 그는 정말로 참여적인 인물이었고 그의 견해는 지적 성취에 의해서 뒷받침되었다. 그의 학문은 아주 중요하여 정치적 반대자들도 간단히 그의 정치적 견해를 거부하지 못했다.

빌링슬리는 촘스키가 음악계에서 인기 있는 이유를 이렇게 설명한다. 대학생 시절 대학가의 게토(빈민촌)에서 촘스키의 저작을 알게 된 일부 로커들은 이제 뮤지션이 되어 있다. 그는 찰스 영Charles Young의 경우를 인용한다. 영은 《플레이보이》와 《뮤지션》에 음악기사를 쓰고 있고, 예전에 《롤링스톤Rolling Stone》지에 섹스 피스톨스Sex Pistols를 다룬 표지기사를 쓰기도 했다. 찰스 영은 촘스키의 영향력이 "도처에서 커지고 있다"는 사실에 주목하면서 "그 씨앗은 섹스 피스톨스가 뿌렸고, 노엄 촘스키는 이제 그 씨앗을 바탕으로 활짝 핀 꽃이다"라고 썼다. 영은 펑크음악을 들으면서 아나키즘에 대한 관심이 커졌다. 그는 아나키즘 관련 저서들이 꽂혀 있는 서가에서 촘스키를 발견했다. 빌링슬리는 이렇게 말한다.

"영에게 있어서 촘스키를 발견한 것은 정말로 인생을 바꾸어 놓은 획기적 체험이었다. 이 체험으로 강력한 개종을 하게 된 영은 적극적으로 아나키즘의 복음 전파에 나섰다. 그의 음악적 환경은 그런 전파 활동에 이상적인 터전이었다. 영은 말한다. '로큰롤은 그 사상을 퍼트리기에 좋은 곳이었다. 록 뮤지션들은 그 성격상 타고난 아나키스트였다. 단지 그걸 의식하지 못할 뿐이었다. 할리우드 영화 제작자들보다는 이들 뮤지션 사이에서 촘스키의 저서가 읽힌다는 것은 자연스러운 일이다.'"

촘스키의 사상이 그들 사이에서 어떻게 인기를 누리고 있는지 설명하기 위해 영은 이런 말을 했다. "그건 단지 엿-먹어라-주의에 그치는 게 아닙니다. 펑크는 늘 하나의 자세였지 철학은 아니었습니다. 그(촘스키)는 그런 자세와 딱 어울리는 철학을 갖고 있었습니다. 팬들이 나이가 들어가면서 펑크의 정서적 호소력은 떨어지고 지적 호소력이 그 자리를 채우게 되지요. 미국의 지배계급은 사회계약 따위는 잊어버린 지 오래 되었습니다. 공산주의가 망해버리면서 그들은 누구나 마음대로 해고할 수 있게 되었고 미국을 제3세계로 만들어버렸습니다. 이런 일이 지금 미국 전역에서 벌어지고 있습니다. 촘스키는 이 문제를 심각하게 보고 있습니다. 그에 대한 설명과 객관적 사실을 제공합니다. 사람들은 그걸 고맙게 생각하고 있습니다. 그래서 그가 어떤 사람인지 알고 싶어 하는 겁니다."

이러한 발언은 촘스키 효과의 단적인 사례다. 영은 자신의 영향력을 이용하여 그런 사상을 널리 퍼트리고 있는 것이다. 빌링슬리는 이런 말을 했다. "영은 뮤지션들과 인터뷰할 때 촘스키의 저서들을 소개하면서 건네준다. 영은 지난해 600만 장의 앨범 매출을 올린 그룹 라이브Live에게 촘스키를 소개했다. 또 '공인된 좌파밴드'인 랜시드Rancid에게 촘스키 책들을 건넸다. 그는 또 잰 웨너Jan Wenner를 설득하여 록문화의 창구인 《롤링스톤》지가 촘스키를 인터뷰하게 했다. 그 결과 이루어진 일은 인터뷰라기보다 잰과 촘스키의 듀엣이었다."

촘스키의 음악계에 대한 영향력은 '펑크진punkzine'까지 침투하여 《맥시멈로큰롤MAXIMUMROCKENROLL》이라는 펑크 잡지는 '이것은 현실이다This is reality'라는 제목 아래 촘스키의 강연을 실었다. 또 촘스키, 팀 요한난Tim Yohannan, 그랜들 MGrendl M, 데이브 SDave S, 뉴욕 기반의 좌파 미디어 그룹인 페어FAIR 등을 위원으로 하는 '프로젝트 브레인트러스트Project Braintrust'를 운영한다.

빌링슬리는 이렇게 말한다. "1차 걸프전이 발발할 당시 《맥시멈로큰롤》은 〈새로운 세계질서New World Order〉라는 레코드를 발매했다." 그 한쪽 면에 그룹 배드 릴리전이 부른 저항의 음악music of resistance이 수록되어 있었다. 미스터 브레트Mr. Brett(브레트 구어위츠)가 부른 노래 '하늘이 무너진다Heaven is Failing'의 기사는 이렇다. "나는 계곡 아래로 걸어가면서/아무런 악행도 두려워하지 않네/조지 왕과 그의 무지개 내각 덕분에/오늘날 살인은 합법화 되었네." 뒷면에는 촘스키가 단독으로 나온다. "미 공군은 이라크와 쿠웨이트의 대부분 지역을 폭격하여 먼지로 만들었습니다. 얼마나 많은 사람을 죽였는지 아무도 모릅니다. 미국 군대는 고기肉 가는 기계 속으로 걸어 들어갔습니다."

빌링슬리에 따르면, "이 7인치 비닐 레코드는 펄잼을 촘스키 지지자로 만들었다. 이 그룹의 리더인 에디 베더는 배드 릴리전의 광적인 팬이다. 이것은 에피탑Epitaph 음반사의 앤디 컬킨Andy Kaulkin이 해준 말인데, 에피탑은 전 배드 릴리전의 멤버이면서 촘스키 지지자인 브레트 구어위츠가 소유한 레이블이다. 이 레이블은 샌프란시스코의 AK 출판사(컬킨에 따르면 아나키스트 성향을 가진 출판사)와 협상하여 노엄 촘스키 CD를 내놓게 되었다. 그리하여〈계급 전쟁: 노동자들에 대한 공격Class War: The Attack on Working People〉〈민주주의의 전망Prospects fro Democracy〉〈클린턴 비전The Clinton Vision〉같은 CD가 나왔고 모두 MIT의 강연을 바탕으로 한 것이다. 컬킨은 이런 CD의 제작에 대하여 이렇게 말한다. '그걸 제작하는 것은 일리가 있었습니다. 에피탑은 앞서 가는 레이블이지요. 아이들은 에피탑을 존경하고 그래서 이 음반사가 내놓는 것이라면 뭐든지 삽니다. 그러니 아이들은 앞으로 촘스키에 대해서 더 알고 싶어 할 겁니다. 촘스키 CD에 우리 로고가 들어가 있으니까.' 에피탑이 발매하는 다른 밴드로는 오프스프링Offspring, 부두Voodoo, 글로 스컬스Glow Skulls, 웨인 크레이머Wayne Kramer, NOFX, 다운 바이 로Down By Law, 조이킬러Joykiller, 토털 케이오스Tatal Chaos, 레드 안츠Red Aunts, 랜시드Rancid, 개스 허퍼Gas Huffer, 텐푸트폴Ten Foot Pole, 클로 해머Claw Hammer, RKLRich Kids on LSD 등이다. 이들은 결코 한물 간 밴드가 아니다. 한 로스앤젤레스 음반 판매점 주인은 에피탑 레이블은 헌 것이든 새 것이든 많이 팔린다고 증언했다. 컬킨은 에피탑의 촘스키 프로젝트가 AK 출판사를 도와줄 것이라고 말한다. 하지만 그냥 도와주는 게 아니라 돈을 벌게 해주는 상업적 프로젝트가 될 거라는 말도 했다."

돈 워스Don Was는 촘스키 사진을 스튜디오의 드럼 킷 위에다 붙여놓고 그걸 '촘스키 목장'이라고 부르는 사람이다. 그는 촘스키의 연설과 REM, 펄잼, 기타 음악밴드들의 오리지널 음악을 종합하는 앨범을 준비 중이다. 그룹 엑스X는 이미 한 트랙을 완성했다. 이 앨범에서 나오는 수익은 페어에 돌아갈 것이다.

그럼 촘스키 교수는 자신의 연설을 활발히 선전해주고 있는 록밴드와 펑크밴드에 대해서 어떻게 생각할까? 촘스키는 《맥시멈로큰롤》이나 배드 릴리전에 대해서는 들어본 바가 없지만 그들의 자료 요청에 선선히 응했다. "내가 볼 때 괜찮을 것 같더군요. 하지만 이 업계에 대해서는 아는 바가 없어요"라고 촘스키는 말했다. 그의 지지자인 찰스 영은 촘스키가 이런 음악적 각색을 "전적으로 찬성"하고 있으며, 촘스키의 MIT 사무실로 각종 밴드들의 요청이 쇄도하고 있다고 말했다. 영은 말한다. "노엄에게 록음악이 커다란 조직용 무기가 될 수 있음을 설명해 주었습니다." 촘스키는 다른 데서는 룸펜 청년들에게 잘 다가가지 못하기 때문에 록음악을 이용하여 그들에게 접근하는 아이디어에 매혹되었다.

영은 촘스키의 사상을 널리 전파하는 데 대하여 자신감을 갖고 있다. 그는 레이지 어게인스트 더 머신의 톰 모렐로가 하버드 대학에서 공부한 사실에 주목한다. "그들은 똑똑한 사람들입니다. 벌써 여러 해 동안 촘스키를 읽어왔어요. 펄잼, REM, 레이지 어게인스트 더 머신들 사이에서 촘스키의 사상이 널리 퍼지고 있어요. 현재로서는 소망사항일지 모르지만 언젠가 음악이 정치적 시대로 들어가게 될 겁니다."

비록 노엄 촘스키가 장래 가까운 시기에 펄잼과 순회공연을 하는 일은 없다 하더라도 촘스키-록의 협력관계는 유지될 겁니다. 촘스키의 열렬한 지지자들이 평생 동안 좌파 근본주의를 신봉하다가 《맥시멈로큰롤》의 하부그룹으로 들어가게 된 것은 적절한 결과라고 봅니다. 그 잡지에서는 배드 릴리전(나쁜 종교), 배드 폴리틱스(나쁜 정치), 배드 뮤직(나쁜 음악)이 모두 합쳐지니까. 그가 일종의 지배계급 사이에서 호감을 얻게 된 것도 적절하다고 봐요. 펄잼의 멤버는 상당한 고정팬을 가진 수백만 장자들이니까. 한 제작자는 이렇게 말했어요. "그들의 고정팬은 그들이 내놓는 것은 뭐든지 사고 그들이 하는 말이라면 뭐든지 믿습니다." 펑크음악의 제작자들과 펑크밴드 멤버들은 비록 억압받는 프롤레타리아 행세를 하고 있기는 하지만, 실은 부유하고 강력하며 미국 사회의 혜택을 누리고 있습니다.

흥미로운 사실은 이런 것이다. 좌파들은 어느 정도 고정된 원칙을 지킬 것으로 기대된다는 것이다(가령 마오주의, 반소비자주의, 금욕주의, 금주, 금연 등). 비록 사회의 나머지 구성원들은 아무런 구속도 의식하지 않고 그런 것들을 마구 즐기고 있지만……. 따라서 이런 음악의 메시지가 좌파의 세력들 사이로 침투될 것으로 기대된다. 그들은 현재의 사회가 잘못되어 있으며, 부자들을 위한 화려한 사회와 가난한 자들을 위한 시시한 사회, 이렇게 양분되지 말고 중간쯤에서 평준화돼야 한다고 믿는 것이다.

대중문화 속의 반체제운동이 쇠퇴하고 있는 듯이 보인다. 가령 반소비주의 그런지grunge(록 가수들의 넝마패션)가 벤틀리 승용차를 몰고 다니는 힙합 비디오로 바뀌었으며(예를 들어 G-Unit), 패리스 힐튼은 구역질나는 부와 소비의 과시를 보여주고 있고, 텔레비전 프로에서는 억만장자의 호화로운 라이프스타일이 방영되고 있다. 그렇지만 음악계에는 강력한 체제 반항의 기운이 남아 있다. 이것은 아주 강력한 풀뿌리 수준의 현상이다. 음악밴드들은 어떤 정치사상에 감명을 받고서 그 사상을 열성팬들에게 널리 전파한다. 그 과정은 하의상달이라는 전형적인 창조적 움직임의 과정이다. 로버트 맥체스니Robert McChesney와 데이비드 바사미언의 대담 프로 〈독점업체, NPR과 PBSMonopolies, NPR & PBS〉는 그걸 잘 보여준다.

> 시장에 대한 여러 가지 주장들을 감안하면 이건 정말 아이러니합니다. 창조성에는 별 도움이 안 되는 신통치 못한 메커니즘이에요. 대중음악을 한번 보십시오. 이 음반회사들은 이익을 올리려고 혈안이 되어 있습니다. 그래서 그들은 소비자들이 요구하는 것만 내놓습니다. 음반시장 매출의 90퍼센트를 차지하는 5개 회사가 말입니다. 우리가 금방 말한 5개 회사 중 한 회사를 빼놓고 다 그렇게 하고 있습니다. 그런데 문제는 이런 상업적 추진이 창조성 개발에는 별로 도움이 되지 않는다는 겁니다. 지난 40년 동안 로큰롤과 대중음악의 획기적 돌파구는 이들의 영향권 밖에서 이루어졌습니다. 기존 시장의 구석과 틈새에서 만들어진 거지요. 이 회사들은 어떤 창조성을 발견하면 그것을 자꾸 재탕하려 듭니다. 그래서 진정한 창조성은 월스트리트에서 만들어지지 않는 겁니다.[19]

더욱 놀라운 것은 음악밴드들과 팬들의 이런 기업화 반대 정서가 여러 원천에서 나왔다는 사실이다. 가령 텍사스 밴드인 딕시 칙스Dixie Chicks나 인디고 걸스Indigo Girls의 경우 밴드 멤버들이 활동 환경의 현재 상태에 대하여 적극적으로 반대 발언을 할 뿐 아니라 그들의 개인적 과거나 가족관계에 대해서도 털어놓고 말한다는 것이다. 1999년 11월 샌디 카터Sandy Carter와 인터뷰를 하면서 에이미 레이Amy Ray는 이렇게 말했다.

샌디 카터 | 당신의 인생관이나 사회관을 형성한 체험이나 영향에 대해서 좀 말해주시겠습니까?

에이미 레이 | 아주 어릴 때부터 공동체의 일에 참여해야 한다는 생각을 갖고 있었습니다. 하지만 우리 집안은 아주 보수적이었어요. 아버지는 1950년대의 사람으로서 아주 보수적이고, 아주 세련되었으며, 이의를 제기하기 어려운 인물이었어요. 하지만 자비심도 있어서 기부도 많이 했습니다. 대학생이 되면서 나는 게이가 되었고 그런 배경으로부터 일탈했습니다. 환경보호 운동가가 되었고 사회복지 일을 하면서 군대를 경멸했습니다. 하지만 내 인생의 몇몇 커다란 변화는 1990년 위노나 라듀크Winona LaDuke를 만나면서 생겨났습니다. 그녀 덕분에 환경운동과 시민운동을 함께 묶어서 생각할 수 있게 되었고 그게 다른 활동으로 가는 문을 열어주었습니다. 노엄 촘스키의 책들을 읽으면서 사회의 여러 문제들이 서로 연결되어 있다는 것과 사회의 틀을 바꾸어야 한다는 것을 알게 되었습니다. 나중에 멕시코에서 사파티스타를 만나면서 풀뿌리 차원에서 운동을 하면 상당한 변화를 일으킬 수 있음을 알게 되었습니다. 그건 하나의 영감이었지요.[20]

내시빌에 살고있는 나는 컨트리 가수, 포크 가수, 블루스 가수 등이 방 안에 공화당 지지자들이 있는데도 불구하고 현 공화당 정부의 정책들을 재고하거나 폐기해야 한다고 열렬히 말하는 것을 많이 들었다. 이런 강력한 비판은 조안 바에즈Joan Baez나 에밀루 해리스Emmylou Harris 같은 사람들이나 하는 줄 알았는데, 이른바 좌파 주州들의 음악인들 사이에서 훨씬 더 도덕적이고 종교적인 담론이 나오고 있는 것이다. 그리고 2004년 대통령 선거 때 음악무대와 일반 청중들 사이에 많은 목소리들이 오고 갔다. 모비Moby, 에디 베더, 보노, 기타 뮤지션들은 좌파적 저항의 입장을 유지했고 많은 로커와 애호가들이 그 입장에 동조했다. 가령 인터펑크 닷컴interpunk.com 사이트는 젤로 비아프라JELLO BIAFRA의 토론을 통한 저항을 활짝 만개시켰다. 그리고 AK 출판사는 이 토론의 텍스트를 책으로 펴내겠다고 했다.

녹색당에서 갑작스럽게 대통령 후보를 지명하고 기업들에 대한 반감이 높아지면서 젤로의 발언을 담은 음반에 대한 관심이 폭발했다. 이 대선 해의 특집은 시애틀의 WTO 회의, 민주주의, e-이슈들, 녹색당과 기타 선거 이슈들, 콜럼바인 고교 총기사건 이후 학생들의 정신상태, 볼더, 시애틀, 덴버 등에서 있었던 최근 라이브 공연 등을 하나로 종합한 것이었다. 젤로 비아프라는 자신의 발언을 6개의 CD로 묶은 앨범으로 하나의 미디어(언론)가 되었다. 젤로 비아프라는 예전에 데드 케네디DEAD KENNEDYS의 리더였고 현재도 계속되고 있는 LARD 프로젝트의 협력자다. 젤로의 최근 발언 CD인 〈진화가 불법화된다면 오로지 범법자만이 진화할 것이다If Evolution is Outlawed, Only Outlaws Will Evolve〉는 1998년 11월에 나왔는데 아주 호평을 받았다. 지난 12월 얼터너티브 텐터클스Alternative Tentacles 음반사는 시애틀 실황인 〈WTO를 없애려는 콤보THE NO WTO COMBO〉라는 제목의 LP/CD를 발매했다. 여기에는 젤로 비아프라, 킴 테일Kim Thayil, 크리스트 노보셀릭Krist Novoselic 등의 발언이 들어가 있는데 하나 같이 세계무역기구WTO에 반대하는 내용이다. 이 음반은 AK 출판사를 통해 단행본시장에도 나오게 될 것이다.[21]

인터펑크 사이트에 대한 리뷰는 젤로에 관한 유머러스한 에피소드를 소개하고 있다. 가령 2003년 4월 10일자 스티안 뉴고르Stian Nygard의 리뷰는 이렇게 말하고 있다. "위대한 인물의 위대한 발언이다. 몇 시간을 들어도 부담 없이 들을 수 있다. 젤로는 아주 뚜렷하게 말한다. 반면에 노엄 촘스키는 너무 우물우물 마치 말을 씹는 듯이 말한다. 그렇다고 해서 촘스키가 젤로보다 못하다는 얘기는 아니다. 촘스키가 좀 박력 없이 말하기 때문에 신경을 더 써야 한다는 얘기다. 어쩌면 내가 노르웨이 출신이기 때문에 잘 알아듣지 못하는 것도 있으리라. 아무튼 젤로의 발언은 흥미롭다."[22] 2001년 8월 7일, 소비자 전화에서 일리노이의 로브라는 소비자는 이렇게 말했다. "나는 얼터너티브 텐터클스를 지지하고 젤로의 발언록은 모두 사들인다. 젤로의 CD를 들어보면 DK(데드 케네디)의 다른 멤버들이 얼마나 이 그룹과 젤로의 이름을 먹칠하고 있는지 알 수 있다. 아무튼 좋은 CD다. 정치 스캔들에 관심 있는 분은 꼭 들어보기 바란다." 2001년 8월 7일 라스베이거스의 켄트는 이런 말을 남겼다. "전형적인 젤로 비아프라다. 정부 권위와 체제에 저항하는 모든 펑크들은 비아프라의 발언록을 듣고 노엄 촘스키의 책을 읽어야 한다. 권력자들이 무엇을 미워하는지 모르고 있어서는 안 된다. 이 CD를 사라! 사라! 사라!" 이러한 발언의 요점은 이런 CD나 책자가 소외된 사람들에게 이해와 각성을 불러일으켜서 대체소견을 갖게 한다는 것이다. 뉴저지의 앤드류는 2002년 2월 5일 이렇게 말했다. "이 CD는 기본적으로 정치가들의 본색을 폭로하는 자료이고 언더그라운드에게 희망을 주고 그래서 좋은 제품이다."[23]

아마존 닷컴 같은 사이트에서 대체독서 리스트를 살펴보면 음악과 반체제 견해가 단단히 연결되어 있음을 확인할 수 있다. 제임스 오블리비언James O'Blivion[24]이라는 자칭 정치판의 정키(파괴분자)는 이런 견해를 내놓고 있다.

수십억 달러의 재산가들이 더 많은 돈을 벌어들이는 동안 최저임금(혹은 그보다 약간 높은 임금)을 얻기 위해 땀 흘리며 노예처럼 일하는 것이 지겨운가? 당신의 동네를 살기 위험한 곳으로 만드는 폭력적 범죄가 지겨운가? (급여의 5분의 1을 낼 능력이 충분한데도 불구하고) 기업의 사장들이 각종 세금 혜택을 받고 있는 동안 당신의 급여 5분의 1을 세금으로 내놓는 게 지겨운가? 그렇다면 당신의 적의 정체를 알도록 하라…… 그 이름은 자본주의다…… 이 체제가 운영되는 방식은 이러하다. 기업들이 모든 것을 소유한다. 그들이 언론, 정부, 전쟁기구, 이 나라를 소유하고 있다…… 그들이 당신마저 소유하도록 내버려두지 마라.

이 사람이 제시하는 처방전은 단행본과 CD 형태로 된 노엄 촘스키의 저작 등 '반反자본주의 저서들을 읽는 것'이다. 그는 이밖에도 대니얼 구에린Daniel Guerin의 《아나키즘: 이론에서 실천으로Anarchism: From Theory to Practice》, 로버트 맥체스니의 《언론기업과 민주주의에 대한 위협Corporate Media and the Threat to Democracy》, 벤저민 배그디키언Benjamin Bagdikian의 《언론의 독점The Media Monopoly》(이 책의 표지는 레이지 어게인스트 더 머신의 앨범 《로스앤젤레스의 싸움The Battle of Los Angeles》에도 실려 있다), 체 게바라, 마르크스와 엥겔스, 장-폴 사르트르, 말콤 X, 프란츠 파농 등의 저서를 권했다.

'그래서 지금 어떻게 할 것인가?So what now?' 혹은 '당신은 여기서 어디로 나아가야 하는가?Where do you go from here?'와 같은 사이트의 질문에 답하여 '반자본주의 음악anti-capitalist music'이라는 섹션이 있다.

자, 그러면 들어볼 만한 음악 몇 가지를 소개하겠습니다. 먼저, 데드 케네디 앨범 몇 장을 고르십시오. '잠자리의 민주주의Bedtime for Democracy'가 첫 음악으로 그럴듯해 보이는군요. 이걸 듣고 나면 이 그룹의 리드 싱어인 젤로 비아프라의 발언록도 듣고 싶어질 겁니다. '먹고 살자니 머리가 돌아버릴 지경I Blow Minds for a Living'과 '미디어가 되다Become the Media'가 내가 강력 추천하는 아이템입니다. 그 다음에는 기업들의 비리를 통타하는 그룹 앤티 플래그Anti-Flag의 '새로운 종류의 군대A New Kind of Army'를 권합니다. '소비자의 노래The Consumer's Song'의 가사에 특별히 신경 쓰십시오······ 이런 것들이 당신을 부르고 있습니다. 그 다음에는 레이지 어게인스트 더 머신인데 특히 그들의 1991년 동명(rage against the machine 기계에 반대한다) 앨범이 좋습니다. 이 앨범은 당신이 불만의 불꽃을 피워 올리는 데 충분한 기름을 제공해줄 겁니다. 그리고 이 리스트에 올라 있는 가장 중요한 앨범, 노이즈 콘스피러시Noise Conspiracy의 '새로운 아침, 변하는 날씨A New Morning, Changing Weather'를 주목하게 될 겁니다. 이건 정말 진수입니다. '자본주의가 나의 처녀성을 훔쳐갔다Capitalism Stole My Virginity'라는 곡을 들으면 내가 무슨 말을 하고 있는지 아실 겁니다.[25]

촘스키 효과는 여기에 분명하게 드러나 있다. 왜냐하면 제임스 오블리비언은 이렇게 말하고 있기 때문이다. "위에서 말씀드린 아이템을 몇 가지 확인하면 여러분은 여러분을 찍어 누르는 시스템에 맞서 싸워야겠다는 생각을 하게 될 겁니다. 그렇게 되면 사회주의와 아나키즘의 사상을 설명해주는 유사 저서들을 발견하는 데 어려움이 없을 겁니다. 읽어주셔서 감사합니다······ 그리고 행운을 빌겠습니다. 연대!"

이러한 음악-정치연대의 효과는 강력하다. 그리하여 대중음악의 장에서 반체제 얘기가 나오면 반드시 촘스키가 거론된다. 아이디어의 원천으로서 혹은 필요한 정보의 제공자로서 제시되는 것이다. 2003년 콜로라도주 덴버에서 열린 콘서트에서 펄잼의 에디 베더는 조지 부시의 가면을 마이크 스탠드에다 꿰어서 무대 바닥에 떨어트렸다. 이 해프닝은 '수십 명'의 청중이 공연장에서 이탈하는 결과를 가져왔고 또 여러 사이트에서 뜨거운 논쟁의 주제가 되었다. 유러피언이라는 이름을 가진 한 개인은 2004년 11월 5일 이런 블로그 기사를 썼다.

빈 라덴이나 사담 후세인으로부터 세상을 구하자는 게 뭐가 잘못되었느냐고 말하는 사람들이 있습니다. 사담은 정말 나쁜 녀석이기 때문에 죽어 마땅하다는 거지요…… 하지만 이 문제에 대하여 정확한 시각을 견지해야 할 필요가 있습니다…… 어떤 사람들은 에디 베더가 전략이 없다고 말합니다. 그렇다면 조지 부시는 전략이 있나요? 미국 정부는요? 자유와 민주주의의 이름으로 미국이 진출한 국가들은 어떻습니까? 미국의 이런 진출은 미국 정부가 말하는 것 이상의 의미가 있지 않을까요? 미국은 지난 50년 동안 중동문제를 장악하려고 애써 왔습니다. 이 문제에 끼어들려면 미리 연구를 좀 해야 합니다. 미국 정부의 선의善意 운운하기 전에 독립된 시각으로 문제를 파악해야 합니다. 미국은 현재 극단적인 우파 그룹에 의해서 좌지우지되고 있습니다. 그 그룹은 평화의 미명美名을 내세우며 온갖 나라들을 정복하고 조종하는 일에 혈안이 되어 있습니다. 그들이 말하는 것을 절대로 믿지 마십시오. 잠에서 깨어나 진실을 빤히 처다보도록 하십시오. 물론 그들은 '그 자(사담 후세인)는 끔찍한 자'라는 얘기를 계속 떠들어댈 겁니다…… 물론 그는 독재자이지만 미국이 그 땅으로 들어가 중동에 또 다른 거점을 확보하기 위한 구실에 지나지 않는 겁니다…… 전 세계에 그들의 세력을 심으려고 말입니다…… 그럼 누가 이익을 볼까요? 설마 이라크 사람들이 이익을 본다고 말하지는 않겠지요? 물론 이제는 몇몇 이라크 사람들이 투옥되어 전기사형을 당하는 일은 없을 겁니다. 하지만 그에 못지않은 나쁜 일들이 벌어질 겁니다...... 이라크는 미국에 수십억 달러의 빚을 질 것이고 21세기 내내 그걸 갚아야 할 겁니다. 그렇지만 밥도 제대로 먹지 못하는 수많은 사람들이 생겨날 겁니다. 사립학교에서 공부한 소수의 엘리트들은 점점 더 부유해지고 배가 나올 겁니다. 세계의 나머지 국가들은 중립적인 방식으로 도와주려고 하지만 별 혜택이 없고, 미국은 간섭하지 말라고 소리칩니다. 아니면 강력한 군대를 가지고 와서 우리를 저지하라고 배짱을 내밉니다...... 이게 바로 그들이 하고 있는 짓입니다. 물론 온갖 번드레한 미사여구로 개살구를 감추고 있지만 말입니다...... 이런 헛수작을 폭로해야 합니다...... 그리고 에디 베더는 이 모든 것을 꿰뚫어 보는 몇 안 되는 미국인 중 하나입니다...... 나도 뭔가 좀 해봐야겠다고 생각하는 분이라면 집안에 들어앉아 텔레비전 뉴스만 보지 말고 독자적으로 연구를 해야 합니다. 미국의 뉴스 채널은 북한을 빼놓고 가장 왜곡되어 있는 집단입니다...... 그러니까 독자적인 연구를...... 노엄 촘스키를 한번 읽어 보십시오...... 현재 미국에서 가장 자유로운 사고를 가지고 있는 지식인입니다...... 어두운 숲에서 빠져나오려는 당신에게 행운이 있기를...... 당신이 꼭 성공하기를 빕니다.[26]

이러한 블로그, 과격한 독서 리스트, 음반가게에서 노엄 촘스키의 책을 사려고 하는 욕구 등에는 공통점이 있다. 우파가 너무 극단적으로 나가는 바람에 심각한 우려를 불러일으키고 있고, 심지어 정부의 조치에는 별로 관심이 없는 사람들까지도 우려하고 있다는 것이다. 많은 사람들이 보수인사 위주의 대법원 인사, 종교적 광신자들의 정부요직 진출,

국방부 예산의 증가, 부자들을 위한 대규모 감세와 그에 따른 사회적 지출의 감축 등으로 인해 새로운 반발 기류를 불러 일으켰다고 말한다.

그 좋은 사례가 2004년 조지 부시의 재선 캠페인이다. 이때 전 사이트들이 펑크와 록계에 정치문제를 이슈화했다. 예를 들어 펑크보터 닷컴punkvoter.com은 미국 정치에 관한 토론, 엄청난 조지 부시 때리기, 여러 음악밴드들의 기사 등을 올렸다. 여기에 참여한 밴드로는 프리스크Frisk, 크리미널Criminals, 블레이츠Blatz, 그룹스Gr'Ups, 쯔나미 밤Tsunami Bomb, 미드타운Midtown, 도브스Dwarves, 아카스AKAs, 조브레이커Jawbreaker, 제츠투브라질Jets To Brazil, 루너치크스Lunachicks, 식오브잇올Sick Of It All, 오퍼레이션 아이비Operation Ivy, 코먼 라이더Common Rider, 오소리티 제로Authority Zero, 트랜스 앰Trans Am, 쿨 애로 레코즈Kool Arrow Records, 골드핑거Goldfinger, 젤로 비아프라, 굿 리던스Good Riddance, 안티플래그, 페니와이스Pennywise, 배드 릴리전, 로렌스 암스Lawrence Arms, 레이저케이크 팬진Razorcake Fanzine 등이 있다. 예를 들어 더 그룹스는 펑크보터 닷컴 회의에서 패트 마이크Fat Mike, 젤로 비아프라, 샌프란시스코 시의회 의장 매트 곤잘레스Matt Gonzalez 등의 수많은 사람들을 만나고 집으로 돌아온 일을 쓰고 있다. "우리는 PVPunkvoter의 다음 단계를 구상했다. 그것은 훌륭한 파티가 될 것이다!"[27] 이 회의에서 거론된 우선사항들은 이러하다.

또다른 PV 우선사항은 로 대 웨이드Roe vs. Wade 판결(낙태를 허용한 대법원 판결)과 관련 사항들에 대하여 지속적으로 공격하는 것이다. 대법원과 기타 사법부 인사가 낙태, 기본적인 성건강, 성교육 프로그램의 존속에 핵심적인 사항이 될 것이다. 세 번째 우선사항은 미디어 재벌을 상대로 싸우면서 미디어의 정체를 폭로하는 일을 병행하는 것이다. 언론사들이 점점 소수의 손에 집중되고 있다. 또 이런 소수 언론사들의 횡포(가령 폭스뉴스Fox News)로 인해 우익 토크쇼와 웹사이트에는 우익이 좋다며 민중을 선동하는 자들이 판치고 있다. 이런 자들과 싸워야 한다. 그러려면 배리 글래스너Barry Glassner의 《공포의 문화: 왜 미국인들은 잘못된 것들을 두려워하는가? The Culture of Fear: Why Americans Are Afraid of the Wrong Things》와 노엄 촘스키의 《여론조작》을 읽어야 한다![28]

오퍼레이션 아이비Operation Ivy와 코먼 라이더Common Rider의 제시 마이클스Jesse Michaels는 촘스키나 진의 저서를 읽음으로써 '정보'를 획득하는 요령에 대하여 적었다. 그의 말을 그대로 인용한다.

내가 다른 것을 말하기 전에 이 급진적인 것들은 위대하고 아주 중요한 것이라는 말씀을 드리고 싶습니다. 지금 세상은 무섭다 못해 오싹하기까지 한 상황입니다. 우리는 온 세상에 널리 퍼져 있는 봉건주의를 목도하고 있습니다. 이제 세상을 정확하게 평가하고 어떤 조치가 통할 것인지 살펴보고 무엇이 이 세상을 바꿀 수 있고 또 무엇이 정말로 실용적인지 알아봐야 할 때입니다. 좌익 쪽에 있는 사람들, 특히 젊은 사람들은 **부유**해져야 합니다. 폭스뉴스 같은 네트워크를 운영할 수 있는 수단을 가져야 합니다. 좌파 사람들은 부자들의 언어를 이해해야 합니다. 체 게바라의 농민봉기 철학을 이해하는 것보다 경제학, 테크놀로지, 권력자들이 정책을 입안하는 방식 등을 이해하는 것이 훨씬 더 중요합니다. 하워드 진은 훌륭한 좌파학자이고 세상에 많은 봉사를 했지만, 좌파는 하워드 진만 많고 루퍼트 머독은 충분히 있지 않습니다. 노엄 촘스키는 훌륭한 연구자이고 정보 전파자이지만, 좌파에게는 다이볼드, 체니, 부시 같은 저돌적인 인물이 부족합니다. 물론 이 세상을 암흑시대로 되돌리려는 보수반동적인 인물들이 필요하다는 얘기는 아닙니다. 좌파는 아이디어를 실천할 수 있는 사람, 거칠게 싸우려는 확신의 인물을 필요로 하는 겁니다. 나의 미래는 문과 학위를 따고서 《반자본주의 독본Anti-Capitalist readers》을 가방에 넣고 다니는 그런 젊은이들이 아닙니다. MIT에서 테크놀로지나 경영학 학위를 따고서 자신의 삶을 충실히 살아나가면서 **정부와 언론 분야에 획기적인 변화를 일으키려 하는 그런 젊은이**들입니다. 왜 이런 것이 진보파 인사들에게는 금기시되고 있습니까? 좌파는 돈을 두려워하는데 그것이 결국 도둑 재벌을 도와주는 것이 됩니다. 밴드나 작가들이 성공했다고 해서 '집을 팔고서 다른 곳으로 이사 가면' 그건 결국 동네에 부랑자들이 있기를 바라지 않는 엘리트들만 돕는 꼴이 돼요. 더욱 나쁜 것은, 이런 반反금전적 태도가 제한된 수단, 제한된 권력, 제한된 행복을 가진 심리적 게토(빈민촌)를 지적하는 사람들을 제한한다는 것입니다. **돈**이 지난 선거를 빼앗고/이겼습니다. **돈**이 폭스뉴스를 만들어냈습니다. **돈**이 이라크 전쟁을 만들어냈습니다. **돈**이 석유 로비와 **MIC**(군산복합체, Military Industrial Complex)를 만들어냈습니다. 좋은 쪽으로 훌륭한 사례는 패트 음반사의 패트 마이크입니다. 패트 마이크는 정치적 인물은 아니지만 자신의 힘(달러)을 실제적이고 구체적인 목적에 연계시켰습니다. 그는 부시에 저항하는 록을 기획했습니다. 몇 달간에 걸친 순회여행은, 시위현장에는 아예 가지 않으려는 쇼핑몰 문화 세대의 가슴에 하나의 씨앗을 뿌렸습니다. 이것은 내가 잘난 척하려는 것이 아니라 하나의 진실입니다. 마이크보다 더 세련된 자가 더 많은 수단을 가지고 똑같은 일을 하면 어떻게 되겠습니까?[29]

이러한 사이트들에 나와 있는 정치적 견해들은 아주 많다. 하지만 도움과 정보에 대해 의견을 내는 사람들에게서 찾아볼 수 있는 공통점은 노엄 촘스키를 읽으라는 것이다. 또 촘스키의 전반적인 견해가 그들에게 많은 도움을 주었는데 다른 사람들에게도 그러할 것이라는 의견이다. 이처럼 대체정보원을 찾아보라고 권유하고 또 이 세상의 움직임을 좀더 깊이 있게 파고들라고 요청한다.

재키 렌Jackie Renn이 '리얼 체인지 뉴스Real Change News'를 위해 수행한 인터뷰에는 '골치 아픈 펑크 원조 조 케이틀리의 전통과 민중의 힘A Tradition of Troublemaking Punk Grandad Joe Keithley on post-grunge music and People Power'[30]이라는 제목이 붙었는데, 렌은 이렇게 회상한다. "MTV의 록 더 보트Rock the Vote 이전에는 펑크뮤직의 록 어게인스트 레이건 Rock against Raegan이 있었다. 이제 펑크음악의 기본 요소인 반항이 2004년 선거에 새로운 피를 수혈하고 있다." 또 케이틀리는 독자들에게 이런 사실을 상기시킨다. "펑크 록은 음악의 스타일일뿐 아니라 하나의 문화다. 1970년대 영국의 몰락과 1980년대 미국 대내외 정책에서 유래한 반체제 운동이다."

케이틀리는 이 인터뷰에서 자신의 정치활동도 회상했다. 녹색당 후보로 선거에 나선 적도 있지만 현재는 주로 피켓라인(시위대)의 기타리스트로 활동한다. "나는 그곳 노동운동에 많은 친구가 있습니다. 우리는 대규모 반전시위에 나가서 기타를 연주했습니다. 아주 멋진 행사였어요. 노엄 촘스키도 와서 연설했습니다. 우리는 반세계화 시위 같은 것도 했지요. 그 밖에 적절한 주제가 있으면 그걸로 시위를 했습니다. 나는 어떤 한 가지 정치철학만 내세우지는 않았습니다. 나는 사람들, 이른바 민중의 힘과 함께 했습니다." 촘스키를 초청한 이유는 그 사람들에게 동기를 유발하기 위한 것이었다. 그의 말을 빌리면 이렇다. "사람들은 어떤 일에 일치단결하면 정부도 거꾸러트릴 수 있습니다."

펑크 록은 음악을 하면서 현실문제에 참여하기 때문에 반反현상유지에 강한 매력을 느낀다. 하지만 주류를 향해 저항할 때, 부시를 노골적으로 비난하다가 공격당한 딕시 칙스가 눈앞에 어른거린다. 매트 쉴드Matt Schild가 쓴 2003년 5월 26일자 '권력에 맞서 싸우다Fight the Power'[31]라는 기사에서 NOFX의 마이크 버케트Mike Burkett는 이렇게 논평했다. "이제 모든 사람이 딕시 칙스 꼴이 날까봐 두려워하고 있다. 정부에 대하여 나쁜 얘기를 하면 상당수의 팬을 잃어버릴 수도 있다. 누가 자기 팬들이 멍청이이기를 바라겠는가? 하지만 현실문제에 대하여 솔직히 발언하는 것이 예술가의 책무라고 본다. 노엄 촘스키는 이 문제 하나를 가지고 연설했다. 예술가가 발언을 하지 않는다면 누가 하겠는가?"

자, 그러면 음악이 촘스키에게 미친 영향과 역할을 한번 살펴보자. Z네트 사이트는 포크음악, 반전음악, 대중음악, 시민운동음악 등 상당한 라이브러리를 갖고 있다. 하지만 촘스키는 이런 것들에 대하여 별로 신경을 쓰지 않았다. 2001년 데이비드 바사미언과 했던 인터뷰집인 《프로파간다와 대중의 마음: 노엄 촘스키와의 대화Propaganda and the Public Mind: Conversation with Noam Chomsky》에서 촘스키는 말한다.

"지배와 통제체제의 핵심은 사람들을 서로 떨어트려 놓아 단체행동이 벌어지지 않게 하는 것입니다. 과거 워블리 노동자들이 1930년대의 노래가사에서 말한 것처럼, '이웃에게 물어봐'가 되지 않는 겁니다. 우리가 이웃에게 물어보지 않는 한, 우리는 지금이 좋은 시대인가보다 하고 생각하게 됩니다." "그 노래의 가수가 누구입니까?" "티본 슬림T-Bone Slim입니다." "선생님이 티본 슬림의 노래를 듣는단 말씀입니까?" 촘스키의 대답은 예상하지 않은 것이었다. "그런 얘기를 읽었습니다. 나는 음악의 세계에 대해서는 잘 모릅니다." (!)(146-147)

한번 지나간 화제이지만 그것을 잊지 않은 바사미언은 나중에 그 대화를 회상한다. "지난 번 인터뷰에서 선생님은 티본 슬림의 노래를 언급해서 저를 놀라게 했습니다. 어떤 책에서 그 노래에 대해서 읽었겠지요. 선생님의 저서에 다른 음악가 얘기가 있습니까?"

촘스키 | 내가 조심스럽게 집필한 것을 당신은 읽지 않았군요.(웃음) 나는 그것을 내 저서에서 인용했습니다. 하지만 그걸 찾아내는 건 당신에게 맡기겠습니다. 나는 2년 전 한 아나키스트 출판사가 발간한 티본 슬림 가사집에서 그것을 보았습니다. 좀 마음에 들었지요.
바사미언 | 1930년대와 1940년대 그리고 우디 거드리와 직조공시대로 거슬러 올라가 볼 때 선생님은 그들의 음악에 연대감을 느끼십니까?
촘스키 | 별로 느끼지 못합니다. 나는 몇 년 전만 해도 레드벨리의 노래를 들었어요. 그걸 듣기는 했지만 거기에 큰 기여를 한 건 아닙니다.
바사미언 | 오늘날 일부 음악 그룹은 선생님으로부터 영감을 얻고 있습니다. 가령 레이지 어게인스트 더 머신, U2, 춤바왐바, 배드 릴리전 등이지요. 이런 그룹들은 선생님을 실제로 레코딩 하기도 했습니다. 그들이 여전히 선생님께 접촉하고 있습니까?
촘스키 | 가끔 인터뷰를 하는 정도입니다. 2주 전에 레이지 어게인스트 더 머신의 뮤지션과 인터뷰를 했습니다. 나는 가끔 그 그룹의 음악을 듣기는 하지만 그에 대해서 잘 알지는 못합니다.(203-204)

이 대화에서 촘스키의 어조는 건조하면서 반어적이고 때로는 냉소적이다. 이 점에 대해서는 바사미언도 언급하고 있다("그의 풍부하면서도 건조한 유머감각은 사실의 산더미에 갇혀서 잘 눈에 띄지 않는다", 같은 책 ix). 이것은 적당한 자기비하, 자신의 가치와 한계에 대한 확고한 인식, 건전한 냉소주의가 잘 어우러진 촘스키의 특징이다.

> **모렐로** | 혹시 어떤 특정 음악을 좋아하십니까? 혹시 저희에게 연주를 요청할 신청곡이 있으신지요?
>
> **촘스키** | 나의 기호를 말해주면 당신은 충격을 받을 겁니다.
>
> **모렐로** | 오, 아닙니다. 말씀하세요. 충격도 좋지요, 뭐.
>
> **촘스키** | 거의 없습니다. 내가 좋아하는 음악이라는 것은 아주 어릴 때의 것, 아니면 그보다 더 이전의 것입니다.
>
> **모렐로** | 우리의 CD 카탈로그는 아주 광범위합니다. 한번 트라이해 보십시오.
>
> **촘스키** | 뭐라고 해야 할지 모르겠군요. 베토벤의 후기 현악사중주곡들.
>
> **모렐로** | 리듬 앤 블루스나 대중음악이면 뭐든지 좋습니다. 혹시 뭐 생각나는 거 없으세요?
>
> **촘스키** | 난 너무나 무식하기 때문에 나한테 물어볼 필요도 없을 거예요. 아이들이 자랄 때에는 좀 알았는데 그건 아주 여러 해 전 일이죠.

촘스키는 여기서 유머러스하게 말하고 있는데("당신은 충격을 받을 겁니다" "그보다 더 이전의 것" "나한테 물어볼 필요도 없을 거예요"), 이런 스타일은 그의 연설이나 글에도 모두 스며들어 있어서 촘스키 효과의 강력한 한 부분을 이룬다. 나는 이 문제를 마지막 장에서 좀 자세히 다룰 것이다.

또 촘스키가 직접 음악인들과 협력한 경우도 여러 번 있었다. 가령 춤바왐바의 앨범 〈자유로운 인류에 위하여, 아나키를 위하여For Free Humanity, For Anarchy〉와 배드 릴리전의 〈새로운 세계 질서: 전쟁 #1New World Order: War #1〉(1차 걸프전에 항의하기 위하여 미국 잡지 《맥시멈로큰롤》이 내놓은 것), 더 마샤 블레인 여성학교-스쿨 디스코 볼륨 2The Marcia

Blaine School For Girls-School Disco Volume 2(메탈-온-메탈Metal-on-Metal이 발매)에 '자본주의에 관한 연설Capitalism Speech'이라는 제목으로 들어간 촘스키 단독의 트랙 등이 그것이다.

배드 릴리전의 사이트http://www.badreligion.com/titles에 들어가 보면 2004년 6월 8일자 에피탑 음반사의 노트를 볼 수 있다.

"앨범〈제국이 먼저 친다The Empire Strikes First〉는 신선하고 열정적이고 위대한 로큰롤 활동가들이 가장 중시하는 주제들이 생생하게 살아있는 노래 14곡을 포함하고 있다. 이제 로큰롤은 1980년대 초반으로부터 멀리 떠나왔다. 하지만 오늘날 그래핀과 구어위츠의 일차적 관심사는 이 음악밴드가 오랫동안 추구해온 복잡 미묘한 진화가 아니다. 이들은 국내의 혼돈과 국제적 현상에 대해 시선을 집중하는 화제만발의 작곡가다. 배드 릴리전은 1991년 1차 걸프전 때 맥시멈로큰롤 사에서 발매한 7인치 앨범의 한 면을 MIT 교수 노엄 촘스키에게 할애하여 이런 문제에 대한 관심을 표시했다. 촘스키 교수는 이 밴드와 마찬가지로 현재의 문제들에 깊은 관심을 표시하면서 인간의 비참함을 은폐하고 더욱 악화시키는 세력들을 폭로하는 일에 매진하는 행동하는 지식인이다."

이런 예술과 정치의 연계를 언급하면서 이 노트는 계속해서 이렇게 말한다. "앨범〈제국이 먼저 친다〉는 아주 훌륭한 앨범이라고 말하고 싶다. 왜냐하면 밴드의 창조적 멤버인 보컬리스트 그래핀과 기타리스트 구어위츠는 전쟁의 살상, 비참, 파괴 더 나아가 전쟁이 권리장전을 짓밟는 것을 규탄하고 있기 때문이다. 이 밴드가 지난 몇 년 동안에 나온 것들 중에서 가장 힘 있고 가장 영감에 넘치는 앨범을 내놓은 것은 행복한 우연의 일치 이상의 의미를 갖는다."

우리는 이것이 참여의 효과라고 말하는 것 말고는 달리 표현할 길이 없다.

THE CHOMSKY EFFECT

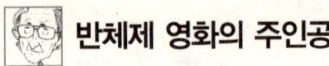
반체제 영화의 주인공

노엄 촘스키는 1992년 마크 아크바Mark Achbar와 피터 윈토닉Peter Wintonick과 함께 영화 〈여론조작: 노엄 촘스키와 언론〉을 제작했고, 2003년에는 윌 파스코Will Pascoe와 함께 〈쉼 없는 반항자Rebel Without a Pause〉를 제작하면서 빅 스크린에도 등장했다. 이 두 영화(특히 〈여론조작〉)는 전 세계적으로 인기가 높았다. 뒤에서 살펴보겠지만 이 영화들의 호소력은 미국 내에서보다는 해외에서 더 높았다. 〈여론조작〉에 대해서 빌링슬리는 이렇게 논평했다. "이 영화는 미국 대학 캠퍼스에서 널리 상영되었고 최근에는 PBS에서도 상영되었다. 이 방송국은 영화의 테이프와 《촘스키 독본The Chomsky Reader》을 보너스 상품으로 내놓았다." 이 영화는 촘스키 효과를 보여주는 여러 장면들을 담고 있다.

우선 긍정적 측면을 살펴보면, 영화는 그의 연설을 열렬히 기다리는 수천 명의 관중과 여러 인터뷰어들을 상대로 하여 다양한 주제들을 분석해나가는 촘스키의 모습을 보여준다. 하지만 《시애틀 타임스Seattle Times》의 1993년 6월 10일자 존 하틀John Hartl의 기사는 부정적 측면도 있다고 말한다. "영화가 상영되는 167분 동안 촘스키는 윌리엄 F. 버클리(촘스키의 면상을 후려치겠다고 협박한 인물)에서 보스턴대 총장 존 실버(촘스키를 '조직적인 거짓말쟁이'라고 비난한 인물)에 이르기까지 다양한 인물들과 의견을 교환한다."

하지만 마이클 무어Michael Moore의 〈화씨 9/11Fahrenheit 9/11〉이 그러하듯 이 영화는 관객의 심금을 울렸고 그들은 열광적으로 반응했다. 내셔널 퍼블릭 라디오National Public Radio(전국 공영 라디오)에서 패트 도웰Pat Dowell이 가진 인터뷰에서 영화제작이 촘스키에게 미친 효과가 분명하게 언급되었다.

도웰 | 쇼핑몰에서 쇼핑을 하는 사람들만이 그 영화를 보지 않았습니다. 그들은 사상통제, 걸프전, 불합리한 호전적 애국주의를 부추기는 관중동원 스포츠를 비난하는 촘스키 따위는 잊어버린 채 미니 골프에 열중했습니다. 극장에서 이 영화를 본 관중들은 커다란 호응을 보였습니다. 촘스키는 많은 편지를 받았는데 그 중에서 스포츠에 대한 분석을 비난하는 것이 많았다고 합니다. 촘스키가 정작 고맙게 생각하는 것은 그 영화가 동티모르에 대한 관심을 불러일으켜 시민운동가들에게 큰 도움을 준 것이라 합니다. 윈토닉과 아크바가 몇 년 동안 카메라를 들고 촘스키의 뒤를 졸졸 따라다녀도 좋다고 승낙한 보람이라는군요.

촘스키 | 사실 한동안 비행기에서 내리면 그 두 사람의 웃는 얼굴이 나를 기다리고 있었습니다. 그들은 보면 내 가슴이 철렁 내려앉았지요. 뭐라고 할까, 영화 〈달콤한 인생 Dolce Vita〉의 첫 장면 같았어요.

도웰 | 노엄 촘스키가 영화를 본다고요? 펠리니 영화를?

촘스키 | 예. 나는 때때로 일반 대중들 앞에서 안 그런 척했지만 실은 대중문화로부터 그리 멀리 떨어져 있는 사람이 아닙니다.

이 대화에서 촘스키가 불편하게 여기는 한 대목이 엿보인다. 이것은 앞으로 살펴보겠지만 영화라는 장르와 관계가 있다. 첫 번째 문제는 전기적 장르가 당사자의 프라이버시를 침해하는 측면을 갖고 있다는 것이다. 그리고 두 번째 문제는 혼자 혹은 집단적으로 양심적인 행동을 촉구하는 활동가의 생애를 담은 작품에는 은연중에 그 사람을 숭배하는 경향이 엿보이는 것이다.

첫 번째 문제(프라이버시 침해)에 대해서 촘스키는 이렇게 말한다. "내 아내는 그 문제에 대하여 하나의 철칙을 내놓았습니다. 언론이 우리집, 아이들, 개인생활 근처에 얼씬 해서는 절대 안 된다는 것이었지요. 나는 그 철칙에 동의했습니다. 내가 널리 알리려고 하는 것은 사람의 문제가 아니라 사상과 원칙의 문제입니다. 만약 사람들이 어떤 개인을 하나의 도구로 사용하고자 한다면 그건 좋습니다. 하지만 나의 개인생활이나 아이들 그리고 내가 사는 곳 등은 그런 문제와는 전혀 관계가 없는 겁니다."

두 번째 문제(개인숭배)에 대해서 촘스키는 영화 〈여론조작〉을 보지 않았다고 전제하면서 이렇게 말했다. "그건 별 흥미롭지 않은 개인적 이유 때문에 그렇습니다. 나는 나 자신에 대한 얘기나 내가 이렇게 했더라면 더 좋지 않았을까 하는 얘기 따위를 듣기 싫어합니다. 그러나 이보다 더 일반적인 이유가 있습니다. 제작자들이 이것을 극복하려고 많이 애를 쓰고 또 실제로 극복했겠지만 그래도 영화라는 속성상 피할 수 없는 어떤 것이 있습니다. 가령 어떤 개인—이 경우에는 제가 되겠는데—이 대중운동의 지도자라는 인상 혹은 그런 지도자가 되려 한다는 인상을 피하기가 어려운 겁니다."

촘스키의 말은 정말 겸손하게 들린다. 각종 신기한 발언이 난무하는 프로그램과 리얼리티 TV를 한번 보라. 대중적 지식인들을 포함하여 많은 사람들이 단 5분간의 명성을 얻기 위하여 그야말로 몸부림을 치고 있다. 촘스키가 볼 때 이런 것은 사람들 사이에 유대관계를 단단하게 하여 공동체를 형성하는 기회를 망치는 아주 나쁜 행위다. 촘스키는 이런 사람들과는 다른 예외적 입장을 취하고 있는데 거기에는 타당한 이유들이 있다. "사람들이 공공영역에서 의미 있는 참여 활동을 할 수 있는 정치조직이나 결사의 형태가 별로 없는 형편입니다. 사람들은 자신을 희생자로 여깁니다. 그들은 따로 따로 떨어져 있는 프로파간다의 희생자들입니다. 그런 상황에서 누군가가 다가와 그들이 속으로만 생각하고 있던 것, 진정으로 믿고 있는 것을 얘기해주면 발견과 흥분의 표시가 나타납니다. 그러면서 어쩌면 나는 외돌토리 희생자가 아닐지도 모른다고 생각합니다."32

그래서 〈여론조작〉의 효과는 강력했다. 촘스키가 말한 '발견과 흥분'의 효과를 일으켰고 촘스키의 사상을 실천하고 전파하는 유익한 도구가 되었다. 그러나 시간이 지나면서 촘스키는 좀 복잡한 이유 때문에 그 효과에 대해 침묵하게 되었다. 1993년과 1996년 사이에 매사추세츠 주 우즈홀에서 있었던 마크 아크바 등과의 토론에서 이 영화와 관련된 질문을 받았다. "당신은 왜 이 영화를 보지 않는가?" "이 영화는 당신이 널리 알리고 싶어 하는 사상을 전파하는 데 있어서 어떤 역할을 하는가?"

지금까지 우리가 서술해온 촘스키의 태도로 비추어볼 때 이에 대한 대답이 어떠할지 미리 짐작해볼 수 있다. 그의 희망은 사람들이 스스로의 힘으로 사태의 본질을 분석하고 이어 여러 문제와 아이디어를 탐구하기 위해 다른 개인들과 상호 협력하는 것이다. 이런 희망을 갖고 있기 때문에 사람들이 촘스키의 말에 일방적으로 복종하기를 바라지 않는 것이다.

"나는 그 영화 때문에 수많은 편지를 받았습니다. 캐나다의 한 제철 공장 노동자로부터 이런 편지를 받았습니다. '나는 친구들을 데리고 그 영화를 세 번 보았습니다. 정말 좋았습니다.' 이런 편지는 정말 좋습니다. 하지만 표준적인 편지는 약간 다릅니다. 대충 이런 내용입니다. '이런 영화를 만들었다니 정말 기쁩니다. 전에는 이런 생각을 하는 사람이 이 세상에서 나뿐인 줄 알았습니다. 다른 사람도 그런 생각을 하고 또 겉으로 표현하기까지 하다니 정말 반가웠습니다.' 이어 결정타가 나옵니다. '당신의 운동에 참가하려면 어떻게 하면 되겠습니까?' 사람들이 이렇게 물어오면 나는 대답하기가 참 난감한 겁니다." (319)33

여기에는 몇 가지 요점이 있다. 먼저, 촘스키는 그를 초청한 조직 혹은 폭넓은 시민운동을 위해 불려나온 연사다. 따라서 그가 연단에 서게 되었다는 것은 그 행사를 조직한 여러 사람들의 노고가 있었다는 얘기다. 따라서 칭찬해야 하는 부분은 바로 그런 노고다. "그러니까 강연하는 나를 찍은 영화가 나왔다는 것은, 어떤 사람들이 그러한 강연을 '조직했기' 때문이고, 실제로 진짜 중요한 일은 강연을 조직한 그런 사람들이 하는 겁니다. 그러한 강연을 철저히 추적해보면, 공동체 현장에서 일하는 사람들이 그것을 은근히 조직해왔던 겁니다. 그렇게 해서 사람들을 단결시키는 행사의 일환으로 어떤 연사를 데려왔습니다. 그렇지만 정작 강연에 나선 연사는 그 어떤 의미에서도 '리더'가 아닙니다."(319)[34]

그렇다면 이 시점에서 촘스키의 사상이라는 것이 어디에서 왔느냐고 물어보는 것이 합리적일 듯하다. 촘스키는 자신의 사상을 가지고 연설회에 나왔고, 청중들은 그가 말하는 것을 들으러 온 것이 아닌가? 하지만 그는 여러 저서에서 **자신이** 정치 분야에서 발언한 것, 심지어 언어학 분야에서 주장한 것 등도 예전의, 잊힌 사상가들에게서 나온 것이라고 말한다(이 문제는 3장에서 자세히 거론할 것이다). 그리고 그는 또다른 문제, 즉 개인숭배와 권위에의 승복이라는 문제를 거론하고 있다.

질문자 | 그래도 영화에서의 대중매체 비판은 선생님의 강연에서 나온 것입니다.

촘스키 | 그래요. 하지만 그건 다른 사람들이 중요한 일을 하기 때문에 가능한 것이고, 나는 별로 한 일이 없습니다. 이것이 있는 그대로 솔직한 결론입니다. 나도 몇 년 전에 운동조직에 참여하곤 했는데ㅡ모임에 나가고, 저항에 참가하고, 감옥에 가는 등 그 모든 것을 해보았지만ㅡ썩 뛰어나지는 못했습니다. 여기 나와 있는 몇몇 분이 그것을 증언할 수 있습니다. 따라서 일의 분담이 좀 이루어졌습니다. 나는 지금 하는 일을 맡기로 결정하고, 다른 사람들은 계속 운동조직을 꾸려

나가는 일을 하기로 말입니다.

같은 대학교와 대학원을 다니고, 우등상을 받고, MIT에서 강의하는 등 나와 똑같은 길을 걸어온 내 친구들이 나와는 다른 길을 걸어갔습니다. 그들은 자기 시간을 들여 시민운동을 조직하고 있는데, 그것은 훨씬 더 중요한 일이고 따라서 영화에 등장하지 않습니다. 그것이 바로 차이점입니다. 내 말은, 내가 근본적으로 덜 중요한 일을 한다는 뜻이고 이건 감출 수 없는 사실입니다. 비록 부수적인 일이기는 하지만 내가 잘 할 수 있기 때문에 이런 강연 일을 하고 있는 겁니다. 나는 일부러 겸손한 체 하는 것이 아닙니다. 나의 일도 나름대로 유익해서 정말로 중요한 일을 하는 사람들에게 어느 정도 도움을 줍니다. 아무튼 내가 알고 있는 역사상의 모든 민중운동은 그런 식으로, 이름이 알려져 있지 않은 민중에 의해 주도되었던 것입니다.

사실, 권력층은 다음과 같은 생각을 사람들의 머릿속에 심어놓기를 좋아합니다. 그러니까 어떤 일을 해나가는 데 있어서 이른바 지도자가 있다면, 민중은 그 지도자를 충실히 따라가는 것이 그들의 의무라는 생각 말입니다. 이것은 민중을 모독하고 민중의 품위를 떨어트리고 그들을 수동적인 존재로 만들려는 다양한 수법들 중 하나입니다. 나는 이런 공작을 어떻게 극복해야 할지 잘 모르지만 사람들이 정말로 경계하면서 계속 풀어나가야 할 문제입니다.

질문자 | 저는 동티모르를 위한 시민운동에 참여하고 있습니다. 저는 그 영화가 우리의 일을 완전히 다른 차원으로 올려놓았다고 말씀드리고 싶습니다. 현장에서 뛰고 있는 사람들은 그 영화 덕을 많이 보았습니다. 물론 그 영화 때문에 선생님이 개인적으로 약간의 문제를 느끼시긴 하지만.

촘스키 | 그렇습니다. 정말 그렇습니다.

또다른 질문자 | 저는 이제 솔직히 말씀드리겠습니다. 오늘 아침 제 친구를 선생님께 데리고 가서 선생님 책에 사인을 받으면서 좀 기이하다는 느낌이 들었어요.

촘스키 | 그래요, 그건 기이한 일입니다. 정말 잘못된 일이지요. 샌프란시스코 같은 곳에서는 정말 난처합니다. 버클리 캠퍼스를 지나갈 때면 문자 그대로 20명 가까운 사람들이 다가와 내게 사인을 요청합니다. 왜들 그러는지 모르겠어요.

질문자 | 부자연스러운 일이지요.

촘스키 | 그렇습니다, 아예 문제 핵심을 놓치는 거예요. 사실상 정확한 사태 파악도 아니고요. 내가 늘 말하듯이, 진짜 일은 이름 없는 사람들이 수행하는 거잖습니까. 그것은 역사상 그 어떤 민중운동에서도 늘 그랬어요. 이름 없는 사람들이 항상 주역이었지요. 하지만 유명한 사람들은 그런 파도의 물마루에 올라타려고 합니다. 그러니까 그 흐름을 타고, 기회를 틈타 권력을 잡으려고 합니다. 그것이 일반적인 현상입니다. 민중을 열심히 돕다가 그런 흐름에 우연히 편승하는 것과는 전혀 다른 이야기지요. 하지만 중요한 것은 흐름이지 그 흐름에 올라타는 자가 아닙니다. 그것이 바로 민중이 이해해야 할 일입니다. 영화에서 이런 점을 어떻게 전달해야 하는지 그건 나도 잘 모르는 문제지만요.(《촘스키, 세상의 물음에 답하다 Understanding Power》, pp. 321－322)[35]

두 번째 장편영화인 〈쉼 없는 반항자〉에서도 동일한 문제가 발견된다. 이 다큐멘타리 영화는 영화관을 자주 찾는 관람자들에게 촘스키 효과에 접할 수 있는 두 번째 기회를 준다. 몇몇 리뷰는 이 문제와 관련하여 시사하는 바가 많다. 〈다큐라마 Docurama〉의 존 단지거 John Danziger는 이렇게 말했다.[36]

노엄 촘스키를 록 스타로 생각하기 위해서는 상당한 충성심이 있어야 한다(음악에 관하여 기본적인 관심이 있어야 함은 말할 것도 없다). 하지만 그것이 이 다큐멘타리를 보는데 필요한 전제조건이다. 이것은 영향력 높은 언어학자 겸 교수인 촘스키의 초상이다. 이라크전 발발 직전 몇 달 동안 촘스키의 일거수일투족을 일일이 기록하는 것은 일종의 가내산업이 되었다.

이 DVD의 껍데기에 붙어 있는 스티커는 이 영화가 〈여론조작〉 이래 가장 중요한 다큐멘타리라고 주장한다. 이런 광고 문구를 보고 있노라면 이와 유사한 영화가 대체 몇 종이나 있는 걸까 의아한 느낌이 든다. 촘스키의 지명도에 대한 온갖 소음과 함께 촘스키 자신에 대한 정보도 많이 담겨 있다. 특히 그의 사상이 주류 언론에서 홀대받고 있다는 점이 강조된다. 설사 당신이 그의 의견에 강력하게 반대한다고 할지라도, 그가 책을 많이 읽었고 정보가 많으며 아주 영향력 있다는 사실은 시인할 것이다.

많은 논평가들이 〈쉼 없는 반항자〉는 〈여론조작〉처럼 강력한 영향을 주지는 못한다고 지적했다. 그냥 그의 연설을 담은 테이프나 비디오를 보는 듯한 느낌이라는 것이다. 가령 크리스토퍼 롱Christopher Long은 《DVD 타운DVD Town》에 이런 글을 썼다.[37] "당신이 영화에 관심이 있다면 이 사실을 이미 알고 있을 겁니다. 당신이 촘스키를 좋아한다면 이 영화를 보고 싶을 겁니다. 그를 역겹다고 생각한다면 보지 않을 겁니다. 〈쉼 없는 반항자〉는 촘스키 다큐멘타리의 결정판인 〈여론조작〉에 비할 바는 못 됩니다. 하지만 하나의 역사적 기록으로 보람 있는 시도였고 가치를 갖고 있습니다. 보면서 흥분을 느낄 그런 영화는 아닙니다. 촘스키 자신도 스스로 역동적인 연설가는 못 된다고 시인했습니다. 하지만 그는 많은 사람들이 듣고 싶어 하는 메시지를 갖고 있습니다."

규모가 훨씬 작기는 하지만 〈권력과 테러: 우리 시대의 노엄 촘스키 Power and Terror: Noam Chomsky in Our Times〉라는 영화도 있는데 영화학도 혹은 촘스키 열광자가 만들어낸 열두 편의 영화들 중 하나다. 미키 Z Mickey Z[38]는 〈권력과 테러〉에 대해 논평하면서 "이 짧고 엉성한 영화"라고 표현했다. 그는 웨스트 빌리지의 영화 포럼에서 이 영화를 보았다고 한다. 그의 리뷰는 영화 자체보다는 음악가들 사이에서 갑자기 생겨난 촘스키 열풍을 언급하고 있다. 그는 말했다.

"이 영화는 9.11 이후의 지정학적 현실을 분명하게 제시하고 있다. 그것은 우리 모두가 듣고 싶어 하는 정보다. 인기 있는 허세와 알기 어려운 이론들이 아닌 정보다. 평소와 마찬가지로 이 반체제 언어학자는 통계수치, 인용문, 헤드라인 등을 편집하는 지겨운 일을 해냈다. 그 다음부터는 우리의 몫인 것이다."

이것이 대강의 주제다. 하지만 그는 이런 점도 지적했다. "촘스키는 음악가들이 먹은 것을 강낭콩 모양의 풀장에다 토해낼 정도의 언어로 말했다. 그래서 나는 당신에게 이 영화를 보고 그 메시지를 널리 퍼트리라는 것을 넘어서서, 음악팬들이 그들의 아이돌 스타에게 더 많은 것을 요구하라고 요구하고 싶다. 만약 보노나 기타 뮤지션들이 정치적 반항자의 모자를 쓰고 싶다면, 우리의 쇼 입장료를 좀더 내도록 하자."

우리가 이 장에서 지금껏 다루어온 내용에 비추어볼 때 이것은 흥미로운 주장이다. 하지만 미키 Z는 촘스키의 사상이 다양한 대중적 음악 매체를 통하여 전파되는 것을 축하해주기보다 그것이 이런 기이한 방식으로 전용되는 것을 개탄하고 있다. "불가피한 일이지만, 자본이 많은 록스타는 그들의 내적 기준점, 즉 엄청난 에고를 기준으로 모든 것을 판단한다. 그들이 보여줄 수 있는 최고의 칭찬은 어떤 사람을 그들과 같은 맹목적 숭배의 대상으로 만드는 것이다(나는 그것을 훤히 내다볼 수 있다. 노엄은 다음 번 강연에서 무대 위에서 다이빙을 할 것이다). 이런 개인숭배의 필연적 결과로 촘스키를 청년의 '영웅'으로 만들겠지만 그의 사상은 거의 전달이 되지 않는다는 문제가 생긴다. 기업의 횡포에 반대하는 주장이 대중음악 엘리트의 문제에서 박대받는 상황에서, 부유한 상류계급의 구성원들은 이제 쌍수를 들어 '반체제 언어학자'를 환영할 수 있게 되었다. 그리고 편리하게도 우리 나머지 사람들은 뒤에 처지도록 했다. 이것이 공손한 대중을 위한 계급투쟁이다."

그렇다면 미키 Z는 무엇을 기대하는가? "사라져가는 열대우림에 대하여 징징거릴 것이 아니라 미국의 기업, 미국 정부, 미국의 육식습관이 브라질의 국내 문제에 미치는 영향에 대하여 미국 대중을 교육시켜라. 굶어죽는 소말리아 사람들에 대하여 노래를 작곡하기보다는 전 세계적으로는 풍요로운데도 가난을 방치하는 사회조건에 대하여 수십만 명의 록콘서트 참가자들에게 이해시켜라. 만약 이렇게 하지 않는다면 우리는 이 음악가들의 앨범, 콘서트, 착취 공장에서 헐값으로 만들어낸 그들의 티셔츠에 대하여 불매운동을 벌일 것이다."[39]

이것은 흥미로운 접근방법이다. 장-폴 사르트르Jean-Paul Sartre가 2차 세계대전 후 펴낸 《문학이란 무엇인가?Qu'est-ce que la littérature》에서 작가들이 현실세계에 적극적으로 동참해야 한다는 주장을 연상시킨다. 사르트르는 《위마니테Humanité》라는 잡지에 이런 주장을 담은 글들을 계속 기고했는데 우리는 이 문제에 대하여 맨 마지막 장에서 다루게 될 것이다.

아티스트들에게 이러한 정도의 참여를 요구한다는 것은 복잡한 문제로서 아방가르드와 모더니즘의 문제로까지 소급된다. 그러면서 과연 이런 것들이 좋은 음악을 만들어내는 데 일조할 것인가 의구심을 갖게 한다. 어쩌면 그렇지 않을 것이다. 하지만 음악가들이나 그들의 공연에 참가하는 청중들은 반체제 담론을 잘 알고 있다. 앰프와 헤드폰이 꺼졌을 때 그런 담론이 그들을 어디로 이끌고 갈 것인가 하는 점은 물론 또다른 문제다(이 문제는 5장에서 거론할 것이다).

학계에서의 인기

촘스키와 그의 활동에 대한 높은 대중적 인기와 다양한 사람들이 그의 연설을 듣고 싶어 한다는 것을 감안할 때 그의 일상생활에 대한 일화가 많이 나돌아 다닌다는 것은 그리 놀라운 일이 아니다. 촘스키에 대한 몇몇 이야기들은 사실이다. 그러나 시간이 경과되어 혹은 그 이야기를 전달하는 사람의 편견 때문에 몇몇 이야기는 황당무계하기까지 하다. 하지만 그런 것들은 수많은 일화를 통해 모아진 긍정적이거나 부정적인 인상의 집적이다.

가장 널리 인용되는 에피소드로는 이런 게 있다. 어떤 시위에서 촘스키는 곤봉을 휘두르는 경관들에 의해 뒤로 밀리고 있었다. 그때 어떤 사람이 "그의 머리를 때려서는 절대로 안 돼!" 하고 소리쳤다는 것이다. 또다른 목격담으로는 이런 것이 있다. 촘스키가 영예로운 교토상을 타기 위해 일본으로 갔을 때의 일이다. 동행했던 누군가가 촘스키가 수년 전 미국 대학의 한 캠퍼스를 방문할 때 맸던 바로 그 넥타이를 매고 있는 걸 보았다. 그걸 지적하자 촘스키는 이런 반응을 보였다. "왜 넥타이가 두 개나 필요합니까?" 그는 내게도 이와 비슷한 말을 했다. 웨스턴 온타리오 대학에서 명예박사 학위를 받고난 직후 그는 자신이 행사에 입고 갔던 양복을 내 차 안에서 잘 접으면서 그 옷을 잘 보관해야 한다고 말했다. 왜냐하면 양복이라고는 그거 한 벌뿐이었기 때문이다.

그가 쉴 새 없이 일을 한다는 사실을 증언하는 에피소드들은 무수히 많다. 한밤중에 제자나 연구자들에게 전화를 걸어 구체적 숫자를 확인하고 의견을 제시하는 일이 부지기수라는 것이다. 또 촘스키가 늘어나는 책을 감당하지 못해 집안의 부엌을 들어내고 그 자리에 서가를 만들었다는 것이다. 몰고 가던 자동차가 고장이 나자 자동차 대리점을 찾아가 또다른 '푸른 색 차'를 요구했다는 것이다. 어떤 박사가 식이요법으로 체중을 좀 뺐다고 하니까, 촘스키는 점심 먹을 시간을 아낄 수 있었으니 얼마나 잘한 일이냐고 대답했다는 것이다.

이러한 에피소드들은 이런저런 사건들에 바탕을 두고 있는 것들이다. 대체로 긍정적으로 촘스키를 묘사하고 있는데 아주 바람직한 효과를 널리 퍼트리고 있는 사람의 초상이다. 하지만 그의 급진적인 사상과 학계나 상아탑 바깥에서 열정적으로 자신의 입장을 옹호하는 태도 때문에 그를 좋아하는 사람들 못지않게 그를 혐오스럽고, 사악하고, 파괴적이고, 위험한 인물로 여기는 사람들도 많다. 우리는 이런 사람들에 대하여 다음 장(2장)에서 알아보게 될 것이다.

그러나 촘스키를 좋아하든 싫어하든 그의 웅변기술이 전설적이고 거의 상대자가 없으며(촘스키를 반대하는 진영 내에서도!) 끈덕지게 자신의 입장을 견지한다는 점 등은 동의한다. MIT의 한 동료는 말한다. "그는 논쟁을 계속 밀어붙이는 경향이 있다. …… 그는 뒤로 느긋이 물러나 백화제방百花齊放하게 하고 젊은이들에게 다 시키는 그런 대가풍의 인물이 아니다."[40] 이러한 지적은 물론 일리가 있지만 촘스키가 사람들이 꽃피어나게 하는 터전을 마련해준다는 점을 간과했다는 점에서, 그리 공정한 평가는 아니다. 이처럼 사람들을 열심히 밀어준다는 것, 바로 이것이 그의 힘, 그의 유산, 그의 효과이며, 이 점에 대해서는 촘스키의 활동을 상당히 비판하는 사람들도 동의한다.

제프리 헉Geoffrey Huck과 함께《이데올로기와 언어학적 이론: 노엄 촘스키와 심층구조 논쟁Ideology and Linguistic Theory: Noam Chomsky and the Deep Structure Debates》(1996)을 썼으며 시카고 대학의 교수인 존 골드스미스John Goldsmith는 개인편지에서 이렇게 썼다. "촘스키의 긍정적 효과에 대하여 내가 자신 있게 말할 수 있는 것은 이런 겁니다. 그의 교사로서의 효과(MIT에서 그의 지도를 받은 학생들에게 끼친 직접적 영향과 저서를 통한 간접적 영향)는 아주 큽니다. 내가 되풀이해서 말했지만 나는 그분에게 커다란 신세를 졌습니다. 하지만 그가 공언하는 아나키즘과 인지과학이라는 실용적 분야는 너무나 동떨어진 것이어서 정말 그 두 가지를 편안하게 받아들이기가 어렵습니다."[41] 다른 사람들과 마찬가지로 골드스미스에게도 촘스키 효과의 이런 다른 측면이 느껴지는 것이다. 나는 2장에서 이런 부정적 효과에 대하여 다양한 관점, 다양한 인물 등을 제시하며 설명할 것이다.

촘스키 효과는 다면적일 뿐 아니라 여러 학문, 장르, 계층에 걸쳐 있다. 학문적인 것과 정치적인 것, 두 가지 사례만 들어도 촘스키의 방법과 효과에 대한 반응의 깊이와 넓이를 알 수 있을 것이다. 전 세계의 언어학계에는 촘스키의 언어철학을 신봉하면서 그 학문 결과를 널리 전파하고자 하는 학자들이 많이 있다.

하지만 또다른 언어학자 그룹, 특히 생성의미론 학자들은 다른 생각을 갖고 있다. 그들은 촘스키가 그들을 배반했고, 그들의 활동에 대해 거짓말을 했으며, 1960년대와 1970년대 사이에 그들 사이에서 발생한 분열의 스토리를 왜곡시켰다고 느낀다. 이러한 갈등은 흥미롭고 가치 있는 읽을거리가 될 수도 있을 것이다. 단, 그 갈등 스토리는 직업상의 시기심, 영토의 구분, 권력에의 의지, 학문적 혹은 학제간 경쟁의식, 가십, 비방, 왜곡 등에 초점을 맞추어서는 안 될 것이다(하지만 다른 학문 분야에서도 그렇지만, 언어학계에서도 이런 것들이 쉽게 발견된다).

나는 이런 효과를 기술하는 데 있어서 어느 한쪽 편을 들 생각은 없다. 특히 언어학계 내에서 발생한 개인적 불화의 전말에 대해서는 더욱 그러하다. 이런 문제는 다른 곳에서 골드스미스와 해리스가 언급한 바 있다. 하지만 촘스키가 언어학 분야에 미친 효과를 언급하지 않고서는 촘스키 효과를 전반적으로 검토한다는 것이 불가능하다(이 책의 6장에서 거론할 것이다).

그는 1950년대에 언어학계에 입문하여 독특한 아이디어로 이 분야에 혁명을 일으켰다. 그가 입문하던 당시의 아이디어들(분배주의, 행동주의, 구조주의)은 촘스키 혁명에 의해 퇴행적인 것이 되어버렸거나 주변적인 것으로 밀려났다. 그가 대학원생 시절부터 해온 이러한 활동의 위력 덕분에 충분한 신인도와 지위를 얻었고 그 때문에 대중적 관심사들에 대하여 책임 있는 지식인으로서 발언할 수 있게 되었다(이 책의 7장에서 거론할 것이다).

MIT 같은 훌륭한 연구대학에 촘스키가 있고 거기에 더하여 하버드 대학의 로만 야콥슨Roman Jakobson, 펜실베이니아 대학의 젤리그 해리스 같은 교수들이 있었기 때문에 언어학이 일반 대중에 널리 알려지게 되었다. 그렇지 않았더라면 일반 대중은 이런 연구에 별 관심을 갖지 않았을 것이다. 촘스키와 해리스, 그들의 잘 알려진 결별, 즉 야콥슨과 촘스키의 초기 관계(촘스키에게 MIT의 교수자리를 얻어준 사람이 야콥슨이었다) 등은 언어학 분야에 상당히 신비한 느낌을 불러일으켰다. 이 때문에 언어학에 대한 관심이 상아탑 바깥에까지 확산될 수 있었다.

물론 지명도 높은 언어학자와 언어학 관계 연구자들의 이름이 모든 사람들에게 알려져 유명하다는 얘기는 아니다. 하지만 많은 사람들이 헨리 헤니그스월드Henry Hoenigswald, 존 골드스미스, 조안 고프닉Joan Gopnik, 헨리 히즈Henry Hiz, 콘래드 쾨르너Konrad Koerner, 리 리스커 Leigh Lisker, 프레드 러코프Fred Lukoff, 로빈 래코프Robin Lakoff, 스티븐 핑커Stephen Pinker 등의 이름은 들었을 것이다. 촘스키의 제자였고 현재는 브랜데이스 대학의 교수인 레이 재켄도프Ray Jackendoff는 말한다. "촘스키는 이 분야를 아주 다른 방향으로 발전시켰다. 만약 그가 언어학 분야에 있지 않았더라면 대부분의 사람들이 이 분야에 진출하지 않았을 것이다. 한 분야를 이처럼 완벽하게 장악한 경우는 프로이드 말고는 없는 듯하다."[42]

물론 이런 상황의 부정적인 측면도 있다. 현역 언어학자들은 이제 촘스키가 은퇴했으니(그는 80세가 넘었다) 언어학 분야는 어떻게 될 것인가 걱정을 하는 것이다. 북아메리카에서 언어학 프로그램은 이미 공격을 받고 있다. 촘스키가 이 분야를 활성화하고 이 분야에 기여한 공로를 감안할 때 이런 인물이 사라진다는 것은 그들에게 큰 우려사항이 아닐 수 없다. 그러나 어떤 사람들은 원래 그렇게 주목받을 분야가 아닌 언어학이 촘스키와 해리스 때문에 너무 알려져 오히려 손해가 되었다고 생각하기도 한다. 또 어떤 사람들은 언어학 분야가 급격하게 쇠퇴하여 인류학 쪽으로 흡수되거나 아니면 비교적 신학문인 인지과학으로 흡수될 것이라고 내다본다.

데이비드 히프는 생성문법과 기타 경쟁 문법이론이 결국 하나로 합쳐질 것이라는 또다른 시나리오를 제시한다. "나는 아주 낙관적인 사람이기 때문에 이런 시나리오에 마음이 끌리고, 또 전에는 분파적이었던 사람들이 요사이는 서로 말을 하고 다니는 것(적어도 미국에서는)을 보아 그런 생각을 갖게 되었다. 합치 시나리오는 북아메리카 이외의 지역에서도 좋은 아이디어다. 특히 영국과 유럽의 일부 지역에서 그렇다. 이런 곳들에서는 생성언어학을 흥미롭고 중요한 업적이라고 보지만 동시에 최종 발언권을 지닌다고 보지도 않는다. 프랑스는 물론 다른 얘기다."
(개인편지, 1998년 8월 20일)

논쟁의 어느 편에 서 있든 간에 이 분야에서 촘스키가 일으킨 효과가 전 세계적으로 지대하다는 것은 아무도 부인하지 않는다. 그의 유업은 무엇이 될 것인가? 이것은 판단하기가 더 어렵다. 존 골드스미스는 나의 질문에 이렇게 대답해왔다.

지난 몇 년 동안 언어학자들은 "촘스키가 은퇴하면 언어학 분야는 어떻게 될까?"라는 질문을 가지고 씨름해왔다. 그런 다음 "역사는 촘스키를 어떻게 기억해줄까?"라는 질문이 따라 나왔다. 후자의 질문에 대하여 나는 이렇게 말하고 싶다. 앞으로 50년 동안 촘스키는 20세기 중반에 에른스트 마하Ernst Mach가 받았던 것과 비슷한 평가를 받게 될 것이다.

당신은 에른스트 마하를 아는가? 그는 19세기 후반의 가장 중요하고 영향력 있고 권위 있는 과학자 중 한 사람이었다. '마하 스피드'는 그의 이름을 따서 붙인 것이고, 마하 밴드는 정신물리학 입문과정에서 나오는 용어다. 논리 실증주의의 창시자들을 가리켜 비엔나 서클이라고 하는데 원래 이름은 마하 서클이었다. 마하의 과학철학에 관한 문제들을 토론하는 클럽이었던 것이다. 그는 감각자료를 믿었고 이 자료를 바탕으로 하여 그 감각을 서술하는 방식의 복잡성을 단순화해야 한다고 생각했다(이러한 생각은 러셀에게 상당한 영향을 주었다). 기술記述을 단순명료하게 해야 한다는 마하의 사상은 1950년대와 1960년대에 나온 촘스키의 단순성 메트릭simplicity metric과 연속성 관계에 있다.

무엇보다 마하의 가장 큰 영향은 젊은 아인슈타인과 그의 세대에 영감을 주었다는 것이다. 왜냐하면 마하는 뉴턴의 '절대'공간과 시간 개념이 잘못된 것이라고 논증했기 때문이다. 시간과 공간은 존재하지 않으며 우리가 감각자료를 조직하기 위해 사용하는 개념이라는 것이다. 이 철학은 아인슈타인 같은 사람들을 자유롭게 해방시켜 아주 새로운 방식으로 공간과 시간의 특성을 재구성하게 했다.

하지만 마하의 사상은 그리 해방적이지 못한 측면도 있었다. 가령 그는 원자의 개념을 받아들이지 않았다. 원자는 너무 작아 우리의 감각으로 파악할 수 없고 그래서 실재하는 게 아니라는 거다. 마하와 그 추종자들은 원자의 존재를 증명하는 많은 증거들(그 중 하나가 1905년에 나온 브라운 운동에 관한 아인슈타인의 분석이다)을 받아들이지 않았다.

결론적으로 마하의 커다란 기여는 방법론적인 것이었지 실질적인 것은 아니었다(물론 과학사가들은 정신물리학 등 그의 다양한 학문적 기여를 인정한다). 그는 동시대의 거인들, 가령 막스웰Maxwell, 볼츠만Boltzmann, 깁스Gibbs처럼 기억되지는 않은 것이다. 하지만 그의 전반적인 철학은 많은 중요한 인사들에게 자극적인 효과를 안겨주었다. 좋은 쪽으로든 나쁜 쪽으로든(나쁜 점은 시간이 지나면서 알게 된 것이다).[43]

장기적인 촘스키 효과의 두 번째 사례는 언어학 분야 바깥에서 오는 것이다. 이 분야에서의 효과는 더욱 복잡하고 또 시사적時事인 문제들과 관련이 되어 있다. 이 분야에서는 촘스키 활동에 대한 평가가 시기별로, 지역별로, 그룹별로 다양하다. 가령 시온주의 공동체의 관점에서 보자면 촘스키가 사회주의적 시오니즘의 한 버전(아부카, 하쇼머 하차이르, 키부츠 아르치 등과 관계된 것)을 대표한다고 본다. 그들은 이 사상이 반자본주의적 사회를 건설하려는 그들의 투쟁에 계속 영감을 부여하고 있다고 생각한다.

그밖에 촘스키에 대한 평가는 다양하게 엇갈린다. 촘스키가 아랍인과 팔레스타인인들을 대변하여 발언하는 것은 인권침해에 반대하는 일관된 입장 때문이라고 보는 유대인들(과 이방인들)이 있다. 그가 고전주의적 자유주의 원칙을 적용해야 한다고 일관되게 주장한다는 것이다. 촘스키의 주장 때문에 이스라엘의 공격을 당연시 여기는 자들이 있다고 생각하는 사람들도 있다. 그것은 국제법을 옹호하려는 욕구와는 아무 상관도 없다는 것이다. 민족주의란 편견이라고 주장하는 사람들도 있다. 그러면서 촘스키가 다른 나라의 민족주의에는 관대하면서 유독 이스라엘 민족주의의 편견만 꼬집는다고 말한다. 촘스키의 지속적인 욕구는 언더독(패배할 것으로 예상되는 사람)을 대변하려는 것이라고 말하는 사람들도 있다. 이러한 현상은 또 하나의 공식을 이끌어낸다. 어떤 단체가 촘스키에게 반응하는 태도를 살펴보면, 촘스키의 사상을 잘 알게 되기보다 오히려 그 단체의 사상을 더 잘 알게 된다. 이처럼 촘스키의 사상은 손쉬운 카테고리를 거부하는 뉘앙스를 갖고 있고 이 때문에 이런 논쟁들은 오해되기가 십상이다.

촘스키 효과의 또다른 사례는 그에 대한 공공연한 적개심이다. 이것은 사람들이 평생 추구하는 물질적 부유함과 직업적 성공에 대하여 촘스키가 너무나 무관심하기 때문에 생긴 것이다. 촘스키는 출세하려고 저런 반체제 활동을 벌인다고 말하는 자들을 가볍게 무시해왔다. 그래서 그는 다른 지식인들이나 정치 엘리트들이 그를 따뜻하게 환영하면 오히려 거북할 지경이 되었다. 사실 그 자신도 엘리트 출신이다. 명문 펜실베이니아 대학 졸업생이고 하버드 대학의 펠로였으며 봉급 높은 교수에다 MIT의 석좌교수이고 무수한 학문적 상들을 수상했으니까. 하지만 그는 정치적 견해 때문에 엘리트들과 아주 불편한 관계다. 그는 이런 이유 때문에 일부 엘리트들로부터 경멸을 당한다.

그는 아나키스트이기 때문에 자의적인 권력을 제거해야 한다고 믿는다. 이렇게 하면 좋은 사회적 조건들이 형성되고 각 개인들의 창의성이 나름대로 활짝 피어날 수 있다는 것이다. 이 세상의 민중과 그들의 지도자들을 도매금으로 매도하는 처사는 절대 안 된다고 촘스키는 생각한다. 이러한 견해는 그의 강의시간과 연설회에서 그대로 드러난다. 그는 모든 사람의 견해를 주의하여 듣고 진지하게 받아들인다. 어떤 사람들은 그를 가리켜 '대중선동가'라고 말하는데, 무식한 대중들을 상대로 자신의 견해를 일방적으로 강요하는 민중선동가와 촘스키는 너무나도 거리가 있다. 그는 자신의 직접적인 체험을 그들에게 털어놓으며 또 강의실이나 연설회에 나온 사람들의 의견을 경청한다.

바로 이런 이유 때문에, 그와 서신교환을 한 많은 사람들이 나에게 놀라움을 표시했다. 저 유명한 노엄 촘스키가 진지하면서도 자세한 편지를 보내어 나의 질문에 답변을 하다니, 하고 생각하는 것이다. 나 자신도 비교문학을 공부하던 학생 시절 그와 편지교환을 했다. 그는 나의 다양한 관심사(피난민, 언어이론, 아나키스트 운동)에 대하여 성의껏 진지하게 대답해주었고 그건 의례상의 공손함을 넘어서는 것이었다. 이런 자상한 점은 촘스키에게만 있는 것이 아니라 다른 학자들도 그러하다. 교직에 있는 사람의 인품은 바로 그런 관대함으로 알 수 있다. 내 경험으로 미루어볼 때, 성실하고 꼼꼼한 학자들일수록 시간을 잘 내주고 다른 사람의 의견을 경청한다. 하지만 촘스키는 다양한 문제들에 관여하고 있기 때문에 한 주에 20시간 이상 다양한 편지를 쓴다고 한다. 네이던 글레이저Nathan Glazer는 그게 정말 "진을 빼는 일"이라고 말한다. "그는 정말 백절불굴의 정신을 갖고 있어요. 정말 엄청나게 많은 편지를 써요. 아무리 말리려고 해도 안 되지요. 그는 우리들 중에 그 누구보다 정력적입니다."[44]

여기서 좀더 자세히 살펴봐야 할 또다른 문제도 있다. 그것은 촘스키식 접근방법의 핵심이 되는 중요한 문제들과 관련이 있다. 그것이 뭔가 하면 촘스키가 서방사회에서 파시즘과 스탈린주의가 점점 증가하고 있음을 우려하고 있다는 것이다. 여러 수준에서의 사법적 결정을 살펴보면 이런 현상을 우려하지 않을 수 없다(이 문제는 4장에서 거론할 것이다). 가령 미국의 대對 라틴아메리카 외교정책, 프랑스의 대 르완다 및 알제리 외교정책, 미국의 기업문화 등이 그런 우려를 불러일으킨다.

그러니까 2차 세계대전이 끝나면서 서방사회가 나치즘이나 파시즘을 가져오는 충동으로부터 완전히 벗어났다고 보면 착각이라는 것이다. 오히려 우리의 일상생활 중에, 과거 다른 나라와 다른 시대에 있었던 그런 전체주의적인 행동형태가 스며들지 않도록 경계해야 한다는 것이다. 현대의 이런 경향들에 대하여 우리는 충분한 증거를 갖고 있다. 가령 여러 전선에서 프랑스가 나치에 적극 협력한 것, 스위스가 은행업무로 협조한 것, 미국이 나치의 강제수용소 설치를 알고서도 초기에 적절히 대응하지 않은 것, 바티칸이 침묵을 지킴으로써 간접 협조한 것, 독소조약을 통해 소비에트가 히틀러에 협조한 것, 심지어 맥켄지 킹Mackenzie King이 유대인의 캐나다 이민을 거부함으로써 나치에 협력한 것 등은 잘 알려진 사실이고 2차 세계대전 중에 조직적으로 실행되었던 것이다.

그래서 촘스키가 기꺼이 그의 연설을 들어주려는 사람들에게 미치는 또다른 효과는 이런 것이다. 우리가 현재 살고있는 사회는 우리의 생각처럼 자유주의의 메카가 아니다. 현대 정치인들이 추진하는 '기분만 좋게 하는' 정책들이나 대중문화의 다양한 버전들(특히 미국은 일방적으로 착한 나라라고 선전하는 영화)은 그것을 교묘하게 은폐하고 있다. 하지만 이런 예리한 지적이 모든 시민들의 마음을 만족시키는 것은 아닌데, 일부 시민들은 자신이 정부의 운영에 일정한 발언권을 갖고 있다고 생각하는 것이다. 게다가 정부는 자기에게 권력을 밀어준 세력들의 이익을 챙기려는 경향이 있고 실제로 그렇게 하고 있다. 우리가 실제로는 눈이 가려지고, 입에 재갈이 물려지고, 모래더미에 머리를 처박힌 상태인데도, 그러한 세상이 더 안전하고 더 자유롭다고 생각하는 사람들도 있는 것이다.

하지만 촘스키는 그것을 분연히 거부한다.

주

1 http://storms.typepad.com/booklust/2005/05/im_drawn_to_noa.html(accessed 2/13/2007). 나는 앞으로 필요할 때마다 URL(인터넷 자료)을 많이 언급하겠다. 이것은 촘스키가 인터넷에서 얼마나 중요한 존재가 되었는지 감을 잡을 수 있도록 해줄 것이다. 또 그와 관련된 자료를 가능한 한 많은 사람들에게 제공한다는 의미도 있다.

2 이 그룹들의 목표를 위해서는 나의 책 《노엄 촘스키: 반체제인사의 생애》를 볼 것. 나는 앞으로 나올 나의 책 《Zellig Harris's America》(Cambridge: MIT Press, 2008)에서도 이 그룹들을 상당히 주목할 계획이다.

3 "Old Wine, New Bottles: Free Trade, Global Markets and Military Adventures," University of Virginia, February 10, 1993, available online at http://www.zmag.org/chomsky/talks/9302-uva.html(accessed 2/13/2007).

4 Cited in Otero's *Radical Priorities*, p. 24.

5 Mina Graur, *An Anarchist Rabbi: The Life and Teachings of Rudolph Rocker* (Jerusalem: Magnes Press, 1997), pp. 61–62.

6 See http://www.kibbutz.org.il/eng/kbaeng.htm(accessed 2/13/2007).

7 Amsterdam: Querido Verlag, 1934.

8 "Addresses on Reconstruction in Palestine," in *Ideas and Opinions by Albert Einstein*, based on *Mein Weltbild*, ed. Carl Seelig, and other sources, new translations and revisions by Sonja Bargmann(New York: Wings Books, 1954), p. 179.

9 Graur, *An Anarchist Rabbi*, p. 46.

10 Cited in *Le Monde* Sept. 1, 1998(my translation).

11 여기에서도 촘스키와 로커의 유사점이 확연히 드러난다. 또 촘스키와 다른 아나키스트들의 유사점도 발견된다. 그들은 세계사가 더 큰 문제들에 미치는 영향을 잘 내다보았다. 가령 미나 그라우어는 이렇게 말한다. "로커는 다른 아나키스트들보다 볼셰비키 혁명의 허구를 더 빨리 알아보았다. 그는 그 혁명이 신화에 지나지 않으며 실질

적인 사회개선을 가져오지 못할 것이라고 예측했다."

12 In the *Baltimore Sun*, January 3, 1999.

13 Available online at http://www.chomsky.info/onchomsky/19980201.htm(accessed 2/13/2007).

14 http://www.nytimes.com/2002/10/10/garden/10PETE.html?ex=1035622770&ei=1&en=9027e0d53aa62770(accessed 2/13/2007).

15 다음 인터넷 자료에서 가져온 것. http://www.zmag.org/chomsky/rage/rageQA.html(accessed 2/13/2007). "레이지 어게인스트 더 머신은 인기 있는 랩메탈 밴드로서 미국의 권력과 자본주의 통치를 명시적으로 비난한다. 그들의 최근 앨범 〈악의 제국〉은 처음 나왔을 때 빌보드 차트에서 1위를 차지했다. MIT의 언어학 교수이며 잘 알려진 반체제인사인 노엄 촘스키는 이 그룹이 아주 존경하는 인물이다. 기타리스트 톰 모렐로는 레이지의 투어버스에서 촘스키의 책들이 가장 인기가 높았다고 말했다. 그의 저서 두 권이 이들의 최신 앨범 속지에 등장했다. 모렐로와 촘스키 사이에 벌어진 다음의 인터뷰는 1996년 여름 전화로 이루어진 것이다. 이것은 1997년 1월 '라디오 프리 LA' 프로그램에서 전국적으로 방송되었다."

16 *The Daily Whopper*, "Noam Chomsky-America's #1 Traitor," October 11, 2001.

17 See "To Noam Is to Love Him" (Chomsky "Rocks" on Film), by Mickey Z., Dissident Voice, December 2, 2002, http://www.dissidentvoice.org/Articles/MickeyZ_Chomky.htm(accessed 2/13/2007).

18 *Heterodoxy*, March 1996.

19 http://www.zmag.org/ZMag/articles/feb2000MCCHESNEY.htm(accessed 2/13/2007).

20 http://www.zmag.org/ZMag/articles/jan2000carter.htm(accessed 2/13/2007).

21 http://www.interpunk.com/item.cfm?Item=71234&(accessed 2/13/2007).

22 Ibid.

23 Ibid.

24 http://www.amazon.com/gp/richpub/syltguides/fullview/1HKKP08I8F8ZB(accessed 2/13/2007).

25 Ibid.

26 http://www.largeheartedboy.com/blog/archive/2003/04/eddie_vedder_bu.html (accessed 2/13/2007).

27 http://www.punkvoter.com/guest/guest_detail.php?GuestColumnID=23(accessed 2/13/2007).

28 Ibid.

29 http://www.punkvoter.com/guest/guest_detail.php?GuestColumnID=15(accessed 2/13/2007).

30 www.realchangenews.org/pastissuesupgrade/2004_10_14/issue/current/features/coverstory.html(accessed 2/13/2007)을 보라.

31 http://www.aversion.com/bands/interviews.cfm?f_id=199(accessed 2/13/2007).

32 "*Manufacturing Consent* Portrays Noam Chomsky's Ideas," Noam Chomsky interviewed by Pat Dowell et al., *Morning Edition*, National Public Radio, May 24, 1993, available at http://www.chomsky.info/interviews/19930524.htm(accessed 2/13/2007).

33 Cited in *Understanding Power*, but also available online, http://www.chomsky.info/books/power02.htm(accessed 2/13/2007).

34 Ibid.

35 Ibid.

36 http://www.digitallyobsessed.com/showreview.php3?ID=7341(accessed 2/13/2007).

37 http://www.dvdtown.com/review/noamchomksyrebelwithoutapause/15963/2853 (accessed 2/13/2007).

38 http://www.dissidentvoice.org/Articles/MickeyZ_Chomsky.htm(accessed 2/13/2007).

39 http://www.dissidentvoice.org/Articles/MickeyZ_Chomsky.htm(accessed 2/13/2007).

40 Cited in the *Boston Globe Magazine* November 19, 1995, p.25, available at http://www.chomsky.info/onchomsky/19951119.htm(accessed 2/13/2007).

41 Personal correspondence with the author, May 28, 2000.

42 Anthony Flint, "Divided Legacy", *Boston Globe Magazine* November 19, 1995, p. 25, available at http://www.chomsky.info/onchomsky/19951119.htm(accessed 2/13/2007).

43 Personal correspondence with the author, May 28, 2000.

44 *Boston Globe Magazine*, November 19, 1995, p. 25, available at http://www.chomsky.info/onchomsky/19951119.htm(accessed 2/12/2007).

THE CHOMSKY EFFECT

* 브리트니 스피어스 : 가수

CHAPTER
02

촘스키 이펙트에 대한 저항 그리고 비방

Resisting and Reviling the Chomsky Effect

친구들, 우리들 사이에 반역자가 있습니다. …… 당신이 우익을 믿는다면 이 말에 동의할 것입니다. 노엄 촘스키는 미국 대학 캠퍼스에서 솟아오르는 모든 악의 원천이고, 오도된 자들의 영감이며, 사악한 자들의 위로이고, 잔인한 자들의 동맹입니다. 그는 적에게 도움과 위로를 주고 있으니, 이게 반역이 아니고 뭐겠습니까? 누가 이렇게 촘스키 반박을 하고 있는가? 데이비드 호로비츠입니다. 자, 이제 저의 주장은 이렇습니다. 미국에 반항하는 전 세계적인 정신적 지도자, 테러리즘의 학문적 틀을 제공하는 자, 미국에 대한 증오의 터전을 제공하는 자, 그는 오사마 빈 라덴도 사담 후세인도 아닙니다. 그는 노엄 촘스키입니다.[1]

촘스키 효과를 정확하게 측정하고자 한다면 우리는 먼저 노엄 촘스키를 비방하는 웹사이트, 신문잡지 기사, 블로그, 대중들의 담화 등을 검토해야 한다. 이렇게 하지 않으면 그에게 저항하는 상당수의 적수들을 고의적으로 무시하거나 촘스키 자신이 싫어하는 맹목적 추종에 빠질 수 있기 때문이다. 그리고 말하기 유감스러운 일이지만 촘스키 효과를 저해하기 위하여 특정 분야에서 부정확하게 묘사한 사건들의 세부사항들을 다시 검토해야 한다. "유감스럽다"고 말한 까닭은 이런 사건들의 묘사가 우스꽝스러울 정도로 부정확하기 때문이다. 이것은 관련 기사들을 대충 읽어도 금방 알 수 있다. 하지만 이런 기사들에 일일이 대응해야 한다. 왜냐하면 촘스키의 중요한 활동을 단칼에 무시해버리는 단 한 줄의 이유로 그런 문건들이 널리 인용되고 있기 때문이다.

나는 프랑스에서 1년을 보내던 중에 이 책의 최종 교정쇄를 검토했다. 이 나라의 많은 지식인들은 촘스키를 노골적으로 비난하고 무시하고 있다. 프랑스 지식인들이 이렇게 촘스키를 고의적으로 무시하려는 것은 그가 홀로코스트(유대인 대학살)의 존재를 부정하는 네가시오니스트négationniste라고 보기 때문이다.[2] 이들은 어떤 굳건한 믿음의 바탕 위에서 촘스키 저작을 읽기 거부한다. 그리고 잘못된 도덕적 의식을 바탕에 깔고서 겉보기에만 촘스키를 네가시오니스트처럼 보이게 만드는 '사건들'의 세부사항을 알려고 하지도 않는다. 나는 이 사건과 '먼저 이라크, 나중에 프랑스'라는 스티커를 승용차에 붙이고 다니는 열정적 공화당원들이 촘스키 저항과 비방의 가장 대표적인 사례라고 생각하여 자세히 다룰 예정이다.

어떤 자료들을 진지하게 검토한 후 그에 대하여 반대의견을 표시하는 것은 건전한 토론태도다. 그 반대의견이 잘못된 정보에 의거한 것이 아니라 어떤 정당한 근거에 의거한 것이라면 더욱 바람직하다. 따라서 이 장은 건전한 토론의 장에서 유력한 아이디어들을 배제하려는 의도로 비생산적인 이유들을 열거하는 각종 비방사건들을 다루게 될 것이다. 또 언어학 분야에서도 촘스키 저작에 대하여 논리적이고 진지한 비판들이 나오고 있다. 이런 비판들을 모두 다룰 수는 없겠지만 그래도 그 중 대표적인 것들은 다루어보기로 하겠다.

촘스키의 모든 아이디어에 동의할 수는 없는 노릇이다. 왜냐하면 그의 견해는 오랜 세월을 지나는 동안 진화해왔기 때문이다. 그리고 간단히 말해서 우리 자신이 노엄 촘스키와 똑같은 사람이 아니기 때문이다. 그는 어떤 특정한 삶을 살았고, 어떤 특정한 책들을 읽었으며, 특정한 언어들을 말했고, 특정한 소질들을 가지고 태어났다. 따라서 그의 활동은 어떤 특정한 상황 속에서 파악해야 한다. 우리는 그의 기본적 태도, 사고방식, 가치관, 자연적 본능 등에 대하여 찬반의견을 가질 수 있다. 그리고 나는 이런 여러 측면들에서 그에게 공감하는 바가 많았다. 그래서 교수로서, 개인으로서 그의 활동에 많은 관심을 표했다. 또 나는 서

습없이 그의 활동에서 많은 일치점을 발견한다고 말할 수 있다. 이러한 이유로 그가 나의 사고방식에 미친 효과를 설명하면서 아울러 부정적인 효과와 그에 저항하는 사람들에 대해서도 살펴보고자 한다. 이렇게 해서 독자들을 나의 결론이 아니라 독자 나름의 결론으로 유도하려 한다.

학문적 동료들

50년 이상 촘스키와 직업적 동료로 지낸 사람들은, 물론 MIT 언어학과와 철학과의 동료 겸 학생들이다. 그들이 볼 때 촘스키는 지칠 줄 모르는 열정적 교수이고 학자이며 언제나 연구실의 문을 열어놓고 장시간의 토론을 환영한다. 하지만 일부 다른 지적들도 있다. 초창기에 촘스키 저작의 숭배자였던 스티븐 핑커는 《보스턴 글로브 매거진Boston Globe Magazine》[3]에 이렇게 말했다. "그는 자신에게 동의하지 않는 사람은 어리석고 무식하다는 암시를 풍긴다. 그는 뛰어난 토론가이고 철저한 공격형이다. 그의 편에 서 있다면 그와 함께 있는 게 재미있지만, 그렇지 못하다면 공격의 대상이 된다. 그렇게 공격당한 사람들은 그와 함께 있던 자리에서 박차고 나간 다음 평생 그의 뻔뻔함을 미워하게 된다." 또 다른 MIT 동료인 데이비드 페세츠키David Pesetsky는 같은 기사에서 이렇게 말했다. "정말 놀라운 점은 이런 것이다. 언어학에 몸담고 있는 사람들은 촘스키의 아이디어에 대하여 찬반의 태도를 명확히 해야 한다는 강요를 당한다."

촘스키는 모리스 홀Morris Halle과 함께 MIT 언어학과의 창설 멤버였고 곧 이 학과의 대표인물이었다. 그래서 그의 제자들과 동료교수들은 촘스키가 MIT 대 유펜Upenn, MIT 대 버클리, MIT 대 예일, MIT 대 시카

고란 경쟁의식의 주역이었다고 말한다. 이들 대학은 서로 염탐하고 감시했다는 것이다. 앞의 《보스턴 글로브 매거진》의 기사에서 스탠퍼드 대학의 조안 브레스넌Joan Bresnan은 이렇게 말했다. "촘스키가 언어학에 혁명을 일으킨 것은 사실이나 그것을 분열적 방식으로 수행했다. …… 그는 대립시키는 사람이다. 그는 서로 싸우는 학파들을 만들어냈다." 하버드 대학의 사회학 교수인 네이던 글레이저는 1930년대와 1940년대의 시무어 멜만과 어빙 하우Irving Howe 등 과격파들 중에서 젊은 기수였는데 이렇게 말했다. "논쟁은 아주 오래된 마르크시스트 분석방식이다. 모든 것이 거기에 달려 있다. 무슨 일이 벌어졌든 결국 통치계급만 유리하다. …… 그런 종류의 분석은 …… 피곤하다."

이러한 논평들을 읽고 있노라면 노엄 촘스키가 동일한 특징 때문에 존경도 받고 비방도 받는다는 것을 알 수 있다. 그는 일단 입장을 결정하면 물러서는 법이 없다. 자신의 언어학관과 정치관을 철저하게 방어한다. 심지어 동지들까지도 너무 과도하다고 생각할 정도다. 그가 일단 경계선을 그어 놓으면 합리적인 양보의 가능성은 사라져버린다. 자신의 견해와 주관을 너무 강하게 내세우기 때문에 그의 저서에서 유익한 학문의 도구를 발견할 수도 있었을 많은 사람들을 소외시킨다. 바로 이런 극단적인 부류 중에 폴 포스탈Paul Postal 같은 사람이 있는데 그는 《반촘스키 독본Anti-Chomsky Reader》에서 말했다.

우리가 볼 때 촘스키 활동의 두 갈래(언어학과 사회정치사상)는 아주 동일한 핵심적 특징들을 보인다. 가령 진실에 대한 무시와 경멸, 탐구의 표준에 대한 멸시, 지속적인 자기주장의 추구, 산만한 횡설수설, 반대자들에 대한 언어폭력 등이 그것이다. 그가 언어학과 정치사상을 퍼트리는 방식에도 이와 유사한 특징이 발견된다. 강연이나 인터뷰

중에 근거도 없이 즉석 발언을 하는가 하면 어떤 기사에 들어 있는 에피소드에 대하여 논평을 가하는 것이다. 이러한 즉흥적 주장은 역사적·사회적 연구의 보편적 기준을 충족시키지 못한 것들이고, 학문이라고 하기에는 더더욱 어렵다. 그래서 촘스키 언어학 저서의 특징사항들은 전문 언어학 연구잡지에서 별로 인용되지 않는다(지난 세월 동안 그 인용빈도는 거의 제로에 가깝다). 이것은 의미심장한 사실이다. 왜냐하면 학계의 전문적 리뷰(촘스키의 저작에 대해서 학계는 그다지 논평할 필요를 느끼지 못했다)는 현대적 학문의 요새이고 오류, 사기, 기만 따위를 물리치는 핵심 방패이기 때문이다. 마지막으로 촘스키의 사회정치적 저작들과 마찬가지로 촘스키의 언어학 저서 역시 지어낸 얘기들로서 입증 불가능한 경우가 종종 있다.(204)

이런 놀라운 비난은 촘스키의 적수들이 얼마나 강력하게 공격하는지 잘 보여준다. 하지만 비난은 격렬하지만 그것을 뒷받침하는 증거는 미미하다(포스탈은 겨우 30페이지를 가지고 촘스키의 언어학 업적에 도전하고 있는데 그나마 위에서 인용한 것처럼 근거가 희박한 문장이 대부분이다).

촘스키 언어학에 대한 보다 진지하고 흥미로운 저작은《촘스키와 그의 비판자들Chomsky and His Critics》이다. 이 책에서는 많은 쟁쟁한 학자들이 그의 업적을 예리하게 토론하고 있는데 그들은 노버트 혼스타인 Norbert Hornstein과 루이즈 앤터니Louise Antony(이 논문집의 공동편집자), 윌리엄 G. 라이컨William G. Lycan(노스캐롤라이나 대학), 제프리 폴런드Jeffrey Poland(네브라스카 대학), 갈렌 스트로슨Galen Strawson(레딩 대학), 프랜시스 이건Frances Egan(러트거스 대학), 조르주 레이Georges Ray(메릴랜드 대학), 피터 러들로우Peter Ludlow(SUNY), 폴 호리치Paul Horwich(Graduate Center), 폴 피에트로스키Paul Pietroski(메릴랜드 대학), 루스 개릿 밀리컨Ruth Garrett

Millikan(코네티컷 대학), 앨리슨 고프닉Alison Gopnik(버클리 대학) 등이다. 이 논문집은 전문가용 책으로서 주석과 인용저서가 빼곡히 실려 있다.

이 책의 말미에 촘스키의 논평이 실려 있다. 이 꼼꼼한 논평만 읽어 봐도 포스탈식의 비난이 얼마나 잘못된 것인지를 금방 알 수 있다. 촘스키는 자신의 비판 논문에 진지하게 대응하면서 먼저 비판자들에 대한 인사로 시작한다. 가령 "윌리엄 라이컨의 논문이 제기한 중요한 문제에 들어가기 전에"(255) "제프리 폴런드의 '방법론적 물리주의'라는 주장에 강하게 동조하는 나 자신을 발견하면서"(263) "나는 갈렌 스트로슨의 진지하고 흥미로운 논문의 기본적 틀을 살펴보면서"(266) "프랜시스 이건과 나는 기본적인 문제들에 동의한다고 보는데"(268) "조르주 레이는 문제 많은 중요한 분야를 탐구하면서 애매모호한 '의도적 담화'에 대해 가치 있는 비판을 제공하고 있고"(274) "폴 피에트로스키가 전개한 프로젝트는 아주 합리적인 것으로 보이는데"(304) 같은 말을 하고 있는 것이다. 이러한 태도는 동료학자들의 연구를 가볍게 무시해버리는 태도라고 볼 수 없다. 심지어 촘스키의 접근방법에 의문을 표시하는 논문에 대해서도 일단 그 장점을 인정하고 있는 것이다.

물론 이렇게 말한다고 해서 촘스키가 어떤 특정 개인들에 대하여 아예 반대를 하지 않는다는 뜻은 아니다. 그가 별로 존경하지 않는 언어학자들에 대하여 아주 가시 돋치게 대담한 글들을 내가 직접 읽기도 했다. 그가 온 세상을 누비며 해온 활동, 그가 기여해온 많은 분야 등을 감안할 때 이것은 그리 놀라운 일도 아니다. 또 그의 훌륭한 특징(많은 사람들을 상대로 아주 자세하게 설명하고 답변하는 그의 의욕과 능력)은 동시에 부채가 될 수도 있다. 자신과 동일한 패러다임에서 일하지 않는 사람들을 비판하기보다는 아예 무시하는 것(많은 교수들이 이렇게 한다)이 더 손쉬웠을 것이다. 하지만 그것은 촘스키의 방식이 아니다.

 **비방의 말 퍼트리기**

언어학이라는 학문 분야 이외의 곳에서 촘스키는 일반적으로 주변인물로 여겨지고 있다. 그가 아예 무시된다거나 주류 언론들이 힘을 합쳐 그를 주변으로 밀어냈다(물론 이렇게 하려 했다는 약간의 증거가 있기는 하다)는 뜻은 아니다. 단지 그처럼 높은 학문적 성취를 이룬 사람이 받아야 할 마땅한 대접을 받지 못하고 있다는 뜻이다. 《급진적 우선사항》(1981)에서 편집자 카를로스 오테로는 이렇게 물었다.

> 자유언론은 어느 정도로 진정한 표현의 자유를 수용할 수 있는가? 그런 표현의 공평성을 보장할 수 있는 대중운동이 없는 상황에서 그 수용 정도는 아주 미미하다. 인도차이나 전쟁에 대한 반대가 극에 달하고 촘스키의 저서가 널리 읽히는 상황에서도 《뉴욕 리뷰 오브 북스 New York Review of Books》에는 그의 저서에 대한 언급이 거의 없었는데, 전쟁 반대에 불만을 느끼는 새로운 만다린(언론)은 황당무계하게도 "그의 저서가 《뉴욕 리브 오브 북스》에서 아주 길게 다루어졌다"고 말했다. 게다가 촘스키는 주류 언론에 거의 접근할 수가 없었다. 오히려 오늘날 그는 아주 황당무계한 비난의 대상이 되고 있고, 그런 비방에 항의하는 촘스키의 편지는 자유언론의 저 뒤페이지 구석에도 실리지 않는다. 문화가 얼마나 타락했으면 '오늘날 살아있는 가장 중요한 지식인'을 기피인물로 만들고 있는가?(14)

18년 뒤인 1999년 1월 3일자 《볼티모어 선 Baltimore Sun》은 이렇게 적었다. "대체로 보아 촘스키는 미국 매스미디어의 레이더 스크린 밖에 머물렀다. 아주 전형적인 신중함을 발휘하면서, 전국 방송인 PBS 텔레비전의 짐 레러Jim Lehrer가 앵커를 맡고 있는 '뉴스 아워' 프로그램은 23년 만에 딱 한 번 촘스키를 인터뷰했다." 촘스키는 이런 사실을 빈번히 언급했다. 하지만 바사미언은 이런 현상이 "예상된 것"이라고 말했다. 왜냐하면 "촘스키는 날카로운 칼날을 가졌기 때문이다. 그는 허용 가능한 사상의 봉투를 절개한다. …… 그는 우리에게 각종 전제사항들에 대해 의문을 던지고 다시 검토해보라고 말한다. 그는 사람들의 사고방식 테두리를 탐구하고 확장하는 아방가르드 음악가와도 같다." 자기네 언론이 광범위한 의견의 스펙트럼을 수용하고 있다고 생각하는 일부 사람들에게 이것은 좀 기이하게 들릴지 모른다. 하지만 그들은 정부 정책을 '좋게 포장하는' 비판만 하고 있을 뿐이다.

이 책의 전반적 주제 중 하나는 촘스키의 저작이 너무 급진적이어서 좋게 포장하는 언론의 스펙트럼 내에 '수용'되지 못한다는 것이다. 전에 ABC 소속이었던 제프 그린필드Jeff Greenfield는 《볼티모어 선》과 인터뷰를 가졌는데 여기서 이것(수용되지 않음)이 확인되었다. "언론사와 방송사의 일부 직원들은 나를 해왕성에서 온 사람 취급했습니다." 그리고 "미국 내에서 토론의 범위가 제한되어 있다"는 촘스키의 주장은 "완전 또라이absolutely wacko 취급을 당했습니다." 같은 기사에서 나(로버트 바스키)는 이렇게 말했다.

전국 공영라디오NPR 뉴스의 의사결정권자들은 말로는 뉴스의 깊이와 넓이를 추구한다고 하면서 실제로는 촘스키를 극력 기피해왔다. 지난 25년 동안 촘스키가 〈모닝 에디션Morning Edition〉이나 〈모든 것을 고려해 볼 때All Things Considered〉 같은 프로에 출연한 것은 한 손으로 꼽을 정도다. …… 4년 전 공공방송신문인 《커런트Current》에 보낸 편지에서 〈모든 것을 고려해 볼 때〉의 사회자 로버트 시겔Robert

Siegel은 아주 경멸적인 태도를 보였다. "촘스키는 소규모의 열정적인 대학 사람들에게 영향력이 있다. 그들은 정치의 세계가 기만, 허위의식, 미디어 조종의 결과물이라고 설득된 듯하다." 내가 최근 시겔에게 이 발언에 대한 설명을 요구하니 그는 〈모든 것을 고려해 볼 때〉가 1988년 딱 한 번 촘스키를 인터뷰한 적이 있다고 말했다. "자기가 NPR에 나가야 하는데 불공정하게 제외되었다고 생각하는 다양한 정파의 사람들이 있습니다." 시겔은 이어 말했다. "촘스키 교수의 정치적 추종자가 아닌 〈뉴 리퍼블릭New Republic〉의 편집국장도 이런 뜻으로 말했습니다." 하지만 NPR 뉴스 프로그램은 〈뉴 리퍼블릭〉의 편집방향과 일치하는 견해를 정기적으로 내보내고 있다. 촘스키의 정치사상과 비슷한 견해를 내보내는 경우는 아주 희귀하다. 이것이 중요한 사항이다. 촘스키 기피 현상은 심각하다. 그것은 언론계 전반에 퍼져 있는 편견을 잘 보여준다.

주류 언론인들 중에서도 촘스키를 지지하는 사람이 있는데 이들은 주로 소규모 지방신문 소속이다. 이런 신문의 기자들은 무선 정보wire source에 의지하기보다는 주로 현지 정보에 의존하여 글을 쓴다. 하지만 이 책을 집필하는 기간(1996~2007)에도 이런 지원과 관심의 흐름이 들쭉날쭉한 것을 목격했다. 어떤 기자들은 촘스키를 성원하다가 반대자로 돌아서기도 했다. 그 중 크리스토퍼 히친스Christopher Hitchens는 눈에 띄는 기자다. 사람들이 촘스키를 비방하는 데 들이대는 사건이나 논평에 대하여 히친스는 1985년의 기사에서 이렇게 비판했다.

밀스Mills도, 논문 〈새로운 만다린New Mandarins〉을 쓴 촘스키도 헤리티지재단, 키신저와 그 일행, 권력지향적인 많은 잡지와 기관들(문화, 우선사항, 정보, 의견 등을 공유한다)의 존재는 예상할 수가 없었다. 하지만 밀스는 1942년에 이렇게 썼다. "사건들이 빨리 전개되고 세상이 그 사건들을 중심으로 회전하면 사고방식의 질에 뭔가 일이 벌어진다. 어떤 사람들이 공식을 되풀이한다. 어떤 사람들은 기자가 된다. 관찰과 생각을 일치시키면서 구체적인 것과 추상적인 것을 적절히 뒤섞는다는 것은 어려운 일이다. 노엄 촘스키는 누구나 그런 책임을 회피하려는 시대에 그 책임을 자발적으로 떠맡았고 고통을 겪었다. 많은 사람들이 덩달아 가담하는 그 무수한 욕설과 비방에도 불구하고 이런 새로운 스타일의 담론을 제시한 것이었다. 철학적으로 아나키즘을 신봉하는 촘스키는 '국가에 봉사한 사람'이라는 평가를 싫어할지도 모른다. 하지만 그의 비방자들이 국가에 별 도움이 되지 못했던 반면에 그는 국가에 유익한 시민이었다.[4]

히친스는 이처럼 촘스키 편을 들면서 촘스키 방법론을 정당화했다고 하여 '코러스와 카산드라: 하나의 답변 The Chorus and Cassandra: A Response'[5]이라는 무기명 기사에서 비판을 당했다. 이 기사는 이어 9.11 이후 촘스키의 글에 실망한 나머지 히친스가 편을 바꾸어 촘스키의 강력한 비방자가 되었다고 적었다. "9월 11일 테러가 벌어진 직후 히친스와 촘스키는 서로 갈라섰다. 히친스는 그런 테러공격을 옹호한 촘스키를 비판했다.[6] 촘스키는 히친스에게 응답했다. 9.11 테러와 미국의 수단 제약공장 폭격사건을 같은 것이라고 보지 않는 히친스는 인종차별주의자다. '그는 자기가 그 테러공격의 아프리카 희생자들에게 인종차별적 경멸감을 표현하고 있음을 모르고 있다. ……'"[7] 히친스의 답변은 이러했다. "남을 한 수 봐주겠다는 촘스키의 한심스러운 어조와 말도 안 되는 암시를 읽을 수 있었는데 유감스럽게도 그게 그의 등록상표가 되어버렸다."[8]

이런 비교의 문제 때문에 두 사람이 '갈라서게' 되었다는 사실은 흥미롭다. 실제로 많은 사람들이 촘스키를 비난하는 내용이 동티모르 학살과 캄보디아 학살의 비교, 미국의 폭격과 테러리스트 공격의 비교 등 비교와 관련된 것이기 때문이다. 이것은 사람들이 촘스키에 대하여 찬반의 입장을 표시하는 공통의 터전이다. 촘스키 저작의 핵심 가치를 지지하는 사람들은 그런 비교가 타당하다고 생각하는 반면, 그렇지 않은 사람들은 양측의 의도와 목적은 도외시한 채 겉으로 드러난 행동의 유사성만 비교하고 있다. 우리는 이 문제를 이 장에서 계속 다루게 될 것이다.

 촘스키 깎아내리기

촘스키에 대한 비난을 자세히 들여다보면 어떤 한 줄의 캐치프레이즈(가령 포리송 사건, 미국 정부의 프로파간다 노력을 '쓰레기'라고 비난한 것)를 가지고 인본주의적 저작 전체를 무시하려는 경향이 있음을 알 수 있다. 이렇게 단순무식하게 한 줄의 비난을 가지고 덤벼드는 사람들에게 많은 책자의 저자가 어떻게 대응할 수 있을지 우려스럽다는 생각이 든다. 이와 관련하여 크리스토퍼 히친스의 글은 시사하는 바가 많다.

> 그가 무시되든 비방을 받든 노골적 억압을 받든 촘스키는 그의 사상 혹은 그의 발언 때문에 공격을 받는 것이다. 거짓말은 참말이 구두를 신기도 전에 세상을 한 바퀴 돈다는 말이 있다. 고의든 아니든 촘스키에 대한 비방 리스트를 작성하는 것은 비교적 쉬운 일이다. 하지만 그런 비방의 불공정함과 근거 없음을 설명하자면 엄청나게 많은 잉크가 필요할 것이다. 어쩌면 이런 이유 때문에 촘스키에 관한 기사를 발간한

에디터들이 촘스키의 답변을 잘 실어주지 않으려는 건지도 모른다. 나는 촘스키의 답변을 싣지 않거나 상당히 축약하면서 이런 사실을 자세히 보여주는 기사를 쓸 수 있다. 하지만 편집자들에게 많은 편지를 보낸 독자는 곧 솔 벨로Soul Bellow의 소설 《허어조그Herzog》의 주인공 허어조그처럼 괴상한 자, 또라이, 광신자의 명성을 얻게 된다. 반대로 답변을 하지 않으면 그것은 죄책감을 시인하는 것으로 간주된다.[9]

이 문제는 라디오 쇼나 텔레비전 방송일 경우에는 더욱 악화된다. 여기서는 설득력 있는 복잡한 논증을 펼칠 필요가 없고 딕 체니식의 한 줄짜리 말 펀치만 날리면 되기 때문이다. 촘스키는 영국, 스웨덴, 네덜란드, 이스라엘, 캐나다 같은 나라의 대중 미디어에는 자주 등장했다. 이런 나라들의 여러 지역에서 그는 잘 알려져 있고 대부분의 지역에서 존경받고 있다. 그렇게 된 이유는 이런 나라들의 미디어(캐나다의 CBC, 영국의 BBC 등)가 공용방송이어서 NPR보다 더 직접적인 영향력을 갖고 있고 또 '대중적'이기 때문이다. 미국의 NPR은 '너무 진보적'이라고 공격받는 데다가 개인 라디오 채널들이 많다 보니 주변적인 역할밖에 못한다고 지적받고 있다. 또 미국 밖 나라들의 청취자는 오래 토론하는 프로에 익숙해 있기 때문에 〈여론조작〉 같은 긴 다큐멘터리도 잘 소화한다.

하지만 촘스키 깎아내리기의 주된 메뉴는 여러 해 동안 이스라엘 비판이 수위를 차지해왔다. 그 때문에 직장에서나 professionally 개인적으로 그를 알고 있는 사람들은 그를 반시온주의자 혹은 반유대주의자로 기억하게 되었다.

질문자 | 노엄, 화제를 약간 바꾸어보겠습니다. 당신은 네오나치neo-Nazi라고 불러왔고 당신의 책들은 불태워졌으며, 또 반이스라엘 인사

라고 매도되었습니다. 당신의 견해가 언론과 지식인들에 의해 이처럼 늘 왜곡되는 현실에 당황하고 있지는 않은지요?

촘스키 | 아니요. 내가 당황할 이유가 무엇입니까? 나는 그 밖에 다른 이름으로 비난받을 수도 있고 그들이 생각할 수 있는 각종 더러운 이름으로 불릴 수도 있습니다. 공산주의 전도사, 나치 전파자, 언론의 자유를 믿고 까부는 자, 반유대주의자, 거짓말쟁이, 기타 등등. 그러나 냉정히 생각해보면 이런 호칭들은 좋은 징조이기도 합니다. 만약 당신이 반체제를 표방하고 나선다면 돌아오는 반응은 주로 철저한 무시입니다. 당신을 무시했는데도 당신이 흔들리지 않으면 그 다음에는 중상모략입니다. 이것은 너무나 뻔한 것입니다. 그 어떤 권력기관도 자신을 해치려는 존재를 도와주지 않습니다. 그래서 나는 당신이 말한 그런 비방의 말들을 발전의 징조라고 해석하고 싶습니다.[10]

그가 반유대주의자라는 얘기는 정말 어처구니없다. 그는 명망 있는 시온주의 유대 가문에서 성장해 부모가 교사로 있는 히브리 학교를 다녔고 히브리어에 대한 석사논문을 썼으며 사회주의적 시오니즘을 신봉하여 젊은 시절 아내 캐롤과 함께 키부츠로 이주한 적도 있었다.[11] 그는 이스라엘의 군국주의, 민주주의, 종교에 따라 시민을 차별하는 정책 등을 반대했고, 과거에 유대인들이 박해를 당했으니 미국 정부는 이스라엘 문제를 결정할 때 유대주의를 존중해야 한다는 입장을 거부했다. 촘스키 비방자들은 바로 이것을 문제 삼고 있다. 촘스키는 이스라엘이 아랍인들을 대하는 태도가 남아프리카 정부의 흑인 대하는 태도와 비슷하다고 주장했는데 이것이 이스라엘 옹호자들을 격분케 했다.

만약 이스라엘이 머리가 있다면 남아프리카 백인 정권의 모델을 따라야 할 것이다. 그 정권은 반투스탄(남아프리카의 흑인 거주구역)에 정부보조금을 지급했다. 하지만 이스라엘은 그렇게 하지 않았다. 이스라엘은 점령지역에 거의 지원을 하지 않았다. 이것은 이스라엘 점령당국의 스캔들이었다. 당국은 팔레스타인 실세에게 유럽의 돈이 흘러 들어가는 것을 허용했다. 그 돈의 대부분은 아라파트와 그 친구들이 뜯어갔고 대부분 이스라엘 은행으로 들어갔다. 이스라엘 당국은 그렇게 되도록 유도하고서 부정부패와 잔인함에 대하여 불평하는 것이다.

그들은 점령지역에 아무런 조치도 취하지 않는다. 이스라엘 사업가들은 오슬로협약 이전부터 이건 잘못이라고 지적해왔다. 마킬라도라(값싼 노동력을 투입하는 멕시코의 외국계 공장)나 남아프리카의 반투스탄 같은 것을 시행했어야 했다. 아주 값싼 노동력을 투입하는 산업공단을 짓는 것이다. 여기서는 작업조건이나 기타 까다로운 조건을 신경 쓸 필요가 없다. 이렇게만 해놓으면 온갖 지저분한 일을 해주는 팔레스타인 사람이 이스라엘로 들어가는 것을 막을 수 있다. 이게 훨씬 더 합리적이다. 하지만 이스라엘 당국은 너무 인종차별적이라 그렇게 하지 못했다. 하지만 그들이 표준적 식민국가 패턴(가령 중앙아메리카에 진출한 미국이나 남아프리카의 반투스탄 모델)을 받아들인다면 점령지역에서 아이티, 북부 멕시코, 엘살바도르 수준의 의존적 발달상태를 유도할 수 있을 것이다.[12]

이런 논평은 미국과 캐나다의 '유대인 로비'를 격분시켰다. 그래서 알프레드 캐즌 같은 사람은 《예루살렘 포스트Jerusalem Post》에 이렇게 썼다. "촘스키의 가짜 지식인 의식은 너무나 팽창되어 있어서 전체주의 사회와 민주주의 사회, 압제자와 희생자를 서로 구분하지 못한다."[13]

여기서 서방사회, 특히 미국과 캐나다에서 이스라엘을 비판하는 것은 아주 위험한 일임을 지적해두어야겠다. 소수자에 대한 인권 부여, 정치와 종교의 분리, 영토 내의 모든 시민들에게 인권법을 공정하게 적용하기, 거주 이전의 자유 등 우리 미국이 기본권으로 생각하는 권리를 이스라엘 정부가 공공연히 위반하는데도 이스라엘을 비난해서는 안 되는 것이다.[14]

거주 이전의 자유에 대한 체험 때문에 나는 촘스키와 마찬가지로 이런 결론을 내리게 되었다. '유대인 로비'는 이스라엘에 사는 사람들보다도 더, 심지어 이스라엘 정부의 정치지도자들보다 더 친이스라엘적이다. 이스라엘의 지도자들은 팔레스타인 점령지역 내의 많은 모순점과 복잡한 점들을 잘 인식하고 있다. 나는 이스라엘의 협약 난민들이 캐나다로 이주하는 정책과 관련하여 이 사실을 직접 체험하게 되었다. 캐나다의 유대인 로비는 이 정책을 마구 공격했다. 내가 만난 이스라엘 정부의 고위관료들까지 이 난민들에게 동정심을 표시했는데도 말이다. 이들은 전에 소련시민이었던 사람들로 '귀환법' 덕분에 이스라엘로 갔으나 충분한 유대인의 기질을 발휘하지 못한다는 평가를 받았다. 전에 소련에 있을 때에는 너무 유대적이라고 평가되었던 것과는 정반대의 평가였다.[15]

이스라엘 문제와 관련하여 사람들이 촘스키에게 접근하는 방법들 중 하나는 그의 유대인 정신에 시비를 거는 것이다. 많은 유대인들이 과연 그가 유대인인지 의문을 제기했고 왜 그러는지 잘 이해하지 못했다. 그런데 Z네트에 기록된 호즈힌 O. 카림Hawzheen O. Kareem과 촘스키의 인터뷰[16]는 그가 일종의 '유대인 자기혐오'에 빠져 있을지 모른다는 세간의 비방에 대하여 하나의 빛을 던진다. "어떤 사람들은 당신이 이스라엘에 가장 격렬하게 반대하는 미국인이라면서 당신이 유대인인 당신 자신을 증오한다고 말합니다. 과연 당신은 그런 이유로 이스라엘을 비판하는 겁니까?" 촘스키는 전에 그런 질문을 여러 번 받아서 답변을 미리 준비해둔 듯 구약성경의 사건을 먼저 언급했다.

"그런 비난은 흥미롭군요. 성경을 잘 아는 사람들은 그런 비난의 근원을 알 겁니다. 그 비난은 구약성경에서 악의 화신인 아합왕 시절로 소급됩니다. 아합왕은 예언자 엘리야를 이스라엘을 증오하는 자라고 비난했습니다. 아합왕의 아첨꾼 신하들은 그런 얘기에 동의했습니다. 요즘 유행하는 아첨꾼의 말을 빌려오자면 엘리야가 '자기를 증오하는 유대인'이라는 것이었습니다. 그가 왕의 정책을 비판하고 정의와 인권존중을 주장했기 때문이지요. 과거 소련에서도 이와 비슷한 비난이 있었습니다. 반체제인사들은 러시아를 증오하는 자들이라고 매도되었습니다. 군사독재 정권이나 기타 전체주의 국가에서는 이와 유사한 사례들이 여럿 있습니다. 그런 비방은 전체주의적 가치를 담고 있는 겁니다."

이어 촘스키의 답변은 가치관의 문제로 옮겨가고 그가 철저하게 혐오하는 '전체주의적 가치'를 언급한다. 국가가 자유와 기본 권리를 위반하고 있는데도 겁이 나서 비판을 못한다면 그게 바로 전체주의 국가라는 것이다. 이어 촘스키는 비판의 대상을 명시한 다음 미국의 범죄행위를 열거한다. 이 때문에 촘스키를 미국 증오자라고 비방하는데 이러다 보니 자연스럽게 미국의 의존국가인 이스라엘을 비판하게 되는 것이다. "사실 나는 이스라엘만 골라서 비판하는 게 아닙니다. 나는 조국인 미국의 중요한 역할에 대하여 비난하는 겁니다. 왜 의존국가의 야만적 범죄를 지원하고, 1970년대 이래 거의 전 세계가 지원하는, 경계선을 준수하는 평화적이고 정치적인 해결을 거부하느냐는 겁니다. 전체주의적 마음을 가진 사람은 이걸 두고서 '이스라엘 미워하기' 혹은 '미국 미워하기'라고 볼 수도 있겠지요. 아합왕과 그 아첨꾼들, 크렘린궁과 그 인민위원들, 권력에 맹목적으로 순종하는 자들은 아마도 그렇게 부를 수 있겠지요. 하지만 역사적으로 볼 때 자유, 정의, 인권을 존중했던 사람들은 다른 길을 걸어갈 겁니다."

촘스키의 이러한 주장은 미국이 중요하고 직접적인 역할을 수행하는 '저기 저 바깥'의 문제가 결국 '여기 국내의' 문제가 될 수 있음을 환기시키는 것이다. 미국은 늘 선량한 싸움만을 벌인다고 믿는 사람들에게 이런 주장은 청천벽력이다. 이스라엘이 유대 조국을 지키기 위해 아랍의 저항에 맞서서 선량한 싸움을 벌이고 있다고 생각하는 사람에게 이런 주장은 아주 혐오스러운 것이다. 이것은 미국과 캐나다의 태도와 이스라엘의 태도가 서로 다른 것을 자연스럽게 이해하게 해준다. 촘스키 효과는 학문 분야와 이해단체들뿐 아니라 국가의 경계를 넘어서 널리 확산되고 있는 것이다.

나는 예루살렘과 텔아비브의 이스라엘 고위관료들이 촘스키의 중동 견해에 대해 진지하게 토론하는 것을 보고서 깜짝 놀랐다. 그들은 미국과 캐나다의 시온주의 그룹보다 더 진지하게 아랍인, 팔레스타인인, 미국의 개입 등에 관한 촘스키의 견해에 대해 토론했다. 반면에 미국과 캐나다에서는 중동정책이 친이스라엘 경향을 보이고 있다. 아무튼 이 두 나라에서 이스라엘 비판은 불경한 것으로 여겨지고 있다.

촘스키의 입장에 대한 '유대인 로비'식 비판사례들은 아주 많다. 그들의 비판은 폴 보그다노Paul Bogdanor의 〈촘스키의 대이스라엘 전쟁 Chomsky's War Against Israel〉에서 제시된 몇 가지 사항들에 집중하고 있다.[17] 이스라엘이 현재와 같은 형태로 존재해서는 안 된다는 촘스키의 주장에 공격의 화력이 집중되고 있다. 이 주장은 보그다노와 다른 인사들에게 엄청난 공격의 빌미를 제공했다. 하지만 그들은 1948년 이전의 시오니즘 역사를 잘 살펴보지 않는다. 그 당시의 특정 관점에서 보자면, 팔레스타인의 유대인 국가 건설은 대체로 보아 2차 세계대전 중 유대인 학살에 대하여 서방국가들이 무대응으로 일관한 데 대한 죄책감에서 나온 카드였다.18 이것 말고는 1945년 이후의 극적인 반전을 설명할 길이 없다. 영국과 미국 등 세계 강대국들이 유대인 국가 건설을 지지하면서, 이전에 논의되던 스위스식 연방제, 두 민족국가 등을 싹 무시해버렸던 것이다. 이런 대안들은 극소수의 헛소리가 아니었다. 1948년 이래 전개되어온 폭력과 적대감을 예상했던 벤-구리온Ben-Gurion과 앨버트 아인슈타인 등이 지지했던 대안이다.19

이에 대해서는 상당한 증거가 남아 있다. 하지만 유대인 국가의 건설이 시오니즘의 논리적이고도 바람직한 결과라는 주장에 밀려났고, 그러한 대안들을 묵살하려는 의식적인 노력이 있어왔다. 벤-구리온이 루이스 브란데이스Louis Brandeis에게 보낸 편지(1940년 12월 6일)는 전쟁 중에 유대인과 아랍인 사이에 오갔던 여러 유형의 제안들을 기록하고 있다. 아랍 지도자들과의 회담에서 벤-구리온은 이런 사실을 발견했다.

"아랍의 진정한 국익을 대변하는 사람들은 팔레스타인을 유대인에게 넘겨주는 것은 물론이고 평등한 기반 위에서 유대인과 공동 소유하는 것에도 동의하지 않을 것이다. 가장 좋은 해결방안은 유대인이 무더기로 이민오는 것이 아니라 이미 팔레스타인에 살고 있는 유대인들과 경제적으로, 사회적으로 협력하는 것이다." 팔레스타인에서 검찰총장을 지냈고 아랍민족주의 지도자인 무사 알라미Mussa Alami가 벤-구리온에게 말한 내용이다.

벤-구리온이 아랍 지도자들에게 내놓았던 제안은 연방제였다. "유대인이 살고 있는 팔레스타인 지역과 이웃 아랍국가들 사이의 연방제였다." 이렇게 하는 데에는 여러 가지 장점이 있었다. 첫째 "팔레스타인에 사는 아랍인들은 유대인들에 비하여 소수지만 외국에 산다는 기분은 들지 않을 것이다. 팔레스타인 전역이 아랍이 주도세력인 더 큰 단위에 소속되기 때문이다." 둘째 "그들은 유대인의 정치적·경제적 도움을 받아가며 상당히 커다란 아랍지역 내에서 아랍의 일치단결과 독립성을 확립할 것이다." 셋째 "그들은 더 큰 아랍연방 단위의 하부 단위로서 고도로 발달된 팔레스타인의 혜택을 누릴 수 있을 것이다."

이 아이디어는 아랍 지도자들 사이에서 인기가 있었다. 가령 팔레스타인 독립당의 당수인 아우니 압둘 하디Auni Abdul Hadi, 시리아 내셔널 블록의 지도자인 레아디 술크Readi Sulch, 제네바에 나가 있는 팔레스타인-시리아 대표부의 수석인 아미르 아슬란Amir Aslan 등이 찬성했다. 그러나 이런 타협안에 대해서도 저항이 있었다. 아랍의 일치단결이 이루어지기 전에 유대인 통제의 팔레스타인이 독립을 해야 한다, 팔레스타인이 모든 아랍국가들에 연결되는 자연적 요충지이기 때문에 "고도로 발달된 팔레스타인은 힘의 원천이라기보다 이웃 아랍국가들에게 위협이 될 것이다"라는 사실도 지적되었다. 이러한 장애물에도 아랑곳하지 않고 벤-구리온은 "아랍 지도자들에게 가까이 다가가려고" 노력했고 실제로 시리아, 레바논, 트란스조다니아의 지도자들은 가능한 한 빨리 유대인들과 협정을 맺으려 했다.

반면에 벤-구리온은 전쟁 중에 유대인의 입장이 악화되고 있다고 보았다. 아랍인들은 무솔리니에 대해서는 동정하지 않았지만 "히틀러에 대해서는 널리 동정했는데 그 까닭은 아랍인들이 강한 통치력을 숭상하기 때문이었다." 더욱이 "나치의 철학은 어떤 면에서 이슬람 철학과 상통하는 바가 있었다." 많은 아랍인들은 그 당시 나치가 승리하면 아랍제국을 건설하게 해줄 거라고 생각했다.[20]

이 점과 관련하여 노엄 촘스키와 에드워드 사이드의 이스라엘관에 반대하는 사람들은 다른 입장을 취한다.[21] 이스라엘 건국의 역사가 오늘날처럼 무시되고 일부 사항은 왜곡까지 되는 것은 정말 안타까운 일이다. 게다가 벤-구리온, 아인슈타인, 시무어 멜만과 젤리그 해리스 등 미국계 유대인 등의 경고는 팔레스타인과 이스라엘에 관한 논의의 중심부를 뚫고 들어가지 못했다. 이런 무시(의도적인?)는 몰역사적인 견해를 낳는데 폴 보그다노의 글 〈촘스키의 대이스라엘 전쟁〉에 잘 나와 있다.[22] "촘스키 생각의 핵심 부분은 이스라엘이 현재의 형태로 존재해서는 안 된다는 것이다. 이 견해는 그의 초기 저작에 나온다. 그는 이렇게 주장한다. '이스라엘은 차별의 원칙 위에 세워진 나라다. 비유대인 시민들이 없는 국가가 유대인 국가로 남을 것임은 자명하다.……'"[23] 자국을 유대인 국가로 지키고 싶어 하는 나라가 비유대인을 차별대우할 것임은 너무나 분명하다. 하지만 어찌된 일인지 보그다노는 이것을 이해하지 못한다. 그는 이렇게 말한다. "문자 그대로 두고 보자면 이러한 주장은 토론의 가치가 없다." 이것은 진실처럼 들릴 것이다. 하지만 보그다노가 제시하는 이유 때문에 그런 것은 아니다.

보그다노가 다음으로 놀랍게 생각하는 점은 시온주의자들이 60년 전에 과연 그렇게 생각했겠는가 하는 점이다.

촘스키는 유대인 국가를 폐기하고 나서 무엇으로 그 자리를 채우겠다는 것인가? 그의 대안은 '사회주의적 두 민족 국가'다. 하지만 촘스키의 대안은 비유대인 시민 없는 유대인 국가보다 더 혐오스러운 것이다. 그의 계획대로라면 아랍인 주민들도 사는 유대인 지구와 **유대인 시민이 없는** 아랍인 지구가 있다. 어떤 때 촘스키는, 개인은 자기가 원하는 곳에서 자유롭게 살 수 있을 것이라고 말했다. 그러나 그는 곧 이 원칙을 버리고 두 민족 국가를 선호하면서 이것을 "가장 바람직한 것"이라고 말했다. 그러니까 "유대인 지배 아래의 옛 고향으로 돌아가고 싶어 하는 팔레스타인 아랍인들은 희망을 버려야 할 것이고," 반면에 "아랍인 지배 아래의 지역에서 살고 싶은 유대인은 그렇게 하지 못한다"는 것이다. 달리 말하면 아랍인들은 유대인 지역에서 **과반수**가 되지 못할 것이고, 유대인들은 아랍지역에서 **소수자**로서도 거주하지 못하는 것이다. 아파르트헤이트(남아프리카의 흑백분리 정책)의 창안자들은 이런 정책에 찬성을 표시할 것이다. 촘스키 플랜의 세부사항들은 더욱 황당하다. 그의 두 민족 사회주의 국가는 "더 광범위한 연방에 통합되어야 하고" 공산주의 유고슬라비아처럼 "성공적인 사회혁명"에 바탕을 두어야 한다는 것이다. 7만 명에서 10만 명이 학살된 유고슬라비아 모델 말이다. 그것은 아주 낮익은 "인민 민주주의"로서 무력에 의해 아랍세계에 "통합"되어야 한다. "이스라엘 내에서 이스라엘 독립을 위태롭게 하는 지원은 사실상 없으니까" 그런 무력을 써야 한다는 것이다.

이 역사적 플랜의 세부사항이 여기서 왜곡되었다는 사실은 반촘스키 효과의 한 부분을 이룬다. 두 민족 국가의 개념 혹은 1948년 이전에 자세히 논의되었던 사항을 살펴보려면 역사적 문서들을 들춰보기만 하면 된다. 예를 들어 《시오니즘과 아랍인들 1882−1948 Zionism and the Arabs 1882−1948》에서 요세프 고르니 Yosef Gorny는 이런 점을 지적한다. 이후 드 Ihud 지도자들은 유엔 탐문조사단에 두 민족 국가를 제안하면서 "이것이 두 민족 사이의 균형과 견제를 이루는 이상적인 이론적 모델이다"라고 말했다는 것이다. 이 원칙은 "유대인의 역사적 권리와 아랍인의 자연적 권리를 동등하게 인정하는 인식"에 바탕을 둔 것이고, 동등함은 두 민족 사이의 '수적 數的 균형'을 의미하는 것이었다. 또 정치구조의 측면에서 보자면 "향후 창설될 팔레스타인 국가기관들에 유대인과 아랍인이 동등하게 진출한다는 의미"였다. 유엔 위원회에서 "실용적 이유 때문에" 거부된 이 플랜은 "아랍 민족주의의 파시스트적 경향과 팔레스

타인 국가의 레반틴화"를 견제하면서 "서방의 보호 아래 연방국가"를 건설하려는 것이었다.(288)

많은 텍스트들이 이러한 역사를 거듭해서 기술했고, 많은 개인들이 이런 접근을 진지하게 고려했다. 그런데도 유명한 미국 유대인 로비스트들, 가령 앨런 더쇼위츠Alan Dershowitz 같은 사람은 이 플랜이 오로지 촘스키의 상상력에서 나온 것이라고 본다.

나는 1973년 욤키푸르전쟁이 터진 후 몇 주 뒤에 촘스키와 토론했다. 그 당시 촘스키의 제안은 PLO의 정강과 일치하는 것이었다. 그는 이스라엘 국가를 없애고 그 대신 "세속적인 두 민족 국가"를 세워야 한다면서 당시 레바논에서 시행되던 두 민족 '형제애'를 모델로 제시했다. 촘스키는 기독교 신자와 회교 신자가 나란히 사이좋게 살면서 평화롭고 조화롭게 권력을 분점하고 있는 레바논 얘기를 여러 번 했다. 당시는 레바논에 엄청난 내전이 벌어지기 몇 년 전이었다. 토론하면서 나는 촘스키의 어리석은 플랜에 대하여 이렇게 말했다. "PLO가 그런 제안을 한 동기는 잠시 접어두더라도, 민족자결과 공동체 지배라는 개념은 왜 두 개의 국가(유대인 국가와 아랍인 국가)를 인정하지 못한다는 것인가? 공통적 배경을 가진 사람들이 그들 고유의 생활, 문화, 운명을 통제하는 것이 더 낫지 않은가? 평화롭게 살 의사가 없는 두 민족을 인위적으로 하나의 국가 안에다 집어넣는 것보다 더 낫지 않은가? 두 민족 국가의 제안에 선의가 깃들어 있다 할지라도 그 제안의 논리를 이해하기 어렵다."[24]

두 민족 국가의 '논리'를 이해하지 못하겠다는 얘기는 앞에서 설명된 역사적 배경을 감안해 보면 말이 되지 않는 것이다. 두 민족 국가의 대안이란 뭔가? 더쇼위츠의 말대로라면 팔레스타인 사람들을 무력으로 그들의 고향에서 내쫓고 이어 일치단결하여 그들에게 권리를 주지 않는 것 아닌가? '공통적 배경'을 가진 사람들이 '그들 고유의 생활, 문화, 운명을 통제하기 위해서' 말이다. 그런데 유대인 국가가 건설되기 이전부터 팔레스타인에 살았던 과반수 주민들인 팔레스타인인의 '공통적 배경'은 어떻게 되는 것인가? 촘스키의 두 민족 국가론에 대한 더욱 노골적인 반응은 촘스키의 저작들(전체주의, 스탈린주의, 온갖 형태의 억압을 공격하는 저술)에서 반유대주의의 성향을 발견한다고 떠들어대는 것이다.

촘스키가 동료 미국 유대인에게 뿜어대는 노골적 독설을 우리는 잊지 못할 것이다. 그의 저서 《운명의 삼각지대Fateful Triangle》가 미국 유대인 언론에서 완전 무시된 이유를 설명하면서 그는 이렇게 비난했다. "미국의 유대인 공동체는 아주 전체주의적입니다. 그들은 민주주의를 원하지 않습니다. 자유를 원하지 않습니다." 다른 곳에서 그는 뉴욕에 대해 이렇게 논평했다. "뉴욕은 유대인 인구가 많고, 유대인이 운영하는 언론이 있고, 유대인이 시장을 맡고 있으며, 유대인이 문화적·경제적 생활을 지배하고 있다." 그는 이어 말했다. "유대계 미국인들은 사회 모든 분야에서 특권 엘리트 그룹에 들어가 있다. …… 그들은 영향력이 아주 막강하고 특히 이데올로기의 측면에서 그러하다. 많은 작가와 편집자들이 있어서 일정한 효과를 미치고 있다." 이런 불공정에 경악하면서 미국의 주도적인 '반체제인사'는 유대인 압제자들로부터 고통받는 대중들을 보호하기 위해 용감하게 헌신하고 있다.

미국 내에서 이러한 견해를 둘러싸고 진지한 토론이 벌어지고 있다.

인터넷에는 다양한 관점에서 본 촘스키에 대한 논평이 넘쳐난다. 이런 반촘스키 로비에 대한 인식도 점점 커지고 있다. 특히 그런 로비는 각종 다양한 '반대운동'과 결부되어서 반체제운동을 억압하는 성공적인 도구가 되고 있다. 리처드 월Richard Wall이 쓴 온라인 기사는 이런 반촘스키 움직임에 주목하면서 이렇게 논평했다.

일부 비판과 논평들은 인신공격이고 동료 전쟁광의 편견에 아부하기 위한 것 말고는 별 가치가 없다. 그러나 대부분의 비판이 새로운 세계 질서, 즉 테러에 대하여 전쟁을 벌여야 한다는 이데올로기 외피를 두르고 있다. 이러한 도그마의 근원과 동기를 꿰뚫어보는 데에는 특별한 재능이 필요하지 않다. 무조건적인 호전적 애국주의, '옳으나 그르나 나의 조국'을 내세우는 것이다. 이런 도그마를 가진 사람들은 그들의 심리과정을 분석하거나 전제조건을 폭로하는 일을 극력 기피한다. 그들은 자신의 전제조건이 위선적일 수도 있음을 전혀 고려하지 않는다. 실제로 그 전제조건은 때때로 좋은 의도를 갖고 있기 때문이다. 그러나 불행하게도 그런 좋은 의도를 갖고 있을 때가 노골적인 위선을 부릴 때보다 더 강력한 효과를 발휘하고 있다. 바로 이것이 테러에 대한 전쟁정치학의 진면목인 것이다.[25]

이러한 논쟁은 아주 흥미로운 읽을거리다. 촘스키가 우리에게 제시하는 각종 어려운 문제들을 파헤치기 위하여 우리는 신문과 잡지 말고도 블로그, 편지, 리뷰, 논평, 헛소리 등도 세밀히 살펴야 하는 것이다. 이렇게 공개된 영토에 들어가야만 비로소 이 논쟁의 긍정적인 점, 부정적인 점, 혐오스러운 점, 환상적인 점, 시사적인 점 등에 대하여 진정한 탐구의 장이 열린다.

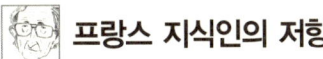 **프랑스 지식인의 저항**

미국 내의 반촘스키 수사학이 주로 유대주의와 관련이 있는 것처럼 촘스키의 숨겨진 동맹에 관한 논의는 프랑스 파리와 관련이 있다. 이것은 자연히 파리에서 촘스키의 저서가 어떻게 받아들여지고 있는가 하는 문제를 이끌어내는데, 일찍이 촘스키는 파리가 자유롭고 장애가 없는 토론을 거부하는, 극히 폐쇄적인 곳이라고 말한 바 있다. 프랑스에 친밀감을 느끼는 사람들이 볼 때, 촘스키의 이런 부정적 견해는 문제가 있거나 과장된 것처럼 보일지 모른다.

파리나 마르세유의 카페에 앉아본 사람이라면 프랑스인들이 좋은 음식, 좋은 와인, 정치와 철학에 대한 좋은 토론을 즐기는 성향이 있음을 안다. 토론이 지나쳐서 반체제, 반목, 대치의 아슬아슬한 경지에 이르기도 하는 것을 자주 본다. 프랑스인들은 밤마다 텔레비전에 방영되는 문화적이고 정치적인 토론을 즐겨 시청하고, 《르몽드 디플로마티크Le Monde diplomatique》《르 카나르 데셰네Le Canard Déchaîné》《리베라시옹 Libération》 같은 신문과 잡지들을 열심히 읽는다. 게다가 미국은 건국의 아버지들과 헌법 전문 등과 관련하여 프랑스와 아주 긴밀함을 느끼고 있다. 다시 말해 두 나라는 권위와 미신보다는 합리성과 세속성을 중시하는 사상가들인 데카르트, 디드로, 몽테스키외, 루소, 볼테르 등의 유산을 공유하고 있다.

하지만 20세기와 21세기의 프랑스 지식인들이 수행한 역할 때문에 미국의 지성계와 프랑스의 지성계 사이에 상당한 차이점이 발생하게 되었다. 이 문제를 여기서 좀 자세히 살펴볼 필요가 있는데, 촘스키의 방법론과 프랑스 지식인 사회의 촘스키 방법론 거부라는 중대한 현상을 가져왔기 때문이다. 이런 기이한 반응을 프리덤 프라이스Freedom Fries

(자유만 외치고 행동은 하지 않는 프랑스인을 비하하는 말_옮긴이) 같은 말로 도매금 처리해버리는 것은 내가 볼 때 충분하지 못하다. 또 대부분의 미국인들은 조지 W. 부시와 한 패라는 프랑스 내에서의 편견도 사태 파악에 도움이 되지 못한다. 프랑스와 미국 사이에 존재하는 이런 비하정신과 적개심은 더 깊은 뿌리, 더 복잡한 동기를 갖고 있다.

프랑스와 미국 사이의 일부 차이점은 언어와 문화의 연구와 관련이 있으므로 우리는 프랑스 언어학, 문학이론, 문화이론 등의 위상을 살펴보는 것으로 시작할 수 있다. 촘스키의 저작은 네덜란드(이 나라에서는 상당한 분량의 언어학 자료가 출간되었다), 영국, 이탈리아, 일본 등지에서 면밀히 연구되어왔다. 하지만 유독 프랑스에서는 다른 서방국가들에 비하여 촘스키의 저서가 별로 대접받지 못했다. 프랑스가 과거부터 언어학 연구에 관심이 많았다는 사실을 감안하면 이는 좀 놀라운 일처럼 보인다. 언어학은 프랑스에서 특별한 대접을 받아왔다. 페르디낭 드 소쉬르 Ferdinand de Saussure가 주창한 구조주의의 등장 이래 프랑스는 지속적으로 구조주의 언어학에 관심을 쏟아왔고 언어학의 대상영역을 새롭게 정의하는 등 활발하게 연구를 수행해왔다.

촘스키의 관점에서 볼 때 이러한 스토리에는 좀더 심층적인 것이 있다. 그가 판단하기에 촘스키 언어학에 대한 프랑스의 상황은 1970년대에 바뀌기 시작했는데, 그 변화의 정도가 다른 나라들과는 비할 바가 아니었다.

1960년대에 프랑스에서는 거의 아무것도 허용되지 않았다. 1970년대에 들어와 우연에 의해 상황이 바뀌기 시작했다. 당신도 기억하겠지만, 그들은 뱅센느에 대학의 분교를 설치했다. 파괴적인 제3세계와 급진적인 유형의 인물들을 모두 그리로 추방하고 기존의 지성계는 그들에게 별로 신경을 쓰지 않으려 했다. 뛰어난 언어학자인 우리 학교 (MIT 언어학과) 졸업생이 그곳에 자리를 잡았다(그의 프랑스어는 탁월했고 전공도 프랑스어였다). 그리하여 곧 유럽의 똑똑한 젊은 언어학자들은 그의 밑에서 공부하려 했다.[26] 그것이 유럽 현대 언어학의 효시가 되었다. 하지만 프랑스는 그 바이러스를 철저하게 통제했다.[27]

이러한 촘스키의 발언은 프랑스의 대학, 출판사, 연구소 등이 강력하게 사상을 통제한다는 소견을 보여주고 있다. 그 밖에 다른 요소도 있다. 촘스키와 그 제자들의 주요 저서는 적시에 프랑스어로 번역되는 법이 없었다. 그의 가장 최근 텍스트인 《미니멀리스트 프로그램The Minimalist Program》은 말할 것도 없고 《지배와 결합에 관한 강의Lectures on Government and Binding》도 번역되지 않았다. 그리하여 프랑스 언어학자들은 촘스키 텍스트를 폭넓게 참고할 수가 없었다. 그러나 존 골드스미스는 이것을 문제라고 보지 않는다. 그는 그 이유를 이렇게 설명한다. "언어학 책자가 영어에서 프랑스어로 번역된 경우가 많지 않으며 프랑스어로 번역된 것 중에서도 촘스키 학파의 것이 대부분이다. 하지만 더 중요한 점은 프랑스 학자들은 다른 유럽 학자들과 마찬가지로 영어를 읽을 줄 아는 것을 필수조건으로 생각한다는 것이다. 영어를 읽을 줄 모르는 프랑스 언어학자는 본 적이 없다."

그럼에도 불구하고 문제는 남는다. 프랑스 사람들은 왜 이 바이러스를 통제하려 하고 프랑스 이외의 나라들에서는 사정이 다른가? 이것을 해명하기 위해 우리는 유대주의와 이스라엘 문제를 되돌아보고 다시 시선을 앞으로 돌려 포리송 문제를 살펴보아야 한다. 이 사건은 프랑스와 기타 지역에서 촘스키의 저작이 수용되는 문제에 아주 복잡하고 지속적인 효과를 끼쳤다.

지난 10년 동안 《노암 촘스키: 저항하는 목소리Noam Chomsky: Une voix discordante》[28]가 발간되고 또 영화 〈여론조작〉이 널리 전파되면서 촘스키의 활동에 대한 토론이 활성화되었다. 드니 슬라크타Denis Slakta는 이 영화에 대한 논평을 《르몽드Le Monde》(1993년 12월 3일)에 싣고서 지식인 촘스키의 중요성을 강조했다. 이어 이렇게 언급했다. "촘스키는 의심할 나위 없이 금세기의 가장 위대한 언어학자들 중 한 사람이다. 싫든 좋든 언어학자들은 촘스키 이전과 이후라는 카테고리에 적응해야 한다. 그리고 이 관점에 따라 자신들의 저작을 설명해야 한다." 낭시 돌렘Nancy Dolhem은 《르몽드 디플로마티크》(1995년 9월)에 《501년Year 501》에 대한 논평을 기고했다. "위대한 미국 지식인 노엄 촘스키의 저서들은 그 강력한 반항의 힘으로 인해 독자들의 가슴에 지적 환희를 불러일으킨다. 이 비순응적인 저자는 여러 사람들에게 '현대의 볼테르'라고 불린다." 이 두 논평은 그리 독창적인 것은 되지 못한다(돌렘의 논평에는 약간의 숨은 뜻이 있는 듯하지만). 하지만 언어학, 철학, 인지과학, 역사, 정치 등의 분야에서 활약하는 개인들은 이 두 논평에 동의할 것이다. 그리고 특기할 점은 이런 논평이 프랑스에서 발표되었다는 것이다.

마르세유의 아곤느Agone라는 소규모 출판사가 프랑스에서 촘스키의 저작을 살리려는 혹은 되살리려는 노력을 하고 있다. 이 출판사의 한 가지 사명은 그의 저서(혹은 제자들의 저서)를 프랑스에 널리 알리는 것이다. 하지만 아곤느 직원들은 프랑스 지식인 사회에 강한 저항감이 남아 있다고 내(필자)게 말했다. 프랑스 지식인들은 촘스키의 저서에서 밝혀진 배경은 참고하지 않은 채 그를 일방적으로 네가시오니스트(홀로코스트 부정자)로 치부해버리는 것이다. **프랑스 지식인**French intelligentsia이라는 용어도 많은 사람들에게 혼란을 안겨주므로 이참에 그것을 설명하는 게 좋을 듯하다. 일반적으로 말해서 이들은 어떤 정치적 신념이나 행동을 같이 하는 파리 거주의 프랑스 지식인 그룹을 가리킨다. 그들의 시작은 에밀 졸라Émile Zola(행동하는 지식인의 표준을 제시한 인물)였고 그후 들쭉날쭉한 인물군群을 경유하여 장-폴 사르트르를 거쳐 오늘날에는 베르나르 앙리-레비Bernard Henri-Lévi가 주도하고 있다. 그렇지만 이 레테르(프랑스 지식인)에 포섭되는 여러 개인들을 연결해주는 끈이 쉽사리 구분되는 어떤 것은 아니고 동맹도 다양한 전선에서 구축되고 있다.

예를 들어 1999년 3월 31일자 《르몽드》에 실린 '프랑스 지식인 성명'에는 다음과 같은 인사들이 서명했다. 피에르 부르디외Pierre Bourdieu, 폴린 부트롱Pauline Boutron, 쉬잔 드 브뤼노프Suzanne de Brunhoff, 놀 뷔르지-고뤼브Nolle Burgi-Golub, 장-크리스토프 쇼메롱Jean-Christophe Chaumeron, 토마 쿠트로Thomas Coutrot, 다니엘 방세Daniel Bensaid, 다니엘 뒤랑Daniel Durant, 로뱅 푸트Robin Foot, 아나-마리아 갈라노Ana-Maria Galano, 필리프 고뤼브Philip Golub, 미셸 위송Michel Husson, 폴 자캥Paul Jacquin, 마르셀-프란시스 칸Marcel-Francis Kahn, 베르나르 랑글루아Bernard Langlois, 아리안 란츠Ariane Lantz, 피에르 란츠Pierre Lantz, 플로랑스 르프레스네Florence Lefresne, 카트린 레비Catherine Levy, 장-필리프 밀시Jean-Philippe Milesy, 파트릭 모니Patrick Mony, 알린 페예Aline Pailler, 카트린 사마리Catherine Samary, 롤랑 트랑프Rolande Trempe, 피에르 비달-나케Pierre Vidal-Naquet 등. 이 명단은 1999년판 프랑스 지식 엘리트들을 잘 보여준다. 하지만 이것이 하나의 윤곽을 제시하기는 해도 그들을 하나로 묶어주는 분명한 '정강'은 없다. 촘스키의 관점에서 보아도 그들의 정체를 제대로 파악하기 어렵고 촘스키는 '파리 지식인Paris intellectual'이라는 말을 그리 자주 사용하지 않는다.

이 리스트 중 맨 마지막 인물(피에르 비달-나케)은 포리송 사건과 관련하여 촘스키 스펙트럼의 한쪽 극단에 위치한 인물이고, 또다른 인물(피에르 부르디외, 아곤느 출판사에서 저서 발간)은 《저항의 행위: 시장의 횡포에 반대하며Acts of Resistance: Against the Tyranny of the Market》를 출간했는데 촘스키로부터 강력한 추천과 지지의 찬사를 들었다. "부르디외는 다시 한 번 올바른 목표물을 선정했고, 언제나 그렇듯이 예리하고 통찰력 깊은 발언들을 많이 하고 있다."(한 마디 부언하자면 부르디외의 저서는 언어와 정치 양면에서 내게 큰 영감을 주었다. 사람들이 담론의 '시장'에서 어떻게 살고 행동하는가를 깊이 생각함으로써 부르디외는 촘스키의 접근방법에 도전하면서 동시에 보완하고 있다. 사실 담론이라는 것은 일반적 능력과는 상관없이 발화와 텍스트의 의미를 채색 혹은 결정하는 것이다) 더욱이 이 프랑스 지식인의 성명은 촘스키의 세르비아 폭격 반대성명과 유사하며 때로는 그 표현까지도 유사하다. 가령 1999년 6월 패트릭 케인과 노엄 촘스키의 인터뷰는 그걸 잘 보여준다.

촘스키 | ······ 대치상황에 들어가면 누구나 강력한 카드를 사용하면서 자신이 가장 강한 영역으로 끌고가려 합니다. 미국의 가장 강력한 카드는 무력 사용입니다. 국제 분야 중 미국이 거의 독점하다시피 하는 유일한 분야일 겁니다. 유고슬라비아에서의 무력 사용 결과는 이미 예측된 것이었습니다. 나토 사령관 웨슬리 클라크 대장은 폭격이 학살과 축출의 수준을 아주 높일 것이라고 발언했습니다. 그리고 실제로 그러했습니다. 나토 지도부는 폭격이 세르비아의 용감하고 유망한 민주주의 기운을 파괴할 것임을 알고 있었습니다. 실제로 파괴했지요. 그리고 주변국들에 엄청난 소요를 일으켰습니다. 물론 터키나 다른 지역의 위기상황과 비교할 바는 못 됐지만.

그럼에도 불구하고 클린턴의 외교정책팀이 강조했듯이 나토의 신인도信認度를 유지하는 것이 필요했습니다. 그들이 말하는 신인도는 덴마크나 프랑스가 말하는 신인도가 아닙니다. 클린턴 행정부는 이들 나라의 신인도 따위는 신경 쓰지 않습니다. 여기서의 신인도란 곧 공포의 다른 이름입니다. 그들이 관심 있는 것은 세계의 단속자, 즉 미국에 대한 공포를 유지하는 것입니다. 그것이 수십만 코소보 인명 혹은 여러 다른 결과보다 중요한 겁니다. 그래서 미국과 나토는 이미 심각한 위기를 참극의 수준으로 확대하면서 엄청난 학살극을 벌인 겁니다.(www.chomsky.info)

이 발언은 프랑스 지식인 성명의 서문에 제시된 요소들과 상당히 비슷하다. 미국/나토의 무력 사용 말고도 다른 대안들이 분명 있었다고 지적하는 점에서 그러하다.

    나토의 개입을 지원하거나 아니면 코소보 세르브 당국의 반동적 정책을 지지하라? 나토가 폭격을 하는 바람에 코소보에서 OSCE 인사들이 철수해야 했고, 그것은 세르브 군대의 지상공격을 예방한 게 아니라 더욱 용이하게 만들었다. 극우 세르브 민족주의자들이 코소보 주민에게 복수하겠다는 욕구를 더욱 부추겼다. 슬로보단 밀로셰비치의 독재권력을 더욱 강화시켰다. 밀로셰비치는 독립된 언론에 재갈을 물리고 독재정부 중심으로 가짜 국민여론을 형성했다. 코소보에 대한 평화롭고 정치적인 협상이 재개되려면 이 가짜 국민여론을 깨트려야 한다.
    미국과 EU 정부들이 제시한 '평화 플랜'을 협상의 근거로 삼거나 아니면 세르비아를 폭격하라? 장기간에 걸친 국내의 정치적 갈등은 외부에서 주어진 힘으로는 해결되지 않는다. 협상의 틀과 해결방안을 강구하기 위해 "모든 노력을 기울였다"는 말은 사실이 아니다. 코소보 협상자들은 나토가 자기들의 원칙을 지키기 위해 개입할 것이라는 정보를 듣고서 협상안을 거부했지만 결국 강요에 의해 그 협상안에 서명했다. 이것은 완전한 환상을 불러일으키는 거짓말이다. 나토 공습에 서명한 정부들 중에서 단 한 나라도 코소보 독립을 강제하기 위해 세르브 체제와 전쟁이라도 하겠다는 의사를 가지지 않았다.

공습은 세르브 군사력을 일부 약화시킬 것이다. 하지만 그들은 알바니아 주택들을 파괴하기 위해 동원된 기동부대를 약화시키지 못할 것이고 코소보 해방군 전사들을 학살하는 군대들도 무력화시키지 못할 것이다.

중요한 문제들에 있어서는 입장이 같지만 촘스키와 프랑스 지식인 사이에는 상당한 차이점도 있다. 가령 촘스키는 공습이 공포와 폭력을 통해 미국 정부의 사사로운 목표를 달성시켜줄 것이라고 내다본 반면, 프랑스 지식인들은 현안 문제를 해결하지 못한다고 내다본다. 두 진영이 폭격을 멈추라는 똑같은 주장을 하고 있음에도 불구하고 분석은 이처럼 다르다. 그럼에도 불구하고 프랑스 지식인-촘스키의 분열은 과거에 생각했던 것보다 더 심각했으며 양측의 정치사상 발전은 그 자체로 하나의 흥밋거리다.

프랑스 지식인-촘스키 관계는 이 문제에만 국한되는 것이 아니다. 왜냐하면 그것은 촘스키의 텍스트가 다른 상황, 특히 프랑스에서 어떻게 읽히고 이해되는가 하는 문제이기 때문이다. 게다가 프랑스에서의 지식인의 역할, 미디어의 성격, 정부와 통치계급 사이의 성격 등은 미국의 경우와는 아주 다르다. 가령 포리송 사건과 관련하여 프랑스 언론에 실리는 각종 토론들은 마치 한 사람의 목소리인 양 동일하다. 프랑스의 아나키스트들, 반反볼셰비키 마르크스주의자들, 프랑스 좌파와 연대감을 느끼는 다양한 개인들이 촘스키의 활동에서 상당한 유사성을 발견하면서도 아무런 발언도 하지 않는 것이다. 바로 이 포리송 사건 때문에 이들의 활동 분야에서조차 촘스키가 외면당한 것이다. 그리하여 "프랑스에서는 모든 토론의 기본원칙(즉 사실과 논리에 대한 기본적인 존중)이 실제로 무시되고 있다"는 촘스키의 발언(《편집되지 않은 답변Résponses inédites》의 뒤표지)을 뒷받침하고 있는 것이다. 따라서 촘스키는 프랑스에서 왜 이런 대접을 받게 되었는가, 특정 통치 엘리트들이 '공식입장'을 어떻게 지배하는가, 프랑스의 다른 역사적 사건들은 어떻게 해결되었나 등의 질문이 생기는 것이다.

 표면화한 증오

어떤 반대의견들이 주류에서 밀려나는 방식을 검토하는 것은 중요한 일이다. 왜냐하면 역정보가 사용되는 방식, 어떤 지역에서 특히 잘 통하는 이유, 반대의견을 묵살하거나 무시하는 방식 등을 알게 해주기 때문이다. 이와 관련하여 음악과 대중문화 분야에서 구체적 사례를 가져올 수 있다. 촘스키가 음악계와 젊은 사람들 사이에서 인기가 있다는 사실을 촘스키 비방자들은 놓치지 않았다. 그리하여 스테판 캔퍼Stefan Kanfer는 《시티 저널City Journal》이라는 잡지에 '미국의 가장 멍청한 지식인America's Dumbest Intellectual'[29]이라는 기사를 게재하여 그런 현상을 개탄했다.

맨해튼 한가운데에 있는 버진 레코즈(음반가게)의 대중음악 매장을 한번 걸어가보라. 어깨에 문신을 하고 몸에 피어싱을 한 아이들이 시끄러운 음악이 흘러나오는 매장에서 최신 힙합, 얼트록, 헤비메탈 CD를 뒤지고 있는 게 보일 것이다. 그런데 계산대 쪽에 한 가지 놀라운 아이템이 있다. 단 한 권의 책이 전시되어 있는 것이다. 그것은 미국의 급진 좌파인 노엄 촘스키가 최근에 펴낸 《9/11》이라는 책이다. 새 천년을 맞는 이때 사람의 얼굴을 후려칠 듯한 물품이다. 엄밀하게 말하면 《9/11》은 책이 아니다. 뉴욕 시가 테러를 당한 직후 촘스키의 추종자들이 촘스키와 나눈 대화들을 묶어놓은 것이다. 저자는 그 테러의 책임이 테러 피해자인 미국이라고 지적하고 있다.

그렇지만 《9/11》이 별 볼일 없는 문고판 책자라고 무시해버리면 커다란 잘못이 될 것이다. 이 책은 11만 5000부 이상이 인쇄되었다. 《보스턴 글로브》와 《워싱턴 포스트》의 베스트셀러 리스트에 올랐고 캐나다에서는 베스트셀러 7위를 차지했다. 버진 레코즈에서 크게 전시되고 있다는 점을 봐서도 알 수 있듯이 《9/11》은 특히 젊은 독자들 사이에서 인기가 높다. 이 책은 전국 대학의 구내서점에서 잘 팔리는 책이다. 《9/11》의 이런 놀라운 성공은 촘스키의 미국 때리기를 널리 알리고 있지만 동시에 많은 사람들을 슬프게 한다. 특히 그 끔찍한 피격의 날에 많은 용감한 사람이 희생되었던 뉴욕에서는 그 슬픔이 더 크다.

캠퍼는 이어 경멸조로 말한다. "촘스키는 젊은이와 히피들 사이에서 록스타의 지위를 성취했다. 배드 릴리전이나 펄잼 같은 록그룹은 그들의 음악과 인터뷰에서 촘스키의 저서를 자랑스럽게 인용한다. 잡지 《와이어드Wired》는 이렇게 말했다. '자칭 보헤미아 스타일의 커피 하우스 군중들에게 촘스키는 케루악Kerouac과 니체의 중간쯤 되는 인물이다. 그의 책을 한 권 가지고 다니는 것은 자동적인 반反문화의 인장印章으로 통한다.'"

문제는 촘스키가 자신의 소속 분야에 그대로 머물러 있지 않고 다른 전문가들의 분야에 진출하여 그들로부터 발언권을 빼앗아가려는 데 있다. "이러한 명성을 배경으로 하여 촘스키 교수는 자신의 전문 분야에서 멀리 떨어진 분야에 진출하기 시작했다. 촘스키가 무자비하게 공격하는 나라에서는 이런 식으로 명성을 활용하는 경우가 많다. 미국에는 수직적 명성과 수평적 명성 두 가지가 있다. 수직적 유명인사는 오로지 한 가지만으로 명성을 얻는다. 가령 루치아노 파바로티는 노래로 유명할 뿐이다. 하지만 수평적 유명인사는 어떤 한 분야에서의 기술 습득이 다른 분야로 전용될 수 있다고 하면서 자신의 명성을 널리 퍼트린다. 가령 가수인 바바라 스트라이샌드와 보노는 공공정책에 대하여 연설한다. 또 언어학 교수인 촘스키는 지정학의 전문가인 양 강연에 나선다."

논쟁의 끝은 늘 그랬듯이 캔퍼 또한 이스라엘과 관련된 문제를 꺼내든다. "촘스키의 분노는 자기 조국에만 한정된 것이 아니다. 그는 중동 지역에서 유일한 서방 이상주의의 초소인 이스라엘에 대하여 오랫동안 경멸의 마음을 품어오고 있다. 그 증오는 너무 지독하여 시온주의 사람들은 촘스키를 가리켜 자기 자신을 미워하는 유대인이라고 말한다. 이것은 타당치 않은 명칭이다. 촘스키는 자기 자신을 사랑하는 사람이고 남들에게 적개심을 불러일으키는 자신의 능력을 흐뭇하게 생각하고 있다. 어쩌면 그 때문에 촘스키는 프랑스의 홀로코스트 부정자인 로베르 포리송의 책에 서문을 썼는지도 모른다. 포리송의 《옹호의 회고록Mémoire en Defense》은 히틀러의 강제수용소, 가스실, 안네 프랑크의 일기 등이 미국 시온주의자들의 대의를 돕기 위해 조작된 허구라고 주장한다. 하버드대 법학교수인 앨런 더쇼위츠는 그건 너무 심하다고 생각하여 좌파 교수인 촘스키에게 공개토론 도전장을 내밀었다."

이처럼 음반가게에서 책 팔리는 것을 얘기하다가도 포리송 얘기가 나온다. 왜냐하면 그 사건은 촘스키 사상에 대하여 아주 강력한 거부감을 환기시키고 그래서 촘스키를 수세에 몰아넣을 수 있다고 보기 때문이다. 실제로 촘스키는 이 건으로 수십 번씩 자신의 입장을 옹호하지 않으면 안 되었다. 촘스키는 어떤 사람의 표현의 자유를 지지한다고 해서 그 사람의 사상까지도 지지하는 것은 아니라고 분명하게 밝혔다. 이 포리송 사건 때문에 촘스키는 반시온주의자, 친수정주의자(홀로코스트와 관련하여), 심지어 네가시오니스트로 치부되었다. 이런 황당무계한 태도는 필립 로스Philip Roth가 《샤일록 작전Operation Shylock》에서 "쇼아 비즈니스Shoah business"라고 불렀던 것을 연상시킨다(마틴 제이Martin Jay는 《문화적 의미론Cultural Semantics》에서 1993년 《데어 슈피겔Der Spiegel》에 실린 '다스 쇼아 비즈니스Das Shoah business'를 가리켜 "아주 혐오스러운 기사"라고 했다).[30]

포리송 사건은 홀로코스트 토론과 관련하여 단 하나의 입장만 인정했고, 기존의 통설 이외의 것은 모두 무시했고, 다양한 의견을 가진 사람들의 의견도 도매금으로 무시했다. 포리송 사건은 또한 촘스키를 평소 피하고 싶어 하는 사람들과 같은 그룹의 인물로 만들어버렸다. 가령 홀로코스트 수정주의자 그룹들은 그들의 언론의 자유에 대한 촘스키의 입장을 마치 그들의 수정주의적 주장에 대한 동의로 해석해버리는 것이다. 이러한 사례들은 많이 있다. 이 문제는 수정주의 역사학자들의 한 그룹인 아르그AAARGH(International Secretariat of the Association des Anciens Amateurs de Récits de Guerre et d'Holocauste: 전쟁과 홀로코스트를 다루는 아마추어 국제협회)에 의해 잘 묘사되어 있다.

아나키스트의 배경을 갖고 있고 미국 정부의 정책을 적극 비판하는 노엄 촘스키가 북아메리카의 청중들 혹은 언론을 상대로 연설을 하려고 하면 그 청중들 속에는 불평을 말하는 개인 혹은 그룹이 반드시 있다. 그들은 촘스키가 수정주의자들과 어울렸고 그러한 입장이 그의 저서나 포리송의 저서 《옹호의 회고록》(1980) 서문에 드러나 있다고 불평한다. 그래서 촘스키는 20년이 지난 지금도 저녁 강연을 하기에 앞서 같은 주장을 되풀이해야 한다. 표현의 자유는 통째로 존재하는 것이지 조각조각 갈라서 내줄 수 있는 것은 아니다. **수정주의자들은 그 견해가 무엇이었든 간에** 자기가 옳다고 생각하는 것을 말할 자유가 있고 그로 인해 부당한 압박을 당해서는 안 된다.

촘스키가 언론, 텔레비전, 기타 매체에 등장할 때마다 이 문제가 제기되었다. 유대인 로비의 대변인, 공격적인 이스라엘의 지지자, 자유를 반대하는 세력들이 내놓는 이런 어리석은 질문에 일일이 대응한다는 게 얼마나 짜증스러운 일인지 우리는 잘 안다. 날이면 날마다, 그리고 수천 건의 논문과 성명을 통해 촘스키는 우리의 기본적 인권에 대한 그의 유대감을 천명해왔다. 우리는 그의 일관성을 존경하며 수정주의 문제가 불거지기 이전부터 우리를 한데 묶어준 우정과 유대의 결속을 고맙게 생각한다. 이렇게 된 것은 촘스키와 우리가 정부 비판, 정부의 폭력과 거짓말 폭로, 정부의 권력을 이용하여 개인적 이익을 일반 대중에게 강요하는 계급과 집단에 대한 반항을 공유하기 때문이다.[31]

포리송 사건이 전 세계적으로(특히 유대인 단체들 사이에서) 널리 알려지게 된 것은 언론이 어떤 사람의 전체 업적 중에서 어떤 한 부분(이 경우는 고약한 측면)만 단장취의斷章取義하여 과장 보도했기 때문이다. 그 목적은 그 사람의 전체 업적으로부터 일반 대중의 시선을 돌려놓기 위해서였다. 100여 권의 저서, 1000여 건의 기사, 수백 건의 강연회에도 불구하고 많은 사람들은 촘스키 하면 이 사건 하나만 신경 쓰는 것이다. 촘스키가 그 탄원서에 서명을 했기 때문에 사람들이 포리송이라는 인물을 알게 된 것은 사실이다. 하지만 다른 각도에서 논의를 진전시켜 보면, 포리송을 대중의 눈에 널리 띄게 만든 것은 언론이지 촘스키가 아니다. 대중매체에 실린 여러 기사들 때문에 그 사건이 북아메리카에서 널리 알려졌고, 그것은 특히 앨런 더쇼위츠의 필사적 노력 덕분이었다.

더쇼위츠는 여러 건의 강연회에서 그리고 베스트셀러가 된 유대주의에 관한 책에서 틈만 나면 촘스키와 그의 사상을 공격했다. 나는 맥길 대학의 직원들로부터 더쇼위츠를 지지하는 유대인 교수가 쓴 편지에 답장을 써달라는 부탁을 받았다. 그 교수는 맥길 대학이 촘스키를 대학의 연사로 초청하는 데 대하여 혐오감을 표명했다. 그런 연사 초청이 처음이 아닌데도 말이다. 《워싱턴 포스트》(A21, 1985년 6월 22일)는[32] 코넬 대학 의과대학이 1985년 졸업식에 촘스키를 주요 연사로 초청했다고 보도했다. 행사 한 달 전, "1985년 졸업생 대표인 리처드 H. 디크먼은 그 초청이 졸업생들 사이에서 상당한 불안감을 불러일으켰고 시오니즘에 대한 촘스키의 태도가 많은 학생들에게 불쾌감을 주었다고 말했다. 촘스키의 존재는 하나의 정치적 성명으로 해석될 수 있고 그래서 평화로운 졸업식 행사를 망쳐놓을지도 모른다고 판단했다. 그래서 학생 대표는 촘스키에게 초청 취소의 의사를 밝혔다."

이러한 일은 비일비재하다. 나 자신도 촘스키가 웨스턴 온타리오 대학에 명예박사 학위를 받으러 왔을 때 그런 분규에 휘말리게 되었다. 2000년 4월 18일 캐나다 방문길에 촘스키는 토론토 대학으로부터도 명예박사 학위를 받게 되어 있었다. 그때 《글로브 앤드 메일》은 '노엄 촘스키: 너무 좌로 치우친 인사 Noam Chomsky: A Degree Too Far'라는 기사를 실었다. 엘리 슈스터라는 대학원생이 촘스키와 그를 옹호하는 기관들을 공격하는 내용이었다.

슈스터는 말했다. "캄보디아계 캐나다인(그리고 역사적 진실에 관심이 있는 캐나다인들)은 올 봄에 노엄 촘스키에게 명예박사 학위를 수여하기로 한 토론토 대학과 웨스턴 온타리오 대학의 결정에 분개할 것이다." 슈스터는 촘스키를 "대학 사회에는 잘 알려져 있으나 일반 대중에게는 생소한 사람"이라고 말한 뒤, 데이비드 호로비츠를 인용하면서 이렇게 주장했다. "그의 저서들은 편집병적 극단에 치우쳐 있으며 폴포트 정권을 지지하고 로베르 포리송을 지지하는 점이 특히 그러하다." 그녀는 이런 주장도 했다. "학문은 진리를 발견하는 것이다. 하지만 촘스키 교수의 저서들은 실제로는 학문적 불성실을 지향한다. 과거 어느 한때 촘스키는 '미국의 반체제인사들'에게 그들의 행동에 대해 도덕적으로 책임을 져야 한다고 말했다. 또 워싱턴이 북베트남, 쿠바, 기타 국가들의 '정확한 비판적 분석'을 잘못 활용했다고 말하기도 했다. 하지만 그 정확한 비판적 분석은 결국 이들 국가에서의 고통과 억압을 키워놓았을 뿐이다." 그녀는 학위수여식에게 참석하는 사람들에게 반항적인 태도를 보이라고 주문했다. "무대에 등을 돌리면" 그곳에 모인 교수나 학생들은 "캄보디아 대학살의 존재를 부정하고 다른 사람들에게 사악한 원인을 제대로 일러주지 않는 사람이 바로 노엄 촘스키"임을 깨달을지도 모른다. 그날 나는 촘스키로부터 폴포트(이 문제는 이 장의 뒷부분에서 거론할 것이다)를 다룬 그 기사에 대한 논평을 받았다.

친애하는 로버트

나는 당신이 《글로브 앤드 메일》의 기사를 보았으리라 생각합니다. 그 배경에 대해서 당신에게 잠시 말씀드리고 싶습니다. 기사 자체에 대해서는 논평할 필요가 없습니다. 그건 ADL(앨런 더쇼위츠 일파) 스탈린주의에서 그대로 베껴온 것입니다. 단지 평소보다 어조가 더 격렬하다는 것이 다를 뿐입니다. 답변을 불가능하게 만드는 그런 글입니다. 데이비드 호로비츠 일파의 주장에 바탕을 둔 헛소리입니다. 아마도 그런 스타일의 기사는 G&M(글로브 앤 메일)이 전에 실어본 적이 없을 겁니다. G&M이 그런 기사를 실어주다니 흥미로우면서도 중요한 일입니다. 하지만 그들은 쓰레기 언론은 아닙니다. 시간을 두고 기사를 실어서 항의시위를 조직할 시간이 충분합니다(가령 인도차이나 난민위원회가 그런 시위를 조직할지 모르는데 '크메르 루즈의 대학살은 언론조작'이라는 엉터리 무고를 내게 뒤집어씌우려 들 겁니다).

이런 시위는 몇 주 전부터 시작되었어요. 내가 4일에 참석하기로 되어 있는 윈저 대회를 겨냥한 것이지요. 내가 그 대회에 참석하지 못하게 해달라는 편지를 쓰고 탄원서를 제출하는 것 따위입니다. 더쇼위츠와 《유대인 포워드Jewish Forward》(이디시어 사회주의 신문인데 너무 우파로 기울어 정치 스펙트럼에서 존재를 찾아보기 어렵습니다)가 공작을 더 꾸밀 겁니다. 윈저 대회의 조직자들은 이들에게 썩 사라지라고 말한 걸로 알고 있습니다. 그래서 저렇게 시위를 꾸미려는 거지요. 이 G&M의 거짓말들은 꽤 뻔뻔합니다. 당신이 금방 알아볼 사례를 하나 들어보자면 데이비드 호크를 한번 알아보세요. 그는 폴포트에 반대하는 의견 동원을 방지하는 데 상당한 역할을 한 인물입니다. 앰네스티 인터내셔널의 동남아시아 전문가로서 학살사태를 상당히 희석시킨 사람입니다. 참고사항으로는 《여론조작》의 292쪽을 보세요. 나와 에드가 시위를 동원하는 데 찬물을 끼얹었다는 공격(이런 주장을 한 잡지도 있고 베트남의 캄보디아 공격 이후에 나온 어떤 책에서도 이런 주장이 있었습니다)에 대해서는 이 사람을 인용하세요. 이건 정말 지독한 비난입니다. 저 옛날 프라우다의 사례에 비추어봐도 그렇습니다. 그런데 이와 비슷한 사태가 새로운 히스테리의 물결을 타고서 프랑스에서도 진행되고 있습니다. 내가 코소보에 대한 파티 라인(당의 정강)을 따르지 않는다고 말이에요.

내 책의 프랑스어 번역본이 얼마 전에 나왔습니다. 그 책에는 공교롭게도 나토, OSCE, 국무부, 기타 서방 소스들의 자료에 대한 비판이 실려 있어요. 이런 비판은 캄보디아에 관한 미국의 첩보만큼이나 바람직하지 않은 거지요. 시위대를 지원하는 스토리들의 마각을 폭로하는 것이니까요. 《리베라시옹》도 신경질을 부리고 있어요. 스위스의 프랑스어 판에 전재되었는데, 내가 원한다면 내 답변을 실어줄 것 같아요. 그들은 꽤 동정적이에요. 아마도 압력을 많이 받았기 때문에 그런 리뷰를 실었을 거예요. 아무튼 당신이나 동료들은 최악의 사태를 대비하는 게 좋겠군요. 그들은 피를 보려고 나섰으니까. 그들은 리스트상의 공적 제1호(촘스키)를 제거하기 위하여 대대적인 캠페인을 벌일 겁니다.

노엄

당시 웨스턴 온타리오 대학의 조정자였던 나는 대학의 홍보부로부터 '머리를 빳빳이 쳐들고'《글로브 앤드 메일》의 기사에 답변하지 말라고 권유했다. 토론토 대학의 한 교수가 명예박사 학위 수여는 촘스키의 언어학 공로를 기려서 주는 것이라고 답변할 예정이라는 것이었다. 나는 이렇게 응답했다. "내 생각에, 이런 쓰레기 기사에 대응하는 것을 꺼려하지 말아야 한다고 봅니다. 문제는 그 편지가 너무 왜곡되어 있어서 어디서부터 손을 대야 할지 모르겠다는 겁니다. 또 노엄은 언어학 분야의 공적뿐 아니라 정치 분야의 공적에 대해서도 칭송받아야 한다고 봅니다. 토론토 대학 교수가 언어학 얘기만 한다는 것은 정치는 그리 중요하지 않다는 인상을 줄 수도 있습니다. 아무튼 나는 이런 구정물에 발을 담그기가 싫습니다. 그래서 답변의 편지를 쓰지 않을지도 모릅니다." 결국 나는 기다란 답변의 편지를 썼다. 그 편지는 편집되어 신문에 실렸다. 나는 그 기사 때문에 자신을 '시온주의자'라고 밝힌 사람들로부터 다수의 협박전화를 받았다. 촘스키는 그 뉴스에 대하여 이렇게 답변했다.

그들이 뭔가 실어주었다니 기쁩니다. 협박전화 건은 그리 놀랍지도 않군요. 무슨 이유에서인지 캐나다, 오스트레일리아, 멕시코, 기타 여러 나라들의 유대인 공동체는 미국의 유대인 공동체보다 훨씬 공격적이고, 이스라엘보다 더 지독합니다. 다른 인종집단(가령 우크라이나인)도 그러한지 의문이 드는군요. 루스 번이 골드하겐은 사기라고 폭로하자 그녀를 해고하려 했던 사건을 기억하는지요. G&M에 뭔가 기고하는 것과 관련하여, 설혹 내게 미리 원고가 있더라도 그렇게 했을지 의문이 드는군요(대학이 나에게 원고를 부탁하여 깜짝 놀랐습니다). 나는 원고를 준비할 기회가 없었고 솔직히 말해서 G&M과는 거래하고 싶지 않아요. 조금이라도 품위를 지키려는 신문사라면 그런 인신공격의 수준으로 내려가지는 않으리라 봅니다. 사실관계의 정확성을 조금도 확인하지 않고서 말이에요. 그 신문은 전에도 그런 확인을 하지 않았을 거예요. 스탈린주의 언론을 빼놓고는 그와 유사한 사례가 생각나지 않는군요. 그렇지 않습니까?

노엄(저자와의 개인편지, 2000년 5월 6일)

 **포리송 사건**

그동안 포리송 사건이 많이 거론되었다는 점을 감안할 때 그 사건을 좀더 깊이 있게 다루어야 할 필요가 있을 것 같다. 이것이 내가 볼 때 중요한 사건이다. 촘스키는 이 사건이 그토록 지속적으로 거론되는 것을 보면 사건 그 자체 말고도 다른 이유가 있다고 단정적으로 말했다. 촘스키는 이 사건에 대하여 명확하게 말했다. "포리송의 견해는 내가 그 동안 여러 매체에 발표했던 나의 소신과 정반대다. 가령 나의 책《중동의 평화?Peace in the Middle East?》에서 나는 홀로코스트를 인류역사상 가장 끔찍한 집단적 광기라고 말했다. 하지만 표현의 자유(학문의 자유를 포함하여)는 입맛에 맞는 견해로만 국한되어서는 안 된다. 널리 경멸되고 저주받는 견해라고 할지라도 이 표현의 자유는 적극적으로 옹호되어야 한다. 보호를 필요로 하지 않는 힘센 사람의 의견 혹은 공적公敵의 인권 침해를 비난하는 만장일치 의견 등은 보호해주기가 쉽다."[33]

누구나 이 정도의 발언이면 충분히 입장 정리가 되었다고 생각할 것이다. 그런데도 왜 많은 사람들이 촘스키의 사상을 포리송의 사상과 연결시키는가? 어쩌면 그렇게 하는 사람들이 촘스키와는 정반대 방향의 정치 스펙트럼 위에 서 있기 때문일 것이다. 그들은 이 사건에 대한 대중의 오해를 교묘하게 활용하여 촘스키의 사상을 물리치려고 하는 것이다. 어쩌면 이것은 이스라엘 비판과 동일한 건수인지도 모른다. 어떤 주제는 너무 민감하여 합리적 토론의 대상이 되지 못한다고 생각하는 것이다. 아무튼 어떤 게 정답인지는 알 수 없지만, 촘스키에 대한 이런 저항은 아주 빈번하게 벌어지기 때문에 이 사건이 촘스키와 그의 대학 외부에서의 활동에 미친 효과를 살펴볼 필요가 있다.

논의를 시작하기 전에 나의 입장을 분명히 해두고자 한다. 나는 홀로코스트 수정주의라는 쓰레기에 대해서 깊은 혐오감을 가지고 있다. 나는 포리송 같은 사람들이 퍼트린 왜곡된 자료를 보면 경악한다. 나는 촘스키의 입장에 동조한다. 포리송의 저작을 좋은 건수로 삼아 홀로코스트는 아예 존재하지 않았다고 주장하는 사람들을 철저히 거부한다. 자, 그러면 사건의 세부사항을 살펴보자.

1970년대에 로베르 포리송은 홀로코스트에 대하여 공식적인 성명을 내기 시작했다. 가령 1979년 1월 16일 《르몽드》에 이런 편지를 보냈다. "1960년까지 나는 그런 거대한 학살이 실제로 가스실에서 발생한 줄 알았습니다. 그러다가 강제송환소의 귀환자이며 《율리시즈의 거짓말Mensonge d'Ulysse》의 저자인 폴 라시녀Paul Rassiner의 저작을 읽고 나서 의문을 품기 시작했습니다. 14년에 걸친 개인적인 공부와 4년에 걸친 연구 끝에 나는 다른 스무 명의 수정주의자들과 마찬가지로 그게 역사적 거짓말임을 확신하게 되었습니다."[34] 이 주장과 기타 유사한 발언 때문에 포리송에 대한 강력한 반발 기류가 형성되었다. 그래서 1979년 가을 세르주 티옹Serge Thion이라는 촘스키의 친구가 촘스키에게 박해를 받지 않고 의견을 표현할 수 있는 자유를 요청하는 탄원서에 서명해달라고 부탁했다.[35] 티옹 자신도 수정주의자 그룹에 참가함으로써 미국과 프랑스에서 조사를 받은 인물이었다.

500명이 서명한 그 탄원서는 프랑스 언론에서 '촘스키 탄원서'로 불리게 되었고 그때부터 촘스키 비방을 할 때면 이 사건이 언급되었다. 500명의 서명자 중 촘스키를 제외한 나머지 499명에 대해서는 일언반구도 없다는 사실(나는 포리송 사건과 관련하여 그들의 이름을 거론한 문서는 단 한 번도 보지 못했다)은 실제 사건과 노엄 촘스키를 비방하려는 시도 사이의 상관관계를 잘 보여준다. 물론 언론은 늘 이런 식으로 움직여왔다. 하지만 이 사건의 심대한 파급효과를 고려할 때 계속 촘스키를 이 사건에 묶어두려는 사람들의 동기를 묻지 않을 수 없다. 탄원서의 실제 문안은 다음과 같다.

> 닥터 포리송은 프랑스 리용2대학에서 20세기 프랑스 문학과 문서비평을 가르치는 존경받는 교수로 봉직해왔다. 1974년 이래 그는 '홀로코스트' 문제와 관련하여 독립적으로 광범위한 역사연구를 수행해왔다. 그러한 연구사항을 공개하면서 포리송 교수는 그를 침묵시키려는 갖은 학대, 위협, 중상, 신체적 폭력의 캠페인에 시달려왔다. 겁먹은 관리들은 공공도서관과 문서보관소 출입을 금지시킴으로써 그의 추가연구를 중단시키려 했다(비달-나케에 의해 인용됨, 《기억의 암살자 Assassins of Memory》, p. 285).

촘스키는 이에 대해 말한다. "나는 포리송의 민권을 보호해달라고 당국에 보내는 탄원서에 서명해달라는 요청을 받았습니다. 그래서 서명했습니다. 나는 이러한 탄원서에 무수히 서명했습니다. 단 한 번도 서명을 거부해본 적이 없습니다. 나는 문제가 서명한 걸로 끝나는 줄 알았습니다. 하지만 그렇게 되지 않았고 프랑스 내에서는 온갖 거짓말이 횡행했습니다. 포리송의 민권을 옹호함으로써 그의 견해를 옹호했다는 겁니다. 나는 위에서 말한 내용의 진술서를 썼습니다. 그런데 이 문서와 그와 유사한 나의 논평이 또 다시 왜곡의 거대한 파도를 불러일으켰습니다."[36]

비달-나케[37]는 그 탄원서와 관련하여 약간의 해명거리를 갖고 있었다. 그는 먼저 몇몇 사람들의 의견과는 다르게, 포리송의 민권이 침해되지 않았으며 "공공도서관과 문서보관소 출입을 금지당한 일이 없다"(286)고 말했다. 비달-나케에 따르면 포리송이 리용 대학에서 방송통신

대학으로 옮기는 "유감스러운"(비달-나케의 말)이 발생하기는 했지만, 프랑스 법률이 보호하는 표현의 자유 권리는 "침해된 적이 없으며 두 번씩이나 《르몽드》에 글을 싣기도 했다."(288) 비달-나케는 전에 이렇게 말했을 뿐 아니라 이 발언에 각주까지 달았지만, 이것이 100퍼센트 진실은 아니다. "포리송이 피해자라는 주장에 대해 말해보자면 이렇다. 현대유대인문서보관소 사람이 포리송을 찾아와 전쟁의 기억 등 그의 기본활동에 대해 문의했고 여러 해가 지난 뒤 그를 도와주지 않기로 하였으나, 내가 볼 때 그것은 정상적인 활동이다."(271)

아무튼 로베르 포리송의 민권은 침해를 받았는가? 그는 공공문서에의 접근이 거부되었는가? 비달-나케가 그 문제에 대하여 어떻게 생각하든 그 대답은 '그렇다'다. 왜 침해받고 거부되었을까? 그에 대해 비달-나케는 말한다. 왜냐하면 2차 세계대전은 그것을 견딘 프랑스 사람들에게 특별한 의미를 주고 있고, 전쟁의 기억은 그들에게 특별한 임무를 수행하도록 강요하기 때문이다. "50대의 사람들(현재는 90대)로 구성된 나의 세대는 히틀러의 범죄가 기억 속에 남아 있는 마지막 세대다. 우리는 그런 기억의 소멸을 상대로 싸워야 하고 그런 기억이 왜곡되는 것을 막아야 한다. 그런 기억들의 시효나 망각 혹은 사면을 말한다는 것은 내가 볼 때 언어도단이다. 만약 멩겔레 박사가 아우슈비츠 기념관을 찾아온다거나 현대유대인문서보관소에 들러서 명함을 내민다고 해보라. 생각만 해도 끔찍하지 않은가. 하지만 모든 사람에게 동일하게 기억되지 않는 이 기억을 가지고 우리는 무엇을 할 것인가? 그렇다면 내가 볼 때, 범죄자를 추적하는 일은 필요하면서도 우스꽝스러운 일이 될 것이다."(270)

그러니까 비달-나케는 이런 논리를 펴고 있다. 포리송은 민권을 부정당하지 않았다. 하지만 나중에 가서는 좀 부정당했는데 그건 유감스러운 일이다. 하지만 그것은 포리송의 활동에 비추어볼 때 정당한 것이다. 그의 민권을 부정했던 사람들도 홀로코스트의 기억을 간직하기 위해 그렇게 했던 것이므로 정당한 것이다. 촘스키는 이런 논리를 거부하며 그 때문에 우리가 동의하지 않는 사람의 의견도 보호해주어야 한다고 말한다. 이것은 핵심적인 문제다. 왜냐하면 많은 사람들이 히틀러의 나치당 집권을 막았더라면 2차 세계대전의 참상을 겪지 않아도 되었을 것이라고 주장하기 때문이다. 하지만 촘스키는 이런 논리가 최악의 학살을 정당화할 수도 있다고 말한다. 그것은 이런저런 단체들에게 위협적인 인물들의 권리를 부정하는 수단을 제공하게 되는데, 그러면 그게 스탈린식 숙청의 정당화로 보일 수도 있는 것이다. 만약 이런 논리를 철저하게 따른다면 영국, 프랑스, 미국의 관리들이 상당수 구금되었을 것이다. 실제로 감옥에 가야 할 사람의 리스트는 현 행정부 각료들의 이름을 망라하게 되리라.

비달-나케가 제기한 또다른 문제는 상아탑과 외부 세계의 관계다. 이 관계는 포리송 연구의 수준과 관계가 있다. "탄원서는 로베르 포리송을 진정한 역사연구에 임하는 진지한 역사가로 보고 있는가, 혹은 그렇지 않은가?"(286) 비달-나케는 포리송이 **존경받는** 문학교수라는 사실에 의문을 표시했고 더욱이 그의 연구가 "광범위한" 혹은 "역사적인" 것이라는 데에도 회의적이다. 비달-나케는 말한다. "안네 프랑크의 **일기**를 제외하고, 포리송은 진실이 아니라 왜곡을 추적하고 있다. 이것이 촘스키에게는 아무 흥미도 없는 '세부사항'이란 말인가? 그(촘스키)가 잘못된 정보에 의거하여 그 문서에 서명했다면 오늘날 왜곡자도 보호해주어야 한다는 그의 주장은 어떻게 된 것인가?"(286) 의도의 문제는 복잡한 문제다. 비달-나케는 여기서 관련 사실들을 근거로 포리송이 역사의 진실을 추구하려 한 게 아니라 사악한 거짓말을 퍼트리려 했다는 의도를 제기하고 있는 것이다. 하지만 문학평론가라면 누구나 알고 있듯이 의도를 따지는 것은 까다로운 문제다. 결과에 대한 해석만 가지고 의도가 있었느냐 없었느냐를 판단하는 것은 위험한 일이다.

마지막으로 비달-나케는 촘스키의 사상적 일관성에 관하여 계속 지적한다. "하지만 그것은 점입가경이 되어간다. 촘스키는 자기 자신이 불가촉不可觸이고 남의 비판에 난공불락이라고 생각한다. 유럽의 나치즘이 어떤 것인지 잘 모르는 주제에 제국주의적 자부심과 미국적 호전주의(그 자신이 '새로운 만다린'이라고 비난했던 것)에 휩싸여 자기와 의견이 같지 않은 사람을 자유의 적이라고 비난한다."(286–287)

여기서 앞서 논의했던 일련의 문제들이 다시 불거져 나온다. 아나키즘을 신봉하는 촘스키는 '불가촉'이라는 비난을 종종 받아왔다. 그는 자신이 열망하는 사회의 세부사항을 설명할 필요 없이 자유롭고 장애 없는 창조성(그 결과가 어찌되었든)만 느긋하게 얘기하면 되는 속편한 사람이라는 것이다. 이처럼 이상적인 관점에서만 얘기하기 때문에 '유럽의 나치즘' 따위는 신경 쓸 필요 없고 그리하여 현 세대가 당면하고 있는 나치즘의 제거라는 문제도 우회해나갈 수 있다. 미국식 '호전주의'와 '제국주의적 자부심'은 그의 보편적 접근방식approach을 지원한다. 고전적 자유주의 원칙에 의거하여 모든 사람을 동등하게 대해야 한다고 외치기만 하면 된다는 것이다. 과거에 박해받았던 사람들에 대한 역사적 배상은 전혀 신경 쓰지 않고 말이다. 이것은 리요타르가 말한 디페랑différand[38]이라는 것이다. 디페랑은 어떤 실용적 논증이 구성되는 이념적 기반의 본질적(해소 불가능한) 차이를 가리킨다. 이상론과 역사적 상황론의 차이는 이 사건을 끝까지 따라다닐 것이다. 그리하여 특정 집단이나 개인들에게 유익해 보이는 지식 주장knowledge claim과 진리인 것처럼 보이는 지식knowledge의 상호관계에 대하여 많은 논의를 불러일으킨다.

표현 자유의 권리에 대한 몇 가지 기본적인 논평

그 탄원서는 프랑스에서 상당한 반향을 일으켰고 촘스키는 1981년 잡지 《네이션Nation》에 실린 기사에서 그런 현상을 언급했다.[39] 가령 촘스키는 《르 누벨 옵세바퇴르Le Nouvel Observateur》라는 잡지에 실린 클로드 루아Claude Roy[40]의 기사 '촘스키가 내놓는 호소The appeal launched by Chomsky'를 회상했다. 루아는 촘스키가 포리송의 견해를 옹호한다고 썼다. 촘스키는 이렇게 적었다. "루아는 나의 있지도 않은 입장을 들먹이며 미국이 나치 독일과 똑같은 나라임을 증명하려고 했다."

프랑스의 반향에 대응하여 촘스키는 포리송 사건의 민권적 측면을 언급한 간단한 비망록을 썼다. 어떤 사람의 견해를 지지하는 것과 그 견해를 표명할 수 있는 권리를 위해 투쟁하는 것은 서로 다른 문제임을 해명하기 위해서였다. 이어 촘스키는 '표현 자유의 권리에 대한 몇 가지 기본적인 논평Quelques commentaires élémentaires sur le droit à la liberté d'expression'이라는 텍스트를 세르주 티옹에게 주면서 필요한 대로 사용해도 좋다고 암묵적으로 허가해주었다.[41] 티옹은 그것을 피에르 기욤Pierre Guillaume에게 주었고 기욤은 로베르 포리송의 책 《나를 역사 왜곡자라고 비난하는 사람들에게 대항하는 옹호의 회고록: 독가스실 문제Mémoire en défense contre ceux qui m'accusent de falsifier l'histoire: La question des chambres à gaz》(1980)의 '서문'으로 활용했다.[42]

프랑스 언론의 촘스키 비난에 대하여 응답한 답변 모음집인 《편집되지 않은 답변Réponses inédites》[43]에서 촘스키는 다시 한 번 이런 주장을 펼쳤다. "내가 이 텍스트를 쓴 것은, 있는지 알지도 못하는 책의 서문으로 넣기 위한 것이 아니었다. 만약 그것을 알았더라면 빼라고 요구했을 것이다. 내가 그 텍스트를 써준 지 불과 몇 주 후였지만 이미 시기적으로 늦어서 그 출판을 멈출 수가 없었다. 여기서 문제가 되는 것은 일련의 사실들이다. 그런데 그것들이 프랑스 언론에서 다수의 황당하고 악의적인 논평을 불러 일으켰는데, 나는 그것들을 여기서 다시 언급하고 싶지 않다."(40) 촘스키의 발언을 요약하면 이렇다. "나와 포리송 사건의 관계를 재고하는 것은 유익한 일이다. 그것은 한 탄원서의 말미에 붙어 있는 나의 서명과 온갖 거짓말과 비방에 대한 답변으로 구성된다. 그것뿐이다. 그 이상은 아무것도 없다!"(43)

비달-나케는 그 다음에 벌어진 일을 꺼내든다. "우리는 장 피에르 페이Jean-Pierre Faye에게 보낸 12월 6일자 편지를 통해 노엄 촘스키가 한발 뒤로 물러섰다는 것을 알았다(12월 18일). 비록 포리송 책의 서문으로 사용되었던 텍스트를 아예 취소하지는 못했지만 말이다. 그러나 포리송의 책은 문제의 서문이 달린 채 출판되었고 발간 일자는 10월 11일이다. 촘스키의 텍스트가 어떻게 사용되었든, 그 문장은 일련의 질문을 제기하고 있고 우리는 그에 답변할 필요를 느낀다."(289) 자, 그러면 일반 대중에게 널리 알려진 이 스토리의 진상을 살펴보기 위해 그 서문으로 둔갑한 편지를 살펴보기로 하자. 편지는 서너 페이지 정도의 분량이다.

겉보기에도 이 '서문'은 편지임을 알 수 있고, 촘스키의 평소 기준으로 볼 때 그리 긴 편지도 아니다. 단지 '표현 자유의 권리에 대한 몇 가지 기본적인 논평'을 적어놓은 것이다. 촘스키는 첫 머리에 이렇게 적고 있다. "이 편지는 너무나 진부한 내용을 담고 있어서 이것을 읽을 분들에게 미리 양해를 구해야겠다." 촘스키는 이 편지를 여러 명이 읽을 것으로 전제하고 있다. 그 대상이 누구든 간에 촘스키는 자신의 논평이 "현대 프랑스 지식인 사회의 몇몇 측면에 대하여 빛을 던질 것"(ix)이라고 생각했기 때문에 그 편지를 썼다. 이것은 아주 흥미로운 지적이다. 왜냐하면 편지 서두부터 주제가 포리송이 아니라 프랑스 지식인 사회라고 밝혔기 때문이다. "여기서 나는 구체적 주제 그러니까 생각, 결론, 믿음을 표현할 수 있는 권리를 다루고 있다. 나는 로베르 포리송이나 그의 비판자들에 대해서는 언급하지 않겠다. 이런 사람들에 대하여 아는 바 없고 또 그들의 주제에 대하여 잘 몰라서 아무런 구체적 조명을 비출 수 없기 때문이다."(ix) 이어 촘스키는 앞에서 한 말을 다시 반복하고 있다. "나는 프랑스 지식인 사회의 특정 부문에 대하여 쓴소리를 하고자 한다. 그들은 이성을 별로 존중하지 않는 듯하다. 나는 어떤 언급하고 싶지 않은 상황으로 인해 피해를 보아가며 그 사실을 깨닫게 되었다."(ix-x)

그 다음 단락은 포리송 탄원서에 서명하게 된 경위를 설명하고 있다. 그러면서 이런 지적을 하고 있다. "그 탄원서는 포리송 연구의 특성, 수준, 타당성 등에 대해서는 아무런 언급이 없었고 민주사회에서는 당연시되는 기본적 권리를 옹호하기 위한 것이라고 말했다. 그 문서는 대학과 기타 권위 있는 기관들이 '포리송의 안전과 표현의 권리를 옹호하기 위해 최선을 다해야 한다'고 요구했다."(x) 이어 촘스키는 이 탄원서가 일으킨 소동에 대하여 언급했다. 소동을 일으킨 자는 "전에 스탈린주의자였다가 최근에는 방향을 전환했으나 예전의 지적 스타일은 버리지 못한 자"였다. 이 자는 《르 누벨 옵세바퇴르》에 "탄원서를 심히 왜곡한 내용을 실었고, 일고의 가치도 없는 거짓말을 늘어놓았다."(x) 하지만 촘스키가 볼 때 더욱 놀라운 것은 비달-나케의 반응이었다. 그는 1980년 《에스프리Esprit》에 실은 기사에서 딱 한 가지 이유를 들어 그 탄원서가 "수치스러운" 것이라고 말했다. 그 탄원서가 포리송의 '결론'을 '마치 발견인 것처럼' 제시했다는 것이다.

여기서 '발견'을 의미하는 프랑스어 단어 découvertes는 촘스키가 직접 보았던 영문판 탄원서에는 findings로 되어 있었다. 비달-나케는 findings를 découvertes로 번역했는데 《에스프리》에 자신의 기사를 보내기 전에 교정을 보았다고 말했다. 촘스키는 영문 탄원서에 findings로 되어 있었음을 다시 한 번 상기시키고 비달-나케가 이 단어를 잘못 해석한 듯하다고 말했다. 그러니까 여기서 이슈가 되는 것은 findings라는 단어가 포리송 연구의 타당성을 부여하느냐 마느냐의 문제다. 하지만 이런 워딩wording(단어 표현)이 유일한 문제였더라면 촘스키는 오래 전에 이 문제를 해결했으리라. 실제로 조르주 조크노비츠George Jochnowitx 같은 사람은 이 워딩의 관점에서 문제를 해결하면 될 텐데 왜 촘스키는 그렇게 하지 않는가 하고 의아하게 생각했다. "과연 촘스키는 findings라는 단어 때문에 그처럼 오래 힘들게 싸워야 할 필요가 있는가?"

하지만 그것이 촘스키의 스타일이었다. 그것은 탄원서 속에 언급된 언론의 자유에 대한 철저한 확신을 반영하는 것이다. 촘스키는 findings라는 단어가 홀로코스트 거부(인정하지 않음)에 대한 발견이며, 이런 단어가 들어가 있는 탄원서는 홀로코스트 부인은 안 된다는 입장이지만 그래도 언론의 자유는 보장해주어야 한다고 말하면서 쉽게 사태를 마무리지을 수도 있었다. 그는 그런 뜻으로 알고 탄원서에 서명했다고 말할 수도 있었다(개인편지, 1998년 8월 7일). 하지만 이런 논의는 그 후에 벌어진 일에 비하면 새발의 피에 지나지 않았다.

촘스키의 서문은 이어 이런 점을 지적한다. 탄원서의 주인공이 설령 황당무계하고 끔찍한 작업을 하고 있다 하더라도 그 작업이 아주 충격적인 일이라고 할지라도, 그런 사실이 현재의 이슈와 관계가 되지 못한다. "우리는 이렇게 결론을 내려야 한다. 문제의 개인이 그 탄원서를 수치스럽다고 생각한 것은 포리송이 정상적인 표현의 권리를 박탈당하고 대학에서 쫓겨나고 신체적 폭행을 당해야 마땅하다고 생각했기 때문이다."(xi) 이것은 아주 심각한 문제다. 교육을 통해 후세대에게 전달해야 할 사항과 관련이 있기 때문이다.

조르주 조크노비츠는 촘스키의 이런 견해에 반대하면서 질문을 던진다. "역사학 교수는 일본계 미국인이 2차 세계대전 중에 구금되지 않았다고(실제로는 구금되었으며 구금되는 것이 마땅하다고 말하는 대신) 말하도록 허용되어야 하는가? 또 미국에는 노예제가 없었다고 말하도록 허용되어야 하는가? 역사언어학자는 모든 언어가 헝가리어로부터 나왔다고 말하도록 허용되어야 하는가? 아더 버츠는 공학을 가르쳤다. 그의 화제가 공학과 관련이 없었어도 그는 교수 자리를 위협당하지 않았다. 살인을 옹호하는 권리는 홀로코스트가 발생하지 않았다고 말하는 권리와는 다른 것이다. 명색이 '문서비평' 교수인 사람일 경우에 말이다."(개인편지, 1998년 8월 7일)

내가 볼 때 촘스키는 이 편지와 관련하여 제기된 일련의 문제에 대하여 동의하지 않을 것 같다. 그는 종종 이 문제를 토론하면서 그 대안을 언급했다. 다시 말해 조사위원회나 정치적 인민위원 집단이 판결한, 우리의 의견과 일치하지 않는 의견을 억압하게 되리라는 것이었다. 여기서 정말 중요한 점은, 우리는 동의하는 의견을 옹호하기 쉽고 반대로 거부하는 의견은 억압하기 쉽다는 점이다. 하지만 촘스키가 볼 때 동의하는 의견만 옹호한다는 것은 무의미하다. 이러한 언론 자유의 사상은 계몽시대의 전통, 특히 볼테르로 소급되는 것이다. 래리 포티스Larry Portis는 말한다. "이렇게 볼 때 촘스키의 입장은 볼테르의 그것과 동일하다. 비록 혐오스러운 의견일지라도 표현의 자유는 부여해야 한다는 것이다."(167)[44]

래리 포티스의 언급은 촘스키와 그를 비난한 자들 사이의 갈등을 원천적으로 되돌아보게 한다. 비난자들은 촘스키가 너무 나갔으며 포리송 같은 자의 언론 자유를 보장해줄 것이 아니라 오히려 그런 자의 의견을 억압하여 미래 세대의 이익에 기여해야 한다는 논리를 폈다. 여기서 볼테르를 한번 생각해 보자. 볼테르는 공공의 문제들에 고전적 자유원칙을 적용하다가 경고를 받았는데 그때 그는 이런 유명한 말을 남겼다. "나는 당신이 하는 말에 전혀 동의하지 않습니다. 하지만 당신의 언론 자유를 위해 내 목숨을 걸고 싸우겠습니다."[45] 볼테르와 촘스키에게 영향을 미친 사상가들, 가령 바쿠닌은 언론의 자유를 지지했지만, 그렇다고 해서 그런 지지가 혐오스러운 사상에의 동의를 의미하지는 않았다. 그러나 내가 접촉해본 많은 프랑스 지식인들(내가 쓴 촘스키 전기의 프랑스 번역본 편집자들을 포함하여)은 이런 견해에 동의하지 않았다. 촘스키 전기 편집자들은 내게 편지를 보내 촘스키의 그런 언론관(특히 포리송과 관계된 것)은 프랑스에서 아주 인기가 없으며, 그 때문에 촘스키를 지지하는 사람들의 책도 덩달아 인기가 없다고 말했다.

문제는 그 탄원서에 서명했다는 것이 아니라 촘스키가 포리송의 저서에 대하여 전혀 알지 못하면서도 서명을 했다는 것이었다. 프랑스 편집자들과 다른 프랑스 지식인들은 이런 생각을 갖고 있다. 자신이 읽어보지도 않은 저자의 언론 자유를 옹호한다는 것은 앞뒤가 안 맞는 일이고, 볼테르의 언론 자유란 어떤 사람의 언론을 옹호해주는 한편으로 그 사람의 생각을 충분히 알아서 동의 혹은 거부하는 일까지 포함하는 것이라는 얘기다. 그러니까 그들은 촘스키가 이렇게 말해주기를 바라는 것이다. "나는 당신이 써놓은 것을 읽어보았으나 이런 저런 이유로 그것에 반대한다. 하지만 당신의 언론 자유만큼은 있는 온 힘을 다해서 옹호하겠다."

이런 식으로 행동하려면 누구나 엄청난 노력을 기울여야 할 것이다. 이런 종류의 탄원서에 정기적으로 서명하고 있는 촘스키로서는 거의 불가능한 일이다. 반면에 촘스키는 실제적 문제 해결에 도움이 되는 정보라고 생각하면 거의 초인적인 힘을 발휘하여 자료를 읽고 분석한다. 이것은 촘스키 효과의 한 부분이기도 하다. 그는 많은 문제들에 관하여 아주 근거 있는 정보를 갖고 있다는 인상을 풍긴다. 그러니까 관련 자료를 모두 읽은 사람 같은 느낌을 준다. 대중 강연에서 그는 최근 지구 오지에서 벌어지고 있는 학살사건 말고도 육아방법에 관한 질문을 받기도 한다. 아무튼 그는 이렇게 암시한다. 각종 탄원서들과 관련된 사건을 모두 파고들기는 불가능하다. 또 이런 사람들이 표시하는 견해에 모두 동의한다는 것은 거의 생각할 수 없는 일이다. 따라서 한정된 토픽에 관하여 집중적으로 읽을 수밖에 없다. 우리가 옹호하려는 혹은 거부하려는 사람들의 저서를 모두 읽은 다음에 비로소 발언한다는 것은 불가능한 일이다. 어차피 선별적일 수밖에 없는 것이다.

프랑스 지식인 사회에 대한 촘스키의 생각

비달-나케가 앞서 "유감스러운" 일이라고 했던 것들이 프랑스 이외의 다른 나라들에서도 이런저런 방식으로 저질러지고 있다. 예를 들어 캐나다에서도 미국 못지않게 언론의 자유가 있다는 말을 많이 듣는다 (미국 쪽의 대중 미디어 때문에 이런 이야기의 세례를 받고 있다). 하지만 실제로는 미디어와 언론의 자유와 관련하여 교묘한 정부의 통제 시스템 아래 놓여 있다. 촘스키는 빈번히 고전자유주의를 논하며 미국의 사법제도, 권리장전, 미국 헌법, 건국의 아버지들의 건국이념 등을 들면서 다른 나라들이 시민의 권리를 제한하는 강조를 예시한다. 여기서 다시 한 번 우리는 촘스키와 루돌프 로커의 사상이 겹치는 것을 발견한다. 로커는 《미국 자유의 기수들Pioneers of American Freedom》(1949)과 그 앞에 나온 《민족주의와 문화Nationalism and Culture》(1933)에서 미국 급진사상의 뿌리가 랄프 월드 에머슨Ralph Waldo Emerson, 토마스 제퍼슨Thomas Jefferson, 에이브러햄 링컨Abraham Lincoln, 토마스 페인Thomas Paine, 헨리 데이비드 소로Henry David Thoreau, 기타 인사들로 소급한다고 말했다. 이러한 사상은 두 사상가(촘스키와 로커)의 미국 아나키즘에 대한 생각을 뒷받침한다.

미나 그라우어Mina Graur는 이렇게 썼다. "로커의 1949년 책은 이런 주제를 갖고 있다. 미국의 아나키즘과 자유사회주의 사상은 유럽으로부터 수입된 것이 아니고, 미국의 독특한 사회적 조건과 역사적 전통의 산물이다. 실제로 유럽의 아나키즘은 공산주의 노선을 따라 전개되었지만, 미국의 토종 아나키즘은 거의 전적으로 개인주의적인 특징을 갖고 있다. 로커는 유럽에 아나키즘의 움직임이 전혀 없었을 때 이미 미국에서는 그런 기운이 존재했다고 주장한다."(229-230) 그런데 촘스키는 미국의 정치가 그런 이상적 모델로부터 많이 벗어나 있음에도 불구하고 어떤 행위를 정당화할 때에는 계속 그 모델을 거론한다고 비판한다(민주주의의 이름으로 폭격하기, 인권을 주장하면서 압제적 국가와 거래하기, 자유무역의 이름으로 수출 금지하기 등).

포리송 사건과 관련하여 촘스키는, 미국에서 그보다 더 한 탄원서에 서명했어도 법조계나 언론계에서 프랑스식의 소동은 전혀 없었다고 말했다. 미국은 아더 버츠라는 미국판 포리송이 있었음에도 아무 문제가 없었다는 것이다. 그런데 왜 프랑스에서는 그처럼 난리인가 라고 촘스키는 묻는다. "만약 프랑스 지식인과 이어 미국 지식인들이 포리송에 대하여 그처럼 많은 관심을 표명하지 않았더라면 그는 (당연한 일이지만) 무명의 상태로 남았을 것이다. 그의 '회고록' 한 부 얻어 보기가 힘든 상황이 그것을 말해주지 않는가. 내 언론의 자유 주장에 대한 편지가 갑자기 서문으로 둔갑해버린 그 책 말이다. 아무도 그 책의 내용에 대해서 신경 쓰지 않는다. 그 책은 보스니아 사태처럼 하나의 도구로 이용당했다. 정말 우스꽝스럽기 짝이 없는 지식인들이 자기를 크게 내보이기 위한 건수로 활용당한 것이다. 버츠의 경우도 마찬가지다. 사태 초기에 버츠에 대하여 너무 심각하게 대응하는 건 좋지 않다고 판단했다. 프랑스와는 달리 미국에서는 언론의 자유가 지켜지고 있다. 그래서 버츠는 무시되었고 그의 영향력은 미미하다. 이 교훈은 너무나 명백하지 않은가. 인민위원 문화에 익숙한 사람들을 빼고는."(1997년 6월 23일 편지)

이 편지 속의 단어들("우스꽝스럽기 짝이 없다" "무시되었고" "명백하지 않은가")에 대하여 논평을 하나 하고 싶다. 촘스키 효과는 그의 정치적 글쓰기에 언제나 등장하는 냉소적이고 신랄하고 톡 쏘는 유머에 많이 의존하고 있다. 이 때문에 젊은 사람들 사이에서 인기가 높다. 왜냐하면 유머는 어떤 사태의 표준적 의견에 하나의 대안적 읽기를 제공하기 때문이다. 우리는 이 문제를 8장에서 다시 다루게 될 것이다.

'포리송은 일종의 몰정치적 자유주의자'

자, 다시 그 유명해진 '서문'의 마지막 문단으로 돌아가보자. 촘스키 사상을 거부하기 위해 포리송 사건을 꺼내드는 지식인들은 이 문단을 자주 인용했다. 여기서 촘스키는 포리송의 반유대주의를 거론했다. 설혹 그가 반유대주의자라 할지라도 그의 연구와 교직을 박탈하고 싶어 하는 자들은 그의 언론 자유를 보장해주어야 한다. 이어 촘스키는 그 글의 핵심 주제와 앞선 주장들과 일치하지 않는 일련의 얘기를 한다. "사람들은 포리송이 정말 반유대주의자인지 혹은 나치인지 의아할 것이다. 앞서 말한 것처럼 나는 그의 저서에 대해서 잘 알지 못한다. 하지만 내가 읽어본 바에 따르면, 특히 그에 대한 공격의 특성을 살펴보면(가령 비달-나케는 나중에 자신이 포리송을 공격하고 있음을 밝혔다), 이런 결론을 뒷받침할 만한 증거를 보지 못했다. 포리송에 관한 문서, 가령 발간된 텍스트나 개인서신 등에서 그런 믿을 만한 증거를 발견하지 못했다. 내가 볼때, 포리송은 일종의 몰정치적沒政治的 자유주의자다."(xiv-xv)

이것은 물론 비달-나케의 불같은 분노에 기름을 끼얹었다. 촘스키의 논평에 대하여 비달-나케는 이렇게 반응했다. "이 문제의 서문은 지식인 사회에 등장한 새로운 장르의 문서다. 노엄 촘스키는 자신이 서문을 제공한 책은 물론이고 포리송의 이전 저작들과 그에 대한 비평을 읽지 않았다. 따라서 그는 그 저작들과 관련된 분야에 대하여 논평할 능력이 없다." 그러면서 비달-나케는 포리송의 반유대주의에 관한 촘스키의 마지막 문단의 "가령 비달-나케는 나중에 자신이 포리송을 공격하고 있음을 밝혔다"와 '증거 없음' 주장을 꼬집으며 이렇게 말했다. "그렇다면 촘스키의 분신이라도 있어서 포리송을 읽은 촘스키와 포리송을 읽지 않은 촘스키가 따로 있단 말인가."(282)[46]

이에 대한 촘스키의 반응은 이러하다. "언론 자유를 옹호하는 문서는 지식인 사회의 새로운 문서가 아니다. 나의 글이 '서문'으로 둔갑한 그 책을 나는 읽은 바 없고 심지어 그런 책이 존재하는지도 몰랐다. 이러한 사실을 비달-나케는 잘 알고 있었다." 촘스키는 또 다시 자신의 '서문'을 잘 읽어보라고 말한다. "나는 그 어디에서도 나의 '능력'을 언급한 적이 없다. 오히려 나의 무능력을 명명백백하게 밝혔던 것이다." 포리송의 반유대주의와 관련하여 촘스키의 지적은 그대로 유효했다. 비달-나케는 포리송의 반유대주의에 대하여 명확한 증거를 제시하지 못했다. "포리송을 그토록 가혹하게 비판하는 사람이 반유대주의의 증거를 제시하지 못한다면, 그 주장은 별 근거가 없는 것이라고 해야 한다. 그 뒤에

무슨 사항이 새로 발견되었든 그것이 정확한 진상이다."(1997년 9월 9일)

비달-나케가 지적했듯이, 촘스키의 마지막 문단은 포리송의 동맹관계에 대한 추측을 포함하고 있다. 바로 앞에 인용된 문장에도 그런 추측이 들어가 있다. 그러나 촘스키 자신이 지적했듯이, 포리송의 정치적 입장을 묻는 것조차도 앞선 논의에 비추어볼 때 불필요한 일이다. 촘스키는 이렇게 답한다. "그것은 언론 자유를 옹호하는 문장 말미에 혐의자가 반유대주의자인가 아닌가를 묻는 게 타당한가의 문제를 제외하고 있다. 설사 그 혐의자가 반유대주의자라고 할지라도 그것이 언론 자유의 권리를 빼앗아가지는 못한다. 더욱이 그런 주장은 아주 심각한 것이기 때문에 반드시 증거를 제시해야 한다. 이 경우 포리송을 비난하는 사람들은 증거를 제시하지 못했다. 여기서 내가 읽었다는 포리송 관련 문서들이 어떤 것이었는지 밝혀야 할 것 같다. 그것은 포리송이 신문들에 보낸 여러 통의 편지들이었다(신문들은 게재 거부). 나치를 상대로 '선한 싸움'을 한 사람들을 칭송하고 바르샤바 게토 투쟁자들의 영웅적 행동을 찬양한 편지들이었다."(1997년 9월 9일)

포리송 사건에 대하여 전반적으로 논평하면서 크리스토퍼 히친스는 몇 개의 결론을 이끌어냈다. "로베르 포리송 사건으로 더 이상 시간을 낭비하지 말자. 그는 신나치그룹과 접촉하고 있는 수상한 인물이고 그의 프로젝트는 학문적 측면에서 제3제국을 재건하자는 것이다. 그가 어떻게 문학교수에 임명되었는지 의심스럽다(그의 문학평론이라는 건 내가 보기에 한심한 수준이다).[47] 하지만 1979년에 그는 리용 대학에서 인정받는 문학교수였다. 만약 노스웨스턴 대학에 근무하면서 '역사적 수정주의' 쓰레기를 발표한 아더 버츠처럼 그냥 내버려두었더라면 우리는 포리송 얘기를 더 이상 듣지 않았을 것이다."[48] 만약 촘스키가 포리송 정치학에 끼어들지 않았더라면 우리는 포리송과 그의 비방자들에 대한 얘기를 들지도 못했을 것이다. 이것이 히친스가 촘스키의 잘못이라고 지적하는 세 가지 중 하나다.

나머지 두 가지는 "수상하고 번개 같은 사람인" 세르주 티옹에게 그런 문서를 건넨 것과 그 문서가 포리송 책의 서문으로 사용된다는 것을 뒤늦게 알고서 그것을 빼내려고 한 것이다. 히친스의 이런 판단으로 미루어볼 때 포리송은 객관적 역사연구 이외의 의도를 갖고 있는 수상한 인물인 듯하다. 이러한 판단은 로렌스 L. 랭거Lawrence L. Langer가 《애틀랜틱 먼슬리Atlantic Monthly》(1998년 11월호)에 기고한 기사 '홀로코스트를 미리 배제하기Pre-Empting the Holocaust'에 의해 뒷받침된다. 그들(신나치)은 홀로코스트를 그처럼 없던 것으로 만들어서 그들의 도덕적 리얼리티, 공동체 책임, 종교적 신념 등의 입장을 강화하려 한다는 것이다. 그들이 홀로코스트 이후의 세계에서도 가치 있는 일을 할 수 있다는 것을 보여주려는 것이다.(105)

우리가 이러한 토론을 어느 각도에서 바라보든, 포리송의 홀로코스트 가설과 촘스키의 언론의 자유 옹호 사이에는 아무런 연관도 없음을 알 수 있다. 가스실의 존재 여부에 대하여 촘스키는 여러 번 그것을 인정하는 발언을 했고 그 중에는 이런 것도 있다. "내가 볼 때, 가스실의 존재를 의심케 하는 합리적 증거가 존재하지 않는다." 물론 이렇게 말한다고 해서 가스실에 대한 의문조차 배제한다는 뜻은 아니다. 가령 유대인들이 가스실에서 처형된 후 몇 시간 혹은 몇 분 후에 어떻게 사람들이 '샤워실'에 들어갈 수 있는가 의문을 던져볼 수는 있는 것이다. 촘스키는 이렇게 말한다. "여기서 문제가 되는 것은 객관적 사실들이지 종교적 신념이 아니다. 종교적 광신자들만이 사실관계에 대한 질문을 거부할 것이다."(《편집되지 않은 답변》, 44) 포리송의 저작은 다른 홀로코스트 부인 저작들과 마찬가지로 명백한 날조에 바탕을 둔 것이고, 이것은 널리 증명된 바 있다. 따라서 널리 인정되고 있는 사실들을 의문시할 이유는 없는 것이다. 계속되는 연구는 사실들을 더욱 선명하게 밝혀내면서 수정주의적 견해에 의문을 제기하고 있다.

여기서 검토해볼 다른 사항은 지난 몇 년 동안 이 논의가 방향 전환을 했다는 것이다. 하나의 중요한 전환은 텍스트의 출판에 관여했던 사람들의 정치적 입장을 짚어보는 것이다. 예를 들어 캐나다유대인회의의 매뉴얼 프루치Manuel Prutschi는 그들의 다양한 동맹관계를 살펴보는 '오늘날의 홀로코스트 부인자들Holocaust Denial Today'[49]이라는 짧은 글을 썼다. "프랑스의 급진 좌파 상당수는 홀로코스트 부인자들과 연계되어 있다. 그 중에 세르주 티옹이 있는데 그는 라시니와 포리송의 옹호자다. 티옹은 한때 피에르 기욤이 세운 마르크시스트 출판사인 라 비에유 토프La Vieille Taupe와 연결되어 있었다. 기욤은 많은 포리송 저작을 출판해 주었고 지금은 앙리 로크Henri Roques와 연계하고 있다." 이어 프루치는 예의 촘스키 비난을 퍼부은 뒤 이런 부정확한 진술을 하고 있다. "촘스키는 홀로코스트를 인류 역사상 가장 끔찍한 집단적 광기의 표출이라고 말했다. 하지만 언론의 자유를 옹호하기 위해서 썼다고 주장하는 자신의 글이 포리송 저서의 서문으로 사용되는 것을 막지는 못했다. 또 기욤에게 자신의 중요한 저서 한 권을 프랑스에서 출판하도록 허락해주었다."[50] 독자는 이러한 진술을 앞에서 제시한 사실들과 비교 검토해볼 수 있을 것이다. 하지만 프루치가 말한 '중요한 저서'는 미발간 기사들 모음집으로 기욤이 서문을 써서 스파르타쿠스 출판사에서 발간한 그 책을 말하는 것이었다! 이러한 기욤의 역할에 관하여 촘스키는 무관심으로 대응했고 과거나 현재나 각종 출판사와 불미스러운 행동 사이에는 연계가 있다고 지적했다.

많은 학자들이 왜 촘스키는 홀로코스트 문제를 좀더 진지하게 들여다보지 않는지 의문을 표시했다. 그의 다방면에 걸친 관심과 그에게 퍼부어지는 비난을 감안할 때 그런 의문이 들 만했다. 나치 강제수용소의 존재를 부인하는 수정주의자들을 좀더 강력하게 비난했더라면 자연스럽게 포리송 문제를 해결했을 것이 아니냐는 얘기도 있었다. 이와 관련하여 촘스키가 전에 이미 글을 통해 홀로코스트를 강력하게 비난한 적이 있고 촘스키 자신은 그것을 계속 언급했다. 그런데 수정주의자 그룹인 AARGH는 이 문장에 대하여 길게 논평했다(나는 원문의 철자가 틀린 곳은 바로 잡았다).

촘스키는 자신이 '홀로코스트'에 대하여 아주 명명백백하게 자신의 입장을 밝혔다고 여러 번 진술했다. 그는 수정주의자 문제가 불거지기 오래 전에 자신이 써놓았던 그 문장을 자주 인용했다. 그는 이 문장이 자신에 대한 의문을 일거에 씻어줄 것이라고 생각했다. 그 문장이 홀로코스트에 관한 한 자신의 공식적 입장이라는 것이다. 그 문장을 다시 한 번 살펴보자. "……나는 홀로코스트를 인류역사상 가장 끔찍한 집단적 광기의 표출이라고 말했다.……" 이 문장은 《중동의 평화? 정의와 국가에 대한 고찰Peace in the Middle East? Reflections on Justice and Nationhood》([1969], 빈티지북스, 1974, 57-58)에 들어 있다. 우리는 이것이 산발적인 문장임을 주목한다. 책은 전반적으로 중동문제를 다루고 있고 2차 세계대전 중의 사건은 다루지 않는다. 이 문장은 '팔레스타인의 민족주의와 갈등Nationalism and Conflict'이라는 장에 들어 있다. 전체 문단을 읽어보면 수사적 책략이 들어 있음을 알 수 있다. 촘스키는 두 개의 논증, 즉 아랍측 논증과 유대인측 논증이 있다고 말한다. 그는 유대인 논증에 대해서는 그 내용을 밝히면서 시온주의라고 말한다. 이 시온주의 논증을 말하는 가운데 문제의 문장이 등장하는 것이다.

여기까지는 아무 문제도 없다. 하지만 AARGH 그룹은 이것만으로 만족하지 못한다. 그들은 이 문단 속의 수사적 책략을 깊이 그러나 아전인수 격으로 해석하여 촘스키를 자기들 편으로 끌어들인다.

우리가 그것을 다르게 설명한다면 홀로코스트에 대한 이런 생각들은 팔레스타인의 강제 점령을 정당화하려는 시온주의자들의 생각이다. 팔레스타인 강점을 반대하는 촘스키의 생각은 아닌 것이다. 따라서 이 문장만을 단장취의하여 수정주의에 관한 모든 사항을 부인하는 근거로 삼는다는 것은 일종의 견강부회인 것이다. 촘스키 비판자들이 이 문장을 꼼꼼히 읽었다면 금방 이 사실을 깨달았을 것이다. 이러한 책략으로부터 우리는 무엇을 알 수 있는가? 무엇보다도 촘스키는 '홀로코스트'에 관하여 속마음을 털어놓지 않았다. 그는 이 역사적 문제를 연구할 기회가 없었고 나치 치하의 유럽 유대인 공동체들에게 어떤 일이 벌어졌는지 알아볼 기회가 없었다. 그는 이 문제에 대하여 명확한 입장 표명을 피해왔다. 왜냐하면 자신이 이 문제에 대해서 잘 모르고, 이 문제에 대한 기본적 이해를 갖출 만한 최소한의 연구도 하지 않았다는 것을 잘 알기 때문이었다. 이것이 학문을 진지하게 여기는 사람이 취해야 할 태도다(이것은 파리 지식인들의 태도와는 정반대되는 것으로서, 그들은 잘 알지도 못하는 주제에 대하여 방담을 하고 있다).

촘스키는 수정주의 주장이 객관적 사실들에 의해서 입증될지도 모르는 가능성을 늘 유지했다. 그는 우리가 늘 해오던 것과 같은 말을 거듭하여 말했다. 그 말이란, 설혹 가스실이 존재하지 않았다고 하더라도 비인간적인 정책인 나치즘을 비난하는 우리의 태도는 전혀 달라지지 않는다는 것이다. 그는 이 문제에 관하여 정통이론을 비판하지 않은 것처럼 수정이론에 대해서도 비판하지 않았다. 이건 하나의 가정이긴 하지만, 만약 촘스키가 이 문제를 본격적으로 연구한다면 그가 어떤 결론에 도달할지 오늘날 누가 알겠는가. 합리주의자와 유물론자들 사이의 갈등에서 어느 편을 들 것인지 누가 알겠는가. 광적인 신비주의자 엘리 위젤Elie Wiesel, 횡설수설하는 랍비 베렌봄Berenbaum, 침묵의 역사학자 루소Rousso, 독심술가 힐버그Hilberg, 문서파괴자 란츠만Lanzmann 등 반수정주의 그룹을 이끄는 자들과 수정주의 그룹 사이에서 촘스키가 누굴 선택할지 어떻게 알겠는가.

AARGH 그룹의 주장대로라면 홀로코스트는 불가지주의不可知主義 비슷한 것, 혹은 객관적 사실이 드러날 때까지는 말할 수 없는 어떤 것으로 둔갑해버렸다. 이것은 촘스키의 견해로부터 완벽하게 벗어나는 것은 아니다. 그렇다 하더라도 촘스키가 이 문제에 끼어든 것은 수정주의 때문이 아니라는 사실을 조금도 바꾸어 놓지 못한다. 촘스키의 관심사는 오로지 언론의 자유였던 것이다. 진상이 이런데도 불구하고 사람들은 자기 편리에 따라 촘스키의 주장을 아전인수 격으로 끌어들이고 있는 것이다. 또 촘스키는 홀로코스트에 대하여 다른 곳에서도 분명한 역사적 사실이라고 말했다. 가령 워싱턴D.C.의 프리앰블 센터[51]가 배포한 공개서한 '미국계 유대인들이 독일의 녹색당에게 보내는 호소An Appeal from American Jews to the Green Party of Germany'에 이런 문장이 나온다. "우리 유대계 미국인들은 부당한 유고슬라비아에서의 민간인 폭격을 정당화하기 위해 홀로코스트의 기억과 비극을 환기시키는 데 대하여 깊은 우려감을 표시합니다. 우리들 중 많은 사람이 홀로코스트 때문에 가족이나 친척을 잃었습니다. 이러한 과거의 역사를 기억하면서, 우리는 인종학살이 벌어지고 있는 곳에서 그것을 막기 위해 세계 공동체가 개입해야 한다는 것을 절감하고 있습니다. 하지만 오늘날 유고슬라비아에서는 그런 개입과 예방이 벌어지지 않고 있습니다."

이 호소의 요지는 유고슬라비아에서 벌어지고 있는 학살을 경시해서는 안 된다는 것이다. "폭격을 지지하는 많은 사람들이 홀로코스트의 비유를 사용하고 있습니다. 코소보의 인종학살을 세계가 그냥 두고 볼 수만은 없다는 것입니다. 하지만 폭격은 코소보 알바니아 사람들의 상황을 더욱 악화시켰습니다. 이 점은 전 세계적으로 인정하고 있는 바입니다. 그것은 또 유고슬라비아 내의 친민주적 운동을 파괴했고 이웃 국가들마저 불안정하게 만들고 있습니다. 우리는 당신이 이 잘못되고 과장된 홀로코스트와 2차 세계대전의 비유를 거부하기 바랍니다. 그런 비유를 들이대며 유고슬라비아의 모든 민족에게 고통을 강요하는 폭격 캠페인을 추진하고 있는 것입니다. 우리는 독일 녹색당이 이 전쟁을 반대하고 협상에 의한 전쟁 종식을 지원해줄 것을 호소합니다."

촘스키의 답변을 게재하지 않은 프랑스 언론

인기 높은 학자이기 때문에 촘스키의 견해를 들어보고자 하는 사람들이 많이 있고 그런 욕구는 다양한 책, 기사, 연설 등에 의해 충족되고 있다. 앞에서 이미 말한 것처럼, 촘스키 저서의 주된 배출구는 《뉴욕타임스》나 《타임》《뉴욕 리뷰 오브 북스》 등 주류 언론이나 잡지가 아니다. 하지만 촘스키 사상을 알고 싶어 하는 사람들을 위한 비주류 출구들이 다양하게 마련되어 있다. 그러나 프랑스에서는 사정이 좀 다르다. 무엇보다도 촘스키가 공공영역에서 잘 알려져 있음에도 불구하고, 그는 영국에서 허용된 정도의 출구도 배정받지 못하고 있다.

이렇게 된 데에는 포리송 사건이 일정 역할을 했다. 그 사건을 구실로 삼아 프랑스 언론이 촘스키를 따돌리고 있는 것이다. 그는 《르 마탱 드 파리Le Matin de Paris》《누벨 리테라테르Nouvelles littéraires》《리베라시옹》 등에 자신의 견해를 표명할 기회를 잡지 못했다. 반면에 이들 잡지는 촘스키를 비난하는 기사들은 아주 많이 게재했다. 이 때문에 발표기회를 얻지 못한 그의 답변들이 《편집되지 않은 답변》이라는 책으로 묶여나왔다. 프랑스 언론이 퍼트린 일부 오류들은 촘스키 사상과 너무나 어긋나는 것이어서 그는 즉각 그것을 알아보았다. 가령 이렇게 말하고 있다. "나(촘스키)는 《르 마탱 드 파리》 얘기를 다시 꺼내야겠는데 이 잡지는 내가 '인종학살의 개념'을 '제국주의적 신화'로 생각한다고 말했다. 내가 홀로코스트를 인류 역사상 가장 끔찍한 집단적 광기라고 말했고, 《미국의 권력과 새로운 만다린American Power and the New Mandarins》에서 전 세계의 인종학살을 자세히 다루었음에도 불구하고, 그 잡지의 편집자들은 그런 사실을 몰랐던 것이다."(《편집되지 않은 답변》, 42-43)

프랑스 언론과 미국 언론은 그토록 다른가? 앞에서도 잠깐 언급했지만 프랑스 언론은 일련의 상이한 제약과 기대 속에서 활동하고 있다. 포리송 사건만 국한해서 보면 프랑스 언론의 기능과 역할은 좋든 나쁘든 미국 언론의 그것과는 다르다. 촘스키는 그렇게 생각했고 그런 생각이 프랑스 지식인 사회에 대한 촘스키의 견해에 영향을 미쳤다. 파리 지식인들의 촘스키에 대한 견해가 프랑스인의 미국관으로부터 영향을 받았던 것처럼.

프랑스에서 펜PEN 클럽이 이 문제에 끼어듦으로써 이 논의는 학계의 범위를 벗어나게 되었다. 《르몽드》는 1980년 12월 31일 기사에서 펜이 촘스키에 대하여 불평하고 있다고 보도했다. 구속된 작가들의 자유를 위해 투쟁하던 펜은 촘스키와 포리송 사건 때문에 어려움이 많다고 불평했다. 이미 잠잠해져 옛 이야기가 되어버린 포리송 사건을 다시 꺼내

들어 국제적 논쟁으로 비화시킨 것이다. 촘스키는 이렇게 응답했다. "그 사건을 다시 한 번 공공의 영역으로 끌어낸 것은 그 사건을 또 다시 이슈화하려는 그들의 의도 때문이다. 《르몽드》의 성명, 내 답변의 게재 거부, '역사의 왜곡' 재판(흥미롭게도 비달-나케는 이것을 계속 부인해왔다) 등. 그 사건이 '국제화'된 것에 대하여 《뉴욕타임스》는 '찻잔 속의 태풍'이라고 했는데 그리 부정확한 묘사는 아니다. 홀로코스트 수정주의자들을 최대한 나쁘게 알리려고 하는 사람들의 행동 때문에 '국제적'이 된 것이다." (1997년 9월 9일)

촘스키는 프랑스 언론의 역할에 대하여 또다른 점을 지적한다. 《르몽드》 같은 신문이 태풍을 일으킨 것은 사실이나 당사자 쌍방의 의견을 충분히 반영하지 못했다는 것이다. 실제로 《르몽드》는 "지난 15년 동안 촘스키에 대하여 최악의 악감정과 적개심을 갖고 있었다. 촘스키가 파리 지식인들이 평범할 뿐 아니라 스탈린주의를 숭상하는 자들이라고 판단한 것에 대한 반발이었다."[52]

펜은 포리송 사건이 반유대주의와 폭력이 점증하는 시기에 발생하여 더욱 유감이라는 의견을 표명했다. 촘스키 또한 유감이었다. 펜은 작가들의 언론 자유를 옹호해야 마땅할 텐데, 오히려 언론 플레이에 의해 확대된 사건에 대하여 유감을 표명하는 데 그쳤다는 것이다.(27) 펜의 설립목적을 살펴볼 때 작가(촘스키)를 공격하는 언론에 작가의 반론을 실어주지 않는 태도를 비판해야 마땅한데 그렇게 하지 않았다.

 **미디어를 넘어서**

이러한 이슈와 관련하여 피에르 비달-나케와 장-클로드 밀너 J.C.

Milner 등은 책을 펴냈고, 앨런 더쇼위츠는 다양한 저서에서 이 문제를 다루었고, 기타 다양한 논평가들이 촘스키의 저서를 리뷰하면서 이것을 다루었다.

촘스키는 《편집되지 않은 답변》에서 밀너의 책에 대해 직접 언급했고, 비달-나케의 오류투성이 주장에 대해서는 이렇게 지적했다. "이렇게 노골적으로 왜곡해대는 것을 보니 독자들을 바보라고 확신하는 게 틀림없다." 장-클로드 밀너는 '촘스키와 절멸의 정치Chomsky et les politiques d'extermination'[53]라는 장에서 촘스키가 수정주의자들과 포리송을 상당히 신빙성 있는 사람들로 만들어주었다고 비난했다. 이에 대한 촘스키의 반응은 이렇다. "'파리 지식인'들의 방법론을 그대로 따르면서, 밀너는 내가 그런 견해를 갖고 있음을 증명해 보이는 것이 불필요하다고 판단했다. 내가 그런 견해를 갖고 있지 않으며 그게 순전히 날조임을 증명하는 것은 비교적 쉬웠을 것이다. 밀너의 환상이 프랑스 지식인 사회에서 흔히 유포되는 것을 볼 때, 그 원천이 아마도 프랑스 지식인 사회가 아닌가 한다."《편집되지 않은 답변》, 60) 이어 촘스키는 이 사건과 관련하여 파리의 보도태도가 얼마나 배타적인지 설명한다. 오해와 오보의 수준은, 우리가 앞에서 이미 살펴본 것처럼 상당히 어마어마한 수준이다. 하지만 이 사건은 고집 세고 끈덕진 미국 지식인과 프랑스 지식인 사회 사이의 싸움을 넘어서게 되었다. 왜냐하면 포리송 사건이 법정으로 가게 되었기 때문이다.

그런데 여기서 폴포트 사건과 관련하여 신랄한 기사를 쓴 밀너가 1960년대에 생성음소론에 관하여 글을 쓴 밀너, 파리8대학의 언어학과 과장이 된 밀너, 바로 그 사람임을 기억할 필요가 있다. 다르게 말해서 폴포트 사건과 관련하여 촘스키를 비판한 기고가는 '공평무사한 지식인'(마치 이런 존재가 있기라도 한 것처럼)이 아니라 다른 동기를 갖고 있는 과거의 그 사람이라는 점이다.

　보다 최근인 2005년 11월, 이 문제들이 미국 땅에서 다시 비화되었다.[54] 우리는 그것을 케네디 행정대학원의 로브 마이어Rob Meyer가 쓴 기사 '케네디 행정대학원에서 중동평화를 두고서 논쟁하는 촘스키와 더쇼위츠Chomsky and Dershowitz debate Middle East peace process at Kennedy School'에서 발견할 수 있다. "케네디 행정대학원에서 화요일 밤(2005년 11월 29일)에 있었던 노엄 촘스키와 앨런 더쇼위츠 사이에 화끈한 논쟁을 기대했던 사람들은 실망하지 않았다. 두 존경받는 케임브리지 교수들은 '불화 후의 이스라엘과 팔레스타인: 우리는 여기서 어디로 가야 하는가?'라는 주제를 두고서 양보 없는 토론을 벌였다."

　1940년대에 히브리 여름 캠프에서 만난 적 있는 두 학자는 아랍-이스라엘 갈등에 관하여 폭넓게 글을 써왔다. 더쇼위츠는 공개적으로 이스라엘의 정책을 지지하는 학자이고, 촘스키는 미국의 외교정책을 크게 비판하는 학자인데 중동문제에 관한 한 미국의 정책은 "파국으로 가는 길로 계속 가고 있다"고 말했다. 하버드 대학의 펠릭스 프랭크퍼터 교수인 더쇼위츠는 개막사에서 이렇게 말했다. "이것은 이데올로기보다 실용주의를 중시하게 만들 것이다. …… 이제 양측이 평화를 바라는 진정한 의지를 갖고 있다고 생각한다. 양측의 실용적인 차이점들은 해결될 수 있으리라고 본다." 촘스키는 현재의 팔레스타인 국가방안이 "팔레스타인과 이스라엘의 유기적 연대를 무너트리고 그나마 남아 있는 팔레스타인 사회를 붕괴시킬 것"이라고 내다봤다. 더쇼위츠는 국제적인 학자들을 비난했다. 그들은 양측의 이데올로그를 선동하고 "지상에서 평화를 성취해야 할 사람들에게 파괴적인 메시지를 보낸다. 전 세계의 학자들이 평화의 성취를 어렵게 만드는 분위기에 기여하고 있다." 더쇼위츠는 케네디 행정대학원 회의실을 가득 메운 청중들에게 말했다. "그들은 이스라엘의 소멸을 최종 목적으로 생각하는 팔레스타인 사람들에게 선동적이고 테러적인 메시지를 보내며 격려한다. …… 이스라엘 사람들에게는 타협의 이름으로 어떤 조치를 취하든 결국 이스라엘은 공격을 당하고 악마처럼 여겨질 것이라는 메시지를 보낸다."

촘스키와 더쇼위츠는 외교의 역사, 상대방 정보 소스의 타당성, 두 국가 해결안에 대한 현재의 제안 등 대부분의 문제에서 첨예하게 대립하며 논쟁했다. 한 청중이 촘스키에게 홀로코스트에서 오늘날에 이르기까지 유대인에게 가해진 폭력의 역사에 대하여 질문했다. 촘스키는 대답했다. "그것은 아주 중요한 문제의 절반만 물어본 것입니다. 팔레스타인에 대한 전쟁과 테러의 결과가 무엇이었습니까? …… 테러와 폭력의 균형은 팔레스타인에게 아주 불리하게 잡혀져 있습니다. 군사력의 균형을 살펴보면 놀라운 일도 아니지요. 이러한 현상은 오늘날까지도 계속되고 있습니다. 2000년 10월 인티파다가 벌어진 첫 한 달 동안, 74명의 팔레스타인이 죽었고 반면에 이스라엘 사람은 4명이 죽었습니다. …… 클린턴은 지난 10년 동안 최대 규모의 군용 헬리콥터를 이스라엘에 보냈지요. 언론은 그런 사실을 보도하지 않고, 아니 보도하기를 거부함으로써 협조했습니다."

이에 대하여 더쇼위츠는 재빨리 대답했다. "미국 언론과 클린턴 같은 민주당원 혹은 부시 같은 공화당원 사이에 진실을 감추려는 음모 같은 게 있다는 얘기는 사실이 아닙니다. …… 왜 신문들이 그런 사실을 보도하지 못한단 말입니까? 이유는 딱 한 가지, 그건 촘스키의 상상이 만들어낸 것이죠. 그런 일은 없습니다."

자, 이제 대학사회를 넘어 사법제도로 가보자. 프랑스 법원은 포리송을 단죄했는데, 이것은 자연스럽게 미국과 프랑스 사법제도의 차이점을 거론하도록 유도한다. 포리송이 유죄판결을 받았을 때 촘스키는 놀라움을 표시했다. "프랑스 법원은 포리송이 사악한 행위를 저질렀을 뿐 아니라 역사가로서 '책임'과 '신중함'이 결여되어 있고, 핵심 문서들을 무시했으며, 자신의 문서를 가지고 다른 사람들이 전쟁범죄를 면피하려는 행위를 방조했고, 인종적 증오를 유발했기 때문에 유죄판결을 내렸다. 더욱 놀라운 사실은 이런 것이다. 법원은 역사가의 언론 자유를 제한한 것은 아니고, 단지 그런 권리를 행사한 포리송에 대해서만 유죄 판결을 내렸다고 주장했다. 이런 수치스러운 판결에 의해 국가는 공식적 진리를 결정할 권리와 '무책임'을 저지른 자들을 징벌할 권리를 부여받았다. 만약 이 판결이 대규모 대중시위를 유발하지 않는다면 이날은 프랑스 암흑의 날이 되리라."(《편집되지 않은 답변》, 43-44)

촘스키의 견해는 반유대적, 인종차별적, 외국인 혐오적, 왜곡적인 세계관의 가능성을 배제하는 것은 아니다. 단지 국가가 개인의 발언권과 연구 권리를 마음대로 이래라 저래라 판결할 수 있다는 견해를 거부할 뿐이다. 촘스키는 프랑스 법원의 판결에 대하여 또다른 사항을 지적했는데 그것은 포리송의 반유대주의에 대한 비달-나케의 비난과도 관련이 있다. "그런데 법원이 몇 년 뒤 포리송에게 유죄판결을 내릴 때 그에게 반유대주의자라는 판결을 내리지는 않았다(《르몽드》에 게재된 판결 발췌문을 보면 그러하다). 단지 다른 사람이 그의 문서를 가지고 전쟁범죄를 면피하려는 행위를 방조했다고 지적했다. 이것도 놀라운 판결이지만, 아무튼 여러 해 뒤에도 포리송에게서 반유대주의의 증거를 발견할 수 없음을 보여주는 대목이다."(1997년 9월 9일) 결국 포리송 사건의 개요는 명확하게 밝혀졌지만 그것이 촘스키의 명성에 미친 효과는 심대했다. 하지만 이것으로 사건이 종료된 것은 아니다. 폴포트와 캄보디아 건은 포리송 못지않게 면밀히 들여다봐야 할 필요가 있다.

폴포트 사건

노엄 촘스키는 지난 25년 동안 집중적으로 언론을 분석해온 에드워드 S. 허만과 한 팀을 이루어 여러 권의 책을 펴냈다. 그 중에서도 《반혁명적 폭력: 사실과 프로파간다 속의 학살Counter-Revolutionary Violence: Bloodbaths in Fact and Propaganda》(1973) 《인권의 정치경제학The Political Economy of Human Rights》(1979, 2권) 《여론조작: 매스 미디어의 정치경제학Manufacturing Consent: The Political Economy of the Mass Media》(1988) 등이 유명하다.

두 권짜리 인권 관련 책은 그 안에 표명된 견해 때문에 프랑스에서 논쟁의 대상이 되었다. 두 사람은 그 책에서 이렇게 말한다. 미디어는 공식적 적국들의 압제와 잔학함에 대해서는 '뉴스거리'가 된다고 생각하지만, 유사한 사건이 동맹국들 내에서 발생하면 침묵을 지킨다는 것이다. 이 주장을 촘스키는 여러 상황에서 지지했다. 가령 《인권의 정치경제학》 1권 해설 중 소제목이 '캄보디아: 왜 언론은 인도네시아와 동티모르보다 캄보디아를 더 보도하기 좋다고 생각할까Cambodia: Why the Media Find It More Newsworthy Than Indonesia and East Timor'란 글이 있는데, 촘스키와 허만은 이렇게 썼다. "미디어는 마치 물에 빠진 사람이 생명 튜브를 잡듯이 캄보디아 폭력에 매달리고 있다. 이것은 미국 언론이 국가 이데올로기에 봉사하기 위해 여론을 동원하는 방식의 객관적 사례다." (21) 이렇게 말한다고 해서 미디어가 전 세계의 폭력, 탄압, 압제를 보도하지 말아야 한다는 얘기는 아니다. 단지 보도되는 사건과 보도를 담당하는 자 사이에 분명한 연계가 있다는 얘기다.

이 두 번째 '사건'은 인권을 다룬 촘스키의 책에 나올 뿐 아니라 공평무사한 국제 공동체에 동티모르의 입장을 호소하는 그의 다른 저서에도 언급되어 있다. 촘스키는 1979년 12월 27일자로 《르 마탱 드 파리》에 보내는(미게재) 편지를 썼는데 거기서 이렇게 말했다. "유엔에 제출한 증언서에서 나는 티모르에서 자행된 인도네시아의 공격에 대하여 보고했다. 서방이 지원한 그 공격의 참상은 캄보디아(이곳의 참상은 마침내 인정되었다)에 비견할 만한 것이었다. 하지만 서방은 티모르에 대하여 침묵을 지켰고 그 사실은 4년 동안 검열되었다. 그 덕분에 인도네시아는 서방의 물질적 지원과 외교적 보호를 받으면서 학살을 계속했다."(《편집되지 않은 답변》, 17)

촘스키(와 허만)의 주장은 이런 것이다. 서방의 지식인들은 다른 국가에 책임이 있는 범죄에 대하여 집중하는 경향이 있고, 자기 나라에 책임 있는 범죄에 대해서는 침묵한다는 것이다. 촘스키는 《르 마탱 드 파리》에 보낸 편지에서 하나의 사례를 들었다. "예를 들어 1978년 9월 프랑스 외무장관 드 귀랭고는 자카르타 방문길에 전투 비행기와 기타 군사장비를 제공하는 협약의 사전 분위기를 조성했다. 이런 무기들이 사용될 예정인 티모르에 대한 프랑스 정부의 입장을 묻는 질문에 그는 이렇게 대답했다. '만약 그런 질문이 유엔에서 제기된다면 프랑스는 인도네시아를 당황하게 만드는 답변은 하지 않을 것이다."(《르몽드》, 1978년 9월 14일) 나는 그 당시에 이렇게 썼다. "강대국들이 캄보디아 내부에서 탄압을 자행하라며 캄보디아 사람들에게 무기를 제공했던 사실을 상상해 보라."(《편집되지 않은 답변》, 19)

여기서 주목할 만한 사실이 하나 있다. 촘스키의 증언서는 이 문제와 관련하여 토론된 적이 없다. 캄보디아-티모르 비교에 대하여 그가 발언한 말들은, 프랑스에서든 어디서든 거의 무시되었다. 촘스키의 미디어 연구와 관련하여 더욱 주목할 만한 사실은 이러한 토론의 시기다. 정보의 속도와 정보에 대한 대중적 기호의 변화로 인해 25년 전 양측이 지녔던 견해를 기억하는 사람은 거의 없다. 그런데도 프랑스와 기타 지역에서 촘스키라고 하면 많은 사람들이 폴포트와 포리송 사건만 기억하고 있는 것이다.

촘스키는 그 견해 때문에 자크 아탈리Jacques Attali와 베르나르-앙리 레비로부터 간접적인 답변을 들었다. 그것은 아탈리와 레비가 《르 마탱 드 파리》에 실은 1979년 12월 17일자 기사였다. 이것은 좌파적 입장에서 촘스키에게 반대한 것이기 때문에 다소 흥미로운 답변이다. "언제까지 지식인들은 시체 숫자나 세면서 세상을 조그마하게 변화시키려고 하는가? 현대의 대형 무덤을 둘러싼 이 유혈적 말잔치는 언제 중단되려는가? 티모르의 '착한' 죽은 사람들과 캄보디아의 '나쁜' 죽은 사람들을 구분하면서, 언어학자 노엄 촘스키는 무슨 말을 하려고 하는가? 독재자의 정치적 색깔에 따라(한쪽은 소비에트 독재자, 다른 한쪽은 인도네시아 독재자) 진보파 아사자와 '보수반동적' 아사자를 구분해야 한다는 이 괴이한 소문을 무슨 의미인가? 서방 지식인들이 자국의 학살에는 눈을 감으면서 다른 나라의 학살에는 눈을 크게 뜬다고 말함으로써, 촘스키는 착한 학살과 나쁜 학살을 구분하려 함인가?" 촘스키의 이런 접근은 인권에 관심 있다고 주장하는 사람들에게 나쁜 영향을 미칠지 모른다면서 아탈리와 레비는 이렇게 주장한다. "금세기의 우울한 기억을 아직도 간직하고 있는 사람들이 볼 때, 여기에는 '좌파'의 아주 오래된, 아주 음험한 병증病症 같은 것이 느껴진다. 스탈린 대숙청의 가장 어두운 시간들에 자행되었던 학살의 비극적 이야기를 상기하게 하는 것이다."

촘스키와 허만의 공동저작은 동일한 학살사건들이 서로 다른 취급을 받는 현상을 지적하려는 것이었다. 그런 불균형은 보도하는 사람들의 이해관계와 직결되는 것이었다. 하지만 현대 사회에 내재되어 있는 또 다른 경향, 즉 정부 방침에 따르려는 경향과 일치하지 않기 때문에 파묻혀버리고 만 것이었다. 따라서 다음과 같이 글을 쓴 아탈리와 레비는 촘스키-허만 저작의 요점을 일부러 무시한 것이다. "호전적인 반反전체주의자 촘스키에게 이런 사실을 상기시키는 것이 과연 필요한 일일까? 티모르의 농부나 베트남의 비참한 사람들이 볼 때, 폭탄은 똑같은 색깔일 뿐이며 언론 '홍보'는 그들을 전혀 구해주지 못한다. 잘 먹고 잘 사는 촘스키에게 이런 사실을 상기시키는 것이 과연 필요한 일일까? 지난 2년 동안 농업생산이 감퇴한 46개 나라들 중에 이라크, 앙골라, 쿠바, 토고, 요르단, 말리 등도 있다."

마지막으로 아탈리와 레비는 바쿠닌식 지식인들을 비난한다. 그런 지식인들은 압제와 맞서 싸우는 과정에서 다른 나라보다는 자기 나라의 실정을 비판하는 일에 더 집착한다는 것이다. 하지만 그들의 결론은 좀 기이해 보인다. "아닙니다. 촘스키! 문제는 우리가 어느 한쪽의 편을 드는 게 아닙니다. 우리의 대학, 예배당, 학교에서 내려와 이 논쟁(캄보디아냐 티모르냐)의 어느 한쪽 손을 들어주는 게 능사는 아닙니다. 정말 중요한 문제는 서기들 사이의 이 시시한 싸움을 하루 바삐 끝내는 겁니다. 이런 싸움이 계속될수록 굶어죽는 사람들만이 더 피해자가 될 뿐입니다. 앞으로는 지체 없이 티모르와 캄보디아를 모두 돌보아야 합니다."

이 공격에 대한 촘스키의 답변은 게재되지 않았다. 그 때문에 촘스키와 허만에 대한 오해가 생겨났고 그래서 두 사람은 이 점을 자신들의 저서에서 언급했다. 촘스키의 편지는 그 요점을 분명하게 밝힌다. "아주 탁월한 추론능력을 발휘하면서 그들은 내가 '캄보디아냐 티모르냐' 택일할 것을 제안했다고 결론지었다. 그들은 또 일종의 역逆신스탈린주의를 구사하면서, 내가 서방의 지원을 받는 인도네시아 범죄의 희생자에게만 관심이 있다고 밀어붙였다. 이런 유형의 논평이 늘 그렇듯이, 이런 황당한 연역을 뒷받침하는 증거를 제시하지 못한다. 왜 그런가 하면 아예 그런 증거가 존재하지 않기 때문이다."《편집되지 않은 답변》, 19)

포리송 사건처럼 널리 알려지지는 않았지만 폴포트 사건은 영미권에도 알려지게 되었는데, 특히 여러 매체를 통하여 여러 번 촘스키를 공격한 스티븐 루크스Steven Lukes 때문에 그렇게 되었다. 루크스의 전형적인 견해는 《타임스 고등교육 부록판Times Higher Education Supplement》에 실린 '촘스키의 진실 배반Chomsky's Betrayal of Truths'에 잘 드러나 있다.[55] 이 기사에서 그는 표준적인 비판으로 시작한다. "촘스키는 캄보디아의 폴포트 체제에 대하여 사기와 왜곡을 일삼으면서 무엇을 노리는가? 지난 해 그는 에드워드 허만과 함께 《대격변 이후After the Cataclysm》라는 책을 펴냈다. 이 책에서 그 끔찍한 체제의 기록이 아주 왜곡되어 분석됐다. 그 결론은 다음 두 가지다. 첫째 학살의 잔학성과 숫자가 크게 과장되어 있고, 둘째 그것은 '그런 반응들을 이끌어내기 위한 미국 공격의 극단적 야만성에 대한 이해할 만한 조치'라는 것이다."

루크스는 《새로운 만다린The New Mandarins》 같은 책에서 분명하게 드러난 촘스키의 전통적 역할을 자처하면서 그것(그런 역할)을 촘스키에게 불리하게 들이댄다. "지식인은 말할 것도 없고 어떤 책임 있는 사람이 1975년과 1978년 사이에 캄보디아가 테러정권 아래서 신음했다는 사실을 의심할 것인가. …… 물론 많은 인명 희생이 있었다. 촘스키가 즐겨 인용하는 원인인 '농민의 복수'로 인해서 말이다." 루크스는 과거에 촘스키의 태도는 지식인들에게 하나의 이정표를 제시했고 그의 어프로치가 타당한 것이었으나 폴포트 사건과 관련해서는 정도에서 벗어났다고 주장하는 듯하다. "촘스키가 이런 글을 쓰다니 정말 슬프다. 폴포트를 유엔에 참가시키려는 미국 정부의 국제적 역할을 감안할 때 이건 아이러니가 아닐 수 없다. 또 아나키즘-자유사회주의를 지지하는 촘스키의 사상을 감안할 때 이건 괴이한 일이 아닐 수 없다. 캄보디아의 폴포트 체제에 대하여 글을 쓰면서 그는 지식인의 책무를 배신했을 뿐 아니라 그 자신의 성실성마저도 내팽개쳤다."

이 사건이 미친 효과, 이러한 유형의 촘스키 비판은 빌링슬리의 기사에서도 발견할 수 있다. 가령 다음과 같다.

> 밝혀진 바와 같이, 촘스키가 공격하는 크메르 루즈의 인종학살 이야기는 존 배론John Barron과 안토니 폴Anthony Paul의 《온유한 땅의 살해Murder of a Gentle Land》와 프랑수아 퐁쇼François Ponchaud의 《캄보디아: 0년Cambodia: Year Zero》에서 나온 것이다. 이러한 책들은 크메르 루즈의 학살 규모를 축소하고 있다. 올해 2월, 수년에 걸친 조사 연구 끝에 예일 대학과 캄보디아 인종학살 프로젝트의 현장 연구자들은 약 200만 명의 캄보디아 사람들이 크메르 루즈의 인종학살 정책으로 살해되었거나 간접 사망했음을 밝혔다. 200만 명은 캄보디아 인구의 약 3분의 1에 해당하는 숫자다. 진정한 책임의식을 느끼는 지식인(가령 과거에 좌파였으나 전향한 아더 쾨슬러Arthur Koestler)과는 다르게, 촘스키는 이런 희생자들의 절규를 듣지 못한다. 그의 급진주의 때문에 실제적·정신적 살해에 대하여 귀머거리가 되어버린 것이다.

혼란을 불러일으킨 요점을 정리해보면 이렇다. 촘스키는 적국인 소련의 정책보다는 미국의 정책과 언론의 정부정책 보도에 더 관심을 갖고 있다는 것이다. 1980년 12월 31일자 《르몽드》에 실린 폴 티보Paul Thibaud의 기사도 이 점을 문제 삼고 있다. 티보는 말한다. "지난 몇 년 동안 촘스키는 베트남이나 캄보디아에 대해서는 말하지 않고, 서방의 언론들이 이들 나라에 대하여 보도하는 방식에 대해서만 말한다."

미국 언론이 캄보디아 학살에 대하여 보도하는 태도를 문제 삼는 것은 촘스키의 일관된 접근방법이었다. 촘스키 자신은 이렇게 말했다.

"전쟁을 서술한 나의 초기 저작부터 나의 핵심 관심사는 첫째, 미국 정부의 정치와 둘째, 언론 및 대학의 정부 이데올로기 지지 분위기였다. 보다 최근의 저서에서도 나는 이 기본적 어프로치를 유지했는데 여기에는 두 가지 그럴 듯한 이유가 있다. 첫째, 만약 내게 어떤 능력이 있다면 그건 미국 그리고 미국의 정치 및 제도와 관련된 것이다. 둘째, 프로파간다와 이데올로기의 구조는 미국 정부를 지지하는 것이므로 나의 저서와 직접행동과 저항을 통하여 그런 구조를 수정하고 싶었다."(《편집되지 않은 답변》, 24-25)

이 장에서 다루어진 보다 폭넓은 문제들에 비추어볼 때 이것은 흥미로운 일이다. 왜냐하면 이것은 촘스키 효과에 기여할 뿐 아니라 그가 현대 사회에서 일으키고 싶어 하는 효과에도 도움을 주기 때문이다. 이러한 효과는 대중들이 현대적 사건들의 진실을 잘 알고 있는 데서 빚어진 것이다. 촘스키 효과는 이런 생각을 안겨주었다. 우리(대중)의 직관적이거나 상식적인 어프로치는 사실 타당한 것이고, 그래서 우리는 앞으로 지금과는 다르게 읽고 행동할 수 있을 것이다. 이런 의미로 볼 때, 오합지중으로 여겨졌던 '대중'이 프로파간다를 사용하고 스스로 프로파간다의 희생자가 되는 엘리트보다 더 상식적이고 그래서 더 건전한 존재다.

촘스키는 미국에 살고있는 미국 시민으로서 누구나 분명하게 알아들을 수 있는 목소리로 시사에 대하여 말한다. 그렇게 하여 대중들로 하여금 미국 정부에 의해 수행되고 있고, 침묵과 프로파간다의 벽 뒤에 은폐된 죄악을 깨닫게 해준다. 이것은 러시아에서라면 통용되지 않았을 방식으로 대중에게 혜택을 가져다준다. 분명 여기에는 폭넓은 이슈가 있다. 그래서 촘스키는 미게재 인터뷰에서 이렇게 말했다. "합리적 인간이라면 자신이 하고 있는 일의 인간적(인간에게 미치는) 결과를 미리 내다볼 수 있어야 합니다. 이런 결과를 의식하는 사람이라면 자신의 제한된 에너지를 인간의 고통을 줄이고 인류의 권리를 확대시키는 일에 집중할 것입니다."(《편집되지 않은 답변》, 49)

이것은 '폴포트 사건'과 직접적으로 관련이 있다. 촘스키는 이렇게 생각한다. "폴포트의 범죄는 그것을 종식시킬 수단이 없기 때문에 아무나 손쉽게 비난할 수 있습니다. 반면에 티모르의 유사한 범죄는 여론을 동원할 수만 있다면 우리 힘으로 종식시킬 수 있습니다. 왜냐하면 그 범죄의 주된 책임자는 미국 정부와 그 동맹국들이기 때문입니다. 따라서 캄보디아에 대해서는 그렇게 떠들어대면서 티모르에 대해서는 침묵으로 일관하는 건 그리 놀라운 일도 아닙니다."(50)

촘스키는 뜻하지 않은 곳에서 지원군을 만났다. 레오폴드 라베즈라는 사람이 영국 잡지 《인카운터Encounter》에 촘스키를 비난하는 기사를 실었는데 세르주 티옹이 공개 반론의 서한을 같은 잡지에 실었다.[56] "나는 촘스키의 저서를 잘 아는 '반체제 지식인'으로서, 지난 10년 동안 캄보디아를 연구해온 학자로서, 캄보디아 공산주의를 다룬 근간 서적의 공저자로서(공동저자 벤 크레르난Ben Kleman은 프놈펜에서 연구하느라고 바빠서 L. 라베즈의 글에 즉시 답변하지 못한다), 현대 정치의 역사적 진실과 관련하여 프랑스 내외에서 진행되는 토론에 널리 참여해온 자로서, 이 잡지의 레오폴드 라베즈 기사에 이름이 자주 거론되는 자로서, 그의 '촘스키 재방문Chomsky Revisited'(《인카운터》, 1980년 7월)[57]에 대하여 나는 몇 가지 논평을 할 자격이 있다고 생각한다." 티옹은 이어 촘스키의 전반적 목표를 서술했다.

라베즈 씨는 정치적 관점에서 촘스키와 의견이 다르다고 밝힌 후 그 핵심적 이유가 되는 논증으로 자신의 견해를 뒷받침하는 것이 좋았으리라. 나는 그 점에 대해서는 시비 걸지 않겠다. 그는 기이한 악

감정을 가진 채 자신의 2월 공격에 퍼부어진 파괴적 답변을 무시하고 이런 주장을 펼치고 있다. 촘스키는 캄보디아에서 벌어진 대학살을 부정하고 있고 그래서 자신이 독재를 지지한다는 본성을 만천하에 드러내고 있다. 이 작가(촘스키)의 이런 면모는 정말 기이하다. 그는 자유 사회주의의 관점에 입각하여 미국 정책을 비판하다가 갑자기 지구상 최악의 권위주의 정부를 옹호하고 있다. 이러한 주장을 편 라베즈 씨는 같은 거짓의 노래를 계속 불러대는 합창단에 마지막으로 참여한 인물이다. 이런 공통된 오류는 흥미로운 사실로부터 나오는데 그건 척 보아도 알 수 있는 것이다. **촘스키는 캄보디아에 대해서는 글을 쓰지 않는다**는 것이다. 그는 미국에 대하여, 보다 폭넓게 서방의 지식인들에 대하여 캄보디아 사건을 기술하는 방식에 대하여 글을 쓴다. 그는 나처럼 그것들을 분석하지 않는다. 내부적인 증거를 이용함으로써 그는 (내가 볼 때 상당히 설득력 있게) 이런 점들을 증명한다. 서구 언론은 기본적 정보를 임의로 조작하고 왜곡하는 죄를 저질렀다. 그 메시지는 편안한 이데올로기의 틀을 자연스럽게 따라간다. 서구 언론은 나의 이런 비판을 거부하면서 그런 죄를 저지른 바 없다고 부인할 것으로 예상된다. 바로 이 때문에 촘스키는 폭넓게 맹렬한 공격을 받았고 라베즈 씨는 그 대열에 막차를 탔다.[58]

왜 이 견해는 널리 알려지지 않았는가? 촘스키의 견해를 왜곡한 것은 특정 영향력 있는 분야에서 널리 알려진 반면, 그런 왜곡을 비판하는 견해와 촘스키의 진정한 견해는 그처럼 성공적으로 억압되었는가? 촘스키 접근방법의 위력이 어디서나 통하지 않는다는 것은 분명해 보인다. 그러니까 어떤 특정 사회적 담론 내에서 어떤 견해는 수용 '불가'인 것이다. 이처럼 수용 불가인 곳 중 하나는 출판계다. 가령 프랑수아 퐁소의

《캄보디아, 0년》에 대하여 촘스키가 《네이션》에 리뷰를 쓴 일이 있었다. 이 리뷰도 라베즈의 비판을 받았다. 이에 대하여 티옹은 말한다.

> 촘스키 논증의 핵심 요소들을 회피하기 위하여 라베즈 씨가 임의적으로 선별하는 인용문을 모두 열거한다는 것은 너무 장황하고 지루한 일이 될 것이다. 나는 또다른 '기이한 재방자再訪者'인 파리 지식인 클로드 루아의 경우에 그런 열거작업을 해본 적이 있다.(1) 나는 라베즈 씨의 '황당한' 오류 하나만을 사례로 들어보겠다. 그는 "프랑수아 퐁쇼의 일급 연구서를 무시한" 촘스키에 대해 썼다. 하지만 촘스키는 그 연구서를 무시하지 않았고 1977년 6월 25일자 《네이션》에 리뷰 기사를 실었다. 비록 몇몇 단점을 지적하기는 했지만 그것을 한번 읽어보라고 권하기까지 했다. 하지만 그 책에 대한 평범한 반응이었다. 나 또한 그 책에서 그런 느낌을 받았다. 나는 F. 퐁쇼와 F. 데브레가 "정치에 대해서 잘 모르고, 특히 인도차이나 혁명 정책에 대해서는 잘 모른다고 썼다. 어떤 정책을 그냥 비난만 해서는 안 되고 그 이유를 설명해야 하는데 그게 없는 것이었다."(《리베라시옹》, 1977년 7월 3일) 라베즈 씨는 퐁쇼를 비판하는 것을 너무 어렵게 여겨서 그걸 무시라고 오해했다. 그는 심지어 퐁쇼의 책을 일급 연구서라고 했다. 하지만 여러 정황을 살펴볼 때 일급이라고 할 수 없다.[59]

티옹은 1972년 4월 26일부터 28일까지 게릴라 조직의 초청을 받아 《르몽드》의 특파원 자격으로 캄보디아를 방문했다. 그는 공개서한에서 라베즈 기사의 모순점들과 답변되지 못한 질문들에 대하여 언급했고 이어 이렇게 말했다. "이것은 사실들만 분석한다는 게 얼마나 어려운지 보여준다. 이러한 종류의 보도는 사실상 쓸모가 없다. 왜냐하면 역사적·정치적 맥락을 집어넣을 수가 없기 때문에 오늘날 크메르 마을에서 던져야 할 질문을 제대로 규정하기가 어렵기 때문이다. 만약 라베즈 씨가 이러한 종류의 '증거'에 만족한다면 그는 디즈니랜드에 살고있는 사람이다."[60]

촘스키는 이런 음모의 또다른 속사정을 《편집되지 않은 답변》에서 밝혔다. 퐁소의 책은 하나는 미국판 다른 하나는 국제판 이렇게 두 개의 판본으로 출판되었다. 미국판에는 촘스키의 "책임 있는 태도와 정확한 사고판단"을 칭송하는 해설이 들어 있다. 또 촘스키의 저서들은 퐁소의 저서를 유사하게 칭송하고 있다는 말도 했다. 촘스키는 퐁소의 저서를 "진지하다" 그리고 "읽을 만하다"고 논평했을 뿐이다.(52) 그런데 퐁소 책의 국제판에서 사정이 아주 달라진다. 위의 문장은 사라지고 그 자리에 이런 문장을 넣었다. "촘스키는 퐁소의 책을 '아주 심하게 비난했고', 캄보디아 대학살의 존재를 부정했으며, 피난민들의 진술을 거부했고, 임의로 선정한 공식성명만을 발견사항들로 인정했다."(52) 이것은 그냥 지나가지 못했다. 촘스키는 말한다. "폴 티보는 《에스프리》에서, 퐁쇼가 미국판에 '촘스키에 관한 얘기'를 집어넣는 실수를 저질렀다고 말했는데, 국제판에는 뻔한 거짓말이 들어가 있음을 인정하는 아주 기이한 발언이 아닐 수 없다."(53) 촘스키에 따르면 그 바꿔치기 스토리는 더 나쁜 지경으로 빠져들었다. "나는 퐁쇼와 편지를 주고받았다. 우리가 리뷰에서 언급했던 그의 책에 대한 질문과 관련하여 그는 이 편지를 언급했다. 어느 경우든 우리의 질문은 문제의 심각성을 과소평가한 것이었다. 정말 심각한 오류들이 있었다(그리고 중요한 오류였다. 이것은 라쿠튀르Lacouture가 그의 리뷰에서 퐁쇼 책을 언급한 것도 포함한다). 미국판은 이런 오류들이 모두 수정되었다. 하지만 국제판과 그 번역본에는 이런 오류들이 그대로 남았다. 따라서 이런 결론을 피하기가 어렵다. 퐁쇼는 미국의 경우 누군가가 자신(퐁쇼)이 엉터리 자료를 사용한다는 것을 지적하리라는 것을 알았다. 하지만 다른 곳에서는 들키지 않으리라고 판단했다. 그래서 거짓말을 그대로 둔 것이다."(1997년 9월 9일)

티옹이 볼 때, 보다 믿을 만한 원천은 CIA 연구서인 《캄푸치아: 인구의 대참사Kampuchea: A Demographic Catastrophe》[61]다. 이 자료도 '의문점이 없는 것은 아니지만' 그래도 학살 규모에 대하여 '진지한' 추정을 내놓고 있다. 티옹은 이렇게 질문한다. "이 모든 것이 과연 인종학살의 카테고리에 들어갈 수 있는 것인가? 이 카테고리라는 말도 비교적 최근에 나온 말인데 정치적 수사학을(객관적 사실이 아니라) 근원으로 하고 있다. 문자 그대로의 의미를 따진다면 인종학살은 한 인종을 완전히 다 죽여버리는 것이다. 하지만 이것은 분명 캄보디아의 사례가 아니다. 인종학살이 학살과 같은 용어가 아니라면 왜 그것을 사용하는가? 정치적 논쟁의 목적이 아니라면?" 촘스키도 Z네트 기사에서 유사한 지적을 하고 있다.[62]

CIA 연구서의 결론은 '교조적 시스템에게는 용납할 수 없는' 것이었다. 왜냐하면 그것은 크메르 루즈를 좋게 평가한 것으로서 초기에는 살해가 있었으나 그것도 많은 숫자가 아니었다고 주장했으니까(연구서는 낮은 숫자를 제시했고 그것도 주로 군대 사람들이라고 적었다). 게다가 농민들도 별로 피해를 입지 않았고, 1978년에 이르러(미국이 중국과 폴 포트 쪽으로 기울어지던 때) 사태는 더욱 좋아졌다. CIA 연구서는 대규모 학살이 베트남의 캄보디아 침공 이후에 베트남 사람들에 의해 저질러졌다고 밝혔다. 이런 얘기는 크메르 루즈를 히틀러와 스탈린 수준으로 비교하던 구도에서는 용납될 수 없는 것이었다. 서구 지식인 사회는 대규모 학살을 자행한 미국의 전쟁을 결과적으로 정당화하기 위해 그런 구도의 시나리오를 필요로 했던 것이다. 마찬가지로 폴포트를 지원하던 자들, 가령 더글러스 파이크Douglas Pike(인도네시아 문제를 자문하던 미국 정부의 학자이고 현재 버클리 인도차이나 연구소의 소장)의 의견은 철저히 묵살해야 됐다. 또《파 이스턴 이코노믹 리뷰Far Eastern Economic Review》의 보고서도 무시되었다. 그 보고서 중에는 CIA를 출처로 밝히면서 폴포트 치하에서 인구가 실제로는 약 100만 명이 **늘어났다**는 것도 있었다. 또《파 이스턴 이코노믹 리뷰》의 존경 받는 특파원인 나얀 찬다Nayan Chanda는 1975년 미국의 고위관리들이 미 폭력의 여파로 캄보피아 사람들이 100만 명쯤 죽을지 모른다고 말했다고 그 보고서에다 적었다. 다른 것들도 그렇지만, 이런 자료들은 용납할 수가 없는 것이다. 인민위원 문화를 위해 크메르 루즈의 대학살이 여전히 존재해주어야 하는 교조적 입장의 필요성을 절대 과소평가해서는 안 된다.[63]

촘스키에 대한 맹렬한 비난과 그의 견해를 정확하게 전달하려는 입장(가령 이 장은 그런 시도의 하나다)은 촘스키 효과의 두 가지 측면이다. 그는 몇 가지 이유로 인해 공격당하고 있다. 그는 일단 입장을 정하면 물러서지 않는다. 그가 자신의 언어학 연구를 적극적으로 옹호하는 자세는 일부 우군들이 부담스러워할 정도다. 그는 한 번 선을 그으면 합리적 타협의 가능성을 배제하는 듯하다. 자신의 견해와 주관(가령 이스라엘)을 너무나 확신하기 때문에 그로 인해 그의 활동이나 저작을 유익한 도구로 생각할 법한 사람들조차도 떨어져나가게 한다. 하지만 그가 언어학(이것은 어느 모로 보나 지식의 탐구다) 이외의 분야에서 추구하는 효과는 아나키즘으로부터 영감을 얻는 효과다. '대중'에게 자극을 주어 그들 고유의 견해와 체험을 갖게 하는 것이다. 그는 때때로 촘스키 효과가 대중 미디어에서 거부되고 무시되는 것에 유감을 표시한다. 하지만 기업이 통제하는 일반 가게들에서도 그가 아이콘으로 대접받으려면 자신의 메시지가 전파되는 경로에 대하여 까다롭게 따질 수밖에 없다고 지적한다.

이와 관련하여 데이비드 히프는 훌륭한 지적을 했다. "노엄 촘스키는 아주 다양한 효과를 발휘하고 있어서 그것이 때때로 복잡한 반응들을 일으킨다. 그는 존경받거나 비방받거나 어느 한쪽으로 쏠리고 싶어 하지 않는다. 단지 사람들에게 자극을 주어 비판적 생각을 가지도록 하고 싶은 것이다. 따라서 그의 의도는 대중에게 미치는 효과와 묘한 불일치를 이룬다. 어떤 사람이 무조건적인 아첨의 대상이 되거나 무자비한 비방의 표적이 되면 스스로 적절한 판단을 내릴 수 있다고 생각하기가 어렵게 된다."

그렇지만 촘스키는 엄청난 동기 유발의 원천이 되었다. 해마다 그의 연설을 들으러 오는 사람들의 숫자가 늘어나고 있다는 것이 그 점을 방증한다. 그의 용기도 동기 유발의 원천이다. 그렇지만 촘스키는 그런 명성을 자신의 공덕으로 돌리지 않고 비겁한 통치계급 탓이라고 말한다. "그것 이외에도 나는 권력자들이 보호하고 싶어 하는 사회의 부문에 소속되어 있습니다. 무슨 말이냐면, 그들은 나를 정말로 미워하고 내가 그저 사라져주었으면 딱 좋겠지만 국가가 아주 강력해져서 나 '같은' 사람들을 가볍게 해치워버리는 것을 바라지 않습니다. 그렇게 되면 권력이 '그들' 같은 사람들도 잡으려 들 것이기 때문입니다."[64]

그래서 그는 계속 연설을 하고 있고 그의 말이 폭넓게 수용되고 있다. 어떤 지역에서는 다양한 수준에서 엄청난 사업적 효과를 내고 있다. 그의 야망은 크고 단단하다. 사람들에게 많은 자극을 주어 스스로 생각하게 만들고 그들의 생각을 타당한 견해라고 믿으며 자신감을 갖게 하는 것이다. 이것은 그 자체만으로도 커다란 성취라 아니 할 수 없다.

주

1   *The Daily Whopper*, "Noam Chomsky-America's #1 Traitor," October 11, 2001, by J. B., online at http://www.democraticunderground.com/whopper/01/10/11_chomsky.html(accessed 2/13/2007).

2   최근의 사례는 자크 부베레스Jacques Bouveresse의 책 리뷰(2007년 2월 1일)다. 책 제목은 《믿을 수 없을까? 진실, 신빙성, 믿음에 대하여Peut-on ne pas croire? Sur la vérité, la croyance et la foi》이고 아곤느 그룹에서 출판했다. 이 책은 이렇게 결론짓고 있다. "이런 판테온에다 노엄 촘스키 같은 문제인물을 추가해야 할 필요가 있을까? 그의 견해는 이 세상의 '다른' 호전주의에서 칭송되고 있기는 하지만 때때로 황당한데, 이성보다는 열정을 더 강조하고 있다. 물론 그것은 믿음의 행위다." 촘스키 효과의 추가 사례는 2월 5일에 나타났는데 한 독자는 이렇게 말했다. "부베레스의 고급 책에 대한 기사가 촘스키에 대한 언급으로 일관하다니 좀 이상하다는 생각이 들었다. 저자가 촘스키를 문제 있는 인물이라고 한 이상 이 비판은 아무런 비평적 무게를 갖지 못한다. 사실 우리는 그런 단정보다는 이런 사상의 맥락이 믿음과 신념에 어떤 영향을 미치는지 검토해주기를 바랐던 것이다. 언제부터 저자에 대한 언급이 곧 '믿음의 행위'가 되었는가?"

3   *Boston Globe Magazine*, November 19, 1995, p. 25.

4   "The Chorus and Cassandra," Grand Street, Autumn 1985, available at http://www.zmag.org/chomsky/other/85-hitchens.html(accessed 2/13/2007).

5   http://www.mekong.net/cambodia/hitchens.htm(accessed 2/13/2007).

6   http://www.thenation.com/doc.mhtml?i=20011008&s=hitchens(accessed 2/13/2007).

7   http://www.counterpunch.org/chomskyhitch.html(accessed 2/13/2007).

8   http://www.thenation.com/doc.mhtml?i=20011015&s=hitchens20011004(accessed 2/13/2007).

9   "The Chorus and Cassandra," available online at http://www.zmag.org/chomsky/other/85-hitchens.html(accessed 2/13/2007).

10 *Understanding Power*, p. 205.

11 For details on his life, see my *Noam Chomsky: A Life of Dissent*.

12 *Propaganda and the Public Mind*, pp. 92-93.

13 Matt Nesvisky, "Looking Right for the Revels of the Hippy Left of Yesteryear," *Jerusalem Post*, June 2, 1995, p. 4.

14 이런 정책을 담은 책들, 그러니까 노엄 촘스키, 노만 핑켈슈타인Norman G. Finkelstein, 이스라엘 샤하크Israel Shahak, 에드워드 사이드 등의 책을 다룬 웹사이트는 http://www.radioislam.org/historia/zionism/index_books.html(accessed 2/13/2007).

15 See my *Arguing and Justifying* for a long discussion of this complex issue.

16 http://www.zmag.org/content/showarticle.cfm?SectionID=11&ItemID=4780 (accessed 2/13/2007).

17 Published in Peter Collier and David Horowitz, eds., The Anti-Chomsky Reader (Encounter Books, 2004) and online in an abridged form at http://www.acpr.org.il/ENGLISH-NATIV/04-issue/bogdanor-4.htm(accessed 2/13/2007).

18 나의 책《Arguing and Justifying》은 소비에트와 이스라엘의 시민들이 그들 나라를 떠나 캐나다에 난민신청을 하게 된 경위를 자세히 다루고 있다. 또 1990년대 중반에 들어서서 이스라엘이 주도적인 난민배출 국가가 된 경위도 검토하고 있다.

19 이 복잡한 논쟁은 앞으로 나올 나의 책《Zellig Harris's America》에서 다루고 있다. 또 요세프 고르니의《Zionism and the Arabs 1882-1948》등 일련의 흥미로운 책들에서도 다루고 있다.

20 나는 벤-구리온의 더 논쟁적이고 자극적인 편지도 포함한다. 그는 이 편지에서 이러한 논쟁이 벌어진 맥락을 자세히 보여주고 있다. 또 벤-구리온 어프로치의 논리(그리 교화적이라고 할 수는 없는)도 보여준다. 인용된 편지들은 Hebrew Union College of Cincinnati에 있는 Jacob Radar Marcus 센터에서 나온 것이다. 이 센터는 미국 내 유대인 생활의 기록들을 소장하고 있다. 소장품에 대해서는 다음 사이트에서 검색해볼 것. http://www.americanjewisharchives.org/aja/(accessed 2/13/2007).

21 이 주제에 관련해서는 많은 자료들이 있는 에드워드 사이드가《알 아흐람 위클리Al-Ahram Weekly》에 기고한 기사들을 보려면 다음 사이트에 접속해볼 것. http://weekly.ahram.org.eg/2003/657/edsaid.htm(accessed 2/13/2007).

22 Paul Bogdanor cited at http://www.acpr.org.il/English-Nativ/04-issue/bogdanor-4.htm(accessed 2/13/2007).

23 Chomsky, cited in his book *Peace in the Middle East?*, p. 37.

24 http://www-tech.mit.edu/V122/N25/col25dersh.25c.html(accessed 2/13/2007).

25 http://www.lewrockwell.com/wall/wall26.html(accessed 2/13/2007).

26 1998년 8월 20일의 개인편지. 데이비드 히프는 이렇게 적었다. 케인R. Kayne은 현재 파리8대학을 떠났다. 그래서 "프랑스의 생성문법은 현재 포위상태이고 내부적으로 분열되어 있다."

27 존 골드스미스는 개인편지에서 이 문제에 시비를 걸었다. "촘스키의 이런 관점은 역사를 다시 쓰는 것이고 나는 그 방식이 못마땅하다. 1968년 5월 이후에 루베르Ruwer는 촘스키의 생성문법을 적극 지지했고 그 때문에 촘스키는 1968년 전국적인 저명인사가 되었다. 뱅센느에 언어학과를 세우고 케인(촘스키가 말하는 학생)을 파리로 데려온 것도 그였다. 하지만 루베르는 그 이후 촘스키의 언어학에 대하여 비판적 입장을 취하게 되었다. 그래서 촘스키는 서유럽에 촘스키의 학문이 퍼지게 하는데 기여한 루베르의 공로를 인정하지 않았다. 나는 촘스키의 이런 태도에 대하여 아주 비판적이다. 내가 볼 때 고마움을 모르는 태도다. 나는 고마움과 감사함이 중요한 인간적 덕목이라고 생각한다. 그 언어는 프랑스 학계에 대한 그의 관점을 보여준다. 특히 대학, 출판사, 연구소 등이 지식인 사회를 강하게 통제하고 있다는 그의 의식을 드러낸다."

28 (Paris: Odile Jacob, 1998). 디디에 에리봉Didier Eribon은 《르 누벨 옵세바퇴르》에 이렇게 썼다. "이 책에서 바스키는 촘스키의 인생 항로에서 발생한 '사고'를 자세히 적고 있다. 이로 인해 촘스키는 당연히 그의 몫인 저명한 지위를 다시 요구할 수 있게 되었다. 하지만 이것은 그에 대한 우리의 엄격한 비난을 가로막지는 못한다. 촘스키 자신도 우리가 이런 비난을 포기하지 않을 것이라고 말한 바 있다." (12-18 February 1998)

29 http://www.city-journal.org/html/12_3_urbanities-americas_dumbe.html(accessed 2/13/2007).

30 *Cultural Semantics: Keywords of Our Time*(Amherst: University of Massachusetts Press, 1998)

31 http://www.vho.org/aaargh/engl/chomsky.engl.html. 이 텍스트는 더 이상 인터넷에 뜨지 않는다. 하지만 전에 검색했을 때 내 컴퓨터에 떴으며 다음과 같은 안내문이 있었다. "This is Google's cache of http://www.vho.org/aaargh/arab/arab.html as retrieved on 24 Dec. 2006 15:38:05 GMT. 텍스트에는 다음과 같은 정보가 따라 나왔다. "This text has been displayed on the Net by the International Secretariat of the Association des Anciens Amateurs de Recits de Guerre et d'Holocauste (AARGH)in 1998. The URL of the Secretariat http://abbc.com/aaargh/. Address: Box 81475, Chicago, IL 60681-0475".

32 Online at http://www.chomsky.info/onchomsky/19850622.htm(accessed 2/13/2007).

33 "His Right to Say it," The Nation, February 28, 1981, available online at http://www.zmag.org/chomsky/articles/8102-right-to-say.html(accessed 2/13/2007).

34 Cited in *The Problem of the "Gas Chambers"*, or *"the Rumor of Auschwitz"*, a pamphlet published by the Ridgewood Defense Fund. Available online at http://www.ihr.org/jhr/v19/v19n3p40_Faurisson.html(accessed 2/18/2007).

35 현재 없어진 AARGH 사이트는 이렇게 주장한다. "포리송 교수의 표현의 권리를 보장해 달라고 요청하는 청원서(촘스키가 서명한 것)의 작성 주도자가 티옹 혹은 라 비에유 토프 그룹이라고 하는 것은 잘못됐다. 심지어 촘스키 자신도 이것을 믿고 싶어 한다! 그것은 마크 베버Mark Weber의 소행이다. 이 사람은 나중에 Institute of Historical Review의 소장이 되었다. 이 청원서는 나중에 파리에 도착했다." 이러한 주장은 티옹의 글 'Notes du texte Serge Thion et Chomsky'에서도 반복되는데 내용은 이러하다. "어떤 사람들은 내가 그 청원서의 주도자라고 믿고 또 그렇게 글을 썼다. 또 내가 촘스키에게 그 문건에 서명하라고 했다는 것이다. 이것은 사실이 아니다. 나는 나중에 그 작업을 미국인 수정주의자 마크 베버가 주도했다는 것을 알았다. 그것은 미국 내에서만 유포되었다. 미국 언론들이 포리송 교수가 해직되어 더 이상 가르치지 않는다는 사실을 보도한 이후에."

36 "The Treachery of the Intelligentsia: A French Travesty," cited in *Language and Politics* and available online at http://www.chomsky.info/interviews/19811026.htm (accessed 2/13/2007).

37 In *Assassins of Memory: Essays on the Denial of the Holocaust*.

38 See Francois Lyotard's book *The Differend: Phrases in Dispute*, translated by Georges van den Abbeele, University of Minnesota Press, 1989.

39 Available online at http://www.zmag.org/chomsky/articles/8102-right-to-say.html (accessed 2/13/2007).

40 AAARGH는 루아에 대하여 그들의 사이트에서 이렇게 논평했다. "우리는 이런 사실에 주목한다. 촘스키의 반대자들은 그들이 투쟁하기에 편리한 촘스키의 사상만을 지어내거나 날조해야 하는 필요를 끊임없이 느끼는 듯하다. 저 혐오스러운 클로드 루아의 경우가 그러하다. 이 사람은 전에 왕당파, 파시스트, 스탈린주의자, 사회주의자였다가 자유주의자로 전향한 자로서《르 누벨 옵세바퇴르》의 정기 기고자였다."

41 AARGH는 이렇게 보고했다. "1980년에 세르주 티옹은 루아의 거짓말과 기만을 폭로하기 위하여 적극적으로 개입했다. 그는《에스프리》라는 월간지에 발간된 프랑스 언론의 촘스키 반격기사들을 폭넓게 분석했다. 이 잡지의 1980년 9월호는 특기할 만하다. 잡지의 시작은 비달-나케가 포리송과 라 비에유 토프 그룹을 공격한 것으로 제목은 '아이히만 문서A paper Eichmann'다. 이들은 티옹과 사전에 의사소통하기를 거부했다. 왜냐하면 그의 답변을 두려워했기 때문이다. 동시에 티옹은 레오폴드 라베즈라는 사람이 런던의《인카운터》라는 잡지에 쓴 저질의 기사에 답변해야만 했다. 이 잡지는 CIA의 자금 지원을 받는 것으로 알려졌다." This is Google's cache of http://www.vho.org/aaargh/fran/revu/TI98/TI981021.html as retrieved on 1/13/2007 22.56.47 GMT.

42 기욤은 이 텍스트를 사전허가 없이 출판했다는 비난을 받았다. 그는 이 사실을 부인했는데, 특히《르몽드》사장에게 보냈고 인터넷에 공개된 일련의 편지들에서 강력하게 부인했다. 그의 편지들은 이 사건과 관련하여 약간의 역사적 흥미가 있다. 다음은

1993년 11월 30일자 편지다.

친애하는 사장님
......(전략)
1993년 11월 24일자《르몽드》에 '노엄의 전쟁'이라는 제목 아래, 장 미셸 프로동은 이렇게 썼습니다. "촘스키는 현재 프랑스에서 큰 소동을 일으키고 있는 사태에 대하여 분명하게 설명했다. 그가 언론 표현의 자유를 위해서 쓴 글이 그의 사전승인 없이 수정주의자 로베르 포리송의 책 서문으로 사용되었다는 것이다."
이 주장은 나를 이 문제에 깊숙이 연루시킵니다. 이 주장대로라면 포리송 교수의《옹호의 기억》의 편집자인 내가 촘스키를 나쁘게 이용한 게 됩니다. 이것은 여러 번 부인되었고, 촘스키 자신도 그가 주인공으로 나오는 영화에서 부인했습니다. 나는 이것을 강력하게 부인했고 특히 나의 책《역사의 권리 Droit et histoire》에서 그렇게 했는데 이 책의 한 장은 촘스키와 나의 관계에 바치고 있습니다.
어떤 귀신의 작용으로 '저작자 허락도 받지 않은 채' 촘스키가 포리송 사건과 관련하여 집필한 언론자유의 의견이 내게 도착했다는 겁니까. 만약 촘스키가 내게 이용당했다고 생각하여 그의 신임을 철회했다면 어떻게 그의《인간의 경제, 정치적 권리 Économie politique des droits de l'homme》의 프랑스어판 번역과《파리의 나의 비방자들에게 보내는 편집되지 않은 대답들 Réfenses inédites à mes détracteurs parisiens》의 출판을 내게 맡겼겠습니까.
촘스키가 영화 속에서 명시적으로 밝힌 유일한 후회는 파리 지식인들의 동아리에 의해 영향을 받았다는 사실 뿐입니다. ...... 나는 다시 확인하고 반복합니다. 촘스키는 표현의 자유에 관한 그의 노트가 포리송의《옹호의 기억》의 맨 앞에 실린다는 것을 통지받았습니다. 그는 거기에 대하여 아무런 의견을 내지 않았고, 그의 동의를 철회한 바도 후회를 표명한 바도 없습니다.
사장님, 저의 견해에 동의하기를 바라면서, 이만 줄입니다.
피에르 기욤.

43   *Réponses inédites à mes détracteurs parisiens*, published by Spartacus.

44   이 부분의 프랑스어 원문은 다음과 같다. "En ce sens, la prise of position de Chomsky rejoint celle de Voltaire sur la défense du droit d'exprimer des opinions qu'il juge, par ailleurs, exécrables" Larry Portis, "Noam Chomsky, l'état et l'intelligentsia française,"《L'Homme et la Société》(1997), pp.123-124.

45   홍미로운 에피소드: Burdette Kinne에 따르면, 이 말을 한 것은 볼테르가 아니라 S. G. Tallentyre라는 필명으로 알려진 Beatrice Hall이라고 한다. "Voltaire Never Said It!",《Modern Language Notes 58》(November 1943): 534-535.

46   이 논의는 'On Faurisson and Chomsky'에서 다시 다루어진다. 다음 사이트 참조. http://www.anti-rev.org/textes/VidalNaquet81b/ (accessed 2/13/2007).

47   포리송의 문학이론과 수정주의와의 관련에 대해서는 다음 자료 참조. Nadine Fresco, 'Les redresseurs de morts,'《Le temps modernes》(June 1980).

48 From "The Chorus and Cassandra," *Grand Street Magazine*, Autumn 1985.

49 In Edmond Y. Lipsitz, ed., *Canadian Jewry Today: Who's Who in Canadian Jewry*(Downsview, Ont.: J.E.S.L. Education Products, 1989), pp. 30–36.

50 This text is available online at http://www.nizkor.org/ftp.cgi/orgs/canadian/canadian-jewsh-congress/ftp.py?orgs/canadian/canadian-jewish-congress//holocaust-denial-today (accessed 2/13/2007).

51 http://www.peaceworkmagazine.org/pwork/0699/0602.htm 를 보라(accessed 2/13/2007).

52 이 텍스트는 http://www.vho.org/aaargh/fran/revu/TI98/TI981021.html(accessed 2/13/2007)에 올라와 있고 1998년 AARGH의 국제 사무국에서 나온 것이다. 프랑스 언론에 대하여 이들은 대체로 촘스키의 경험과 동의하는 발언을 하고 있다. "보고하기 슬픈 노릇이지만, 프랑스 언론의 기준은 지구상에서 가장 낮다. 그래서 프랑스 언론과 프랑스 '지식인들'은 촘스키와 관련하여 침묵의 벽을 쌓았다. 그 벽은 지난 달 《르몽드》의 인터뷰에 의해 겨우 붕괴되었다. 우리는 그 벽이 왜 무너졌는지 알지 못한다."

53 *Ordres et raisons de la langue* (Paris: Le Seuil, 1982).

54 http://www.news.harvard.edu/gazette/daily/2005/11/30-chomsky.html(accessed 2/13/2007).

55 November 7, 1980, p. 31, column D.

56 http://www.abbc.com/aaargh/fran/chomsky/STrevisitor.html(accessed 2/13/2007).

57 http://www.radioislam.org/totus/1963-1980/139revisitor.html(accessed 2/13/2007).

58 Ibid.

59 Ibid.

60 Ibid.

61 Available at http://www.mekong.net/cambodia/demcat.htm(accessed 2/13/2007).

62 촘스키 또한 이렇게 말했다. "당신이 문제를 제기한 1980년대와 그 이후의 사건들에 대하여 Michael Vickery, Ben Kierman, Steve Heder 등이 아주 다른 견해를 갖고 있습니다. 당신 스스로 결론을 내리세요. 내가 볼 때, 아주 지저분해요."

63 http://www.zmag.org/forums/chomchatarch.htm(accessed 2/13/2007).

64 *Understanding Power*, p. 210, See also *A New Generation Draws the Line: Kosovo, East Timor and the Standards of the West*(London: Verso).

THE CHOMSKY EFFECT

CHAPTER
03

촘스키 사상의 선구자들: 아나키스트, 데카르트 학파, 자유주의자, 급진 좌파

Effective Precursors: Anarchists, Cartesians,
Liberals, and the Radical Left

내가 관심을 갖고 있는 아나키스트 사상의 흐름(많은 갈래가 있습니다)은 계몽사상과 고전자유주의에 뿌리를 두고 있고, 흥미롭게도 17세기의 과학혁명으로 소급합니다. 그 중에는 종종 반동적이라고 생각되는 데카르트 합리주의도 포함되어 있습니다. 이 주제에 대한 책도 있습니다(가령 사상역사가인 해리 브랙큰Harry Bracken의 책이 그것인데 나는 그 책에 대하여 글을 쓰기도 했습니다). 여기서 그것을 다시 말하지는 않겠지만 나는 아나코-신디칼리즘anarcho-syndicalism의 작가이며 행동가인 루돌프 로커의 사상에 동의합니다. 그의 주장은 고전적 자유주의 사상이 산업자본주의의 암초를 만나 회복 불능일 정도로 파괴되었다는 것이지요(나는 1930년대의 로커 사상을 말하고 있습니다. 그의 사상은 수십 년 후에 바뀌었습니다). 그 사상은 지속적으로 다시 발명되었습니다. 그 사상이 진정한 인간의 통찰과 필요를 담고 있기 때문이지요. 아마도 스페인 내전은 가장 중요한 사례일 겁니다. 1936년 스페인 지역 상당 부분을 휩쓸었던 다양한 형태의 아나키스트 혁명은 즉흥적인 현상이 아니었습니다. 그것은 수십 년에 걸친 교육, 조직, 투쟁, 패배, 그리고 산발적인 승리의 결과였습니다. 그건 의미심장한 사건이었습니다. 너무 확대되니까 모든 주요 권력체제(스탈린주의, 파시즘, 서구 자유주의, 대부분의 지적 흐름과 그 위성기관들)의 분노를 샀습니다. 이들은 합심하여 아나키스트 혁명을 비난하면서 파괴하려 들었고 결국 그렇게 했습니다. 내가 보기에, 이것이야말로 그 사상의 중요성을 보여주는 지표입니다.[1]

촘스키는 독창적인 사상가다. 그러나 사람들은 그의 전반적인 어프로치가 일련의 역사적 순간들(그 중 어떤 것들은 서구사상만큼이나 오래된 것)에 뿌리 내리고 있다는 것을 종종 간과한다. 예를 들어 촘스키는 아리스토텔레스의 《정치학Politics》을 언급하면서 아주 이른 시기부터 민주주의의 사상은 시민사회의 평등성 문제로부터 벗어났다고 지적했다.

아리스토텔레스의 《정치학》은 이런 전제조건을 바탕으로 하고 있다. 즉 민주제도는 상대적 평등의 조건을 갖추지 못하면 존재하지도 존속하지도 못한다. 그는 이에 대하여 충분한 이유들을 제시했다. 이런 주장은 기이한 점도 괴상한 점도 없다. 아담 스미스 같은 사람들도 동일한 전제조건을 내걸었다. 아담 스미스의 저서를 면밀하게 읽어보면 스미스가 전前자본주의자이고 나아가 정신적으로 반反자본주의자임을 알 수 있다. 시장에 대한 그의 논리를 면밀히 읽어보면 미묘한 뉘앙스가 들어 있다. 그는 널리 알려진 것처럼 적극적인 시장옹호론자가 아니었다. 그의 시장논리는 하나의 확고한 원칙 위에 서 있는 것이다. 그 원칙이란, 시장은 완벽한 자유의 조건 아래서 완벽한 평등으로 나아간다는 것이다. 그리고 자유가 침해당하면 시장은 그 침해 정도에 따라 불공평으로 기울어진다는 것이다. 사실 평등이란 바람직한 것이고 좋은 것이다. 스미스는 민주주의를 생각한 것이 아니라 다른 조건들을 생각했다. 이것은 중요한 사상으로서 부활시켜야 할 필요가 있다고 생각한다. 우리의 사고방식, 우리의 문화적 전통, 시민운동, 세상을 바꾸려는 계획 등에 반드시 도입되어야 한다. 이것은 간단한 일이 아니다. 하지만 과거에 왕들을 제거하는 일도 쉬운 일이 아니었다.[2]

촘스키 효과를 살펴보는 데 있어서 우리는 촘스키의 저작이 어떻게 받아들여지는지 유대인, 언어학자, 철학자, 역사가, 선의의 독설가, 아이콘, 아나키스트인 촘스키란 인물이 어떤 평가를 받는지 고려해야 한다. 그런 세간의 평가는 촘스키와 그의 저작에 대한 여러 사람들의 발언들, 가령 억눌린 자들을 위한 영웅, 자기 자신을 미워하는 유대인, 인간적 성실성의 모범, '생존하는 가장 중요한 지식인' 등에 의해 크게 채색된다. 그의 활동을 잘 아는 사람들은 그의 어프로치(활동)와 효과 사이에 일종의 연계가 있다는 것을 안다. 하지만 그의 어프로치에 관심 있는 거의 모든 사람들은 각자 그를 쳐다보는 관점이 다르고, 촘스키가 활동하고 있는 여러 분야에서 이루어진 광범위한 기여寄與를 눈여겨보려 하지 않는다. 게다가 촘스키는 자기 사상의 원천을 설명하기 위해 언급하는 개인이나 저작에 대해서는 더욱 신경 쓰지 않는다. 우선 그가 인용하는 사상가들이 너무 많고 그들은 일상 대화에서는 물론이고 강의실에서도 잘 등장하지 않는 인물들이기 때문이다. 촘스키 사상에 영향을 준 핵심 인물들을 개략적으로 파악하기 위하여, 그가 (혹은 내가) 되살려서 기억해야 한다고 생각하는 인물들, 중요하지만 촘스키의 활동을 연구하는 데 있어서 간과된 인물들을 살펴보는 것이 필요하다. 나는 그런 인물들의 문장을 간간이 인용하면서 노엄 촘스키의 어프로치와 역사적 영향력의 상관관계를 살펴보려 한다.

그들은 스코틀랜드 계몽사상가(특히 데이비드 흄David Hume과 아담 스미스), 촘스키가 '데카르트 학파'라고 부르는 사상가들(빌헬름 폰 훔볼트, 르네 데카르트René Descartes, 장-자크 루소Jean-Jacques Rousseau), 아나키스트(미하일 바쿠닌, 피터 크로포트킨Peter Kropotkin, 특히 루돌프 로커), 사회주의 겸 공산주의 시온주의자(키부츠 아르치의 건설, 아부카라는 조직, '아랍-유대인 협력'을 위해 투쟁했던 이스라엘 건국 이전의 국가사상 등과 관련 있는 사람들), 반反볼셰비키 마르크스주의자(젤리그 해리스, 폴 매틱Paul Mattick, 안톤 판네코크) 등이다. 나는 이런 인물들을 중시하면서 나중 장들에서도 그들의 주장을 계속하여 부연 설명할 예정이다. 이렇게 하여 과거의 운동으로부터 유래한 귀중한 사상들을 다시 상기하고 촘스키에게 미친 영향을 소상히 밝힐 것이다. 촘스키는 주류의 바깥에서 마치 저 혼자 떠 있는 외로운 섬 취급을 받는 경향이 있는데 그건 사실이 아니다. 오히려 앞선 세대의 여러 사상가들과 단단히 연계되어 있어서 더욱 우리에게 호소하고 있다.

영향력의 상관관계를 따지는 것은 촘스키의 활동에 맥락을 부여한다는 점에서 의미가 있고 또다른 긍정적 효과가 있다. 그러니까 촘스키의 이상을 지지하는 사람들은 어떤 하나의 목소리에만 의존해서는 안 되고 촘스키 자신이 말한 대로 어떤 어프로치에 의존해야 한다. "개인적으로 말해서, 나는 '올바른 방식'에 관한 나 자신의 견해에 대하여 자신이 없습니다. 또다른 좋은 사람들의 확신에 넘치는 선언에 대해서도 별반 감흥을 느끼지 못합니다. 사실 우리가 아는 것은 너무나 적기 때문에 그 어떤 사항에 대해서도 자신 있게 말하지 못하는 겁니다. 우리는 우리의 장기적 비전, 우리의 목표, 우리의 이상을 정립하려고 노력할 수 있습니다. 우리는 인간적으로 대단히 중요한 문제의 해결에 헌신할 수 있습니다. 그러나 이 둘의 격차는 상당해서 그것을 메울 길이 막연하고 그래서 아주 막연하고 일반적인 수준으로만 그 메울 방법을 말할 수 있을 뿐입니다."[3] 우리는 촘스키가 현대 정치와 관련된 중요한 문제들에 있어서 영원히 이성의 목소리로 남아 있으리라고 기대할 수 없다. 또 그가 우리를 위해 이 역할을 계속 해줄 것이라고 볼 수도 없다. 그래서 우리 자신이 직접 그 역할을 떠맡을 준비를 하라는 것이다. 그가 우리에게 보내는 가장 긴급한 메시지 중 하나는 우리 자신이 스스로 생각할 수 있어야 하고, 그걸 바탕으로 견고하면서도 지속적인 가치관을 형성해야 한다는 것이다.

촘스키의 어프로치를 역사적 패러다임 속에 위치시키고 구체적 원천과 역사적 텍스트와 관련하여 연구함으로써 우리는 촘스키의 사상과 그에게 영향을 준 지적 흐름과 운동의 상관관계를 생산적으로 검토할 수 있다. 더욱이 이런 프로젝트를 수행함으로써 우리는 촘스키의 활동을 가치 있는 지식의 영역으로 들어가는 길라잡이로 어느 정도까지 활용할 수 있는지 다시금 깨닫게 된다. 과거의 가치 있는 지식들은 이 건망중의 시대에 다시 소환되는 법이 없다(특히 대중문화에서 그러하다). 또 요즈음은 포스트모던 시대라 역사적 탐구보다는 오늘날 유행하는 사상적 흐름을 따라가는 것을 더 선호한다(특히 어떤 학문 분야에서 그러하다). 촘스키는 우리가 과거 다양한 시대의 사상가들의 저작을 무시함으로써 급기야는 위험에 처하게 되었다고 명시적으로 혹은 암시적으로 지적하고 있다.

촘스키가 과거의 텍스트와 사상가를 선택하는 데에는 구체적인 기준이 있다. 일반적으로 말해서 그는 자유사회주의적libertarian이고 창조적인 인간의 특성을 강화해주는 방식을 지지했고, 그런 목적을 지향하는 이론과 사상가들을 찾아 나섰다. 동시에 촘스키는 합리적 사상가로서 정치와 언어 두 분야에서 이성적 탐구를 수행해왔다. 이러한 두 가지 경향을 참고함으로써 우리는 시민운동가 촘스키를 이끄는 근본적 충동을 미리 짐작할 수 있으며, 제한된 범위 안에서 그가 특정 이슈에 취할 어프로치(그의 구체적 발언까지는 아니더라도)를 예측할 수 있다. 이러한 기본적 충동과 태도가 그의 행동을 안내하는 **가치**들에 스며들어 있고, 그 가치들은 일관성을 갖고 있을 뿐 아니라 지속적으로 '급진적radical'이다. 이 급진적 어프로치와 관련하여 **급진**이라는 말의 뿌리를 살펴볼 필요가 있다. 그것은 성장과 쇠퇴의 다양한 계절을 통하여 언제나 진리인 문제의 뿌리를 캐내겠다는 뜻이다(radical이라는 단어는 뿌리를 의미하는 라틴어 radix에서 나왔다_옮긴이).

촘스키의 가치관과 그로부터 유래하는 어프로치는 한편으로는 일련의 아나키스트 텍스트에 의해 이해될 수 있고, 다른 한편으로는 고전자유주의 텍스트에 의해 이해될 수 있다. 첫 번째 것인 아나키스트 사상은 주류 사상계에서는 문제 있는 것으로 자주 오해되어왔다. 촘스키는 말한다. "아무도 '아나키즘'이라는 용어를 온전히 소유하지는 못한다. 그것은 아주 다양한 사상과 행동의 흐름을 가리키는 용어로 사용된다. 자칭 아나키스트들이 많이 있다. 그들은 자기들 방식만이 유일하게 옳은 방식이고 다른 사람들은 그 용어를 사용해서는 안 된다고 주장한다(다른 사람들은 이런 저런 범죄자에 지나지 않는다는 것이다). 서방과 서방 사상계의 현대 아나키스트(그들은 이 용어를 좋아하지 않는다) 서적들을 살펴보면 이런 점을 알 수 있다. 자칭 아나키스트라는 사람들이 다른 아나키스트들을 가리켜 말류라고 비난하는데, 그 비난방식이 마르크스-레닌주의의 분파적 서적들과 아주 유사하다. 그런데 이런 서적들이 안타깝게도 상당한 영향력을 얻고 있다."[4] 내가 볼 때 아나키스트, 코뮤니스트, 마르크시스트, 급진적, 보수적, 진보적, 우익, 좌익 같이 자주 사용되는 용어들도 사정은 비슷하다.

촘스키의 아나키즘을 이해하기가 더욱 어려운 것은 이 사상이 프랑스와 스코틀랜드의 계몽사상과 연계되어 있기 때문이다(이런 연계는 촘스키 자신도 지적한 바 있다). 촘스키는 다양한 원천에서 나온 계몽사상을 자신의 저작에 편입해 넣었고, 그 과정에서 미국 헌법과 권리장전의 건축가 등 '소문자 l(범위가 좁은)'로 시작되는 liberal(자유의) 전통이 계몽사상의 틀 안에서 형성되었다고 지적했다. 그러면 18세기의 영국, 프랑스, 프러시아, 스코틀랜드 사상가들을 살펴보기로 하자.

스코틀랜드 계몽사상

데이비드 흄과 아담 스미스는 촘스키에게 큰 영향을 준 18세기 스코틀랜드 계몽사상가다. 이 두 사람을 제외하면 나머지 스코틀랜드 사상가들은 빌헬름 폰 훔볼트, 르네 데카르트, 루돌프 로커(촘스키는 각각 다른 이유로 이들 사상가를 존경한다)처럼 크게 영향을 미치지 못했다. 그럼에도 불구하고 촘스키가 합리주의, 상식, '소문자 c(범위가 좁은)'의 보수주의적conservative 가치에 집중하는 데에는 전형적인 미국적 특징이 있다. 스코틀랜드 계몽사상의 텍스트들은 이러한 지적운동들이 만나는 지점을 보여준다.

벤자민 프랭클린, 토마스 제퍼슨, 제임스 매디슨 등의 저서를 살펴보면 모두 스코틀랜드 사람의 영향을 많이 받았음을 알 수 있다. 이것은 과거의 훌륭한 미국적 가치들이 오늘날 미국 사회에서 그들(건국의 아버지들)의 이름으로 수행되는 정책들과는 거리가 있음을 보여준다. 과거 미국과 스코틀랜드 사이의 일치는 결코 우연의 일치가 아니다. 오늘날 스코틀랜드 계몽사상의 시대라고 불리는 시대에는 필라델피아와 에든버러 사이에 강력한 연계가 있었다. 예를 들어 두 도시 출신의 동시대인들은 "지방적이고 후진적인 사회보다는 근대적이고 진보적인(적어도 당시 통치 엘리트들이 볼 때) 사회를 창조하려고 노력했다."[5] 이와 관련하여 데이비드 데이쉬즈David Daiches는 이렇게 말했다. "18세기에 스코틀랜드와 미국의 상황에는 공통적인 요인들이 있었고, 그리하여 미국인들은 언어에 대한 스코틀랜드의 관심사를 더욱 잘 수용했다. 보다 구체적으로, 정치적 주장의 언어들을 잘 받아들였다."[6]

미국인과 스코틀랜드인은 다양한 경로를 통하여 사상을 교환했다. 벤자민 프랭클린은 1759년과 1771년에 스코틀랜드를 방문했고 그 과정에서 데이비드 흄, 알렉산더 딕 경Sir Alexander Dick, 윌리엄 로버트슨 William Robertson, 아담 퍼거슨Adam Ferguson, 조지프 블랙Joseph Black, 윌리엄 컬렌William Cullen, 두 명의 몬로Monro(알렉산더와 존), 아담 스미스, 로버트 심슨Robert Simson, 알렉산더 윌슨Alexander Wilson, 파울리스 형제 Foulis brothers(로버트와 앤드류), 존 앤더슨John Anderson, 존 밀라John Millar, 데이비드 그레고리David Gregory, 패트릭 베어드Patrick Baird 등을 만났다. 프랭클린은 "에든버러에는 각 시대와 나라에 등장하는 진정으로 훌륭한 위인들, 여러 학문의 교수들이 있다"고 선언했다.[7] 앤드류 후크Andrew Hook는 이렇게 논평했다. "이러한 견해는 곧 미국 지식인들 사이에서 흔한 것이 될 터였지만, 필라델피아 사상계에서 프랭클린이 차지하는 위치가 너무나 컸기 때문에 그의 말은 개인적 영향력 이상의 의미를 지녔다. 스코틀랜드를 방문한 프랭클린은 미국의 정신적 대사였고, 그래서 스코틀랜드 계몽사상의 거의 모든 측면이 필라델피아 문화계로 흘러들어오게 하는 도관導管 역할을 했다." (236) 그리고 그 유산은 합리적이고, 윤리적이며, 상식적인 노엄 촘스키에게서 발견할 수 있다 (우연찮게도 촘스키는 필라델피아에서 태어났다).

스코틀랜드 계몽학파로 분류되는 사람들이 사이에 일치된 언어관 같은 것은 없었다. 하지만 아담 퍼거슨의 저작은 '데카르트 학파'의 전제조건과 상당히 유사한 측면이 있다. 예를 들어 《도덕적·정치적 과학의 원칙Principles of Moral and Political Science》에서 퍼거슨은 이렇게 말했다.

> 문법학자들에게 많은 고통을 안겨준 품사(品詞, parts of speech)는 실제로는 천박한 사람들에게도 친숙한 것이다. 원시부족, 심지어 백치와 정신이상자들도 그것을 소유한다. 품사는 아주 일찍 어린 시절부터 배우게 된다. 따라서 인간성은 비록 아주 저급한 상태일지라도 그

것을 사용하는 능력을 갖고 있다. 비상한 천재의 도움이 없이도 인류는 누대를 통하여 이 놀라운 언어의 조직을 탁월하게 사용해왔다. 만약 이 언어능력을 최고로 들어 올린다면 그 어떤 숭고하고 포괄적인 능력보다 더 위에 있는 능력이라고 해야 하리라.[8]

유익한 정신적·정치적 프로젝트의 뿌리를 발견하는 것은 과거의 정신적 운동을 검토하는 한 가지 이유다. 또다른 이유는 이런 연구 덕분에 정치가나 기타 인사들이 합법적 행동이라고 주장하는 것들의 근거를 평가해볼 수 있다는 것이다. 예를 들어 촘스키는 미국 건국의 아버지들(특히 스코틀랜드 계몽사상의 영향을 많이 받았다는 제임스 매디슨)의 사상을 검토함으로써 고전적 자유주의의 핵심 사상을 발견하고, 이를 바탕으로 하여 현대 미국 정치가들이 말하는 전통적 미국의 가치가 허구임을 폭로한다. 교육 포럼인 '진보적 도전'이 마련한 연설회(워싱턴D.C., 1997년 1월 9일)에서 촘스키는 이렇게 말했다. "배경 이슈들은 주목해야 할 가치가 있다. 왜냐하면 현대의 이데올로기가 전통과 가치로부터 얼마나 벗어났는지 깨닫게 해주기 때문이다. 현대의 이데올로기는 이런 전통과 가치가 중요하고 의미심장하다고 여기면서 그것을 높이 받들고 있다. 그 벗어남을 이해하게 되면 그로부터 현대 사회의 문제에 대한 직접적 교훈을 얻게 된다."[9] 촘스키가 언급한 배경 이슈들이란 객관적·역사적 이슈와 그와 관련된 전반적 어프로치를 말한다. 가령 언어와 행동에 대한 어프로치인데 이것은 계몽사상의 중요한 요소들이다.

상식과 공동선

요즈음은 포스트모던의 시대라 지식은 타당성보다는 '주장'으로 인식되고[10] 사건들은 단순한 '시뮬라크라 simulacras(겉으로 드러난 형상)'[11]에 지나지 않는다. 촘스키는 진리와 비진리의 위험스러운 영역으로 들어가 감히 인간성의 본질에 대해서 명상하려고 한다. 그는 심지어 지적 작업에 종사하는 사람들은 '사회의 진짜 문제들'에 신경써야 하고, 지식인들도 자유와 해방의 가치를 촉진하기 위해 더욱 노력해야 한다고 말한다. 이렇게 말함으로써 그는 사회문제들을 연구하고 논평하는 사람들에게 무거운 책임을 부과한다. 그가 볼 때 사상에 대한 의도적 왜곡, 은폐, 모호하게 하기 등은 우리의 언어를 '분식粉飾'하고 애매하게 만드는 것 이상의 의미를 갖고 있기 때문이다. 그런 은폐는 우리의 생활과 우리의 이웃들에게 정말 중요한 것들로부터 우리의 관심을 멀어지게 하려는 음험한 의도와 직접적으로 관련이 있다. 촘스키는 이와 관련하여 《급진적인 우선사항》에서 조지 오웰의 말을 인용하고 있다. "오웰은 정치사상, 특히 좌파의 정치사상은 일종의 마스터베이션 환상으로서 객관적 세계는 거의 고려하지 않는다고 지적한 바 있다."(200) 아주 직접적이고 힘차게 제시된 촘스키의 상식적 어프로치는 실제로 오웰을 연상시키는 바가 있다. 오웰은 '정치와 영어 Politics and the English Language'에서 말했다.

> 과장된 스타일은 그 자체로 하나의 완곡어법이다. 한 무더기의 라틴어가 부드러운 눈처럼 객관적 사실 위로 내려 쌓인다. 그리하여 세부사항의 윤곽을 흐릿하게 하고 감추어버린다. 분명한 언어의 최대 적은 불성실함이다. 어떤 사람의 진짜 목표와 주장된 목표 사이에 거리가 있을 때 그 사람은 본능적으로 장황한 단어와 기다란 관용구에

매달리게 된다. 오징어가 먹물을 내뿜는 것처럼. 현대에는 "정치를 배제한다" 따위의 발언은 있을 수가 없다. 모든 문제들이 정치적 문제이고 정치 그 자체는 거짓말, 둔사, 우둔함, 증오, 정신분열증의 뒤범벅이다. 일반적인 분위기가 험악하면 언어가 제일 먼저 피해를 입는다.[12]

촘스키가 '고대 진보사상의 뿌리Roots of Progressive Thought in Antiquity'에서 언급했던 이러한 어프로치가 제일 먼저 언급된 곳은 아리스토텔레스의 《정치학》이다. 이 책의 주요 주제는 '평등한 사람들의 공동체'라고 생각되는 국가에서 어떻게 '모든 사람의 공동선'을 성취할 것인가다. 당연한 일이지만, '공동선'을 위하여 진보와 성취의 사회적 혜택을 강조하는 스코틀랜드 계몽사상도 아리스토텔레스를 많이 인용한다. 토마스 P. 밀러Thomas P. Miller는 아리스토텔레스의 시민 휴머니즘이 스코틀랜드의 정치이론, 윤리이론의 배경이고, **프로네시스phronesis**(실용적 지혜와 신중함)를 강조하는 그의 수사학이 "수사학과 도덕철학의 새로운 전통의 기초를 놓았다"고 말했다.[13] 데이비드 데이쉬즈는 이렇게 논평했다. "이런 새로운 원칙들이 미국 건국의 아버지들과 후대後代의 정치수사학에 스며들어 있다."[14]

미국의 고전자유주의

촘스키가 볼 때 공동선은 고전자유주의와 계몽사상의 핵심 개념이고 아담 스미스는 그 주창자 중 한 사람이다(스미스의 이름은 현대의 자본주의를 뒷받침하기 위해 자주 거명되는데 이것은 그의 저작에 대한 무식의 소치다). 아리스토텔레스와 마찬가지로, 아담 스미스는 공동선을 성취하자면 국가수입의 분배를 통해 가난한 사람들을 지원해야 하고 그러자면 국가가 실질적으로 개입해야 한다고 보았다. 공동선의 관점에서 보자면 현대 자본주의의 관행인 분업 등도 재검토되어야 한다. 분업은 노동자에게 아주 해로운 효과를 끼치기 때문이다. 이 분업에 대하여 아담 스미스는 이렇게 지적했다. "분업은 인간을 우둔하고 무식한 사물로 바꾸어 놓을 것이다."15 이에 대한 대안은 정부의 개입인데, 정부가 적극 나서서 파괴적인 시장의 힘을 극복하려고 노력해야 한다.

아담 스미스는 고전자유주의 사상이 미국으로 흘러들어오는 도관이었고 그 주역은 제임스 매디슨James Madison이었다. 매디슨이 스코틀랜드 사상에 관심이 많았고 그곳 사람들과 연계가 있었다는 것은 문서기록으로 남아 있다. 매디슨의 영향력은 미국 헌법에 반영되어 있고 열 번째 〈연방주의자Federalist〉 문서에도 남아 있다. "이 문서에서 매디슨은 데이비드 흄의 논문 〈완벽한 공화정의 이상Idea of a Perfect Commonwealth〉에서 제기된 사상을 발전시켰다."16 그리고 존 위더스푼John Witherspoon은 사실상 제임스 매디슨을 가르쳤다. 매디슨은 학교를 졸업한 후 그와 함께 공부를 계속 했던 것이다. 이와 관련하여 토마스 밀러는 말한다. "그의 〈연방주의자〉 논문에서 매디슨은 위더스푼에게서 배운 정치적·수사적 이론을 원용했을 뿐 아니라 미국인들이 정치적 합의를 이루어 실천하는 방법도 조언했다. 이렇게 해야 여러 이익세력들 사이에서 세력균형을 잡아 공공이익을 보호할 수 있다는 것이었다."(109) 그 연계는 사회 안에서의 수사학적 역할을 넘어서는 것이었다.

촘스키는 이렇게 회상한다. "헌법이 확정된 직후인 1792년에 이르러 매디슨은 자신이 초안한 민주적 실험의 운명에 대하여 깊이 우려했다. 그는 앞으로 생겨나게 될 자본주의적 국가가 소수의 손에 지배되고 많은 사람들은 겉껍데기뿐인 자유만을 갖게 될지 모른다고 경고했다."[17] 이것은 건국의 아버지(미국의 기업들이 수상한 행동을 정당화하기 위해 툭하면 꺼내는 개념)라기보다 급진 좌파를 연상시키는 발언인데, 매디슨은 이런 우려도 털어놓았다. "기업의 뇌물을 받고 기업에게 각종 권한을 위임한 정부는 사회에 기다란 그림자를 드리우는데 우리는 그것을 정치라고 부른다."[18]

촘스키는 매디슨의 우려와 아담 스미스 등 스코틀랜드 계몽사상의 가르침 사이에 상당한 유사성을 발견한다. "매디슨은 시간이 흘러갈수록 민주주의에 대한 위협이 심각해질 것이라고 내다보았다. '인생의 어려운 조건 아래서 일을 하고 인생의 축복을 좀더 공평하게 나누기를 바라며 한숨짓는 사람들'의 숫자가 늘어날 것이라고 보았기 때문이다." 촘스키는 이런 지적도 했다. "매디슨은 사회를 파괴하는 힘의 징후에 대하여 우려했다. 그는 투표권이 전혀 관계 없는 사람들의 손에 부동산 권리를 부여하게 될지도 모르는 미래의 위험을 경고했다." 말할 필요도 없이 이것은 현대 미국 정치인들이 툭 하면 꺼내드는 미국적 가치와는 아주 멀리 떨어진 것이다. 촘스키는 말한다. "매디슨은 나머지 고전자유주의자들과 마찬가지로 전자본주의적이고 반자본주의적인 정신을 갖고 있었다. 매디슨은 정부 권력이 자비롭고 계몽된 것이기를 바랬다." 촘스키는 이어 이들 사상가를 프랑스의 계몽사상가들과 연결시키고 다시 훔볼트까지 연결시켜 '데카르트 학파'라는 사상가들의 카테고리를 창조했다.[19]

데카르트 학파 사상가들

《데카르트 언어학Cartesian Linguistics》과 《언어와 마음Language and

Mind》이라는 책에서 촘스키는 과거의 언어학 연구가 현대 언어학에 미친 영향을 살펴보았다. 그 결과 르네 데카르트, 후앙 후아르테Juan Huarte, 포르 루아얄Port Royal 문법학자들, 빌헬름 폰 훔볼트 등이 '합리적 언어이론'을 제시했고, '놀라운 성공의 기반이 되는 일련의 간단한 개념들'을 제공했음을 발견했다. 그러던 것이 19세기에 들어와 비교 인구어印歐語 연구가 활성화되면서 새로운 언어학파가 결성되었는데 이들은 '어떤 특정 문제들의 해결에 필요한 테크닉 개발에만 신경 쓰는 학파'였다. 이 학파의 성공으로 고전적 문제들에 대한 관심은 멀어지게 되었다. 하지만 유감스럽게도(촘스키의 생각에 따르면) 이런 성공은 범위가 좁았다. "우리는 이제 풍성한 전통으로부터의 이탈과 무시가 장기적으로 볼 때, 언어연구에 아주 해로웠음을 분명하게 인식하고 있다."[20] 그리하여 언어학의 연구 분야는 심층구조와 보편문법으로 방향을 전환하게 되었다. 이것은 촘스키가 초기 저작에서 계속 관심을 환기시켜온 결과로서 이러한 (잊힌) 어프로치가 언어학 분야에 기여할 수 있는 가치를 증언하고 있다.

과거를 회고한다는 것이 현대 언어학에 도움을 줄 것 같지 않아 보이지만, 과거에 언어를 연구했던 방식을 참고하면 인간의 마음이 작동하는 방식을 이해하는 데 도움을 얻는다. 이것은 철학적 어프로치를 평가하는 데 중요한 단서가 된다. 더욱이 과거와의 연계는 학문적 해석에 몰두하는 것이 아니라 과거의 연구업적을 참고함으로써 현재의 연구를 더욱 촉진할 수 있다. 과거의 사람들은 현재의 패러다임에 묶여 있지 않기 때문에 특정 개념들을 자유롭게 연구할 수 있었는데 그로부터 힌트를 얻을 수 있다.

나는 예술역사가보다는 예술애호가의 방식으로 접근한다. 17세기

가치 중에서 자신에게 알맞은 가치가 있는지 살펴보는 것이다. 그 가치는 대체로 보아 그가 이런 대상들에 접근하는 현대의 관점에서 생겨나온 것이다. 두 유형의 어프로치는 모두 타당하다. 나는 과학적 지식의 초기 단계로 시선을 돌리는 것이 가능하다고 생각한다. 우리가 오늘날 알고 있는 것 덕분에 과거의 훌륭한 기여에 대하여 새롭게 빛을 비출 수 있다. 과거의 창조적 천재들이 그 시대의 제한 때문에 볼 수 없었던 어떤 사항을 보게 되는 것이다. 가령 이런 관심 때문에 나는 데카르트와 훔볼트에게 흥미를 갖게 되었다. 물론 훔볼트는 그 자신을 데카르트 학파라고 생각하지 않겠지만. 내면적 규칙에 바탕을 둔 자유로운 창조성이라는 훔볼트의 개념에 관심이 많다. 이 개념은 확실히 데카르트의 사상에 뿌리를 두고 있다고 나는 생각한다.[21]

촘스키의 언어연구(또 정치연구)와 데카르트 사상의 연계를 이해하는 데 필수적인 책은 촘스키의 책 《데카르트 언어학》이다. 이것은 그가 모리스 홀과 공동 편집한 '언어학 연구 시리즈'의 일부인데, 그 목적을 이렇게 밝히고 있다. "이 책은 언어의 본질을 밝히고, 나아가 언어의 획득과 사용을 뒷받침하는 정신적 과정과 구조를 이해하려고 한다."(ix)

촘스키는 현대 언어학이 데카르트 학파라는 유럽 언어학의 전통을 상당 부분 상실했다고 지적했다. 물론 그 언어학에는 데카르트와 그의 추종자들이 주장하지 않은 일부 아이디어들도 포함되어 있었다. "나의 첫 번째 목적은 생성문법을 연구하는 사람들에게 그들의 관심과 문제 (나아가 그들의 결론)와 상당한 관련이 있는 이 덜 알려진 작업을 소개하려는 것이다."(2) 촘스키는 이어 데카르트가 기계적 설명의 한계를 연구하는 과정에서 인간의 독특한 능력을 발견하게 되었다고 말한다. 그 능력은 순전히 기계론적인 바탕으로는 이해될 수 없는 어떤 것이다. 이 아이디어 덕분에 데카르트는 인간 동기human motivation에 관한 이론을 내놓게 되었다. 촘스키는 말한다.

> 데카르트의 견해에 따르면 …… 인간은 어떤 특정한 방식으로 자극을 받거나 유도가 되어야 행동을 하지, 강요를 받아서는 행동하지 않는다. 인간은 자극과 유도에 따라 행동하는 경향을 보이기 때문에 어떤 특정한 범위 안에서 미리 행동을 예측할 수 있다. 하지만 이런 해석들은 핵심 사항을 놓치고 있다. 그 사람은 신체적 능력의 범위 안에서 다르게 행동하기를 선택할 수도 있고, 심지어 자신에게 해를 입히거나 자살하는 방식으로 행동할 수도 있다. 행동과 동기의 예측이론은 그 나름의 관점에서는 성공을 거두었지만 진지한 행동이론으로서는 자격미달이다. 인간의 행동은 일관성과 타당성을 갖고 있지만 분명 원인을 갖고 있지는 않다. …… 이러한 고려가 데카르트 학파의 이원적 형이상학의 핵심이다. 이것은 다시 우리의 상식적 이해와 일치한다.22

촘스키는 계몽사상가들이 모든 정답을 갖고 있는 것은 아니라고 하면서 오히려 많은 경우에 있어서 그 반대(정답을 갖고 있지 않다)가 사실이라고 말한다. 심지어 아래에 묘사된 데카르트의 아이디어에서도 그렇다는 것이다.

> 모든 것이 기계다. 이런 명제를 과학자들은 믿지 않는다. 특히 뉴턴이 '기계론적 철학'을 거부한 이래 더욱 그렇다. 다시 말해 무기無機의 세계는 기계라는 믿음은 뉴턴뿐 아니라 과학계(호이헌스Huygens, 라이프니츠Leibniz, 베르누이Bernoulli 등)를 격분시켰다. 뉴턴은 그런 결론을

어리석다고 생각하면서 평생 동안 그것을 물리치려고 애썼으나 성공을 거두지는 못했다. 그것은 오일러Euler도 달랑베르D'Alembert도 기타 18세기의 과학자들과 그 이후의 과학자들도 마찬가지였다. 이러한 노력이 다양한 다른 이론들의 밑받침을 이룬다. 하지만 20세기에 들어와 그 어떤 것도 기계가 **아니다** 라는 뉴턴의 증명은 과학자들 사이에서 거의 만장일치로 받아들여지고 있다. 그래서 나는 핵심이 무엇인지 다시 한 번 알지 못하겠다. 포스트모더니즘과의 관계(나는 이것을 잘 알지 못한다고 시인하겠다) …… 데카르트의 '기계 속의 유령'이라는 이론은 데카르트 당시에는 합리적이었고 실제로 정상적인 과학이었다. 하지만 뉴턴이 기계를 마법에서 풀어내자(유령은 그대로 둔 채) 그 이론은 무너져버렸다. 그때 이래 이에 대하여 많은 혼란이 있어왔다. 어쩌면 포스트모더니즘은 이런 혼란에 더욱 부채질을 한 듯하다(물론 그들은 그걸 의식하지 못하겠지만). 하지만 기본적 사실들은 내가 볼 때 분명하다.[23]

촘스키는 데카르트, 계몽사상, 낭만시대를 훑고 내려와 홈볼트에게서 잠시 멈추면서 자신의 작업이 정치학적으로나 언어학적으로 홈볼트의 어프로치를 많이 따르고 있음을 설명한다. 이러한 연계는 데카르트 언어학을 다룬 촘스키의 저작과 기타 저작[24]에서 깊이 있게 탐구되고 있지만, 그것(연계)을 어떻게 자세히 이해할 것인가는 더 토론해야 할 문제다.

촘스키가 초기 프랑스 사상에 신세진 바 많다고 했으므로 데카르트 학파와 계몽사상가들이 미국과 기타 지역에 미친 영향을 좀더 자세하게 알아보는 것이 좋으리라. 이를 위해 촘스키 저작과 함께 몽테스키외, 루소, 볼테르, 기타 프랑스 사상가들의 저서를 함께 읽는 것이 좋다. 왜냐하면 크게 볼 때 이 사상가들의 전반적 어프로치가 미래(안타깝게도 현대)에 대한 경고를 담고 있기 때문이다. 가령 오늘날 국제조약으로 보장된 기본적 권리와 국제법으로 요구되는 보편적 법치 등은 무력의 불균형한 분포와 사용으로 인해 기이한 유토피아로 보이고 있기 때문이다. 기본적 권리와 보편적 법치를 얘기하는 사람은 물러터진 사람, 우유부단한 사람으로 취급받고 있으며, 먼저 폭격을 가하고 나중에 은폐하는 호전적 행동가들에 비하면 덜 떨어진 사람으로 여겨지고 있다.

빌헬름 폰 훔볼트와 '국가행동의 제한'

'빌헬름 폰 훔볼트'는 국가나 기타 권위기관들의 강요가 없는 자유로운 결사結社의 공동체를 기대했다. 그런 공동체 안에서 자유인은 창조하고 탐구하며 그들의 능력을 최대한 발달시킬 수 있다고 보았다. 그는 시대를 훨씬 앞서간 사람이었고 산업사회의 다음 단계에서나 내다볼 수 있는 아나키스트 비전을 제시했다. 우리는 이런 다양한 흐름이 자유사회주의의 틀 안에서 통합되는 날을 기대할 수 있을 것이다. 하지만 이러한 사회적 형태는 오늘날 존재하지 않으며 다음과 같은 사항들에서 그 편린만 엿볼 수 있을 뿐이다. 가장 높은 형태의 (비록 아직도 흠결이 남아 있지만) 개인적 권리를 보장해주는 서구 민주주의 국가들, 이스라엘의 **키부츠주의**, 유고슬라비아의 노동자협의회 실험, 대중의 의식을 환기하고 사회과정에의 참여를 촉구하는 제3세계의 혁명들(하지만 난공불락의 권위체제와 불안하게 동거 중이다) 등.[25]

《국가행동의 제한The Limits of State Action》은 빌헬름 폰 훔볼트가 겨우

24세이던 1791~92년 사이에 집필되었다. 1792년 그 일부(2, 5, 6, 8장과 3장의 일부)가《베를린 모나트쉬리프트Berlinische Monatsschrift》와 프리드리히 폰 실러Friedrich von Schiller의 잡지《노이에 탈리아Neue Thallia》에 실렸는데, 프랑스의 혁명적 사건을 배경으로 하여 각별한 공명을 일으켰다. 전반적으로 이 책은 정치적 사건들에 대한 젊은이의 열렬한 반응, 그 이상의 의미를 갖고 있다. 시민과 국가의 관계에 대한 폭넓은 논의의 틀로 '고전적 자유주의' 사회에 대한 청사진을 제공하고 있고, 촘스키는 자신의 저서에서 이 점을 자주 거론했다.

훔볼트의 저서 중 우리의 논의에 가장 알맞은 것은《국가행동의 제한》이다.[26] 훔볼트가 프러시아 교육체제의 건축가로서 또 베를린 대학의 창설자로서 많은 사람들에게 영향을 주었던 것이다(특히 베를린 대학을 창설함으로써 현대의 대학들에게 많은 건학 아이디어를 제공했다). 그 책은 훔볼트와 유사한 시대를 깊이 성찰했던 사람들, 가령 매슈 아놀드Matthew Arnold, 게오르그 포스터Georg Forster, 요한 볼프강 괴테Johann Wolfgang Goethe, 프리드리히 야코비Friedrich Jacobi, 존 스튜어트 밀John Stuart Mill, 프리드리히 폰 실러, 마담 드 스타엘Mmme de Staël 등에게도 영향을 주었다. 그리고 결국 이 책은 특정 갈래의 아나키스트 사상가들에게도 깊은 공명을 주어 제한 없는 자유와 기본권의 보장이라는 국가이념의 출발점을 제공했다.

촘스키는 훔볼트와 관련하여 이런 확고한 발언을 했다. "훔볼트와 아담 스미스 같은 사람들의 원칙이란 인간은 자유로워야 마땅하다는 것이었다. 인간은 권위적 기관의 통제를 받아서는 안 된다. 인간은 그들을 파괴시키는 분업이나 노예제의 일종인 임금노동에 얽매여서는 안 된다는 것이었다."[27]

훔볼트로부터 영향 받은 사상서들은 법치주의, '가정'의 존중, 민족주의의 위험, 제한 없는 창의성의 촉진 등을 근간으로 삼는 사회관을 추진했다. 정부기관에 저항하는 아나키즘의 자세와 사법부 등의 정부기관을 타당한 것으로 여기는 고전자유주의 사이에는 긴장감이 있었다. 이러한 긴장을 해소하는 방법으로 '데카르트' 어프로치가 타당하며 이것은 1930년대에 바르셀로나에서 벌어졌던 시민봉기 중에 고수되었던 가치이기도 했다. 이에 대하여 촘스키는 나에게 이런 글을 보내왔다.

> 나는 아무도 납득시키지는 못했습니다. 그러나 데카르트 합리주의, 낭만시대(가령 자유사회주의적인 루소), 계몽사상(칸트 등), 전前자본주의적 고전자유주의(주로 훔볼트와 아담 스미스), 산업자본주의에 반대하는 시민항쟁, 좌파 자유사회주의 운동, 반反볼셰비키 마르크스 전통 등을 서로 연결시키는 중요하면서도 탐지 가능한 '끈thread'(당신의 용어를 빌자면)이 있다고 생각합니다. 하지만 나는 이 과정의 어떤 점들에 대해서는 의견을 달리하는 것도 있습니다. 이런 것들을 모두 한 바구니에 집어넣고 보니 엄청난 내적 불일치가 발생합니다(이것은 훔볼트나 루소 등의 저서에서도 발견되는데 이들은 상당히 비체계적이었습니다). 하지만 나는 그런 일련의 과정에서 이끌어낼 수 있는 끈을 지금 말하고 있고 그것은 겨우 희미하게 인식되는 겁니다(늘 그렇듯이 한 개인의 과학적 저서들도 시간이 오래 지난 뒤에 회고해 보면 그런 끈이 나타납니다).[28]

훔볼트 정치사상의 훌륭한 전망에도 불구하고 우리는 촘스키가 언급한, 동일한 텍스트 안에서의 '엄청난 내적 불일치'를 유념하는 것이 좋겠다고 생각한다. 나는 세계 여러 나라에 고착되어 있는 기본권 침해를 지적할 때 이 텍스트의 상당 부분을 인용하겠지만, 동시에 훔볼트가 국가보안의 중요성에 대하여 말한 논점들을 가지고 국가안보를 내세워 시민들에게 위협을 가하는 자들의 논리에 맞서기도 할 생각이다. 우리 시대에도 국가안보를 내세워 기본권을 침해하는 사례가 종종 목격되고 있다.

 자기 혼자 있을 수 있는 권리

《국가행동의 제한》은 훔볼트 자유사상의 근간이 되는 두 가지 강력한 언명으로 시작된다. 첫 번째 언명은 "이성의 영원한 요구에 의해 요청되고 또 막연하고 덧없는 욕망이 아닌, 인간의 진정한 목적은 무엇인가. 그것은 인간의 능력을 최고로 조화롭게 발달시켜 완벽하고 일관된 전체를 획득하게 하는 것이다. 이러한 발달에 필요한 일차적이고 필수불가결한 조건은 자유다." 두 번째 언명은 평생에 걸친 훔볼트의 교육에 관한 관심과 '좋은 사회'라는 자유주의적·인간적 개념과 관련이 있다. "이러한 자유를 기약하기 위해 필수적인 사항은 다양한 상황을 제공해야 한다는 것이다." 훔볼트가 가장 관심이 있는 자유의 유형은 그의 책 제목에 암시되어 있다. 그 간명하고 상식적인 언명은 어쩌면 아주 급진적인 명제처럼 들릴지 모른다. "개인의 기본적 권리에 대한 직접적 폭력이 가해지는 상황이 아닌 한, 개인의 생활에 대한 국가의 간섭은 철저히 거부되어야 한다."(16) 이것은 아주 강력한 주장이기는 하지만 훔볼트에게서만 발견되는 것은 아니다. 그와 동시대 사람인 아담 스미스와 스미스의 영향을 받은 사람들의 저서에서도 발견된다.

바로 이것이 미국의 헌법이 아나키즘과 만나는 지점이다. 개인의 권리가 위협을 받을 때마다 미국 헌법이 거론되는 것은 바로 이 때문이다. 달리 말해서 국가 조치의 범위가 넓어질수록 법률가들은 시민의 자유를 침해할 뿐 아니라 국가의 초석을 뒤흔들고 있는 것이다. 국내외에서 자행되는 무제한의 제국주의와 노골적인 개인권리의 침해를 미국적 방식이라고 생각하는 사람들에게 우리는 훔볼트의 정치사상을 말해줄 수 있다. 그러면서 미국의 역사적 입장은 그 둘(제국주의와 인권침해)에 정면으로 반대하는 입장임을 증명해보일 수 있다. 달리 말해서 미국 정부의 정책에 대한 무제한의 신뢰와 무조건적인 지지는 본질적으로 비미국적인 것이다. 맹목적으로 애국주의의 깃발을 흔들어대는 것도 그렇다.

바로 이런 이유 때문에 앨런 긴스버그Allen Ginsberg 같은 시인은 '아메리카'라는 시에서 동성애, 칼 마르크스의 저서를 읽은 그(긴스버그)의 경험, 사코 앤 반제티Sacco and Vanzetti(이탈리아계 미국인으로서 1927년 매사추세츠 공장에서 발생한 강도사건 때 두 명의 노동자를 죽인 범인으로 처형되었다. 이들은 범행 증거가 없었는데도 아나키스트라는 정치적 이유로 사형에 처해졌다_옮긴이)에 대한 그의 지지, 불법적인 진통최면제를 즐기는 그의 성향, 가난하고 소외된 그의 신분, 기업 프로파간다의 거부, 미국 정치 지도자에 대한 조롱을 정당화하고 있다. 그렇게 하면서 이 시인은 미국의 계몽사상 전통을 따르고 있는 것이다.

> 아메리카, 나는 너에게 모든 것을 주었고 나는 이제 아무것도 아니다
> 미국은 1956년 1월 17일 2달러 27센트다
> 나는 내 마음을 견딜 수가 없다
> 미국 너는 언제 이 인간의 전쟁을 끝낼 것인가
> 너의 원자탄을 가지고 뒈져버려라
> 난 기분이 안 좋으니까 나를 신경 쓰지 마라
> 난 제정신이 돌아올 때까지 시를 쓰지 않을 생각이다
> 아메리카 너는 언제 천사가 될래

언제 네 옷을 벗을래
언제 무덤을 통해 네 모습을 들여다볼래[29]

이 시인은 이런 결론에 도달한다. 침묵, 복종, 백악관의 기도를 요구하는 자들이 아메리카가 아닌 만큼 이런 노래를 부르는 앨런 긴스버그는 '아메리카'라는 것이다.

나는 너에게 말한다
너는 우리의 정신생활을 타임 잡지로 지배할 생각이냐
나는 타임지에 중독되었다
나는 그걸 매주 읽는다
내가 동네 잡화점을 지날 때마다 그 표지가 나를 노려본다
나는 버클리 공립도서관 지하에서 그 잡지를 읽는다
그것은 늘 내게 책임을 강조한다. 기업가들은 진지하다
영화 제작자들도 진지하다. 나를 빼고는 모든 사람이 진지하다
갑자기 내가 아메리카라는 생각이 든다……

여기서 우리는 미국(혹은 프랑스)의 근본 문서들이 고전자유주의에 입각한 동시에 아나키스트의 전통도 수용하고 있음을 발견하기 시작한다. 아나키스트 사상가 루돌프 로커는 자신의 사상적 선배들에 대하여 잘 알고 있다. 이 둘(고전자유주의와 아나키즘)은 서로 어울리지 않는 것 같으나 어떤 접점을 갖고 있다는 사실은 로커의 훔볼트 논평에서 찾아볼 수 있다. "훔볼트는 국가의 조치가 필수불가결한 것으로만 제한되고 그것도 개인과 사회의 안위가 걸려 있는 곳에서만 행사되기를 바랐다. 그가 볼 때 이 범위를 넘어서는 것은 개인의 권리를 침해하는 사악한 행위였

고, 그 결과 개성은 피해를 볼 수밖에 없다."[30] 로커가 지적한 바에 따르면 훔볼트는 프로이센에서의 국가 개입을 잘 알고 있었다. "국가 개입이 그 나라처럼 괴기한 형태를 띠고 있는 경우도 없었다. 영혼 없는 독재자의 임의적인 지배 아래 왕홀(왕의 막대기)은 시민사회의 구석구석에 파고드는 하사下士의 막대기가 되었다." 훔볼트와 로커가 서로 관련되는 점은 1933년의 나치 독일도 그런 개입을 밥 먹듯이 했다는 것이다. "그(프로이센) 통치철학은 인간을 생명 없는 기계로 추락시키는 것이 국가 행정의 최고 지혜라고 생각했고 맹목적 복종을 최고의 미덕으로 칭송했다. 그런 철학이 오늘날 독일에서 되살아나 젊은이들의 가슴에 독을 집어넣고, 그 양심을 마비시키고, 인간성을 땅바닥에 내팽개치고 있다."[31]

국가가 기본적인 자유를 침해하는 사례를 들기 위해 1850년대의 프리드리히 빌헬름의 독재통치나 1933년의 나치 통치를 들먹일 것도 없다. 지속적 '전쟁'을 통해 '테러'와 '마약'으로부터 시민의 권리를 보호한다는 오늘날의 수사학을 한번 보라. 이들은 그런 조치의 타당성을 확보하기 위해 법치주의를 내세우고 있으나 실은 그 법치주의의 근간을 훼손시키고 있다. 기본적 자유에 대한 침해에 저항하기 위하여 미국인들은 법적 구조에 의존할 수 있고 그런 구조를 받기 위해 사건이 정기적으로 법정에 올라간다. 하지만 이런 보호가 강력한 힘을 발휘한다고는 해도 미국은 고전적 자유주의의 기준을 공격해온 역사를 갖고 있고, 그리하여 국가의 조치는 건국의 아버지들의 가르침으로부터 점점 멀리 벗어나고 있다.

이와 관련하여 많은 사례를 열거할 수 있으나 훔볼트의 사상과 관련되는 사례는 '올름스테드 대 미국 정부Olmstead v. United States'라는 대법원 판례(1928)다. 이것은 개인의 프라이버시 권리를 제한하고 있다.[32] 도청장치가 널리 사용되어 개인의 권리가 심각하게 침해당한다는 것이 많이 알려진 상황에서 이 판례는 개인의 자유에 심각한 타격을 주었다. 법원은 개인의 주택을 도청하는 FBI의 권리를 지지했고 그리하여 훔볼트가 말한 국가 조치의 '타당성' 문턱을 넘어가버렸다. 이 판결에 반대하는 입장에 섰던 루이스 브란데이스 대법관의 명석한 견해는 이 점을 분명하게 밝힌다.

> 미국 헌법의 제정자들은 행복 추구에 유리한 조건을 조성해야 한다고 주장했다. 그들은 인간의 감정과 이성이 대단히 중요하다고 보았다. 그들은 물질적인 것들에서는 인생의 고통, 즐거움, 만족이 부분적으로만 발견된다고 보았다. 그들은 미국인의 믿음, 생각, 정서, 지각 등을 보호해주려고 애썼다. 그들은 정부에 맞서서 개인이 혼자 있을 수 있는 권리를 옹호했다. 이것은 아주 포괄적인 권리이고 문명된 사람들이 가장 소중하게 여기는 권리다. 이 권리를 보호하기 위하여 개인의 프라이버시에 대한 정부의 부당한 침입은 그 어떤 수단을 사용했든 간에, 수정 제4조의 침해로 간주되어야 한다. …… 자유에 대한 가장 큰 위협은 선의와 열성을 가졌지만 이해심은 없는 사람들의 음험한 침입에 의해 저질러진다.(Mitgang 20-21에 인용)[33]

훔볼트의 《국가행동의 제한》에 따르면, 국가는 '행복을 촉진하기 위하여' 존재한다. 사람들을 가만히 내버려두고 그들의 개인적 주도력을 권장해야 하는 것이다. 이러한 프로젝트는 '자연계의 움직임을 충실하게 모방하는'(5) 사회 프로그램에 의해 가장 잘 실현될 수 있는 것이다. 그리고 이 아이디어는 훔볼트의 교육관에까지 스며들어가 있다.

자유와 가능성의 씨앗을 키우기

이성, 합리성, 다양성(기회와 행동의 다양성)을 하나의 씨앗이라고 볼 때 이것의 성장과 배양을 제한하는 행위는 불법적인 권위에 의해 부과되는 경향이 있다. 이러한 생각이 훔볼트 사상의 핵심인데 이것은 촘스키의 저서뿐 아니라 그의 스승 젤리그 해리스 그리고 촘스키가 개인적으로 사숙한 버트란드 러셀의 저서에서도 발견된다.

훔볼트는 《국가행동의 제한》에서 이런 사상을 명확히 밝혔다. "예를 들어, 기다리고 있는 토양에 떨어진 씨앗은 누가 보지도 신경 쓰지도 않는데도 화산의 격렬한 분출보다 더 풍성하고 축복받은 성장을 실현하는 것이다."(5) 이 아이디어는 사회의 청사진과 그 실행에 대해 관심 있는 사람들에게 많은 시사점을 던진다. 만약 20세기가 일련의 '이즘ism(주의)'에 의한 해결방안을 거부했다면 우리는 훔볼트가 우려했던 그런 파국을 모면할 수 있었을 것이다. "우리는 순전히 이론적인 원칙을 현실적인 것으로 만들려고 해서는 절대 안 된다. 그보다는 현실이 그 원칙이 달성하고자 하는 결과에 아무런 장애를 내놓지 않을 때까지 기다려야 한다. 그리고 그 현실에는 외부의 간섭이 개입해서는 안 된다. 현재의 상황에서 계획된 어떤 상황으로 이행해가고자 한다면 인간의 자발적 마음과 생각에서 흘러나오는 그런 방향으로 개혁이 이루어져야 한다."(142)

그가 선호한 모델은 '식물의 세계'였다. 그곳에서는 "간단하고 조잡한 형체가 먼저 나오고 이어 꽃망울이 터지고 완전한 개화가 이루어진다. 모든 것이 이 개화의 순간을 위해 움직여 나아간다. 씨앗에서 맨 처음 나온 것은 그리 매력적이지 못하다. 이어 단단한 줄기가 생기고 넓은 잎사귀들이 앞 다투어 뻗어나가면서 더 많은 발전을 이룰 것 같은 기세다. 눈은 위로 뻗는 줄기를 보면서 그 발전의 단계를 가늠할 수 있다. 더 많은 부드러운 잎사귀들이 함께 엉켜들고 마침내 꽃받침이 이 욕망을 충족시켜 준다." 훔볼트는 이런 꽃의 성장을 인간에 비유하고 있다. "인간이 외부에서 받아들이는 것은 이 씨앗뿐이다. 이 씨앗을 개화시켜 그 자신의 소중한 축복으로 만드는 것은 내면의 활발한 에너지인 것이다. 그 내면의 에너지가 충분히 활력이 있고 개성적일 때에만 그 개인에게 혜택이 있다. 이런 이유로 인간들이 서로 공존한다는 것은, 각자 자기 자신을 위하여 내면적 특성을 충분히 발전시키는 것을 의미한다."(13) 개인을 저 혼자 있도록 내버려두고 자기 힘으로 스스로 배양할 수 있도록 하는 것, 바로 이것이 훔볼트의 국가관이면서 교육관이다. 그리고 우리는 이런 사상을 고전자유주의 사상가들의 저작에서 되풀이하여 발견하는 것이다.

테러와 보안 그리고 과도한 국가 조치

나쁜 의도를 가지고 읽는다면 훔볼트의 저작 또한 혁명을 진압하고 국가를 호위하는 행동의 옹호론으로 읽힐 수 있다. 특히 시민의 복지를 강조하여 국가보안을 논한 부분이 그렇다. 내가 나쁜 의도라고 말한 것은 훔볼트 저작의 주된 논지는 자유를 옹호하고 불법적인 권위를 배척하자는 것일 뿐, 국가 조치의 타당성을 옹호하자는 것은 아니기 때문이다. 범죄와 보안에 대한 훔볼트의 어프로치는 국민들을 보호한다는 명목으로 국민의 삶에 개입해도 좋다는 것이 아니라 개인의 자유를 더욱 강력하게 보호하자는 것이었다.

훔볼트는 국가의 보안을 논하면서 개인의 행복(자유, 교육, 창조성 등)을 고양시킬 뿐 아니라 "자연의 적"이든 "인간의 내부에서 나오는 것"

이든 "사악한 것을 막아야 한다"(16)고 말했다. 그는 이렇게 말하기도 했다. "국가는 시민의 적극적 복지를 위한다면서 그 생활에 간섭하는 것을 자제해야 한다. 외적을 상대로 하는 상호보안의 경우 말고는 개인의 삶에 간섭해서는 안 된다. 그 경우 말고는 자유에 제한을 가해서는 안 된다."(33) 문제는 무엇이 국가보안이고, 더욱이 보안을 위협하는 자에 대한 조치는 어떻게 해야 정당한가 하는 것이다. 훔볼트는 시민들이 점점 더 안전하게 되어간다고 보았다. 헌법의 힘이 그들을 보호하고 국가의 경계를 침범해오는 사례가 점점 줄어들고 있기 때문이었다. "시민들이 정당한 개인의 권리와 재산의 권리를 향유하면서 살아간다면 다른 사람들의 권리를 침해하는 데서 오는 외부적 소요사태에 직면하게 되지 않을 것이다. 그러니까 그들이 '사법적 자유'를 갖는 것이 중요하다."(84) 이러한 보안이 위협을 받으면 국가는 당연히 "치밀한 감시의 눈"(89)을 번뜩거리면서 행동에 나서야 하지만 그때에도 한도를 지켜야 한다.

시민의 안전을 지켜주기 위한 국가 관리의 행동 중에서 국가 관리 아닌 사람들의 권리를 침해하거나 일반 시민의 자유나 재산을 침해하는 행위는 금지하거나 극력 제한하여야 한다. 그들의 동의를 받지 않았거나 그들의 자발적 의사가 없었다면 더욱 그렇다. 그뿐 아니라 그러한 결과가 우려되는 행동도 금지하거나 제한해야 한다. 국가는 한편으로 그런 행동으로 일어날지도 모르는 공포를 감안해야 하고 다른 한편으로는 관련 법안에 내포된 자유의 제한이 가져올 결과에 대해서도 심사숙고해야 한다. 이것 말고도 개인적 자유를 제한한다는 것은 국가 조치의 한계를 벗어나는 것이다.(91)

일부 국가 권리를 인정하고 있고 범죄와 범죄행동에 대한 강력한 조치를 요구하고 있기는 하지만, 훔볼트는 국가의 권위가 미치는 범위를 아주 세심하게 한정하고 있다. 선제공격이나 미래에 취해질 조치라는 명목 아래 개인에게 가해지는 권리의 제한에 대하여 그는 분명하게 선을 그었다. 국가는 이미 저질러진 것이나 현재 계획 중인 범죄에 대하여 철저하게 감시해야 하지만, 경찰력은 분명하게 제한되어야 한다는 것이다. "나는 범죄행위의 예방은 국가의 고유 영역 바깥에 있는 것이라고 생각한다."(123) 그러면서 그는 법률이란 임의적이고 불법적이어서는 안 되고 "선의善意 속에서 오랫동안 숙성된 것"(123)이어야 한다고 말했다. 이것은 범죄를 예방하고, 수사하고, 징벌하는 목적으로 설립된 기관들을 항상 철저하게 감시해야 한다는 뜻이다. 그렇게 해야 그 기관들이 인권을 침해하지 않는 것이다.

사랑과 신앙 그리고 이성

훔볼트의 책 《국가행동의 제한》은 사회의 여러 측면을 언급하고 있으므로 자연히 그는 남녀의 관계를 규제하는 제도와 관습에 대해서도 논평한다. 훔볼트는 국가 제도에 대해서는 말을 아꼈지만 교육의 목적으로 그 제도의 밑바탕에 대해서는 언급했고 그것은 여러 저자들의 사상을 예고하고 있다. 그런 사상가들 중에는 프랑스 사회학자 피에르 부르디외도 있는데 이 사람은 촘스키와 동시대 사람으로서 사회제도의 기능에 대하여 상당히 유사한 통찰을 내놓았다. 전반적으로 보아, 훔볼트의 저서는 《언어와 상징의 힘 Language and Symbolic Power》 같은 피에르 부르디외 저서의 예고편이다.

훔볼트의 책은 정부 관청 같은 기관의 설립 및 비판과 관련하여 몇 가지 흥미로운 통찰을 제시하고 있다. "정부 관청의 고위직에 몸담았던 사람이라면 정치적 조치들 중 직접적이고 절대적인 필요를 갖고 있는 것은 거의 없음을 체험으로 알 것이다. 그것들이 대부분 상대적이고 간접적인 중요성을 갖고 있으며 예전의 조치들을 그저 따라간다는 것도 알 것이다." 이것은 정부의 행정뿐 아니라 관련 당사자에게도 나쁜 영향을 미친다. 왜냐하면 "정치적 조치들을 행정적으로 실천하려면 너무 복잡하게 일이 꼬이게 되어, 그런 혼란상을 막기 위해 그 조치의 단속에만 전념하는 많은 공무원들을 만들어내기 때문이다. 그리고 이들 공무원의 상당수는 사태의 상징과 형식만 관장하게 된다. 이렇게 하여 1급의 능력을 가진 사람들이 깊은 생각을 해야 하는 일을 담당하지 못하고, 유능한 일꾼이 실무에서 배제된다. 그 결과 그들의 정신력은 공허하고 협소한 일 때문에 피해를 입는다."(29-30) 또 대부분의 나라에서 공무원의 숫자가 늘어나면 "시민의 자유는 그에 따라 쇠퇴한다."(30) 이것은 국가가 시민의 생활에 광범위하게 개입하는 한심한 경우가 아닐 수 없다.

훔볼트는 사회의 제도를 언급하는 중에 결혼이라는 복잡한 문제도 다루면서, 결혼은 사람들의 인성에 적극적 원칙을 부여하기 때문에 사회에서 아주 중요하다고 말했다. 훔볼트는 말한다. "각각의 개인들의 인성에 밀접하게 관계된 문제이기 때문에 국가가 법률을 통해 결혼을 규제하려 하거나 두 사람 사이의 열정 이외의 것에 의존하여 결혼관계를 유지시키려 한다면, 그것은 아주 해로운 결과를 가져올 것이다. 이 분야에 대해서 국가는 적극적 관심을 거두어주어야 하며 개인들의 자유로운 선택에 맡겨두어야 한다."(26)

이러한 현대적 어프로치는 그의 여성관에도 잘 드러난다. "여성은 남성보다 이상적인 인간의 본성에 가까운 존재다. 여성의 배려하는 손길 덕분에 인간의 내면에 유익한 한계가 설정되고 그 한계 안에서만 인간의 힘은 유익한 목적을 위해 최대한 발휘될 수 있다. 여자는 인간의 한계를 아주 정밀하게 설정한다. 여자는 인간의 내면적 본질을 깊이 통찰하고 인간관계의 복잡하고 혼란한 측면을 분명하게 꿰뚫어 본다. 여자의 감각은 예민하기 때문에 종종 진리를 은폐하는 궤변을 꿰뚫어 본다."(25) 남녀 사이의 육감적 관계에 대하여 훔볼트는 균형과 절제를 강조한다. 무절제하고 거칠게 행동하는 사람들은 "남들의 권리를 침해하기 쉽기" 때문이다.

이런 온건한 어프로치와 전반적인 프로젝트 사이의 유사성은 훔볼트의 종교관에서도 발견된다. 종교는 교리와 맹목적 신앙보다는 윤리적이고 도덕적인 행동의 원칙을 가르쳐야 한다고 훔볼트는 주장한다. "하지만 비교적 계몽되지 않은 종교관도 보다 고상한 방식으로 많은 사람들에게 영향을 미친다. 전지전능한 존재에게 사랑받는 대상이 된다는 것은 그들에게 새로운 위엄을 안겨주고, 나아가 영원에 대한 믿음 덕분에 그들의 행동에 질서와 목적을 부여받게 되기 때문이다. 그렇지만 종교는 이런 효과를 내기 위해서 사람의 마음과 감수성을 파고들어야 한다. 그런데 자유로운 탐구의 정신이 방해를 받는 곳에서는 감수성이 작동하지 않는다."

우리는 이 짧은 텍스트 안에서도 어프로치의 일관성을 발견한다. 행동과 권위의 관계, 개인의 행위와 공동선의 관계는 자유와 발전의 기치 아래 포섭되어야 한다는 것이다. 개인의 자유를 제한하고, 기본적 권리를 공격하는 법률을 무조건 찬성하고 우리 사회의 기초가 되는 고전적 자유주의 사상을 파탄낸다면 그것은 우리 사회를 지켜주는 원칙들에 도전하는 것이나 마찬가지다.

루돌프 로커, '아나키스트 랍비'

   빌헬름 폰 훔볼트의 저작, 루돌프 로커의 저서, 자유주의 사상가들의 논저 등을 함께 연구한다면 우리는 촘스키의 저서를 좀더 분명하게 이해할 수 있을 것이다. 그런데 실제 사정은 그렇게 돌아가지 않는다. 가령 우리는 마르크스, 레닌, 스탈린 등은 연구하지만 바쿠닌, 크로포트킨, 로커 등은 연구하지 않는다. 혹시 특정 지역들에서, 오늘날의 자본주의 사회에 대한 허약한 대안들을 일부러 연구함으로써 그보다 더 가치 있는 비판과 제안들을 회피하려는 것은 아닐까? 의심스럽게 들리는가? 정치학과의 수강과목 중에서 아나키즘 저서는 얼마나 포함되어 있는가? 아나키즘에 대해 얘기를 들어본 사람치고 폭력의 창조성이라는 바쿠닌의 말 이외에 다른 주장을 기억하는 사람이 얼마나 되는가? 왜 우리는 레닌, 마오, 스탈린에 대해서는 읽고 들으면서도 칼 코르쉬, 로자 룩셈부르크, 안톤 판네코크 등에 대해서는 잘 모르는가? 우리가 권력을 잡은 자들의 텍스트만 고집하기 때문은 아닌가?

   나는 여기서 어떤 거대한 음모론을 제기하자는 것이 아니다. 하지만 현상 유지를 바라는 사람들은 그들의 행동을 저런 간단히 물리칠 수 있는 독재자들의 행동과 비교하는 것을 타당하다고 생각하는 듯하다. 아나키즘의 유토피아에 대하여 촘스키는 이렇게 썼다. "아나키즘이 형태가 없고 유토피아적이라는 데 대해서 나는 동의한다. 하지만 지난 여러 해 동안 (설명하기 쉽다는 이유 때문에) 권력자와 그 지식인 부하들을 매료시킨 신자유주의, 마르크스-레닌주의, 기타 이데올로기들보다 더 형태가 없거나 더 유토피아적이라고 할 수도 없다."[34] 레닌, 스탈린, 기타 볼셰비키 당원들이 '마르크스주의자' 혹은 '공산주의자'라는 명칭을 얻게 된 것은 순전히 우연의 일치다. 그들의 행동은 마르크스나 기타 공산주의 지지자들이 내다보았던 사회와는 조금도 유사성이 없었다.

현대 세계와 관련하여 반볼셰비키 마르크시즘이나 평의회 공산주의 Council Communism 등의 대안들은 토의된 적이 없었다. 촘스키는 지적한다. "이 관점(반볼셰비키 혹은 아나키스트 관점)은 볼셰비키들과는 다르게 지식인들에게 권력과 위신을 부여하지 않는다. 볼셰비키는 근본적으로 바쿠닌이 말한 '적색 관료주의'의 정당화일 뿐이다. 이런 관료주의는 지식인들에게 아주 매력적이었던 것이다."[35] 이것은 바쿠닌의 매혹적이면서도 전향적인 지식인관을 보여준다. 바쿠닌은 지식인들이 '새로운 계급'으로 등장하여 전문지식을 통제함으로써 권력기반을 강화하게 될 것이라고 내다보았다. 촘스키는 말한다. "사회과학 내에서 아주 주목할 만한 일련의 분석과 예측을 내놓으면서, 바쿠닌은 '새로운 계급'이 그들의 지식을 활용하여 경제·사회생활에서 권력을 휘두르려 할 것이라고 말했다. 그들은 '과학적 지능의 통치'를 내세우면서 가장 귀족적이고, 독재적이고, 거만하고, 엘리트적인 체제를 수립할 것이다. 이 새로운 계급은 가짜 과학자와 학자들로 이루어진 새로운 위계제가 될 것이고 세상은 지식의 이름으로 통치하는 소수와 무식한 다수로 양분될 것이다. 그렇게 되면 이 무식한 많은 사람들은 고통을 겪게 될 것이다."[36]

나는 촘스키-바쿠닌 관계가 중요하다고 생각한다. 특히 바쿠닌의 공동체 의식과 자발적이고 인간적인 사회구조(개인의 필요에 바탕을 둔 집단적 습관과 연계된 구조)에 대한 열망 등이 촘스키에게 영향을 미쳤다. 머레이 북친 Murray Bookchin은 이렇게 썼다.

> 바쿠닌 이론의 내면에는 국가원칙에 대한 공동체 원칙의 저항, 정치원칙에 대한 사회원칙의 저항이 깃들어 있다. 이런 점에서 바쿠닌 사상은 사회생활의 기본 단위로 공동체를 내세우려 했던 저 오래된

인간성의 흐름으로 소급한다. 바쿠닌은 러시아 농촌의 전통적인 집단 생산적 양상에 매료되었다. 이것은 과거에 대한 환상 때문이 아니라 상호부조와 연대의 정신이 산업사회에 스며들기를 바랐기 때문이다. 당대의 모든 지식인들과 마찬가지로 바쿠닌도 인류의 복지를 향상시키는 데 과학이 중요하다는 생각을 갖고 있었다. 이 때문에 그의 모든 저서에는 무신론과 반反교회주의가 스며들어 있고 이 때문에 공격을 많이 당했다. 동시에 그는 사회의 과학과 테크놀로지가 이윤 추구, 경쟁적 우위, 전쟁 등에 동원되지 말고 사회적 협동, 자유, 공동체를 지원해야 한다고 요구했다. 이런 점에서 미하일 바쿠닌은 시대에 뒤떨어진 게 아니라 오히려 그 시대를 한 세기나 앞서간 사상가였다.[37]

루돌프 로커는 《아나키즘과 아나코-신디칼리즘Anarchism and Anarcho-Syndicalism》에서 촘스키의 경제적 어프로치를 밝혀주는 이런 측면을 추가 설명했다. "바쿠닌은 프루동의 사상에서 많은 영향을 받았다. 하지만 그 사상에 경제적 측면을 부가했다. 그는 제1차 인터내셔널의 연방파 진영과 함께 토지와 기타 생산수단의 집단적 소유를 지지했고 개인재산은 개인의 노동에서 나온 결과에만 국한시키려 했다."(14) 이런 두 가지 견해는 '창조적 폭력'의 지지자라면서 바쿠닌을 비하한 대부분의 텍스트들에 비해 바쿠닌의 어프로치를 더 정확하게 묘사한 것이다.

바쿠닌, 로커, 기타 아나키스트들이 임의적이거나 이기적인 권력 사용에 반대한 것은 사실이지만 그렇다고 해서 자유로운 결사의 가능성까지 배제한 것은 아니다. 여기서 하나의 구체적 사례를 살펴보기로 하자. 1870년대 이후 스페인의 산간 푸에블로에 존재했던 아나키스트 사회의 역사적 사례는 반反권위주의적 사회조직도 명확한 가치와 목표를 바탕으로 사회 단위를 조직할 수 있음을 보여준다. 이런 아나키스트 조직을 개관하기 위하여 머레이 북친의 《스페인의 아나키스트들The Spanish Anarchists》의 일부를 인용해본다.

> 연대의식은 빈약한 수입의 열악한 환경과 고된 노동의 공통적 운명에 의해 더욱 강화되었고 그리하여 맹렬한 평등의식을 낳았다. 농부와 노동자 사이의 거래들 중 선호되는 형태는 임금노동이 아니라 **아페르세리아**aperceria(파트너십)였다. 농부들은 땅을 소유하고 있고 노동자들 못지않게 열심히 일했으나 농부들은 임시 '파트너들'에게 수확의 절반까지도 기꺼이 내놓으려 했다. 이러한 형태의 관계가 선호된 것은 금전적 선호보다는 손 안에 가지고 있는 것을 공유하는 게 더 현명할 뿐 아니라 형제애의 발달로 소유의 가치를 무시했기 때문이다. 푸에블로의 생활에서 가난은 아무런 열등의식도 불러오지 않았다. 부라는 것은 공동체를 위하여 사용되지 않으면 아무런 권위도 가져오지 못했다. 푸에블로 근처에서 재산을 갖고 있는 부자들은 일반적으로 사악한 부류로 치부되었고 그들의 권세와 야망이 사회를 부패시킨다고 여겨졌다. 푸에블로에는 부자들의 영향력이 미치지 못했으며 오히려 푸에블로는 노동의 신성함과 도덕적·정신적 목표의 중요성을 핵심 가치로 삼았다.(80-81)

마지막 문장은 특히 중요하다. 그들의 관계가 반권위주의적일 뿐 아니라 '도시들의 아나키스트적 기준을 채택하고 있기' 때문이다. 그 기준은 지속적으로 자유사회주의적인 것으로서 무작위적이고, 폭력적이고, 통제 불가능한 그런 것이 아니었다. "남자는 술과 담배를 하지 않았고 창녀를 찾아가지 않았으며 compañera(여자 동료)와 안정되고 자유로운 유대관계 속에서 온건하고 모범적으로 생활했다. 교회와 국가는 기피 대상이었고 철저히 금지했다. 아이들은 자유사회주의 사상에 입각하여 양육되었고 각각 고귀한 인간으로 대접받았다."(81) 이러한 형태의 아나키즘은, 프롤레타리아 아나키즘이 점점 더 신디칼리즘(조합주의)으로 기울어지면서 아나코-신디칼리스트 어프로치를 취하게 되었다. 도시들에서 아나코-신디칼리즘이 더 널리 퍼졌는데 그것은 혼란스럽게 규칙을 파괴하자는 것이 아니었고, 단지 "여자 동료compañera와 안정되고 자유로운 유대관계를 유지하기 위해서" 였다.(81)

바쿠닌과 겹치는 부분이 있기는 하지만, 루돌프 로커는 이 장에서 특별한 대접을 받을 만하다고 생각한다. 왜냐하면 그는 촘스키의 사상 형성기에 결정적인 영향을 미친 인물들 중 한 명이기 때문이다. 특히 1935년에 출간된 로커의 저서 《민족주의와 문화》[38]가 그렇고, 조금 강도는 떨어지지만 《아나키즘과 아나코-신디칼리즘》(1937)[39]도 영향을 준 저서다. 촘스키는 《아나키즘과 아나코-신디칼리즘》이 로커의 책 중에서 가장 흥미진진하다고 여러 번 말했다. 하지만 나는 《민족주의와 문화》가 언어, 역사, 정치 등 로커의 사상을 전반적으로 보여준다고 생각하며, 이 책을 참조하면 독자는 로커의 전반적 어프로치와 노암 촘스키의 어프로치를 상호비교할 수 있으리라 본다. 이 책을 읽어보면 두 사상가의 유사성이 여러 면에 걸쳐 있음을 알 수 있다. 이런 유사성들을 함께 검토하면 '좋은 사회'에 대한 어프로치가 어떤 것인지 확실히 알 수 있다.

루돌프 로커를 간단히 소개하면 이렇다. 그는 1873년 독일령 라인란트의 마인츠에서 태어났고 촘스키가 언어학 연구로 이름을 떨치기 시작하던 1958년에 사망했다. 로커는 당초 사회주의 지지자였으나 10대 후반에 아나키즘으로 돌아섰고, 이러한 움직임은 촘스키의 10대 시절에서도 발견된다. 로커는 촘스키와 달리 유대인이 아닌 이교도였으나 유대인 아나키스트 운동에 뛰어들었고 이디시어를 배웠고 유대인 공동체에서 살았으며 다양한 단체들을 상대로 이디시어로 강연하고 저술했다. 니콜라스 월터Nicolas Walter는 이렇게 썼다. "1898년 로커는 리즈의 새로운 이디시어 주간지인《도스 프라이에 보르트(자유세계)Dos Fraye Vort》를 두 달 동안 편집했고, 이어 런던의 복간된 이디시어 주간지인《데어 아르베터 프라인트(노동자들의 친구)Der Arbeter Fraint》를 편집했으며, 1900년에는 새로운 이디시어 잡지인《저미날Germinal》을 편집했다."⁴⁰

촘스키가 아나키즘에 노출된 것은 뉴욕시에 살던 친척들과의 교류와 독서회 덕분이었다. 이 시절 그는 손에 입수할 수 있는 루돌프 로커 저작은 뭐든지 읽었고 그 이후 로커의 영향은 촘스키의 여러 활동 분야에서 확연하게 드러난다.

언어와 그 이전에 존재하는 지식

우선 언어연구라는 좀 그럴듯하지 않은 분야부터 시작해보자. 촘스키가 언급한 데카르트 학파적 언어관은 로커의 저서에서도 발견된다. 흥미롭게도 로커는 자신의 언어연구와 관련하여 합리적 전통과 고전자유주의 전통에 신세를 졌다고 공개적으로 밝힌 반면, 촘스키는 이 어프로치가 자신이 이미 스스로 독학한 것을 나중에 확인해주었다고 말한다. 촘스키는 말한다. "합리성의 세계에서 보자면 내가 '데카르트 학파'의 어프로치에 신세를 진 것은 맞다. 하지만 이 세상으로 시선을 돌려보면 그 신세는 (불행하게도) 제로다. 내가 이 주제를 가지고 연구할 때 이러한 세계(아주 명백한 것임에도 불구하고)가 알려지지 않았다는 것은 그 당시 유행하던 지적문화의 오만함 때문이었다. 나는 기본작업을 다 하고 어떤 결론에 도달했을 때 이 역사를 발견하게 되었다. 따라서 영향이나 신세 같은 것은 없다. 안 된 일이지만 그게 사실이다."(1997년 9월 9일) 따라서 데카르트 학파는 촘스키가 연구 초창기에 제안했던 많은 관찰들을 확인해주었다. 또는 촘스키의 생래적 경향에 대한 인식을 감안할 때, 데카르트 어프로치는 촘스키가 태어난 환경 속에 이미 존재하고 있었다.

로커는 데카르트 학파에게서 《민족주의와 문화》에서 주장한 언어관을 뒷받침해주는 사항들을 발견했다. 가령 폭넓게 볼 때, 언어는 민족주의적 기원을 갖고 있지 않다는 아이디어가 그것이다. 로커는 말한다. "인간은 언어능력을 타고 났고 그 때문에 개념을 형성할 수 있고, 인간의 생각이 더 높은 성취를 이룰 수 있으며, 인간이 다른 종과 구분되는 것이다."(284)

로커가 언어를 논의한 목적은 그 책을 쓸 당시 나치가 내세운 종족의 순수성이라는 개념을 파괴하기 위해서였다. 언어의 본질과 그 작동기준에 대한 로커의 사상은 여러 면에서 촘스키와는 다르지만, 어떤 전제조건들은 두 사람 모두에게 해당한다. 로커는 17세기에 있었던 프랑스 생활의 규제에 대해 언급하면서 프랑스 아카데미의 설립(1629)을 사례로 든다. 아카데미 설립 법률이 통과된 것은 "언어와 시를 절대왕정의 권위주의적 야망에 복종시키기 위해서"(429)였다는 것이다. 그 결과 프랑스 언어는 "철저히 통제당했고 대중적 표현과 비유는 제거되었다. 이른바 '언어의 순화'라는 미명 아래. 그러나 실제로는 언어의 독창성을 빼앗았고 부자연스러운 독재의 굴레를 씌워서 나중에 그 굴레를 벗어나는 데 아주 애를 먹었다."(287)

촘스키는 거의 50년 뒤 바르셀로나에서 카탈로니아어 아카데미를 세우는 것이 어떻겠냐는 질문을 받고 로커와 아주 비슷하게 대답했다.[41] 그는 언어학자가 아니라 이성적 개인의 자격으로, 아카데미 같은 권위기관은 바람직하지 않다고 말했다. 그가 볼 때, 언어학 연구는 그런 문제와 아무런 상관이 없는 것이다. 이러한 부정적 발언은 촘스키에게 그리 이례적인 것도 아니다. 실제로 그의 언어학 연설회에 참석해보면 그의 지적 야망과 겸손함이 묘하게 뒤섞여 있는 것을 발견하게 된다. 그는 아주 심오한 가설을 제시하면서도 현재의 지식 수준으로는 언어능력에 대해서 아주 조금만 말할 수 있을 뿐이라고 지적한다. 또 연설회에 참석한 사람들에게 의견들이 있으면 제시하라고 자주 종용한다.

이러한 태도에서도 우리는 루돌프 로커와의 유사성을 발견한다. 예를 들어 언어와 민족주의의 관계를 다룬 장의 끝부분에서 로커는 이렇게 말하고 있다. "서로 다른 언어들의 기원과 형성은 범접할 수 없는 어둠 속에 휩싸여 있어서 우리는 불확실한 가설의 도움을 받아가며 아주 힘들게 길을 더듬어 나갈 뿐이다. 자칫 잘못하면 희망이 없을 정도로 길을 잃어버릴 수 있으므로 더욱 조심스럽게 나아갈 것을 권한다."(294)

로커는 언어에 대한 민족주의적 주장이 잘못된 전제조건 위에서 세워진 것임을 지적한다. "모든 언어가 특정 민족, 특정 국가의 독창적 창작이어서 순수한 민족적 특성을 갖고 있다는 생각은 근거가 없다. 그것은 불유쾌한 인종이론과 민족주의의 시대가 부상하면서 생겨난 무수한 환상들 중 하나일 뿐이다."(294) 반면에 촘스키는 언어의 어둠을 뚫고 들어가려고 시도한다. 여기서 두 사상가를 둘러싼 역사적 환경의 차이가 분명해진다. 그럼에도 불구하고 어프로치의 유사성은 확연하다.

 **자유주의**

로커가 내놓은 주요 가설들을 살펴볼 때 두 사람의 유사성은 더욱 분

명해진다. 중요한 비교사례로는 로커의 자유주의관이 있다. 우리는 촘스키가 훔볼트의 저작을 자주 언급하고, 고전자유주의와 특정 흐름의 아나키즘을 이어주는 붉은 끈이 있다고 말한 것을 기억한다. 촘스키가 이 끈을 발견하게 된 것은 어릴 때 루돌프 로커의 저작을 읽었기 때문이다. 《권력과 전망Powers and Prospects》에서 촘스키는 말한다. "나의 개인적 비전은 전통적인 아나키즘의 그것인데, 계몽사상과 고전자유주의에 그 근원을 두고 있다. 이 고전자유주의의 원 형태는 산업 자본주의의 암초에 부딪쳐 산산조각이 나고 말았다. 루돌프 로커는 이런 파탄에 대해서 60년 전 아나코-신디칼리즘을 다룬 책에서 언급했다."(71)

간단히 말해서 로커는 자유주의 사상가들과 동일한 사상을 갖고 있었다. "국가의 지속적인 보호는 사회에 존재하는 모든 창조적 힘의 유익한 발달에 해를 끼친다. 이것은 앞선 세기들에서 교회가 그런 해를 끼쳤던 것과 유사하다."(《민족주의와 문화》, 135) 압제와 권력의 원천(지난 세기에는 교회, 오늘날에는 국가)으로부터 완전 자유로워져야 한다는 주장은 로커의 저작에서 반복되는 주제. "자유가 있어야만 자기 행동에 대한 책임의식이 생겨나고 남들의 권리에 대한 배려가 생겨난다. 자유가 있어야만 소중한 사회본능이 전면적으로 발달할 수 있다. 인간은 동료 인간의 기쁨과 슬픔에 공감을 느껴야 하고 그리하여 상부상조의 충동을 느껴야 한다. 이렇게 될 때 모든 사회적 윤리, 사회적 정의의 아이디어가 생겨난다."(148)

이것은 로커에게 있어서(촘스키도 그렇지만), 자유를 바탕으로 하여 입법을 해야지 인간 내부에 있는 '타고난 악'을 바탕으로 입법해서는 안 된다는 뜻이다. 하지만 세계 곳곳에서 최악의 압제를 정당화하기 위하여 타고난 악을 들먹이고 있다. 물론 이렇게 말한다고 해서 좋은 경향이나 나쁜 경향이 생래적인 것이 아니라는 뜻은 아니다. 인간의 내부에는 선과 악이 공존한다. 그러나 악을 제압한다고 하면서 실제로 선을 제압하는 것은 합리적이지 못하다.

자유주의 사상의 사례들은 촘스키의 미국 정계 분석에 큰 도움을 준다. 촘스키는 로커와 마찬가지로 건국의 아버지들과 기타 자유주의 사상가들의 말을 빈번히 인용한다. 그들의 경고는 오늘날의 정부 행태를 끔찍한 것으로 만들겠지만, 정치가들이 사용하는 수사만을 놓고 보면 당연한 것처럼 보인다. 예를 들어 조지 워싱턴은 이렇게 경고했다. "정부는 이성도 아니고 웅변도 아니다. 그것은 힘이다! 불과 마찬가지로 위험한 하인이며 무서운 주인이다. 잠시라도 정부를 무책임한 행동에 방치해서는 안 된다." 토마스 제퍼슨은 "가장 통치를 안 하는 정부가 가장 좋은 정부"라고 노골적으로 말했다. 벤저민 프랭클린은 "임시의 안전을 얻기 위해 필수적인 자유를 포기하는 자는 자유도 안전도 얻지 못한다"고 말했다. "국민들이 잠시도 남에게 맡겨놓을 수 없는 것은 자유와 제도의 보존과 유지다"[42]라고 에이브러햄 링컨은 말했다.

국가가 개인의 생활에 간섭하지 말아야 한다는 주장은 이야기의 절반만 말한 것이다. 나머지 절반은 그 자유를 가지고 개인과 집단의 잠재력을 최대한 계발해주어야 한다는 것이다. 로커는 '프로타고라스의 고대 지혜(적당한 길이의 지렛대를 주면 지구도 들어 올릴 수 있다)'를 언급하면서 앞의 절반(자유)이 나머지 절반(계발)의 지렛대가 된다고 말했다. 자유주의가 성숙하려면 자유가 필수라는 것이다.

로커는 프로타고라스의 가르침 속에서 사회환경을 평가하는 수단을 발견했다. "사회환경은 개인의 자연스러운 발전에 도움을 줄 수도 있고 개인의 자유와 독립에 방해를 놓을 수도 있다. 자유주의에서 말하는 사회 개념은 유기적 과정의 개념이다. 인간의 자연적 욕구에 따라 자유로운 결사가 이루어지고 관련 목적을 수행하는 한 결사는 존재하지만, 그 목적이

무의미해졌을 때에는 자유롭게 결사를 해산할 수 있어야 한다."(161)

이것은 로커 저서에서 아주 중요한 문장이고, 촘스키의 저서를 이해하는 데에도 대단히 유익한 문장이다. 왜냐하면 모든 형태의 권위를 거부하는 아나키즘의 입장과 "어떤 문제에 있어서는 정부의 존재를 완전히 배제할 수 없다"(162)는 자유주의의 신념을 서로 연결시키는 것이기 때문이다. 이것은 모순처럼 들릴지도 모르지만 로커의 입장에서 보면 이런 종류의 자유주의는 이런 신념을 갖고 있다. "정부는 공무원들이 시민들의 개인적 안전을 무력으로부터 지켜주는 한, 존재할 수 있다."(162)

촘스키는 "아나키스트 비전은 거의 모든 형태의 국가 권력을 해체하는 것을 목표로 한다"고 말했지만 《권력과 전망》 속의 글들과 《Z매거진》에 기고한 기사들에서 단기간 내에는 국가 기관의 어떤 요소들을 유지하고 강화하는 게 필요하다고 말했다. 촘스키는 분명 아나키스트의 비전을 공유하지만 그 비전에 취약한 점이 있음을 시인하면서, "국가 권력과 권위의 기관들이 경멸받는 대중에게 그들의 개인적 일에서 일정한 역할을 할 수 있도록 (비록 제한적이기는 하지만) 해주는 것을 인정하고" 있다.[43] 촘스키는 이어 이렇게 말한다. "오늘날 신념을 가진 아나키스트들의 목표는 공격당하는 일부 국가 기관들을 보호하면서, 그 기관들을 개방시켜 더 많은 대중의 참여가 가능하게 하는 것이다. 그리고 궁극적으로는 더 자유로운 사회를 만들어 그런 기관들을 해체하는 것이다. 적당한 상황이 조성된다면 말이다."(75)

이러한 어프로치, 그러니까 공동의 목표를 위해 개인들의 사회조직을 약간 느슨하게 유지하는 것은 몇몇 형태의 사회주의와 유사점을 보인다. 《민족주의와 문화》의 영역본 번역자 레이 E. 체이스Ray E. Chase는 서문에서 이런 조심스러운 경고를 하고 있다. "편협한 의미의 사회주의에 익숙한 영미권 독자들에게 이 책에서 사용된 사회주의의 의미를 일러주는 것도 의미 있는 일이라 생각된다. 일반적으로 말해서, 로커는 **사회주의**라는 말을 유럽식으로 폭넓게 사용하고 있다. 사회구성원 전원의 혜택을 위하여 생산과 분배가 이루어지고 그 과정을 통제하는 사회를 주장하는 이론들을 모두 통틀어서 사회주의라고 하는 것이다."44 이러한 경고는 로커(그리고 촘스키)와 관련된 모든 핵심 용어들에도 적용되는데, 가령 자유주의, 사회주의, 급진주의, 그리고 아나키즘 등이 그렇다.

 아나키즘

이렇게 하여 우리는 로커와 촘스키의 아나키즘 저서와 그 배후의 전제조건을 살펴볼 차례가 되었다. 첫 번째 단계는 국가적 관심사에 대한 무조건적 복종을 의심하는 것이다. 로커는 《민족주의와 문화》에서 말했다. "'국가적'이라는 딱지가 붙은 모든 것들의 배후에는 소수의 권력의지 및 카스트와 계급의 특별 이익이 도사리고 있다."(202) 로커는 이어 부연 설명한다. "모든 민족주의는 그 본질상 반동적인 것이다. 그것은 위대한 인간 가족의 특정 부분에 어떤 한정된 특성(그것도 사전 결정된 어떤 아이디어에 따른 것)을 강요하려는 것이다. 이렇게 볼 때 민족주의 이데올로기는 계시 종교와 유사한 점이 많다."(213) 로커는 이런 말도 한다. "민족국가라는 것은 정치적 교회조직이다. 이른바 민족의식이라는 것은 인간이 태어날 때부터 갖고 있는 것이 아니라 생후에 인간에게 주입된 것이다. 그것은 종교적 개념이다. 어떤 사람을 가톨릭, 개신교, 유대인으로 나누는 것처럼 독일인, 프랑스인, 이탈리아인으로 나누어 놓은 것에 지나지 않는다."(202) 로커가 살았던 시대의 정치적 상황 때문에 그가 민족주의의 위험에 대해서 경고했음을 주목할 필요가 있다.

한편 '여론조작'을 설명하는 촘스키는 로커와는 전혀 다른 세계에 응답하고 있다. 촘스키가 자신의 저서에서 밝힌 것처럼 그것(여론조작)은 다른 형태의 민족주의이고 기업주의와 강하게 연계되어 있다. 이러한 촘스키의 철학은 스포츠를 바라보는 눈에도 그대로 드러난다. 가령 어떤 사람이 어떤 스포츠팀을 응원하게 되면 그것이 정치적 정체성의 핵심 요소가 된다는 것이다. 나는 캐나다 대학생들 사이에서는 이런 충성심을 발견하지 못했고, 퀘벡에서는 더욱 그러했다. 하지만 미국 학생들에게 물어보니 자기가 응원하는 스포츠팀에 대한 충성심이 대단했다. 그들의 부모가 고국에 대하여 느끼는 충성심, 혹은 정신적 위안을 얻는 예배당에 대하여 느끼는 존경심 등을 표시했다.

하지만 국가가 없다면 어떻게 촘스키와 로커가 아나키즘 논의에서 선호한 공동체 혹은 노동자와 시민들의 느슨한 연대조직을 구성할 수 있을 것인가? 그리고 고향, 가족, 친구, 소규모 공동체(여기에는 스포츠팀도 들어간다)에 인간이 느끼는 자유스럽고 건전한 애착을 어떻게 유지할 것인가? 로커는 이와 관련하여 민족주의를 논의하는 자리에서 거의 제기되지 않았던 '고향'과 '국가' 사이에 중요한 구분을 한다. 이 해명은 그가 주장하는 프로그램의 현실 적용 가능성을 더욱 높여준다.

로커는 말한다. "인간이 어린 시절을 보낸 땅에 대하여 느끼는 고향의식은 그의 내면 깊은 곳에 있는 느낌과 함께 뒤엉켜 있는 것이다. 고향에 대한 인상은 항구적인 것이고 인간의 영혼에 지속적인 영향을 미친다. 오랜 시절이 지난 뒤 과거에 대한 동경을 불러일으키고 자신의 내면을 깊숙이 들여다볼 낭만적 수단을 제공한다." 이것은 깃발을 흔드는 호전적이면서도 감상주의적인 국가 주도의 프로파간다(엘리트들의 이익을 추구하기 위한 것)와 동일시되어서는 안 된다. 로커는 이런 충격적인 발언도 서슴지 않는다. "이런 고향의식을 의무를 강조하는 애국심으로 대치시키려는 것은 우리 시대의 가장 기괴한 현상 중 하나다. 국가라는 것은 순전히 무력에 의해 서로 관련 없는 것들을 연결시키는 각종 행위 덕분에 창조된 것에 불과하다." 이런 국가 광신주의가 종교 광신주의를 대체하게 되었고 실제로 "문화 발달의 가장 커다란 장애가 되었다."(214)

로커가 말하는 문화 발달은 넓은 의미에서의 창조적 생산을 의미한다. 인간이 제한 없는 자유를 누리게 되면 창조적 능력이 자연스레 발달한다는 것이다. 국가 주도의 억압 아래서 인간의 관계는 왜곡될 수밖에 없다. "인간 조건의 불평등과 국가 방조의 독점체제는 사회적 관계의 기본 단위를 파괴해버린다."(246) 인간의 상호작용을 유기적 구조로 보는 이런 사상은 인간관계를 중시하는 촘스키의 사상과 일치한다. 촘스키는 선의善意, 자유, 해방의 정신으로 인간관계를 배양하는 것이 아주 중요하다고 말한다. 이렇게 볼 때 아나키스트 사회는 모든 시민들이 선천적 기질을 최대한 발휘하기를 바란다. 그런데 그 선천적 기질은 촘스키 언어학의 연구 대상이기도 하다.

 인공지능과 행동주의 이론

촘스키는 인간의 선천적 기질을 믿기 때문에 이른바 행동주의 이론에 대하여 강한 의구심을 갖고 있다. 인간을 통제할 목적으로 인간의 행동을 예측 가능한 것으로 만들거나 체계화하려는 모든 프로그램은 혐오스러운 것이다. 행동주의 이론을 들이대는 것은 거짓 이론에 기대는 것이나 다름없고 촘스키는 이것을 스키너 저작에 대한 비판에서 분명하게 밝혔다. 그렇다면 남은 질문은, 왜 일부 인사들은 이런 프로그램을 계속 들이대는 것이냐 하는 것이다. 그가 볼 때 이런 노력은 더 큰 계획의 일환인데, 억압을 과학적인 것으로 꾸미기 위해 근거 없는 연구과제를 들이대는 것, 그리하여 개인의 욕구를 말살하고 개인의 능력과 힘을 질식시키는 것 등이 그런 계획이다. 어떤 목적을 위해? 히틀러 시대의 독일에 사는 아나키스트 자격으로 발언하는 로커는 그것이 국가 주도의 아이디어라고 본다. "시민의 개인적 욕구를 말살하기가" 쉬우면 쉬울수록 국가가 사회를 여러 부분으로 분해하여 생명 없는 부속으로 전락시킨 다음 "정치적 기계의 톱니"로 만들기가 좋은 것이다.(247)

촘스키가 볼 때, 텔레비전 시청 등 소외적 행위를 통해 개인을 원자화하는 것과 애국심이란 위장 아래 시민의 생활에 간섭하는 것은 시민들 사이의 자발적 모임과 토론을 파괴하려는 것이다. 왜 이런 파괴가 필요한가? 왜냐하면 "**사람들이 함께 모여 있으면 위험하다.** 그렇기 때문에 함께 있으면 공동의 관심사를 표명하고 그들의 상황을 점검하고 현재 상태의 비좁은 범위 바깥에 있는 해결안을 찾아 나서기 때문이다."(강조는 저자의 것)

그렇다면 통치 엘리트들이 좋아하는 사회모델은 어떤 것인가? 그것은 대중들이 "생명 없는 부속이 되어 정치적 기계의 톱니가 되는 것" 이다. 로커는 그런 존재를 "기계적 인간" "인간의 형태를 한 자동기계" "인간다운 행동을 하는 듯한 외양만 꾸민 자"라고 불렀다. 로커는 동시대의 포드주의나 테일러주의 같은 '사회공학'에 끝없는 분노를 표시했다. "그들은 이 놀라운 기계를 아주 미세한 부속의 수준까지 계산해두었다. 과학적 방식을 사용하여 살아있는 생산자(노동자)의 근육과 신경을 계산했는데 이렇게 함으로써 노동자의 영혼을 빼앗아버리고 인간성을 말살한다는 것을 깨닫지 못했다. 우리는 점점 더 기계의 지배를 받게 되었고 이런 끔찍한 과정을 제대로 의식하지도 못한 채 기계의 죽은 리듬에 의해 인간성을 말살하게 되었다. 우리는 이런 문제를 냉정하고 무

심하게 대한다. 우리가 다루는 것이 사람의 운명이 아니라 죽은 물건인 것처럼."(247)

이러한 자동기계 개념은 오늘날의 사회에서 기업이나 국가의 명령에 복종해야 하는 대다수 사람들에게 그대로 적용될 수 있다. "현대의 '대중인간', 자본주의 시대의 현대적 테크놀로지의 뿌리 뽑힌 동반자들, 외부의 힘에 통제당하고 순간의 변덕에 따라 이리저리 휘둘리는 사람들은 이미 위험스러울 정도로 기계인간을 닮아 있다. 그의 영혼은 위축되어 있고 그는 진정한 공동체 안에서 자기 자신을 유지할 수 있는 내적 균형을 상실했다."(247) "외부의 힘에 의해 통제되는" 인간은 스키너가 말한 행동주의 모델과 일치한다. 로커의 논평을 유념하면서 스키너를 비판한 촘스키의 《뉴욕 리뷰 오브 북스》 기사(1971년 12월 30일)[45]를 읽어보면 그 뜻이 잘 통하리라 생각된다. 여기서 우리는 촘스키의 이런 주장을 상기하게 된다. 행동주의의 흥미로운 측면은 그 프로그램 자체(촘스키가 볼 때 분명 하자가 있는 것이지만)가 아니라 그런 프로그램이 사회의 엘리트층에 먹혀 들어간다는 점이다.

촘스키와 로커의 낙관론은 창조적 힘과 에너지는 영원히 질식시킬 수 없다는 믿음에서 나온다. 로커는 히틀러의 암흑시대에서도 낙관론을 잃지 않았다. "심지어 오늘날에도 인류는 그의 내부에 감추어진 힘과 창조적 충동을 갖고 있으므로 현재 인간 본성을 위협하고 있는 재앙의 위기를 극복해나갈 것이다."(247-248) 그래서 다시 한 번 왜 아나키스트 사회를 추구하는가 하는 질문이 제기된다. "왜냐하면 그런 상승은 자유와 사회적 일치의 환경에서만 생겨나기 때문이다. 이런 환경 속에서만 사회적 정의를 바라는 깊고 순수한 동경이 생겨나고 그리하여 인간의 사회적 협력 속에 그것이 표현되고 또 새로운 공동체의 길을 닦게 되는 것이다."(248)

로커가 살고있던 당시에 이러한 상승을 가로막는 적들은 파시스트와 국가주의자(나치)들이었다. 오늘날에도 애국심이나 기업주의를 통하여 민족주의(국가주의)를 강조하고 있는데, 이 때문에 촘스키는 기업의 구조가 파시스트적 혹은 전체주의적이라고 비난하고 있다. 로커에서 촘스키에 이르기까지의 시대적 흐름은 종교에서 국가주의를 거쳐 기업주의에로의 흐름이었고 특히 미국에서는 오늘날 종교적 광신주의의 흐름이 솟구치고 있다.

왜 마르크시즘이 아닌가

반볼셰비키 마르크시즘과 아나키즘 사이에는 겹치는 점이 상당히 많다. 그러나 로커와 촘스키의 저서에는 마르크시즘에 대한 불신이 가득하고 볼셰비키의 국가 마르크시즘에 대해서는 더욱 통렬하게 비판한다. 로커와 촘스키가 선호하는 아나키즘은 다양한 수사적 전략에 의하여 무시되어왔다. 가령 아나키즘은 혼란 혹은 무정부상태와 동의어, '유토피아주의'이거나 '이상론' 정도로 치부되었다. 특히 이상론은 미국 사회에서 웃기는 용어 정도로 취급되었다. 그런데 마르크시즘도 로커가 활약하던 사회에서, 비록 이유는 다르지만, 웃기는 것으로 취급되었다. "공산주의는 현재 러시아에서 정권을 잡고 있는 체제를 가리키는 이름이 되어버렸다. 러시아 정부는 공산주의의 원래 의미로부터 아주 멀리 떨어진 것이다. 공산주의는 경제적 평등을 추구하는 사회체제인데, 이런 평등은 다른 모든 정부도 지향하고 있는 것이다." (532)

내가 볼 때 아나키즘은 마르크시즘보다 훨씬 강력하게 현대 사회의 대안이 될 수 있다. 그 이유는 70년 전에 이미 루돌프 로커가 밝혀놓은 바 있다. 마르크스, 마르크스주의, 볼셰비키주의 등에 대한 로커의 사상을 검토해보면 이런 문제들에 대한 촘스키의 저작들을 더 쉽게 이해할 수 있다. 로커가 《민족주의와 문화》에서 밝히려 했던 주된 관심사는 지금껏 해온 논의에 비추어보면 예상 가능한 것이다. 《공산당선언》의 핵심 중 하나인 '프롤레타리아 독재'는 여전히 독재체제다. 마르크시스트 국가도 여전히 국가다. 비록 그렇다고 시인하지는 않지만, 볼셰비키당은 엘리트들로 구성되어 있고 이들은 소련과 그 위성국가들의 많은 민중들을 전체주의적으로 지배하고 있다.

하지만 로커의 비판은 이보다 더 나아가 있고 어떤 때는 레닌과 스탈린보다 더 심각하게 마르크스의 사상을 비판한다. "철학은 지금껏 세상을 해석하려고만 했지 바꾸려고 하지 않았다"라는 마르크스의 유명한 말을 인용하면서 로커는 마르크스 자신도 세상을 바꾸기는커녕 계속 해석만 해왔다고 지적했다. "그는 그의 방식으로 자본주의 사회를 분석했고, 그렇게 하는 과정에서 엄청난 지성과 학식을 내보였다. 하지만 그에게는 프루동의 창조력이 없었다. 그는 과거에도 지금도 분석가일 뿐이다. 총명하고 학식 높은 분석가일 뿐 그 이상은 아니다."(235)

마르크스가 자본주의의 강력한 이론가라는 사실은 다른 사람들에 의해서도 여러 번 지적되었다. 하지만 로커는 그의 저서에서 해롭고 제한적인 사항을 발견했다. "마르크스는 교활한 변증법의 네트워크 속에다 추종자들의 마음을 묶어 놓았다. 그의 변증법은 역사에서 경제적인 것들만 보았고 사회적 사건들의 세계를 깊숙이 들여다보는 통찰을 가로막았다."(235) 이것은 엄청난 비난이지만 실제로 그런 사례를 마르크스의 저서에서 많이 발견할 수 있다. 현재로서는 마르크스는 물론이고 사회에 대한 특정 이데올로기를 거부하는 촘스키의 불신을 상기해두는 것이 도움이 되리라.

로커가 마르크스를 불신하는 핵심적 이유는 '자본주의 사회의 변화'가 마르크스의 예측대로 이루어지지 않으리라고 생각했기 때문이다. 이 변화의 단계는 아주 중요한데 그에 대한 이론이 막연한 성명 이상의 것이 되지 못한다는 것이다.[46] 마르크스는 먼저 프롤레타리아의 독재로 변화가 시작될 것이라고 내다보는데 로커는 그것을 '한심한' 생각이라고 본다. "역사는 이런 전환기를 알지 못한다. 사회발달의 다양한 단계에서는 좀더 원시적인 형태나 아니면 좀더 복잡한 형태 이렇게 두 가지밖에 없다."(237) 더욱이 마르크스 이상론에 입각하여 사람들에게 어떤 변화를 강요한다는 것은, 로커가 볼 때 또다른 독재일 뿐이다. "러시아의 사례가 우리에게 무슨 교훈이 된다면, 그건 정치적·사회적·정신적 자유가 없는 사회주의는 탁상공론이며, 무제한의 독재를 가져오고, 윤리적 절제가 전혀 없는 투박한 잔인함을 보여주었다는 것이다. 프루동은 이미 100년 전에 이런 결과를 내다보았다. 그는 사회주의에 절대주의를 합쳐 놓은 사상 최악의 독재가 될 것이라고 말했던 것이다."(546)

로커의 아나키스트 프로그램은 그의 다양한 저서에 설명되어 있으나 가장 분명한 텍스트는 《아나키즘과 아나코-신디칼리즘》이라는 짧은 책이다. 그는 이 책에서 "경제적 독점체제를 철폐하고 사회의 모든 정치적·사회적 강요 기관들을 폐지하는 것을 지지한다"(7)고 말했다. 그렇게 철폐한 자리에 "공동-협동적 노동에 바탕을 둔 모든 생산력의 자유로운 결사가 들어서야 하고, 결사의 유일한 목적은 사회의 모든 구성원들의 필요를 충족시키는 것이 되어야 한다." 그는 민족주의를 증오했기 때문에 국가 권력을 대체할 대안을 찾으려 했다. "아나키스트들은 정치적·관료적 기관들을 갖춘 생명 없는 기계인 현재의 국가를 제거하고, 그 자리에 자유로운 공동체의 연합을 세우려 한다. 이들 공동체는 공동의 경제적·사회적 관심사에 따라 유대관계를 맺고 상호합의와 자

유로운 계약에 따라 그들의 일을 처리해나갈 것이다."(7)

하지만 이와 관련하여 촘스키는 약간 다른 생각을 갖고 있음을 주목할 필요가 있다. 현재의 정치적 상황을 감안할 때, 비록 단기간이긴 하지만 억압의 다른 힘들을 물리치기 위한 수단으로서 국가의 존재를 옹호해야 한다는 것이다. 이것은 촘스키가 평소 **아나키스트**임을 밝힌 데 비추어 보면 다소 충격적이다. 하지만 촘스키는 사회 변화를 위해 국가를 해체하는 것으로 **시작**해야 한다는 논리(가령 젤리그 해리스)에 대하여 명징한 반대논리를 제시한다. "그러나 아무리 불법적인 국가 권력이라고 하더라도 취약한 사람들이 최악의 세력 앞에 노출되지 않도록 보호해줄 수가 있다. 이런 보호를 없애버리고 취약한 사람들을 희생물로 내버려 둔다는 것은 있을 수 없는 일이다. 가령 우리가 보호 울타리 안에 있는데 날카로운 이빨을 가진 호랑이가 울타리 밖에서 어슬렁거린다고 해보자. 그 울타리를 언젠가는 철거해야겠지만 지금 당장 첫 번째 조치가 그 울타리를 제거하는 것이라고 말하는 건 미친 짓이다."[47]

이것은 로커와 촘스키의 저작활동 사이에 시간과 공간의 거리가 있음을 보여준다. 하지만 두 사상가의 전반적인 어프로치는 상당히 유사하다. 두 사람의 교훈은 급격한 변화의 가능성이 별로 제시되지 않은 현대 세계에서 적용 가능한 자료다.

 젤리그 해리스

마르크시즘과 아나키즘 분야에서 젤리그 해리스가 어린 촘스키에게 미친 영향을 감안하지 않는다면, 그건 사상의 선구자들을 효과적으로 제시한 것이라고 보기 어렵다.[48] 촘스키는 해리스보다 19년 아래다. 그러나 촘스키의 부모인 윌리엄과 엘시 촘스키가 해리스 부부와 친하게 지냈기 때문에 어린 촘스키는 필라델피아의 해리스 본가를 자주 방문했다. 여러 해 뒤 촘스키는 펜실베이니아 대학에서 벤자민 프랭클린 언어학 교수인 젤리그 해리스를 다시 만났다. 젊은 촘스키는 해리스의 수제자가 될 자격이 충분했고 두 사람의 관계를 두고 떠도는 얘기들에 따르면 스승의 강력한 적수로 등장하게 될 운명이었다. 처음부터 두 사람의 관계는 평범한 사제관계가 아니었다.

펜 대학에서 촘스키의 스승이었던 언어학 명예교수인 닥터 헨리 히즈는 이렇게 말한다. "촘스키의 첫 번째 스승은 젤리그 해리스였습니다. 해리스가 그에게 미친 엄청난 영향은 필설로 다하기 어렵습니다. 해리스는 내게도 영향을 미쳤지요." 캐롤 촘스키(캐롤 샤츠였다가 1949년 노엄과 결혼했다)는 이렇게 말했다. "젤리그 해리스가 첫 번째 스승이었을 뿐 아니라 그 당시 유일한 스승이었습니다. 노엄은 그를 무척 숭배했습니다. 젤리그 해리스가 여러 면에서 노엄의 지적 성장(그때나 그 이후나)에 결정적 영향을 미쳤다고 해야 할 것 같습니다."[49] 해리스는 보통 선생이 아니었고 노엄 또한 보통 제자가 아니었다. 먼저 핵심 제자가 되었고 이어 해리스 사상의 동반자가 되었다.

해리스는 소수의 학생들만을 상대로 집중적이고도 비공식적인 강의를 베풀었는데 노엄은 그 그룹에 들어갔다. 이러한 강의방식은 오늘날의 관점에서 보자면 대단히 이례적이고 비제도적인 것이다. 그는 교과서를 사용하는 법이 없었고 몇 가지 제안과 아이디어를 던진 다음 토론해나가는 열린 방식의 강의를 했다. 이 '강의들'은 대부분 뉴욕의 해리스 아파트에서 진행되었고 때로는 식당에서 열렸다. 이 특별한 그룹에 소속된 학생들 중 일부는 나중에 저명인사가 되었는데 특히 네이던 글레이저, 프랭크 러코프Frank Lukoff, 시무어 멜만 등이 그러하다. 하지만 역사적 흥미를 불러일으키는 것은 촘스키의 저작과 그 저작이 해리스의 학문적 틀에서 벗어나는 방식들이다. 해리스의 정치적 어프로치가 노엄 촘스키의 견해와 어떻게 일치하거나 일치하지 않는가를 잘 파악하면 두 사상가의 업적과 그들의 저작이 서로 관련되는 급진적 움직임을 쉽게 이해할 수 있다.

이 두 사상가의 발전 궤적을 연구할 때 해리스-촘스키 관계는 상당히 중요한 주제가 된다. 문제는 두 사람이 다 중요한 언어학자이고 또 마침내 저 유명한 '결별'을 하게 되었다는 점 때문에, 어느 한쪽을 비난하고 공격하고 도전하고 모욕하려는 캠프가 존재한다는 사실이다. 또다른 문제점은 젤리그 해리스의 저서가 소수의 대학 언어학자들을 제외하고는 일반에게 알려져 있지 않다는 점이다. 따라서 두 사람 간에 중복과 영향이 있었다는 사실을 증명하기 위하여 좀더 자세하게 세부사항을 제시해야 한다. 나는 이 문제와 관련하여 나도는 비판에 대하여 명백히 밝히고자 한다.

일부 언어학자들은 촘스키가 해리스의 아이디어를 그대로 가져다가 일반 대중들이 소화하기 좋게 꾸며놓았다고 비난한다. 이것은 근본부터 부정확한 생각이다. 두 사람의 저서(언어와 정치 두 분야에 걸친 것)를 비교해보면 이 점은 금방 분명해진다. 그들이 주장하는 대로, 내부구조, 어떤 질문들에 대응하는 가능성, 언어가 생성되는 방식 등에 대해서는 때때로 유사성이 있다. 또 두 사람의 학문적 환경이 유사했기 때문에 언어학적 방법과 과학적 연구에 대하여 일련의 공통된 전제조건을 가지고 있었다. 또 두 사람이 필라델피아 출신의 유대인 언어학자라는 공통점 때문에 정치적 문제들에 대하여 공통점을 갖고 있었고, 사회를 바라보는 그들의 가치관에도 아주 중요한 일치점들이 있었다. 하지만 정치적 패러다임에 있어서 유사성보다는 차이점이 더 눈에 띈다. 가령 해리스의 자율적 생산과 노엄 촘스키의 아나키즘은 전혀 다른 어프로치다.

두 사람을 비교하는 한 가지 방식은 그들의 사상적 선구자들을 살펴보는 것이다. 해리스에게 영향을 준 사람들은 앨버트 아인슈타인, 에리히 프롬, 폴 매틱 등이었고, 노엄 촘스키는 미하일 바쿠닌, 루돌프 로커, 버트란드 러셀 등을 자주 언급했다. 여기에서도 커다란 차이점이 있다. 해리스는 친구인 폴 매틱의 저서에서 가치 있는 것을 많이 발견했으나 이런 스타일의 이데올로기적 글쓰기에서 멀리 떨어져 있었다. 촘스키는 교육문제를 거론하면서 바쿠닌의 카테고리를 가져다 쓰기는 했지만 바쿠닌의 폭력사상과는 전혀 공통점이 없었다. 결론적으로 이 두 사람을 철저하게 평가하자면 엄청나게 면밀한 분석이 필요한데, 아무튼 비난받을 만한 일, 직업적 질투심을 일으킬 만한 일, 자기가 상대보다 낫다는 우월감 등을 발견하기는 어렵다. 그리하여 서로 캠프를 나누어 싸우면서 언어학 분야를 욕되게 할 일은 더욱 없다고 보는 것이다.[50]

여기서 젤리그 해리스를 좀더 자세히 살펴볼 필요가 있다. 왜냐하면 그의 영향으로 촘스키는 대학을 중퇴하고 이스라엘의 키부츠 아르치에 가서 살 생각을 포기했기 때문이다. "그는 아주 강력한 인품의 소유자였다. 그는 젊은 사람들에게 보람 있는 일을 하도록 권유하는 데 아주 관심이 많았다." 촘스키의 회상에 따르면, 정치적인 문제에 대하여 '많은 것'을 가르쳐준 것 말고도 해리스는 "나에게 그의 강좌를 수강하라고 권했는데, 그대로 했더니 정말 보람이 있었다." 그리하여 자퇴하겠다는 얘기는 쑥 들어갔다. "돌이켜 보니 그 분은 내가 대학에 돌아오기를 바랐던 것 같다."[51] 해리스는 촘스키가 듀이 초등학교에서 받았던 자유롭고, 생생하고, 창조적인 토론방식으로 강의를 이끌어나갔다. 촘스키는 그런 자유로운 교육방식과 뉴욕시에서 신문가판대를 운영했던 삼촌 덕분에 지적 성장이 활발하게 이루어졌다. "해리스는 나에게 영향을 주어 대학으로 돌아오게 하려 했던 것 같다. 하지만 그 문제를 구체적으로 논의했다는 기억은 없다. 그것은 아무 사전 계획 없이 자연스럽게 벌어졌다."[52]

해리스는 여러 가지 이유로 촘스키에게 좋은 스승이었다. 그 한 가지 이유로는 이런 것이 있다. 해리스는 공식적 관계와 학문적 위계관계를 철저히 피하고 그 대신 비공식적인 회합, 폭넓은 토론, 지적 교환 등을 좋아했다. 그 당시 펜실베이니아 대학의 언어학과는 아주 소규모였고, 언어학과 정치에 관심이 깊은 대학원생들로만 구성된 폐쇄적인 그룹이었다. 해리스는 이 학생들을 격려했지만 전통적인 '학문적' 방식에 의존하지는 않았다. 촘스키는 회상한다. "우드랜드로 34번가를 지나면 혼 앤드 하다트 식당이 있었다. …… 우리는 그 식당 2층에서 만나거나 프린스턴에 있는 그의 아파트에서 만났다. 그의 아내는 수학자였는데 당시 아인슈타인과 함께 일하고 있었다."

언어학 과정은 대부분 해리스가 담당했으나, 촘스키는 "펜에서 전통적 혹은 공통적인 방식으로 언어학을 공부한 적은 없었다"고 말했다. 랜디 해리스Randy Harris는 《언어학 전쟁The Linguistic Wars》에서 이렇게 말했다. "촘스키의 대학 교육은 해리스의 관심사가 깊이 반영되었다. 언어학자가 되기 위한 통상적 과정 이외에 철학, 논리학, 수학을 공부했다. 그는 인식론 관계 서적을 두루 읽었다. 이 분야에서는 위대한 블룸필드 학파Bloomfieldian의 금기사항인 정신의 구조에 관하여 사색하는 것이 허용되었을 뿐 아니라 불가피했다."[53]

스승과 제자들의 토론은 하루 종일 다양한 분야에 걸쳐서 이루어졌다. 촘스키는 그 토론이 "지적으로 흥분될 뿐 아니라 개인적으로 의미 있는 경험이었다"[54]고 말했다. 촘스키는 해리스가 "비상한 총기와 독창성의 소유자"였고, 자신에게 넬슨 굿맨Nelson Goodman, 모튼 화이트

Morton White 등과 철학을, 네이던 파인Nathan Fine과 수학을 공부하라고 권했다고 말했다. 촘스키는 조르지오 레비 델라 비다Giorgio Levi Della Vida 와 함께 아랍어를 공부하기도 했다. "비다는 이탈리아에서 파시스트 정권을 피해온 사람이었고 뛰어난 학자이기도 했다."[55]

언어연구에도 관심이 많았지만 촘스키를 해리스에게 끌어당긴 것은 정치였다. "1940년대 후반에 해리스는 다른 구조주의 언어학자들과 마찬가지로, 언어학 분야의 연구가 사실상 끝났다고 결론내렸다. 이미 할 수 있는 연구는 다 했다고 보았다. 모든 문제를 풀었다고 생각했다. 물론 부분적으로 손볼 곳이 있기는 하겠지만 전반적으로 언어학 연구는 완성되었다고 보는 분위기였다."[56] 언어학 연구에 마침표를 찍는다는 프로젝트는 언어연구를 과학적 기반 위에 올려놓으려는 것으로서 해리스의 오랜 꿈이었다. 이 프로젝트는 1947년《구조주의 언어학의 방법 Methods in Structural Linguistics》이라는 책으로 완료되었다. 이 책은 구조주의, 담화 분석, 정보표시 연구, 수학적 언어이론, 과학보고서에서 과학정보의 공식을 뽑아내는 시도, 음소와 형태소의 단선적 분배관계 등 폭넓은 관심사를 향한 최초의 중요한 발전이었다. 이 저서는 기본과정의 수학적 정식화에 대하여 전반적으로 낙관론을 폈다. 촘스키는《언어와 마음》에서 이렇게 서평했다.

기본과정과 관련하여 수학적 공식을 추구하던 사람들을 위하여 새로 개발된 수학적 소통이론이 있었다. 1950년대 초반에는 이런 믿음이 널리 퍼져 있었다. 그 수학이론이 기본개념('정보'의 개념)을 마련해준다는 것이었는데 그걸 바탕으로 사회과학과 행동주의 과학을 통합시키고 나아가 확률의 기반 위에서 인간의 행동을 설명하는 만족스러운 수학이론을 개발할 수 있다는 것이었다. 그와 동시에 상호관련된 수학개념을 활용하는 자동제어 이론이 별도의 학문으로 발전했다. 그리고 이것이 자연스럽게 신경네트 이론의 탐구와 결부되었다. 존 폰 노이만John von Neumann 같은 사람은 그런 학문적 전개에 대하여 의심스러운 것, 문제 많은 것, 잘못 구상된 것이라는 견해를 피력했으나 이런 목소리는 당시의 학문적 분위기에 파묻혀버렸다. 수학, 테크놀로지, 행동주의 언어학, 심리학 등이 한데 집결하여, 전통적으로 신비 속에 감추어져 있던 것(인간의 마음)에 대하여 단순하고 간명하고 타당한 설명을 내놓을 수 있으리라 생각했다.[57]

해리스와 기타 교수들의 지도를 받아가며 공부한 촘스키는 마침내 펜실베이니아 대학에서 BA(학사) 학위를 받았다. 그의 관심사는 주로 언어학, 철학, 논리학이었다. 그의 학사논문은 그가 스무 살이던 1949년에 완성되었는데 후기 저작의 터전을 마련했고 현대 생성문법의 최초 사례가 되었다고 여겨진다. 당시 학과장이던 해리스는 1949년 6월 3일 학장에게 보내는 메모를 썼다. "노엄 촘스키 씨는 언어학과 전공으로 우등 졸업에 필요한 소기 과정을 모두 마쳤습니다." 그는 1950년 3월 14일 학장에게 보내는 추가 메모를 썼다. "언어학 장학금 신청과 관련하여 학장님에게 학과 보고를 올리게 되어 있는데, 우리 학과에서는 촘스키 씨를 추천합니다. 그는 학자가 될 자격이 충분한, 뛰어난 인재라고 생각됩니다." 몇 달 뒤 촘스키가 언어학과의 석사학위 수여를 신청해오자 해리스는 A(vram) N(oam) 촘스키에게 석사학위를 수여하겠다는 12월 18일자 메모에 서명했다. 그 해에 언어학과에서 수여한 유일한 석사(혹은 박사)학위였다.

하지만 이 학위 수여는 연기되었는데 노엄 촘스키가 이런 메모를 보냈기 때문이다. "나는 가을까지 5학점을 기다렸다가 내년 2월에 학위를 받기로 결정했습니다. 이렇게 하면 1년 동안 군 입대가 연기되기 때문입니다. 이런 늦은 결정이 선생님에게 불편을 끼치지 않았기를 바랍니다."(날짜는 밝혀지지 않음) 노엄 촘스키는 이렇게 회상한다. "나는 병무검사에서 1-A를 받았습니다. …… 그래서 곧바로 징집될 예정이었습니다. 나는 6월 중순까지 6주 연기를 받을 수 있겠다고 생각했습니다. 그래서 박사과정을 신청했습니다. 당시 여전히 펜에 계시던 해리스와 굿맨에게 내가 신청해도 되겠느냐고 물었어요. 나는 지난 4년 동안 펜에 등록하지 않았거든요. 나는 당시 학위논문으로 준비하고 있던 것의 첫 번째 장만 제출했어요. 두 분은 우편으로 몇 가지 질문을 보내왔고 나는 불충분하게 대답했던 것 같습니다. 그게 나의 시험이었지요. 나는 6주 연기를 받았고 박사학위를 땄습니다."[58]

해리스 같은 사람들로부터 자극을 받고 학사학위 때부터 해오던 작업에 더욱 관심을 갖게 된 촘스키는 펜실베이니아 대학 대학원에서 그 연구를 계속 하기로 마음먹었다. 그는 1949년 가을학기에 시작했고 비교적 짧은 시간 안에 석사논문(학위 수여는 1951년)을 썼다. 그것은 자신의 학사논문을 다시 수정한 것이었고 1951년에 추가 편집되었다가 1979년에 마침내 《현대 히브리어의 형태음소론 Morphophonemics of Modern Hebrew(MMH)》로 발간되었다.

해리스는 1950년 12월 19일 예일 대학 언어학과의 버나드 블로크 Bernard Bloch에게 편지를 보내 출판 여부를 알아보았다. "내 제자인 A. N. 촘스키는 언어 절차의 공식화에 대하여 많은 작업을 했고 굿맨과 마틴과도 상당한 연구를 했습니다. 지난 해 나는 내가 가지고 있던 형태론과 형태음소론 자료를 그에게 건네주었습니다. 그는 소통이론 작업을 통하여 거기에 상당한 자료를 추가했고 아주 자세한 형태음소론 책자를 만들었습니다. 그것을 별첨으로 당신에게 보냅니다. 당신도 이 자료에 흥미가 많으리라 생각합니다. 혹시 이 자료를 출판하는 데 관심이 있으신지, 그렇다면 어떤 형태로 출판할 것인지 궁금하군요." 같은 날 해리스는 코넬 대학의 찰스 호케트Charles Hockett에게도 같은 내용의 편지를 보내면서 이런 문단을 추가해 넣었다. "유럽 언어들에 대한 단행본 출판과 관련하여 히브리어에 관한 전반적인 분석을 해달라고 내게 부탁했던 게 기억납니다. 그 단행본을 여전히 구상하고 있습니까? 만약 촘스키의 형태음소론을 포함하는 책을 펴낼 거라면 그 책에 넣는 게 좋을 듯합니다."

해리스는 1951년 2월 28일 대학원장에게도 편지를 보내 이 유망한 젊은이에 대한 지원을 호소했다. "나는 A. N. 촘스키 씨의 언어학과 장학금 신청과 관련하여 추천의 말을 건네고 싶습니다. 촘스키 씨는 우리 학과에서 M.A.를 받았고 Ph.D를 얻기 위해 계속 공부할 예정입니다. 그는 우리가 배출한 아주 뛰어난 학생이고 함께 연구한 다른 학과의 교수들에게서 높은 평가를 받았습니다. 특히 철학과의 굿맨 교수와 마틴 교수가 적극 추천했습니다. 그는 논리학과 수학 분야에서 상당한 연구를 했고 언어학과 수학논리 사이의 학제 연구와 관련하여 록펠러재단의 핵심 요원 후보로 주목받았습니다." 이 요청에 대하여 헨리 헤니그스월드도 지원했다. "촘스키는 젊은 나이지만 이미 우리 분야에서 독창적 학자로 성장할 것이 확실시되었다."(1951년 3월 9일)

이 연구에 대한 촘스키의 설명과 현대 언어학과의 관계는 미초우 로나트Mitsou Ronat와의 인터뷰에 잘 나와 있는데, 이것은 《언어와 책임Language and Responsibility》에 실려 있다. "나는 1940년대 후반 펜실베이니아 대학의 학부생으로서 〈현대 히브리어의 형태음소론〉이라는 학위논문을 준비했습니다. 이것이 이후 1951년에 같은 제목으로 석사논문이 되었습니다. 이 논문은 비록 출판되지는 않았지만 현대적 의미의 '생성문법'이었습니다. 그 주된 관심사는 요사이 '생성음소론'이라고 하는 것으로서 여기에는 기초적인 생성통사론도 들어 있었습니다. 아무튼 현대적 의미의 최초의 생성문법이라고 생각됩니다. 물론 여기에는 고전적 전례들이 있습니다. 파니니Panini의 산스크리트 문법은 유명하면서도 중요한 사례지요. 형태론과 음소론의 차원에서 보자면 블룸필드의 《메노미니 형태음소론Menomini Morphophonemics》이 있었습니다. 나의 논문보다 몇 년 먼저 나온 것인데 당시 나는 이 책을 몰랐습니다. 내 논문의 목적은 아주 자세하게 생성문법의 타당성을 설명하려는 것이었습니다. 잘 정의된 전문적 관점에서 볼 때 가장 간단한 문법이라는 거였지요. 그러니까 규칙을 규정하는 틀과 '단순성'의 정확한 의미가 주어지기만 한다면, 문법은 '국지적으로 최적의 상태'를 유지한다는 겁니다. 그래서 그 규칙의 질서를 내부적으로 상호교환하면 현재보다 덜 단순한 문법이 되어버리는 겁니다."(112)

이 기간 동안 해리스와의 관계는 아주 돈독해졌다. 노엄 촘스키는 해리스의 저작을 뒤따라가면서 확대 해석하는 사람처럼 보였고 해리스는 촘스키에게 하나의 전범이 되었다. 촘스키는 그로부터 영감을 얻었고 자신의 업적을 해리스의 그것과 비교하면서 성장 여부를 점쳤다. 언어학적으로 촘스키는 해리스를 이렇게 생각했다. "그는 언어학을 텍스트를 조직하는 일련의 절차라고 생각했고, 그 언어를 통하여 뭔가 실재하는 것을 발견할지 모른다는 사상을 강력하게 반대했다. 그는 언어학적 절차의 분석으로 이데올로기를 분석할 수 있다고 생각했고, 나는 대학원 시절 내내 이 작업에 매달렸다. 1950년대 초 《언어Language》에 실린 해리스의 담화분석 논문에서 그런 결실을 발견할 수 있다. 하지만 그는 모든 사람의 관심사인 정치문제는 다소 덜 다루었다."[59]

촘스키의 초기 저작은 "젤리그 해리스의 방식을 통하게 만들려는 것"(같은 인용문)이었다. 그것이 《상징논리 저널The Journal of Symbolic Logic》에 실린 촘스키의 최초 논문이었다. 촘스키는 당시의 노력을 미초우 로나트에게 설명했다. "오랫동안 나는 문헌에 나타나는 발견 절차가 본질적으로 정확한 것이라고 생각했습니다. 다시 말해 젤리그 해리스 같은 구조주의 언어학자가 사용한 방법이 …… 원칙적으로 정확한 것이라고 생각했고 부분적으로 수정만 하면 잘 굴러갈 것이라고 보았습니다. 나는 5~6년 가까이 이 절차의 하자들을 극복하느라고 고심했습니다. 이것들만 극복하면, 상당한 언어들을 대상으로 무한정의 기술記述 범위를 가진 정확한 문법을 만들어낼 수 있으리라 보았습니다. 그 절차가 인간 언어에 적용되는 '학습이론'이라고 내세울 수 있으려면 그렇게 하는 게 필요했습니다."(115)

촘스키의 학부논문도 해리스의 아이디어를 일부 원용한 것이었다. 하지만 촘스키에 따르면, 그는 "완전히 비非절차적이고, 전체적이고(언어를 평가하는 수단이 언어의 전체적 체계에 적용되어야 한다는 뜻에서), 현실적인 어프로치를 취함으로써 해리스의 방법론을 완전히 내던졌다"고 말했다.(1995년 3월 31일)

구 구조phrase structure 규칙은 통사구조syntactic structure의 틀을 아주 성공적으로 만들어낼 수 있습니다. …… 상당히 많은 표현에 있어서 말입니다. 이럴 목적으로 생성문법의 초창기 저작에 많이 도입되었습니다. 그렇지만 구 구조 규칙이 …… 다양한 문 구조를 설명하기에는 역부족이었습니다. 이 문제에 대한 초기의 대응방안은 복잡한 카테고리들을 도입하여 규칙의 체계를 풍성하게 하는 것이었습니다. 이런 카테고리를 세세한 부분까지 마련하여 구 구조 규칙이라는 단일 체계로는 포섭되지 않는 전 세계 언어들의 세부사항에 대응한다는 거였지요. …… 나는 1949년 학부논문 때 이 어프로치를 취했고, 약간 다른 틀에서 젤리그 해리스의 아이디어를 일부 수정했습니다.[60]

따라서 이런 이른 시점에도 이미 촘스키는 해리스가 공들여 정립하려던 이론으로부터 근본적으로 벗어나는 어프로치를 취하고 있었다. 비록 해리스가 블로크와 호케트에게 편지를 하여 촘스키의 저작이 대단히 중요하다고 말해주기는 했지만 말이다. 하지만 촘스키가 볼 때 그의 저서는 "구조주의 언어학과는 너무나 달랐기 때문에 그 후 30년이 지나서야 출판될 수 있었다." 달리 말해서 "MMH는 구조주의 언어학과는 아주 달랐다." 촘스키는 말한다. "MMH는 구조주의와는 아주 다른 방식으로 평가수단을 적용했던 유일한 텍스트라고 생각한다."(1995년 3월 31일) 여기서 우리는 복잡한 사제관계의 일면을 엿보게 된다. 이것 때문에 해리스 지지자와 추종자들 사이에서는 온갖 추측이 나돌았다. 해리스가 촘스키의 정치적·언어학적 저서에 깊숙이 개입하고 또 그것을 잘 알고 있었다는 사실, 해리스와 촘스키의 어프로치가 비슷했다는 사실 등은 영향, 권위, 권력 갈등 등에 관한 추측을 낳았다. 이것은 촘스키와 그의 제자들 사이에서도 비슷하게 발견할 수 있는 현상이다(특히 분리론을 지지하는 제자들).

촘스키의 언어이론과 해리스의 이론을 상호비교하는 텍스트들이 여럿 출판되었다. 예를 들어 제럴드 J. 카츠Jerrold J. Katz와 토마스 G. 비버Thomas G. Bever가 펴낸 《언어능력의 통합이론An Integrated Theory of Linguistic Ability》 중 '경험주의의 홍망The Fall and Rise of Empiricism'이라는 장에서는 이렇게 설명하고 있다. "일반 대중의 생각과는 다르게, 현대 언어학의 변형은 촘스키가 도입한 것이 아니라 문장형태에 관한 젤리그 해리스의 규칙으로부터 왔다. 이것은 진정한 변형이다. 왜냐하면 그것은 문장에 의존하여 구 구조 표시들을 중첩시킨 것이기 때문이다. 이 사실은 젤리그 해리스가 제시한 변형의 사례들로부터 확인할 수 있다."[61] 심지어《새 브리태니커 백과사전New Encyclopedia Britannica》(1986, 5:721) 도 그 관계에 대하여 지적하고 있다. "젤리그 해리스는 노엄 촘스키의 스승이기 때문에, 일부 학자들은 촘스키의 변형문법이 과연 일반적인 평가처럼 혁명적인 것인지에 대하여 의문을 품고 있다. 하지만 두 학자는 다른 맥락과 다른 목적으로 변형의 아이디어를 개발했다. 해리스가 볼 때 변형은 표층구조의 문장형태들을 서로 관련시키는 것이지, 심층구조를 표층구조로 변형시키는 것이 아니었다. 반면에 변형문법은 심층구조에서 표층구조가 나온다고 보았다."

촘스키는 이 관계에 대하여《언어와 책임》에서 말했다. "그 문법(MMH의 문법)은 …… 초보적인 생성통사론을 포함하고 있다. 이 문법은 음소 표시를 이른바 '기반 생성의' 통사구조와 연결시킨다. 추가적으로 말하자면 이것은 전 단계의 변형문법이다. 변형과 관련된 해리스의 초기 연구가 당시 진행 중이었는데, 그의 제자였던 나는 그 연구를 잘 알고 있었다. 하지만 나는 그 작업이 내가 추구하던 생성문법의 틀 안에서 어떻게 수용될 수 있다는 것인지 의문이 들었다. 해리스의 문법은 변형이 아니라 통사 카테고리에 부여된 복잡한 지표의 체계를 갖고 있었다. 그리하여 통사관계는 분절과 분류(카테고리)의 틀 안에서는 표현이 불가능했다. 이 분절과 분류는 나중에 약간 다르게 정립되어 구 구조 문법이론theory of phrase structure grammar이라는 이름을 갖게 되었다." (112)

해리스의 동료들은 변형작업을 높이 칭송했고 그것이 촘스키의 저작과 관련이 있다고 본다. 헨리 헤니그스월드는 말한다.

> 해리스의 언어학적 성취는 따라올 수 있는 사람이 없다. 1950년대

에 그와 그의 제자 노엄 촘스키가 발견한 통사구조의 '변형'은 아주 탁월한 것이어서 다른 학문 분야에서도 이와 견줄 만한 것이 없다. 생성문법의 기반인 변형은 정말 새로운 것이었다. 그것은 역사상에 나타나는 위대한 발견들처럼 '새로운' 개념이었다. 그것은 언어학계에서 예전부터 알려져 있었던 것들과 예전에는 알려져 있지 않은 것들을 아주 탁월하게 연결시켰다. 하지만 그는 자신의 업적에 대하여 자랑하는 것을 별로 좋아하지 않았다. 자신의 저작을 연구하는 사람들이 그것을 발전시키든 혹은 공격하든 개의치 않았다. 그것이 그에게 늘 행운으로 작용하지는 않았다. 하지만 그는 그런 기질의 소유자였다.[62]

헨리 히즈의 '펜실베이니아 대학의 언어학Linguistics at the University of Pennsylvania'이라는 글은 해리스 이론과 변형이론을 명확하게 구분해주고 있다. "해리스 이론은 각각의 언어적 실체를 하위 계층의 실체들로 모여진 클래스라고 보는 반면, 변형이론은 하나의 문장은 또다른 문장 혹은 문장들에서 나오는 것으로서 동일한 수준(문장)의 실체들로 구성된다고 본다." 히즈는 펜 언어학과(와 언어학)의 역사를 추적하면서 이렇게 썼다. "1952년 해리스는 담화 분석에 문장 변형의 절차를 도입했다. 그것은 텍스트를 균일화하고 그 분절들 사이의 동일성을 확보하려는 수단이었다. 그 직후 변형이론은 담화 분석으로부터 떨어져나갔고 언어학의 자율적인 한 부분이 되었다. …… 노엄 촘스키의 박사논문은 많은 것들과 연계되어 있었다. 문장들은 서로 연결되어 있었고 그 관계는 문법에 의해서만 연구될 수 있다고 보았다. 변형이 문장을 지탱하는 힘이라면 의미론은 이제 별 쓸모가 없는 것이었다."

촘스키는 해리스의 제자로서 "**'구조주의 언어학의 방법'**을 따르고 그 당시의 통상적 스타일로 언어에 어프로치하면서"⁶³ 하나의 취미 삼아 생성변형문법 연구를 계속했다. 내가 여기서 **취미**라는 말을 쓴 것은 촘스키가 대학원 학생 시절에 자신이 했던 연구를 취미라고 말했기 때문이다. 그는 해리스라는 교수와 새로이 발견한 정치적·철학적 토론 때문에 펜에 그대로 머물렀다. 그는 학생 시절에도 자신이 소중하다고 생각하는 것들, 가령 자유사회주의 사상과 언어학 분야의 다양한 의견들을 중시했고 그것들을 자신의 개인적 관심사로 여겼다.

젤리그 해리스의 영향

결론적으로 촘스키는 해리스를 자신의 언어학 연구와 관련하여 '초기의 영향'이라고 주장하면서 이렇게 회상했다. "우리는 1950년경에 이르러 본질적으로 길이 서로 갈렸습니다. 그 몇 년 뒤 내가 '**구조주의 언어학의 방법**'을 완전 포기하면서부터 학문적으로는 완전 헤어졌습니다." 그래도 두 사람은 정기적으로 만났다. 그들은 "좋은 친구로 남았으나 오로지 정치 얘기만 했다."⁶⁴ 그렇다면 왜 나는 해리스가 촘스키에게 미친 영향을 언급하려고 하는가? 촘스키는 개인편지에서 이렇게 말했다. "해리스는 매우 인상적인 사람이었다. 그가 사람들에게 끼친 지적 영향력은 엄청났다. 나의 10대 시절 이 세상을 바라보는 세계관은 그의 강력한 영향 아래에서 형성되었다. 그것은 내가 이미 다른 데서 개발한 철학들(특히 아나키즘, 좌파 반볼셰비키, 반마르크스 사상 등)과도 잘 어울리는 것이었다."⁶⁵

힐러리 퍼트넘Hilary Putnam은 《과학에서의 정보의 형태The Form of Information in Science》라는 책에서 그가 펜 대학원에서 수강했던 '언어분석'이라는 강좌를 회상한다. 그 강좌의 다른 수강생은 노엄 촘스키라는 학부생이 유일했는데 전문적인 사항들이 가득한 아주 어려운 강의였다. "하지만 젤리그 해리스의 강력한 지성과 개성은 천연자석처럼 나를 잡아당겼고, 비록 나는 철학 전공이었으나 그때부터 졸업할 때까지 '언어분석' 강좌는 빼놓지 않고 들었다."(xi) 퍼트넘이 해리스를 존경하는 마음은 수학에 관한 해리스의 후기 저작을 논평하는 데서도 잘 드러난다. "《과학에서의 정보의 형태》에 스며들어 있는 아이디어는 해리스의 핵심 아이디어와 마찬가지로 단순함과 대담함을 종합한 것이다. 특정 과학과목의 하부 분야로 들어가 그 분야의 텍스트들을 서로 비교하는 것이다. 그 분야에서 '과학혁명'이 벌어지기 전과 후의 여러 텍스트들 말이다. 처음에 보면 그 세부사항은 너무나 엄청나 보인다. 내가 신입생 시절 해리스의 메모에서 보았던 저 여러 언어들의 문법을 적어놓은 세부사항들처럼. 하지만 '담화의 구조적 분석'이 정말로 가능한지 알고 싶은 독자, 약간의 자습을 할 각오가 되어 있는 독자는 이 서술이 겉보기처럼 어렵지 않음을 알게 될 것이고 또 많은 소득을 올릴 것이다."(xiii)

현재 하버드 대학의 교수인 퍼트넘은 고교 시절부터 촘스키의 친구였다. 하지만 그는 '해리스 서클'의 일원이었던 것 같지는 않다. 촘스키가 그 서클에 들어갔을 때에는 확실히 그 소속이 아니었다. 하지만 그의 해리스 회고는 내가 만나본 다른 해리스 지인들의 증언과 일치했다.

시무어 멜만은 젤리그 해리스의 관대함과 그것이 촘스키에게 미친 영향에 대해서 말한다. "해리스는 아주 겸손한 사람이었습니다. 많은 사람들이 볼 때 거의 은둔자 같았습니다. 또 그는 자기 이름을 서명하는 걸 별로 좋아하지 않았습니다. 그는 본질적 아이디어에 더 관심이 많았고 집단의 협력을 통하여 정치적·사회적 문제들을 폭넓게 생각하는 것을 좋아했습니다. 이러한 특징이 노엄 촘스키의 특징으로 상당히 전이 되었다는 것은 그리 놀라운 일도 아닙니다. 한 가지 더 있습니다. 해리스는 사람들 사이에서 민주적으로 일처리 하는 것을 좋아했습니다. 그는 그 어떤 종류의 권위주의도 지지한 적이 없습니다." (1994년 7월 26일)

헨리 헤니그스월드의 말은 이러한 특징을 잘 요약한다. "해리스는 거의 모든 시간을 학생들과 보냈습니다. 소규모의 뛰어난 학생들과 토론을 많이 했습니다. 이런 식으로 해서 그는 자신의 언어이론을 정립했습니다. 물론 그는 확고한 정치적 입장을 가지고 있었습니다. 하지만 때때로 어떤 문제들에 대하여 그가 관대한 입장을 취하는 걸 보고서 놀라기도 했습니다. 하여튼 그와 제자들 사이에는 어떤 연결이 있습니다. 그게 무엇인지 꼭 집어서 말하기는 어렵지만. 그것은 촘스키의 경우에 더욱 분명하게 드러납니다. 촘스키는 자신의 철학과 정치에 대하여 아주 분명하게 말하는데 그건 해리스의 영향입니다."[66]

멜만의 설명은 내가 알고 있는 촘스키에 대해서도 그대로 적용될 수 있을 듯하다. 촘스키에게 가르침을 받았거나 영향을 받은 사람들, 내가 직접 접촉해본 사람들, 허만, 멜만, 오테로 등도 같은 생각을 갖고 있다. 개인의 성취보다는 집단운동을 중시하는 해리스의 태도는 촘스키에게 그대로 전달되었다. 그래서 촘스키는 자신의 전기적 사항을 드러내는 것을 그리 좋아하지 않는다. 해리스의 가르침에는 자유사회주의 사상이 들어 있었는데 이것은 개인의 창의성을 죽이지 말고 가능하면 살리자는 정신이었다. 촘스키도 교육, 집단관계, 정치적 틀 등의 문제에서 이런 철학을 실천하고 있다. 촘스키가 이런 특징을 해리스로부터 직접 물려받았는지, 아니면 나중에 자신의 정치철학의 일부로 받아들였는지 여부는 중요하지 않다. 단지 두 사람의 철학이 유사하다는 것을 알고 있기만 하면 된다.

촘스키는 해리스의 강력한 인품에 대하여 우리가 주고받은 편지에서 언급했다. "그는 실제 알려진 것보다 더 강력한 영향을 끼친 인물입니다. 온갖 사람들에 대하여 말입니다. 가령 네이던 글레이저를 만나고 몇 분 되지 않아 나는 그에게 해리스를 아냐고 물어보았습니다. 안다고 하면서 25년 전 그 밑에서 공부했다고 하더군요. 나는 글레이저에게 왜 물어보았는지는 말하지 않았어요. 그가 해리스의 특징적인 제스처들을 그대로 흉내 내고 있기 때문이었지요." (1994년 12월 13일)

돌이켜보면 촘스키가 어린 시절 펜 대학과 그 다양한 학문적 분위기에 노출되었다는 것은 이례적인 경험이었다. 특히 오늘날의 형식적인 학사일정과 규제를 생각하면 말이다. 실제로 촘스키는 펜실베이니아 대학의 교육현장이 '기이'하면서 '복잡'했다고 말했다. "1950년대 후반부터 펜실베이니아 대학에 몸담았던 사람들은 그 대학의 상황에 대해서 말해줄 수 있을 겁니다. 그건 아주 기이하고 복잡한 교육현장이었습니다. 하지만 그건 나하고는 아무 상관도 없습니다. 내가 많은 사람들의 판타지 속에 존재하고 있다는 것을 빼놓으면. 그건 해리스의 전기와 관련이 되는 건데, 아무튼 아주 흥미롭습니다.[67] 그는 복잡하면서도 기이한 인물이었습니다."[68]

이런 독특한 환경 때문에 MIT와 펜 대학의 경쟁관계에 대하여 수상한 소문이 나돌았고, 두 대학의 학생들이 상대 학교의 학과에 스파이처럼 잠입하여 정보를 캐내려 한다는 얘기도 떠돌았다. 이것은 좀 우스꽝스러운데 촘스키 자신도 이렇게 말하면서 간단히 무시해버린다. "그건 편집증을 엉뚱한 사례에다 적용한 겁니다."

* * *

나는 촘스키의 어프로치에 영향을 준 선배들, 가령 데카르트 학파, 해리스, 훔볼트, 로커, 러셀 등 여러 사상가들을 살펴보았다. 내가 볼 때 촘스키는 독창적인 사상가이면서 동시에 그의 사상의 역사적 원천들에 대하여 솔직하게 털어놓은 인물이다. 우리는 이런 선배 사상가들의 텍스트를 잘 살펴볼 필요가 있다. 특히 현재는 거의 잊힌 존재가 되어버린 아나키스트들의 강력한 역할을 유념해야 한다. 1996년 12월 23일 '톰'에게 보낸 답변[69]에서 촘스키는 자신의 견해를 이렇게 요약했다.

> 내가 볼 때 아나키즘은 이런 사상의 표현입니다. 즉 권위와 압제가 필요하다고 주장하는 사람이 그 필요를 증명할 의무가 있다는 것입니다. 그들은 그런 결론이 옳다는 것을 강력한 논증으로 보여줄 필요가 있습니다. 만약 그렇게 할 수 없다면 그들이 옹호하는 제도들은 합법적이라고 할 수 없습니다. 우리가 불법적 권위에 대응하는 방식은 상황과 조건에 따라 다릅니다. 어떤 일정한 공식은 없어요. 늘 그렇지만, 오늘날 문제들이 전반적인 분야에서 생겨나고 있습니다. 가정과 기타 지역에서의 인간적 관계에서 국제적인 정치경제 질서에 이르기까지 다양한 문제들이 있어요. 권위에 도전하면서 그 권위가 스스로 존재의 필요를 입증하라고 주장하는 아나키스트 사상은 모든 측면에서 유효합니다.

이것은 반反권위가 권위보다 언제나 낫다는 얘기는 아니다. 하지만 이 아이디어는 우리의 본질, 촘스키의 희망(현재 관련 지식이 부족하기 때문에 우리가 할 수 있는 최상의 것)과도 일치한다. 다시 말해 인간성의 핵심 요소는 연대감, 상호부조, 공감, 남에 대한 관심 등을 포함한다고 촘스키는 희망하는 것이다.

평등사회가 되면 사람들은 일을 덜하게 될까? 촘스키는 말한다. "생존의 필요에 따라 일을 강요당한다면 아마 그렇게 되겠지요. 혹은 물질적 보상 때문에 일을 해야 한다면 그렇게 될 거예요. 이건 일종의 병리입니다. 남들을 고문하는 데에서 쾌락을 얻는 그런 병리 말입니다. 창조작업이 인간성의 핵심(우리는 아이나 어른이나 할 것 없이 적당한 상황이 주어지면 모두들 그런 작업을 하려고 한다는 것을 발견해왔습니다)이라는 고전자유주의에 동조하는 사람이라면 그런 작업원칙에 의문을 품을 겁니다. 그런 원칙은 권력과 권위에 봉사하지만 다른 이점은 갖고 있지 않습니다."

정부가 없어지면 강자가 약자를 지배할까? "우리는 모릅니다. 만약 그렇게 된다면 사회조직의 형태들을 구축해야 할 겁니다. 그런 범죄를 극복하는 데에는 여러 가지 가능성이 있습니다. 민주적 의사결정의 결과는 무엇입니까? 그 대답은 모릅니다. 우리는 시행착오를 통해서만 알수 있습니다. 그러니 시행하여 한번 알아봅시다."(톰에게 보낸 답변) 촘스키는 다른 인터뷰에서도 그 점을 거듭 말했다.

미래사회에 대해서 말해보자면, 나는…… 같은 말을 되풀이하게 될지 모르겠습니다. 하지만 그건 내가 어린 시절부터 깊이 생각해온 문제입니다. 나는 1940년 무렵에 디에고 아바드 데 산틸란Diego Abad de Santillan의 《혁명 이후에After the Revolution》라는 흥미로운 책을 읽었던 것을 기억합니다. 이 책은 아나키스트 동료들을 비판하면서 스페인의 아나코-신디칼리스트 사회가 앞으로 어떻게 전개될 것인지 자세히 묘사하고 있습니다(벌써 50년도 더 된 기억이니 내 말을 문자 그대로 믿지는 마십시오). 당시 내 느낌에 그 사회가 아주 좋아 보였습니다.

하지만 오늘날 우리는 어떤 사회에 대한 질문을 이처럼 자세히 답변할 수 있을 정도로 아는 게 많습니까? 지나간 여러 해 동안 나는 많은 것을 알게 되었습니다. 하지만 과연 우리가 충분히 알고 있는가 하는 나의 의문만 깊어졌을 뿐입니다. 요 몇 년 동안 나는 마이크 앨버트Mike Albert와 이 문제를 자세히 토론했습니다. 그는 나에게 사회의 운영에 대하여, 하다못해 그의 '참여민주주의' 개념에 대하여 나의 의견을 털어놓으라고 졸라왔습니다. 하지만 나는 같은 이유로 그 두 문제에 대하여 뒤로 물러서고 말았습니다. 내가 볼 때 이런 질문들에 대한 답변은 실험에 의해서 습득해야 되기 때문입니다.

예를 들어 특정 사회에서 작동하는 시장이라는 제한적 개념을 한번 살펴봅시다. 나는 그 시장이 뭐가 잘못되었는지 충분히 이해하고 있습니다. 하지만 그게 시장의 작용을 배제하는 어떤 시스템을 주장할 만한 충분한 사유는 되지 못하는 겁니다. 이건 순전히 논리의 문제인데 우리가 그 대답을 알고 있다는 생각이 들지 않습니다. 다른 문제들 또한 마찬가지입니다.[70]

우리는 지금껏 촘스키 사상을 이해하는 데 필요한 참고인물들 몇몇을 살펴보았다. 그리하여 촘스키 사상의 원천과 출발점이 어디인지 매우 뚜렷하게 알게 되었다. 하지만 그들은 일방적인 명령을 내리는 과거의 인물들이 아니라 다양한 설명을 해주는 참고인물들에 지나지 않는다. 이제 우리는 이런 참고자료들을 가지고 일상생활 속의 중요한 문제들을 대면하고 또 이해하려 애써야 한다. 그 작업은 이런 배경자료들의 도움으로 가능해졌을 뿐 아니라 더 개방적인 것이 되었다.

주

1   December 23, 196; posted in response to a question from "Tom" at: http://www.zmag.org/chomsky/whose_world_order.htm(accessed 2/13/2007).

2   "Whose World Order: Conflicting Visions," (lecture, University of Calgary, September 22, 1998). Available online at http://www.zmag. org/chomsky/whose_world_order.htm(accessed 2/13/2007).

3   "Eight Questions on Anarchism" http://www.zmag.org/chomsky/interviews/9612-anarchism.html(accessed 2/13/2007).

4   Ibid.

5   Andrew Hook, "Philadelphia, Edinburgh and the Scottish Enlightenment," in Richard B. Sher and Jeffrey R. Smitten, *Scotland and America in the Age of the Enlightenment*(Princeton: Princeton University Press, 1990), p. 230.

6   David Daiches, "Style Périodique and Style Coupé: Hugh Blair and the Scottish Rhetoric of American Independence" in Sher and Smitten p. 224.

7   *The Papers of Benjamin Franklin*. Ed. Leonard W. Labaree, volume 15(NewHaven, Conn, Yale University Press, 1959-,) p. 530).

8   Ferguson, Adam. *Principles of Moral and Political Science, being chiefly a retrospect of lectures delivered in the College of Edinburgh*, 2 vols., Edinburgh, 1792, 1:42-43.

9   Available online at http://www.islandnet.com/~contempo/library/mai/chomsky2.html(accessed 2/13/2007).

10 As Lyotard suggests in the *Postmodern Condition*, translated by Geoff Bennington and Brian Massumi, (Minneapolis MN: University of Minnesota Press, 1984).

11 In such books as *The Gulf War Did Not Take Place*, by Baudrillard, translated by Paul Patton(Bloomington: Indiana University Press, 1995).

12 "Politics and the English Language," cited in *The Norton Anthology of English Literature*(New York: Norton, 1993), 2:2240. Available online at http://www.

mtholyoke.edu/acad/intrel/orwell46.htm(accessed 2/13/2007).

13   In Sher and Smitten, *Scotland and America in the Age of Enlightenment*, p. 102.
14   Ibid., p. 225.
15   http://www.cooperativeindividualism.org/chomsky_commongood.html (accessed 2/13/2007).
16   Daiches, "Style Périodique and Style Coupé," p. 223.
17   http://www.cooperativeindividualism.org/chomsky_commongood.html
18   Daiches, "Style Périodique and Style Coupé," p. 223.
19   http://www.cooperativeindividualism.org/chomsky_commongood.html
20   *Language and Mind*, p. 21.
21   *Language and Responsibility*, pp. 77–78, available online at http://www.ukzn.ac.za/undphil/collier/Chomsky/ChomskyLRall.html(accessed 2/13/2007).
22   From the November 25, 1992, audiotape recording of a talk Chomsky gave in Barcelona, 1992 titled "Creation and Culture", Alternative Radio, www.alternativeradio.org(accessed 2/13/2007).
23   A selection of Chomsky's posts from the ChomskyChat Forum and available online at http://www.zmag.org/ScienceWars/forumchom.htm(accessed 2/13/2007).
24   See my *Noam Chomsky: A Life of Dissent*, chapter 3.
25   *The Chomsky Reader*, p. 152.
26   Wilhelm von Humboldt, *The Limits of State Action*. Translated by J. W. Burrow. (London: Cambridge University Press 1969). This text is available online at http://oll.libertyfund.org/Texts/Humboldt0128/SphereaAndDuties/HTMLs/0053_Pt02_Part2.html(accessed 2/13/2007).
27   Chomsky, "Creation and Culture," 1992.
28   Personal correspondence, August 8, 1994.
29   Much of Ginsberg's poetry is available online at sites including http://www.rooknet.com.beatpage.writers/ginsberg.html(accessed 2/13/2007).
30   *Nationalism and Culture*, p. 157. This book is available online at http://www.anarchyisorder.org/CD%234/TXT-versions/Rocker%20Rudolf%20-%20Nationalism%20and%20Culture%20(partly_%20no%20lay-out).txt(accessed 2/13/2007).
31   Ibid.

32 이 사건과 그 여파에 대해서는 다음 자료를 참조할 것. Herbert Mitgang, 《Dangerous Dossiers: Exposing the Secret War Against America's Greatest Authors》(New York: Donald I. Fine, 1988), pp. 13-26.

33 This passage is available online at http://www.ala.org/ala/oif/ifissues/issuesrelatedlinks/amendmentsconstitution.htm(accessed 2/13/2007).

34 http://www.zmag.org/chomsky/interviews/9612-anarchism.html(accessed 2/13/2007).

35 Letter to author, September 9, 1997.

36 Cited in Chomsky's *Towards a New Cold War*, pp. 60-61.

37 *The Spanish Anarchists*(San Francisco, AK Press, 1998), pp. 26.

38 Rudolph Rocker, 《Nationalism and Culture》, trans. Ray E. Chase(St. Paul, Minn: Michael E. Coughlin, 1985). 이 책은 맨 처음에 스페인어 번역본(전 3권)이 《Nacionalismo y cultura》(1935-37)로 나왔고 번역자는 Diego Abad de Santillan, 출판사는 Tierra y Lieberdad, Barcelona다. 최초의 북아메리카 번역판은 레이 E. 체이스가 번역했고, 뉴욕의 Covici-Friede에서 1937년에 나왔다.

39 Rudolph Rocker, 《Anarchism and Anarcho-Syndicalism》(London: Freedom Press, 1988). 이 책은 스페인 내전 1년 후인 1937년에 집필되었고 1938년 3월 영어로 번역되었다.

40 Ibid. p. 3 and available online at http://sunsite.utk,edu/FINS/Doctrines_Injustice/Fins-DI-03.htm(accessed 2/13/2007).

41 "Creation and Culture," audiotape, Alternative Radio, recorded November 25, 1992.

42 All cited in Rocker, *Nationalism and Culture*, pp. 148-149, available online at http://flag.blackened.net/rocker/liberal.htm(accessed 2/13/2007).

43 *Powers and Prospects: Reflections on Human Nature and the Social Order* (Delhi, Madhyam Books, 1996), pp. 73-74, excepts online at http://www.tribuneindia.com/2000/20000702/spectrum/books.htm(accessed 2/13/2007).

44 This preface is available online at http://www.geocities.com/CaptolHill/Lobby/2554/rudolf.html(accessed 2/13/2007).

45 NYRB volume 17 number 11.

46 이와 관련하여 사후에 출간된 젤리그 해리스의 저작을 살펴볼 필요가 있다. Zellig Harris, 《The Transformation of Capitalist Society》(Lanham, UK: Rowman and Littlefield Publishers, 1997).

47 저자에게 보낸 편지, 1997년 9월 9일자.

48 이 부분은 나의 책 《노엄 촘스키: 반체제인사의 생애》 2장에서 다루고 있다.

49 http://www.upenn.edu/gazette/0701/hughes.html(accessed 2/13/2007).

50 이것은 언어학에만 적용되는 얘기가 아니다. 사람들이 노엄 촘스키를 거부 혹은 찬양하는 태도는 그들의 언어 및 인간정신에 대한 관점에 따라서 달라진다.

51 *Pennsylvania Gazette*.

52 Chomsky, *Chomsky Reader*, p. 8.

53 Cited in *Pennsylvania Gazette*.

54 Chomsky, *Chomsky Reader*, p. 8.

55 Ibid.

56 Cited in Randy Allen Harris, *The Linguistics Wars* (New York: Oxford University Press, 1993), p. 31.

57 Chomsky, *Language and Mind*, pp. 3-4, available online at http://www.cambridge.org/us/catalogue/catalogue.asp?isbn=9780521858199&ss=exc(accessed 2/13/2007).

58 *Pennsylvania Gazette*.

59 Personal correspondence to the author, December 13, 1994.

60 Chomsky, *Knowledge and Language*, p. 64.

61 Cited in Otero, ed., *Noam Chomsky: Critical Assessments* vol. Ⅰ.Ⅰ, 292.

62 Personal correspondence, from Hoenigswald to the author, July 8, 1997.

63 Personal correspondence, from Chomsky to the author, April 3, 1995.

64 Personal correspondence, from Chomsky to the author, December 13, 1994.

65 Ibid.

66 Personal correspondence, July 8, 1997.

67 이 인용문 때문에 내가 젤리그 해리스의 전기를 집필하게 되었다.

68 Personal correspondence, June 23, 1993.

69 http://www.zmag.org/chomsky/interviews/9612-anarchism.html.

70 http://www.zmag.org/chomsky/interviews/9612-anarchism.html(accessed 2/13/2007).

THE CHOMSKY EFFECT

정의로운 효과: 법률, 윤리, 인권에 대한 촘스키의 생각		Milieus	PART 02

효과적인 교육: 촉매 역할과 석좌교수	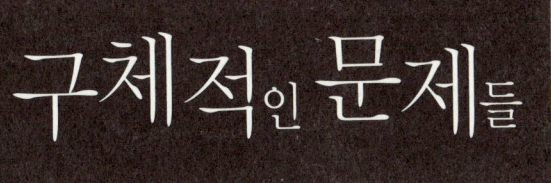 구체적인 문제들

  문학, 유머, 창조적 담론의 효과

 촘스키 이펙트 방해하기  효과적인 '대중' 지식인

THE CHOMSKY EFFECT

CHAPTER 04

정의로운 효과: 법률, 윤리, 인권에 대한 촘스키의 생각

Just Effects: Chomsky on Law, Ethics and Human Rights

촘스키의 정치적 입장, 특히 그의 아나키즘에 대해서 막연히 알고 있는 사람들은 노엄 촘스키와 법률 사이에 무슨 관계가 있다는 걸까 생각하기 쉽다.[1] 이렇게 된 것은 아나키즘에 관한 일반 대중(과 학계)의 오해 때문이다. 그들은 아나키즘을 아주 협의적으로 생각하여 무법, 혼란, 폭력, 파괴, 권위(경찰력과 기타 국가질서의 대표자)에 대한 불법적 도전 등과 같은 것으로 생각하고 있다. 이러한 오해에 대한 증거는 아나키anarchy라는 용어의 대중적 쓰임새를 살펴보면 발견할 수 있고 아나키와 법률의 관계를 다룬 문헌들을 살펴봐도 알 수 있다. 차트라파티 싱Chhatrapati Singh은 《아나키에서 유토피아에 이르는 법률Law From Anarchy to Utopia》[2] 이라는 책을 펴내면서 그 부제를 '법사상의 논리적·인식론적·존재론적 기반에 대한 설명: 법적 명제와 법적 권위의 기반에 대한 탐구'라고 달았다. 싱은 이렇게 말한다.

아나키는 단순히 법과 질서가 무너진 상태를 의미하지는 않는다. 이것은 상황을 잘못 설명하고 있는 것이지만 그렇다고 해서 일리가 없는 것도 아니다. 질서는 강요, 세뇌, 조건화, 기만, 종교적 확신 등 다양한 방식으로 유지될 수 있다. 법률적 질서는 이런 다양한 질서 중 하나인 것이다. 따라서 법률이 없는 상태에서도 질서는 수립될 수 있다. 하지만 합리성과 협동이 전제되지 않은 이런 비非법률적 질서는 병적인 것이다. 왜냐하면 사람들에게서 자유를 빼앗고 그들의 자연스런 성장을 지체시키기 때문이다. …… 이렇게 볼 때 아나키는 단순히 무질서의 문제가 아니라 병적인 질서의 문제이기도 한 것이다. 사람들에게 사회적·문화적·경제적·과학적 등의 방식으로 발전할 기회가 주어지지 않고, 기만이나 강요에 의해서 질서가 유지되는 상황에서 사람들이 그런 박탈을 깨닫게 된다면 훨씬 큰 무질서가 발생한다.

식민주의, 제국주의, 독재, 노골적 탄압 등으로 유지되는 병적 질서는 테러나 게릴라전 못지않게 아나키의 조건을 형성한다.(xiii)

이 문장에는 부정확한 점이 많다. 무엇보다도 반反아나키의 근거인 합리성과 협동에 대한 설명이 그렇다. 합리성과 협동은 아나키즘의 진정한 목표일 뿐 아니라 아나키스트 어프로치의 존재 이유이기도 한 것이다. 아나키는 법률의 영역 바깥에 존재하는 성취 불가능의 유토피아가 아니다. 어떤 사람들은 이렇게 생각하고 있는데, 특히 리처드 테일러 Richard Taylor는 《자유, 아나키, 법률: 정치철학 입문Freedom, Anarchy, and the Law: An Introduction to Political Philosophy》에서 이렇게 말하고 있다.[3] "자유가 무제한의 선이라고 한다면 이상적인 사회의 상태는 아나키의 그것이 될 수도 있다. 사람들이 아무런 관습적 강요를 받지 아니하고 살아가는 그런 상태. 이런 상태는 문자 그대로 법이 없는 상태이고, 그것이 내세우는 이상은 이런 상태에 있을 때 인간은 비로소 무제한의 좋은 자유를 즐긴다는 것이다. 이런 사회에 단 하나의 규칙이나 법률을 도입한다면 그것은 부패의 시작이다. 왜냐하면 그런 법률은 어떤 사람이 하려고 했던 행위를 금지할 것이고 그리하여 그에게서 무제한의 자유를 빼앗게 되니까."(42)

사실 바쿠닌, 골드맨Goldman, 크로포트킨, 로커 등은 그들이 제안하는 좋은 사회에서의 법률의 역할을 설명했다. 촘스키는 이런 사상가들로부터 좋은 점을 취해왔으나 계몽사상, 고전자유주의 사상, 아나키스트 사회를 서로 연결시켰다는 점에서 좀 다르다. 촘스키의 정치강연들은 대부분 국제법, 법의 통치, 권리장전, 미국 헌법, 인권과 자유의 선언 등 각종 헌장, 조약, 선언, 그리고 유엔 결의안 등을 언급하고 있다. 이것은 어떤 사람들에게는 좀 놀랍게 들릴 것이다. 아무튼 그는 "현대적 법치의 상징들, 가령 인간의 권리를 기술한 마그나 카르타Magna Carta, 정부의 권력을 제한하고 권리장전을 제시한 미국 헌법, 프랑스 사법체계에 균일성을 도입한 나폴레옹 법전 등에 대한 존경"을 거듭 표명하고 있다.[4]

여기서 문제는 아나키와 무법상태를 같은 것이라고 오해하면 촘스키의 사상이 아리송해진다는 것이다. 촘스키의 사상에 동조하는 사람들조차도 법정, 국제사법재판소, 유엔 등의 기관을 우호적으로 언급하는 어프로치가 법률기관들의 보수적이고 엘리트적인 특성을 간과하고 있다고 생각한다. 이와 관련하여 촘스키의 개인적 에피소드도 그런 혼란에 일조하고 있다. 가령 제이 파리니Jay Parini는 《마더 존스Mother Jones》(1988년 10월)에 '노엄은 섬이다Noam Is An Island'라는 글을 발표했는데, 촘스키가 길거리를 건널 때 지나칠 정도로 교통법규를 잘 지킨다고 썼다. 이러한 행동은 사람들이 아나키스트에 대하여 갖고 있는 파괴적 행동과는 사뭇 거리가 있는 것이다.

고전자유주의의 틀 속에서 활동하는 개인들은 법률 공부를 통하여 자유주의의 사상과 아나키즘의 그것이 상당히 겹친다는 것을 발견한다. 이 장의 주된 목적 중 하나는 그것을 증명해보려는 것이다. 이러한 노력은 때때로 공중 줄타기가 된다. 왜냐하면 촘스키가 국제법이나 그 관련 기관들의 조치를 항상 지지하는 건 아니기 때문이다. 그는 관련 법률이 어떻게 제정되고 집행되느냐에 따라 비판하기도 하고 지지를 보내기도 한다. 예를 들어 그는 유엔이 오늘날 '기능적' 기관이 되고 말았다고 말한다. 그 이유는 "대체로 보아 워싱턴이 바라는 대로 일처리를 하기 때문이다. 그런데 이러한 사실은 냉전의 종식, 러시아 사람, 제3세계의 질병과는 아무런 상관도 없다. 제3세계의 '반서구적 수사'는 국제법을 준수하라는 내용이 많다. 때때로 미국과 그 동맹국들이 공격, 합병, 인권침해 등에 반대하는 경우가 있다. 그러면 유엔은 그 평화유지 역할을 수행할 수 있다. 하지만 이런 진실은 받아들일 수 없는 것이기에 존재하지 않는 것으로 처리된다. 그런 진실은 '리얼리티(실제 현실)의 왜곡'이고 리얼리티(우리가 믿기를 바라는 것)가 아니다."[5]

유엔이 국제 자본주의 경제에서 제한된 역할밖에 하지 못함에도 불구하고, 자체의 메커니즘을 갖고 있으므로 그것만 잘 이행해도 세계의 비참함을 상당 부분 감소시킬 수 있다. 하지만 불운하게도 유엔은 그 기반이 되는 국제법과 마찬가지로 현대 정치를 추구하는 또다른 방법이 되기도 한다. 그렇기 때문에 억압을 완화하고 정의를 지원하는 근본적인 임무를 수행하기보다는 기존의 정치 현실과 권력관계를 반영하는 경우가 종종 있다. 이라크의 2차 침공을 1차 침공 때 촘스키가 지적했던 무력의 역할과 비교 검토해보면 흥미롭다. "정책의 선택은 추구되는 목표에 따라 결정된다. 가령 그 목표가 이라크의 쿠웨이트 철수, 지역문제 해결, 더 좋은 세상으로의 이행 등이라면 워싱턴은 국제법에 따라 제재와 외교의 평화적 수단을 사용한다. 만약 용병-단속자 역할을 하려는 목표를 갖고 있다면 그때는 무력의 규칙을 사용한다."[6] 이 '무력의 규칙'은 지속적으로 되풀이되는 후렴이다. 이 분야의 촘스키 저작은 바로 이것이 지배적인 이데올로기임을 증명하려는 것이다. 데이비드 바사미언과의 인터뷰에서 이스라엘과 미국에 대하여 이렇게 말한다.

바사미언 | 미국-이스라엘 동맹의 조건들이 변했습니다. 하지만 구조적인 변화가 있었습니까?

촘스키 | 국제법이 국내법에 우선합니다. 하지만 이스라엘은 유엔의 결의안을 적용할 수 없다고 주장합니다. 어째서 적용할 수 없다는 걸까요? 국제법이 미국에서 적용될 수 없는 것이나 마찬가지입니다. 그 때

문에 국제사법재판소가 얼마나 미국을 비난하고 있습니까! 미국은 제 마음대로 결정하면서 약소국에게는 국제법을 준수하라고 강요합니다.

바사미언 | 웨스트뱅크 라말라에 있는 인권단체 알하크Al Haq를 위해 일하는 변호사, 모나 라쉬마위Mona Rishmawi와 나눴던 이야기가 기억납니다. 그녀는 법정에 나설 때마다 이스라엘 검사가 영국에 위임한 비상조치법, 요르단법, 이스라엘법, 터키법 중 어떤 것으로 그녀의 의뢰인들을 기소할지 예측하기 어렵다고 말했습니다.

촘스키 | 아니면 그들만의 법을 적용할 수도 있지요. 한 번도 공개된 적이 없는 행정법규도 있습니다. 팔레스타인 출신의 변호사라면 누구나 그곳의 법체계는 조크에 불과하다(웃긴다)고 말할 겁니다. 요컨대 법이 없습니다. 순전히 권위만 있을 뿐입니다.[7]

유엔이 추진하는 정치와 파워 정치는 차이가 있다. 그리고 촘스키는 때때로 유엔의 정치를 지지하지만 파워 정치를 지지한 적은 거의 없다. 이렇게 된 것은, 유엔의 조치는 편의적 무력 사용이 아니라 적어도 합리적 가치에 뿌리를 두고 있기 때문이다(이 점을 알기 위해서는 유엔 헌장을 한 번 읽어보기만 하면 된다).[8] 촘스키가 미국의 대중들에게 줄기차게 말하고 있는 것처럼 미국의 도그마는 이기적이다. 미국이 법 위에 서 있는 것은 당연하고 정당한 것이며, 미국은 마음대로 무력을 사용할 수 있다는 것이다. 그렇기 때문에 유엔 같은 국제기관이 비록 이론적이기는 하지만, 개입하게 된다. 강대국의 공격적 제국주의에 맞서서 국제적 호소의 포럼을 제공하려는 것이다. 하지만 국제적 협약, 조약, 헌장, 합의 등은 구속력이 없다. 그래서 선의의 의도와 이상적 행동을 강조하는 국제법은 공평한 정의와 비정한 현실의 거리가 얼마나 먼지 보여주기만 할 뿐이다.

촘스키는 말한다. "WTO(세계무역기구)는 미국에게 그 법률을 바꾸라고 강요할 권한이 없다. 이것은 국제사법재판소가 미국에게 국제 테러와 불법 경제전쟁을 멈추라고 명령할 권한이 없는 것과 마찬가지다. 자유무역과 국제법은 민주주의와 비슷하다. 이런 것들은 좋은 아이디어이기는 하지만 과정이 아니라 결과에 따라 판정 받아야 한다."[9] WTO는 특정 기구와 조약이 얼마나 불완전한가를 보여주는 사례다. 각종 WTO 회의에 질서를 유지하기 위한 경찰과 군대를 동원했다는 사실은 합리적 해결보다는 무력을 더 중시한다는 증거다. 누가 지고 누가 이기나를 결정할 때에는 늘 이 무력이 나오는 것이다.

이 때문에 촘스키는 국제법의 긍정적 측면을 계속 강조한다. 기본원칙에 입각하여 합리적 행동을 하자면 국제법을 따라야 한다고 보는 것이다. 그러나 국제법은 엘리트들에 의하여 거부당한다. 바로 여기서 현 정치체제의 위선이 나온다고 촘스키는 지적한다.

> 미국은 1945년 미국의 주도 아래 국제법의 근대적 기반이 설정된 이래 국제법에 반대해왔다. 그러한 행위는 내부문서(현재는 비밀 해제)에 기록되어 있다. 가령 새로 구성된 국가안전보장회의의 첫 메모(NSC 1/3)는 만약 이탈리아 좌파가 선거에서 승리하면 조치에 돌입해야 한다고 밝히고 있다. …… 케네디 행정부에 들어와 국제법에 대한 경멸은 한층 노골적이 되었다. 특히 케네디의 수석 고문관인 딘 애치슨Dean Acheson의 연설이 그렇다. 클린턴/레이건 시절의 주된 사항이라고 하면 국제법 위반이 아예 공공연해졌다는 것이다. 사실 미국은 모든 나라가 국제법을 준수해야 한다는 유엔 안전보장이사회의 결의안을 거부한 유일한 나라다. 이 결의안의 대상 국가는 명시되지 않았으나 그게 어느 나라인지 누구나 다 알았다. …… 강자가 일반적으로 국제법을 무시하고 약자(특히 전에 식민지였던 나라들)가 그것의 준수를

촉구하는 이유는 너무나 분명하다. 강대국은 어차피 자기 하고 싶은 대로 한다. 세계 질서의 조약이나 체계는 그들에게 반드시 지켜야 할 사항은 아니다. 하지만 그들은 때때로 약자를 보호해주기도 한다. 이런 식이기 때문에 진정한 '국제 공동체'는 미국/영국(그리고 그들의 나토 동맹국들)의 무력 사용에 강력히 반대하는 것이다. 미국에서 '국제 공동체'라는 용어는 나토를 의미했으나 이제 우리는 그런 인종차별적/제국주의적 용어를 버려야 한다.[10]

촘스키가 볼 때 국제법의 좋은 점들은 미국의 '경멸'과 무시로 피해를 보고 있다. 만약 이게 사실이라면 미국의 정책을 추진시키는 힘은 무엇인가? 여기서 촘스키는 법률과 무력의 관계를 고찰한다. 이것은 오늘날의 선제공격, 테러, 보안 등의 정책들과 관련된 핵심 문제다.

질문 | 국제법을 파괴하는 것이 미국 정책의 일부분이라면 폭력적인 국제 행위자라는 미국의 신인도 유지는 어떻게 되는 겁니까?

촘스키 | 내가 볼 때 국제법 파괴와 '신인도' 유지는 함께 가는 것 같습니다. 그런 근거에서 클린턴의 전략사령부는 '냉전 이후의 억지'라는 연구에서 이렇게 조언했습니다. "우리나라를 너무 합리적이고 냉정한 국가로 내세우는 것은 손해다. …… 만약 미국의 국익이 공격을 당하면 미국은 비합리적이고 보복적으로 나올 것이라는 페르소나를 내걸어야 한다. 이렇게 전략적 입장을 정해 놓아야 어떤 상황이 통제 불능에 빠질 때 행동에 나서기 좋다." 국내의 문서들을 살펴보면 실제 이런 방향으로 정책이 집행되었습니다. 이런 스토리의 근원을 소급해 들어가는 건 쉬운 일입니다. 이건 미국만의 얘기가 아닙니다. 다른 많은 사례들이 있습니다. 이것은 강대국의 자연스러운 속성입니다.[11]

이런 다양한 구분과 논의를 더 살펴보기 위해서 우리는 누가 이런 규칙을 이론화했고 기존의 사회조직에서 법치가 어떻게 작동하는지 과거의 사례들을 검토해보자.

합리적 과거에 호소함으로써 위선에 맞서기

촘스키는 역사적 선례와 연결관계를 고찰하면서 고전자유주의의 법률사상과 그 자신의 아나키스트 비전을 통합했다. 예를 들어 그는 우리 사회에 합법성을 부여하는 문서들을 잘 살펴보라고 거듭 촉구한다. 또 우리가 오늘날 즐기고 있는 상대적 자유를 얻어내기 위해 과거에 사람들이 흘렸던 피를 기억하라고 말한다.[12] 기업-국가 프로파간다 체제의 효율성은 전 세계적으로 노동자의 휴일인 메이데이May Day의 운명에 의해 잘 드러난다. 메이데이는 1886년 5월의 헤이마켓 사건 이후 여러 명의 아나키스트들이 사법적 살인을 당한 데서 유래되었다. 그 사건은 하루 8시간 노동이라는 조건을 위하여 싸우던 미국 노동자들이 국제적인 유대를 과시해보인 캠페인이었다. 미국에서 이런 과거의 사건은 잊혀졌다. 메이데이는 '법의 날'로 바뀌었다.

로널드 레이건은 1984년 5월 1일을 법의 날로 지정하면서 '200년에 걸친 법과 자유의 파트너십'을 기념하기 위한 것이라고 말했다. 그러면서 법률이 없다면 '혼란과 무질서'만 있을 뿐이라고 첨언했다. 그 전날 그는 '불법적 무력 사용'과 조약 위반이라며 미국의 니카라과 공격을 비난한 국제사법재판소의 의사록을 무시해버렸다. 레이건은 또 1985년 5월 1일 법의 날을 기념하면서 "니카라과 정부의 공격적 행동으로 빚어진 비상사태에 대응하여" 니카라과에 대한 수출중지를 선언한다고 말했다. 레이건은 그것이 "국가적 비상사태"라고 말했다. "니카라과 정부의 정책과 행동이 미국의 국가안보와 외교정책에 비상한 위협이 되기 때문"이라는 것이다. 이러한 선언에 대하여 의회, 언론, 지식인 사회는 승인의 신호를 보냈다. 그리고 일부에서는 어색한 침묵을 지켰다.[13]

촘스키는 이어 미국의 수사(말)와 행동을 비교하면서, 미국이 그 자신의 '원칙들'을 지속적으로 위반하면서 '무력의 규칙'을 따랐다고 증명했다.[14] 미국 정부는 이러한 무력의 규칙을 '국익'을 보호하기 위한 합법적 방식이라고 옹호했다. 하지만 이것은 수상한 아이디어다. 우리 사회의 근간이 되는 법전을 살펴보면 금방 알 수 있다.

미국 헌법과 그 수정안에 보면 인권(언론의 자유, 조사와 구금으로부터 면제되는 자유, 투표의 권리)을 '집단 법인(회사)'에게 넘겨줄 수 있게 한 조항은 나오지 않습니다. 이 법인이라는 것은 '죽지 않는 개인'의 권리를 갖고 있습니다. 법인의 권리를 살펴보면 피와 살을 갖고 있는 개인보다 훨씬 큰 권리를 갖고 있어요. 유엔 헌장을 뒤져봐도 워싱턴이 말하는 국익을 위한 무력의 사용이라는 권위는 부여되어 있지 않습니다. 국익이라는 것은 죽지 않는 개인(법인)이 사회에 드리우는 그림자를 가리기 위해 툭하면 내세우는 것인데, 존 듀이John Dewey는 정치란 대기업이 사회에 드리우는 그림자라고 시사적인 발언을 했습니다.
미국의 법전은 '테러'를 아주 분명하게 정의하고 있고 미국 형법은 그 범죄에 대하여 중징계를 부과하고 있습니다. 하지만 '파워의 건축가들'이 국가 테러를 저지른 데 대하여 징벌을 면제해준다는 구절은 어디에서도 찾아볼 수 없습니다. 또 그들의 부하(그들이 미국의 말을 듣는 한 계속 워싱턴의 호의를 살 것입니다)인 수하르토, 사담 후세인, 모부투, 노리에가, 기타 군소 독재자들의 테러 소행에 대해서도 마찬가지입니다. 유수한 인권기관들이 해마다 지적하고 있는 바와 같이 미국의 원조는 거의 대부분이 불법입니다. 그 수혜국가들이 대부분 불법국가이기 때문입니다. 미국 법률은 '조직적 고문'을 자행하는 나라들에게 원조를 금지하고 있습니다. 이렇게 분명히 법률이 있는데 과연 그 의미가 지켜지고 있는 것입니까?[15]

법률과 그 의미를 서로 구분하여 이해하는 한 가지 방식은 타당한 법률과 부당한 법률의 차이를 명확하게 구분하는 것이다.

미국의 행위를 옹호하는 자들은 법률문제는 민간인이 다 알기에는 너무 복잡하므로 전문가에게 맡겨야 한다고 말합니다. 하지만 이 경우 찬반의 주장을 면밀하게 살펴보면 법률문제에 대해서는 별 이견이 없습니다. 토의된 문제들은 역사적이고 사실적인 것들입니다. 보다 구체적으로, 미국이 북베트남의 무장공격에 대비하여 집단 자위행동을 한 것입니까? 이것은 민간인이라고 할지라도 얼마든지 판단할 수 있는 문제입니다. 합리적인 시민이라면 이 문제는 너무 심오한 것이라는 주장에 밀려 판단을 보류하는 일은 하지 않을 것입니다. 아주 다양한 문서들을 입수할 수 있습니다. 그 문서들은 미국의 베트남 전쟁이 범죄행위라는 것을 보여줍니다. 아주 전문적인 관점에서 보아도 이것은 분명합니다.[16]

하워드 진도 비슷한 생각을 갖고 있는데, 법률과 정의의 차이에 대하여 이렇게 말했다. "기원전 5세기의 소포클레스에서 현대의 톨스토이에 이르기까지 위대한 예술가와 작가들은 법률과 정의의 차이점을 알고 있었다. 그들은 아름다움을 창조하고 인간의 감수성과 접촉하려면 전통적 테두리를 벗어나는 상상력이 필요한 것처럼 국가의 규칙과 규정을 벗어나야만 자기 자신과 남들의 행복을 성취할 수 있음을 알았다."[17]

국가의 규칙과 규정을 벗어나서 보편적 정의의 영역으로 들어가는 것은 중요한 일이다. 이 때문에 우리는 때때로 권위와 그 단속자에게 저항하는 것이다. "우리는 어떤 종류의 사람을 존경해야 하는가? 다음 세대의 젊은이들에게 법을 충실하게 따르는 사람이 되라고 할 것인가, 아니면 법의 내외부에서 혹은 법을 초월하여 정의를 향해 나아가는 반항자가 되라고 할 것인가? 어떤 인생이 가장 가치 있는 인생인가? 법과 질서를 충실히 따르는 인생? 독립적으로 생각하면서 자기 길을 가는 반항의 인생?"[18]

진은 미국의 아이콘들 중에서 이런 생각을 지지하는 사람들을 뽑아 온다. "정부에 대한 저항정신은 때때로 너무나 소중하여 나는 그 정신이 늘 살아있기를 바란다. 물론 그 정신이 엉뚱하게 발휘되는 경우도 있을 것이다. 하지만 전혀 발휘되지 않는 것보다는 그렇게 엉뚱하게 발휘되는 것이 더 낫다."(토마스 제퍼슨) "법률을 너무 지나치게 존중하다 보면 자연스럽게 이런 결과가 나온다. 일렬로 늘어선 군인들, 가령 대령, 대위, 하사, 사병, 소년 탄약수 등이 정연하게 대오를 유지하면서 언덕과 계곡을 지나 병영으로 돌아간다. 그들의 의지, 상식, 양심을 거슬러 가면서 말이다. 그들의 행군은 정말 고통스럽고 또 가슴의 두근거림을 가져 온다."(헨리 데이비드 소로)[19] 촘스키는 미셸 푸코Michel Foucault와 대담하면서(사회는 퐁스 엘더스Fons Elders) 이와 유사한 주장을 했다.[20]

엘더스 | 전략의 문제를 좀더 깊이 파고들면 흥미롭겠군요. 당신이 말씀하신 시민의 불복종은 우리가 여기서 원외행동extraparliamentary action이라고 부르는 것과 같은 것입니까?

촘스키 | 아닙니다. 그것을 넘어서는 문제라고 봅니다. 원외행동은, 가령 대규모 시위를 포함합니다. 하지만 시민의 불복종은 그보다 범위가 좁습니다. 국가가 법률이라고 주장하는 사항에 대하여 직접적으로 도전한다는 의미에서 말입니다.

엘더스 | 그럼, 예를 들어 네덜란드의 경우 인구조사 같은 것을 하고 있습니다. 시민은 공식적 양식에 나오는 질문에 대답할 의무가 있습니다. 만약 그 양식의 작성을 거부한다면 그걸 시민의 불복종이라고 하시겠습니까?

촘스키 | 맞습니다. 하지만 그 문제에 대하여 좀더 조심스럽게 접근하고 싶군요. 아까 푸코 씨가 말했던 아주 중요한 사항과도 관계가 되는 것인데, 시민은 법률의 의미를 규정하는 문제를 반드시 국가에만 맡겨둘 필요는 없습니다. 현재 국가는 무엇이 법률인지 그 의미를 강요할 수 있는 권한을 갖고 있습니다. 하지만 권력은 정의justice와 정확함correctness과 동의어는 아닙니다. 국가는 그렇게 하면 안 되는데도 어떤 것을 시민의 불복종으로 규정할 수 있습니다. 가령 미국에서는 베트남으로 가는 탄약 열차를 멈추게 하는 것을 시민의 불복종으로 규정하고 있습니다. 하지만 국가가 이런 규정을 내린 건 잘못된 겁니다. 왜냐하면 그건 합법적이고 정당한 것이므로 당연히 그렇게 해야 하는 겁니다. 국가의 범죄를 예방하기 위한 행동은 하는 게 적절합니다. 살인을 방지하기 위해서는 교통법규를 위반해도 되는 것처럼 말입니다. 가령 내가 빨간불에 걸려 차를 멈춰 세웠는데, 그때 기관단총을 쏘아대는 사람들로부터 어떤 사람을 구하기 위하여 내가 그 불을 무시하

고 달렸다면 그건 불법적인 행동이 아닙니다. 그건 적절하고 타당한 행동입니다. 그 어떤 판사도 이 행동을 범죄라고 생각하지 않을 겁니다. 마찬가지로 국가가 시민의 불복종이라고 규정하는 것들은 상당수 시민의 불복종이 아닙니다. 합법적일 수도 있고 아닐 수도 있는 국가의 명령을 위반하는 합법적이고 의무적인 행동입니다. 그래서 어떤 것을 불법이라고 부르는 문제는 조심해야 한다고 생각합니다.

푸코 | 그렇습니다. 하지만 당신에게 한 가지 질문을 하고 싶습니다. 가령 미국에서 어떤 불법적인 행동을 할 때, 그것을 정의 혹은 훨씬 우월한 법적 근거에 입각하여 정당화하는 것입니까, 아니면 계급투쟁의 필요성으로 정당화하는 겁니까? 현재 프롤레타리아가 지배계급을 상대로 투쟁하기 위해 필요한 행위로 말입니다.

촘스키 | 그 점에 관해서는 미국 대법원과 기타 법원들의 관점을 취하고 싶군요. 그러니까 그 문제를 가장 비좁은 관점에서 규정하자는 겁니다. 어떤 특정 사회에서 사법기관에 맞서서 행동하는 것은 훌륭한 의미가 있다고 봅니다. 그렇게 함으로써 그 사회의 권력과 압제의 원천을 쳐부술 수 있다면 말입니다.[21]

이것은 중요한 사항이다. 정의란 결국 불법적인 권력의 원천을 쳐부순다는 것이니까. 불법적 권력은 그 법에 영향을 받는 개인의 이익을 위해 행사되는 것이 아니라 기업의 이익이나 애국심 같은 다른 목적으로 행사되는 것이다. 이 점을 분명하게 하기 위하여 우리는 촘스키가 지지하는 혹은 거부하는 미국 사법제도의 요소들을 살펴봐야 한다. 이렇게 하다 보면 촘스키가 오랫동안 지지해온 데카르트 학파의 사상과 그가 열망하는 아나키스트 사회의 연결관계가 자연히 드러날 것이다.

권위에 대한 미국식 저항

우리는 어떤 법에 저항할 것인지 어떻게 결정할 수 있나? 법률의 타당성을 결정하기 위해 어떤 기준을 적용해야 하나? 노엄 촘스키는 루돌프 로커와 마찬가지 생각을 갖고 있다. 타당한 법률은 개인들이 사회에서 생활하면서 자연스럽게 생겨난 것이다. 그런 법률은 개인과 집단의 생존에 도움이 되는, 여러 세대를 거쳐서 형성되어온 습관들이다.

가령 언론의 자유를 논하면서 촘스키는 이렇게 말했다. "언론의 자유는 심지어 미국에서도 오랫동안 자리잡아온 전통이 아니었다. 그것은 다른 자유와 비교해 보면 상당히 선진적인 자유다." 자신의 주장을 강화하기 위하여 촘스키는 루돌프 로커를 인용한다. "정치적 권리는 의회에서 생겨난 것이 아니다. 그 권리는 외부에서 그들(시민들)에게 강요된 것이다. 그 권리가 법률로 정착된다고 하더라도 그것이 안전하게 살아남는다는 보장은 없다. 한 장의 종이 위에 법률로 규정되었다고 해서 그 법이 언제나 존재할 수는 없는 것이다. 그것이 사람들의 오래된 습관이 될 때, 그 습관을 없애려고 하면 대중의 저항을 받게 될 때 비로소 그것이 법률이 되는 것이다."

따라서 미국 헌법 등의 문서에 제시된 법적 보호나 권리는 지원받고 보완되고 강화될 때 비로소 사회가 발전하는 것이다. 촘스키는 말한다. "역사는 이러한 결론에 대한 광범위한 증빙을 내놓고 있다. 잘 알려진 것처럼 미국의 투표권도 지속적인 투쟁에 의해 얻어진 것이다. 여성들은 130년 동안 투표권이 박탈되어 있었고 미국 헌법에 의해 '5분의 3만 인간'이라고 지정된 사람들(여성)은 지난 세대의 대중운동이 문화적·정치적 기상도를 바꾸어 놓을 때까지 대체로 권리를 인정받지 못했다."[22]

법률적 기관들에게도 희망은 있다. 가령 그들이 타당한 법률에 의거하고 있고 그 법률의 결정을 단속할 수 있는 자들의 지지를 받으며 행동할 때다. 하지만 때때로 유엔이나 국제사법재판소에 타당한 법률에만 의거하고 힘센 자들의 지지를 받지 못할 때도 있다.

  1980년대에 니카라과는 미국의 맹렬한 공격을 받았다. 수만 명의 사람들이 죽었다. 국가가 사실상 황폐해졌다. 어쩌면 그 상태에서 회복할 수 없을지도 모른다. 국제적인 테러 공격에 뒤이어 파괴적인 경제전쟁이 따라왔다. 보복적이고 잔인한 강대국에 의해 소외된 작은 나라로서는 그런 경제전쟁을 감당할 수가 없었다. 니카라과를 연구하는 유수한 역사학자인 토마스 워커Thomas Walker는 그 상황을 자세히 분석했다. 그것이 니카라과에 미친 영향은 지난 날 뉴욕에서 벌어진 참사보다 더 심했다. 니카라과 사람들은 워싱턴에 폭탄을 터트리는 일 따위는 하지 않았다. 그들은 세계 법정World Court(국제사법재판소)에 호소했고 법정은 그들의 손을 들어주면서 미국은 그런 공격을 멈추고 니카라과에 거액의 배상금을 지불하라고 판결했다. 미국 정부는 세계 법정의 판결을 코웃음 치면서 무시했고 공격의 수위를 즉각 더 높였다. 그래서 니카라과는 유엔의 안전보장이사회에 호소했다. 이사회는 회원국가들이 국제법을 지켜야 한다는 결의안을 채택했다. 미국 혼자 그것을 거부했다. 니카라과는 유엔 총회에 호소했다. 거기서도 유사한 결의안이 나왔으나 미국과 이스라엘은 2년 연속(한 해에는 엘살바도르도 가세) 그 결의안을 반대했다. 이게 국가가 마땅히 따라야 할 방식이다.[23]

  국가는 이런 평화적 방식을 따라야 한다. 그래야 문명이 자만심과 폭력 및 보복의 악순환(우리가 오늘날 이라크에서 목격하고 있는 것)에 **빠지지**

않는다. 그러니 "진정으로 문명화한 국가라면 국제법이 정하는 절차를 무시하고, 예전의 폭력적 선례를 따르면서 세계를 대규모 전쟁으로 몰아넣지는 않을 것이다."[24]

우리를 둘러싸고 있는 좀 기이한 문화에서 이런 문제에 대한 성명은 아주 엉뚱한 곳에서 터져 나온다. 가령 가수 브리트니 스피어스가 정부 지도자들에 대한 질문을 받고서 그들이 국정을 담당하고 있으므로 그들을 믿어야 한다고 답변하는 경우다. 어떻게 보면 많은 사람들은 권위에 믿음을 부여하고 싶어 한다. 통치자들이 내린 결정에 대하여 법적 타당성을 의문시하기보다는 밀어주어야 한다고 생각한다. 이 점에 대하여 촘스키는 말한다. "물론 침묵의 복종을 요구하는 사람들이 있을 겁니다. 우리는 그들을 극우파에게서 발견할 수 있고, 역사에 조금이라도 관심이 있는 사람이라면, 좌파 지식인들에게서도 발견할 수 있을 겁니다. 하지만 신경질적인 고함과 거짓말에 주눅 들지 않는 것도 중요합니다. 가능한 한 진리, 정직, 인간의 작위 혹은 부작위의 결과 등에 대하여 관심을 기울여야 합니다. 모든 공리를 마음속에 명심해야 합니다."[25]

정부 결정에 대한 현지인들의 참여라는 문제는 도청, 고문, huis clos (비공개 재판)[26], '국익'을 위한 테러 증거의 은폐 등에 관한 최근의 입법에 대하여 의문을 갖게 한다. 이런 거짓 내용이 일반에게 공개되지 않으면 "정부가 우리에게 하는 거짓말"을 비난하기가 어렵다! 따라서 좀 놀랍게도, 아나키스트의 목적은 정당한 법률들을 지지함으로써 권위에 도전하는 것이다. 그런 법률들은 압박하는 자들보다는 압박당하는 자들을 옹호하고, 정부의 의지를 무력으로 관철하는 것을 막으려는 법률들이다.

하지만 보다 높은 수준의 정의를 성취하기 위한 노력은 잠시라도 중단되어서는 안 된다. 앞선 사례들로부터 힘을 얻어야 하고, 국제법의 법제화를 막으려는 행위에 저항하여 지속적으로 시민운동을 벌여야 한다.

예를 들어, 1988년에 촘스키는 이렇게 지적했다. "국무장관 조지 슐츠는 OAS(미주기구Organization of American States)에 이런 통보를 했다. 미국은 워싱턴 기준으로 보아 '자유로운 니카라과'가 들어설 때까지 '저항 투사들'을 통한 불법 무력 사용을 계속할 것이다. 미국은 이렇게 함으로써 국제법은 물론이고 관련 협약까지 무시해버렸다."27

촘스키는 민족(국가)주의 혹은 제국주의의 자의에 맞서서 고전적 자유주의 사상과 제도를 고집하고 있다. 그렇기 때문에 그는 미국이 국제법을 무시하거나 미국의 동맹국들이 유사한 행위를 저지를 때 좌시하지 않고 비난에 나선다. 그런 동맹국의 대표적 사례는 이스라엘인데 촘스키는 시민운동 활동을 벌이던 초창기부터 이스라엘의 그런 행태를 비난해왔다.

팔레스타인의 정치적 대표자들이 협상에서 배제되어야 한다는 미국-이스라엘의 주장에는 흥미로운 측면이 있다. 공식적인 이유는 PLO가 테러조직이라는 것이다. 이스라엘 법률에 따르면 PLO와 거래하는 사람은 테러방지법에 의해 처벌받게 되어 있다. 이 법의 주된 대상은 팔레스타인 사람들이지만, 최근에 와서는 PLO와 접촉하는 유대인을 처벌하는 데에도 원용된다. 가령 용감한 아비 네이던Abie Nathan은 이 법에 의거하여 또 다시 투옥되었다. 이 법의 배경은 이스라엘의 저명한 논평가인 모세 네그비Moshe Negbi에 의해 검토되었다. 레히Lehi('엄격한 집단')의 50주기를 맞이하여 벌어진 한 학술연구에서였다. 네그비의 논문 제목은 '국가수반과 만나는 것을 방지하는 법률The Law to Prevent Meetings with the Head of State'이었다. 그가 설명한 것처럼 테러방지법은 유엔 대사 포크 베나도트Folke Bernadotte가 암살된 지 엿새 후에 다비드 벤-구리온 총리의 주도 아래 만들어졌다. 벤-구리온의 목표는 암살의 배후로 지목된 레히를 해산하려는 것이었다. 레히의 세 명의 사령관들 중 한 사람이 이츠학 샤미르Yitzhak Shamir였다. 그 법률은 샤미르와의 접촉을 금지했을 뿐 아니라 베나헴 베긴Menahem Begin의 테러조직 이르군 즈바이 레우미Irgun Zvai Leumi(에트셀Etsel)에게도 불리하게 작용했다. 그래서 베긴은 예루살렘 조직을 해산할 수밖에 없었다. 그 법은 또 종교적 극단주의자들, 가령 랍비 모르데카이 엘리야후Mordechai Eliyahu(현재 최고 랍비)를 투옥시켰다. 그 법은 "나치법률, 독재적이고 부도덕한 법률"이라고 강력하게 비난되었고 메나헴 베긴과 기타 자유사회주의자들은 불법이라고 선언했다. 노동당 정부가 들어서서 그 법률을 수정하려고 했으나 그대로 지속되었고 샤미르와 그의 레히 지지자들을 계속 탄압했다. 그러다가 베긴이 총리에 당선된 1977년에 와서 좀 완화되었다. 오늘날 그 '나치 법률'은 아직도 유효하지만 PLO와의 접촉을 금하고 팔레스타인의 협상대표 선정을 거부(미국-이스라엘에 의한 거부)하는 데에만 적용된다.[28]

촘스키는 이런 지적도 했다. "팔레스타인 지역에 대한 강제 점령은 유엔 안전보장이사회 결의안 425(1978년 3월)를 위반하는 것이다. 이 결의안은 이스라엘이 레바논으로부터 즉각, 무조건적으로 철수할 것을 요구하고 있다. 레바논 정부도 동일한 주장을 계속하고 있고, 특히 걸프전 때인 1991년 2월에는 더욱 강력하게 요구했다. 이 신문의 아주 안 보이는 구석에 보도된 것을 제외하고도, 그 요구는 멋진 법과 정의의 신질서를 칭송하는 찬사들에 의해 파묻히고 말았다. 이스라엘은 후원해주는 강대국 덕분에 안전보장이사회나 국제법 같은 가벼운 시비들은 간단히 무시할 수 있다. 그 강대국은 실로 강력하여 유엔을 자국의 외교정책 도구로 격하시켰고 자기 입맛대로 국제법을 주무른다. 6월에 클린턴이 이라크를 폭격한 조치를 정당화하는 웃기는 법적 논리를 살펴보면 그것을 잘 알 수 있다."[29]

촘스키가 가장 빈번하게 비판당하는 이유는 국제법 위반의 사례가 다른 나라들에게도 흔히 발견되는데(때로는 더 심한 경우도 있는데) 유독 미국만 물고 늘어진다는 것이다. 하지만 촘스키는 미국이 국제법을 가장 강력하게 옹호하고서 그것을 위반하기 때문에 문제라고 지적한다. "두 번째 문제는 명시적으로 제기되는 법이 거의 없다. 하지만 심지가 굳지 못하고 돈을 밝히는 미국의 동맹국들에 대해서는 가끔 불평을 한다. 이들이 영미 두 나라처럼 용기, 성실성, 강직함 등의 국민성을 갖추고 있지 못하다는 것이다. 그러나 전반적 문제에 대해서는 대답이 부족한 적이 없다. 국제법과 유엔 헌장의 신성함에 대하여 아주 인상적인 문구를 늘어놓는다. 또 이런 신성한 원칙을 위반한 자들을 무력으로 응징하겠다는 우리의 역사적 임무도 빠트리지 않는다. 부시 대통령은 이렇게 말했다. '미국은 늘 그 자리에 서 있습니다. 침공하는 자들, 법치를 무력으로 대치하려는 자들에게 강하게 저항할 것입니다.'"

몇몇 사람들은 부시 대통령의 전술적 판단에 대하여 의문을 표시하지만, 그의 명예로운 입장, 비폭력 전통의 부활, 법치, 약자 보호 등을 칭송하는 사람들이 훨씬 더 많다. 학자들도 여기에 가세하여 역사적·범汎문화적 깊이를 더해 주고 있다. 한 저명한 케임브리지 대학 정치학과 교수는 《타임스 문학 증보판Times Literary Supplement》(런던)에 이렇게 썼다. "다행스럽게도 우리의 전통은 그 핵심에 보편적 가치를 가지고 있는 반면, 그들의 전통은 만연된(그리고 중무장한) 허무주의와 별반 구분되지 않는다. 오늘날의 페르시아만 사태에 대하여 부시 대통령은 그 점을 아주 명확하게 밝혔다. ……"[30] 이에 대하여 촘스키는 말한다. "다른 사람들도 이런 자화자찬에 빠져들었다. 하지만 우리가 일관되게 전통적 가치관을 적용해왔던 것은 아니다. 많은 실패가 있었는데 현재의 사업만 마치면 시정하겠다고 둘러댔던 것이다."[31]

심지어 가장 신성한 원칙이며 국내외 정책의 근거인 민주주의도 비민주적 행동을 합법화하기 위해 갖다 붙인 딱지에 지나지 않았다.

이러한 사건들은 자세히 살펴볼 필요 없이 한 번만 들춰봐도 알 수 있는 것입니다. 주요 문제에 관한 의사 결정은 대중의 영향력으로부터 아주 멀리 떨어져 있는 국제기관에 맡겨져 있습니다. 그래서 대중은 무슨 일이 벌어지고 있는지 알 수가 없습니다. 가령 NAFTA의 경우, 노동자문위원회의 보고서는 언론에 보도되지도 않았습니다. 아마 여러분도 이 보고서에 대해 들어본 적이 없을 겁니다. 이건 정부가 법률을 크게 위반하고 있는 경우입니다. 이건 민주적 과정을 완전 무시하는 겁니다. 아주 영향력이 큰 비밀 행정합의를 일방적으로 밀어붙이는 겁니다. 그러면서 법률상 그 문서를 검토하게 되어 있는 기관에게 검토도 시키지 않습니다. 만약 그 기관이 간신히 보고서를 쓴다고 해도 언론이 검열해버립니다. 이것은 민주주의를 파괴하는 극한까지 온 것입니다. 모든 사람이 열망해온 이상을 말입니다. 대중은 제외되어 정책에 영향을 미치지 못할 뿐 아니라 정책 안에 무슨 내용이 담겼는지도 모릅니다. 마침내 그들은 무엇을 모르는지 그것조차도 모르게 됩니다. 사실상 무슨 일이 벌어지고 있는지 아는 사람이 거의 없습니다. 우리가 현재 그런 극한에 도달했습니다. 그것은 민주주의의 파괴라는 극한적 가능성입니다.[32]

촘스키는 미국 정치의 사기극에 대해서도 지적한다. 미국은 입으로는 민주주의와 법치를 말하면서 실제로는 그 원칙에 위반되는 행동을 하고 있다. 이런 행동은 비판적이라기보다 순종적인 언론에 의하여 지지된다.

첫 번째는 가장 시사적인 경우로서 니카라과입니다. 베를린 장벽이 붕괴되던 그 당시에 백악관과 의회는 니카라과 사람들이 시키는 대로 투표하지 않으면 그 나라의 목을 죄는 테러전과 수출 금지가 계속될 것이라고 말했습니다. 워싱턴은 이스라엘과 함께 국제법을 준수하고 불법행동을 중단하라는 유엔 총회의 결의안을 거부했습니다. 상상조차 할 수 없는 일이지만, 언론은 침묵의 맹세를 계속했습니다. 몇 달 뒤 니카라과가 그들의 요구사항을 들어주자 노골적으로 기쁨을 드러냈습니다. 반정부인사인 앤소니 루이스Anthony Lewis는 "평화와 민주주의를 위한 워싱턴의 실험"을 칭송하면서 그것이 제퍼슨 사상의 위력을 다시 한 번 증명했다고 말했습니다. 제퍼슨은 피치자의 합의 아래 통치하는 정부를 요구했고, 이런 주장은 낭만적인 구호로 들리기 쉬운데 실제 우리는 그런 낭만적 시대에 살고있다고 썼습니다. 좌우를 막론하고 전 언론에서 최근에 벌어진 "행복한 민주적 깜짝쇼"《타임》를 칭송했습니다. 그러면서 《타임》은 제퍼슨의 이상을 달성하기 위해 사용된 방법의 개관을 제시했습니다. 피곤한 현지 주민들이 원치 않는 정부를 전복시킬 때까지 그 나라의 경제를 파괴하고 길고 지루한 대리전을 수행했다는 겁니다. 그 과정에서 우리가 부담한 비용은 최소였고, 희생자에게는 파괴된 다리, 고장난 발전소, 황폐해진 농장 등을 남겼다는 겁니다. 워싱턴의 후보에게는 승리하는 이슈를 안겨주었고 니카라과 국민의 빈곤 상황을 종식시켰다는 겁니다.[33]

그 교훈은 분명하다. 당신이 강대국인데 국제법이 당신의 고상한 목적(가령 기업의 이익)에 봉사하는 것이라면 국제법 편을 들고, 만약 무력으로 상대방을 고사시키는 게 목적이라면 국제법을 무시한다는 것이다. 사정이 이렇기 때문에 강대국들은 그들의 유불리有不利에 따라 세계의 정책을 마음대로 주무른다. 여의치 않으면 그들의 재원과 군사력에 바탕을 둔 무력을 휘두르는 것이다. 강대국을 상대로 하는 세계 법정(국제사법재판소) 등의 제어 시스템이 있다. 하지만 역사적 사례가 보여주듯이 그들은 강대국의 도전을 제대로 이겨내지 못한다.

  세계 법정은 니카라과의 경우 침공이라는 고발을 받아들이지 않았습니다. 그 이유는 아주 시사적인데 현대적 상황과 상당한 관련성이 있습니다. 니카라과 건 고발은 전에 국무부 고문관을 지낸 하버드 대학 법과교수 아브람 체이스Abram Chayes가 제출했습니다. 세계 법정은 이런 이유로 그 고발을 각하했습니다. 1946년의 세계 법정 판결을 받아들여, 미국이 유엔 헌장 등 다자 협약 아래서의 소추로부터 미국 정부를 배제하는 유보조항을 부여받았다는 겁니다. 그래서 세계 법정은 통상적 국제법과 미국-니카라과 협약에만 근거하여 사건을 심리했습니다. 그 때문에 더 강력한 내용의 고발은 제외된 것이지요. 이런 협의적인 법적 근거에 의거해서도 세계 법정은 워싱턴이 "불법적인 무력 사용"(속된 말로 국제 테러)을 저질렀다고 판정했습니다. 그러면서 그런 범죄를 끝내고 합당한 배상금을 지불하라고 명령했습니다. 레이건 지지자들은 전쟁을 확대하는 것으로 반응했고 연성 타겟(무장하지 않은 민간인)에 대한 테러 공격을 승인했습니다. 테러 전쟁은 그 나라를 폐허로 만들었고, 니카라과 총인구 중 테러 피해자의 비율을 미국 총인구와 대비시켜보면 225만 명에 상당하는 인명피해를 냈습니다. 이것은 미국 역사를 통틀어 전쟁에서 발생한 사상자 수를 모두 합친 것보다 많습니다. 그 비참한 나라가 미국의 통제를 받은 후, 비참한 상태는 더욱 악화되었습니다. 이 나라는 이제 남미에서 아이티에 이어 두 번째 최빈국입니다. 그리고 지난 세기에 미국의 개입이 극심했던 나라로서 역시 아이티에 이어 2위입니다. 《보스턴 글로브》는 이들 두 나라의 참상이 그들 자신이 만들어낸 폭풍우 때문이라고 했습니다. 비참함과 개입의 역사에서 과테말라는 3위를 차지하고 있는데 이것 역시 그들 자신이 만들어낸 폭풍우 때문이라는 겁니다.[34]

촘스키는 이 세계 법정의 에피소드를 자주 인용한다. 그러면서 국제 사법무대에서 미국이 자신의 역할과 기능에 대하여 거짓말로 둘러대는 대표적 사례로 지목한다.

에이미 굿맨 | 노엄 촘스키, 당신은 미국이 세계 법정에서 테러로 단죄받은 유일한 국가라고 여러 번 지적했습니다. 레이건 행정부 시절 니카라과 항구를 폭격한 것이 그 테러 행위로 지목되었습니다. 여기에 대해서 말씀해주시겠습니까?

촘스키 | 예, 그것 역시 약간 오해를 불러일으킵니다. 니카라과는 사법적 수단, 외교 수단을 통하여 대치국면을 종식시키려 했습니다.

굿맨 | 항구의 폭격에 대해서 말씀해주십시오.

촘스키 | 그래요, 항구의 폭격에 대해서 말씀드리지요. 그들은 저명한 국제법 학자이면서 하버드 대학 법대교수이고 정부에 자문도 해주던 A. 체이스가 이끄는 법률팀에게 요청했습니다. 이 법률팀은 아주 협의적인 케이스(고발사건)를 구성하기로 결정했습니다. 그래서 미국 정부도 인정한 항구의 폭파 정도에 집중하여 고소 건을 작성했습니다. 하지만 그건 이쑤시개로 산을 쑤시는 것과 마찬가지였습니다. 세계

법정으로부터 자국(니카라과)에 유리한 판결을 이끌어내기 위해서였지요. 세계 법정의 판정이 내려지면 미국이 국제 테러전에서 물러서리라고 본 거지요. 그래서 법정으로부터 판결을 이끌어냈고 법원은 미국에게 항구 폭파 이상의 무력 행위를 중단하라고 판결을 내렸습니다.

이것은 법원의 판정을 아주 비좁게 해석한 것입니다. 하지만 법원 판결문을 자세히 읽어보면 법원이 그 이상의 무력에 대해서 의식하고 있음을 알 수 있습니다. 하지만 체이스팀은 타당한 이유가 있어서 그것을 거론하지 않았습니다. 그들은 사실관계에 대한 법원 청문회에서 논쟁이 벌어지길 원하지 않았던 겁니다. 그 사실은 이미 인정되었기 때문에 당연히 논쟁이 없었습니다. 하지만 그것은 아주 폭넓은 고발, 그리고 아주 중요한 고발로 보아야 합니다. 법원이 사용한 용어는 '불법적인 무력 사용'이었습니다. 이건 국제 테러를 전문적으로 둘러서 표현한 것이지요. 국제 분야에서 국제 테러에 대한 법적 정의는 없습니다. 따라서 그건 실제에 있어서 보다 폭넓은 영역에 걸친 국제 테러를 비난한 거라고 봐야 합니다.

하지만 한 가지 유념할 사항이 있습니다. 니카라과 전쟁이 끔찍한 것이기는 하지만 최악은 아니었다는 점입니다. 과테말라와 엘살바도르는 상황이 더 나쁩니다. 니카라과의 경우에는 적어도 테러에 대항할 군대가 있었습니다. 엘살바도르와 과테말라의 경우, 국민을 공격하는 테러 세력이 하나는 군대였고 다른 하나는 보안군이었습니다. 세계 법정에 고소를 걸 수 있는 정부가 아예 없었어요. 학살당하고 있는 농민들이 그런 고소를 할 수는 없는 거지요.[35]

다시 로커의 사상으로 돌아가보면, 세계 법정이 내거는 법률들은 루소와 훔볼트 같은 사람들이 말하는 고전자유주의적인 법률사상이었고,

후대에 들어와서는 임의적·독재적·전체적 행정법에 반대하는 아나키스트들이 지지했던 법률사상이다. 현대에 들어와 아나키스트 하면 법을 지키지 않는다, 아나키스트 사회는 퇴행적 사회다 등의 생각이 널리 퍼진 것은 흥미로운 일이다. 이런 생각은 현재의 자본주의 상태를 지지하는 역사의 종언사상과 궤를 같이 하는 것이다.

만약 우리가 독트린(선언된 원칙)과 현실을 엄격히 구분한다면 오늘날 통용되는 정치적·경제적 원칙이 선언된 원칙과는 아주 다르다는 것을 발견할 것입니다. 또 그런 원칙이 역사의 행복한 종말을 가져오는 '미래의 파도'라는 얘기에도 회의감이 들 것입니다. 그 '역사의 종언'은 과거에도 여러 번 자신 있게 선언되었지만 늘 불발이었습니다. 온갖 지저분한 행태가 계속되는 것을 보면 아무리 낙관적인 사람이라도 진보의 더딤을 발견할 겁니다. 진보한 공업국가 또 기타 국가에서, 오늘날의 대중투쟁은 과거보다 높은 수준에서 높은 기대를 가지고 시작됩니다. 세상의 대다수 사람들이 자신의 관심사가 어디서나 동일하고 또 함께 일함으로써 그 관심사를 높일 수 있다고 생각한다면 국제적 유대가 보다 건설적인 형태를 띠게 될 것입니다. 과거에도 그랬지만 오늘날에도 우리가 신비하고 알 수 없는 사회법칙에 의해 제약받는다고 생각할 이유가 없습니다. 인간의 의지에 의해 지배를 받는 사회기관에서 이루어진 결정은 잘못될 수도 있는 겁니다. 그러니 인간의 제도는 늘 타당성의 테스트를 통과해야 합니다. 만약 그런 테스트를 통과하지 못한다면 보다 자유롭고 보다 정의로운 다른 기관으로 대체되어야 합니다. 이것은 과거에도 있었던 일입니다.[36]

이것이 순진한가? 너무 유토피아적인가? 상당한 진전이 이루어졌고 대중이 "어리석음으로부터 깨우칠defooled"[37] 가능성도 아주 크다는 구체적 사례들이 있다. "이런 생각을 유토피아적이라거나 순진하다고 생각하는 회의론자들은 이 나라에서 지난 몇 년 동안 벌어진 일들을 한번 살펴보라. 인간의 정신이 성취할 수 있는 것과 무한한 전망을 증거하고 있다. 세상은 이러한 교훈을 배울 필요가 있다. 이것이 정의와 자유를 위한 다음 투쟁의 길라잡이가 되어야 한다. 가령 남아프리카의 국민들은 커다란 승리에 고무되어 그들 앞에 놓여 있는 더 큰 일로 시선을 돌리고 있다."[38]

법률의 합리적 권위와 도덕적 권위

촘스키는 타당한 법적 결정과 관련하여 '더 높은 권위'에 호소해야 한다고 생각한다. 그 권위는 합리적이고 인본주의적인 것으로서 고전적 자유주의 사상가들이 주장한 법률관과 일치한다. 국제법이 이런 유형의 법률이라면 그건 타당한 것이고 지켜야 할 가치가 있다고 촘스키는 말한다. 그러니까 요점은 강대국의 요구사항을 일방적으로 반영한 국제법과 고전자유주의의 원칙(더 높은 권위)을 준수하는 국제법을 구분해야 한다는 것이다. 미셸 푸코와 촘스키의 토론은 이런 구분을 밝혀주는 원천이 된다.

> 푸코 | 당신이 이런 행동을 지지하는 것은 이상적 정의 때문입니까, 아니면 계급투쟁이 그걸 유익하고 필요한 것으로 만들기 때문입니까? 그러니까 이상적 정의를 더 중시하는 겁니까? 그게 내가 알고 싶은 겁니다.

촘스키 | 나는 국가가 불법이라고 판정하는 행동을 할 때면 실은 그것이 합법이라고 생각하는 경우가 아주 많습니다. 다시 말해 나는 국가를 범인이라고 보는 겁니다. 하지만 어떤 경우에는 그것이 사실이 아닙니다. 그에 대하여 구체적 사례를 제시하고 이어 계급투쟁에서 제국주의 전쟁으로 넘어가겠습니다. 이 경우에 상황은 훨씬 분명하고 이해하기 쉽습니다. 가령 국제법은 아주 허약한 문서입니다. 하지만 아주 흥미로운 원칙을 포함하고 있는 문서지요. 국제법이라고 하는 것은 여러 면에서 강대국의 도구입니다. 강대국과 그 대표자들이 만들어 놓은 것이지요. 현재의 국제법을 만들어내는 데 있어서 농민들의 대규모 운동 등이 반영되지 않았습니다. 국제법의 구조는 그런 사실을 반영하고 있습니다. 다시 말해 국제법은 강대국의 무력 개입을 다양하게 허용하고 있습니다. 이렇게 해서 국가와 반대되는 입장에 있는 대다수 사람들이 피해를 보는 겁니다. 그게 국제법의 근본적 하자이고 그걸 반대하는 것은 정당한 겁니다. 그런 국제법은 왕권신수설처럼 타당성이 없는 것이지요. 그건 강대국이 현재의 권력을 유지하기 위한 수단에 지나지 않는 겁니다.

하지만 그런 종류의 국제법만 있는 건 아닙니다. 가령 뉘렘베르크 원칙Nuremberg principle이나 유엔 헌장 등에 담긴 흥미로운 국제법 요소들도 있습니다. 이런 법은 시민들이 국가를 상대로 저항하는 것을 허용하고 있어요. 국가의 입장에서 보자면 시민의 그런 행동은 범죄겠지만요. 하지만 시민은 합법적으로 행동하고 있는 거예요. 이런 종류의 국제법은 국제문제에서 무력 사용을 금지하고 있으니까요. 물론 아주 제한적인 상황에서는 무력 사용이 허용되기도 하지만, 베트남 전쟁은 그런 경우가 아닙니다. 내가 가장 큰 관심을 갖고 있는 베트남전의 경우, 미국은 범죄를 저지르고 있는 겁니다.

시민은 범죄자가 범죄 행위를 계속 저지르지 못하게 막을 권리가 있습니다. 범죄자(국가)가 시민의 행동을 불법이라고 딱지 붙인다고 해서 저절로 그 행동이 불법이 되는 건 아닙니다. 가장 좋은 사례가 오늘날의 국방부 문서 사건입니다. 이 사건은 아마 당신도 알고 있을 겁니다. 번거로운 법률 절차를 제거하고 본질만 말해보자면, 국가가 국가의 범죄를 폭로한 시민들을 기소하려고 하는 겁니다. 본질은 바로 이겁니다. 그건 웃기는 거지요. 그러니 이처럼 합리적 사법과정을 왜곡한 행동에 대해서는 신경조차 쓸 필요가 없어요. 더욱이 현재의 사법체계도 왜 그것이 어리석은지 설명해준다고 봅니다. 만약 설명해주지 않는다면 우리는 그 체계에 대해서도 반대해야 할 겁니다.

그래서 촘스키는 미국 정부(혹은 다른 나라 정부)의 행동을 국제법의 '더 높은 권위'에 비추어 판단한다.

그 협약들의 핵심 특징은 쓸데없는 것이다. 왜냐하면 그런 행동들은 더 높은 권위, 즉 국제법과 금년에 우리가 축하하려고 하는 이 땅의 최고법인 미국 헌법에 의해 금지되어 있기 때문이다. 이 사실은 1986년 6월 세계 법정에 의하여 강조되었다. 세계 법정은 미국이 니카라과를 상대로 '불법적인 무력 사용'을 하고 있다고 비난하고 더 이상의 범죄를 저지르지 말라고 요구했다. 하지만 의회는 1억 달러의 지원을 통과시켰고 CIA에 그 공격을 지휘하고 액수 미상의 규모로 자금을 집행하도록 재량권을 부여했다. 미국 정부는 국제법을 지키라는 유엔 안전보장이사회의 결의안을 무시했고 같은 내용의 유엔 총회 결의안에도 반대표를 던졌다. 같이 반대표를 던진 나라는 이스라엘과 엘살바도르뿐이었다. 1987년 11월 12일 유엔 총회는 또 다시 세계 법정의 판결을 "즉각 완벽하게 준수하라"고 촉구했다. 이 결의안에 미국과 이스라엘은 또 다시 반대표를 던져 중앙아메리카 협약에 큰 피해를 입혔고, 미국 언론은 당연히 이 일을 보도하지 않았다.[39]

더 높은 권위는 도덕적 권위를 의미하기도 하는데, 싸울 만한 가치가 있는 권위지만 국가 이익을 위해서는 초개처럼 내던져지는 것이기도 하다. 최근의 사례는 미국 정부의 이라크 폭격에 관한 촘스키의 1999년 평가서다. 이것은 《프론트라인: 인디아스 내셔널 매거진Frontline: India's National Magazine》에 들어 있다.[40]

> 사담 후세인이 국제 평화에 심각한 위협이라는 데에는 동의하지만, 그 문제를 다루는 한 가지 방법이 있다. 그건 국제법 아래 정립되어 있는 방법이다. 그 절차는 국제법과 국제규약의 바탕이고 또 미국의 최고법인 헌법이다. 가령 미국이라는 나라가 평화에 위협을 느낀다면 그런 위협에 대처하는 기관인 유엔 안전보장이사회에 호소할 수 있다. 안전보장이사회는 그런 위협에 대처하기 위하여 일차적으로 평화적인 수단을 모두 동원해야 한다. 이런 수단이 모두 안 통한다고 판명되었을 때에 한하여 위원회는 무력 사용을 허용할 수 있다. 하지만 국제법 아래에서 자위와 관련해서는 그 어떤 무력 사용도 허용되지 않는다. 미국과 영국은 지난 여러 해 동안 힘들게 다져온 국제법의 조직을 파괴하는 폭력국가임을 널리 노골적으로 선포하고 있는 것이다. 두 나라는 남들이 뭐라고 생각하든, 자기 마음대로 행동하고 자기 좋을 대로 무력을 사용하겠다고 선언했다. 내가 볼 때 그것이 폭력의 유일한 의미이고 이유인 것 같다.

이것은 국가 이익과 관련해서도 마찬가지고, 개인의 행동에 관련해서도 마찬가지다. 자기에게 유리할 때에는 법을 따르고, 유리하지 않을 때에는 따르지 않으면서 그 법을 욕하는 것이다. 촘스키는 하버드 법대 교수 앨런 더쇼위츠의 방식이 그렇다고 지적한다.

더쇼위츠로 얘기를 돌려보면 내내 그 얘기입니다. 그는 내가 한 말에 제대로 대응할 수 없다는 걸 알고 있습니다. 그는 관련 문제들을 다룰 지식도 능력도 없습니다. 그래서 가능한 한 많은 진흙을 던져 그 문제를 봉쇄하자는 거지요. 보수적 상원의원인 샘 어빈Sam Ervin과 관련하여 유명한 스토리가 하나 있습니다. 어빈은 젊은 변호사 시절 이런 얘기를 들었다는 거예요. 만약 법률이 당신에게 불리하면 객관적 사실에 집중하라. 만약 객관적 사실이 당신에게 불리하면 법률에 집중하라. 만약 둘 다 당신에게 불리하면 그때는 상대편 변호사를 비난하라. 더쇼위츠는 그리 똑똑한 사람은 아니지만 이 정도는 알고 있습니다. 객관적 사실과 원칙에서 밀리면 그때는 진흙을 던지는 겁니다. 그의 경우에는 개인적 이유도 관련되어 있습니다. 과거에 그는 이스라엘의 유수한 자유사회주의자를 인신공격하면서 거짓말을 한 적이 있는데 내가 그의 거짓말을 폭로했습니다. 그때 이후 더쇼위츠는 나를 상대로 20년 동안 개인적 지하드를 벌이고 있어요. 그는 겉으로는 다르게 꾸미고 있지만, 실은 시민의 자유에 강력하게 반대하는 자입니다. 그는 하버드 법대 교수라는 자격을 이용하여 이스라엘 법정이 예전에 판결한 것을 언급했어요. 그건 새빨간 거짓말이었지요. 그의 말이 《보스턴 글로브》(1973년 4월 29일)에 났어요. 나는 그 신문에 짧은 편지를 썼습니다(5월 17일). 그는 5월 25일자 기사로 내게 반격하면서 오히려 내가 거짓말이라면서 법정기록을 대보라고 말했지요. 그는 내가 그 자료를 갖고 있으리라고는 꿈에도 생각하지 못했을 거예요. 하지만 나는 갖고 있었습니다. 나는 다시 반론하면서 그 법정기록을 제시했습니다(6월 5일). 그러자 그는 끝까지 잡아떼려 했어요. 그래서 그 법정기록 사본을 《보스턴 글로브》 옴부즈맨에게 보냈습니다. 옴부즈맨은 반대편에 서 있는 사람들을 생각하면서 어쩔 줄 몰라 했지요. 나는 그 기록을 번역해서 옴부즈맨에게 주었고, 더쇼위츠의 지지자가 그 번역을 체크해도 좋다고 했어요. 옴부즈맨은 마침내 더쇼위츠에게 그가 거짓말을 하다가 현행범으로 들켰으므로 더 이상 그의 편지를 싣지 않겠다고 통보했어요. 그때 이후 그는 나에게 복수를 하겠다고 벼르고 있어요. 그래서 이런 저런 히스테리적인 반응이 나오고 있습니다. 그건 그리 놀라운 일도 아닙니다. 그는 근본적으로 광대 같은 인물이에요. 아무튼 이런 경우에는 정치적 이유 말고도 개인적인 이유가 깃들어 있는데 훨씬 더 흥미로운 경우지요.

하지만 반-명예훼손 리그Anti-Defamation League(이스라엘을 지지하는 이익단체)나 버클리 교수들(촘스키 언어학에 반대하는 입장을 가진 학자들), 기타 다른 경우들을 살펴보면 그건 다 샘 어빈 스토리에요. 가령 구체적 자료에서 못 당한다고 해봅시다. 그러면 그 자료를 무시하거나 그 자료를 언급하는 사람들을 비난하는 거지요. 머리나 지식이 없는 사람, 자신의 입장을 지탱할 수 없다고 생각하는 사람은 그 방법 밖에 쓸 수가 없어요. 그건 이해할 만한 일입니다. 또 평가할 구석도 있지요. 그게 바로 인민위원(코미사르)의 특징입니다.[41]

위의 인용문에 나온 더쇼위츠의 사례에서 알 수 있듯이 법률은 힘센 사람의 도구가 된다. 그리하여 그의 문제에 따라 호소되기도 하고 무시되기도 하는 편리한 물건이 되어버린다. 바로 이런 자의적인 법률에 대하여 내가 이제 설명하려는 아나키스트 법률사상은 저항하는 것이다.

자연법과 실정법

로커의 아나키즘과 법률사상은 '자연법'과 '실정법'을 명확하게 구분한다(이러한 사상은 촘스키의 저서에도 나타나 있으나 로커처럼 강력하지는 않다). 자연법은 어떤 특정 사회의 근본적 필요에 부응하여 오랜 기간 동안 준수되어온 것이고, 실정법은 정부의 권위로 제정된 것으로서 사회의 계급과 권력의 필요에 연계되어 있다. 우리가 살펴본 것처럼 미국 정부는 두 가지 법을 필요에 따라 번갈아 사용하고 있다. 예를 들어 "미국 언론은 세계 법정을 '적대적 포럼'으로 일축했다. 이 법정의 결정은 현실과 무관하며, 세계 질서를 옹호하는 자유주의자들은 미국이 법정의 결정을 무시해야 한다고 설명한다. 이러한 반응을 보이면서 미국의 엘리트들은 그들의 자기 이미지를 분명하게 보여주고 있다. 미국은 불법 테러국가다. 법 위에 서 있으며 국가의 목표에 따라 자기 마음대로 폭력을 행사할 자격이 있다고 생각한다. 중앙아메리카 협약의 '필수불가결한 요소'에 대한 신경질적 반응은 그런 확신을 강조하고 있다."[42]

역사를 망각하고 왜곡하고 오해하려고 할 때 실정법에 대한 지지를 내세우는데 대중 언론들이 정기적으로 자행하고 있다.

《뉴욕타임스》는 갑자기 국제법과 유엔에 대한 관심을 표명하면서 한 영웅적인 인물을 되풀이하여 언급하고 있다. 대니얼 패트릭 모이니헌Daniel Patrick Moynihan이 그 사람이다. 그가 전문가 증인으로 자주 불려나오는데 "유엔에서 만장일치의 새로운 기운이 벌어지고 있다"는 것이다. 과거에는 국제법을 노골적으로 위반한 사례가 있었으나 이제 주요 강대국들이 일치된 이해관계를 갖고 있어서 유엔이라는 기구를 이용하려 한다는 것이다. 모이니헌의 확고한 국제법 지지 태도는 그의 연구서 《나라들 사이의 법률The Law of Nations》의 리뷰 기사에서 널리 칭송되었다. 이 책을 리뷰한 사람은 모이니헌에게서 "냉소적이면서도 정의로운 분노"를 느낄 수 있다고 말한다. "이 열정적인 교수는 아무도 자기 말을 들어주지 않을 거라 생각하지만, 국제법 같이 도덕적으로 완전한 법률이 가볍게 무시할 수 있는 순진한 사상으로 치부되는 데 대하여 분노를 표시한다." 《타임스 매거진Times Magazine》 스토리에서 우리는 "모이니헌이 국제법과 유엔의 제도를 발전시키기 위한 자신의 오랜 투쟁이 옳았음을 보고서 기쁨을 느꼈다"는 것을 알게 된다. 국제법이나 유엔이나 모두 "추상적인 체계"지만 그에게는 "아주 소중한 것들"이라는 것이다. 마침내 모든 사람이 "모이니헌의 목마"에 함께 올라탔고 이제 더 이상 그가 여러 해 동안 확신을 가지고 지지해온 원칙들을 무시하지 않게 되었다는 것이다. 이제 모이니헌은 더 이상 "자신의 순교를 인내하지 않아도 되게" 되었다. 이제 "역사는 그와 보조를 함께 하는 것이다."

이러한 일방적 칭송에서 한 가지 빠진 사항이 있다. 그것은 바로 그가 유엔 대사로 재직할 때의 업적이다. 그는 분명 자신의 원칙을 실천할 수 있는 자리에 있었는데 그렇게 하지 않았다. 1976년 1월 23일 헨리 키신저에게 보낸 전보에서 그는 이렇게 보고했다. "유엔에서 팔비틀기 전략은 상당한 진전이 있었다. 우리의 기본적 외교 목표는 주로 신생국가들로 구성된 대규모 국가집단들을 해체시키는 것이다. 이들은 오랫동안 국제 포럼이나 외교문제에서 우리들에게 반대하는 입장을 취해왔다." 그러면서 모이니헌은 두 가지 관련 사례를 들었다. 인도네시아의 동티모르 침공과 사하라의 모로코 침공에 대하여 유엔이 별 대응을 하지 못하게 팔을 비틀었다는 것이다. 이 두 침공은 미국 정부가 지지하는 것이었는데, 특히 동티모르 침공은 아주 적극적으로 지원했다. 모이니헌은 유엔 대사 시절을 회고한 회고록에서 이 두 문제에 대하여 언급했다. 그는 1975년 12월 인도네시아가 동티모르를 침공할 때 자신이 했던 역할을 솔직하게 회고했다. "미국은 자신이 바라는 대로 사태가 전개되기를 희망했고 그런 결과를 가져오기 위해 노력했다. 국무부는 유엔의 조치가 무력한 것으로 끝나기를 희망했다. 이 업무가 나에게 맡겨졌고 나는 적극적으로 추진하여 상당한 성공을 거두었다." 그는 몇 주 사이에 6만 명이 희생되었다는 사실도 적었다. "인구의 10퍼센트가 사망했는데 이것은 2차 세계대전 중 소련이 겪었던 희생자의 비율과 맞먹었다."[43]

여기서 역사적 사실을 기록하는 것이 중요한데 이것은 '촘스키, 도덕적 원칙과 국제법에 관한 몇 가지 의문에 답변하다Chomsky Answers Some Queries About Moral Principals and International Law'[44]에서도 분명하다. 이 글은 이 장의 주제와 깊은 관계가 있다. 우리가 인권 옹호를 위해 행동할 때 무엇을 보호하는가 라는 질문에 대답하고 있기 때문이다. 여기서 촘스키는 어떤 사람의 내적 특질과 '도덕적 공리公理'에 대하여 호소하고 있다. 편의상 그 사람을 X라고 하자. "첫 번째 공리는 X가 자신의 행위 혹은 부작위에 대하여 일차적으로 책임을 지는 것이다. 두 번째 공리는 도덕적 문제(범죄 등)에 대해 X가 효과를 낼 수 있는 능력(물론 이것이 유일한 요인은 아니다)에 따라 달라지는 것이다. 이 두 원칙은 X가 내리는 결론에서 상관관계가 있고 아니면 일치할 수도 있다. 그러니까 X가 도덕적 행위자라서 누군가가 그에게 신경을 쓸 경우에 말이다." 이것은 중요한 생각이고 합리적 사고방식을 중시하는 촘스키의 데카르트적 주체와 연계된다. 그러니까 시간과 공간을 초월하는 고정적이고 일관된 주체가 있다고 보는 것이다(뒤에서 살펴보겠지만 포스트모더니스트들은 이런 주체가 없다고 주장하고 그것을 경멸하는 뜻으로 데카르트적 주체라고 부른다).

촘스키는 여기서 '도덕적 의미'에 따라 서로 다른 행동들을 구분한다. 예를 들어 "미국이 지원하는 잔학행위들(가령 터키, 콜롬비아, 동티모르, 이라크, 기타 지역 등)은 두 눈을 부릅뜨고 지켜봐야 할 필요가 있다. 왜냐하면 우리는 그 범죄에 책임이 있고 그에 대하여 많은 조치를 취할 수 있다. 가령 그런 정부에 대하여 지지(때때로 결정적일 수 있다)를 철회하는 것이다. 반면에 폴포트의 범죄에 신경을 쓰는 것은 가치 있는 일일지 몰라도(자세히 살펴보면 가치 있는 경우는 별로 없다) 그에 대하여 우리가 할 수 있는 일은 별로 없으므로 도덕적 의미는 별로 없다. 폴포트 범죄가 중단되었을 때 미국은 화를 벌컥 내면서 2차 세계대전 이래 '인도주의적 개입'을 한 범죄자(베트남인들)를 강력 징벌했다." 이것은 촘스키가 말한 미국의 '도덕적 입장'의 불일치를 드러낸다. 그리하여 촘스키는 말한다. "우리는 남들 얘기를 할 때에는 이런 공리들을 잘 이해한다. 그래서 소련의 인민위원들이 미국의 범죄를 비난할 때, 미국 사람들은 별로 감동을 받지 않는다. 하지만 소련의 반체제인사들이 소련 정부를 비난할 때에는 크게 감동받는다. 그 이유는 위에서 말한 두 개의 공리가 서로 일치하기 때문이다."

바로 이런 이유로 촘스키는 미국 정책에 집중하고 있으며, 볼셰비키 정권과 마오毛澤東 정권의 범죄를 목록화한 《공산주의의 검은 책The Black Book of Communism》 같은 책을 반대하는 것이다. 첫째, 소련의 권력 문제에 대해서 소상했던 판네코크, 룩셈부르크, 1930년대의 루돌프 로커 등의 비판에 귀 기울인 사람들은 소비에트 권력과 마오 권력의 악랄함에 대해서 잘 알고 있었다. 둘째, "가장 어려운 일은 거울에 자신의 얼굴을 비춰보는 것이다. 이것은 도덕적 공리 때문에 아주 중요한 일이기도 하다. 사람들이 이 까다롭고 중요한 일을 하지 못하도록 아주 강력한 제도

(혹은 교리의 전술 체계)가 나서서 방해한다. 모든 사회에는 반체제인사와 인민위원(코미사르)이 있다. 어떤 국가에서 인민위원들은 높이 칭송받는 반면 반체제인사는 아주 저주되는 것이 일반적 역사법칙이었다. 반면에 공식적인 적국에 대해서 논평할 때는 칭송의 대상이 역전되었다."

촘스키가 《공산주의의 검은 책》[45]에 대하여 반대하는 또다른 이유는 이런 것이다. "다른 사람들의 범죄에 집중하다 보면 우리는 저 '나쁜 사람'과는 분명하게 구분되는 '좋은 사람'이라는 느낌을 갖게 된다. 우리가 그런 범죄에 대해서 아무런 조치를 취할 수 없을 때에는 더욱 그런 느낌이 강해진다. 하지만 그것은 멀찍이 떨어진 안전한 상태에서 다른 나라의 고통 받는 사람들의 상황을 더욱 악화시키는 꼴밖에 안 된다. 또 우리는 대가를 하나도 안 치르고 값싼 동정을 하는 꼴이다. 이에 비해 미국의 범죄를 똑바로 쳐다보는 것은 훨씬 어렵다. 그렇게 하려는 사람은 대가를 치러야 한다. 때때로 그 대가는 극심하다." 우리가 살펴본 바와 같이 촘스키는 그런 대가를 치렀다. 포리송 사건과 폴포트 사건으로 이런 원칙을 수호하면서 호된 대가를 지불했던 것이다.

법치와 법률의 예외

고전자유주의에 관한 촘스키의 발언은 종종 현행의 포스트모던 분위기 속에서 도전을 받는다. 포스트모던 사상에서는 주체가 불확정적이고 불안정하다는 전제 아래에서 주체성, 소통의 가능성, 공통적 가치의식 등이 의문시된다. '자유롭고 동등한' 개인들 사이에 '상호협약'이 존재한다, 이런 개인은 일관되고 가지적可知的인 욕구와 욕망을 가지고 있다, 국제법과 같은 국제협약은 개인 간의 협약을 지지한다, 이런 생각을 포스트모던 사상 혹은 포스트 구조주의 사상은 거부한다. 여기서 이 문제를 자세히 다루지는 않겠지만 아무튼 독자들은 두 법률가 그룹 사이에 있었던 논쟁을 참고하기 바란다. 한 그룹은 포스트모던 관점에서 법률 속의 재량권[46]을 강조하고, 다른 그룹은 그런 재량권이 기본적 권리와 자유[47]에 대한 중대 위협이라고 생각한다. 이 그룹은 포스트모던 어프로치의 초기 주창자였던 칼 슈미트Karl Schmitt가 나중에 나치 법률의 건설가가 된 사실을 지적한다.

시간과 공간을 초월한, 안정적이고 일관된 법률을 지지하는 이 그룹을 위하여 윌리엄 쇼우어만William Scheuerman은 《규범과 예외: 프랑크푸르트학파와 법치Between the Norm and the Exception: The Frankfurt School and the Rule of Law》[48]에서 이렇게 주장한다. "대부분의 서구국가들의 경향은 일관되고 보편적인 법규를 주장하는 고전적 자유주의에서 약간 벗어나서 '신의에 입각하여'와 '공공이익을 위하여' 같은 막연한 기준을 옹호하는 무정형적無定形的이고 불확정적인 법률형태로 이동해간다." (1) 쇼우어만은 1930년대 말과 1940년대에 '프랑크푸르트 사회연구소'에서 근무했던 프란츠 노이만Franz Neumann과 오토 키르히하이머Otto Kirchheimer가 이러한 흐름에서 어떤 위험을 감지했다고 말한다. 이것은 나중에 사실로 확인되었다. 나치는 칼 슈미트와 프리드리히 하이에크Friedrich Hayek 같은 학자들의 저서에 의거하여 나치 독일에 알맞은 법률체계를 정립했던 것이다. 슈미트의 사상은 형식적 법률을 우회하기 위한 수단으로 강력한 국가 권위 혹은 사법적 재량을 허용하자는 것이었는데, 이 사상은 최근에 들어와 좌파(특히 《텔로스Telos》의 폴 피콘Paul Piccone과 G. L. 울만G. L. Ulman), 우파(《내셔널 리뷰National Review》의 윌리엄 버클리William Buckley와 폴 고트프리드Paul Gottfried), 포스트모던 역사학자와 작가들, 주류 작가들(조지프 벤더스키Joseph Bendersky와 조지 슈워브George Schwab)

등에 의하여 되살아났다.

쇼우어만의 책은 독일의 사회사나 프랑크푸르트 연구소의 객관적 평가를 넘어서는 의미를 갖고 있다. 그는 상황에 따른 행정명령에 의지하는 법률제도, 관습, 타고난 권리, 도덕성, 공정성, 재량 등을 감안하는 법률제도에 깃들어 있는 위험을 거론하고 있기 때문이다. "다양한 사회·경제활동에 국가가 광범위하게 개입할 때"의 위험은 이런 것이다. 국가와 사회의 독자적 영역이 침해되고, 정부 조치의 예측성이 낮아지며, 그리하여 루돌프 로커가 말한 타당성이 저하되는 것이다. 국가의 행동은 그 권력을 강화하고, 그 영향력을 확장한다는 것이다. 고전자유주의의 법률사상은 국가의 이런 권력 강화에 일관되게 저항하는 믿음직한 저항력이다.

이렇게 쇼우어만은 주장하고 있는데 이는 촘스키의 사상과 연계되어 있다. 그러니까 법률의 형태적 메커니즘을 해체하려는 국가의 욕망은 공정성을 높이기 위해서거나 포스트모더니즘이 주장하는 불안정한 주체를 인식했기 때문이 아니다. 오히려 무력에 의하여 지지되는 불법적 권위를 강화하기 위해서다. 역사적으로 차별받아온 그룹들, 가령 페미니스트 그룹은 형식적 법률이 철폐되어야만 '타고난 권리' 혹은 관습에 바탕을 둔 평등한 대체 법률이 생겨날 수 있다고 주장하기도 한다. 그러나 노이만과 키르히하이머는 법치를 지지하면서 슈미트(현재는 포스트모더니즘)의 관점을 거부했다. 왜냐하면 그들은 "국가의 조치는 설득력 있는 일반 규칙들에 바탕을 두어야 한다"고 믿었기 때문이다. 이 두 사람의 견해(그리고 쇼우어만이 동의하는 견해)는 다음과 같다. "명백하고 일반적인 규범만이 국가기구의 행동을 제약하고 구속하며, 최소한의 법률적 안전을 제공하고, '점점 커지는 권위주의'의 위험을 막아낸다."(2)

노이만과 키르히하이머는 입법가와 관료제가 현대 사회의 잘못을 바로잡아주기를 바라기보다 정해진 법률이 그런 잘못을 시정해주기를 바랐다. 왜냐하면 "진정으로 민주적인 사회는 자율적이고 강제 없는 정치적 논의와 행동을 성취하기 위하여 높은 사법적 규칙성과 예측성을 필요로 하기 때문이다."(3) 노이만이 볼 때 이러한 예측성은 모든 결정에 우선하는 사법적 규범의 사상과 연계되어 있다. 또 촘스키의 말을 빌어 설명해보자면, 무력을 사용하여 규범을 바탕으로 하는 법적 결정을 뒤엎어서는 안 된다. 노이만은 이런 규범을 이렇게 정의했다. "그것은 특정 사건이나 개인을 대상으로 하는 것이 아니라 막연한 상태의 모든 사건과 개인을 대상으로 해야 한다. 그리고 …… 그 일반적 윤곽에 있어서 가능한 한 구체적이어야 한다."49

쇼우어만은 이런 어프로치에 아주 동정적이었으나 오늘날의 복지국가에 미칠 부정적 영향에 대해서는 경계했다. "노이만은 이 모델은 광범위한 국가의 개입을 필요로 하는 상황에서는 조심스럽게 사용되어야 한다고 말했다. 가령 현대의 복지국가에 있어서, 설득력 있는 정형적 법률은 폭넓은 법적 기준, 다양한 형태의 평등법, 협상 등에 의해 보완되어 있고, 국가의 전례 없는 개입을 용인하고 있다. 복잡한 국가 활동은 역시 복잡한(정형적이 아닌) 법률을 필요로 하는 것이다."(207) 따라서 쇼우어만에 따르면 설혹 완벽하게 하고자 하더라도 "법치는 완벽하게 이루어지지 않는다. 법률적 틈새, 예외, 불규칙 등이 사회환경의 불가피한 부작용인 것이다. 이것은 은밀한 개인적 조치와 행정명령에 의해 권력 집중이 규제되는 상황에서는 더욱 그렇다."(207-208)

쇼우어만이 보는 실현 가능한 목표는 합리적인 방식으로 불규칙적인 법률을 배제하는 것이다. 이것은 포스트모던 법률사상을 가진 사람이나 계몽사상과 데카르트적 주체를 의문시하는 사람에게 또다른 문제가 된다. 그러면 이어 자유와 책임이라는 사법적 규범을 알아보기로 하자.

자유와 책임

자유는 해방과 함께 책임의 문제를 가져온다. 이것은 루돌프 로커의 아나키스트 사회관과도 관련이 있다. 로커는 이렇게 말했다. "고드윈 Godwin의 저작은 국가권력을 제한한 위대한 사상적 운동의 에필로그이면서 동시에 자유사회주의 사상이 발전하는 출발점이었다."(148) 이제 권위와 권력이 아닌, 이성과 책임이 개인적 의사결정의 기반이 되었다. 이러한 법률사상을 정립하기 위하여 로커는 많은 원천을 참고했다. 그 중에는 이런 말을 남긴 리처드 후커Richard Hooker도 있다. "인간이 권위의 강제를 당하여 자신의 이성을 발휘하지 아니하고 짐승처럼 무조건 복종한다는 것은 인간답지 못한 일이다."(140)⁵⁰ 존 로크는 이런 주장을 폈다. "원시인들 사이에서도 공통적이고 구속적인 관계가 존재했는데 이런 관계는 주로 그들의 사회적 기질과 이성적 고려에서 나온 것이었다."(142) "유전적 권력에 제한을 가하고 개인의 독립심을 넓히려는 많은 사상가들이 있었는데," 샤프츠베리 경Lord Shaftesbury, 베르나르 드 망드빌Bernard de Mandeville, 윌리엄 템플William Temple, 바롱 드 몽테스키외Baron de Montesquieu, 존 볼링브로크John Bolingbroke, 프랑수아 마리-볼테르Francois-Marie Voltaire, 조르주-루이 뷔퐁George-Luis Buffon, 데이비드 흄, 헨리 린게트Henry Linguet, 아담 스미스 등이었다. "이들 모두 생물학과 기타 과학에 영향을 받아서 원래의 사회계약 개념을 포기했다. 이들은 국가가 대중을 통치하기 위하여 사회의 소수 특권층이 만들어낸 정치기구라고 생각했다."(142) 고전자유주의는 특권층에 대항하는 개인의 권리를 지지한다. 촘스키는 말한다.

일부 역사학자들이 그렇게 하는 것처럼, 이런 원칙들이 이미 힘을 잃었다고 말할 수도 있으리라. 국가의 영토가 정복되고 정착되고 또 원주민들이 쫓겨나거나 절멸되는 상황에서는. 이런 세월에 대한 개인들의 평가가 어떠했든 간에 19세기 후반에 이르러 건국이념은 새롭고 더 압제적인 형태를 취했다. 매디슨이 '인권'을 말했을 때 그건 인간의 권리를 의미하는 것이었다. 하지만 산업경제가 성장하고 경제 활동에서 기업이 두각을 나타내기 시작하자, 그 용어(인간)는 완전 새로운 의미를 갖게 되었다. 현행 공식문서에서 '사람'이라고 하면 어떤 개인, 지부, 파트너십, 협회, 단체, 트러스트, 기업, 기타 조직(미국 법에 의해 조직되었든 아니든), 정부조직 등을 의미하게 되었다(자연인과 법인法人을 종합하여 사람으로 보는 것임_옮긴이).

이러한 개념은 계몽사상과 고전자유주의(전자본주의적이고 반자본주의적인 정신)에 사상적 뿌리를 두고 있던 매디슨이나 기타 사상가들을 깜짝 놀라게 할 것이다. 인권과 민주주의에 대한 이런 급격한 변화는 입법에 의해 결정된 것이 아니라 사법부의 결정과 지적 논평에 의해서 이루어진 것이다. 아무 권한도 없는 인위적 개체로 여겨졌던 기업은 사람의 권리를 모두 부여받았다. 그뿐 아니라 '죽지 않는 사람' 혹은 엄청난 부와 권력을 가진 '사람'이 되었다. 더욱이 그들은 국가가 허가해준 그 설립목적charter에만 봉사하지 않는다. 거의 아무런 제약도 받지 않고 마음대로 행동할 수 있다. '집단적 법적 실체'에게 이런 놀라운 근거를 부여한 논리적 배경은 신헤겔주의인데, 이것이 볼셰비즘과 나치즘에게도 이론적 근거를 제공했다. 신헤겔주의는 유기적 개체가 피와 살을 가진 사람에 우선하는 권리를 갖고 있다는 사상이다. 보수적 법률학자들은 이런 이노베이션을 적극 반대했다. 그러면서 자신들이 권리란 개인에게 있다는 전통적 사상을 훼손했고 시장원칙을 훼손했다는 것을 깨달았다. 하지만 새로운 형태의 권위주의 통치가 제도화되었고 그와 함께 임금노동도 제도화되었다. 임금노동은 19세기 내내 미국 주류 사상에서 노예제만 못하다고 여겨져온 제도였다. 막 시작된 노동운동도 그렇게 생각했고, 에이브러햄 링컨, 공화당, 기존 미디어 등도 역시 그렇게 생각했다.[51]

로커와 촘스키는 개성과 창조성을 강조하면서 이 두 가지 특성은 반권위주의적 사회에서만 꽃피어난다고 말했다. 하지만 책임과 윤리라는 더 수준 높은 개념도 그렇다. 로커는 이렇게 썼다. "자연권에 뿌리를 내리고 있는 모든 계획은 인간을 사회제도의 강제적 속박으로부터 해방시키려는 욕망에 바탕을 두고 있다. 그렇게 해방될 때 인간은 인류에 대한 의식을 획득하게 되고 인간의 사상과 행동에 대한 권리를 빼앗으려는 권위에 머리를 숙이지 않게 된다."(143) 그래서 촘스키와 마찬가지로, 로커는 대규모 대중운동을 지지한다. 권력과 권위의 제도를 무너트리고 그 자리에 자유의 씨앗이 생생하게 자라나 모든 것의 기반이 되는 자유로운 결사를 세워야 한다고 생각한다. 이것은 정치적 목적에 그치는 것이 아니라 개인적 목적이기도 하다. 로커는 고드윈, 워렌Warren, 프루동, 촘스키 등과 함께 이런 사실을 알고 있었다. "사람은 누군가에게 경제적으로 예속되어 있으면 정치적으로나 개인적으로 자유롭지 못하고 그리하여 그 상황으로부터 도망치지 못한다."(167)

아나키스트 사상은 사람이 강제에 의해서 어떤 행동을 하는 상황을 용납하지 않는다. 그것이 좋은 목적을 위한 것일지라도 강제는 안 된다. 강제는 그 목표가 무엇이든 결국에는 사람을 소외시키는 권력관계다. 로커는 말한다. "강제는 모든 사회적 공동체의 내적 드라이브가 결핍된 것이다. 객관적 사실을 인식하는 이해심과 동료에 대한 따뜻한 감정을 포함하는 공감이 없는 것이다. 인간들에게 강제를 부과하면 그들은 서로 가까워지지 못한다. 그들은 서로 피하게 되고 이기심과 소외감의 느낌만 강화된다. 사회적 유대는 선의에 바탕을 두고 인간의 필요를 충족시킬 때 지속성이 있으며 그 목적을 달성할 수 있다. 이러한 상황이 조성되어야 사회적 일치감과 개인적 자유가 긴밀하게 연결되어 있는 인간관계가 발전한다. 이렇게 될 때 각 개인은 자신이 소외된 존재라는 느낌을 갖지 않게 될 것이다."(246) 따라서 아나키스트 사상에 따르면, 기존 권력체제에 부응하여 행동하는 것보다는 자유롭게 행동하고 창조하면서 사랑, 공감, 공동 관심사에 바탕을 둔 책임의 관계로 들어가는 게 더 좋고, 독립된 사법적 규범이 그것을 지원해야 한다.

그렇다면 우리가 물어야 할 다음 질문은 그런 자유를 얻는 방법은 무엇인가? 다. 자유로운 인간관계와 결사를 규범으로 삼는 사회를 이룩하자면 어떤 교육을 실시해야 하는가? 자연법의 기반이 되면서 윤리적 행동을 권면하는 공통된 관습을 어떻게 하면 발견할 수 있는가? 설사 우리가 이런 규범과 법률을 공포하더라도 우리는 어떻게 모든 인간에게 그들의 권리와 의무를 알려줄 수 있는가? 달리 말해서, 우리가 지금껏 탐구해온 지식과 자유를 효과적으로 전달해주는 교육방법이 있는가? 우리는 이제 이런 질문에 답하면서 사람들에게 자유롭고 창조적인 존재가 되도록 영감을 주는 아이디어를 살펴보게 될 것이다.

주

1   법률을 다룬 촘스키의 논문이나 촘스키 관련 논문들이 상당히 많이 있다. 하지만 이 분야에 대한 그의 저서는 대부분 국가 테러, 제국주의, 국제법의 오용, 시사문제 등을 타당한 역사적 관점에서 살피기 위한 디딤돌 정도로써 법률을 검토하고 있다. 다음의 저서를 참고하라.
    Noam Chomsky, "The Intifada and the Peace Process," *The Fletcher Forum of World Affairs* 14, no. 2(Summer 1990): 345–353; "World Order and Its Rules: Variations on Some Themes," *Journal of Law and Society* 20, no. 2 (Summer 1993): 145–165; James G. Wilson, "Noam Chomsky and Judicial Review," *Cleveland State Law Review* 44, no. 4 (Fall 1996): 439–472. For a more general discussion, see as well *The Nature and Process of Law: An Introduction to Legal Philosophy*, edited by Patricia Smith (New York: Oxford University Press, 1993). "Why American business supports third world fascism: our president is campaigning for "human rights" abroad, but for 30 years our government and corporations have been supporting precisely the opposite," Chomsky, Noam; Herman, Edward S. *Business-and-Society-Review*, Fall 1977, pp. 13–21; Noam Chomsky and Edward Herman, "The United States versus Human Rights in the Third World," *Monthly Review* 29 (August 1977): 22–45; "World Order and Its Rules: Variations on Some Themes," *Scandinavian Journal of Development Alternatives* 13, no. 3 (September 1994): 5–27; "World Order and Its Rules: Variations on Some Themes" *Journal of Law and Society* 20, no. 2(summer 1993): 145–165.

2   (Oxford: Oxford University Press, 1986).

3   (Buffalo: Prometheus Books, 1982).

4   Howard Zinn, *The Zinn Reader*(New York: Seven Stories Press, 1997), p. 372.

5   *Deterring Democracy*(Boston: South End Press, 1991), p. 199–200, available online at http://www.zmag.org/Chomsky/dd/dd-c06-s10.html(accessed 2/13/2007).

6   "The Gulf Crisis," January 1991, reprinted in *Z Magazine*, February 1991, available online at http://www.zmag.org/zmag/articles/chomgu.htm(accessed 2/13/2007).

7   *The Prosperous Few and the Restless Many*(Interviews with Noam Chomsky) by David Barsamian, online at http://www.zmag.org/CHOMSKY/pfrm/pfrm-06.html (accessed 2/13/2007).

8   See http://www.un.org/aboutun/charter/ (accessed 2/13/2007).

9   "Market Democracy in a Neoliberal Order: Doctrines and Reality," Davie Lecture, University of Cape Town, May 1997, available online at http://www.zmag.org/zmag/articles/chomskydavie.htm(accessed 2/13/2007).

10 ZNet Commentary, May 9, 1999, "Chomsky Answers Some Queries About Moral Principles and International Law" Available online at http://www.zmag.org/Sustainers/Content/1999-05/may_9chomsky.htm(accessed 2/13/2007).

11 http://www.zmag.org/ZMag/Articles/jan02albertchomsky.htm(accessed 2/13/2007).

12 *Necessary Illusions*(Boston: South End Press, 1989). See especially chapter 2: "Containing the Enemy."

13 Online at http://www.zmag.org/Chomsky/ni/ni-c02-s04.html (accessed 2/13/2007).

14 예를 들어 촘스키의 저서 《Deterring Democracy》의 198쪽에는 다음과 같은 문장이 나온다.
"'놀라운 획기적 변화' 이전의 UN 세션은 하나의 사례가 될 것이다. 세 건의 안전보장이사회의 결의는 거부당했다. 그 안건은 다음과 같다. ① 파나마의 니카라과 대사관에 대한 미국의 공격을 비난한 결의(미국 거부, 영국 기권) ② 미국의 파나마 침공(미국, 영국, 프랑스 거부) ③ 점령지역에서의 이스라엘의 횡포(미국 거부). 각 회원국들에게 국제법을 지키라고 요구하는 유엔총회의 결의안 두 건이 있었다. 하나는 콘트라 반군에 대한 미국의 지지를 비난하는 것이고, 다른 하나는 니카라과에 대한 불법수출 금지였다. 이 두 결의안은 반대표가 두 표인 가운데 통과되었다. 반대하는 나라는 미국과 이스라엘이었다. 무력에 의한 영토 획득을 금지하는 결의안은 151 대 3으로 통과되었다(세 표는 미국, 이스라엘, 도미니카). 결의안은 또한 아랍-이스라엘 갈등을 외교적으로 해결할 것을 촉구했다. 각국의 경계와 보안조치를 인정하고 유엔 결의 242조의 문안을 수용하라는 것이었다. 또 두 국가 결과와 함께 이스라엘과 팔레스타인의 자기결정권을 인정하라는 것이었다. 미국은 1976년 1월 이런 해결안을 거부한 이래 그것을 방해해왔다. 최근의 투표가 보여주듯이, 거의 미국 혼자서 반대해왔다. 이 해결안은 당초 PLO의 지원 아래 시리아, 요르단, 이집트가 제출한 것이었다. 미국은 공격, 합병, 인권 침해, 군축, 국제법 준수, 테러, 기타 등 다양한 문제와 관련된 유엔 안전보장이사회와 총회의 결의안, 기타 유엔 주도안을 거듭 방해해왔다."
온라인에서도 이 자료를 찾아볼 수 있다. http://www.zmag.org/CHOMSKY/dd/dd-cog-s09.html(accessed 02/13/2007).

15 "Domestic Constituencies," online at http://www.zmag.org/zmag/articles/chomskymay98.htm(accessed 02/13/2007).

16 From Chomsky's essay "On the Limits of Civil Disobedience," in *The Berrigans*, ed. William Van Etten Casey, S. J., and Philip Nobile (New York: Avon Books, 1971), pp. 39-41, available online at http://www.zmag.org/Chomsky/mc/mc-supp-020.html(accessed 02/13/2007).

17 From Howard Zinn's *Declarations of Independence*, available online at http://www.ecn.cz/temelin/JEF_ZIN.HTM(accessed 02/13/2007).

18 Ibid., p. 402.

19 Ibid.

20 See Fons Elders, ed. "Reflexive Water: The Basic Conserns of Mankind," (London: Souvenir Press, 1974).

21 The entire discussion is available online at http://www.chomsky.info/debates/1971xxxx.htm(accessed 02/13/2007).

22 *Necessary Illusions*, appendix V, "The Clontinuing Struggle," 177, available online at http://www.zmag.org/chomsky/ni/ni-c10-s30.html(accessed 02/13/2007).

23 *9/11* (Boston: Seven Stories Press, 2001), p. 25, The interview that is reproduced in *9/11* was originally published in *Monthly Review* and is available online at http;//www.monthlyreview.org/1101chomksy.htm(accessed 02/13/2007).

24 Ibid., p. 80 and available online at http://www.zmag.org/chomskygsf.htm(accessed 02/13/2007).

25 Ibid., p. 118 and available online at http://www.zmag.org/albintchom.htm(accessed 02/13/2007).

26 그 과정이 공개적이지 않을 때 법무부에서 사용하는 용어.

27 "Is Peace at Hand?" November 1987, reprinted in *Z Magazine*, January 1988, and available online at http://www.zmag.org/zmag/articles/chompe.htm (accessed 02/13/2007).

28 "Middle East Diplomacy: Continuities and Changes," November 5, 1991, reprinted in *Z Magazine*, December 1991 and available online at http://www.chomsky.info/articles/199112-.htm(accessed 02/13/2007).

29 "Limited War in Lebanon," *Z Magazine*, September 1993, cited online at http://www.zmag.org/zmag/articles/chomlimwar.htm(accessed 02/13/2007).

30 John Dunn, "Our Insecure Tradition," *Times Literary Supplement*, October 5, 1990.

31 http://www.chomsky.info/articles/199102-02.htm(accessed 02/13/2007).

32 "Old Wine, New Bottles: Free Trade, Global Markets and Military Adventures,"

(lecture, University of Virginia, February 10, 1993), available online http://www.zmag.org/chomsky/talks/9302-uva.html(accessed 02/13/2007).

33   "Democracy Enhancement" *Z Magazine*, May 1994, http://www.zmag.org/chomsky/year/year-c03-s13.html(accessed 02/13/2007).

34   http://www.cuonterpunch.org/chomsky01242006.html(accessed 02/13/2007).

35   http://www.commondreams.org/headlines04/0607-08.html(accessed 02/13/2007) published Monday, June 7, 2004, by *Democracy Now*!

36   "Market Democracy in a Neoliberal Order: Doctrines and Reality" (Davie Lecture, University of Cape Town, May 1997), available online at http://www.zmag.org/zmag/articles/chomskydavie.htm(accessed 02/13/2007).

37   이것은 젤리그 해리스가 채택한 용어이고 그 후 촘스키와 다른 사람들의 저서에서도 사용되었다.

38   "Market Democracy in a Neoliberal Order," available online at http://www.zmag.org/zmag/articles/nov97chomsky.htm(accessed 02/13/2007).

39   "Is Peace at Hand?," online at http://www.zmag.org/zmag/articles/chompe.htm (accessed 02/13/2007).

40   16, no. 1(January 2-15, 1999), online at http://www.zmag.org/chomsky/interviews/9901-frontline-iraq.htm (accessed 02/13/2007).

41   Cited at http://www.myantiwar.org/Channel/id/20/pn/3 (accessed 02/13/2007) and reproduced in *Chronicles of Dissent*(Monroe, Me.: Common Courage Press, 1992).

42   "Is Peace at Hand?" November 1987, and available online at http://www.zmag.org/zmag/articles/chompe.htm(accessed 02/13/2007).

43   *Deterring Democracy*, (Boston: South End Press, 1991), chapter 6: "Nefarious Aggression," Available online at http://www.zmag.org/Chomsky/dd/dd-c06-s10.html(accessed 02/13/2007).

44   ZNet Commentary, May 9, 1999, available at http://www.zmag.org/ZMag/chommorality.html.

45   Stephane Courtois, Nicolas Werth, Jean-Louis Panne, Andrzej Paczkowski, Karel Bartosek, Jean-Louis Margolin, Mark Kramer (translator), Jonathan Murphy (translator) (Cambridge: Harvard University Press, 1999).

46   See Ana Mari Smith, *Laclau and Mouffe: The Radical Democratic Imaginary* (New York: Routledge, 2004).

47   "행정국가는 거대하면서도 보호적인 권력이다. 이 국가에서 인간의 의지는 분쇄되는

것이 아니라 완화되고 굽혀지고 유도된다. 사람들에게 어떤 행동을 하라고 강요하지는 않지만 어떤 행동을 하지 못하게 끊임없이 제지한다. 이러한 권력은 파괴는 하지 않고 단지 존재를 방해한다. 독재를 쓰지는 않지만, 사람을 압박하고 힘을 빼고 기력을 소진시키고 멍하게 만든다. 그리하여 각 민족은 겁 많고 열심히 일하는 동물의 수준으로 격하되고 정부는 목동의 지위를 획득한다." (다음 책에서 인용. Boesche,《The Strange Liberalism of Alexis de Tocqueville》[Ithaca: Cornell University Press, 1987], p.251).

48   (Cambridge: MIT Press, 1994).

49   Neumann, "The Concept of Political Freedom," cited in Scheuerman p. 165.

50   In his work, *Laws of Ecclesiastical Polity*, published in 1593.

51   "Market Democracy in a Neoliberal Order," available online at http://www.zmag.org/Zmag/articles/chomskysept97.htm (accessed 02/13/2007).

THE CHOMSKY EFFECT

CHAPTER
05

효과적인 교육:
촉매 역할과 석좌교수

Effective Teaching: From Catalyst to Institute Professor

나의 과거 체험을 돌이켜 생각해 보면 거기에는 어두운 부분이 있습니다. 그건 학교시절입니다. 단련과 통제의 시절이었는데 노골적인 세뇌와 거짓된 믿음의 체계를 강요당했습니다. 그러나 더 심각한 것은 독립적이고 창조적인 사고방식을 가로막고, 위계질서와 경쟁심과 앞서 가려는 마음(자신이 잘 하는 분야에서 탁월한 실적을 올리는 것이 아니라 자기 옆에 앉아 있는 학생보다 뛰어나려는 마음)을 부과하는 그 방법과 양식이었습니다. 학교마다 사정은 다르겠지만 이런 특징이 일반적이라고 생각합니다. 하지만 그런 방식이 필수적인 것은 아닙니다. 왜냐하면 내가 어릴 때 다닌 학교는 그런 방식이 아니었기 때문입니다. 나는 학교가 전혀 다른 방식으로 운영될 수 있다고 생각합니다. 이건 아주 중요합니다. 하지만 권위적·위계적 제도에 바탕을 두고 있는 사회는 이런 학교제도를 오랫동안 허용하지 않을 겁니다.(제임스 펙James Peck 과의 인터뷰, 《촘스키 독본》, p. 6)

나는 사람들을 설득하는 일에는 별로 관심이 없습니다. 내가 좋아하는 것은 사람들이 자기 자신을 설득하는 것을 돕는 일입니다.[1]

좋은 사회에 대하여 논의하다 보면 얘기는 자연스럽게 교육문제로 연결된다. 교육은 사회변혁의 촉매제로서 어떤 역할을 해야 하나? 현재의 사회적·역사적 조건을 감안할 때 어떤 교육이 적절한가? 좋은 사회의 수립에 적극 기여하려면 교육은 어떤 형태를 취해야 하나? 교육 분야에는 시공간을 초월하는 보편적 원칙들이 있는가? 인간성의 어떤 부분이 학습의욕을 고취시키는가?
이러한 질문들은 아나키의 이상에 동조하는 사람들에게 아주 중요한 문제들이다. 아나키즘은 자의적이거나 불법적인 권위의 행사에 대해서는 지속적으로 반대하는 입장을 취하기 때문이다. 하나의 요인은 사제 관계에 있어서 권위가 늘 필수적인 부분이라는 점이다. 스승은 제자에게 어떤 형태의 지식을 전하는 입장이고 그래서 제자는 스승에 대하여 수동적·종속적 입장에 놓이게 된다. 또다른 요인은 교과내용인데 그것은 늘 복종, 의무, 국가주의, 현상에 대한 존중 등을 핵심으로 잡고 있는 것이다.

여기서 내가 제시하고자 하는 질문은 이런 것이다. 우리가 묘사한 상황에 처한 아나키스트와 기타 사람들은 교육문제를 어떻게 해석하는가? 그들의 해석은 촘스키의 교육관과는 어떤 관계인가?

 촉매 역할을 하는 교육

아나키스트들은 교육을 새로운 아이디어의 교환이나 주입이라기보다는 하나의 촉매라고 생각해왔다. 많은 현대의 아나키스트들은 그들의 교육적 실천에서 이런 사상을 견지하고 있다. 이런 사상의 구체적 실례는 주세페 파넬리Giuseppe Fanelli의 일화에서 찾아볼 수 있다. 이 에피소드는 머레이 북친의 저서 《스페인의 아나키스트들: 영웅적 시절 1868-1936》(1977)[2]의 서문에 소개되어 있다. 북친은 이 일화를 너무 좋아하여 샘 돌고프Sam Dolgoff의 저서 《아나키스트 컬렉티브The Anarchist Collectives(집산주의 사회)》[3]의 해설문인 '스페인 되돌아보기Looking Back at Spain'에서도 거론했고 그 밖에 다른 곳에서도 인용했다.

북친은 제럴드 브레난Gerald Brenan이 《스페인의 미로The Spanish Labyrinth》(1964)라는 책에서 이 "전설적인" 얘기를 "아주 흥미진진하게" 말했다고 회상했다. 나는 브라이언 모리스Brian Morris의 촘스키 연구서,

샘 돌고프의 《아나키스트 컬렉티브》 중 '시골의 컬렉티브 전통The Rural Collectivist Tradition'이란 장, 후안 고메스 카사Juan Gomez Casas의 《아나키스트 조직Anarchist Organization》⁴ 등에 이 일화가 실려 있는 것을 발견했다. 왜 많은 아나키스트들이 이 일화의 역사적 의미를 강조할까? 왜 북친은 이 일화가 발생한 연도인 1868년을 혁명사상의 시발점이라고 보았을까? 북친은 이 해로부터 기산하여 "1936년의 혁명은 스페인에서 발전해온 60년간의 아나키스트 운동의 정점이었다"(58)고 말하기도 했다. 왜 이 일화를 아나키스트 교육관을 이해하는 데 핵심이라고 생각할까?

그 대답은 일화의 세부사항 속에 들어 있다. 1868년 10월 후반, 키가 크고 턱수염을 기른 주세페 파넬리는 제네바에서 오랜 시간 기차여행을 한 끝에 바르셀로나에 도착했다. 그는 그 도시에 도착하여 "아무 사건 없이" 그 도시를 떠났다. "그의 태도는 여느 이탈리아 관광객과 별반 다를 데가 없었다. 키가 크다는 것과 자상하면서도 열정적인 사람이었다는 것 말고는." 더욱이 파넬리는 가난했고 미하일 바쿠닌 사상의 전파자로서 "아주 적은 자금"을 가지고 여행을 다녔다. 간단히 말해서 그 방문은 "완전 실패작으로 끝날 수도 있었다."⁵ 하지만 그것은 실패작이 아니었다. 아나키스트 사상의 시발점이 되었고 그 후 60년 동안 스페인 내전에 이르기까지 무수한 사람들에게 투쟁과 순교의 씨앗을 심었다.

이렇게 된 것이 파넬리가 그 사상을 아주 명확하게 전달했기 때문은 아니었다. 그는 스페인어를 거의 할 줄 몰랐고 강연회에 통역을 대동하지도 않았다. 그래서 그가 마드리드에서 '기술의 추진Formento de las Artes'이라는 소규모 젊은 노동자단체를 상대로 연설했을 때, 그는 "프랑스어와 이탈리아어를 뒤섞는" 몸짓 언어에 의존해야 했다. 하지만 그는 성공적으로 자신의 사상을 전달했다. "그 키 크고 날씬한 이탈리아인이 말을 하기 시작하자 청중들과의 일체감은 너무나 완벽하여 언어의 장벽이 신속하게 사라져버렸다. 라틴 사람 특유의 몸짓과 억양으로 파넬리는 자유사회주의 사상의 드높은 비전을 강력하게 전달했고 인간의 고통과 착취에 대한 자신의 엄청난 분노를 표시했다. 스페인 자유주의자들의 온건한 표현에 익숙해 있던 노동자들은 깜짝 놀랐다."(북친, 12) 이 강연회에 참석했던 안셀모 로렌초Anselmo Lorenzo는 이렇게 회상했다. "파넬리의 목소리는 금속성이었고 자신이 말하는 내용에 따라 억양이 달라졌다. 독재자와 착취자에 대한 분노와 위협의 어조에서 착취당하는 노동자들에 대하여 고통과 후회와 위로의 어조로 바뀌어나갔다. 착취당하는 사람들의 고통에 대해서 말할 때는, 비록 그런 고통을 당하지는 않았더라도 그것을 잘 이해하는 사람의 어조가 되었고, 이어 이타적인 느낌을 발휘하면서 평화와 우애의 혁명적 이상을 기쁜 어조로 전달했다."(북친 12에 인용)

이 에피소드는 아나키즘의 이상과 아나키스트 교육에 대해여 많은 것을 말해준다. 인간적 가치(촘스키의 아나키즘)에 헌신하기로 마음먹은 가난하고 겸손한 파넬리는 아주 낯선 땅에 도착한다. 그는 연설회에 나온 사람들의 언어를 말하지도 못한다. 그는 소수의 평범한 노동자들을 상대로 연설을 하고, 그들은 파넬리의 반권위주의적인 어조를 알아보고, 또 그들의 상황에 적절해 보이는 그 사상을 이해한다. 그들은 자기들끼리 그 사상을 토론하고, 인터내셔널에 대한 지지를 맹세하고, 그 사상을 하나의 촉매로 사용하기로 결의한다. 그리하여 "현대 스페인에서 가장 광범위한 노동자·농민운동이 발생했고 현대 유럽의 가장 대규모 아나키스트 운동이 전개되었다."

파넬리는 그들에게 일방적으로 지시하지 않았다. 어떤 형태의 혁명을 벌여야 한다고 자세한 지침을 주지도 않았다. 노동단체의 지도자들을 상대로 연설한 것도 아니었다. 그곳에 한동안 머무르면서 새로운 유토피아를 건설할 때까지 지도해주겠노라는 말도 하지 않았다. 그는 최선을 다 해서 연설을 했고, 자신의 확고한 사상을 전달했으며, 그리고는 고향 이탈리아로 돌아갔다.

여기서 두 가지 정도의 각주를 달아야 할 것 같다. 첫째, 노동자들은 같은 로망스 언어인 스페인어와 이탈리아어의 유사성 때문에 파넬리의 말 중 일부는 이해했을 것이다. 둘째, 이 일화에는 중세로 소급되는 이야기들의 특성이 있다. 가령 중세에는 카리스마 넘치는 신부들이 유럽 전역을 순회하면서, 그 고장의 말을 몰라도 예배자들에게 계시의 느낌을 고취시킬 수 있었다. 이러한 추론은 파넬리 에피소드의 윤곽으로부터 크게 벗어나는 것은 아니다. 왜냐하면 그는 가톨릭 청중들에게 연설했기 때문이다. 그 노동자들의 전통에는 이런 현상을 벌어지게 할 만한 요소가 이미 심어져 있었다는 얘기다. 하지만 이 일화의 요점은 거기에 있지 않다. 이것은 아나키스트 사상이 압박 받는 노동자들(나아가 대안을 추구하는 노동자들)에게 강력한 호소력을 갖고 있음을 보여주는 구체적 사례다. 그것은 휘발성 높은 병 속에 불꽃을 집어넣는 것과 비슷하다 북친은 한 세기 뒤 이 일화를 회상하면서 바로 그런 인상을 강력하게 풍기고 있다.

권위에 저항하는 교육

이것은 전체적인 구도의 한 부분일 뿐이다. 왜냐하면 촉매 역할만으로는 사회의 모든 필요를 충족시키지 못하기 때문이다. 이렇게 보면 스토리는 한결 복잡해진다. 왜냐하면 많은 아나키스트들은 교육은 이것이 다라고 말하기보다는 이렇게 교육해서는 안 된다고 말하는 것을 더 잘

하기 때문이다. 아나키스트 교육의 대안 및 장애물과 아나키스트 교육이 전달해야 하는 정보의 유형을 알아보기 위해서는 역사적 인물들의 사례를 살펴보는 것이 중요하다. 핵심 원칙은 인간의 타고난 능력을 개발해야 하고, 고전자유주의 사상(특히 빌헬름 폰 훔볼트의 사상)을 존중해야 한다는 것이다. 그러니까 다른 사람들과 협동하면서 자유롭게 창조적인 활동을 벌이는 것이 인생의 핵심적인 가치라는 것이다. 따라서 교육은 이러한 가치를 촉진하는 쪽으로 여건을 조성해야 한다. 이어 높은 생활수준을 확보해주고 쓸데없는 일을 제거하고 모든 사람이 적정한 생활을 하도록 보장해주는 문제가 있다. 미하일 바쿠닌은 피터 크로포트킨과 루돌프 로커(그리고 최근의 노엄 촘스키)처럼 과학과 테크놀로지의 교육이 좋은 사회의 수립에 필수라고 생각했다. 민중의 필요에 부응하는 사회를 조직하기 위해서는 과학과 테크놀로지의 혜택이 필요하다고 본 것이다.

이 아이디어는 스페인에서 아나키스트들에 의해 실천되었다. "그들은 거만한 자유주의자나 콧대 높은 사회주의자들의 사상이 아니라 프랑스 계몽사상과 현대 과학이론을 알려주는 값싸고 읽기 쉬운 소책자로 공부했다. 아나키스트 출판사들은 바쿠닌과 크로포트킨에 대한 팸플릿을 펴내는 한편, 자연 진화와 사회진화 이론에 관한 책들, 유럽의 세속 문화에 대한 기초적 입문서 등을 발간했다."[6](북친, 1994)

하지만 이런 교육을 최우선으로 삼은 것은 아니었다. 그보다는 생활을 더 우선시했다. 그래서 바쿠닌은 말했다. "나는 과학보다는 생활을 중시한다. 과학에 의한 통치는 거부하지만 과학의 파괴를 원하지는 않는다. 그것은 인류에 대한 커다란 죄악이 될 테니까. 하지만 과학을 제자리에 놓아두는 것이 필요하다."(바쿠닌, 1973) 이런 관점에서 볼 때, 과학은 사람을 지배하거나 사회를 파괴하는 쪽으로 사용되어서는 안 된다. 오히려 사람들의 생활에 도움이 되는 쪽으로 사용되어야 한다. 그리하여 과학이나 과학을 실천하는 자가 사회를 지배하지 못하게 해야 한다.

이처럼 모든 사람을 교육시켜 더 좋은 사회를 만들고 개인의 필요를 충족시키자는 사상은 아나키스트들의 저작에 반드시 나타난다. 아나키스트들은 반권위주의적이기 때문에 통치계급이 교육을 통해 민중을 지배하는 현상을 극도로 경계한다. 여러 세대에 걸쳐 아나키스트와 페미니스트에게 촉매 역할을 했던 엠마 골드만Emma Goldman은 말했다. "입헌주의와 민주주의는 국가 설립에 동의하는 현대적 형태들이다. 하지만 그 동의는 이른바 '교육'이라는 것에 의해서 주입되고 세뇌되었다."[7] 이러한 세뇌는 현대의 교육제도에서 널리 발견되는 현상이다. 특히 '인민위원' 계급을 만들어내는 엘리트 학교들이 그러한데, 그건 당초 이 학교에 들어갔던 학생들의 의도와는 정반대되는 것이다.

내가 약 20년 전에 들었던 흑인 시민권 운동가의 경우를 한번 얘기해보겠습니다. 그는 하버드 법과대학원에 입학하여 공부하게 되었는데 그가 처한 상황은 주변의 압력이 어떻게 행사되는지 생생하게 보여줍니다. 이 운동가는 하버드 법과대학원의 신입생들이 어떻게 머리를 길게 기르고, 백팩을 짊어지고, 사회적 이념으로 무장하기 시작하는지 설명했습니다. 그들은 모두 공공복지법이 세상을 변화시킬 거라고 굳게 믿었습니다. 그건 어디까지나 입학 첫 해의 일입니다. 봄이 되면, 월스트리트 법률회사의 구인 전문가들이 이 신입생들에게 여름방학 동안의 아르바이트를 권하면서 찾아오는데 그때 신입생들은 이렇게 생각합니다. "난 돈이 필요해. 그러니 정장을 입고 넥타이를 매고 주간 근무를 위해 면도를 하는 게 뭐 그리 대수야? 그렇게 해서는 안 된다는 법이 어디 있어?" 따라서 그들은 그 하루를 위해 넥타이를 매고 정장을 입으며 일을 얻는 여름 내내 그렇게 지냅니다. 그들이 가을학기에 캠퍼스로 되돌아왔을 때, 넥타이와 정장은 순응의 상징이 되고 이제 그들에게 이념의 변화를 가져옵니다. 학생들이 이렇게 변하는 데에는 1년밖에 걸리지 않습니다. 가끔은 2년이 걸리기도 합니다.

물론 그 흑인운동가는 요점을 다소 과장했지만 이런 주변환경이 강한 영향력을 갖고 있다는 사실은 무시할 수 없습니다. 무슨 말인가 하면, 나 자신도 평생 동안 그런 영향력을 겪었다는 겁니다. 지배문화에 흡수되는 건 아주 쉽고 또 매력적입니다. 보상이 많기 때문이죠. 게다가 당신이 만나는 사람들은 악인처럼 보이지 않습니다. 당신은 한자리에 마주 보고 앉은 그들을 모욕하고 싶지 않습니다. 어쩌면 그들은 예의범절이 완벽한 사람일지 모릅니다. 그리하여 당신은 친구가 되려고 애쓰고, 실제로 친구가 될지도 모릅니다. 이렇게 해서 당신이 순응하기 시작하고 적응하기 시작하면, 날이 선 모서리가 서서히 무디어집니다. 그리고 곧 언제 그런 일이 있었나 싶게 그런 분위기에 완전히 물들어버립니다. 하버드 같은 교육기관은 이런 교육을 잘하는데 그것도 아주 두드러집니다.[8]

그래서 교육은 누구에게 봉사하나 라는 질문이 나온다. 만약 교육이 통치계급, 기업, 국가 등에만 봉사한다면, 당연히 도전하고 공격해야 한다. 폴 굿맨Paul Goodman은 1957년에 나온 고전적 연구서 《어리석게 성장하기Growing Up Absurd》에서 그렇게 주장했다(하지만 아이들이 학교에 갈 필요가 없다는 굿맨의 주장은 교육의 긍정적 측면에 비추어볼 때 받아들이기 어렵다). 우리의 경멸과 공격에 대한 유머러스한 사례는 촘스키가 한 이런 도발적 발언에서 발견할 수 있다. "가령 포르노 문제를 예로 들어봅시다. 여성이 포르노 문제로 괴로워하는 게 틀림없지만 언론의 자유 때문에 고통을 겪는 세계 각국의 사람들의 관점에서 보면, 포르노는 새 발의 피

정도밖에 안 되는 문제입니다. 사람들은 대학교의 자유무역 경제 강의에서 더 많은 고통을 받습니다. 제3세계의 수많은 사람들은 미국의 경제학과에서 가르치는 내용 탓에 죽어가고 있습니다. 세계에는 지금 굶주리고 있는 사람이 수천만 명에 이르고 있습니다. 이건 분명 해로운 일입니다. 따라서 경제학과의 교과과정을 정부가 결정해야 한다는 법을 통과시켜야 할까요? 절대 아닙니다. 그렇게 된다면 사태는 더욱 더 악화될 뿐입니다. 그 법은 오히려 모든 사람에게 그것(지금 미국의 경제학과에서 가르치는, 현실과 동떨어진 내용)을 가르치도록 강요할 것입니다."[!]⁹ 반면에 교육이 개인의 필요를 충족시키고, 실제적 문제의 시행착오 학습을 권장하고, 창조적 성장과 이해를 돕는 것이라면 그것은 합당한 교육이라 할 수 있다. 물론 교육은 모든 아동들에게 제공되어야 한다. 스페인 아나키스트 단체의 초창기 시절에 이런 보편교육이 실시되었다.

다양한 아나키스트 사상가들을 교육이라는 분야에 연결시켜 주는 끈은 합리성과 상식에 대한 믿음이다. 그들은 첫째, 신학, 이상적 형이상학, 미신, 이상화된 국가주의 등을 거부하며 둘째, 교육의 권리가 소수 지배층이나 권위적 인물의 손이 아니라 민중의 손에 들어가기를 바란다. 일반적으로 보아 권위의 인물은 어떤 특정한 이해, 보다 구체적으로는 자기가 속한 계급의 이익을 추구하는 경향이 있기 때문에 경계해야 한다. 크로포트킨은 《상호부조론Mutual Aid》에서 이렇게 썼다. "과학자라는 사람들, 그리고 성직자라는 사람들이 최근까지 가난한 계급에 대한 불신, 악의, 증오를 부채질하지 않았는가? 과학은 노예제가 철폐되었고 이제 자신의 잘못이 아니라면 누구도 가난하게 되는 일이 없다고 가르치지 않았는가? 교회는 어린아이 살해자들에 대해서는 별로 비난하지 않으면서 가난한 자들의 고통, 심지어 흑인들의 노예제가 하느님의 신성한 계획 중 일부라고 하지 않았는가?"(290)¹⁰

머레이 북친, 노엄 촘스키, 하워드 진 같은 현대의 진보적 사상가들과 피터 크로포트킨, 미하일 바쿠닌, 엠마 골드만, 루돌프 로커 같은 과거의 사상가들은, 교육은 곧 합리론에 바탕을 두어야 한다고 생각했다. 우리가 지속적으로 이성을 사용해야 하고 이성의 힘으로 주어진 상황의 장단점을 잘 파악해야 한다고 보았다. 이것은 다시 파넬리를 생각나게 한다. 사회적 변화와 개선의 촉매로서 말의 힘을 강조하고 있기 때문이다. 더 높은 권위 따위는 믿지 말고 우리 자신의 세계관을 정립하여 사회를 변화시켜나가야 한다고 말하는 것이다. 이러한 전제조건 아래 촘스키의 어프로치가 이루어진다. 그래서 우리는 현대 세계의 아나키와 교육이라는 중대한 문제를 검토하게 된다.

 사회변화의 산파

따라서 아나키스트 교육은 반권위주의적 교육이다. 개인과 집단에게 자신감을 심어주고 창조적 정신과 상호부조의 충동을 실현시킬 수단을 줌으로써 그들의 이해를 촉진시키는 교육이다. 바쿠닌은 말한다. "젊은 이들은 지금 다니고 있는 대학과 학원, 학교를 떠나야 한다. 그곳에 계속 있으면 그들은 민중으로부터 영원히 절연되기 때문이다. 민중을 찾아가라. 이것이 너의 들판, 너의 생활, 너의 학문이다. 민중들로부터 어떻게 하면 그들의 대의에 가장 잘 봉사할 수 있는지 배우라!" 파넬리도 그랬지만 바쿠닌이 볼 때 "교육받은 젊은이들은 교사, 인자한 시혜자施惠者, 민중의 독재적 지도자가 되어서는 안 된다. 그들이 자아를 해방시키도록 돕는 산파[11]가 되어야 한다. 그들과 함께 행동하고 공동으로 목표를 설정함으로써 그들의 힘을 높이도록 도와주어야 한다." (388)

문제는 2007년의 현실이 파넬리가 활동했던 1868년과 같지 않다는 것이다. 물론 그 시대에 요구되었던 사회변화의 열정이 오늘날에도 계속 유지되고는 있지만 말이다. 이러한 관점으로 노엄 촘스키의 저서들을 살펴보면 우리는 아주 유익한 통찰을 얻게 된다. 그가 말하는 가치 있는 불안이 무엇인지, 교육자의 임무에 대하여 촘스키가 어떻게 생각하는지 알 수 있다. 특히 오늘날은 광범위한 정보, 높은 수준의 테크놀로지, 의미 있는 교환 가능성을 가진 시대이므로 이런 통찰은 더욱 유익하다. 촘스키가 하고 있는 일과 태도를 살펴보면 그의 아나키스트 사항이 어떤 특징을 갖고 있는지 알 수 있다. 북친이 설명한 파넬리 일화를 한 번 살펴보기만 해도 그의 교육사상(촉매 역할)을 알 수 있는 것처럼.

촘스키의 행동에는 파넬리와 유사한 점이 많다. 노엄 촘스키는 겸손하고 예의 바른 사람이다. 대부분의 사람들이 알아듣기 좋게 쉬운 언어로 말한다. 그의 강연주제가 복잡한 것일 때도 그렇다. 그는 자신의 지식을 자랑하는 법이 없고 실제적인 문제와 질문에만 적용한다. 그는 고급양복을 입는 일도 없고 화려한 차를 몰고 다니지도 않으며 상류계급의 거주지에 살지도 않는다. 정치연설회에 올 때도 평범한 사람처럼 나타나 청중들의 말을 경청하고 공손하게 제안한다. 그는 사람들을 지도하겠다거나 인도하겠다거나 어떤 원칙을 일방적으로 말하는 법이 없다. 어디서나 연설회를 할 때면 꼭 질문시간을 두어 사람들의 질문을 받는다. 그는 연설회의 청중들 중 마지막 한 사람까지 질문할 수 있도록 배려하려고 애쓴다. 나는 그가 연설회 주최자에 의해 거의 끌려나가는 것을 본 일이 있다. 다음 스케줄에 늦지 않기 위해서였다(그는 출장을 나가면 하루에 여러 곳에서 연설한다). 그리고 렉싱턴의 집으로 돌아가면 연설회에서 만난 수많은 사람들이 보내온 질문에 답장을 쓴다.

간단히 말해서 그는 파넬리가 했던 방식, 혹은 바쿠닌, 로커, 골드만

이 지지했던 방식으로 사람들을 교육하고 있는 것이다. 그는 그렇게 하는 것이 적당하다고 생각되면 체제 안에서 활동을 벌이고(골드만이 피임을 추진하면서, 크로포트킨이 과학적 탐구를 추진하면서 그렇게 했듯이), 필요에 따라 체제 밖에서 활동을 벌이기도 한다. 이렇게 볼 때 《뉴욕타임스 매거진》의 촘스키 인터뷰 기사는 너무나 엉뚱한 것이 아닐 수 없다. 그 기사는 촘스키의 실제 생활모습과는 영 다른 방식으로 촘스키를 묘사하고 있다. 그래서 그는 내게 특별 메시지를 보내주었다. 이것은 에드워드 S. 허만을 통해 내게 간접적으로 전달되었다.

NYT와는 인터뷰하지 마세요. 그 질문이라는 게 무의미하고 엉뚱한 것이지만 인터뷰어(여자)는 공손하고 진지한 사람이었습니다. 오랜 토론 끝에(약 한 시간 반 정도 진행되었어요) 그들은 내 주장을 이해하는 듯했습니다. 이어 사실 확인자가 전화를 걸어와 그들이 사용하고자 하는 몇 개의 '인용문'에 대하여 확인했습니다. 나는 그것을 정정해주었고 그녀(인터뷰어)는 그 정정을 바로잡았습니다. 하지만 그들은 일부 문장은 바로 잡지 않았습니다. 그 '인용문'이라는 건 어떤 질문에 대한 나의 긴 답변에서 발췌한 것입니다. 대체로 그 질문이 엉뚱한 것이기 때문에 내가 답변할 수 없는 내용이라고 지적한 것이지요. 그러면서 다른 것을 논의했으면 좋겠다고 한 것입니다(그래서 때때로 다른 것을 논의하기도 했습니다).

이 인터뷰는 미국 언론 말고 다른 나라의 언론과 비교해 보면 흥미진진합니다. 가난한 나라들, 심지어 독재국가들도 인터뷰를 이렇게 하지 않습니다. 해외의 라디오든 텔레비전이든 마찬가지입니다. 인터뷰에서 이런 질문을 하다니 정말 상상이 안 됩니다. 진지한 질문들은 아예 안 하는 겁니다. 광기에도 여러 가지 형태가 있다더니, 내가 보기에 이런 병통이야말로 미국 엘리트 지식인 문화에만 있는 겁니다. 심지어 신문에 나는 사진까지도 이 나라의 언론에 대해서 뭔가를 말해줍니다. 역시 공손한 사람인 사진기자는 30분 정도 내 사진을 찍더니 안경 벗은 사진을 몇 장 더 찍고 싶다 했어요(그 사진기자는 내가 강연회를 하고 있던 게인스빌까지 먼 길을 왔습니다). 나는 좋다고 했지요. 하지만 그건 평소의 내가 아닙니다. 그런데 그들은 안경 벗은 그 사진을 썼어요. 왜 차라리 다른 사람의 사진을 그 자리에 넣지 않았는지 모르겠어요. 중요한 것은 진실이 아니라 진실처럼 보이게 하는 것이지요. 이 경우에는 유치하고 어리석게 보이도록 말이에요. 이건 사소한 일이지만 상징성이 높습니다. 이것은 미국 엘리트들과 다른 나라들과의 결정적 차이입니다.

나는 미국 기준으로 보면 이것도 그리 심한 게 아니라고 생각합니다.

노엄 촘스키

내가 얘기를 나눠본 몇몇 급진주의자들은 촘스키가 대중 미디어(가령 《뉴욕타임스》 같은 것)를 통렬하게 비판하는 것과 백악관의 부작위에 대하여 가끔씩 논평하는 태도를 못마땅하게 여긴다. 그들이 볼 때 '현 체제'와의 이런 갈등은 '급진주의자'의 활동과는 어울리지 않기 때문이다. 이런 점에서 볼 때 촘스키는 파넬리와도 다르고, 대부분의 아나키스트 사상가들과도 다르다. 하지만 파넬리의 사상이 스페인에서 통했던 것은 그가 부지불식간에 그 당시의 스페인 문제에 호소했기 때문이었다. 내가 볼 때, 촘스키는 현 체제에 대한 논평과 그의 전반적 어프로치는 당연히 구분되어야 함을 알고 있다. 그는 현대의 문제와 장애에 대답하기 위해 다른 각도에서 교육 관련 문제들에 대응하고 있다. 여기에는 그의 스승인 젤리그 해리스가 말한 "대중의 어리석음을 깨우치는 de-fooling" 문제가 끼어 들어 있다. 이러한 실천은, 미디어 분석이나 현대의 정치적 사건 분석과 마찬가지로 현재의 사회를 바람직한 방향으로 개선하기 위한 작업의 시작이다. 그래서 촘스키는 전방위적으로 교육문제를 다루고 있다.

그는 MIT의 교수이면서, 압박받는 민중의 촉매자이고, 현대 정치의 방향에 대하여 알려주는 사람이다. 그는 언론에서 매일 보도되는 사항들에 대하여 객관적인 사실과 세부사항을 제공하고 있다. 이렇게 하는 것은 사람들에게 일방적으로 지시를 내리기 위해서가 아니라 사람들이 정말 중요한 사항들을 각자가 깊이 성찰하도록 유도하기 위해서다.

당신은 실제 행동함으로써 배웁니다. 나는 어릴 적 경험과 독서를 통하여 아주 오래 전부터 듀이주의자였습니다. 당신은 실제 행동을 통해 배웁니다. 남들이 하는 것을 관찰함으로써 일을 해내는 방법을 짐작합니다. 가령 이런 방식을 통하여 좋은 목수가 되고 좋은 물리학자가 되기도 하는 겁니다. 아무도 당신에게 물리학을 어떻게 하라고 훈련시키지 못합니다. 자연과학에서는 방법론 과정을 가르치지 않습니다. 사회과학에서는 가르칠 수 있을지 모릅니다. 상당한 지적 내용을 가지고 있는 분야에서는, 방법론을 가르치지 않습니다. 사람들이 하는 것을 지켜보다가 그들과 함께 그 행동에 참여하는 겁니다. 그래서 자연과학의 대학원 세미나는 통상적으로 사람들이 함께 작업하는 과정입니다. 어떤 분야의 장인이 손재주 좋은 조수들과 함께 일하는 방식과 유사합니다. 나는 이런 것들도 마찬가지라고 봅니다. 나는 사람들을 설득하려 들지 않습니다. 적어도 의식적 차원에서는 그렇습니다. 어쩌면 설득하는 때도 있을 겁니다. 만약 그랬다면 그건 나의 실수입니다.

이로 인해 우리는 촘스키 어프로치에 대하여 중요한 통찰을 얻게 된다. 그것은 무엇인가 하면 개념, 사실, 상호작용, 격려 등을 촉매제의 형태로 삼는다는 것이다.

 일을 해내는 올바른 방법은, 당신이 옳다고 사람들을 설득하기보다는 그들에게 도전하여 스스로 생각하도록 유도하는 것입니다. 인간의 일 중에서 우리가 아주 자신 있게 말할 수 있는 것은 거의 없습니다. 심지어 사물을 다루는 자연과학에서도 이것은 대체로 사실입니다. 인간사처럼 복잡한 영역에서는 높은 수준의 자신감을 갖기는 어렵고 대체로 자신감이 별로 없는 것입니다. 인간사든, 국제적 사건이든, 가족관계든, 그 무슨 문제든 우선 증거들을 모아서 어떤 특정 관점에 입각하여 문제를 바라보게 되는 것입니다. 그러니 올바른 어프로치는 사람들로 하여금 이렇게 하도록 유도하는 것입니다. 어떤 사람이 어떤 특정 방식을 쓴다고 해서 그것을 따라가도록 유도해서는 안 됩니다.

이렇게 하자면 당사자는 아주 열심히 공부해야 한다. 이것은 어떤 아이디어를 수동적으로 받아들이는 게 아니라 협동적 대화에 적극적으로 참여시키기 때문이다. 이렇게 하면 당사자는 관련 문제에 대하여 더 높은 이해를 얻을 수 있다.

 그것을 해내는 방법은 당신이 직접 해보는 것입니다. 세상에서 벌어지고 있는 일에 대한 표준적 해석과 당신이 수집한 증거들의 객관적 분석 사이에 존재하는 틈새를 보여주는 것입니다. 사람들은 문제에 파고들면 즉각 이런 틈새를 알게 될 겁니다. 이 작업은 그리 어려운 일도 아닙니다. 잡담 네트워크에서 내게 쏟아지는 즉각적인 반응은 이런 겁니다. "나는 당신이 하는 말을 믿을 수 없다. 내가 알고 있는 것, 내가 믿고 있는 것과는 완전히 모순된다. 나는 그 자세한 각주들을 다 읽을 시간이 없다. 당신이 하는 말이 진실인지 내가 어떻게 알겠느냐?" 이것은 당연한 반응입니다. 나는 사람들에게 그건 옳은 반응이라고 말해줍니다. 당신은 내가 하는 말을 그대로 진실이라고 믿어서는 안 됩니다. 자세한 각주가 거기 나와 있으니 관심이 있다면 그걸 읽어보면 됩니다. 만약 읽기 싫다면 아무것도 얻을 수 없습니다. 아무도 당신의 머릿속에 진실을 넣어주지는 않습니다. 그건 당신이 자기 힘으로 찾아야 하는 겁니다.[12]

이 발언은 또다시 권위의 문제와 관련이 된다. 어떤 사람이 교사이기 때문에 저절로 권위가 부여되는 것은 아니고 또 어떤 자격, 제도, 명성 등이 사상의 근거가 될 수는 없는 것이다. 오로지 직접적이고 의식적인 탐구를 통해서만 권위가 확립된다. 이것은 어떤 문제에 대응하거나 해결하고자 하는 사람이 짊어져야 할 책무다.

사상 전파의 방법론

파넬리와는 다르게, 촘스키는 자신의 사상을 전파하고 다른 사람들에게 촉매 역할을 할 수 있는 많은 수단을 갖고 있다. 그의 편지쓰기는 아주 유명한 일이다. 그는 전 세계 각지에서 보내오는 편지에 답하기 위해 일주일에 20시간 편지를 쓴다. 참여 지식인이나 정치지도자들을 만나보니 이렇게 하는 사람은 촘스키만이 아니었다.

저명한 인사에 대한 전기작업을 하면서 나는 다양한 관점의 답변을 얻기 위해 일주일에 수백 통씩 이메일을 보낸 적이 있다. 촘스키의 놀라운 점은 이러한 편지쓰기를 평생에 걸쳐 해왔다는 것이다. 그도 다른 저명인사들처럼 몇 번의 귀중한 인터뷰를 허락하고 몇 권의 저서를 쓰고 그리고는 은퇴할 수도 있었을 것이다. 하지만 촘스키는 그렇게 하지 않았다. 그는 다른 사람들의 질문을 진지하게 받아들이고, 놀라운 타자실력(그의 편지에는 오타가 없는데 아주 빠른 속도로 타자를 치는데도 그렇다), 사진 같은 기억력, 관대한 마음 등으로 일일이 답변한다. 자신의 능력이 허락하는 한 가능하면 대답하려고 하는데 이렇게 해오기를 벌써 50년이다. 그는 통상적인 봉함편지를 사용하며, 의사소통 능력이 떨어진다고 생각하여 오랫동안 이메일 사용을 거부해왔다(물론 예외적인 경우에는 이메일을 사용한다).

그가 MIT 사무실에 나가 있을 때에는 늘 문이 개방되어 있다. 그래서 학생들, 급진단체의 대표들, 미디어 사람들이 쉴 새 없이 들락거린다. 어느날 나는 촘스키의 사무실에 들렀다가 방금 록그룹 펄잼의 멤버들이 다녀갔다는 얘기를 들었다. 사람들은 아무때나 그의 사무실에서 만나 일 대 일 대화를 나눌 수 있다. 물론 인터넷으로 소통하기도 한다. 원래 촘스키는 인터넷에 별 관심이 없었다. 하지만 마이클 앨버트가 Z네트 Znet를 개설함으로써 촘스키는 정기적으로 인터넷에 들어가기도 한다.

가령 촘스키 채트 포럼ChomskyChat forum(대화방)은 다양한 분야에서 제기된 질문에 공개적으로 답변하는 일종의 공공 이메일이다. 우리는 이 미디어를 통하여 촘스키의 교육관에 대하여 많은 것을 알 수 있다. 이 포럼의 분위기는 반권위주의적이고, 공개적이며, 비공식적이다. 언어학, 철학, 역사, 정치학 등에 대하여 때로는 길고 때로는 짧은 질문들이 쏟아져 들어온다. 이런 질문들에 대한 촘스키의 답변을 살펴보면 그의 편지쓰기 솜씨가 여지없이 드러난다. 우선 촘스키가 남의 질문을 아주 진지하게 받아들인다는 것, 그 질문에 답변하는 것을 정말 즐겁게 생각한다는 것, 그의 답변 속에서 자연스럽게 인근 분야로 대화가 넓어져 간다는 것 등을 알 수 있다. 촘스키는 이 포럼에서 이 포럼 자체에 대한 생각, 교육과 교사의 역할에 대한 생각 등을 털어놓았다. 촘스키는 Z 사업을 지원하고 여기에 참여하면서 중요한 역할을 수행했다. Z 사업으로는 여름학교, Z네트의 교육자료(Z네트를 사용하는 사람에게 무상으로 나누어 주는 온라인 교육자료 모음), 기타 다양한 온라인 자료를 들 수 있다.

 교육자 촘스키

교육에 대한 촘스키의 어프로치는 언제나 자상하다. 설사 그가 어떤 문제에 대하여 반대입장에 있더라도 성실하게 답변해나간다. 가령 교육포럼[13]에 관한 질문에 대답하면서 그는 먼저 이런 말을 하여 미래의 활동을 촉진한다. "좋은 질문입니다. 대부분의 좋은 질문이 그러하듯이, 거기에 상응하는 좋은 대답은 없습니다. 적어도 나는 그걸 알고 있습니다." 이어 그는 파넬리 스타일로 말을 해나간다. "내가 정말로 '창조적 생산과 학습을 권면했는지' 나로서는 말하기 어렵습니다. 물론 그렇게 했기를 바라지만 그건 다른 사람들이 판단할 문제입니다." 하지만 사람들은 호기심이 많아 배우기를 원하기 때문에 촘스키의 희망대로 창조적 생산과 학습을 향해 나아간다. 그리고 MIT 같은 훌륭한 교육기관은 이런 자연스러운 능력을 이끌어낸다. "실제로 MIT의 대학원 과정에서 이것은 그리 어려운 일이 아닙니다. 그건 정상적인 겁니다." 이어 촘스키는 미묘한 구분을 한다. 촘스키는 대학의 현황을 논의하면서 자연과학과 사회과학 사이의 차이점을 언급한다. 그러면서 과학은 이데올로기의 세뇌를 필요로 하지 않으며 다음번의 과학적 문제에 대하여 만족스러운 답변을 내놓는 데에만 신경써야 한다고 말한다. 이러한 답변은 저기 저 바깥에 있으므로, MIT 학생들이 해야 할 일은 그 문제를 깊이 생각하면서 아주 독창적인 관점에서 혹은 비정통적인 방식으로 어떤 답변에 도달하는 것이다. 이렇게 하자면 남들과 함께 그 문제를 공동으로 씨름해야 한다. 이러한 방식은 공통 관심사에 대하여 자유로운 결사를 추진하는 아나키스트 사상과 유사하다.

전자 시청electronic town hall을 제시한 로스 페로Ross Perot의 아이디어에 대하여, 촘스키는 그것이 민주주의에 대한 또다른 공격이라고 해석했다. 촘스키는 그것이 사람을 소외시키는 또다른 방식이라면서 이런 비교를 해보였다. "자기 연구실에 평생 홀로 틀어박혀서 연구를 하는 사람은 얼마 되지 않습니다. 대학원생들과 이야기하던 중에 아이디어를 얻기도 하고 동료교수들로부터 어떤 힌트를 얻기도 합니다. 이런 식으로 아이디어를 얻고 어떻게 생각을 풀어나가야 하는지 실마리를 잡는 겁니다. 이런 방식은 정치생활이나 사회생활에서도 마찬가지입니다."[14] 이렇게 볼 때 "과학 분야의 고등교육은 참여적이면서 비권위적"이라고 촘스키는 말한다. 사람들이 어떤 공통된 질문에 대하여 답변을 알아내기 위해 공동작업을 할 때 권위는 아무런 도움이 되지 않는다.

반면에 어린아이들은 교육에 대하여 다른 유형의 질문을 제기한다 (이 질문은 교육문제에서 자주 등장한다). 촘스키는 말한다. "나도 수년 전에 아이들을 가르쳐본 적이 있습니다. 아이를 가르치는 데에는 더 많은 상상력과 노력이 필요합니다. 하지만 충분히 해낼 수 있다고 봅니다. 나 자신의 어릴 적 교육체험이 하나의 사례가 되었습니다."[15]

촘스키는 1994년 로욜라 대학에서 행한 멜런 강연Mellon Lecture인 '민주주의와 교육Democracy and Education'에서도 자신의 교육관을 말했다.[16] 그는 이 강연에서 자신이 좌파 자유사회주의의 전통에 입각하여 활동을 벌인다면서 거기에는 "존 듀이를 지지하는 진보적 자유주의자들, 버트란드 러셀과 같은 독자적 사회주의자들, 대부분 반볼셰비키파인 주류 마르크스주의 지도그룹, 갖가지 아나키스트 운동을 전개하는 자유사회주의자들, 노동운동의 지도자들과 대중운동의 당파들"의 전통이 들어간다고 말했다. 마찬가지로 Z네트에 올린 글에서 촘스키는 이렇게 썼다. "나의 개인적 경험에 바탕을 둔 내 느낌은 이런 것이다. 좋은 교육은 한 개인의 평생을 관통하는 어떤 줄을 마련해주는 것이다. 좋은 교육은 화분에 물을 주는 것 이상이 되어야 한다. 꽃을 위해 화분에 물을 채우는 것(계몽사상과 고전자유주의 사상에 비추어볼 때 이것은 아주 어리석은 생각이다)이 아니라 꽃이 그 스스로의 힘으로 성장할 수 있도록 해주어야 한다. 이러한 일반 원칙들은 아주 타당하다고 생각한다. 이런 원칙을 특정 상황에 따라 어떻게 적용할 것인가는 사안에 따라 다르게 평가해야 한다. 하지만 어느 경우든 아주 겸손한 마음으로 우리가 아는 것이 별로 없다는 태도로 임해야 한다."[17]

그는 다시 한 번 교육문제와 관련하여 아나키스트 사상과 계몽사상 및 고전자유주의 사상을 서로 연결시키고 있다. 다시 말해 교육에 있어서 권위를 내세우는 것은 별로 도움이 되지 않는다는 측면에서 세 사상이 모두 공통되는 것이다. 이것은 중요한 문제다. 그리고 촘스키는 듀이와 마찬가지로 유년기 교육의 개혁이 사회개혁의 지렛대가 될 수 있다고 생각한다. 또 대학이 각종 압력에도 불구하고 급진적 대안들과 유익한 지식을 논의하고 전파하는 장이 될 수 있다고 생각한다.

복종의 연구

어린아이들을 대해본 사람은 어린아이들이 호기심이 많고 창의적이라는 걸 압니다. 그들은 사물을 탐구하고 무슨 일이 벌어지는지 알아내려 합니다. 그런데 학교교육은 이런 창의성을 무시하고 그들을 어떤 틀에 맞추려고 합니다. 그들이 정해진 행동을 하고, 생각을 하지 말고, 문제를 일으키지 않도록 유도하는 겁니다. 이런 식의 교육이 유치원에서부터 헌팅턴Huntington이 말한 대중을 완전 배제하는 작업에 이르기까지 계속 됩니다. 사람들은 복종심 강한 생산자가 되는 겁니다. 시킨 대로 하면서 평생 동안 수동적인 소비자 노릇만 하는 겁니다. 아무것도 생각하지 마라. 아무것도 알려 하지 마라. MAI나 국제사건 같은 것에 신경 쓰지 마라. 시키는 대로 하고 다른 것에나 신경 쓰면서 소비에만 최대한 열중하라. 그게 대중의 역할이다.[18]

많은 사람들이 대학은 중요한 관심사에 대하여 토론하는 장소가 아니라고 생각한다. 대학생들은 현실감각이 없거나 지나치게 규제 받는다고 생각한다. 데이비드 노블David Noble 등이 지적한 대학과 대기업의 유착을 감안할 때, 정말로 고등 교육기관이 유익한 배움의 장소가 될 수 있을 것인지 의문을 품게 된다. 촘스키는 말한다.

대학에 있으면, 특히 대학생 신분이면 이때가 여러분 인생의 가장 자유로운 시간입니다. 이전 혹은 이후의 시기를 생각해 볼 때, 대학생 시절은 여러분이 많은 기회를 갖고 있는 시절입니다. 비교적 강압을 당하지 않고 많은 선택을 할 수 있는 겁니다. 물론 복종의 압력 등 단련의 효과들도 있습니다. …… 하지만 다른 사람들과 비교해볼 때 여러분은 상당히 자유로운 겁니다. 그런 자유가 있으면 사람들은 상당히 중요한 일을 할 수 있습니다. 그런데 대학은 내적 모순을 갖고 있습니다. 대학은 돈을 벌고 수입을 올리고 권력을 얻는 일에만 몰두하는 그런 기업이 아닙니다(이것은 중요한 측면입니다). 대학은 이런 제도적 구조 안에 다양한 기능을 갖고 있습니다. 그 중 하나가 복종과 순종을 유도하는 겁니다. 다른 하나는 창조성과 발견의 능력을 자극하는 것입니다. 가령 당신이 창조성과 발견의 능력을 갖고 있지 못하다면 과학과 테크놀로지는 죽어버릴 겁니다. 그러면 기업들은 대학에 관심이 없어질 겁니다. 또 아무리 복종과 순종을 강요한다고 하더라도 어느 수준까지 유지해야 하는 직업적 성실성이 있습니다. 이러한 조건들은 내적 갈등, 틈새, 기회 등을 가져옵니다. 권력들은 서로 자리를 바꿉니다. 미디어에 대해서도 마찬가지 말을 할 수 있습니다.

그래서 당신이 할 수 있는 무한히 많은 것들이 있습니다. 만약 당신이 너무 세게 밀면 상대도 당신에게 세게 반격해올 것입니다. 권력은 피해를 보는 것을 원하지 않습니다. 하지만 그 범위는 상당히 넓고 거기에 어떤 제한이 있다고는 생각하지 않습니다. 지난 여러 해 동안 대학들이 '개방'되면서 기회의 범위가 넓어졌습니다. 이제 많은 기회가 있기 때문에 사정은 35년 전이나 40년 전 하고는 많이 다릅니다. 대학은 개방되면 될수록 외부 제약을 더 많이 당할 것입니다. 하지만 투쟁은 계속됩니다.[19]

비록 이상적인 상태에 도달하지는 못했지만 그래도 대학들은 반성과 행동의 공간이고 빌헬름 폰 훔볼트가 제시한 고전자유주의 이상을 아직도 추구하는 공간이다. 우리는 그것을 데이비드 바사미언과의 대화에서 엿볼 수 있다.

바사미언 | 교육제도는 상당 부분 점수에 따른 보상, 다른 학생들보다 시험에서 뛰어나기, 교실에서 선두를 차지하여 교사로부터 칭찬받기 등으로 구성되어 있습니다.

촘스키 | 그렇습니다. 아주 이상한 교육이지요. 극도로 반사회적인 행동을 가르치는 교육입니다. 그건 개인에게도 아주 나쁩니다. 교육에 반드시 필요한 절차도 아니고요.

바사미언 | 개인에게 어떻게 나쁩니까?

촘스키 | 다른 사람의 성취를 알아보지 못하고 그들을 꺾어 누르려고 하는 사람들을 만들어내지요. 가령 훌륭한 바이올리니스트를 보면 그가 훌륭한 바이올리니스트라는 사실을 인정하지 않고, 그의 바이올린을 빼앗아 부숴버리는 행위와 비슷한 거지요. 그런 교육은 사람을 괴물로 만듭니다. 그건 교육에 필요한 방식도 아니고 오히려 교육을 해치는 겁니다. 나는 이 문제에 대하여 개인적 경험을 갖고 있습니다. 그런 경험은 어디나 일반적일 겁니다.[20]

훔볼트 사회관의 기본 전제는 이 점과 관련이 있다. 그는 '개인과 그 존재의 지고한 목적에 대하여 Of The Individual Man, and the Highest Ends of His Existence'[21]에서 이렇게 말했다.

> 막연하고 덧없는 욕망이 아니라 영원불변한 이성의 욕구에 의해 정의된 인간의 진정한 목적은 무엇일까. 그것은 인간의 능력을 최대한으로 조화롭게 발전시켜 완전하고 지속적인 전체를 획득하게 하는 것이다. 자유는 이러한 발전이 필수불가결한 것으로 제일 먼저 요구하는 조건이다. 하지만 자유와 관련된 또다른 조건이 있는데 무엇인가 하면 상황의 다양성이다.[22] 아무리 자유롭고 자족적인 인간이라도

단 하나의 단조로운 상황에 갇혀 있으면 발전할 수가 없다. 이러한 상황의 다양성은 한편으로는 자유의 지속적인 결과인가 하면, 다른 한편으로는 인간 자신에게는 제약을 주지 않으면서도 주변환경에 자극을 주는 일종의 압박이다. 어떻게 보면 이 두 가지 조건, 즉 자유와 상황의 다양성은 둘이면서 하나라고 할 수도 있을 것이다.(16)

훔볼트의 교육관은 이런 논리적 출발점에서 흘러나왔고 하나의 기준이 되었다. 촘스키는 그 자신의 저서에서 이 말을 지속적으로 인용했을 뿐 아니라 이 책에 나오는 다른 사상가들, 특히 버트란드 러셀에게도 훔볼트의 사상이 많은 영향을 주었다. 예를 들어, 촘스키는 '교육에 대한 인도주의적 개념Toward a Humanistic Conception of Education'[23]에서 이렇게 말했다. "러셀은 교육에 관하여 무척이나 많은 이야깃거리들을 가졌습니다. 그것들은 처음 그가 얘기했을 때와 못지않게 오늘날에도 매우 중요한 의미를 갖고 있습니다. 교육의 이론과 실천에 관하여 그는 정기적으로 매우 흥미롭고 도전적인 생각들을 제기했습니다."(204)

촘스키가 러셀에게서 취해온 원칙적 아이디어는 이런 것이었다. "교육의 첫 번째 목표는 인간이 지닌 모든 창의적 충동을, 그것이 어떤 것이든 상관없이 모두 끌어내고 북돋우는 것이다."(204) 러셀은 교육이란 사물의 가치를 제대로 알게 해주고, 자유로운 공동체의 현명한 시민들을 만들어내도록 도와주고, 자유, 개인의 창조정신, 인도주의적 개념 등을 시민정신에 결합시키는 것이라고 말함으로써 훔볼트와 같은 사상을 갖고 있음을 보여주었다. "인간적인 개념은 마치 정원사가 어린 나무를 생각하는 방식으로 어린아이를 생각합니다. 다시 말해서 어린아이를 '적당한 토양과 공기와 햇빛이 주어진다면 거대한 형태로 자라날 수 있는 선천적인 본성을 지닌 존재'라고 여깁니다."(204)

이런 유기적이고 세련된 비유는 러셀의 말에서 직접 가져온 것이다. "인간 성장에 필요한 토양과 자유는 찾아내고 얻기가 헤아릴 수 없을 정도로 어렵다. …… 도대체 우리가 희망하는 완전한 성장을 규정하거나 예증할 수도 없다. 그것은 포착하기가 매우 어려우며 복잡하고, 미묘한 직관으로만 느낄 수 있고, 상상력과 존경심을 발휘해야 겨우 희미하게 감지할 수 있다." 이러한 진술은 어린아이가 개성, 창조성, 고귀한 성품의 인간성을 소유하고 있다는 것을 보여준다. 따라서 교육자는 아이들의 이런 가능성들을 양육하고, 보호하고, 존중하고, 배양하고 나아가 존경해야 한다.

촘스키는 그것을 아주 멋지게 요약하고 있다. "교육의 목적은 바로 이 창의적 충동이 자라나는 데 필요한 토양과 자유를 제공하는 것이어야 한다는 결론에 도달합니다. 다시 말해서 복합적이고 도전적인 환경을 마련하는 것입니다. 그 까닭은 그 안에서 어린이는 상상력을 한껏 발휘하여 탐구할 수 있고 그렇게 함으로써 자신의 내재적인 창의적 충동을 촉진시킬 수 있고 매우 다양하고 독자적인 방식으로 자신의 삶을 풍요롭게 할 수 있기 때문입니다."(205)

러셀은 행동하는 교사의 중요한 모범이었고 자신의 정치적 견해 때문에 고통을 겪었다. 촘스키는 말한다.

버트란드 러셀의 예를 들어봅시다. 그는 어떤 기준을 들이대더라도 20세기의 유수한 지식인 중 한 사람이었습니다. 그는 1차 세계대전에 반대한 유명한 지식인 중 한 명이었습니다. 그는 매도당했고, 독일의 반전인사들과 마찬가지로 투옥되었습니다. 1950년대부터 그는, 특히 미국에서 엄청나게 매도당했고 반미국적인 미친 늙은이 취급을 당했습니다. 왜? 왜냐하면 그는 다른 지식인들이 받아들이는 원칙을 지지했을 뿐 아니라 그 원칙을 위해 실제 행동에 나섰기 때문입니다.
　　가령 버트란드 러셀과 또다른 유명한 지식인 앨버트 아인슈타인을 비교해봅시다. 두 사람은 핵무기에 대해서는 의견이 일치했습니다. 그들은 핵무기가 인류를 파괴해버릴지 모른다고 우려했습니다. 그들은 유사한 성명서에 서명을 했고 공동성명서도 작성했습니다. 하지만 그 다음부터 두 사람은 다르게 행동했습니다. 아인슈타인은 프린스턴 대학의 고등연구소 사무실로 돌아가 통일장이론 연구에 몰두했습니다. 반면에 러셀은 거리로 나갔습니다. 그는 핵무기에 반대하는 시위에 동참했습니다. 그는 베트남전 초기에도 그 전쟁에 반대했습니다. 당시는 반전 여론이 사실상 전무할 때였습니다. 그는 반전에 대하여 뭔가 구체적 조치를 취하려 했습니다. 시위를 벌이고 재판을 조직하려 했습니다. 그래서 러셀은 크게 매도당했습니다. 반면에 아인슈타인은 거의 성자 같은 존재였습니다. 두 사람은 거의 같은 입장을 지니고 있었지만 아인슈타인은 현 체제를 흔들어대지 않았습니다.
　　지식인들 중에는 이런 현상이 흔했습니다. 러셀은 1960년대에 《뉴욕타임스》, 국무장관 딘 러스크Dean Rusk, 기타 인사들에 의해 맹렬하게 공격당했습니다. 그는 대중 지식인이 아니라 아예 미친 늙은이 취급을 받았습니다. (166-167)[24]

　　촘스키가 교육 관련 저서에서 자주 언급하는 다른 사상가들에게서도 이와 유사한 사례가 발견된다. 가령 자유적 실용주의자 존 듀이와 교육 이론가 존 듀이 사이에서 그런 연결관계를 엿볼 수 있다.

　　이것들은 그리 급진적 사상이라고 할 수 없습니다. 가령 20세기 미국의 사회철학자인 존 듀이도 분명하게 말했습니다. 듀이는 "산업 봉건주의"가 "산업 민주주의"로 대체되기 전까지 정치는 "대기업이 사회에 드리우는 그림자"에 지나지 않는다고 지적했습니다. 듀이는 많이 하는 말로 '철저히 미국적인 사람'이었습니다. 듀이는 산업혁명 초기부터 미국의 독자적인 노동자 문화에서 발달되어온 사상과 행동의 장구한 전통에 입각해 있는 것입니다. 이러한 사상들은 표면 바로 밑에 잠복해 있으므로 우리 사회, 문화, 제도의 살아있는 한 부분이 될 수 있습니다. 하지만 지난 여러 세기에 걸쳐 발생했던 정의와 자유의 승리들과 마찬가지로, 이것은 저절로 발생하지는 않을 것입니다. 최근의 역사를 비롯하여 역사의 분명한 교훈 중 하나는 권리들은 그냥 주어지는 게 아니라는 겁니다. 그것들은 힘들게 싸워서 얻는 것입니다. 이제 그 나머지는 우리들이 담당해야 할 몫입니다.[25]

실제로 촘스키는 이렇게 말한다. "듀이와 러셀은 동의하는 것도 많지만 그 외의 많은 사항들에 대해서 동의하지 않는다. 내가 보기에 두 사람은 20세기 서양의 대표적 사상가다. 러셀이 말한 계몽주의에 뿌리를 둔 인본주의적 개념에는 두 사상가가 동의한다. 이 인본주의적 개념은, 교육을 용기容器에 물을 채우는 것이 아니라 꽃으로 하여금 제방식대로 자라도록 돕는 것, 다시 말해 정상적인 창조적 형태가 번성할 수 있는 환경을 제공하는 것으로 봐야 한다는 생각이다. 이것은 18세기의 견해로서 듀이와 러셀이 되살려낸 것이다." 이러한 사상은 우리가 훔볼트에게서 발견한 사상과 마찬가지로 "혁명적 특성"(촘스키의 말)을 가졌다. 그래서 "그런 지도이념들이 실행된다면 자유로운 인간이 형성될 것이다. 그럴 경우 자유로운 인간의 가치관은 축적이나 지배가 아니라 평등한 조건에서의 자유로운 관계 형성, 함께 나눔, 협력, 민주적으로 수립된 공동 목표를 함께 이루는 평등한 입장에 참여하는 것이다."[26]

촘스키는 훔볼트가 아주 중요한 사상가인데 무시되어왔다고 생각한다. 훔볼트는 인간성의 개념 안에서 교육적 실천을 강조한 사상가였다. 훔볼트의 사상은 교육제도에까지도 영향을 미친다. 왜냐하면 "그는 현대 대학교육의 창시자였을 뿐 아니라 위대한 자유사회주의 사상가였다. 그는 존 스튜어트 밀에게 직접적인 영감을 주었을 뿐 아니라 그런 인물의 출현을 예고했다." 특히 존 스튜어트 밀의 《자유론On Liberty》은 그의 영향이 아주 강하다. 촘스키는 '교육에 대한 인도주의적 개념Toward a humanistic conception of education'에서 말한다. "인간 본성에 대한 훔볼트의 합리적인 관점은 자유롭고 창의적인 행동을 인간 본성의 핵심으로 내세우는 것이었습니다. 이러한 관점은 산업혁명 시기의 자유사회주의적인 사상, 특히 19세기의 자유사회주의와 아나키스트 사회주의 이론과 그에 부수되는 교육실천 이론 등에서 비롯되었습니다."(208-209) 이와 관련하여 교육과 그 실천에 대하여 촘스키가 훔볼트에게 진 빚은 엄청나다고 할 수 있다.

그리고 우리가 앞에서 살펴본 바와 같이 훔볼트는 촘스키와 로커를 이어주는 중요한 연결고리다. 로커 자신도 《민족주의와 문화》에서 아주 열광적으로 훔볼트의 언어관과 사회관을 칭송했다. 국가행동의 제한을 주장한 훔볼트의 논문을 언급하면서, 로커는 "탁월하다"고 말했고 이어 이렇게 논평했다. "훔볼트는 국가가 국민들에게 뭔가를 돌려줄 수 있다는 근거 없는 생각을 공격했다. 국가가 국민들로부터 받아간 적이 없는 것을 어떻게 돌려준단 말인가. 국가가 시민의 도덕적 품성을 높여줄 수 있다는 생각은 훔볼트에게 특히 혐오스러운 것이었다. 이러한 망상은 나중에 헤겔의 영향력 아래 독일 지성인들의 정신을 흐리게 만들었다." (로커, 156) 위에서 인용된 것과 똑같은 문장을 언급하면서, 로커는 그 자신의 관점에서 국가의 개념을 제시한다. 이것은 우리가 지금껏 논의해온 것을 많이 반영하는 발언이다. "훔볼트는 국가의 조치가 필수불가결한 것으로만 제한되고 그것도 개인과 사회의 안위가 걸려 있는 곳에서만 행사되기를 바랐다. 그가 볼 때 이 범위를 넘어서는 것은 개인의 권리를 침해하는 사악한 행위였고, 그 결과 개성은 피해를 볼 수밖에 없다."[27]

동일한 문제들을 논하는 촘스키나 로커의 저서를 읽은 사람들은 훔볼트 텍스트의 언어가 아주 익숙하다고 느낄 것이다. 가령 촘스키가 자주 인용하는 문장은 《국가행동의 제한》 중 '시민의 적극적 복지Positive Welfare of the Citizen'에서 가져온 것인데, 여기서 훔볼트는 이런 주장을 편다. "무엇이든지 인간의 자유스러운 선택에서 나오지 않는 것 그리고 단지 지시와 지도의 결과인 것은 인간의 존재 속으로 들어가지 못하고 그의 진정한 본성에 항상 이질적인 것으로 남고 만다. 인간은 지시와 지도를 통해 받은 것들을 결코 진정한 열정을 갖고 수행하지 않으며 단지 정확하게 기계적으로만 이행할 뿐이다."(28) 이러한 사고방식이 뒤에서 다루어지는 서머힐Summerhill 어프로치를 관통하는 철학이고 존 스튜어트 밀의 발언에서도 공명되어 있다. "자기 자신의 욕망과 충동을 가지지 못한 사람은 증기기관이 특성을 갖고 있지 못한 것처럼 특성을 가지지 못한다."[28] 이런 자유 선택의 사상은 국가주의적(민족주의적) 교육정책이 "특정한 형태의 발전"만 강조함으로써 바람직한 것이 아님을 지적한다. 훔볼트는 개인의 창의적이고 즉발적인 발전을 지지하며 "시민정신과는 가능한 한 관계가 없는 '인간성의 자유로운 발달'을 목표로 하는" 교육적 실천을 지지한다(《국가행동의 제한》, 51). 그 결과는 혼란과 결핍이 아니라 자유로운 결사의 자연스러운 발달이다.

만약 교육이 인간의 시민적 특성을 고려하지 않고 인간의 능력을 최대한 발전시키는 것이라고 하면, 국가가 교육에 개입할 필요는 전혀 없다. 진정으로 자유로운 사람들 사이에서는 온갖 형태의 공업이 재빨리 발달할 것이다. 모든 기술이 멋지게 피어날 것이다. 모든 과학은 그 범위를 확대하게 될 것이다. 이러한 공동체에서 가족유대는 더욱 긴밀해질 것이다. 부모는 아이들을 더욱 잘 돌볼 것이다. 엄청난 복지의 상태에서 아이들의 소원을 더 잘 들어주게 될 것이다. 이러한 사람들 사이에서 경쟁이 자연스럽게 생겨날 것이다. 교사들은 진급의 기회가 국가의 기대에 부응하는 것이 아니라 자신의 노력에 달려 있음을 알면 더욱 자기 자신을 향상시키려 할 것이다.《국가행동의 제한》, 53)

촘스키가 활약한 분야의 관련 저서들에서 명확하게 알 수 있듯이, 창조성이 인간성의 바탕이라는 사상(훔볼트의 《국가행동의 제한》에서 명시적으로 지적된 것)은 촘스키가 세상을 바라보는 어프로치의 근본이다. 이에 관하여 훔볼트의 말을 다시 한 번 들어보자. "탐구하고 창조하는 것, 이것이 인간이 추구하는 모든 것의 중심이다. 탐구가 사태의 뿌리 혹은 이성의 한계에 도달하기 전에, 탐구 활동은 심오함 말고도 풍성한 다양성과 영혼의 내면적 따뜻함을 필요로 한다. 모든 인간의 기능이 조화롭게 행사되기를 요구하는 것이다." (76)

 교육과 직장

교육과 다양한 경험에 대한 이런 통찰은 직장에도 해당하는 것으로서 듀이와 훔볼트에 의해 토론되었다.

듀이의 주장에 따르면 자유로운 민주사회에서 노동자들은 "자신들이 종사하는 산업의 운명에 대한 주인"이어야 하며 결코 고용자들이 임차한 도구가 되어서는 안 된다. 그는 고전자유주의의 창시자들과 더불어 기본적인 이슈들에 관하여 동의했으며, 민주주의적이고 자유주의적인 정서가 깃든 생각에도 뜻을 같이 했다. 이런 생각에 힘입어 노동자계급의 대중운동이 활발하게 전개되었다. 대중운동은 초기 산업혁명 때부터 일어나서 폭력과 프로파간다로 끝내 무너질 때까지 지속되었다.

교육 분야에 관한 듀이의 주장은 이러하다. 따라서 어린이들을 "부자유스럽게 그리고 비지성적으로, 단지 노임만을 벌기 위한 목적으로" 일하도록 훈련시키는 것은 "저속하고 부도덕하다." 이 경우 어린이들의 활동은 "자유롭게 참여하지 않았으므로 자유롭지 않다." 여기서 다시 고전자유주의의 개념과 노동운동이 제기된다. 듀이는 계속해서 주장한다. 그러므로 산업은 "봉건적 사회질서로부터" 노동자들과 자유단체의 통제에 기초한 "민주사회적 질서"로 바뀌어야 한다. 이것은 또 다시 고전자유주의와 계몽주의에 뿌리를 둔, 전통적인 아나키스트 이상들을 상기시킨다.[29]

촘스키에 따르면 듀이는 "생산의 궁극적인 목적은 상품의 생산이 아니라 자유로운 인간, 평등한 조건에서 상호결합된 인간의 생산"[30]이라고 믿었다. 이러한 아이디어에서 암시를 얻어 촘스키는 듀이와 훔볼트가 사상의 차이에도 불구하고 고전자유주의 사상가들이 "인도주의적 개념"[31]이라고 불렀던 사상을 공유했다고 말한다. 이것은 촘스키의 '멜런 강연'에서 자세히 설명된다.

듀이의 모든 저서와 생각에 관통하는 이러한 기본적 신념은 현대 사회의 지적 삶을 이끄는 두 가지 선도적 사상들과 근본적으로 반목한다. 그 중 하나는 그가 1920년대와 1930년대에 민주주의와 교육이라는 주제에 관하여 많은 글을 썼을 당시 그가 강력하게 견지했던 것이다. 그 사상은 당대 동유럽의 명령경제 체계와 관련이 있다. 레닌과 트로츠키가 창시한 이 체계는 스탈린에 의해서 더욱 더 기괴한 것이 되고 말았다. 다른 하나는 국가 자본주의적 산업사회로서 미국과 서유럽의 많은 국가에서 구축되었으며 개인 권력의 효과적 지배를 특징으로 한다. 이 두 체제는 체제이념을 포함하여 근본적인 방식에서 실제적으로 유사하다. 둘 다 그 기반이 되는 사상이 심히 권위주의적이며 그 중 하나는 오늘날까지 존속하고 있다. 또 이 둘은 모두 좌파 자유주의라는, 계몽주의의 가치에 뿌리를 둔 또다른 전통과 서로 대립한다. 이 전통은 다음의 인물들과 당파들을 망라한다. 존 듀이를 지지하는 진보적 자유주의자들, 버트란드 러셀과 같은 독자적 사회주의자들, 주류 마르크스주의자들(대부분 반볼셰비키파)의 지도그룹, 갖가지 무정부주의운동을 전개하는 자유사회주의자들, 끝으로 당연히 노동운동의 지도자들과 대중운동의 당파들 등.

우리가 살펴본 바와 같이 이 인도주의적 개념은 개인의 창조성과 개인의 운명 극복을 선호한다. 촘스키는 존 듀이를 인용하면서 이렇게 말한다. "부당한 강요의 구조는 철폐되어야 한다. 기업들은 금융, 토지, 산업을 사적으로 통제하여 사적인 이익을 취하려 하고 이러한 현상은 언론과 언론 대리자들의 홍보와 프로파간다에 의해 더욱 강화되고 있다. 이것이 현대 사회의 부당한 강요구조인 것이다."[32] 만약 이런 구조가 철폐되지 않는다면 민주주의의 토론은 무익한 것이 되어버린다. 듀이는 그것을 우려하여 이렇게 말한 바 있다. "정치는 대기업이 사회에 던지는 그림자가 되고 말 것이며 그런 그림자를 좀 희석시킨다고 하여 본질이 달라지지는 않을 것이다Politics will remain the shadow cast on society by big business, and the attenuation of the shadow will not change the substance."[33]

이러한 사상에 관심이 있는 독자들은 듀이가 저술한 수백 권의 책과 논문을 참조하면 될 것이다(만약 그렇게 한다면 그 사상의 흐름이 노엄 촘스키에게까지 이어지고 있음을 알게 되리라). 듀이 사상의 개요를 원하는 사람은 '나의 교육적 신조My Pedagogic Creed'라는 짧은 텍스트를 참고하기 바란다.[34] 여기서 듀이는 이렇게 말한다. "모든 교육은 개인들이 종족의 사회적 의식에 참여할 때 시작된다. 이런 무의식적인 교육을 통하여 개인들이 인류가 수집한 지적·도덕적 자원을 공유하게 된다. 학생이 처한 사회적 환경의 요구로 학생이 자신의 능력을 개발할 때 이러한 교육형태가 생겨난다. 우리가 현재의 조건 아래에서 학생의 적응을 권장할 수 있는 길은 학생 스스로가 자신의 능력을 최대한 발휘할 수 있을 때뿐이다."

이것은 학생들에게 성공의 기준이 되는 어떤 구체적 활동에 집착하도록 유도하지 말고 학생들에게 학습방법을 가르쳐주어야 한다는 뜻이다. 바로 이런 이유들 때문에 "그러니까 민주주의와 현대 산업조건들의 현 상황 때문에, 앞으로 20년 후에 문명의 상태가 어떻게 될지 정확하게 예측하기가 어렵다. 따라서 아이들을 어떤 정확한 조건에 맞추어 준비시킨다는 것이 불가능하다. 아이에게 미래를 준비시킨다는 것은 그 자신을 완전히 장악하도록 준비시키는 것이다. 그러니까 아이가 자신의 모든 능력을 개발하여 잘 사용할 수 있도록 훈련시키는 것이다."

촘스키가 볼 때, 이러한 아이디어는 "혁명적 성격을 가지고 있다. 학교, 직장, 기타 인생의 모든 분야에서." 우리는 좋은 사회를 건설하려면 이 통찰력 깊은 아이디어를 잘 활용해야 한다.

이 아이디어가 잘 실천되면, 자유로운 인간의 가치관은 (부의) 축적이나 지배가 아니라 평등한 조건에서의 자유로운 관계 형성, 함께 나눔, 협력, 민주적으로 수립된 공동 목표를 함께 이루는 평등한 입장에 참여하는 것이 된다. 이런 사람들(듀이와 러셀)은 아담 스미스와 마찬가지로 "인류의 지저분하고 더러운 추구" 혹은 "사악한 원칙"을 경멸할 것이다. 전통적인 사상은 싹 무시해버리고 "부를 얻고 자신을 제외한 나머지는 모두 아랑곳하지 않는 새로운 시대의 사상(사악한 원칙)"을 미워할 것이다. …… "인도주의적 개념"은 좀더 문명된 시대에 러셀과 듀이가 표명했던 것으로서 자유사회주의 좌파에게는 친근한 개념이면서 동시에 현대 사회의 주도적 사상과는 흐름을 달리하는 것이다. 그 한 가지 사상은 레닌과 트로츠키가 창시한 전체주의적 체제이고, 다른 하나는 서방의 국가 자본주의적 산업사회다. 다행히도 이 두 체제 중 하나는 붕괴했고 다른 하나는 아주 추악한 미래를 향해 돌진하고 있다.[35]

물론 듀이의 교육신조는 듀이 당대의 문제와 상황을 반영하고 있다. 그래서 그 중에는 촘스키가 제시한 이상과 불일치하는 것도 있다. 특히 사람들을 훈련시켜야 하는 이유나 하느님의 왕국이 지상에서 이루어지게 해야 한다는 것 등이 그렇다. 하지만 듀이의 사상은 일련의 타당한 원칙들로서 듀이 이전의 교육사상을 명확하게 표명한 것일 뿐 아니라 서머힐 같은 학교의 건학이념이 되었다.

서머힐

촘스키는 자신의 저서나 교육 관련 인터뷰에서 서머힐을 명시적으로 언급하지는 않았다. 하지만 A. S. 닐A. S. Neill이 설립한 서머힐 학교와 촘스키의 자녀교육법 사이에는 상당한 유사점이 있다. 서머힐 학교의 건학이념을 밝히는 책인 A. S. 닐의《서머힐: 자녀 교육에 대한 급진적 어프로치Summerhill: A Radical Approach to Child Rearing》[36]에는 에리히 프롬Erich Fromm의 서문이 들어 있다. 프롬은 젤리그 해리스에게 영향을 주었고 해리스는 다시 촘스키에게 영향을 주었으므로 그는 촘스키에게 간접적으로 영향을 준 인물이다. 프롬의 진보교육 설명은 우리가 지금껏 설명해온 교육철학을 산뜻하게 요약한다. "자기결단의 기본 원칙은 권위 대신에 자유를 가르치는 것이다. 아이의 호기심과 즉각적인 필요에 부응하여 주변 세상에 대한 관심을 고취시킴으로써 '강압에 의하지 아니하고' 아이를 가르치는 것이다. 이러한 태도는 진보교육의 출발점이며 인간의 발달단계에서 중요한 과정이다."(ix)

이런 공포 없는 교육원칙은 에리히 프롬 당시의 교육과는 아주 대조적인 것이었다. 사람들은 대기업에게 조종을 당했고 교육제도는 대기업의 이익에 맞물려 있었다. 또 미디어는 개인의 소비욕구를 부추겨서 기업의 이윤에 가장 큰 도움을 주는 분야에만 쏠리도록 프로파간다를 해댔다. 프롬이 묘사한 사회에서, "부모와 교사들은 진정한 반反권위적 교육과 **설득과 은근한 강요에 의한 교육**을 서로 혼동했다."(xi, 강조는 저자) 그리하여 닐과 기타 진보 교육자들의 사상과 목표는 왜곡되었다.

닐의 사상과 교육적 실천은 프롬에 의하여 다음 열 가지로 요약되었다. 첫째, 아이는 본질적으로 선량한 존재라고 믿는다. 아이는 인생에 대한 잠재력과 관심을 가지고 태어난다. 둘째, 교육은 이런 사상을 바탕에 두어야 하며 아이가 즐겁게 공부하면서 행복을 발견할 수 있게 해주어야 한다. 셋째, 교육은 지적 발달과 정서적 발달을 겨냥해야 한다. 넷째, 교육은 아이의 필요와 능력에 연계되어야 한다. 다섯째, "이유 없는 단련이나 징벌은 공포심을 불러일으킨다. 그리고 공포는 적개심을 불러일으킨다." 닐의 교육방식에는 대부분의 사람들이 자녀교육에서 체험하는 대결국면이 없다. 왜냐하면 그는 아이를 존중하고, 동일한 눈높이로 바라보고, 아이의 흥미와 필요에 부응하며, 타고난 능력을 계발하는 (강요하지 않고) 기회를 부여하기 때문이다. 여섯째, 교사와 학생 사이에는 서로 존경하는 마음이 있어야 한다. 아이에게는 어른을 간섭할 권리가 주어지지 않고, 어른에게는 아이에게 힘을 사용할 권리가 주어지지 않는다. 일곱째, 교사와 학생 사이에는 성실한 관계가 수립되어야 한다. 여덟째, 학생은 하나의 개인으로서 자신의 능력을 계발하고 세상과 대면하도록 권장되어야 한다. 학생은 "복종이나 지배를 통하여 자신의 안전을 도모하려 하지 말고" 자신의 능력을 알아보고 그것을 활용하는 쪽으로 학습해야 한다. 아홉째, 사제관계는 죄책감, 공포심, 강압 등에 바탕을 두어서는 안 된다. 그런 것들은 적개심을 불러일으키고 적개심은 소외를 가져오는데, 이것은 교육에 해로운 상황을 조성한다. 마지막으로, 닐에 따르면 서머힐 학교에서는 종교교육을 하지 않는다. "싸움은 신학을 믿는 사람과 믿지 않는 사람의 그것이 되어서는 안 된다. 오히려 자유를 믿는 사람과 억압을 믿는 사람의 그것이 되어야 한다.(xii–xiv)

닐은 촘스키의 사상을 이해하는 데 필수적인 선배 사상가는 아니다. 닐의 사상에는 이 책에서 밝혀진 주된 관심사로부터 벗어나는 요인들도 있다. 하지만 교육 프로그램과 기본 충동이라는 측면에서 볼 때, 시간의 검증을 받은 닐의 진보교육과 듀이와 러셀의 교육사상 사이에는 상당한 유사점이 있다.

교육과학: 마인드 프로젝트

우리가 이미 살펴본 바와 같이, 촘스키는 개인의 창의성을 북돋우는 사회환경과 인간의 마음(정신)에 관해 뭔가 가르쳐주는 과학을 서로 연계시키고 있다. 최근에 그는 MIT의 학제간 연구에 참여함으로써 이 작업을 계속 수행하고 있다. 이 연구는 인간의 인지능력 과정을 파헤치려는 것이다. 이것은 촘스키가 예전부터 갖고 있던 인간의 본성에 대한 관심과 교육에 대한 관심과 관련이 있다. 그러니까 학습을 이해하려면 먼저 인간의 정신이 어떻게 작동하는지 이해해야 한다는 것이다. 그는 버트란드 러셀의 교육관을 논하면서 이렇게 말했다. "인간중심적 교육관은 인간의 내재적 본성에 관한 사실에 입각한 몇몇 가정들, 특별히 내재적 본성의 핵심에 창의적 충동이 자리 잡고 있다는 가정과 분명히 관련되어 있습니다. 이러한 가정들이 상세히 설명되었음에도 불구하고 틀린 것으로 판명된다면 교육의 이론과 실천에 관한 상기의 특정한 결론들은 실증되지 않을 것입니다."('교육에 대한 인도주의적 개념', 205)

현재의 작업을 근거로 살펴볼 때 이러한 가정들은 사실인 듯하다. 하지만 어떻게 해야 과학적 관점에서 마음의 "내재적 본성"을 이해할 수 있을까? 이런 문제에 대한 관심 때문에 촘스키의 언어학 연구는 1990년대 후반 MIT에 수립된 마인드Mind 프로젝트에 참여하게 되었다. 이 프로젝트에는 MIT 교수들인 웨인 오닐Wayne O'Neil(언어철학과), 로버트 C. 버릭Robert C. Berwick(두뇌인지과학과, 전자컴퓨터공학과), 수잔 플린Suzanne Flynn(외국문학과, 언어철학과), 에드워드 깁슨Edward Gibson(두뇌인지과학과), 모리스 홀(언어철학과), 알렉 마란츠Alec Marantz(언어철학과), 시게루 미야가와Shigeru Miyagawa(외국문학과, 언어철학과), 데이비드 페세츠키(언어철학과), 스티븐 핑커(두뇌인지과학과), 케네스 웩슬러Kenneth Wexler(두뇌

인지과학과) 등이 참여하고 있다.[37]

　마인드 그룹은 두뇌에 관련된 철학적·과학적 문제에 관심을 갖고 있다. 그러니까 언어나 생각 같은 인간의 인지능력들이 "어떻게 마음의 한 단위로 조직되고, 또 어떻게 마음의 생물학적 기관(두뇌)이 이런 능력들을 지원하는지" 알아내려는 것이다. 마인드 프로젝트의 팸플릿에 따르면 문제는 이런 것이다. 실험결과와 언어이론, 지식의 계측모델 등을 연구하는 인지과학자들은 첫 번째 질문(어떻게 마음의 한 단위로 조직되는가)에 집중하는 반면, 두뇌를 연구하는 신경과학자들은 두 번째 질문(두뇌의 활동)에 더 관심이 많다. 그래서 마인드 프로젝트의 목표는 "이 두 어프로치를 통합시키는 새로운 틀을 마련하자"는 것이다. 이런 통합의 시도는 EP-MRI(평면음향 공명단층 촬영장치)나 MEG(전자식 뇌 촬영장치) 같은 최신 테크놀로지 덕분에 가능해졌다. 이런 기술 덕분에 두뇌의 활동을 측정할 수 있게 되었고 "여러 가지 정신적 기능을 담당하는 두뇌 모듈들의 상호기능을 실시간으로 측정할 수 있게" 되었다.

　이 학제간 연구는 두뇌 모듈들의 상호기능이 어떻게 마음의 단위를 만들어내는지 설명하려 한다. 또 복잡한 표기를 갖고 있는 계측의 신체적 하부구조를 밝혀내려 한다. 인지과학팀은 이러한 이미지 실험의 방법론적 기반을 개발하여 연구에 제공하려 한다. 이러한 그림이나 이미지는 두뇌의 여러 다른 부위에서 발생하는 신경체계를 연구하는 데 큰 도움을 준다. 마음/두뇌의 연구와 관련하여 인지과학팀과 신경과학팀이 서로 만나는 분야는 읽기 분야다. 여기서는 시각적 인식과 언어적 과정이 동시에 벌어지기 때문이다. 이것은 촘스키가 특히 관심 있는 분야다. 그는 인지과학의 한계를 인식하고, 언어의 생물학적 연구가 두뇌연구에 어떻게 적용될 수 있는지 탐구해왔다. "현재로서는 …… 두뇌과학과 언어학이 결합하는 데 두 가지 난관이 있습니다. 첫째, 표준적 행동

실험에 바탕을 두고 있는 인지과학자들이 신경과학자들보다 생각하는 두뇌를 더 생생하게 이해한다는 겁니다. 둘째, 언어학자들은 표기와 계측의 이론을 두뇌의 관점에서 보지 않는다는 겁니다. 두뇌를 직접 관찰함으로써 얻는 그런 자료를 반영하기 위해서는 상당히 다른 언어이론들을 탐구해야 할 것 같아요."

이런 문제들에 대응하기 위하여 촘스키는 여러 프로젝트 참가자들과 함께 두뇌 모듈 역학의 신경적 구조('대뇌 피질의 수직적 모듈 구조와 인지활동에 참여하는 모듈들의 상호작용'), 두뇌 모듈의 인지과정('두뇌가 계측하는 방식과 두뇌가 언어를 가지고 계측하는 방식'), 언어와 사상의 두뇌 모듈('신경 메커니즘과 인지과정에 대한 경험적·실험적 작업을 통해 정신/두뇌의 현상을 밝혀내는 가능성') 등을 연구하고 있다. 그는 이런 희망을 갖고 있다. "이러한 연구들은 두뇌의 인지과정과 관련된 수직적 모듈 구조에 대하여 자세한 정보를 제공해줄 것이다. 비록 이 연구가 시각, 기억, 언어 등에 한정되어 있지만, 역동적인 모듈 상호작용의 메커니즘은 인지활동을 이해하는 데 큰 도움이 될 것이고, 두뇌가 정신에 봉사하는 방식이나 정신작용이 이루어지는 과정 등에 대하여 답을 줄 것이다. 이러한 이해는 다양한 정신병과 유전적인 인지 장애의 진단과 치료에도 도움을 줄 것이다. 더욱 중요하게는 과연 무엇이 호모 사피엔스를 인간으로 만드는지 심층적으로 이해할 수 있을 것이다."

신경활동과 인지과정에 집중하는 이런 과학적 연구활동 등을 감안할 때, 왜 촘스키는 미디어 분석, 세계정세 판단, 기존 통설 비판, 유명한 지적 논평에 대한 공격 등에 그처럼 많은 시간을 소비할까? 왜 연구실에 그냥 머물면서 동료들과 함께 두뇌연구에만 몰두하지 못할까? 왜냐하면 언어의 사회적 측면을 무시하는 것은 우리 내부에 있는 '파넬리' 정신이 발언하려는 것을 틀어막는 것이기 때문이다.

촘스키가 볼 때 교육은 과학적 통찰로부터 흘러나와야 하고, 양육의 환경 속에서 수행되어야 하고, 인간의 두뇌 속에 들어 있는 것을 꺼내주는 촉매가 되어야 하고, 창조성의 산파가 되어야 한다. 동시에 교육은 시민들을 오도하여 다른 목적에 봉사하도록 하는 것을 막아주어야 한다. 특히 대중을 오도하려는 노력이 아주 광범위하고 조직적으로 진행되는 오늘날에는 더욱 그렇다. 이렇게 하지 않으면 평생 유익한 지식을 쌓아서 공동체를 향해 파넬리식의 여행을 떠나려 하는 사람들은 좌절당하게 될 것이고 막강한 기업의 프로파간다와 소비자 문화의 유혹을 이겨내지 못할 것이다. 이런 프로파간다와 언어의 문제를 다루는 촘스키의 활동은 다음 장에서 자세히 소개될 것이다.

주

1 Cited online at http://www.hinduonnet.com/fline/fl1826/18260750.htm(accessed 02/13/2007).

2 Murray Bookchin, *The Spanish Anarchists: The Heroic Years 1868-1936*(Edinburgh: AK Press, 1998[1977]).

3 Sam Dolgoff, *The Anarchist Collecitves: Workers' Self-Management in the Spanish Revolution*(Montreal: Black Rose Books, 1990).

4 J. G. Casas, *Anarchist Organization: The History of the FAI*(Montreal: Black Rose Books, 1986).

5 Bookchin, *The Spanish Anarchists*, p. 12.

6 Bookchin, *To Remember Spain: The Anarchist and Syndicalist Revolution of 1936*. (San Francisco: AK Press), p.9, available online at http://www.spunk.org/library/writers/bookchin/sp001642/overview.html(accessed 02/13/2007).

7 Emma Goldman, *Red Emma Speaks*, (New York: Random House, 1972), p. 96.

8 Michael Albert and Noam Chomsky, from Znet, online at http://www.zmag.org/chomsky/interviews/9301-albchomsky-1.html(accessed 02/13/2007).

9 *Understanding Power*, p. 274, online at http://www.nooranch.com/synaesmedia/wiki/wiki.cgi?FreedomOfExpressionVsFeministCondemnationOfPornography(accessed 02/13/2007).

10 Available online at http://www.calresco.org/texts/mutaid8.htm(accessed 02/13/2007).

11 엠마 골드만이 산파로 교육받고 산파로 일했다는 점을 감안하면 이것은 특기할 만하다.

12 http://www.zmag.org/ZMag/articles/may01barsamian.htm(accessed 02/13/2007).

13 http://www.zmag.org/forums/chomchatarch.htm(accessed 02/13/2007).

14 "Old Wine, New Bottles: Free Trade, Global Markets and Military Adventures," (lecture at University of Virginia, February 10, 1993).

15 촘스키와 피아제의 교육관에 대해서는 다음 자료를 참조하라. Noam Chomsky, 《The Debate Between Chomsky and Piaget》(Cambridge: Harvard University Press, 1980).

16 Online at http://www.zmag.org/chomsky/talks/9410-education.html(accessed 02/13/2007).

17 Tom Lane, December 23, 1996 http://members.tripod.com/anarclan/9612-anarchism.html.

18 *Propaganda and the Public Mind*, p. 20, online at http://www.thirdworldtraveler.com/Chomsky/Propaganda_PublicMind.html(accessed 02/13/2007).

19 "A Walk in Noam's Garden," *The Peak*, Simon Fraser University's Student Newspaper, 92, no, 10 (March 11, 1996), available online at http://www.peak.sfu.ca/the-peak/96-1/issue10/chomsky.html(accessed 02/13/2007).

20 *Propaganda and the Public Mind*, p. 217.

21 이것은 훔볼트의 《국가행동의 제한》의 2장으로 출간되었다. J. W. 버로우 J. W. Burrow가 주석과 해설을 달았고 1969년 케임브리지 대학 출판부에서 나왔다. 이 장과 다음 장의 절반이 실러의 《노이에 탈리아 II》(131-169, 1792)에 출간되었다. 온라인에서도 찾아볼 수 있다. http://oll.libertyfund.org/Home3/BookToCPage.php?recordID=0053 (accessed 02/13/2007).

22 버로우는 이 문장이 존 스튜어트 밀의 《자유론》에 인용되어 있다고 지적한다.

23 Walter Feinberg와 Henry Rosemont, Jr.가 편집한 1975년 모음집에 기고한 글이다. *Work, Technology and Education: Dissenting Essays in the Intellectual Foundations of American Education*(Urbana: University of Illinois Press, 1975).

24 Available online at http://www.thirdworldtraveler.com/Chomsky/Propaganda_PublicMind.html (accessed 02/13/2007).

25 "Imperial Presidency: Strategies to Control the Great Beast", on Znet, and available online at http://www.thirdworldtraveler.com/Chomsky/Imperial_Presidency.html (accessed 02/13/2007).

26 Tom Lane, December 23, 1996, http://members.tripod.com/anarclan/9612-anarchism.html.

27 Rudolph Rocker, *Nationalism and Culture*, trans. Ray E. Chase (St. Paul, Minn.: Michael E. Coughlin, 1985), p. 157, available online at http://books.google.com.

28 John Stuart Mill, *On Liberty*(London, Everyman's Library, 1968), p. 118.

29 Chomsky, "Democracy and Education," available online at http://www.zmag.org/chomsky/talks/9410-education.html(accessed 02/13/2007).

30 "Democracy and Education," Mellon Lecture, Loyola University, Chicago, October 19, 1994.

31 See *Powers and Prospects*, p. 75 ff.

32 Chomsky's "Goals and Visions," online at http://www.geocities.com/capitolhill/5065/goals.html(accessed 02/13/2007).

33 Ibid. 이 이슈들에 대하여 자세한 것을 알고 싶다면 다음 자료를 참조하라. Robert F. Westbrook's book *John Dewey and American Democracy*(Ithaca, N.Y.: Cornell University Press, 1991).

34 Originally published in *The School Journal 54*, no. 3(January 16, 1897): 77-80, and reprinted in *Dewey on Education: Selections*, introduction and notes by Martin S. Dworkin (New York: Bureau of Publications, Teachers College, Columbia University, 1959). This text is available online at http://www.infed.org/archives/e-texts/e-dew-pc.htm(accessed 02/13/2007), and it is from here that I quote.

35 "Goals and Visions."

36 (New York: Hart Publishing, 1960).

37 MIT의 MIND 브로셔로부터. 모든 인용문들은 같은 팜플렛에서 인용됐다.

THE CHOMSKY EFFECT

노엄 촘스키와 그의 개 프레더키트의 모험

* I think I'm probably going to regret this.
** I think I will regret this.

CHAPTER
06

촘스키 이펙트 방해하기:
미디어, 프로파간다,
포스트모던 언어연구

Obfuscating the Chomsky Effect: Media, Propaganda and
Postmodern Language Studies

웹에 중독된 사람들이 있습니다. 그들은 웹서핑을 하면서 시간을 다 보냅니다. 거기 들어가면 프랑스가 어디에 있는지 모르는 사람이 가장 최근의 티베트 신문을 읽을 수 있습니다. 이것은 해로울 수도 있는 중독입니다……

인터넷이 사람들 사이를 엮어주는 연결망은 여러 모로 아주 긍정적입니다. 사회조직이나 인간생활을 위해서 말입니다. 하지만 거기에는 나쁜 측면도 있습니다. 내 친구들과 얘기해보니 10대 자녀들이 저녁식사 후 자기 방에 들어가 가상인물, 대화방 친구 등과 인터넷 대화를 나눕니다. 그 상대방은 가짜인물일 수도 있고 먼 나라에 사는 사람일 수도 있습니다. 이게 그들의 사교그룹입니다. 그들은 온라인 친구들인데 이런저런 인물인 척하고 이쪽 역시 저런그런 인물인 척합니다. 이런 현상이 정신에 미치는 효과에 대해서는 별로 생각하고 싶지 않습니다.

우리는 인간입니다. 서로 얼굴을 맞대고 접촉한다는 건 많은 것을 의미합니다. 60세 된 남자가 다른 어떤 나라에 사는 14세의 소녀인 척하는 그런 상황을 의미하지는 않습니다. 인터넷에서는 이런 끔찍한 일이 벌어지고 있습니다. 인터넷의 파급효과가 전체적으로 어떤 것인지 파악하기가 극도로 어렵습니다.[1]

이 장에서 50여 년에 걸친 촘스키의 언어학 분야 연구실적을 언급하려는 것은 아니다.[2] 그보다는 인간의 언어연구에 대한 촘스키의 전반적 어프로치를 보여주고자 한다. 언어학 분야의 관심사와 그가 장차 이루고자 하는 업적, 그런 연구 프로그램과 다른 언어 분야, 특히 문학이론과의 관계를 검토해보고자 한다. 어떻게 보면 언어학과 문학이론의 상호비교는 꽤 엉뚱해보인다. 왜냐하면 '언어연구'나 '담화이론' 등은 촘스키가 생각하는 언어학과는 상당히 거리가 있는 개념이기 때문이다. 게다가 포스트모더니즘의 틀 안에서 수행되는 언어연구는 촘스키가 가치 있다거나 유효하다고 생각하는 그런 연구와는 아주 다른 것이다. 언어연구 분야에서 촘스키에 대한 언급은 대부분 엉뚱한 것들이지만, 미디어 연구, 프로파간다, 심지어 문학에 관한 촘스키의 어프로치는 현대 언어연구에도 적용될 수 있는 것이다(이 적용의 문제가 이 장의 핵심 주제다). 이 책은 주장, 토론, 의견, 분석, 서술의 시장에서 벌어지는 촘스키 효과에 집중하고 있으므로 촘스키의 관점에서 본 미디어와 여론의 관계를 살펴보게 될 것이다.

촘스키는 1950년대에 획기적인 언어학적 연구를 내놓았고 그때 이후 이 분야의 선두를 달려왔다. 촘스키의 첫 논문인 〈통사구조론Syntactic Structures〉에 관한 로버트 B. 리Robert B. Lee의 리뷰(1957)는 촘스키가 이 분야에 미친 효과를 잘 요약하고 있다.

> 촘스키의 통사구조론 책은 한 언어학자가 화학이나 생물학 등 과학적 이론-구성의 전통 안에서 포괄적인 언어이론을 수립하고자 하는 진지한 노력이다. 이 책은 기존의 자료들을 도서관 카탈로그식으로 집성한 것도 아니고, 인간과 언어의 본성에 관한 사변철학을 제시한 것도 아니다. 이것은 명백한 공리와 이론체계에 입각하여 언어에 대한 우리의 직관을 객관적으로 설명한 책이다. 이러한 설명의 결과는 언어의 내재적 구조를 다룬 이론에 바탕을 둔 새로운 자료 및 기타 직관들과 비교해볼 수 있다. 이런 명백하고 단순한 연구결과를 적용하여 어떤 문법형태를 다른 문법형태로 바꾸는 기회가 될 수도 있다.[3]

기존 언어학계의 통설과 패러다임을 완전 뒤엎어버린 촘스키의 연구는 그 후 많은 논평과 리뷰의 대상이 되었고, 그에 못지않게 적개심, 영토전쟁, 언어학계 내외의 신랄한 비난 등을 이끌어냈다. 이것은 그 자체로 언어학계에 미친 '촘스키 효과'를 말해준다. 때때로 언어학계에서의 논쟁(즉 '언어학 전쟁')은 연구 프로젝트들이 지배적 패러다임에 의해서 변형되고, 포섭되고, 전용되는 과정을 보여준다. 또 관점을 달리해서 보면 학원에서의 적개심이 말의 연구를 말의 전쟁으로 바꾸어놓은 것으로도 볼 수 있다. 이것은 언어학 분야에 국한된 것이므로 관심이 있는 분들은 관련 문헌에 드러난 주장과 반대주장들을 검토해볼 수 있을 것이다.[4]

촘스키 효과와 관련하여 홍미로운 점은 이런 유형의 논쟁이 언어학 분야 이외의 포럼으로 전이된다는 것이다. 가령 다음의 인용문은 언어학 분야에서의 다양한 관점을 보여주고 있지만 동시에 비非전문가 독자들에게도 호소하고 있다. 다시 말해 이런 유형의 논쟁들이 대중적 포럼에도 보고가 된다는 것이다.

"촘스키는 7년마다 통사론에 대한 접근방법을 크게 바꾸는 역사를 갖고 있다"고 시카고 대학 언어학과 교수인 제임스 D. 맥콜리James D. McCawley는 말한다. 맥콜리는 MIT에 다닐 때 촘스키를 지도교수로 모셨다. 그가 볼 때 촘스키는 자신의 최초 언어학적 돌파구를 자꾸 복제하려고 했으나 성공을 거두지 못했다는 것이다. 시카고 대학의 언어학과 과장인 살리코코 무프웨네Salikoko Mufwene는 말한다. "촘스키는 아직도 이 분야에서 가장 우뚝선 학자다. 하지만 보편문법과 통사체계의 역할에 대하여 점점 더 많은 반항자들이 생겨나고 있다." 강력한 도전자로는 UC 버클리의 조지 레이코프George Lakoff가 있는데 그는 촘스키와 비교해볼 때 생물학보다는 인지과정에 점점 더 많이 기대고 있다. 스탠퍼드 대학의 조안 브레스넌은 어휘의 기능문법을 연구하고 있고, 시카고 대학의 제럴드 사독Gerald Sadock은 단어들 사이의 다른 통사론인 자동어휘통사를 비롯하여 대안의 이론을 연구하고 있다. 학계에서는 잠시만 졸아도 학자의 위치가 위태로워진다. 그런데 미국 지식인들의 커리어에 따라붙는 어떤 특징적인 아이러니가 촘스키에게 따라다닌다. 촘스키는 이제 자신이 언어학적 이론을 별로 들이대지 않는 분야, 그러니까 급진 정치에서의 활약 때문에 평가받고 있는 것이다. 아이러니하게도 언어학 분야에서는 이 세상 최고의 혜비급 대우를 받고 있으나 정작 다른 분야(정치)에서는 진지한 역사가나 지식인들이 거의 동참해주지 않는 것이다.[5]

이 논의는 언어학 분야에서의 전문적 투쟁과 관련이 있을 뿐 아니라 언어학과 정치의 중첩이라는 문제에도 관련이 있다. 이 문제는 촘스키를 제외한 모든 사람에게 흥미가 있는 듯하다. 사실 이 두 분야의 중첩을 그렇게 따지고 들 필요도 없다. 반체제인사로서의 촘스키의 성공이 언어학자로서의 명성 때문이라고 주장할 속셈이 아니라면 말이다. 여기서 한 발 더 나간 주장도 있다. 가령 촘스키가 정치를 위해 언어학을 버렸다고 말하는 것이다(이런 주장은 널리 퍼져 있지 않고 내가 볼 때 그 신빙성도 훨씬 떨어진다). 무엇보다도 촘스키가 언어학 분야에서 지속적으로 중요한 논문들을 내놓고 있기 때문에 그런 주장을 뒷받침할 근거가 없는 것이다. 또는 촘스키의 말을 그대로 따라가는 것이 좋을지 모른다. 가령 와이오밍 대학에서 있었던 패널 토론회에서 누군가가 "촘스키는 언어학자이기 때문에 그의 사회비평은 의심스럽다"고 한데 대하여 촘스키는 이렇게 답변했다.

내가 언어학자 또는 기타 자격으로 한 말에 대해서 당신은 신경 쓸 필요가 없습니다. 그보다는 내 말이 합리적이냐고 물어야 합니다. 당신은 내가 언어학자로서도 의심스럽다고 말할 수 있을 겁니다. 내가 언어학 분야에 특별한 훈련을 받은 게 없으니까요. 나는 표준과정을 이수하지 않았습니다. 그래서 MIT에서 가르치게 된 겁니다. 나는 다른 명문대학에서는 자리를 잡을 수가 없었어요. 이건 농담이 아닙니다. 나는 이 분야의 전문자격이 없습니다. 하지만 MIT는 그런 걸 신경 쓰지 않았습니다. 대학은 나의 주장이 옳냐 그렇지 않으냐 그것만 신경 썼습니다. 이 대학은 과학을 지향하는 대학입니다. 학교 당국은 학위증 따위는 신경 쓰지 않습니다. 나의 개인적 커리어는 아주 기이합니다. 나는 그 어떤 분야에도 전문인 자격이 없습니다. 그래도 나의 저서는 온 세계로 퍼져나갔습니다. 그건 아주 이상한 질문입니다. 마치 '사회비평가'라는 전문직이 있는 것처럼 들리니까요. 그러니까 그런 전문 분야의 필수과목들을 다 통과한 후에야 비로소 사회비평가가 될 수 있다는 것처럼 들리는군요.[6]

촘스키의 업적을 놓고 볼 때 그를 한 사람이 아니라 두 사람 혹은 열 사람으로 볼 수도 있을 것이다. 그러니까 언어학에 기여한 사람, 정치에 기여한 사람, 사회분석에 기여한 사람 등으로 나누어볼 수 있다. 하지만 이것 역시 불만족스러운 분류다. 왜냐하면 촘스키가 강의실에서는 정치를 다루지 않고, 시민운동에서는 언어학을 언급하지 않지만, 아나키즘과 데카르트 사상으로부터 사상적 자양을 얻은 동일한 인물이기 때문이다. 이 두 사상은 그가 중요하다고 생각하여 열심히 기여하는 광범위한 지적 활동을 인도하는 힘인 것이다. 그는 두 분야가 서로 중첩되는 경우를 많이 발견하지만 그렇지 않은 경우도 있다.

질문자 | 당신의 정치적 견해 때문에 당신의 언어학 책자가 발간 당시 검열을 당하거나 아예 발간되지 못한 적도 있습니까?

촘스키 | 미국에서는 그런 일이 없었습니다. 하지만 다른 나라에서는 그런 일이 있었습니다. 아마 1979년쯤이었던 같은데 그 해의 어떤 주에 있었던 일을 결코 잊지 못할 것 같군요. 그때 내게 신문 두 부가 보내어져왔는데 한 부는 아르헨티나 신문이었고, 다른 한 부는 소련 신문이었습니다. 아르헨티나는 당시 신나치 장군들의 통치 아래에 있었는데, 부에노스아이레스의 거대 신문인 《라 프렌사 La Prensa》가 왔습니다. 거기에 이런 커다란 기사가 실렸더군요. "이 자는 마르크스주의자인 데다가 체제 파괴자이기 때문에 이 자의 언어학 저서는 읽어서는 안 된다." 소련의 《이스베스티아 Izvestia》 신문은 이렇게 썼더군요. "이 자는 이상주의자인 데다가 반혁명주의자이기 때문에 이 자의 언어학 저서를 읽어서는 안 된다." 나는 어떻게 그리도 의견이 다른지 흥미롭다는 생각을 했습니다.[7]

언어와 정치 분야에서 촘스키는 동일한 분량의 폭로, 어리석음 깨우치기, 공정한 일관성을 유지하고 있다. 이것은 그의 가치관이라는 확실한 중심으로부터 유래하는 것이다. 그런 가치관은 다양한 가능성을 열어 보이지만 동시에 바로 그 가능성 때문에 특정 유형의 탐구는 폐쇄시킨다. 그가 거부한 탐구 분야는 포스트모던 언어 연구자들에 의해 다양하게 활용되었다. 따라서 어떻게 이런 활용이 이루어지게 되었는지, 또 어떤 방식으로 아이디어가 한 분야에서 다른 분야로 전용되게 되었는지 살펴보는 것은 흥미로운 일이라 생각된다. 이 방향으로 논의를 전개시키기 전에 그와는 정반대의 입장, 그러니까 순전히 계측의 관점을 가지고 있는 입장을 한번 살펴보기로 하자.

촘스키와 컴퓨터 과학

촘스키의 초기 언어학 연구를 컴퓨터 연구와 기계적 응용을 위해 활용하려는 몇몇 시도가 있었다. 1950년대 후반과 1960년대 초반에 그가 개발한 생성문법 체계는 인지과학과 컴퓨터 프로그램 언어에 아주 중요한 영향을 끼쳤다. 촘스키는 박사학위 논문《통사구조론과 언어이론의 논리적 구조Syntactic Structures and Logical Structure of Linguistic Theory》로 발간,《정보이론에 관한 통신학회 의사록IRE Transactions on Information Theory》에 실린 논문들(1956년 발간),《정보와 통제Information and Control》(1959년 발간) 등의 아이디어를 가다듬어 언어의 규칙들이 취할 수 있는 서로 다른 형태들을 검토했다. 그리고 이 형태들을 문장 분석에 필요한 여러 과정들과 연결시켰다.

이 작업의 핵심 아이디어는 이런 것이다. 하나의 문장이란 명확한 특성과 제한된 능력을 가진 특정 계측 메커니즘들이 만들어낸 상징기호들의 스트링a string of symbols이다. 촘스키의 언어학에 따르면, 인간의 마음(정신)은 일종의 필터 역할을 한다. 추상적 규칙들과 그에 상응하는 계측 메커니즘에 바탕을 두고서 무한한 종류의 문장을 만들어내는 대수적 생성자algebraic generator(인간의 마음속에는 문법을 관장하는 숫자 개념의 유한한 규칙들(계측 메커니즘 혹은 보편문법)이 있는데, 이 계측 메커니즘에 바탕을 두고서 무한한 단어들이 생성되어 언어가 된다는 뜻_옮긴이)다.

인간 언어의 계측적 복잡성을 수학적으로 표기하기 위하여 촘스키는 언어(위에서 나온 a string of symbols)를 생성하는 일련의 계측 메커니즘에 특성을 부여하고서, 그것을 클래스class라는 수직적 위계질서로 정립했다. 위에 있는 클래스일수록 아래에 있는 클래스보다 더 강력한 가공기능processor을 필요로 한다. 촘스키는 이 클래스들을 촘스키 타이프 0, 촘스키 타이프 1 등으로 분류했다. 그런 다음 그는 실제 인간 언어(우리들이 사용하는 문장_옮긴이)의 수학적 성질을 밝혀내고서 인간 언어는 하부 클래스, 가령 촘스키 타이프 2(이른바 유한한 상태), 촘스키 타이프 3(문맥과 상관 없는 상태) 등의 클래스를 가지고는 설명할 수 없다고 밝힌다. 이어 그는 타이프 1의 능력을 가진 특정 메커니즘의 가설을 제기하는데, 이것을 변형 생성문법(TGG, Transformational Generative Grammar)이라고 불렀다. 그는 이 문법이 모든 인간 언어들의 수학적 특성을 설명해준다고 주장했다. 촘스키의 설명에 따르면, 서로 다른 언어들(가령 영어와 한국어_옮긴이)은 특정한 세트의 규칙들에 따라 달라지지만(이른바 변형되지만), 그 언어들은 모두 동일한 계측 메커니즘을 사용한다.

이 연구는 인간의 마음에 대한 이해와 컴퓨터 과학 발달에 폭풍 같은 영향을 미쳤다. 인지과학의 핵심 개념은 이런 것이다. 그러니까 인간의 정신작용은, 일련의 상호작용을 하는, 형태적 계측 메커니즘이라는 것이다. 그리고 촘스키의 연구는 정신의 작용과정이 컴퓨터의 과정으로 산뜻하게 모델화할 수 있음을 증명했다. 제한된 계측 수단에 바탕을 둔 무한한 세트의 스트링infinite set of strings이 곧 언어라는 이 수학적 이해는 알골ALGOL로 시작되는 현대 프로그램 언어의 핵심 개념이었다.

촘스키 타이프 2 언어들은 프로그램 언어의 문법을 결정하는 형태적 기반이 되었다. 또 타이프 2 언어들은 프로그램을 자동으로 분석하고 이 프로그램들을 특정 기계를 위한 기계 코드로 컴파일(프로그램을 기계어로 번역)하는 기반이 된다. 이 타이프 2 언어들은 괄호 속에 집어넣은 연산演算 표현들을 표현해주는 반복구조들을 풍부하게 가지고 있으므로 이들 언어의 스트링들을 아주 효율적으로 분석할 수 있다. 또 프로그램 언어의 문법을 타이프 2 언어의 하부구조로 제한시킴으로써 스트링들을 각 스트링의 길이에 따라 적절히 분석할 수 있다. 이들 문법에서 나온 파생

구조들 덕분에 원천언어의 프로그램에서 어셈블러assembler(기호언어로 쓰인 프로그램을 기계어로 쓰인 프로그램으로 변환하는 프로그램) 코드를 효율적으로 만들어낼 수 있다. 만약 어셈블러 코드를 만들어내기 위해 문법 속의 각각의 규칙에 대한 로컬 변환 규칙을 정립한다면, 이런 규칙에 바탕을 둔 간단한 반복 메커니즘은 전체 프로그램을 컴파일할 수 있다.

이러한 발견 덕분에 심지어 학부생도 간단한 컴파일러를 개발할 수 있게 되었다. 실제로 생성문법과 촘스키의 수직적 위계질서는 대학의 여러 과에서 강의되고 있고, 계측이론 연구에서 필수과정이 되었다. 컴파일 디자인을 위하여 생성문법을 사용하는 것은, 컴퓨터 과학 중 컴파일러 디자인 과정의 핵심 교과내용이 되었고 그 밖에 인공지능 과정, 자연언어 프로세싱에의 활용 등에서 핵심 내용이 되었다.[8] 촘스키는 나중에 이 분야에 대한 추가 연구를 중단했다. 하지만 그의 언어학 연구와는 무관하다고 할 수 있는 미디어 연구는 그의 지속적인 관심사로 남았다.

 미디어와 프로파간다

언어연구 분야에서 핵심 영역으로 여기는 것들, 즉 미디어와 프로파간다에 대하여 촘스키 역시 할 말이 많다. 특히 프로파간다에 대하여 촘스키는 아주 자세히 분석했는데, 여기서는 간단하게 개요만 설명하고 나머지는 독자들이 관련 자료를 찾아보기를 권한다. 이 분야를 다룬 촘스키의 저서, 특히 에드워드 S. 허만과 공동집필한 《여론조작》과 아크바와 윈토닉이 제작한 동명의 영화(〈여론조작〉), 아크바가 이 영화를 바탕으로 편집한 책 등을 참조하기 바란다. 아크바의 책에서의 다음과 같은 발언은 프로파간다에 대한 촘스키의 입장을 잘 요약하고 있다.

순진한 사람들은 세뇌가 민주주의와는 맞지 않는 것이라고 생각하는데 실은 그렇지 않습니다. 이 계보의 모든 사상가들이 말했듯이, 그건 민주주의의 본질입니다. 군국주의 국가, 봉건주의 국가, 그리고 오늘날의 전체주의 국가에서는 사람들이 무슨 생각을 하든 신경 쓰지 않습니다. 늘 그들의 머리 위에 곤봉을 드리우고 있어서 어떤 구체적 행동으로 나서면 때려잡을 수 있기 때문입니다. 하지만 무력으로 국민을 통제할 수 없고 국민들이 자유롭게 발언할 수 있을 경우, 문제는 달라집니다. 국민들은 궁금해지거나 거만해져서 문민 통치에 복종하지 않으려 합니다. 따라서 사람들의 생각을 통제해야 할 필요가 있는 겁니다. 이렇게 하는 표준적 절차는 예전에 좀더 솔직했던 시절에 솔직하게 말했던 것, 즉 프로파간다에 의존하는 것입니다. 다시 말해 여론조작을 하는 거지요. 입맛에 맞는 환상을 만들어내는 겁니다. 일반 대중을 주변화하거나 무감각하게 만드는 데에는 여러 가지 방법이 있어요.[9]

반면에 미디어에 대한 촘스키의 비판이 프로파간다의 생산에도 적용될 수 있는데, 이에 대한 연구는 그리 많지 않다. 어떤 텍스트가 특정 공동체 안에서 이해되는 방식에 관한 촘스키의 비판은 미디어나 문학연구에서 말하는 '수용이론reception theory'과 관련이 있다. 이것은 내가 말한 '언어연구'와 촘스키가 말하는 '언어학' 사이에 어떤 합치점이 있음을 보여주는가? Z네트에 올린 한 글에서 촘스키는 다양한 이슈들에 대하여 논평하면서 자신의 견해를 분명하게 밝혔다. "JW(Z네트에 글 올린 사람의 이름)의 논평에 대하여 말씀드리겠습니다. 나는 언어학자가 다른 어떤 사람보다 프로파간다를 더 잘 해석할 수 있는 입장에 있다고 보지 않습니다. 언어학이라는 학문은 나름대로 많은 공로를 갖고 있습니다. 하지만 이 경우에는 도움이 되지 않습니다. 내가 개인적으로 프로파간다를 해석하는 것은 나의 직업적 성취 여부와는 상관이 없습니다. 실제로 이 문제는 아주 간단한 겁니다. 이 문제와 관련하여 복잡한 이론 같은 것도 없습니다. 물론 다르게 생각하는 사람들도 있음을 알지만."[10]

이것은 사리에 맞는 말이고, 촘스키의 언어학 관련 저서를 정치 관련 저서와 비교해 보면 금방 알 수 있다. 반면 언어를 통하여 지식을 전달한다는 문제는 그의 언어학 연구에서는 전혀 문제가 되지 않는다. 그러니까 언어학 관련 지식을 적어놓으면 그 분야의 전문가들이 그걸 읽게 되므로 전문가들끼리 직접 지식을 전달하는 형태가 된다. 하지만 미디어나 정치 분야에서 언어의 역할은 그렇지 않다. 촘스키는 이 문제를 아주 첨예하게 생각하는데, 이 분야에서는 간단한 언어(단어)도 실은 어떤 이익, 관심사, 제약 등을 감추려는 더 큰 프로젝트의 일환이라는 것이다. 우리는 1990년대 후반에 있었던 코소보 사태에 대한 촘스키의 발언에서 그런 사례를 볼 수 있다.

진귀한 예외가 《월스트리트 저널》이다. 이 신문은 12월 31일 리드 기사에서 실제로 발생한 일에 대하여 심층 분석을 했다. 기사의 헤드라인은 이렇다. '코소보 전쟁은 잔인하고, 씁쓸하고, 야만적이다. 하지만 인종학살은 아니었다'. 이 결론은 전시의 프로파간다와는 극명한 대조를 이룬다. 데이터베이스를 검색해보니 코소보 폭격 첫 주에 '인종학살'을 해석하는 문건만 1000건이 넘었다. 적의 측량할 수 없는 사악함을 신경질적으로 과장하는 것은 프로파간다의 전형적인 특징이다. 특히 무력을 사용할 여건이 허약할 때에는 이런 프로파간다가 더욱 극심해진다. 이 수단은 전체주의 국가들에서 흔하지만 민주주의 국가에서 처음 개발되었다. 민주주의 국가에서는 대중의 지원을 동원해야 할 필요가 더 크기 때문이다.[11]

학문적 지식의 전파를 위해 사용되는 합리적이고 직선적인 언어와 정치적 목적을 위해 사건을 조작하는 데 동원되는 언어 사이의 분명한 차이는 깊이 고려해볼 만하다. 어쩌면 이것은 관심사의 차이일지 모른다. 과학자들은 지식을 전파하여 다음의 질문으로 넘어가려는 데 관심이 많다. 반면에 파워 엘리트들은 그들의 권력기반을 공고히 하고 확대하는 데 관심이 많다. 따라서 그들은 정보를 전파하기보다는 은폐하기 위하여 그들의 지식을 사용한다. 하지만 존 골드스미스는 이런 촘스키의 견해에 도전한다.

> 1930년대에 **프로파간다**propaganda라는 용어가 어떻게 사용되었는지 확인해보아야 합니다. 다른 유럽 언어도 그렇고 영어에서도 프로파간다는 현대영어의 **광고**advertising와 같이 중립적인 의미로 사용되었습니다. 따라서 촘스키가 인용한 해롤드 라스웰H. Lasswell의 1934년 논문에 나오는 프로파간다라는 용어는 달리 해석되어야 한다고 봅니다. 하지만 더 중요한 점은 이런 것입니다. 이런 미디어 통제가 과연 중요할까? 미디어 통제가 없다고 한들 유권자들이 미국 정책에 의미심장한 영향을 미칠 수 있을까? 어떤 시점에서는 "툭하면 그것으로 위협하는 대다수"라는 표현도 사용되었습니다. 하지만 그것(프로파간다)을 옹호하기 위한 수단으로 몇몇 에피소드를 언급하는 것만으로는 불충분하다고 생각합니다.[12]

우리는 이런 방해공작을 어떻게 연구해야 할까? 의도적인 속임수와 정보의 전파를 어떻게 구분할까? 프로파간다에 대한 촘스키의 논의는 통치계급이 생각과 이해理解를 **의식적으로** 방해함으로써 원하지 않는 잡음(즉 반체제의 목소리)을 숨아내는 방식에 집중되어 있다. 이러한 논의는 피에르 부르드외가 《언어와 상징의 힘》이라는 책에서 규정한 담론의 시장이라는 아이디어에 음모론의 분위기까지 부여한다. 이러한 추론은 자연스러운 것이다. 왜냐하면 촘스키가 제시한 사례들은 특정 담론영역 안에서 활동하는 파워 그룹들 사이의 의식적 담합을 강조하기 때문이다.

데이비드 바사미언과 가진 한 인터뷰(《언어와 정치》에 수록)에서 촘스키는 어떤 단어가 특정 **권력**을 갖는지, 혹은 개념적 단어가 단어 이상의 의미를 전달하는지 묻는 질문에 명확하게 답변했다. 그러한 현상은 "진부하다고 할 정도"로 흔해졌고 주변적 담론들이 사회에서 기능을 발휘하는 방식에 대하여 논평했다. "가령 '자유세계'나 '국가이익' 같은 단어들은 프로파간다의 용어입니다. 이것은 '자본주의' 같은 전통적인 서술용어와는 종류가 다른 말입니다. 미국의 권력자들이 확신하는 통제, 지배, 공격의 체제가 일종의 자유라는 뉘앙스를 풍기기 위한 프로파간다인 겁니다. 이것은 아주 천박한 프로파간다 용어입니다."(617)

비록 천박하기는 하지만, 이들 용어는 아주 효과적이고, 이 패권적 담론은 우리의 현실감각과 현실이해를 방해한다. 따라서 특정 텍스트에 대한 우리의 읽기는 특정 개념들을 조작하려는 지배계급의 시도에 의해 영향을 받는다. 촘스키는 이런 현상이 어떻게 작동하는지 보여준다. 그리고 정치적 담론을 전문적 의미로 환원시켜놓고 보면, 단어들이 얼마나 전통적 지시대상과 의미로부터 분리되어 있는지 알 수 있다.

'국가이익'이라는 용어는 흔히 국민 전체에게 좋은 어떤 것처럼 사용된다. 미국의 국민들도 대체로 그렇게 이해하고 있다. 가령 정치 지도자가 "나는 국익을 위해 이렇게 하고 있습니다"라고 말하면 국민들은 그게 자기한테도 좋은 일일 것이라고 생각하고 기분이 좋아진다. 하지만 그것을 자세히 들여다보면 국가이익이라는 것이 국민 전체에게 이로운 것이 아님을 알게 된다. 자원을 통제하는 소규모 지배 엘리트(주로 기업 기반의 엘리트)들의 이해에만 좋은 것, 그들이 국가를 통제하는 데 도움이 되는 것임을 알 수 있다. 이게 이른바 그들이 말하는 '국가이익'이라는 것이다. 그리고 '특별이익'이라는 말은 아주 흥미롭게도 민중을 가리키는 용어로 사용된다. 민중은 '특별이익'이라고 불리고 기업 엘리트들은 '국가이익'이라고 불리는 것이다. 그래서 국가이익을 지지하고 특별이익은 배척해야 한다는 것이다.(《언어와 정치》, 662)

지배 엘리트들은 전문용어 뒤에 숨을 수가 있다. 미디어를 통제하고 미국 민중을 세뇌함으로써 대량학살(베트남, 라오스, 도미니카공화국, 엘살바도르, 리비아, 이라크) 같은 것도 '평화작전' 등 사회적으로 허용되는 용어로 은폐할 수 있다. "평화작전이라는 용어를 대량학살대신 사용하고 있다. 이렇게 해서 우리는 베트남에서 평화작전을 수행하고 있는 것이다. 평화작전 프로그램이 무엇인지 그 내용을 자세히 들여다보면 실제로는 저항하는 민간인들을 억압하고 파괴하기 위한 대량학살임을 알 수 있다. 오웰은 베트남 전쟁이 벌어지기 오래 전에 이미 이 말에 주목하여 평화작전이 그런 식으로 사용된다고 설파했는데, 오늘날에는 이 말이 하나의 산업이 되었다. 오웰은 이런 식의 언어사용 사례들을 지적한 바 있었다."(《언어와 정치》, 663)

이것은 조종의 한 형태다. 하지만 촘스키가 볼 때 그 효과는 엄청나다. 잘 세뇌된 사회에서 이런 담론의 실천은 기막힌 여과작용을 하는 것이다. 이러한 여과과정은 촘스키의 정치비판 활동에서 아주 중요하다. 이것은 그가 나중에 문학 텍스트를 논의하는 데에서도 일정한 역할을 한다. 왜냐하면 문학은 세뇌된 사회에 계시를 가져다주는 잠재적 원천이기 때문이다. 여과작용의 대표적 사례는 니카라과의 미그기 구입을 저지하려는 미국의 계획을 언급하는 데서 살펴볼 수 있다.

> 니카라과 사람들은 국토방어 차원에서 미그기를 사들이려 하는데 만약 사들인다면 우리(미국)는 그 비행기들을 폭파시켜 바다에 추락시킬 것이다. 여기에 대해서는 아무도 이의가 없다. 비둘기파, 매파, 진보인사 등 모두들 동의한다. 그들이 미그기를 갖는 것은 용납할 수 없다. 그렇다면 이건 무엇을 의미하는가? 미그기는 무엇을 하기 위한 것이냐? 거기에 대해서는 누구나 다 잘 알고 있다. 왜 그들은 미그기를 원하는가? 왜 프랑스제 미라주기를 사들이지 않는가? 사실 그들은 미라주기를 원했지만 우리는 그걸 허용하지 않을 것이다. 그들이 미그기를 구입하면 (우리에게는_편집자) 그 즉시 소비에트의 위협이 되기 때문에 허용하지 않으려는 것이다. 만약 그들이 미라주기를 구입한다면 어떻게 말할 것인가? 그래서 미국은 미라주기 구입도 안 된다고 한다. 하지만 미국 언론은 그 누구도 이런 사실을 보도하지 않는다. 그들이 거짓말을 하고 있는가? 그건 아니다. 이미 충분히 사회화가 되어서 그걸 자발적으로 억압하고 있는 것이다. 그래서 《뉴욕타임스》의 스티븐 킨저Steven Kinzer가 니카라과 현지의 군사령관과 인터뷰를 하고 그 사령관이 "우리는 미라주기라도 상관없습니다"라고 말해도 그 말이 킨저의 귀에 들어가지 않는 것이다. 그 순간 킨저의 인식체계가 작동을 중단하는 것이다. 그러니 그 말이 머릿속에 들어올 리 없다. …… 그는 노골적으로 거짓말을 하고 있는 것은 아니다. 그의 이데올로기 구조에 맞지 않기 때문에 그 말을 듣지 못하는 것이다.
>
> (《언어와 정치》, 726)

따라서 권력을 쥔 자는 사회적 담론이 부과한 한계를 넘어서는 권력을 갖고 있고, 국민들(가령 미국 국민들)을 세뇌하는 것이다. 그렇게 하여 민중들로 하여금 그들의 이익에 반하는 아이디어들을 자발적으로 받아들이게 하는 것이다(미국 정부가 해외에서 억압하는 민중들의 이익이 이렇게 해서 침해되는 것은 말할 것도 없다). 이것은 촘스키가 볼 때 오웰의 '뉴스피크Newspeak'를 뺨치는 것이다. 사실 이러한 수준의 세뇌는 역사상 전례가 없다. 지배 엘리트들은 일치단결하여 학교 커리큘럼, 미디어, 정치담론 등을 조종하여 그들의 권력을 강화하고 그들의 이익을 공고히 한다. 따라서 현대사회의 언어는 "이데올로기의 목표를 강화하기 위하여 남용, 날조, 왜곡되고 있다."(《언어와 정치》, 615) 이러한 행위는 오랜 역사를 갖고 있다. 촘스키는 멜런 강연에서 이렇게 논평했다.

    1934년 미국 정치학회에서 회장인 윌리엄 셰퍼드W. Shepard는 회장인사를 통해 다음과 같이 주장했다. 정부는 "지성과 권력을 지닌 엘리트층"이 장악하고 있어야 한다. 한편 "아둔한 사람들, 무식한 사람들, 반사회적 분자들"이 선거를 좌우지해서는 안 된다. 이렇게 말한 것은 이들(아둔한 사람들……)이 과거에 그렇게 했다(선거를 좌우했다)고 잘못 믿었기 때문이다.
    현대 정치학의 창시자들 중 한 명인 해롤드 라스웰이 1933년 또는 1934년 《사회과학 백과사전Encyclopedia of Social Sciences》에 기술한 바에 따르면 윌슨 류의 자유주의자들이 정교하게 만든 현대적 선전기법이 대중을 통제할 수 있는 방법을 제공했다. 그는 윌슨을 가리켜 "프로파간다 전선戰線에 앞장선 위대한 총사령관"이라고 기술했다. 윌슨이 1차 세계대전 중 선전활동에서 거둔 업적은 아돌프 히틀러를 포함하여(《나의 투쟁Mein Kampf》에서 관련 사항을 읽을 수 있다) 다른 사람들에게 큰 영향을 주었다. 하지만 더욱 의미심장한 것은 미국의 기업 공동체가 영향을 받았다는 사실이다. 그로 인해 홍보산업public relations industry이 대규모로 번창했다. 윌슨의 지지자들이 매우 솔직하게 말한 것처럼 홍보산업은 "대중의 심리를 통제하는 데" 이바지했다. 라스웰도 1934년《사회과학 백과사전》에서 자신의 글이 바로 프로파간다를 기술한 것이라고 말했다.

오늘날 우리는 그런 용어를 사용하지 않는다. 우리는 좀더 정교해졌다. 정치학자 라스웰은 현대의 프로파간다 기법이 제공한 새로운 대중통제 기법을 좀더 정교하게 사용할 것을 지지했다. 그에 따르면 그 프로파간다에 힘입어 공동체의 지식인들, 말하자면 천부적 통치자들은 질서를 위협하는 거대한 '야수'의 위협을 극복할 수 있을 것이다. 그런 위협의 이유는 라스웰의 용어를 빌리자면 "대중들이 무지하고 미신적이기 때문이다." 또 우리는 "인간들이 자신들의 이익에 관한 최상의 판관判官이라는 민주주의적 독단"에 굴복해서는 안 된다. 최상의 판관들은 엘리트들(다른 말로 제퍼슨의 상류층)이 되어야 한다. 이들은 공동선을 도모하려는 자신들의 의지를 대중들에게 내세울 수 있는 수단을 확보해야 한다.[13]

이 엘리트들은 그들의 세계관을 유지하기 위하여 프로파간다에 커다란 관심을 갖고 있었다. 리프만Lippman과 라스웰은 민중들을 구경꾼의 수준으로 격하시킬 수 있을 것이라고 생각했다. 이렇게 하면 민중은 의사결정이 내려진 후에나 그 결정에 대해서 알게 된다. 하지만 이런 기다란 스펙트럼에는 또다른 목적이 있다. "엉뚱하게도 보수주의자라는 이름이 붙은 현대의 뉴스피크"는 그것을 훨씬 뛰어넘는 야망을 갖고 있다.

레이건 시절, 국가 최우선의 반동주의자들 이른바 보수주의자들은, '야수'인 대중은 구경꾼의 역할조차 가져서는 안 된다고 생각했다. 이를 보면 그들이 비밀 테러작전에 왜 그토록 매료되었는지를 알 수 있다. 정작 그 작전은 미국 대중만 빼고는 누구에게나 비밀이 아니었으며 작전의 희생자에게는 더더욱 비밀이 아니었다. 비밀 테러작전은 국내의 주민들은 전혀 모르도록 계획되었다. 또 국가 최우선의 반동주의자들은 전혀 선례가 없는 언론검열 및 선전선동과 여타의 수단들을 옹호했다. 왜냐하면 그런 수단들 덕분에, 그들이 키운 강력하고 간섭주의적인 국가가 부자에게 더욱 확실하게 (그러니까 일반 대중의 저항 없이) 복지 혜택을 베풀 수 있기 때문이다. 근래 기업 프로파간다의 엄청난 증가, 대학에 대한 우익재단들의 비난, 여타의 풍조들은 앞서 말한 것과 동일한 우려(부자들을 위한 국가복지가 서민 대중의 견제를 받지 않기를 바라는 것_옮긴이)를 표출한 것이다. 이러한 우려를 일깨운 것은 자유주의 엘리트들의 이른바 '민주주의 위기'라는 담론으로 1960년대에 처음으로 제기되었다. 당시는 때마침 주민들 중에서 지난날 사회적으로 무시당하고 사회문제에 냉담했던 부류의 사람들, 예를 들어 여자와 젊은이와 노인과 노동자 등이 공공무대로의 진입을 모색하던 때였다. 그때까지 이들은 그런 무대에서 전혀 권리를 인정받지 못했다. 우파적 사고를 가진 귀족주의자들은 그런 진입 금지를 당연하다고 생각했다.[14]

아쉽게도 이 어프로치의 의미는 별로 연구되지 않았다. 여기에는 흥미로운 통찰이 들어 있고 또 문제적 이슈가 있는 점을 감안하면 더욱 아쉽다. 예를 들어 사람들은 어떤 특정 이슈(가령 군사적 개입에 관련된 통치계급의 프로파간다)에 대한 촘스키의 강연을 듣고서 어떤 즉각적인 조치가 있어야겠다고 생각한다. 이것은 일종의 지적인 깨달음이다. 사실 많은 사람들이 촘스키의 강연을 듣고 나서 그의 다른 책들을 사본다. 그들은 그 책을 열심히 탐독한다. 하지만 새로운 지식이 곧 새로운 행동으로 이어지는 않는다. 아니, 그런 실천은 거의 존재하지 않는다. 내가 만나본 많은 보수반동적 인사들도 촘스키의 책을 재미있게 읽고서 거기에 동의한다고 말했다. 그렇지만 그들은 계속하여 군부를 위해 일하고, 난민들의 주장을 묵살하고, 정직하지만 가난한 사람들에게 융자를 거부하고, 환경문제와 생태학에 대한 개인적 참여의 가치를 과소평가한다. 촘스키 효과의 일부라고 할 수 있는 어떤 깨달음이 반드시 구체적 행동으로 구체화되지는 않는 것이다.

이것은 정말 문제다. 내가 볼 때 그렇게 된 것은 촘스키의 활동에 문제가 있어서가 아니라 사람들이 느끼는 무기력증의 결과다. 똘똘 뭉친 통치 엘리트들이 프로파간다, 사상 단속, 금전적 징벌 등을 통하여 그들의 권력을 강화하고 유지하기 때문이다. 이것은 또 개인의 욕구 혹은 '권리'(소비, 환경오염, 부의 획득)와 사회적 책임 사이의 메울 수 없는 거리를 보여준다.

언어연구에서 포스트모던 언어연구로

이러한 문제들을 연구하는 대신에, 문학이론, 문화연구, 비판이론, 철학 등 다양한 분야에서 활동하는 이론가들은 그들의 필요에 따라 촘스키의 언어이론을 전용轉用했다. 우리가 앞으로 살펴보겠지만, 이들의 언어이론은 미디어나 프로파간다 연구와 구분되는 언어학에서 나온 것이다. 그리고 이런 이론들로부터 나온 프로그램은 촘스키의 두 어프로치(언어학 연구나 프로파간다 연구)와는 단절된 것이다. 가장 좋은 사례가 앞서 말한 피에르 부르디외의 저서인데, 존 톰슨은 부르디외의 《언어와 상징의 힘》 해설에서 이렇게 말했다.

언어학 이론들은 언어가 형성되는 밑바탕인 사회역사적 조건들(이상적인 관점에서 보자면 이런 조건들이야말로 언어학 연구의 객관적 영역이다)을 무시하는 경향이 있다. 또 언어적 표현에 대해서도, 그것이 말해지는 특정 사회적 조건과 절연시켜 분석하는 경향이 있다. 소쉬르와 촘스키는 이처럼 언어학적 연구를 사회적 조건들과 분리시켰고, 그것이 랑그와 파롤, 능력과 수행이라는 두 개의 독자적 카테고리로 표현되었다. 부르디외는 이런 구분이 말하기의 구체적 행동을 과연 정당하게 분석한 것이냐는 의문을 제기하면서 비판의 강도를 높인다. 먼저 소쉬르의 경우를 살펴보면, 말하기는 소쉬르가 주장한 것처럼 사전에 존재하는 언어체계의 '실행'이라는 점만으로는 이해되지 않는다. 말하기는 이런 기계적 모델보다는 훨씬 복잡하고 창조적인 활동이기 때문이다. 촘스키의 경우에는 문제가 더욱 복잡해진다. 촘스키가 능력(말하기 능력)을 생성과정의 체계로 개념화하여 창조성을 설명하려 들기 때문이다.[15]

부르디외가 촘스키의 이론에 반대하는 점은 이런 것이다. 이상적理想的 화자가 문법적으로 잘 구성된 문장을 무제한으로 생성할 수 있는 능력(혹은 경향)을 갖고 있다는 개념은 간단히 말해서 너무 추상적이라는 것이다. **실제의** 화자가 갖고 있는 능력은 문법적으로 잘 구성된 문장을 무제한으로 생성할 수 있는 능력뿐 아니라 어떤 특정 상황에 잘 들어맞는 적절한 표현까지 생산할 수 있는 능력까지도 포함한다. 부르디외는 능력 있는 화자가 문법적 문장을 생성할 수 있는 능력을 갖고 있다는 사실을 부정하지는 않는다. 그의 요점은 이 능력으로는 실제의 화자가 소유한 능력을 모두 **포섭하지 못한다는** 것이다.

이것은 대부분의 포스트모던 언어관에서 발생하고 있는 상황을 잘 요약한 것이다. 처음에 소쉬르 혹은 촘스키 같은 출발점이 있고 그 다음에는 두 학자의 이론으로는 언어의 전반적 현상을 충분히 설명하지 못한다는 논의가 이어진다. 그래서 줄리아 크리스테바Julia Kristeva 같은 경우에는 이에 착안하여 언어를 사회적 영역이 아니라 정신분석적 영역을 출발점으로 삼아 논의한다.

> 그 다양성에도 불구하고 모든 언어학적 이론은 언어를 철저하게 '형태적' 대상으로 여긴다. 통사론이나 수학화로 포섭할 수 있는 대상으로 보는 것이다. 이런 관점에 입각한 이론들은 일반적으로 다음과 같은 언어관을 받아들인다. 가령 젤리그 해리스에 따르면 언어는 이렇게 정의된다. ①기표와 기의 사이의 임의적 관계 ②기호를 언어 외적인 것에 대한 대체물로 받아들임 ③각각의 독립된 요소를 갖고 있음 ④가산적可算的 혹은 유한한 성질을 갖고 있음. 하지만 촘스키의 생성문법이 나오고 그를 둘러싼 논리-의미론적 연구가 발전되면서, 일반적으로 '의미론'이나 '어용론語用論'의 영역에 들어가는 문제가 나왔고 이어 **언어 외적인 것**extralinguistic이라는 난감한 문제까지 불거졌다.[16]

크리스테바는 이를 시정하기 위한 대안으로 다음 두 가지를 제안한다. 우선, 기의(시니피에)-기표(시니피앙) 관계의 '동기' 측면을 살펴봐야 한다. 이렇게 하기 위해 프로이트의 무의식이론을 가져오자는 것이다.

"드라이브(충동) 이론, 최초의 과정(전치와 압축), 이 과정이 '텅 빈 기표'를 정신-신체적 기능과 연결시키는 방식, 혹은 일련의 은유와 환유로 연결시키는 방식으로 그 간격을 메울 수 있다"(같은 책, 33)는 것이다. 둘째, 이와 같은 맥락에서 또다른 흐름을 생각해볼 수 있다. "이론의 형태주의 내에 어용론이나 의미론으로 격하되어 있던 **기호현상**semiosis(어떤 것이 유기체에 대하여 기호로서 기능하는 과정)의 '층위'를 도입하자"는 것이다. 이러한 크리스테바 어프로치는 촘스키의 실패(그녀가 볼 때)에서 출발하는 것으로서 기표-기의의 관계 수준에서 벌어지는 다른 현상까지도 포섭해보자는 것이다. 어떻게 보면 이것은 사람들이 극복하려고 하는 언어-정치의 균열을 생각나게 하는데, 이 경우 능력과 수행 사이의 결락缺落을 보충해보자는 것이다(기호학에서 '나무'라는 단어는 기표가 되고, 실제 나무는 기의가 된다. 기표와 기의의 결합은 임의적이지만 일단 그 관계가 형성되면 의미작용을 하게 된다. 그런데 기표-기의 관계는 머릿속의 생각을 완전히 표현해주지 못한다. 외국의 국회의사당에서 의장이 개회식에서 "이제 국회를 폐회합니다"라고 말했다고 한다. 이때 의장은 원래 개회라는 말을 써야 하는데 마음속(무의식)에는 회의가 어서 끝나기를 바라는 마음이 있었기 때문에 폐회라는 말을 쓰게 된 것이다. 이 경우, 기표와 기의는 일치하지 않는다. '언어-정치의 균열'이라는 말은 다음과 같은 뜻이다. 촘스키가 지적하는 바와 같이 국가이익, 자유세계 등의 단어가 엘리트층의 이익, 프로파간다에 의한 여론조작의 세계를 가리키는 것이기 때문에 기표-기의가 일치하지 않는다는 것이다_옮긴이).

이런 사례들은 아주 흔하다. 언어학 바깥의 언어이론들은 대부분 촘스키로부터 시작하지만 실제 도착한 지점은 촘스키의 이론으로부터 천리만리 떨어져 있다. 이것은 포스트모던 이론 연구들에서 특히 그렇다. 사정이 이렇기 때문에 포스트모던이라는 용어를 간결하게 정의한 다음, 인식론 및 과학적 지식의 오용이라는 관점에서 포스트모던 연구에 대한 촘스키의 발언을 검토해보기로 하자.

포스트모더니티postmodernity라는 용어를 어원적으로 따져보면 post(이후)와 modo(지금)가 합쳐져 만들어졌는데 현대사상의 긴 역사 속에 소급 발견되는 여러 속성을 가지고 있다. 그러나 현재의 형태를 띠고 나타난 것은 2차 세계대전 이후다. 일반적으로 말해서, 포스트모더니티는 풍요로운 서구 여러 나라의 미술, 건축, 무용, 문학, 음악, 사회과학, 인문과학 등에서 나타난 일련의 운동들을 가리킨다. 우리의 현재 지식상태를 서술하는 포스트모던 어프로치 혹은 '포스트모던 조건'[17]은 권위, 진보, 보편화, 합리화, 체계화, 지식 주장들knowledge claims의 평가를 위해 일관된 기준 등을 추구하던 모더니즘에 반발하여 생겨난 것이다. 그렇기 때문에 포스트모더니티는 지식 주장의 근본 터전에 대하여 과감한 의문을 제기하고 그리하여 기존의 제한적인 실천으로부터 해방되려는 것을 목표로 한다. 이로 인해 문화연구, 페미니즘 연구, 여성학, 게이와 레즈비언 연구, 젠더 연구, 동성애 이론, 과학 연구, 포스트식민주의 이론 등 많은 새로운 어프로치를 양산했다. 하지만 이제는 이 포스트모더니즘도 하나의 지배적 패러다임이 되어 그 자체의 제한적 실천에 대하여 의심을 받고 있는 상태가 되었다.

안드레아 위상Andreas Huyssen은 포스트모더니티가 두 개의 모더니스트 흐름이 분열되면서 생겨났다고 주장했다. 한 흐름은 의식적으로 배타적인 '고급高級' 모더니즘이고, 다른 한 흐름은 역사적 아방가르드로서 고급문화가 과연 자급자족인가에 대하여 의문을 품던 모더니즘이었다. 포스트모더니티는 포스트식민주의, 포스트마르크시즘 등 많은 '포스트' 운동 중 하나다. 그리고 포스트모더니티는 포스트모더니즘과 혼동되기도 한다. 포스트모더니즘은 특정 문화적 제품(특히 문학작품)이 나온 시기를 가리키는 레이블이다. 이런 문학작품들은 반사성reflexivity, 아이러니, 고급한 요소와 저급한 요소의 유희적 혼합 등을 특성으로 한다. 포스트모더니티는 또 포스트구조주의와 관련이 있다. 포스트구조주의는 구조주의자(그레마스Greimas, 골드만Goldmann, 크리스테바, 토도로프Todorov), 서사학주의자(발Bal, 주네트Genette), 기호학자들(바르트Barthes, 에코Eco)을 맹렬하게 비판한다. 구조주의자, 서사학주의자, 기호학자들은 1960년대와 1970년대에, 언어구조가 안정되어 있으며 마음의 움직임을 그대로 반영한다고 믿었던 것이다.

포스트모더니티는 정치, 철학, 법률, 심리학, 사회학, 신학 등에서 전체주의적 어프로치를 보였던 모더니즘의 경직된 도덕과 규범에 대하여 반사적으로 반발하는 사람들이 강력하게 옹호하는 운동이다. 포스트모던 프로젝트와 관련이 있는 사람들을 거명해 보면, 자크 아탈리, 장 보드리야르Jean Baudrillard, 엘렌 식수Hélène Cixous, 질 들뢰즈Gilles Deleuze, 자크 데리다Jacques Derrida, 미셸 푸코, 펠릭스 가타리Félix Guattari, 뤼스 이리가레Luce Irigaray, 프레데릭 제임슨Fredric Jameson, 찰스 젱크스Charles Jencks, 줄리아 크리스테바, 자크 라캉Jacques Lacan, 장-프랑수아 리오타르Jean-François Lyotard, 로베르 방투리Robert Venturi 등이 있다. 이들 이론가들은 대부분 프리드리히 니체Friedrich Nietzsche와 마르틴 하이데거Maritn Heidegger(이들은 대륙철학의 전통을 상기시키는데)를 사상적 선배로 여기고 있다. 하지만 이 두 사상가는 특정 포스트모더니티의 특징과는 별로 관계가 없으며 그것은 여러 각도로 서술된 바 있다.

이 두 선배가 독일 사상가이고, 또 포스트모던 이론가들이 대부분 철학자라는 점은 흥미롭다. 이들 포스트모던 이론가들은 상당수가 프랑스 혹은 스코틀랜드 계몽사상과 고전자유주의에 대해서 반기를 들고 있는데, 이 사상들은 촘스키 어프로치에 직접적으로 영향을 준 것들이다. 현대 포스트모던 이론가들의 명단에 프랑스 지식인들이 상당수 들어가 있다는 사실은 또다른 생각거리다. 왜냐하면 그들은 전후 파리에서 엘리트 프랑스 지식인들이 몰두했던 특정 패러다임과 직접 연계되어 있기 때문이다. 그들 중 알튀세Althusser와 데리다 같은 스타급 지식인들(하지만 각각 다른 이유로 해서 이들은 1980년대 프랑스에서 인기가 시들해졌다)은 미국 학계 덕분에 그런 스타급 지위를 확보하게 되었다. 미국 학계는 1970년대에, 1940년대 이래 미국 학계를 주름잡아온 뉴크리티시즘New Critical과 포멀리즘formalism(형식주의) 어프로치에 대한 반발로 알튀세와 데리다의 이론을 적극 도입했던 것이다. 그 결과 포스트모던 텍스트들이 번역(때때로 믿을 수 없는 수준의 번역)을 통하여 탈맥락적 상황에서 강독되었고, 그리하여 미국 학자들과 학생들에게 상당한 어려움을 안겨주었다.

대부분의 이론가와 실천가들은 포스트모던이라는 레이블을 거부하거나 의문을 표시할 것이다. 포스트모던 패러다임을 가지고 일하는 각기 다른 사람들의 프로젝트들 사이에 존재하는 일치점들은 딱 집어서 말하기가 어렵다. 그럼에도 불구하고 이들 이론가들과 일련의 아이디어들 사이에는 연관성이 있기 때문에 그들은 다음 두 어프로치 중 하나를 대변한다고 봐야 한다. 첫째, 존재의 파편적·불안정적·비확정적·단절적·유동적·초超리얼리즘적 성격을 강조한다. 그리하여 전체화에 극력 반대하는 이탈적이고 단절적인 실천을 주장한다. 이렇게 하여 그들은 '메타' 혹은 '거대'담론, 이론과 실천의 체계적·조직적 어프로치, 예술과 해석의 일관성 등에 대하여 강력하게 저항한다. 둘째, 프레드릭 제임슨의 마르크시스트 경제 관점이다. 이것은 대표성의 위기, 소수의 다국적 기업들이 경제를 지배하는 후기 자본의 일방적 관행, 지식의 영역에서 윤리보다는 효용과 시장성을 평가하는 사태 등을 우려한다. 이 관점에서 볼 때 포스트모더니티는 역사적 시대, 자본주의의 한 단계, 심지어 생산의 양식이다. 문화는 이런 현상의 탐구를 위한 영토, 이런 변화의 증거를 추적하기 위한 공간, 현저한 특징에 대한 연구 등을 제공한다. 여기에는 글로벌리제이션, 자본주의의 보편화, 역사의 종말 같은 배경이 깔린다.

포스트모더니티의 정의와 관련하여 가장 자주 인용되는 이론가는 프랑수아 리오타르다. 그는《포스트모던 조건: 지식에 관한 보고Postmodern Condition: A Report on Knowledge》에서 내부적으로 모순되는(그렇지만 자주 인용되는) 이런 정의를 내렸다.

> 포스트모던은 모던 속에다 재현이 불가능한 어떤 것을 재현하려는 것이다. 좋은 형태와 기호嗜好의 합의를 거부함으로써 도달 불가능한 것에 대한 향수를 집단적으로 공유한다. 재현을 좋아해서라기보다는 재현 불가능한 것에 대한 강력한 느낌을 전달하기 위하여 새로운 재현을 추구한다. 포스트모던 화가 혹은 작가는 철학자의 위치에 있다. 그가 써내는 텍스트나 그가 그려내는 그림은 사전에 정해진 규칙의 지배를 받지 않는다. 또 익숙한 카테고리를 텍스트나 그림에 적용하는 등, 기존의 판단기준에 의하여 판단될 수도 없다. 화가와 작가는 앞으로 어떤 일을 해야 할 것인가에 대한 규칙을 설정하기 위해 규칙 없이 작업한다. 따라서 그림과 텍스트는 이벤트의 특성을 갖는다. 따라서 그것들(그림과 텍스트)은 늘 저자에게 너무 늦게 찾아오거나 같은 말이 되겠지만, 그것들이 작품으로 만들어질 때 그 실현은 늘 너무 일찍 시작하는 것이다. 그러므로 포스트모던이란 앞에 온 미래의 역설 paradox of the future anterior에 의하여 이해되어야 할 것이다.(124)

이것은 정말 역설이다. 이 문장은 포스트모더니티를 역사 안에 그리고 역사 바깥에 위치시킨다. 이 문장은 시대에 대하여 혼동하면서도 시대 구분을 하려고 한다. 이 문장은 포스트모더니즘을 현대에 위치시키면서 동시에 현대보다 앞선 시대에 위치시킨다.

사회학자 지그문트 바우만Zygmunt Bauman은 포스트모더니티의 '제도화된 다원성, 다양성, 우연성, 양가성' 등에 대하여 논의한다. 그것은 '보편성, 동질성, 단조로움, 명징성' 등을 추구하는 모더니즘의 엉뚱한 부산품이라는 것이다. 바우만은 말한다. "포스트모더니티는 완숙하게 발전된 모더니티로 해석될 수 있다. 모더니티가 그 효과를 확인하는 과정에서 우연하게 생산한 것, 어떤 설계가 아니라 실수에 의하여 만들어낸 것, **예기치 않았던 결과들**, 낭비로 치부되는 부산물이다. 모더니티가 그 자신의 본성으로 인정하는 것, 다시 말해 **모더니티를 위한 모더니티**, 이것이 포스트모더니티다." 포스트모더니티는 "거짓의식으로부터 해방된 모더니티, 모더니즘 시대에 그 목표에 도달하지 못한 실패한 것들의 특징을 제도화한 것"이다.[18] 이 '거짓된 의식'은 20세기 전체주의(레닌주의, 스탈린주의, 볼셰비즘, 마오이즘)의 비극적 유산과 자본주의의 억압에 의하여 파괴되었다. 포스트모더니티의 정치학은 눈에 띌 정도로 울퉁불퉁하고 제대로 규정조차 되지 않지만, 전체화하려는 프로그램, 모든 사회악을 지배적 이데올로기나 아젠다로 해결하려는 시도 등을 아주 의심스럽게 여긴다.

프랑스 철학계에서 갑자기 포스트모더니티로 기울어지게 된 계기는 1956년에 있었던 두 가지 사건이었다. 그 하나는 그 해 11월 모스크바에서 있었던 20차 공산당 대회에서 흐루시초프가 행한 비밀연설이었고, 나머지 하나는 헝가리폭동 진압이었다. 마크 릴라Mark Lilla는 이렇게 논평한다.[19]

이 두 사건은 많은 환상에 종지부를 찍었다. 사르트르에 대한 환상, 공산주의에 대한 환상, 역사, 철학, '휴머니즘'이라는 용어에 대한 환상. 그것은 또한 1930년대에 성장하여 전쟁을 경험한 프랑스 사상가 세대와 그런 경험이 없고 냉전의 숨 막히는 분위기로부터 벗어나고 싶어 하는 학생 세대 사이에 단절을 가져왔다. 학생 세대는 사르트르가 권장한 실존주의적 정치 참여로부터 구조주의라는 새로운 사회과학 쪽으로 눈을 돌렸다. 그리고 이러한 변화 후에 새로운 철학이 나오는데 그 중 대표적인 인물이 미셸 푸코와 자크 데리다다.

릴라는 여기서 공산주의의 환상이 가져온 방향 전환의 정도에 대하여 의문을 제기한다. 하지만 구조주의가 정치적 문제들을 논의하는 틀을 바꾸어 놓았다는 사실에는 공명한다. 이렇게 하여 사람들은 언어연구의 비판적 분야 쪽으로 눈을 돌리게 된다.

언어이론들은 비지칭성nonreferentiality 연구, 포스트모더니티 언어의 표현적 특성, 의도, 수용, 재현에 관련된 문제 등을 통하여 포스트모더니티 프로젝트에서 크게 부상했다. 데리다의 해체작업에서 힌트를 얻은 포스트구조주의자들은 모든 담론이 브리콜라주bricolage(자질구레한 수선작업)라고 생각한다. 중심도 없고 근원도 없고 안정된 의미도 없기 때문에 담론은 이런 땜질작업 혹은 임시처방이 될 수밖에 없다는 것이다. 이러한 사상은 이질성, 다방향성, 언어와 담론의 중심 역할 등을 강조함으로써 사회과학과 인문과학에 커다란 영향을 미쳤다.

하지만 이것 자체로 포스트구조주의를 전적으로 포스트모던 현상으로 편입시킬 수는 없다고 주장하는 사람들도 있다. 둘 사이에 겹치는 점이 있기는 하지만 과감한 단절이나 불연속과는 거리가 있다는 얘기다. 위상은 포스트구조주의를 이렇게 설명한다. "그것은 모더니즘의 담론 혹은 모더니즘에 관한 담론이다. 그리고 …… 만약 우리가 포스트모던을 포스트구조주의 안에 위치시키려고 한다면, 다양한 형태의 포스트구조주의가 모더니즘 안에 새로운 문제 틀을 개방한 방식들 속에서 찾아야 할 것이다. 그것은 우리 시대의 담론 형성에 있어서 모더니즘을 다시 한 번 새겨 넣었다." (207)

많은 학문 분야가 언어연구의 포스트모던 개념에 의하여 영향을 받았다. 심리학과 정신분석은 자크 라캉의 작업에 크게 의지했다. 무의식은 언어처럼 구조화되어 있다는 라캉의 명제로부터 많은 영감을 받았다. 체계적이고 예측 가능한 결과를 추구하는 형식주의와 행태주의의 꿈을 거부한다는 점에서, 정신에 접근하는 이런 포스트모던 어프로치는 매력이 있었다. 중심의 부재, '탈영역화', '리좀rhizomes'(뿌리줄기)을 통한 연결 등이 그런 어프로치다. 이러한 용어들은 질 들뢰즈와 펠릭스 가타리의 방대한 저서 속에서 탐구되었고, 이들은 그 창의성, 전체화하는 어프로치에 대한 반발 등을 들어 정신분열증을 칭송했다.

법률 분야의 포스트모더니티는 언어이론보다는(비록 해체주의적 법률의 사례들이 있기는 하지만) 의사결정에 있어서 규범보다 예외를 선호한다는 방향 전환을 강조한다. 문학 분야에서는 해리 레빈Harry Levin, 어빙 하우Irving Howe, 레슬리 피들러Leslie Fiedler, 프랭크 커모드Frank Kermode, 이합 하산Ihab Hassan 같은 이론가들이 1960년대에 2차 세계대전 후에 나온 작품들, 가령 새뮤얼 베케트Samuel Beckett, 호르헤 루이스 보르헤스Jorge Luis Borges, 존 바스John Barth, 도날드 바셀미Donald Barthelme, 토마스 핀천Thomas Pynchon 등의 작품들을 구분하는 방식으로 **포스트모던**이라는 용어를 사용했다. 하지만 2차 세계대전 이전에, 그러니까 포스트모던이라는 용어가 **생겨나기 이전에** 그 정신에 입각하여 글을 쓴 사람들에 대한 논쟁이 무성했다. 가령 로렌스 스턴Laurence Sterne, 제임스 조이스James Joyce, 버지니아 울프Virginia Woolf, 도로시 리처드슨Dorothy Richardson, 다다주의자들dadaist 등을 어떻게 볼 것인가 하는 논쟁이었다. 포스트모던 문학은 뿌리 뽑힌 사람들의 가치와는 위배되는 가치에 대한 반항이었다. 이들은 1950년대에 비츠Beats, 앵그리 영맨Angry Young Men 등의 문학운동을 형성했고 다양한 작가들이 모더니즘의 구속으로부터 해방되기 위해 노력했다. 그리고 반항은 형태, 기능, 미디어(특히 문학 분야의 사이버 텍스트)의 실험을 통하여 계속되었다.

건축 분야에서 '포스트모던'이라는 용어가 가장 먼저 사용되었다. 이 용어를 처음 사용한 사람은 조지프 후드낫Joseph Hudnut인데 그는 자신의 1945년 논문에 '포스트모던 주택Post-Modern House'이라는 제목을 붙였다. 포스트모더니티는 필립 존슨Philip Johnson이나 마이클 그레이브스Michael Graves의 건물 현관에 붙여진 역사적 표창장에도 증거로 남아 있다. 합리주의, 행태주의, 실용주의에 바탕을 둔 국제현대건축가들회의 CIMA, Congress of International Modern Architects의 모더니스트 이상은, 찰스 젱크스가 지적한 바와 같이 "모더니스트 철학 못지않게 비합리적인 것이었다."(470-471) 젱크스는 《포스트-모더니즘은 무엇인가What Is Post-Modernism》[20]에서 건축 분야의 모더니즘 사망은 1972년 7월 15일이라고 명시했다. 이날 CIMA 아이디어의 원형적 모범인 미주리 주 세인트루이스의 프루이트-이고 스킴Pruitt-Igoe scheme이 다이너마이트로 파괴되었다. 젱크스에 따르면 포스트-모더니즘은 "2중의 코드다. 모던 테크닉에다 전통적인 건축양식을 종합한 것이다. 이렇게 하면 건축은 일반 대중과 소통하면서 동시에 관심 있는 소수들, 즉 다른 건축가들과 소통한다."(472)

다른 분야도 작품이나 공연에 필요하다고 생각되는 특정 요소들을 받아들임으로써 포스트모던 조건에 대한 입장을 밝혔다. 가령 현대 댄스는 새로운 방식과 다른 수단을 통해 전통적인 댄스의 카테고리(가령 발레)에 도전했다. 가령 신체와 시공간의 관계를 다시 살펴봄으로써 현대의 댄서들은 특정(반전통적 혹은 전통적) 움직임을 형태화했다. 포스트모던 댄스는 이른바 '댄스'와 일어서고 걷고 눕는 등 보행의 움직임 사이의 칼 같은 구분을 철폐함으로써 이런 수용의 노력을 확대했다. 포스트모던 댄스는 또 댄서와 관중의 공간 구분에 대해서도 의문을 표시했다. 그리하여 무대와 관중석을 구분해 주던 각광footlight을 철폐했고 또 관중을 무대에 참여시킴으로써 관중은 절대로 공연자가 될 수 없다는 생각도 바꾸어 놓았다.21

 포스트모던 어프로치에 대한 저항

포스트모더니티는 학원에서는 널리 퍼져 있고 여전히 존재하고 있지만, 상아탑 너머의 지역에서는 거의 무시되고 있다. 하지만 이론가들은 이것을 가지고 현대 사회의 예술 및 정치 흐름을 분석하는 방법을 찾아내려고 애쓰고 있다. 이처럼 모든 것을 포섭하는 능력을 갖고 있기 때문에 포스트모더니티의 스타급 인사들은 그들의 문화적 자본을 다 탕진하고 현재는 쇠퇴하는 듯이 보인다. 특히 (비)논리적 해체에서 흘러나오는 혹은 그 해체에 기여하는 어프로치들이 그러하다. 이러한 쇠퇴의 과정은 1987년 다음 두 가지 사항이 밝혀지면서 촉진되었다. 첫째, 빅터 파리아스Victor Farías가 마르틴 하이데거와 나치와의 협력관계를 파헤치고 그것이 하이데거 철학의 뿌리라고 주장하는 책을 펴냈다. 둘째, 데리다의 친구이며 협력자인 폴 드만Paul DeMan이 1940년대 초반에 벨기에의 두 신문에 나치에 협력하면서 반유대인 주장을 펼친 기사 두 편을 실었다. 데리다와 드만에게 동조적인 사람들, 특히 예일 대학 프랑스문학과의 동료들은 그 두 기사를 없던 일로 만들려고 애썼으나 '해체'의 어두운 측면(나치와의 협력이라는 정치적 문제)에 관한 사람들의 우려를 확인해주었다.

마크 릴라는 이렇게 논평한다. "미국 서점들의 포스트모더니즘 코너를 지나가면 가슴이 철렁 내려앉는 것은 놀라운 일도 아니다. 가장 반자유주의적이고 반계몽주의적인 개념들이 미소와 확신 속에서 제시되어 있는 것이다. 그런 개념들의 논리적 결론에 도달하면 우리는 민주적인 약속의 땅에 도달한다는 것이다. 거기서 모든 하느님의 자녀들은 손을 맞잡고 국가를 부르게 된다는 것이다. 이것은 사람을 고양시키는 비전이 아닐 수 없고 미국인들은 그런 고양을 믿는다. 많은 미국 사람들이 자크 데리다의 어둡고 섬뜩한 저작들 속에서 그런 고양을 보았다. 이 사실은 미국 사람들의 자기에 대한 자신감과 남들의 사상에 대하여 좋게 생각해주는 버릇을 확인시켜준다. 프랑스 사람들이 우리 미국인을 가리켜 '다 큰 아기les grands enfants'라고 부르는 게 놀라운 일도 아니다."22

문제는 이보다 훨씬 더 심각하다. 어떤 경우에는 모스트모던 영역에서 선언되었던 것이 순전한 헛소리임이 밝혀졌다. 포스트모더니즘의 대표인물로 여겨지던 리오타르도 그런 취지의 발언을 하여 충격을 안겨주었다. 그는 1985년의 한 인터뷰에서 말했다. "나는 《포스트모던의 조건》이라는 책에서 꾸며낸 이야기들을 했습니다. 내가 읽지도 않은 많은 책들을 읽은 것처럼 언급했습니다. 분명 그건 사람들에게 깊은 인상을 주었습니다. 하지만 그것은 모두 패러디에 지나지 않습니다. …… 한 이탈리아 건축가가 나를 크게 꾸짖은 것이 기억납니다. 그 건축가는 좀더 간단하게 말하지 못했다고 나를 질책했습니다. …… 먼저 그게 내 책들 중 가장 나쁜 것임을 말씀드리고 싶습니다. 대부분 신통치 못하지만 그게 그 중 가장 나쁩니다. …… 그 책은 어떤 특정 상황과 관련되는 것이고 풍자의 장르에 속한다고 말씀드리고 싶습니다."23 개탄스러운 것은 많은 학생들, 특히 사람을 유혹시키는 이론들과 이론가 교수들에 유혹된 많은 순진한 대학원생들이 이런 수상한 지적 작업의 희생자가 되었다는 사실이다.

포스트모더니티의 비합리주의 혹은 반합리주의는 위르겐 하버마스 Jürgen Habermas에 의하여 여러 번 지적된 바 있었고, 크리스토퍼 노리스 Christopher Norris도 광범위하게 그 점을 공격했다. 《무비판적 이론 Uncritical Theory》에서 노리스는 장 보드리아르의 "발생하지 않은 걸프전"을 맹렬하게 공격하면서 그것이 포스트모던 현상의 나쁜 징후라고 비난했다. "가장 인기 있는 원천에서 뽑아온 아이디어들을 어설프게 뒤섞어 놓은 것, 혹은 일련의 구호들을 엮어놓은 것이다. '진실'과 '현실'은 죽어버린 개념이고, 지식은 언제 어디에서나 인식론적 권력의지의 소산이며, 역사는 시대별로 우위를 다투는 다양한 '담론들'로부터 구성해낸 허구라는 허황한 얘기다." (31)

노리스로부터 이런 힌트를 얻은 노엄 촘스키는 커리어를 위해 수행되는 포스트모더니티의 의도적 방해작업("여기에는 사소함과 이기적 넌센스를 뛰어 넘는 어떤 것이 있다고 나는 생각합니다"), **지나친 지식 자랑**("이 방대한 말의 잔치에 약간의 진실이 숨겨져 있기는 하지만 실제로는 간단한 얘기에 불과합니다"), **정치적 성향**("포스트모더니티 운동은 과거 노동자학교를 조직하고 가르쳤던 자칭 '좌파' 인사들로 구성되어 있습니다") **등을 지적했다**(촘스키는 《촘스키, 세상의 물음에 답하다》(시대의창)에서 포스트모더니즘 철학자들에 대하여 이렇게 말했다. "나는 가령 러셀이나 분석철학 혹은 비트겐슈타인 등을 읽는다면 무슨 말인지 금방 이해할 수 있습니다. 때때로 그들의 말이 왜 틀렸는지도 알 수 있습니다. 하지만 데리다, 라캉, 알튀세 혹은 그 밖의 것을 읽는다면 이해하지 못합니다. 단어들이 내 눈앞에서 흘러가버려요. 나는 그들의 주장을 따라갈 수 없고 알아보지 못해요. 사실에 대한 기술도 전혀 사실 같아 보이지 않아요. 어쩌면 내게는 그들을 이해하는 유전자가 없는지도 모르지요. 충분히 그럴 수 있는 일이기도 하고요. 하지만 솔직히 말하건대 그것은 모두 지적 사기라고 생각됩니다_옮긴이).²⁴

이런 점들이 레빗Levitt과 그로스Gross의 책《더 높은 수준의 미신 Higher Superstition》에서 다루어졌고, 최근 들어서는 《소셜 텍스트Social Text》에 실린 한 물리학자의 논문에서 소상히 파헤쳐졌다(알란 소칼 사기극(Alan) Sokal Hoax). 이 두 자료는 포스트모던 이론가들이 과학이론을 오용한 사례들을 지적하고 있는데 그들(포스트모던 이론가들)이 애매모호할 뿐 아니라 부정확하고 진지하지 못하고 엉뚱한 이론들을 내놓았다고 말했다. 어쩌면 촘스키가 소칼의 사기 폭로극을 지지하면서, 언어연구 이론가들이 과학적 지식을 오용한 사례를 공격하는 게 아닐까 짐작해볼 수도 있을 것이다. 하지만 촘스키의 포스트모더니티에 관한 견해와 소칼 논쟁에서 불거져 나온 견해 사이에는 중요한 차이점들이 있다. 촘스키 어프로치를 좀더 자세히 이해하기 위하여 소칼 논쟁에 대해서 살펴보기로 하자.

소칼의 사기극과 포스트모더니티

여기서 소칼 사기극의 세부사항을 들춰내거나 그 문제에 대하여 입장을 표명한 다양한 비판가들에 대해서 거론하고 싶은 생각은 없다. 궁금한 독자들은 인터넷에서 검색해 보면 이 문제를 자세히 다룬 사이트들을 십여 개 이상 발견할 수 있을 것이다. 여러 분야의 전문지 목차만 들춰봐도 이 사건이 얼마나 인기가 있었는지 또 포스트모더니티에 대한 일반인들의 인식에 어떤 영향을 미쳤는지 알 수 있을 것이다. 〈경계를 바꾸기: 양자중력이론의 변형적 해석학Transforming the Boundaries:

Towards a Transformative Hermeneutics of Quantum Gravity〉(《소셜 텍스트》, 46/47)에 대한 진실이 《링구아 프랑카Lingua Franca》에서 밝혀진 이래, 노벨상 수상자를 포함한 과학자들, 국제적으로 유명한 인문사회과학 분야의 학자들, 작가들, 편집자들, 각 학문 분야의 연구생들이 참여하는 논쟁과 심도 깊은 논문들이 홍수를 이루었다.

촘스키 효과를 다룬 이 책에서는 여러 가지 사항들을 고려해야 한다. 무엇보다도 이런 질문을 던져볼 수 있다. 신통치 않은 판단력, 허약한 학문연구, 기이한 학제성(學際性, interdisciplinarity), 학원에서의 괴이한 프랑스-미국 관계, 개성의 컬트화 이외에 어떤 중요한 문제가 여기에 개재되어 있는가? 이 사기극에 어떤 긍정적인 점이 있기에 《뉴욕 리뷰 오브 북스》《뉴욕타임스》《르몽드》《디센트Dissent》《타임스 문학 증보판》 같은 유수한 정기간행물들이 앞 다투어 그 논쟁을 보도하는가? 왜 우리는 예일 대학, 프린스턴 대학, 듀크 대학, 미시건 대학, 뉴욕 대학, 각 지역의 기자회견 등에서 벌어진 원탁회의 얘기를 자주 듣게 되었는가? 왜 뉴욕시의 한 대회장 바깥에서는 수많은 관중들이 소칼을 보기 위해 대회장 안에 들어가겠다고 서로 싸웠는가?

이런 사태는 알란 소칼을 보기 위해서는 아니었다. 소칼은 《지적 사기Impostures intellectuelles》라는 책과 그 후 주요 매체에 쓴 기사들에서 특정 프랑스 이론가들이 과학을 오용했다고 비판했지만, 어떤 특정 분야나 저자에 대하여 판단을 내리기는 거부했던 사람이었다. 그런 사태는 장 브릭몽Jean Bricmont과 관련이 있는 것도 아니었다. 브릭몽은 《지적 사기》의 공동 저자로서(하지만 최초의 사기극 저자는 아니다) 그 책에는 반프랑스적, 반프랑스 기질, 반유럽적 성향이 있다고 주장하는 사람들과 맞서 싸웠다. 브릭몽은 자신이 벨기에 사람이기에 이런 문제를 잘 감당할 수 있었다. 하지만 그는 학문적 연구의 유용성에 대한 자신의 생각을 어느 정도 일관되게 지키려고 애를 썼다. 앞의 질문들은 이 두 사람과 개인적으로 관계 있는 것이 아니다. 그보다는 우리가 포스트모던 시대를 더 잘 이해하고 그것이 촘스키의 활동과 어떤 관계를 맺는지 알아보는 데 유익하기 때문에 이 사기극에 주목하는 것이다.

신문과 잡지의 지면을 가득 채운 이 논의는 소칼 사건의 기이한 인기를 설명해주고 그 뒤에 숨어 있는 음모를 파헤친다. 첫째, 유익하고 타당한 학문연구의 문제가 있다. 이것은 촘스키의 초창기 관심사와 관련되는 것으로서 《뉴욕 리뷰 오브 북스》의 기사들에서 논의된 현대 지식인의 사회적 책무와 관련 있는 것이다. 이에 대한 촘스키의 발언은 소칼 사기극에서 내려진 결론과 상당히 유사한 데가 있다. 마이클 앨버트와의 인터뷰에서 촘스키는 말했다. "문학이론과 문화이론의 틀 안에서 중요하고 유익한 작업이 이루어지기는 했지만, 그 흥미롭지만 단순한 사항들을 끄집어내기 위해서는 상당히 애를 써야 하므로 과연 그런지 의문이다."

촘스키가 볼 때 그렇게 되는 것은 이런 사실 때문이다. "좋은 아이디어를 생각해낸다는 것은 대단히 어렵다. 우리 주위에 그런 아이디어는 드물다. 만약 당신이 자연과학 분야에 종사한다면 아주 멋진 어떤 아이디어를 생각해낸다. 하지만 그것도 우리가 이미 알고 또 매우 흥분하는 어떤 것에 비교하면 사소한 것이다. 자연과학 이외의 분야에서는 이런 것이나마 하기가 정말 어렵다. 핵심 자연과학 이외의 분야에서는 복잡하지만 제대로 이해되는 것이 별로 많지 않다. 그 나머지 것들은 너무 어려워서 이해할 수 없거나 아니면 너무 쉬운 것들뿐이다."

이것은 당연히 인문사회과학 분야의 학자들을 고달프게 만든다. 왜냐하면 "당신은 존재의 이유를 증명해야 하기 때문이다. 그 결과 간단한 아이디어들이 아주 복잡한 용어나 분석틀에 의해 제시된다. 그것은 일종의 입신 출세주의 혹은 자기 존경심을 높이기 위한 노력이다. 가령 이른바 '문학이론'이라는 것을 예로 들어보자. '나는 문화이론이라는 것이 없듯이 문학이론이라는 것도 없다고 생각합니다.' 이렇게 말한다고 해서 책을 읽지도 말고 책에 대해서 얘기하지도 말라는 뜻은 아니라고 촘스키는 말한다. 그가 말하는, 엄정한 의미에서 이론이라는 것은 없다는 뜻이다. 가령 저쪽 방에서 쿼크에 대해 얘기하는 물리학자와 어울리고 싶다면 당신(문학평론가)은 아무도 이해할 수 없는 복잡한 이론을 알고 있는 체 해야 합니다. 그가 아무도 이해할 수 없는 복잡한 이론을 알고 있는데, 왜 나는 아무도 이해할 수 없는 복잡한 이론을 갖추지 못할까? 뭐 생각이 이렇게 생각이 돌아가는 거죠."[25]

이것은 훌륭한 사례 제시고 촘스키의 다른 인터뷰와 편지들에서도 언급되어 있다. 가령 Z네트에 올라온 일련의 질문[26]에는 다음과 같은 답변이 있다. "포스트모더니즘에 대해서 말해 보자면, 나는 웹에 대해서 아무것도 모릅니다. 또 포스트모더니즘에 관한 나의 견해에서 당신이 무엇을 보았는지도 모릅니다. 그러니 논평하기가 좀 어렵습니다. 하지만 당신이 써놓은 것만을 보면, 우리가 서로 다른 어떤 것들에 대하여 말하고 있는 게 아닌가 하는 의심이 듭니다. ……" 이것은 그 자체로 중요하다. 그러니까 포스트모더니티 이론에 대한 촘스키의 생각과 다른 사람들이 생각하는 포스트모더니티(혹은 그것이 성취할 수 있는 사항) 사이에는 상당한 차이가 있는 것이다.

촘스키는 말한다. "이론의 측면에서 볼 때, 포스트모더니즘이 이론을 갖고 있지 않다는 사실에 반대하지 않습니다(즉 자명한 논증을 지탱할 만한 이론이 아무것도 없습니다). 인간의 문제나 그들이 토론하고 있는 문제들을 살펴보면 다른 어떤 사람들도 이론을 내놓을 수가 없어요. 내가 반대하는 것은 그들이 그런 사실과는 다른 주장을 편다는 겁니다. 그들의 결과물은 '거대한 이론'으로 제시되고 있습니다. 너무 심오하여 보통 사람들은 이해할 수 없다는 겁니다. 적어도 나로서는 이해할 수가 없습니다. 나는 그걸 이해하지 못하고, 거기에 무슨 이해할 만한 '이론'이 있는지도 의심스럽습니다. 그건 대중을 주변화하고 그들의 특권을 높이는 멋진 테크닉입니다. 그게 이거 말고 다른 무슨 기능에 봉사합니까? 만약 그렇다면 무슨 기능입니까? 내가 어떤 위대한 업적을 놓치고 있는 겁니까? 만약 그렇다면 무엇을 놓쳤습니까?"[27]

내가 촘스키를 인용하는 것은 문화이론과 문학이론의 비평이 그 분야의 바깥에서만 발견될 수 있다고 말하자는 것은 아니다. 내게 크리스토퍼 노리스를 참조하라고 말해준 사람은 촘스키 자신이었다. 노리스는 자크 데리다를 의심하는 사람들로부터 구제해주었고 장 보드리야르를 맹신하지 말라고 공격한 사람이었다. 조나단 컬러Jonathan Culler는 《구조주의 시학Structuralist Poetics》 같은 책에서 미국의 학자들을 위해 구조주의와 해체를 자세하게 설명해주었다. 테리 이글턴Terry Eagleton은 일반 대중의 이론 선택이 정치적 의미를 갖고 있음을 보여주었다. 그 밖에 많은 학자들이 정신분석, 역사, 정치 등에 대한 오해를 지적하는 작업을 수행했다.

둘째, 소칼의 책 《지적 사기》[28]라는 제목에 언급된 '사기hoax'는 포스트모던 이론에 관한 것이 아니었다(하지만 많은 사람이 그렇게 믿고 있다). 왜냐하면 그 책에서 거론된 사람들이 모두 '포스트모던' '포스트구조주의자' '무슨 포스트주의자'라는 카테고리에 포섭될 수 없기 때문이다. 반대로 포스트모던을 비판하는 사람이라고 해서 반드시 그 분야와는 상관없는 사람이라고 할 수도 없다. 그렇지만 소칼의 사기극이 관심을 끄는 것은 인문사회과학에서의 어떤 흐름을 시정할 수 있고 또 그 사기극으로부터 무언가를 배워서 우리의 작업을 개선시킬 수 있기 때문이다.

소칼 사건이 우리의 관심을 끄는 또다른 이유는 우리가 상대방의 입장에 대해서 정말 아는 게 많지 않음을 보여주기 때문이다. 사회과학자가 핵물리학을 이해하지 못하는 반면 과학자들은 해체를 이해하지 못하는 것이다. 따라서 소칼 사건은 이런 문제들을 해소하는 데 별 도움이 되지 못한다.

소칼 사건에는 중요한 정치적 문제가 있다. 한편으로는 기금문제와 관련이 있고 다른 한편으로는 자연과학과 사회과학 사이의 점점 커지는 균열의 문제가 있다. 이것은 신자유주의가 지식인들에게 강요되면서 더욱 심해지고 있다. 촘스키는 양측의 지식 주장 혹은 지적 가능성과 관련하여 자연과학과 사회과학을 대비시킨다.

소칼 사건은 또다른 비교사항을 부상시켰는데 이것은 인식론의 문제라기보다 권력과 연구기금에 관련된 것이었다. 이와 관련된 가장 중요한 기사는 1996년 8월 8일 《뉴욕 리뷰 오브 북스》에 실린 물리학자 스티븐 와인버그Steven Weinberg의 글이었다.[29] 이 글은 이렇게 결론짓는다. "우리가 인류를 둘러싸고 있는 비합리적인 경향들로부터 우리를 보호하고자 한다면 합리적으로 이해되는 세계의 비전을 확인하고 강화해야 한다."(14) 이 글은 와인버그에게 좀 우연한 결과를 발생시켰다. 왜냐하면 모든 학문 중 가장 합리적인 분야인 물리학의 대표(그는 노벨 물리학상을 수상했다)로서 그는 자기 자신을 합리적 경향의 모델 비슷하게 제시했기 때문이다. 그는 말한다. "현대 물리학에 대하여 생각하는 바를 가지고 과학 이외의 메시지(문화, 정치, 철학 등에 속하는 메시지)를 추구하는 사람들은 물 없는 우물을 파고 있는 것이다."

와인버그의 이 글에 대하여 마이클 홀퀴스트Michael Holquist(예일 대학 비교문학 교수, 현재 명예교수)와 로버트 슐만Robert Shulman(예일 대학 분자생물학 겸 생화학 석좌교수)은 '소칼의 사기극: 주고받기Sokal's Hoax: An Exchange'

라는 글[30]을 《뉴욕 리뷰 오브 북스》에 실었다. 두 학자는 다소 유머러스한 논의로 시작된 토론이 "최악의 반응을 가져오는 것"에 대하여 우려를 표시했다. 두 사람은 와인버그뿐 아니라 다음과 같은 주장을 펴는 모든 사람들을 겨냥했다. "과학은 보편적이고 탈역사적이기 때문에 문화의 다른 분야와는 질적으로 구분되어야 한다. 과학은 자연이고 그러므로 문화와는 정반대의 입장에 있다."[31] 홀퀴스트와 슐만은 문화와 과학을 이처럼 양극화하는 것은 위험한 일이라고 지적하면서 이렇게 말한다. "만약 우리가 자연에 대하여 그리고 자연 속의 인간에 대하여 보다 총체적인 견해를 갖고자 한다면, 우리는 문화의 동질화 개념을 내세우며 형태적 지식은 소용없다고 말하는 극단주의자를 배척해야 하고, 과학이라는 완벽한 개념을 내세우며 개인적 주장을 펴는 사람 역시 배척해야 한다."[32]

과거를 회고해 보면 수십억 달러짜리 입자가속기를 얻기 위해 의회에 로비를 하여 거의 성공할 뻔한 사람이 와인버그였다. 소칼 사건의 경우에는 양측에 가담한 유명인사들의 수가 비슷했으나 기금 확보의 측면에서 보자면 상징적 수준에 불과했다(적어도 그렇게 보인다).

《소셜 텍스트》 편에는 저명한 인문사회과학 학자들이 가담했다. 그 면면을 살펴보면 스탠리 아라노비츠Stanley Aranowitz, 줄리아 크리스테바, 앤드류 로스Andrew Ross와 브루스 로빈스Brece Robbins, 스탠리 피시Stanley Fish 등이었다. 아라노비츠는 프레데릭 제임슨 및 존 브렝크만John Brenkman과 《소셜 텍스트》를 공동 창간했고, 《소셜 텍스트》 논문들에서 여러 번 인용되었고, 《디센트》에 소칼에게 답변하는 글을 실었다. 크리스테바는 소칼 사건과 관련하여 한 프랑스 일간지와 인터뷰를 가졌다. 앤드류 로스와 브루스 로빈스는 《소셜 텍스트》의 공동 편집자이고, 피시는 《소셜 텍스트》를 발간하는 듀크 대학 출판부의 부장이다. 피시는 소설가 데이비드 로지David Lodge가 쓴 《모리스 재프Morris Zapp》라는 소설의 작중인물 모델이었고 문학과 법률 분야에서 상징적 권력을 행사하는 사람으로서 새로 지은 듀크 대학 건물의 한 동은 그의 이름이 붙었다.

이렇게 말한다고 하여 소칼 사건을 둘러싼 논쟁이 권력 투쟁이라거나 순전히 연구기금 관련 문제라고 말하려는 것은 아니다. 하지만 대중들이 이 논쟁에 관심을 갖게 된 것은 많은 저명인사들이 참여했기 때문이었고 저명인사들도 이 사건이 그들의 이해관계에 직접 관련이 있다고 생각했던 것이다. 이 논쟁이 전개된 과정을 살펴볼 때, 소칼의 실제 목표는 희미해져버리고 그 대신 옳은 인상이든 그른 인상이든 연구기금 문제 때문에 그의 정직성이 눈멀게 되었다는 인상을 주었다. 어떤 사람들은 소칼을 합리적 영웅으로 치켜세우면서, 일단 자신의 주장을 편 다음에는 논쟁의 무대에서 떠나야 했었는데 그렇게 하지 못해 아쉽다고 말했다. 이렇게 했더라면 연구기금 문제 때문에 어느 한쪽과 결탁했다는 인상을 피할 수 있었다는 것이다. 하지만 이런 주장은 너무 흑백논리다. 이런 유형의 논쟁은 설사 이면에서 무슨 일이 벌어지고 있다 하더라도 예의, 공손함, 유익한 정치적 행동, 정직한 사업 등을 주장하고 나설 수 있기 때문이다. 이것은 소칼 논쟁의 경우 특히 그렇다. 그 까닭은 양측이 다양한 방식으로 좌파 이상을 추구한다고 밝혔기 때문이다(하지만 이런 견해를 표명한 사람들 중 상당수가 집권여당인 공화당의 현 체제에 만족한다).

셋째, 논쟁의 양측이 좌파와 연계되어 있기 때문에 양측을 연결시킨다. 그들은 유익한 정치적 행동을 추진하려는 욕구를 갖고 있는 것이다. 물론 이것이 소칼 논쟁의 직접적인 이슈가 되는 것은 아니다. 자연과학을 하는 사람들은 그들의 발견사항이 이데올로기와는 관계없다고 주장하면서 자연과학은 '순수'과학이라고 말하는 것이다. 실제로 촘스키도 MIT에서 과학 연구자들의 특성을 논의할 때 이런 주장을 폈다. 하지만 소칼은 사기(폭로)극을 펼칠 때 과학을 한 것이 아니었다. 그의 관점에서 볼 때 그는 언제나 인간의 조건을 개선하려고 노력했다. 그는 《소셜 텍스트》에 실린 논문에서 좌파 아젠다에 대하여 약간 희극적인 성명으로 그 작업을 시작했다. 가령 이런 아이디어가 그런 것이다. "해방운동의 기본목표는 과학적 지식의 생산을 탈신비화, 민주화하고 '과학자'와 '대중'을 가로막는 인공적 장애물을 철폐하는 것이다." 그는 이런 발언도 했다. "연속/불연속, 변신/전개 등을 변증법적으로 강조하는 대파국 이론은 수학의 미래에 중요한 역할을 할 것이다. 하지만 이 어프로치가 진보적 실천의 구체적 수단이 되기까지는 많은 이론작업을 수행해야 할 것이다."

그는 나중에 《소셜 텍스트》에 실린 논문의 아이디어가 다소 황당한 것임을 시인했으나 사기 폭로극 그 자체는 진보적인 사회 발전을 겨냥한 것이라고 말했다. 그는 《디센트》 1996년 가을호 발문에 이렇게 썼다. "나는 골수 구식 좌파이고 그래서 해체가 어떻게 노동자계급을 도와준다는 것인지 전혀 이해하지 못한다. 나는 단순한 구식 과학자로서 저기 바깥에 세상이 존재하고, 세상에 관한 객관적 진실이 존재한다는 것을 믿으며 나의 임무는 그런 진실을 발견하는 것이다." 여기까지는 좋은 얘기였으나 여기서 소칼은 포스트모던 저서들의 과학 오용을 폭로한다는 당초의 프로젝트를 초과해버렸다. 그것은 대파국 이론만큼이나 노동자계급을 도와줄 수 없는 프로젝트였다. 그것은 하나의 철학 프로젝트로서 기존 모델들보다 언어의 기능을 더 잘 서술하기 위한 시도였다.

그는 여기서 멈추지 않는다. 소칼은 《링구아 프랑카》 논문에서 이렇게 말한다. "정치적으로 볼 때, 이런 어리석음이 대부분(전부는 아니다) 자칭 좌파로부터 흘러나오기 때문에 나는 화가 난다. 우리는 여기서 아주 심각한 역사적 방향 전환을 본다. 지난 2세기 동안 좌파는 사소한 경고에 별로 신경 쓰지 않았는데, 그건 해체가 과학과 같은 것이고 애매모호주의에 반대한다는 것이었다. 우리는 합리적 생각과 객관적 현실(자연과 사회)의 과감한 분석이 강자들의 신비화 작업을 쳐부수는 강력한 도구라고 믿어왔다. 또 그것들이 바람직한 인간의 목표라고 보아왔다."

데이비드 벨David Bell은 소칼의 이런 논평은 드러내는 바가 많다고 말했다. "만약 좌파가 과학과 자신을 동일시하고 애매모호주의를 배척했다고 생각한다면 그는 유럽의 지성사에 대하여 별로 아는 것이 없는 사람이다. 그리고 그 토론은 그로 하여금 아주 진지한 입장을 취하도록 하지도 못했다. 만약 그가 진지하게 문제를 검토했더라면 1차 세계대전과 같은 사건을 만났을 것이고, 그것이 당대의 유수한 사상가들에게 일으킨 회의감도 알아냈을 것이다. 그리하여 현상학 같은 것이 생겨났는데 이것은 철학을 과학철학으로부터 분리하려는 것이었고 어떤 의미에서 실증주의(그런데 소칼은 이 실증주의 철학을 지지하는 듯하다)의 종언을 의미하는 것이었다. 실증주의는 1930년대에 있었던 프랑스의 경제 근대화와 비슷한 것이었다. 이 운동의 주창자들은 과학과 효율성을 줄기차게 역설했는데 그것이 파시즘의 현대적이고 효율적인 경제의 빌미가 되었던 것이다."(개인편지, 1998년 9월) 순수과학은 이처럼 뒤끝이 좋지 않았다. 하지만 소칼은 거기서 한 걸음 더 나아가 순수 좌파주의의 문제를 거론했다.

소칼 사건을 둘러싼 논쟁들은 결국 나는 너보다 더 거룩하다는 수사학으로 끝장났고, 누가 좌파에 더 가까이 앉아 있는가 하는 쟁탈전의 형국이 되었다. 가령 스탠리 아라노비츠는 《소셜 텍스트》 편에 서서 논증하면서 이렇게 말했다. "여기서 중요한 문제는 물질세계에 대한 우리의 지식이 사회적·문화적 전제조건들로부터 자유로울 수 있는가 하는 것이다. 《소셜 텍스트》는 마르크시스트 프로젝트 안에서 창립되어 그 입장을 유지해왔는데, 그 프로젝트는 누구나 다 알다시피 유물론적이다."

1996년 5월 18일자 《뉴욕타임스》는 다음과 같은 앤드류 로스의 말을 인용했다. "과학적 지식은 사회적·문화적 조건들로부터 영향을 받으며, 모든 시공간에서 동일하게 적용되는 보편적 진리는 아니다." 이것은 순수과학에 대한 좌파의 사회과학적 어프로치에 다소 위안을 주는 말이다. 이 어프로치에 따르면, 정말로 중요한 것은 엉성한 학문연구, 연구기금, 과학 대 비과학의 구도 등이 아니라 인간의 조건을 개선시킨다는 이데올로기의 정립이다. 사기극 논문의 주제를 놓고 볼 때 이것은 논증하기가 좀 어려운 문제지만, 보고시안Boghossian이 말한 "포스트모던 상대주의의 유해한 결과와 내적 모순"[33]에 그 주제를 연결시킨다면 받아들일 만하다. 이것은 흥미롭다. 왜냐하면 사회과학의 연구논문들에 더 많은 가치와 영향을 부여하기 때문이다. 이것은 많은 소칼 지지자들이 강조하는 견해와도 배치되는 것이다. 소칼 지지자들은 문학비평가와 문화비평가들이 복잡한 이론들을 꾸며내어 정당함을 가장하고 있지만, 실은 하는 일이 별로 없다고 외쳐왔던 것이다.

마지막으로, 좌파인 소칼과 브릭몽이 꾸민 사기극과 두 사람이 언급한 자료 사이의 관계다. 그 자료들이 과연 좌파적이냐 하는 질문이 있는 것이다. 이것은 두 개의 독립된 사안들이다. 만약 소칼과 브릭몽이 후자(자료들이 좌파적이냐)의 문제를 본격적으로 거론하게 되면 그들은 자신들이 피하고 싶어 하는 그런 판단을 내려야만 한다. 왜냐하면 그들은 사회과학자들이 과학을 오용한 사례를 지적하는 것이 아니라 데리다가 좌파 프로젝트에 유익한가 아닌가를 말하고 있기 때문이다.

소칼과 브릭몽의 저서를 살펴보면 그들이 좌파 프로젝트에 봉사하고 있음을 알 수 있다. 두 사람은 앨런 라이언Alan Ryan의 이런 말을 자주 인용하고 있는 것이다. "가령 위기에 빠진 소수가 자크 데리다는 고사하고 미셸 푸코를 수용하는 것은 자살이나 다름없는 짓이다. 소수파의 견해는, 권력은 언제나 진리에 의해 파괴될 수 있다는 것이었다. …… 그런데 푸코라는 사람은 진리는 권력의 효과라고 말하고 있다. 진리로 권력을 쳐부수려 하는 사람이 어떻게 이런 푸코를 수용할 수 있겠나. …… 하지만 미국 대학의 문학과, 역사학과, 사회학과 등에는 자칭 좌파들이 다수 포진해 있다. 이들은 객관성에 대한 회의를 정치적 과격주의와 동일시했고 그리하여 혼란에 빠졌다."[34]

브릭몽은 소칼보다는 더 적극적으로 포스트모던 실천을 비난하는 입장이다. 그는 이 프로젝트의 목적은 다소 야비하다고 말하기까지 한다. 가령 브릭몽은 《프리 인콰이어리 Free Inquiry》[35]에 게재한 기사에서 이렇게 말했다. "우리는 지적 오용의 극단적 형태를 폭로했다고 믿는다. 다시 말해 학자들이 그들 자신도 믿지 않는 난해한 과학용어를 동원하여 비과학적인 대중에게 깊은 인상을 심으려 했다. 우리의 목적은 어떤 의미에서 '임금님은 발가벗었다'는 것을 보여주는 것이었다. 그 모호한 텍스트를 이해하기 위해 애를 먹었던 학생들이 이거 시간 낭비가 아닐까 하고 생각했던 것이 옳았음을 보여주는 것이었다."(23)

이렇게 말하는 그는 누구인가? 만약 그가 과학만 고수하고자 한다면 그건 좋다. 하지만 그는 여기서 한 걸음 앞서 나아가 학생들이 시간 낭비를 해왔고 학생들이 그(브릭몽)가 해야 마땅하다고 생각하는 것을 해야 한다는 것을 '보여주고' 또 '폭로'하려고 했다. 이러한 태도는 분명 좌파의 불유쾌한 요소와 관련이 있다. 그것은 그런 권위주의(학생들이 그가 해야 마땅하다고 생각하는 것을 해야 한다)를 비난하는 가치 있는 좌파의 어프로치와는 위배되는 것이다.

바로 이것이 촘스키 어프로치와 관련이 되는 부분이다. 왜냐하면 브릭몽과 소칼은 직간접적으로 촘스키가 말하는 그런 유형의 것들을 언급하고 있기 때문이다. 하지만 《501년》에서 뽑아온 다음 문장에서 보이는 촘스키의 어조가 두 사람과는 다른 점에 대하여 주목할 필요가 있다. 이 텍스트는 브릭몽 자신도 《프리 인콰이어리》의 논문에서 인용한 바 있다.

> 좌파 지식인들은 생생한 노동자계급 문화에 적극적으로 참여했다. 어떤 사람들은 문화적 제도의 계급적 특성을 노동자 교육 프로그램으로 보완하고자 했다. 혹은 일반 대중이 읽기 좋은 수학, 과학, 기타 주제에 대한 베스트셀러를 써서 보충하고자 했다. 그런데 오늘날의 좌파 지식인들은 노동자계급으로부터 이런 해방의 도구를 빼앗으려고 하면서, '계몽의 프로젝트'는 죽었고 과학과 합리성의 '환상'을 내버려야 한다고 말한다. 이러한 메시지는 권력자들의 마음만 기쁘게 할 것이다. 이런 수단을 그들이 필요한 용도에만 사용할 수 있도록 독점했으니 말이다.[36]

이 인용문의 요점은 대중들에게 권력을 위임하자는 것이지, 사회과학자의 손에 있는 권력을 자연과학자에게 넘겨주자는 것은 아니다. 이것은 촘스키에게 진지한 문제다.

> 나는 오늘날의 현실을 개탄하고 있습니다. 60년 전 좌파 지식인이라고 자처하던 사람들은 가령 대중에게 현대 과학과 수학 등을 가르치면서 대중의 필요와 관심사에 헌신했습니다. 그러나 오늘날 이른바 '좌파 지식인'이라고 하는 사람들은 자기 이익에 봉사하기에 바쁩니다. 그들은 일반 대중에게 인간의 지능과 창조성이 성취한 것은 알 바 없고, 그 모든 것을 힘세고 특권 있는 사람들에게 넘기고 대중은 이해하기 어려운(적어도 내게는) 전문용어를 말하는 포스트모던 운동에 가

담하라고 권하고 있습니다. 이것은 권력자에게는 아주 귀중한 선물이지만 내가 볼 때는 개탄하지 않을 수 없는 사실입니다. 내가 잘못 생각하는 것일 수도 있습니다. 나는 이에 대하여 아주 열린 마음을 갖고 있습니다. 새롭게 성취된 통찰에 대하여 누가 나에게 말해준다면 나는 곧 납득이 될 겁니다. 하지만 지금까지 내가 이 분야에서 읽은 것은 오래 전에 확립된 자명한 진리이거나 이해하기 어려운 불합리한 것이었습니다. 혹은 당신의 말을 빌리자면 이해를 '가로막는' 것이었습니다. 출세를 하기에 좋고, 권력에 봉사하는 그런 것이었습니다. 나는 그 밖에 다른 기능은 발견하지 못했습니다.[37]

브릭몽의 어프로치와 촘스키의 어프로치를 비교해 보면 브릭몽이 지식의 사용과 오용에 대하여 촘스키와 같은 일관된 원칙이 없음을 알 수 있다. 그는 그런 원칙이 없음으로 해서 그가 옹호하기를 원했던 좌파의 중요한 관심사에 피해를 입히고 있다. 더욱이 소칼과 브릭몽은 자주 언명되었던 사항을 놓치고 있다. 포스트모던 이론가들이 말하는 것은 대부분 틀렸다기보다 **자명한** 것이었다. 촘스키는 말한다.

과학의 문제와 관련하여 많은 미해결 문제들이 있습니다. 하지만 이런 원천들로부터 과연 이 문제들에 대한 이해를 얻을 수 있을 것인지 의심스럽습니다. 오히려 엄청난 혼란과 오해만 얻을 뿐입니다. 물론 그들이 말하는 게 모두 틀렸다는 얘기는 아닙니다. 내가 이해하는 소량의 것들은 진리입니다. 가령 반근본주의는 진리일 뿐 아니라 지난 수백 년 동안 자명한 공리였습니다. 그런데 이게 문제입니다. 자명한 공리 아니면 알 수 없는 얘기인 것입니다. 공정하게 말하면 내가 과장하는 건지도 모르겠습니다. 다음절多音節의 수사로부터 껍질을 벗겨내면 좋은 아이디어들이 남을 겁니다. 그런 것은 아주 간단하게 언명할 수 있다고 봅니다. 만약 속에 그런 아이디어가 들었다면 그렇게 되겠지요. 그럴 경우에는 깊이 생각해볼거리가 되는 겁니다.[38]

그리고 이것은 포리송 사건 때에도 다루어진 것인데 번역의 문제가 있다. 문자적으로도 비유적으로도 문제가 있는 것이다. 가령 데리다의 프랑스어 텍스트와 영어 번역본을 비교해 보면, 중부 아이오와의 대학원생들에게 해체를 설명하는 게 얼마나 어려운지 알 수 있다. 번역의 질이라는 문제가 있을 뿐 아니라(실제로 번역이 좋지 못하다) 맥락의 문제마저 있는 것이다. 프랑스 학생은 미국과는 아주 다른 교육환경에서 공부한다. 가령 한 권의 프랑스어 철학책, 아니 《르몽드》는 《뉴욕타임스》의 독자와는 아주 다른 독자를 기대한다. 그러니까 당연시되는 독자의 지식수준이나 강조점이 다르다는 얘기다.[39]

이것은 프랑스-미국 관계라는 중요한 문제를 도출하는데 실제로 언론에서 이 문제를 많이 다루었다. 그리고 프랑스쪽 논평가들(드니 뒤클로Denis Duclos, 피에르 겔랑Pierre Guerlain, 브뤼노 라투르Bruno Latour, 나탈리 레비살Natalie Levisalles)이 미국쪽보다는 이 문제에 더 신경을 썼다. 소칼 사건에 대한 논쟁의 상당 부분이 줄리아 크리스테바의 말에 집중되어 있었다. 크리스테바는 《르 누벨 옵세바퇴르》에다 소칼 사건은 점증하고 있는 반프랑스 정치경제 캠페인의 결과라고 말했다. 브릭몽과 소칼은 이 발언에 특히 당황했는데 그런 반응은 《TLS》에 실린 그들의 글에 분명히 나타나 있다. 크리스테바가 미국 학계가 신경제질서 같은 제국주의적 문화 아젠다를 실시하고 있다고 말한 것(소칼과 브릭몽의 발언)을 가리켜 급진적이라고 말했을까. 나는 그것을 의심한다. 크리스테바가 정치적인 고위 지성계와 오래 교제해왔음을 아는 사람들은 그녀의 견해를 듣고서 놀라지 않았을 것이다. 게다가 우리는 20세기 프랑스 역사를 다룬 다수의 책자들 덕분에 특정 프랑스 엘리트 지식인들의 권위주의적 측면에 대해서 잘 알고 있다. 그러니까 지식인 세계와 정부 사이의 연계를 언급하는 뜻으로 **권위주의적**이라고 표현했다. 가령 프랑스 공산당 지지자들(그 중 많은 사람들이 지식인이었다)과 볼셰비키와의 관계, 프랑스 좌파와 마오주의자들과의 관계 등이 구체적 사례. 간단히 말해서 이런 흐름을 잘 알고 있는 크리스테바는 학계와 권력의 연계를 잘 알아볼 수 있는 입장에 있었고, 따라서 소칼 사건을 시정책의 제시인 동시에 이데올로기의 표출이라고 보았던 것이다.

이러한 사실은 프랑스인들은 물론이고 미국인들에게도 잘 알려져 있다. 게다가 많은 사람들이 지적했듯이 소칼이 인용한 사람들(그 중에는 크리스테바도 포함된다)은 프랑스보다는 미국에서 더 정전canon처럼 여겨졌다. 정작 프랑스 사람들에게 있어서 리오타르나 보드리야르 같은 사람은 대중적 철학의 스크린 위에서 잠시 명멸하는 불빛에 지나지 않았다. 만약 청중이 약간 다르게 구성되었더라면, 다시 말해 이 시대의 지적 지도자에게 반응하는 청중들의 수준이 약간만 더 높았더라면, 프랑스 지식인들은 걸프전이 벌어지지 않았다느니 포스트모던 조건은 이러저러한 것이라느니 따위의 말은 하지 않았을 것이다.

프랑스 신문에 실린 보드리야르의 기사는 나중에 인디애나 대학 출판부의 단행본으로 출판되었는데, 영역본은 프랑스어 원본에 비해 아주 다르게 느껴진다. 그렇다고 해서 이것이 그 텍스트를 덜 해로운 것(나아가 덜 우스꽝스러운 것)으로 만들지는 않지만, 프랑스와 미국 두 세계를 잘 알고 있는 사람들은 그것을 훨씬 더 잘 이해할 수 있다. 소칼은 포스트모던 이론가들을 공격할 때 프랑스의 문학전통을 잠깐 잊어버렸다. 프랑스에는 패스티시(혼성모방 작품)와 문학적 신비화의 전통이 오래 이어져왔고 소칼이 폭로한 사기극은 이런 장르에 아주 잘 들어맞는 것이다.

그래서 우리는 소칼 사건의 시작으로 다시 돌아와 있다. 왜 이토록 야단법석인가? 소칼 사기극이 하나의 도관이기 때문이다. 이것은 현대 지식인 사회의 여러 민감한 사항들과 연결되어 있다. 그것은 자기의 전공분야 이외에는 관심이 없던 과학자들에게 문학이론을 들춰보게 만들고, 사회과학자들에게 그들의 어프로치의 특성과 결과를 제시하게 강요한다. 어쩌면 이것은 좋은 일일지 모른다. 하지만 그것은 또 의도적 오해, 지적 제국주의, 학문들 사이의 권력 갈등 등 어두운 측면도 엿보게 한다. 홀퀴스트가 말한 것처럼 소칼의 사기 폭로극이 당초의 유머러스한 공격에서 멈추었더라면, 전반적인 결과는 한층 더 고무적이었으리라. 브릭몽, 와인버그, 기타 인사들의 글을 읽어보면 이런 사실을 알 수 있다. 임금님은 실제로 옷을 입지 않았고, 궁중 내부에서는 쿠데타가 벌어졌으며, 다수의 관계 당사자들은 수확을 챙기러 나섰다.

그리고 우리가 소칼의 당초 발언(사회과학자들은 자연과학을 오해했고 그들의 잘못된 지식을 엉성한 논문을 통해 발표했다)에만 머무른다면 우리는 별로 진경進境을 개척하지 못한 게 된다. 문화비평이나 문학비평의 어떤 저서들은 모순과 오류를 저지르기는 했지만, 그것은 진지한 문학평론가 혹은 문화평론가들이 지난 여러 해 동안 말해오던 것을 되풀이한 것에 지나지 않는다. 반면에 사기 폭로극이 어떤 중요한 의미를 갖는다면 그건 각 진영의 입장을 상세하게 밝혀서, 더 큰 목적은 어두운 측면을 갖고 있으며 대부분의 경우 권력과 관계된다는 것을 알게 해준 것이다. 가장 아쉬운 것은 이 논쟁의 양측 캠프 사람들이 이 문제에 대하여 화통하게 웃으며 뭔가 배우지는(교훈을 얻지는) 못했다는 것이다. 포스트모던 세계의 가장 취약한 부분들을 공격한 과학자들은 웃기만 했을 뿐 배우지는 못했다. 어떤 사람들은 배우기는 했지만 웃지를 못했다. 이런 사람들은 내가 볼 때 정말 배웠는지도 의심스럽다. 아무튼 양측은 전과 마찬가지로 아주 멀찍이 떨어져 있다.

사회과학자들이 순수과학의 사항들을 오해하거나 오용했다고 해서 자연과학자들만 순수과학을 추구하도록 내버려두어야 하는 것은 아니다. 사람들은 그들에게 가장 좋은 것이 무엇인지에 대하여 아이디어를 갖고 있다. 가령 촘스키가 제시하는 어프로치는 논의를 폐쇄하는 것이 아니라 개방하자는 것이다. 사회과학자들이 복잡한 과학사상을 제대로 다루지 못한다고 해서 과학자들만 일방적인 승리자로 내버려두지는 말자는 것이다. 과학적 이론을 적절히 활용하면 어떤 문제들에 대하여 해답을 얻기도 하지만, 동시에 지구를 아예 파괴해버리는 간악한 생각에 이바지할 수도 있다. 이것은 결코 순수하게 어느 한쪽에 맡겨둘 문제가 아니다. 때문에 각 분야의 사람들이 과학적 논쟁의 파생적 의미들을 조심스럽게 검토해야 한다. 수십억 달러가 들어가는 입자가속기와 우주정거장에서 핵발전소 개발의 논리에 이르기까지 중지를 모아야 하는 것이다. 핵발전소의 파괴적인 사고나 핵발전 과정의 쓰레기를 치우는 문제 등 우리가 예방을 잘하지 못하고 있기 때문에 이런 문제들을 더욱 면밀하게 검토해야 한다.

소칼과 브릭몽이 우리에게 너무 무식해서 잘 모르니 현재의 문제들로부터 빠지라고 말한 것은 진정한 서비스가 아니다. 또 사람들에게 세상을 해석하고 생각하는 방식을 일방적으로 가르치려 드는 것도 좌파를 도와주는 일이 아니다. 이런 두 가지 흐름을 보임으로써 그들은 좌파의 대의를 배반했다. 자기 비하와 자기 비판에의 참여가 유익한 것은 그게 지적 수준을 높여주기 때문이다. 우리는 정책의 방향을 일방적으로 지시하는 학계의 또다른 만다린(코미사르)을 필요로 하지 않는다.

언어연구와 아나키

촘스키의 미디어와 프로파간다 연구, 촘스키의 언어관과 포스트모던 언어연구, 포스트모던 언어연구를 공격하기 위한 촘스키의 텍스트 차용, 이런 것들 말고 촘스키의 사회정책과 언어연구 사이에 어떤 관계를 정립해볼 수 있을까?

우리는 촘스키의 저서에 미친 계몽사상의 영향을 이미 살펴본 바 있으나 거기에서 한발 더 나아가 촘스키가 언어에 대하여 의문을 제기하는 방식과 아나키스트 사상 사이에서 어떤 합치점을 발견할 수 있다. 예를 들어 촘스키의 데카르트적 언어관과 일치되는 사상을 루돌프 로커는 《민족주의와 문화》에서 주장하고 있다. "언어 그 자체는 민족적 기원을 갖지 않는다. 인간은 언어를 말하는 능력을 타고 난다. 이 능력 덕분에 개념을 형성하고 그것을 바탕으로 하여 더 높은 성취를 이루게 되는데 이것이 인간을 다른 종과 구분해주는 특징이다."(284)

로커가 이처럼 언어의 특징을 논의한 것은 그 책을 쓰던 당시 나치가 내세우던 종족의 순수성 개념을 파괴하기 위한 것이었다(1930년대). 더욱이 그는 담화란 살아있는 생명체라고 보았다. 다른 문화와 그룹, 사회 각계각층의 새로운 표현과 조건을 받아들이면서 끊임없이 적응하고 진화하는 것이라고 보았다. 이런 고정되지 않는 언어의 역동적 실체는 권위를 위협하는 것이었다. 그래서 정부 혹은 권위주의적 기관들은 그 기능을 통제하려고 다양하게 시도해왔는데, 이것은 로커와 미하일 바흐친이 지적한 것들이다.

로커는 17세기에 프랑스 사회를 통제하려 했던 시도를 언급하면서, 1629년에 프랑스 한림원(아카데미)이 설립된 사례를 들었다. "언어와 시를 절대왕정의 권위주의적 야심에 복종시키기 위하여 한림원 설치법이 통과되었다."(429) 그러니까 국가기관이 프랑스어를 순화시키겠다는 목적이었다. "이 기관은 온 힘을 다하여 프랑스어로부터 비속한 표현과 비유를 제거하겠다고 나섰다. 이것이 이른바 '언어의 순화'다. 하지만 실제에 있어서는 언어의 독창성을 빼앗아 부자연스러운 권위의 굴레 아래 두겠다는 것이었다. 프랑스어는 나중에 이러한 구속으로부터 벗어나기 위해 애를 써야 하는 형편이 되었다."(287) "모든 문화는 정치적 억압에 의하여 자연스러운 발전을 구속당하지 않는다면 그 창조적 충동을 늘 새롭게 구성하는 것이다."(83) 사람들에게 알아서 하도록 내버려두는 것이 시간 낭비라고 생각하는 것은 신통치 못한 위협 전략이라고 로커는 생각한다. "언제 어디서나 그 창조적 충동은 행동으로 표출되기를 간절히 원한다. 단지 표현의 양태만 다르고 상황에 따라 다르게 구체화될 뿐이다."(346)

로커의 관점에서 언어를 연구한다는 것은 곧 정치적 아젠다와 관계 있는 것이다. 우리가 앞에서 살펴본 촘스키 언어학과 언어연구의 차이, 포스트모던 연구와 실제 언어연구의 차이 등과는 관계가 없다. 《민족주의와 문화》가 집필되던 당시(1930년대의 독일), 언어는 민족주의 이념과 긴밀하게 연결되어 있었다. 그래서 로커는 이렇게 통박한다.

> 언어는 한 개인의 소산이 아니다. 언어의 창제와 발전은 공동체 전체가 가담한 것이며 언어가 공동체 안에서 생명을 가지고 있는 한 그런 발전은 계속된다. 따라서 언어는 민족주의 이념을 가지고 있는 사람들에게는 민족적 창의성의 대표적 소산이 되고, 민족적 단결의 분명한 상징이 된다. 이러한 생각은 비록 매력적이고 반박 불가능한 것처럼 보이지만, 실은 아주 임의적인 전제조건에 바탕을 두고 있는 것이다. 현존하는 언어들 중에서 어떤 특정한 민족으로부터 발전되어온

언어는 단 하나도 없다. 과거 아주 아득한 때에 동질적 언어들이 있었을 것이다. 하지만 그때는 지나갔고 역사의 아득한 고대 속에 파묻혀 버렸다. 서로 다른 씨족, 부족, 민족들 사이에 상호교류가 벌어지는 순간 언어의 개별성은 사라진다. 수천 년의 세월을 거치면서 이 관계가 더 복잡해지고 빈번해지면서 다른 언어, 다른 문화에서의 차용은 더욱 많아졌다."(277)

이러한 관계 덕분에 언어의 자연적 성향이 진화하는데 이것은 끊임없는 유동의 상태에 있는 유기체가 진화하는 것과 마찬가지 이치다. "문화생활의 다양한 접촉과 영향 덕분에 다른 언어들로부터의 차용이 더욱 다양해진다. 또 끊임없이 변하는 단어들을 다수 소유하게 된다. 알게 모르게 단어들 속에 표현되던 의미의 음영과 어조가 약간씩 바뀌고 그리하여 오늘날 어떤 단어가 갖고 있던 뜻이 한참 뒤에 가서는 정반대의 뜻을 갖게 되는 경우도 있다."(277)

따라서 언어를 연구한다는 것은 다른 언어의 유입 등 그 맥락의 풍성함을 인식하는 것이다. 로커는 이렇게 지적한다. "외국의 자료를 포함하지 않는 문화적 언어라는 것은 없다. 만약 그 언어로부터 이런 외국자료를 완전히 제거하려 든다면 그 언어 자체가 완전히 붕괴되고 말 것이다. 다시 말해 이런 정화 작업은 오히려 언어를 해치는 것이다. 모든 유럽어는 많은 외국적 요소들로 구성되는데, 이런 요소들만 모아서 하나의 사전을 만들 수 있을 지경이다."(277)

이러한 경향은 로커와 비슷한 시기에 소련에서 활동하던 언어철학자 미하일 바흐친이 지적했다. 그는 "어떤 단일한 문화체계 안에서 상호작용하는 하나 이상의 민족언어들의 존재"[40]를 가리켜 폴리글로시아 polyglossia(여러 말)라 했고, 한 언어 안에서 다른 여러 언어들과 다양하게 접촉하는 언어를 가리켜 헤테로글로시아heteroglossia(다른 말)라 했다. 바흐친은 말한다. "어떤 역사적 순간에서 봐도 언어는 맨 꼭대기에 맨 밑까지 헤테로글로시아다. 거기에는 과거와 현재, 과거의 서로 다른 시기들, 현재의 서로 다른 사회적-이념적 집단들, 학교, 사교모임, 기타 구체적 형태를 갖춘 기관들 사이의 사회적-이념적 모순사항들이 공존한다. 이러한 헤테로글로시아 '언어들'은 다양한 방식으로 서로 교차하면서 사회적으로 새롭게 유형화하는 '언어들'을 형성한다."(291)

로커가 볼 때 이런 현상이 위협을 당하면 사회의 본질 자체가 위태롭게 된다. "모든 언어가 발전하기 위해서는 외국적 요소의 수용이 필수적이다. 저 혼자의 힘으로 살 수 있는 민족은 없다. 다른 민족들과의 교류는 그 민족으로부터 단어 차용을 가져왔다. 이것은 문화의 상호수태에 필수불가결한 것이다. 문화가 사람들 사이에서 매일 일으키는 무수한 접촉점은 언어 속에 그 흔적을 남긴다. 새로운 대상, 아이디어, 개념(종교적, 정치적, 사회적 등)은 새로운 표현과 단어 형성을 가져온다. 이런 과정에서 오래 되고 더 발달한 문화는 덜 발달한 민족 집단에 강한 영향을 미치고 새로운 아이디어를 제공하게 되는데 이것이 그 집단의 언어 속에서 표현되는 것이다."(278)

로커는 이런 현상의 구체적 사례를 들었다. 가령 어떤 단어의 아이디어는 취해오면서도 그 단어는 가져오지 않는 경우, '차용 번역어'가 있다는 것이다. 이럴 경우 "우리는 새로 획득한 개념을 우리말로 번역한다. 가까이 있는 자료로부터 전에 사용하지 않던 단어구조를 만들어내는 것이다. 여기서 낯선 것이 우리말의 가면을 쓰고 나타난다. 가령 peninsular(반도)라는 영어에서 halbinsel이 나왔고 demi-monde(화류계)라는 프랑스어에서 halbwelt라는 말이 생겨났다. 이런 것들은 언어의 발전에 혁명적 효과를 미칠 뿐 아니라 모든 언어에 특정 민족의 영혼이 살아 숨쉰다는 견해의 비현실성을 지적한다. 사실 모든 차용 번역어는 우리의 문화계에 외국적 문화요소가 끊임없이 침투하고 있다는 증거다. 사람들이 '고유한 문화' 운운할 때에도 이런 현상은 발생하고 있다." (282) 촘스키는 문화적 생산에 대해서는 좀처럼 말하는 법이 없고 언어학 연구에서도 언어의 헤테로글로시아에 대하여 언급하지 않는다. 그럼에도 불구하고 아나키스트의 관점에서 문화적 활동을 고려해볼 방법이 있다고 보는데, 이것은 촘스키의 몇몇 통찰을 생각나게 한다.

루돌프 로커가 볼 때 문화적인 것은 아주 중요하다. 왜냐하면 예술적 수단을 통하여 사람들을 자극하는 것은 공동체의 형성과 유지에 중요하기 때문이다. "서로 다른 민족과 종족이 긴밀하게 교류하면 언제나 문화의 재구성과 사회적 자극이 발생한다. 모든 새로운 문화는 이런 민속적 요소들의 혼융으로 시작하여 특별한 형태를 취한다."(346) 로커는 이런 문장 속에서 이질적 요소들(폴리글로시아)과 문화의 다양한 층위(헤테로글로시아)를 지적하고 있는 것이다. 그는 또 문화를 고립시키면 결국 퇴행적인 '동계교배'를 가져올 뿐이라고 말한다. "모든 경험에 따르면, 근친번식은 필연적으로 문화의 위축을 가져오고 결국에는 문화의 소멸로 이어진다. 이것은 개인이나 민족이나 마찬가지다. 자기 종족에만 의존하여 번식했던 민족의 문화적 발달은 얼마나 완만했던가!"(346) 인간관계와 마찬가지로 공동체들도 다양한 영향들로부터 자양을 얻어 지속적으로 활성화해야 한다. 이러한 사상은 앞 장에서 다루어진 버트란드 러셀의 교육관을 생각나게 한다.

로커는 말한다. "새로운 생명은 남자와 여자의 결합에 의해서만 생겨난다. 문화도 그 현실적 제도 안에 새로운 피를 수혈시킬 때에만 수정이 되고 그리하여 새로운 생명을 얻게 된다. 어린아이가 부부의 결합에 의해 태어나듯이 새로운 문화는 서로 다른 민족, 정신, 외국 문물과의 상호교차에 의해 생겨난다."(346) 로커는 또 이 책의 전체적 주제 혹은 촘스키의 발견과정을 연상시키는 발언을 한다. "우리는 언제나 우리의 선배들에게 의존한다. 이 때문에 '민족적 문화'라는 개념은 오해를 불러일으키기 딱 좋다. 우리는 자력으로 획득한 것과 남에게서 빌려온 것을 명확하게 구분하지 못한다. 종교, 윤리, 철학, 과학, 예술 등의 모든 아이디어는 그 선배와 개척자를 가지고 있다. 이것이 없으면 그런 아이디어를 생각하는 것조차 불가능하다. 어떤 아이디어의 최초 원천으로 돌아간다는 것은 불가능하다. 모든 나라, 모든 민족의 사상가들이 아이디어의 발전에 기여했던 것이다."(453)

로커는 사람들이 문화적·언어적 경계에 구애되지 말고 자유롭게 교류할 것을 주장한다. "다른 사람들의 업적을 받아들여 자신의 마음을 풍부하게 하는 정도에 따라 한 인간의 내면적 문화는 성장한다. 그가 이런 작업을 잘하면 할수록 그의 정신적 문화는 풍성해지고 문화인이라는 호칭을 듣게 된다. 그는 노자의 지혜에 귀 기울이고 베다 시편의 아름다움을 감상한다. 그의 마음속에는 《천일야화》의 경이로운 이야기들이 넘쳐나고 오마르 카이얌Omar Khayyam의 연시들, 피르두시Firdusi의 장엄한 서사시들로 내면의 황홀을 경험한다. …… 한마디로 말해서 그는 어디에 가나 고향에 있는 것 같고, 그래서 그의 고국의 매력을 더 잘 알아보게 된다. 그는 편견 없는 마음으로 모든 민족의 문화유산을 살펴보고 심리적 과정의 강력한 유사성을 깨닫는다. 아무도 그로부터 이런 소유물을 빼앗아가지 못한다. 그것은 정부의 영향력 밖에 있는 것이고 이 지구상의 그 어떤 강력한 힘의 의지에도 굴복하지 않는다. 법을 제정하는 사람들은 자기 나라의 문을 외국인에게 닫아버리는 권한은 갖고 있겠지만, 세계 여러 민족의 정신적 문화를 마치 자기 것처럼 마음껏 향유할 수 있는 능력을 그에게서 빼앗아가지는 못한다."(347)

이 시나리오에 따르면 예술가는 어떤 시공간의 '정신적 문화'를 선언하는 사람이기 때문에 특별한 존재다. 그는 현대의 경험 밖에 있는 어떤 것을 창조하는 것이 아니라 지금 존재하는 헤테로글로시아의 흐름을 독특한 방식으로 선언하는 것이다.

물론 예술가는 시공간의 밖에 존재하는 사람이 아니다. 그도 동시대의 한 사람이다. 그의 에고는 추상적 이미지가 아니라 살아있는 실체다. 그 안에서 그의 사회적 존재의 모든 면이 거울처럼 비춰지고 작용과 반작용이 기능을 발휘한다. 그는 1000가지의 줄로 동시대 사람들과 묶여 있다. 그들의 기쁨과 슬픔에 그는 동참한다. 그들의 야망, 희망, 소망이 그의 가슴에서 공명한다. 사회적 존재인 예술가는 동일한 사회적 본능을 부여받았다. 그의 개인 내부에 그가 살고 일하는 환경 전체가 반영된다. 그것은 당연히 그의 작품에 표현된다. 하지만 이것이 어떻게 표현되고, 예술가의 영혼이 어떤 방식으로 주변환경의 인상에 반응하는지 등은 결국 예술가 자신의 기질 혹은 특별한 품성, 다시 말해 그의 개성에 따라 결정된다.(474)

하지만 예술가가 아무리 타고난 소질을 갖고 있다 해도, 또 특정 사회의 일반적인 '사회담론'의 흐름에 적응한다고 해도 예술가는 통치계급과 사회조직이 부과하는 한계로부터 자유롭지 못하다. 아나키스트 사상은 자의적 권력을 거부하는데, 강압이 궁극적으로 사람들을 소외시키는 권력관계라고 보기 때문이다. 로커는 말한다. "강압은 모든 사회적 단체로부터 내적 충동을 빼앗아버린다. 동료의 느낌을 이해하고 동정하여 그와 유대감을 느낀다는 그런 따뜻한 이해理解를 빼앗아버린다. 인간들을 강압하면 그들을 서로 가깝게 만들지 못한다. 오히려 그들 사이에 거리감을 조성하고 이기심과 단절의 충동만 강화할 뿐이다. 사회적 유대는 선량한 의지와 공동체 구성원의 필요에 바탕을 둘 때 비로소 그 목적을 달성할 수 있고 항구적으로 될 수 있다. 이러한 조건이 형성될 때, 사회적 단결과 개인적 자유가 긴밀하게 엮여서 둘이면서도 하나인 것처럼 되는 그런 관계가 발전하는 것이다."(246)

예술적 생산은 대부분 공평무사한 것이므로(단 국가의 정책에 봉사하는 사회적 리얼리즘이나 전쟁 중 프로파간다 문헌은 제외) 자발적 작업의 흥미로운 사례가 된다. 문학은 종종 이런 방식으로 이해된다. 사회의 경제적 관계 바깥에서 존재하는 '강력한 감정의 자연스러운 흘러넘침'이라는 낭만적 관점에서 이해되는 것이다. 문학은 이런 흘러넘침이다, 아니다 문학은 언어의 조작이다 라는 상반된 주장을 염두에 두면서 촘스키와 관련된 문학연구 분야를 살펴보는 것도 유익할 듯하다. 이것은 흥미로운 통찰을 가져다주는 것은 물론이요, 미래의 작업에도 어떤 출발점이 될지 모른다.

주

1 David Barsamian, *Propaganda and the Public Mind: Conversations with Noam Chomsky*(Boston: South End Press, 2001), p. 107.

2 촘스키의 언어학 업적을 이해할 수 있는 가장 좋은 원천은 촘스키 자신의 저작들이다. 그렇지만 그의 저서에 대한 리뷰가 아주 많이 있다. 그 중에서 영어자료들만, 주로 '미니멀리즘'과 관련하여 다음과 같이 뽑아보았다. 촘스키는 1990년대 이래 지금까지 이 미니멀리즘 어프로치를 지지하고 있다.
Robert Frieden, "The Minimalist Program," *Language* 73, no. 3 (1997): 571–582. Grangio Graffi et al. "The Minimalist Program," *Lingua e Stile* 32, no. 2 (1997): 335–343. Alan Munn, "The Minimalist Program," *Studies in Second Language Acquisition* 19, no. 1(1996): 121–123. Tal Siloni, "The Minimalist Program," *Journal of Pragmatics* 27, no. 2 (1997): 250–254. Elly Van Geldern, "The Minimalist Program," *English Studies* 78, no. 4 (1997): 397–399. Jan-Wouter Zwart, "The Minimalist Program," *Journal of Linguistics* 34, no. 1 (1998): 213–226. Youngjun Jang, "Minimal Feature-movement," *Journal of Linguistics* 33, 311–325. Norbert Hornstein, "An Argument for Minimalism: The Case of Antecedent-Contained Deletion," *Linguistic Inquiry* 25, no. 3 (1994): 455–480. David Johnson and Shalim Lappin, "A Critique of the Minimalist Program," *Linguistics and Philosophy* 20, no. 3 (1997): 273–333. David Kathman, "Infinit...? Complements in a Minimalist Theory..." *Studies in the Linguistic Sciences* 24, no. 1–2 (1994): 293–302. Svetla Koeva, "A Minimalist View on NP Raising," *Contrastive Linguistics* 20, no. 4–5 (1995): 5–9.

3 *Language* 33, reprinted in Gilbert Harman, ed., *On Noam Chomsky: Critical Essays* (Amherst: University of Massachusetts Press, 1982), pp. 37–38. Available online at http://www.jstor.org/view/00978507/ap020131/02a00060/0(accessed 02/13/2007).

4 See R. A. Harris *The Linguistic Wars* (NY: Oxford University Press, 1997) and, moreover, John A. Goldsmith and Geoffrey J. Huck, *Noam Chomsky and the Deep Structure Debates*(Chicago: University of Chicago Press, 1995).

5 K. L. Bilingsley, "Noam Chomsky, Punk Hero," in *Heterodoxy*, (March 1996).

6 Mark Achbar, ed., *Manufacturing Consent: Noam Chomsky and the Media*

(Montreal: Black Rose Books, 1994), p. 30, online at http://www.zmag.org/Chomsky/mc/mc-supp-030.html.

7 *Understanding Power*, p. 210.

8 귀중한 정보를 제공해주신 스티븐 앤더슨과 노엄 촘스키에게 감사드린다. 또 컴퓨터과학과 관련된 촘스키의 중요한 역할을 논한 보고서를 제공해주신 Franklin Institute에게도 감사드린다. 나는 이 보고서에서 많은 내용을 빌어왔다.

9 A talk at the American University in Washington, cited in Mark Achbar, *Manufacturing Consent: Noam Chomsky and the Media*, p. 43.

10 ZNet Posting, online at http://www.zmag.org/forums/chomchatarch.htm(accessed 02/13/2007).

11 Noam Chomsky, *A New Generation Draws the Line: Kosovo, East Timor and the Standards of the West* (London: Verso, 2000), pp. 94-95, available online at http://www.zmag.org/ZMag/articles/chomskyapril2000.htm(accessed 02/13/2007).

12 Personal correspondence with Goldsmith, May 28, 2000.

13 "Democracy and Education," http://www.zmag.org/chomsky/talks/9410-education.html.

14 Ibid.

15 Pierre Bourdieu, *Language and Symbolic Power*, ed. with and introduction by John B. Thompson; trans. Matthew Adamson(Cambridge: Harvard University Press, 1991), p. 7.

16 Julia Kristeva, *The Portable Kristeva*, ed. Kelly Oliver(New York: Columbia University Press, 1977), p. 32.

17 리오타르의 같은 이름의 책을 참조하라.

18 "A Sociological Theory of Postmodernity," p. 149; see also http://shaunbest.tripod.com/id4.html (accessed 02/13/2007).

19 In "Derrida's Politics," *New York Review of Books*, October 25, 1998, available online at http://mural.uv.es/arolla/dpolitics.html(accessed 02/13/2007).

20 Charles Jencks, *What is Post-Modernism*(London: Academy Editions, 1996).

21 이 부분과 관련하여 많은 도움을 준 Marsha에게 감사드린다.

22 Lilla, "Derrida's Politics."

23 Jean-François Lyotard, "On the Post Postmodern." *Eyeline* 6(Nov. 1987): 3-22. There is an interesting discussion of these issues available online at http://muse.

jhu.edu/journals/pmc/v011/11.3spinks.html(accessed 02/13/2007).

24 Chomsky's quotes are from a letter to the author, dated 03/31/1994.

25 http://www.zmag.org/chomsky/interviews/9301-albchomsky-2.html(accessed 02/13/2007).

26 http://www.zmag.org/ScienceWars/forumchom.htm(accessed 02/13/2007).

27 Ibid.

28 Jean Bricmont and Alan Sokal, *Intellectual Impostures*, (London: Profile Books, 1998).

29 Available online at http://www.physics.nyu.edu/faculty/sokal/weinberg.html (accessed 02/13/2007).

30 Available online at http://www.nybooks.com/articles/1409 (accessed 02/13/2007).

31 Ibid.

32 Ibid.

33 This article is available online at http://www.nyu.edu/gsas/dept/philo/faculty/boghossian/papers/bog_tls.html(accessed 02/13/2007).

34 이 인용문은 소칼과 브릭몽의 여러 텍스트들에 등장한다. 소칼의 《소셜 텍스트》 후기는 인터넷에서도 찾아볼 수 있다. http://www.virtualschool.edu/mon/SocialConstruction/SokalSocialTextAfterword.html(accessed 02/13/2007).

35 "Exposing the Emperor's New Clothes: Why We Won't Leave Postmodernism Alone," in *Free Inquiry* 18(Fall 1998).

36 Available online at http://www.zmag.org/chomsky/year/year-c11-s05.html (accessed 02/13/2007).

37 A selection of Chomsky's posts from the ChomskyChat Forum, online at http://www.zmag.org/ScienceWars/forumchom.htm(accessed 02/13/2007).

38 Ibid.

39 프랑스에서 촘스키의 책을 출판한 한 발행인이 최근 나에게 말했다. 바사미언 인터뷰를 프랑스 사람들은 거의 읽을 수가 없다. 왜냐하면 인터뷰어인 바사미언이 언제나 촘스키를 옹호하고 지지하는 태도를 취하고 있기 때문이다. 프랑스 사람들은 인터뷰어가 인터뷰 상대를 비판적으로 바라볼 것을 기대한다는 것이다. 그래서 바사미언의 친촘스키적인 태도는 납득하기 어렵다.

40 Mikhail Bakhtin, *Dialogic Imagination*, edited by Michael Holquist, translated by Cary Emerson and Michael Holquist (Austin: University of Texas Press, 1981), p. 431.

THE CHOMSKY EFFECT

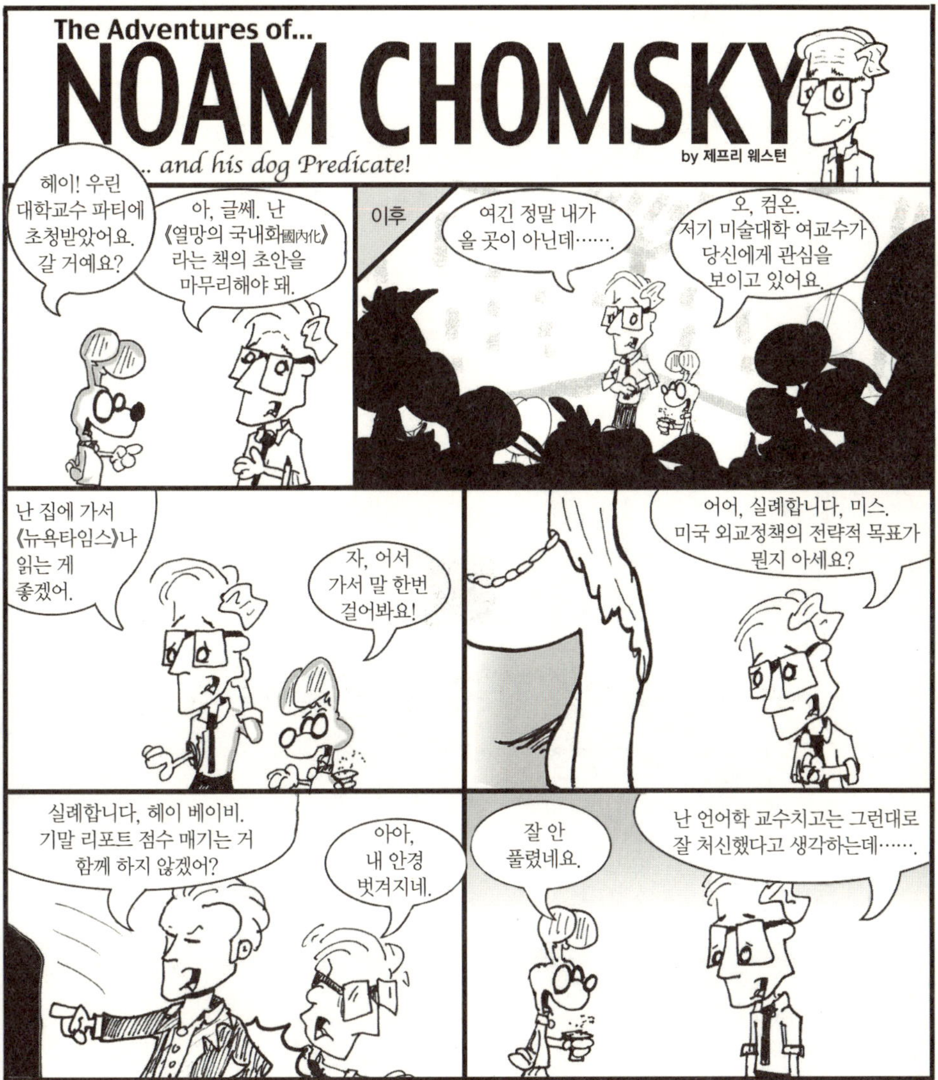

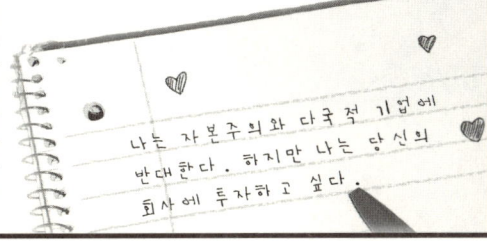

CHAPTER 07

문학, 유머, 창조적 담론의 효과
Literature, Humor, and the Effects of Creative Discourses

그는 그런 얘기들을 너무 많이 들어서 이미 아무런 흥미도 느끼지 못했다. 엠마는 예전에 그가 사귀었던 정부들과 비슷했다. 새로움의 매력은 옷가지처럼 하나하나 벗겨져나가 그 자리에 열정이라는 영원한 단조로움만 들어섰다. 그 열정은 언제나 동일한 형태를 취했고 동일한 언어를 말했다. 연애라면 이골이 난 이 남자는 유사한 표현들 뒤에 숨어 있는 정서의 차이점은 구분하지 못했다. 그는 천박하고 부도덕한 다른 여자들로부터 이미 같은 말을 들었으므로 엠마의 꾸밈없음을 알아보지 못했다. 느낌의 부재를 은폐하는 저 과장된 언사들을 좀 희석시켜야 할 필요가 있어, 하고 그는 생각했다. 영혼의 충만함이 때때로 텅 빈 메타포(은유) 속으로 흘러넘치지 못하는 것처럼. 그 누구도 자신의 필요, 관념, 슬픔 따위를 있는 그대로 정확하게 표현하지는 못하는 것이다. 인간의 언어는 춤추는 곰을 위해 우리가 박자를 맞추어 주는 깨진 주전자 소리 같은 것이다. 반면에 우리의 머릿속 생각은 천체天體를 돌리는 그런 천사의 음악을 희망하는 것이다.

— 플로베르Flaubert, 《보바리 부인Madame Bovary》

지그문트 프로이트는 그의 저서 속에서 문학을 자주 언급했는데, 여러 작가들에 의해 거듭 거듭 말해지는 스토리는 인간행동의 원형이라고 보았기 때문이었다. 이렇게 볼 때 정전의 위치를 차지하는 문학작품들 속의 주제들은 인간의 심오한 정신작용을 드러내는데, 이 때문에 우리는 문학작품으로부터 얻게 되는 지식의 유형에 대하여 관심을 두게 된다. 프로이트는 우리가 일상생활 중에 주고받는 농담, 혹은 우리를 당황케 하는 '실언失言'도 중시했다. 그것은 의식 아래에 숨어 있는 다양한 긴장과 억압에 대한 이해를 깊게 해주기 때문이다.

이렇게 볼 때 창조적 담론은 특별한 역할을 수행한다. 그래서 어떤 사회적 현상을 이해하려는 많은 이론가들(문학을 어떤 특정 연구분야라고 생각하지 않는 사람들도 포함)에게 있어서 문학은 구체적 사례, 병렬, 혹은 해설의 형태로 존재한다. 그럴듯하지 않은 사항들을 서로 병치시키거나 연달아 언급하면 희극적 효과나 대안의 느낌이 생겨나는데, 문학작품이 다루는 주제가 끔찍한 것일 때도 이런 희극적 효과는 여전하다.

이 장에서는 문학과 창조적 담론에 대한 촘스키의 견해를 살펴보고 그의 강력한 유머의식이 그의 활동에 어떤 역할을 수행하는지 살펴본다. 문학은 우리가 평소 접근할 수 없는 세계를 경험하게 해준다. 가령 발자크나 디킨스의 사실주의 소설을 읽을 때 그런 경험을 하게 되는데 이때 웃음은 우리가 살고있는 세계를 뒤흔드는 효과를 발휘한다. 따라서 문학과 웃음은 현재 상태에 대한 하나의 대안을 제시할 수 있다. 문학과 웃음에 대한 촘스키의 견해를 살펴봄으로써(문학, 창조성, 웃음의 관련성에 대하여 다른 사람들이 언급한 견해도 함께 참고함으로써) 우리는 촘스키 어프로치의 다른 측면을 조명할 수 있으리라 본다.

창조적 언어(특히 문학과 관련된 것)에 대한 촘스키의 사상과 유머의식을 살펴보기 위하여 독자들에게는 좀 덜 알려진 이론가들 가령 벨기에 태생의 문헌학자 겸 역사학자인 마르크 앙주노Marc Angenot, 러시아 태생의 언어 철학자인 미하일 바흐친Mikhail Bakhtin[1], 언어와 권력의 관계를 탁월하게 파헤친 프랑스 태생의 사회학자 피에르 부르디외 등의 논의를 여기서 다뤄볼까 한다. 나는 이런 여러 사상가들의 아이디어를 병치해 봄으로써 촘스키의 저작(이 경우는 그의 문학적 논평들)과 고정관념을 크게 뒤흔들어놓는 그의 유머의식이 더 폭넓게 이해되기를 희망한다.

 ## 언어의 '창조적' 사용

촘스키의 언어학 연구와 문학작품에 대한 논평은 서로 별개의 것이다. 왜냐하면 촘스키 자신이 밝혔듯이 두 분야에서 제기된 질문들은 서로 양립하지 않기 때문이다. 하지만 그는 《언어와 정신연구의 새로운 지평New Horizons in the Study of Language and the Mind》 등의 저서에서 문학, 특히 문학적 지식의 성격에 대해서 언급했다. "물론 자연주의적 탐구는 세상을 이해하는 다른 방식들을 배제하지는 않는다. 자연주의적 탐구를 신봉하는 사람이라고 할지라도 자연주의적 심리학보다는 장편소설, 역사서, 일반 시민들의 활동 등에서 인간의 관심사에 대해 더 많이 알게 된다고 본다. 어쩌면 이것은 늘 그럴 것이다. 마찬가지로 예술은 천체물리학이 제공하지 못하는 천체의 감상법을 제공할 수 있다. 우리가 여기서 말하는 것은 이론적 이해, 다시 말해 이해의 특정한 양식이다. 이런 영역, 이런 어프로치에서 조금만 벗어난다면 그때는 그것을 입증해야 하는 부담을 져야 한다. 어쩌면 그런 부담을 질 수 있을지도 모르지만 나로서는 그런 입증의 부담이 과연 있는지, 알지 못한다."(77)

문학적 지식이란 과연 무엇인가에 대한 이 오래된 질문은 문학의 정의定義, 인간성 및 사회연구에서의 역할, 문학작품의 저자가 작품을 통하여 제공할 수 있는 특별한 지식 등에 대하여 의미심장한 추측을 불러일으킨다. 나는 이 질문과 관련하여 역사적·정치적·맥락적 방식으로 담론연구를 해온 이론가들의 아이디어를 크게 참조하려 한다. 왜냐하면 이것이 촘스키의 패러다임에서 문학을 논의하는 가장 그럴 듯한 어프로치라고 보기 때문이다. 따라서 나는 '사회비평'을 먼저 들여다보기로 하겠다. 이것은 문학연구의 한 분야로서 마르크 앙주노, 레진 로뱅Régine Robin, 클로드 뒤셰Claude Duchet 등이 주장한 방식이다. 이들은 이런 질문을 던진다. 문학은 다른 텍스트들이 알지 못하는 어떤 지식을 알고 있는가? 문학은 "경쟁하는 담론적 실천의 시장"(피에르 부르디외의 말)에서 무엇을 성취하는가? 사회비평은 촘스키 효과를 파악하는 데에도 중요한 개념이다. 왜냐하면 이 비평은 텍스트와 그 주변환경의 관계를 강조하는데, 촘스키 역시 문학작품에 대해 언급할 때면 그 환경을 중시했기 때문이다. 많은 사회비평적 연구들은 장편소설의 독특하면서도 특권적인 지위를 인정한다. 그 안에는 사상, 이미지, 형태, 전형, 담론적 통합 형태discursive configuration 등이 어우러져 있는 까닭이다.[2]

장편소설은 유동적 기억과 상상, 대규모의 사회적 담론 등이 결정結晶되는 장소다. 따라서 사람들의 태도, 역사, 정치 등을 논의하기 위해 문학을 인용하는 촘스키 같은 사람들이 시나 드라마보다 장편소설을 종종 언급하는 것은 당연한 일이다. 이러한 결정을 상상하는 데 미치는 효과가 무엇인지 알아내기 위하여 이론가들은 장편소설의 사회적 양상, 이미지 전달자로서의 장편소설의 역할 따위를 연구한다. 가령 레진 로뱅 같은 사람은 장편소설 속의 인물들이 실제 인물, 실제 장면, 실제 이미지, 실제 장소 못지않게 우리의 상상력에 영향을 미친다고 주장한다. 이런 의미에서 장편소설은 이미지, 단어, 어구, 상황들의 저수지다. 로뱅이 볼 때 이 저수지는 그 사회적 성격 때문에 시간의 경과에 따라 변하게 되고, 그로 인해 텍스트는 새로운 의미를 생산하고, 의미들을 변형·기입·전치시킨다. 장편소설은 언어의 애매모호함, 구성, 변형, 전달을 잘 알고 있기 때문에 담론의 장르와 소설이 묘사하려는 현실에 대하여 많이 알고 있다. 장편소설은 현실을 다르게 재현함으로써 공동체를 회춘시키는 놀라운 능력을 갖고 있다. 그리고 사회비평은 텍스트의 사회화된 성격을 강조함으로써 언어의 공동체적 성격에 대한 연구에 기여한다.

이와 관련하여 흥미로운 사회비평 이론가는 사회담론 이론(및 실천)의 창시자인 마르크 앙주노다. 게다가 그는 급진좌파 역사학자이기 때문에 이 자리에서 논의하기에 알맞은 이론가다. 앙주노가 말하는 사회비평은 문학을 탈물신화(맹목적으로 숭배하지 않기)시키면서 그것을 적절한 사회적 영역으로 이끌어오는 것이다. 이런 관점에서 볼 때, 문학이 다른 종류의 담론적 실천에 비해 이 세상을 더 잘 안다고 볼 수 없다는 앙주노의 주장은 흥미롭다. 하지만 문학은 이런 것을 보여줄 수 있다. 그러니까 자기 자신이 세상을 잘 알고 있다고 생각하는 사람들이 실은 자기 자신을 바보로 만들고 있음을 보여준다는 것이다. 이것은 개인이 이해할 수 있는 범위가 얼마나 좁으며 한 사람의 비전이 얼마나 제한되어 있는지 보여주는 견해다. 우리는 다른 사람의 의견으로 보충을 해야 한다. 그들의 의견이 있기 때문에 더 원만한 비전을 갖게 되고 단발적單發的이고 단의적單義的인 관점을 탈피할 수 있다. 이것이 사회비평의 효능이고, 기존 질서의 위반, 담론을 통한 의미의 생산, 이노베이션, 담론적 실천의 내적 긴장 혹은 신비화 등을 권장하는 것이다. 사회비평은 문학의 역설적 역할들을 지적함으로써 그것(문학)이 독자에게 미치는 영향의 특성을 구체적으로 보여준다. 그러니까 문학은 사회적 담론의 파편들을 널리 분산시키는(상호 텍스트성 덕분에) 역할을 맡는가 하면 현재나 미래의 모순적이고 비상호보완적이고 관련 없는 담론의 파편들을 병치시킴으로써 통일된 사회적 담론에 도전하는 역할을 맡는다.

나는 촘스키의 정치 및 언어학 저서에 나타난 문학 관련 논평들을 종합해볼까 한다. 그는(가령 그의 미디어 연구는) 문학적 지식을 규모가 훨씬 큰 사회적 프로젝트 안으로 제한시키려 한다. 그러니까 현대의 정치적·사회적 구조 안에서 언어가 발휘하는 역할을 논평하는 과정에서 문학적 지식이 인용되는 것이다. 이것은 일견 어색한 병치처럼 보일지 모른다. 마르크 앙주노는 대학의 문학과에 소속되어 있지만 본분은 역사학자로서 문학에 특별한 정의나 역할을 부여하기를 거부한다. 그 대신 문학도 담론적 실천의 한 영역일 뿐이며 다른 영역들과 마찬가지로 특정 사회에서 언급되는, 많은 사항들을 흥미롭게 말하는 방식, 혹은 그 많은 사항들을 다시 말해주는 방식에 불과하다는 것이다.

노엄 촘스키는 미학적·문학적·예술적인 것에 아주 민감한 귀를 가지고 있는 사람은 아니다. 그러나 데이비드 바사미언과의 인터뷰에서 그는 프로파간다와 담론적 실천에 관하여 놀라운 통찰을 보여주었다. 가령 표도르 도스토예프스키의 작품 속에 나오는 인물에 대하여 언급했던 것이다.

바사미언 | 선생님은 저서에서 문학 얘기는 거의 하지 않습니다. 하지만 중요한 한 가지 예외가 있습니다. 《필요한 환상 Necessary Illusions》에서 당신은 《카라마조프의 형제들》에 나오는 '대심문관'을 인용했습니다. 도스토예프스키 소설 중 어떤 점이 당신의 주의를 사로잡았나요?

촘스키 | 그건 아주 인상적인 문장이었습니다. 작가는 여론조작에 대해서 말하고 있습니다. 신비, 의식, 공포, 심지어 기쁨까지도 철저하게 조작하여 사람들로 하여금 누군가에게 복종하며 살아가야 되겠구나 하고 느끼게 만드는 겁니다. 그것을 아주 극적이면서 정확하게 제시한 문장이에요. 그리스도가 사람들에게 기존의 제약으로부터 벗어나는 자유를 주려 하기 때문에 그리스도를 비난하는 거예요. 그러니까 사람들이 원하는 건 제약임을 그리스도가 모르고 있다는 얘기지요. 대중은 신비, 주술, 통제에 복종해야 된다는 겁니다. 그래서 그리스도가 범죄자라는 결론이 나옵니다. 그렇게 논조가 흘러가죠.

바사미언 | 그러니까 교회가 그리스도의 사악한 일을 시정해야 한다는 거지요. 선생님은 그것(교회)을 국가라고 이해하지요.

촘스키 | 도스토예프스키 입장에서 그것은 권력입니다. 그는 제정 러시아 시대에 글을 썼으니까. 그래서 그건 교회와 차르의 종합판입니다. 이 둘은 서로 밀접한 관계가 있지요.

바사미언 | 선생님은 "대심문관 정도의 지적 세련미에 도달한 사람은 많지 않다"고 하셨지요.

촘스키 | 대심문관은 이런 견해를 내놓고 있어요. 자유는 위험하고 대중은 복종, 신비, 권위 등을 필요로 한다, 아니 원하고 있다. 이건 아주 세련된 여론조작이지요.[3]

바사미언은 이 인터뷰를 하면서 내심 놀랐다고 한다. 왜냐하면 언어학자 촘스키는 문학을 언급하는 법이 별로 없었고, 정치운동가 겸 사회사상가인 촘스키는 문학 텍스트에 대해서는 더 더욱 할 말이 없었기 때문이다(이것 자체가 시사적인데 이에 대해서는 뒤에 더 다루게 될 것이다). 사실 담론적 실천은 프로파간다의 연구 이외의 토픽에서는 거의 다루어지지 않았다. 여러 인터뷰어들이 재촉해도 촘스키가 사회의 문학적 담론에 대하여 이렇다 하게 언급한 게 없었다. 칼 마르크스가 그렇게 했던 것처럼 촘스키도 마르크 앙주노처럼 일련의 자유로운(작품 전체의 맥락에서 분리된) 텍스트들을 활용한다. 이런 텍스트들을 가지고 역사책보다 더 날카롭고 더 탁월한 사회적 관찰 혹은 역사하기doing history를 할 수 있는 것이다.

지난 여러 해 동안 촘스키는 문학적 텍스트에 대해서 이런 저런 산발적인 논평들을 했다. 이것들을 모아보면 우리는 창조적 담론이 지배 이데올로기에 미치는 영향을 어느 정도 추론할 수 있다. 그렇게 하면 담론적 관계의 체계에 대해서도 어느 정도 감을 잡을 수 있고 언어의 창조성 등 핵심 질문에 관한 답변도 얻을 수 있다. 그런 질문들을 구체적으로 열거하면 이런 것이다. 예술은 사회 안에서 무엇을 할 수 있나? 예술은 프로파간다 체계 같은 것을 갖고 있어서 결국 지배계층의 권력을 강화해주는 도구가 되는 건가? 사회적 담론이 개인의 펜을 통해 발언하는 방식이 여러 가지인데 예술도 그 중 하나인가? 문학은 언어적 특징 때문에 조작에 더 잘 넘어가는가? 문학적 지식의 위상은 무엇인가?

촘스키에게 이런 질문을 던지는 것은 문제적이다. 촘스키는《언어와 책임》《언어와 정치》《언어와 자유의 문제Problems of Language and Freedom》등 여러 언어 관련 저서들을 써냈지만[4] 거기에서 문학 관련 논평을 추려봐야 얼마 되지 않는다. 이렇게 된 이유는 촘스키가 언어학자지 문학이론가는 아니기 때문이다. 그의 정치 관련 저서가 문학적 텍스트에 관한 저서에 영감을 주었을 수도 있으나(문학에 대한 사회적 어프로치, 사회의 모순을 반영하는 문학 등) 그는 기존 정치와 경제체제에 대하여 논평하는 것에 집중했다. 문학인식론에 관한 촘스키의 입장을 연구하는 사람이 갑갑하게 느끼는 점은 촘스키가 언어학 연구와 자유사회주의 정치사상 사이에는 관련이 없다고 생각한다는 점이다. 사정이 이렇기 때문에 그는 어떤 한 분야의 연구가 다른 분야의 연구, 가령 과학적(언어학적) 연구가 정치분야와 관련되기를 원하지 않는다. 하지만 어떻게 우연히 그 두 분야가 어떤 문제와 관련하여 일치가 된다면 '그건 좋다'는 것이다. 하지만 "일부러 왜곡하거나 억압하거나 해서 일치시켜서는 안 될 것이다."

촘스키는 자신의 언어학 연구 저서에 '자유' '창조성' '능력' '자발성' 등의 단어가 자주 나오고 이런 단어들이 정치 관련 저서에서도 유사한 뜻으로 사용된다는 것을 시인한다. 하지만 그 상관관계가 "아주 희미한 것"이라고 거부하면서 "어떤 사람의 정치사상이나 사회사상이 궁극적으로 인간성이나 인간의 필요라는 개념에 뿌리 내려야 한다"(《언어와 정치》, 143)고 논평한다. 그리하여 촘스키는 예술과 창조성의 상관관계에 대하여 이렇게 논평한다.

> 내 느낌은 이렇다. 인간의 기본적 능력은 창조적인 자기표현의 능력이고, 자기의 인생과 생각을 총체적으로 자유롭게 통제할 수 있는 능력이다. 이런 능력을 실현하려면 생각과 표현의 자유로운 도구로서 언어를 창조적으로 사용할 수 있어야 한다. 인간성과 인간의 필요를 이렇게 정의했으므로 인간의 자유롭고 충만한 발전을 허용하는 사회조직의 양태를 생각해봐야 한다. 인간이 자유와 진취적 발전의 느낌을 마음껏 가지도록 허용하는 그런 사회조직을 만들어야 하는 것이다.(《언어와 정치》, 144)

이 인용문에서 제기된 첫 번째 문제는 촘스키가 여러 저서에서 빈번하게 언급한 '언어의 창조적인 사용'을 어떻게 정의할 것인가다. 촘스키가 언어학의 영역에서 이 표현을 사용하는 것에 대하여 존 골드스미스는 이렇게 논평했다.

> 이 문제는 아주 어렵고 까다로운 것으로서 정말로 진지하게 다루려면 논문을 한 편 써야 할 것이다. 아무튼 이 문제를 당신이 알아두는 것이 좋겠다. 촘스키 자신이 그런 언어조작의 대가라고 생각하는 사람들이 있다(나 자신도 그들 중 한 명이다). 그러니까 엉뚱한 쪽으로의 언어조작 말이다. 가령 1960년대 후반 생성문법과 관련하여 '언어의 창조적 사용'이라는 표현이 그렇다. 또 '심층구조'라든가 나중에 이것 대신 사용된 '보편문법'이라는 표현도 마찬가지다.

제일 처음 것인 '언어의 창조적 사용'을 한번 살펴보자. 어떤 특정 규칙들을 사용하면 담론적 구조가 생겨서 그로부터 무한한 구조들이 생성될 수 있다는 얘기인데, 이것은 그 어떤 것의 창조적 사용인지 명확하게 설명해주지 않는다. 《양상Aspects》과 그 시기의 저서들에는 일상 언어의 시적 사용에 대한 언급이 있는데, 촘스키 이론에 따르는 진정한 창조성은 그런 것이 될 수가 없다. 그런 것은 과학자 촘스키를 만족시킬 수 있는 그런 것도 아니다. 이 점은 촘스키 이론을 알고 있는 사람들에게는 명확하리라 생각한다. 내가 볼 때 그건 해석의 문제가 아니다. 두 번째 표현인 '심층구조'도 아주 놀라운 역사를 갖고 있다. 촘스키는 《양상》의 2장에서 아주 우아한 모델을 조립했다. 찰스 필모어Charles Fillmore가 1964년에 무통·Mouton 논문에서 발간한(내 기억이 맞는다면) 중요한 관찰을 심층적으로 설명했다. 촘스키는 이 새로운 모델을 기반으로 하여 다수의 흥미로운 예측을 했다. 하지만 그 설명은 아주 많이 오해되었고 또 잘못 인용되었다. 종종 보편모델로 인식되기도 했다. 또는 문장에는 언어와 관계 없는 의미 혹은 본질이 있는 것처럼 이해되었다. 이것은 그 당시 촘스키의 기술적technical 이론에 중심적 사항이 아니었다.[5]

골드스미스가 말한 오해를 일으킨 혼란의 한 가지 원천은 촘스키가 언어의 창조적 사용을 언급했다는 사실이다. 이 창조성이라는 말은 예술작품을 통해 표현된 자유를 묻는 질문에 답변하면서 나온 것이었다. 이 영역에서 자유는 사전事前에 존재하는 체계에 기입된 것으로서 규칙들의 구속을 받는 사회적 체계에서의 자유다. 따라서 "만약 어떤 사람이 아무런 규칙 혹은 구조도 없이 페인트 깡통을 벽 위에다 자기 마음대로 뿌린다면 그것은 예술적 창조성도 그 무엇도 아니다." 이것은 촘스키의 예술관에서는 의도성intentionality의 문제가 개재되어 있음을 의미한다. "창조성이 규칙의 틀 안에서 발생하는 행동이라는 것은 미학이론의 상식이다. 하지만 그것은 규칙들이나 외부적 자극에 의해 비좁게 규정되는 것은 아니다. 자유와 제약, 두 가지를 동시에 가지고 있을 때 비로소 창조성의 문제가 야기되는 것이다."(《언어와 정치》, 144) 따라서 그 규칙들은 마르크 앙주노의 규칙(역사적·담론적 조건들을 반영하는 규칙)보다 더 알아보기 쉽고 자의식적인 규칙이다. 이것은 유독 촘스키의 저서에서만 찾아볼 수 있는 변형은 아니다. 예술적 작품은 그것이 창조되는 사회정치적 영역을 배제하고는 제대로 감상할 수 없는 것이다.

이 때문에 촘스키는 어떤 제약의 체계에 입각하여 문학을 이해한다. 그 제약이란 다름 아닌 지배적인 사회정치적 맥락으로서 예술작품은 이 환경 속에서 수용되는 것이다. 이런 맥락에는 강력한 입법과 공공활동의 단속도 포함된다. 촘스키의 문학관을 잘 보여주는 한 가지 좋은 사례는 조지 오웰의 장편소설 《1984년》의 수용과 전파다. 그는 이 작품을 상상력이 부족한 3류 작품이라고 진단하면서 우리 사회의 체계를 제대로 짚어내지 못했다고 보았다. 저자 오웰은 자신의 작품에 대해서 이렇게 말했다. "이것은 산업 민주주의 국가들에서도 벌어질 수 있는 일이고, 아직 일어나지 않은 아주 나쁜 일에 대한 예언이다." 하지만 촘스키에 따르면 오웰의 이런 설명은 서구사회에서 완전 억압되었다는 것이다. 바로 그 때문에 우리 사회의 권위 당국은 이 책의 출판을 허가했으며, 이 책이 **적국**의 사회에서 벌어지는 잘못을 지적하는 소련 비판 논문으로 읽혀지게 되었다는 것이다. "미국의 홍보산업은 오웰이 《1984년》을 썼을 때, 이미 그런 프로파간다의 상태를 훨씬 넘어선 상태였다. 왜 오웰의 《1984년》이 인기 있는 책인지 한번 자문해보라. 왜 사람들이 그걸 그리 열심히 읽는가? 한 가지 이유는 그 책이 적국을 모델로 했다는 점이다. 아주 엉성하게 위장한, 소련 이야기라는 것이다. 공식적인 적성 국가에 대하여 나쁘게 이야기한 것은 아무리 많은 사람들이 읽어도 상관없다는 것이다."(《언어와 정치》, 727)

이것이 사회학자 촘스키가 문학을 바라보는 시선이다. 문학 텍스트가 통치계급에 의해 수용되고 판매되고 활용되는 과정을 논평한 것이다. 그가 말하는 통치 엘리트들의 권력은 놀라운 바가 있다. 이 권력을 매개로 하여 그의 문학관과 프로파간다 분석이 연결된다.

> 가령 오웰이 그보다 더 흥미로운 책을 썼다고 해봅시다. 세뇌형태가 너무 뻔한 소련에 대해서 글을 쓴다는 건 좀 시시해요. 가령 그가 우리 미국에 대하여 그런 책을 썼다고 해봅시다. 그건 다른 나라 얘기가 아니라 우리 얘기니까 훨씬 더 흥미로울 겁니다. 가령 오웰이, 금방 내가 말한 대로 우리 미국에서 벌어지고 있는 세뇌에 대해서 썼다고 해봅시다. 그러면 그 책은 절대 베스트셀러가 되지 못할 겁니다. 오웰이라는 작가를 아는 사람은 아무도 없을 겁니다. 아무도 그 책을 출판해주지 않을 거고 곧 '기억의 구멍'(오웰의 용어)으로 사라져버렸을 겁니다. 당신(인터뷰어)이 오웰이라는 이름을 알고 있다는 것 자체가 이미 당신이 심하게 세뇌되었다는 증거입니다. 헌데 그건 당신 잘못이 아니에요. 유치원 시절부터 이런 얘기를 너무 많이 들어서 이제는 거기에 대해서 더 이상 생각조차 하지 않는 겁니다.(《언어와 정치》, 727)

촘스키가 높이 평가하는 오웰의 작품은 《카탈로니아 찬가Homage to Catalonia》다. 논픽션 작품으로 스페인 내전 중에 오웰이 POUM(마르크시스트 통일을 위한 노동자당)의 구성원으로서 몸소 겪었던 체험을 적어놓은 것이다. 촘스키는 이 책이 출판된 경위를 말한다.

이 책의 역사는 그 자체로 흥미롭고 드러내는 바가 많습니다. 이 책은 1937년에 나왔습니다. 미국에서는 출판되지 못했고 영국에서 나왔는데 200부가 팔렸습니다. 이 책이 억압당한 것은 공산주의자들을 비판했기 때문이지요. 당시는 지식인 사회에서 친공산주의 지식인들이 상당한 영향력을 갖고 있을 때였습니다. 오늘날 이른바 '친이스라엘'파(나는 이걸 좋은 용어라고 보지는 않습니다만)가 미디어와 표현에 대해서 갖고 있는 영향력과 비슷했어요. 그들은 여러모로 닮았습니다. 그들은 오웰의 책이 출판되는 것을 막았습니다. 그것은 15년 뒤에 나왔는데 냉전용 책자로 선전되었습니다. 러시아에 반대하는 내용인데다 유행이 바뀌었기 때문이지요. 물론 이 책은 부분적으로 잘못 기술된 점도 있지만 아주 중요한 책입니다. 나는 정말로 의미심장하고 중요한 책이라고 생각합니다. 오웰의 주요 정치저서들 중 가장 알려지지 않은 작품일 거예요.(《언어와 정치》, 629)

이 논평에는 문학의 인식론epistemology of literature은 들어 있지 않다. 즉 어떤 텍스트의 문학성에 대해서는 언급하지 않는다. 《1984년》과 《카탈로니아 찬가》의 문학적 차이점은 논평하지 않는 것이다. 사실 촘스키는 자신의 저서에서 미학에 대해서는 별로 언급하지 않고 문학의 정의 또는 문학의 효용에 대해서도 명확하게 얘기하지 않는다. 하지만 오웰의 작품을 사회학적·정치적·역사적 진실의 관점에서 논평하고 있다. 그리하여 문학 텍스트의 형태, 양식, 어휘, 수사학 등은 논의되지 않는다. 가령 촘스키는 이렇게 말한다. "기존 소련 사회와 테러에 대해서는, 여기 미국에서는 잘 알려져 있지 않은 사실 분석에 의해 증명이 된다. 아무튼 그런 테러가 존재했던 것이다. 가령 아나키스트 역사학자인 막시모프Maximov 같은 사람은 혁명 시기까지 거슬러 올라가는 레닌과 스탈린의 제도화된 테러에 대해 탁월한 분석을 해놓았다. 이런 사실을 알아내기 위해 오웰이나 판타지에 의존할 필요가 없다.(《언어와 정치》, 629)

촘스키는 이런 인상을 준다. 장편소설 작가의 위대함은 그가 살고있는 사회의 사상통제 시스템으로부터 벗어나 그 사회의 실상을 알려주는 데 있다. 다른 한편으로 오웰은 정직한 사람이었다. 그는 사상통제의 시스템으로부터 벗어나려 했고 때때로 성공했다. 이런 점에서 그는 아주 이례적이고 또 칭송을 받을 만한 작가다. 그리고 촘스키가 볼 때 오웰의 위대한 작품 중 하나는 《카탈로니아 찬가》다.(《언어와 정치》, 630) 여기서 촘스키의 문학관은 아주 흥미로워진다. 그의 사상이 마르크 앙주노의 사상과 상당히 유사한 것이다. 나는 두 사람을 비교하기 위하여 앙주노의 주장을 다음과 같이 길게 인용해보겠다.

문학은 어떤 의미를 제공하지 않는다. 그것이 세상의 모순을 비추면서 그 모순점들을 확실한 사항들로 바꾸어 놓기 때문이다. 바로 이 때문에 …… 문학은 소용이 없다. 정말 실익이 없는 것이다. 가령 아들이 금방 죽어버린 친구가 있다고 해보자. 그 친구에게 조이스의 소설을 읽으면서 죽음이라는 문제에 대해 어떤 대답을 찾아보라고 말해줄 수는 없는 것이다. 문학은 우리가 세상의 암호를 풀어내는 수단이다. 또 모순을 완전히 제거한 단의적單義的 패러다임보다는 훨씬 더 정직하게 세상을 속속들이 보여주는 텍스트다. 그래서 문학이 제공하는 대답은 그리 역설적인 것은 아니다. 가령 지드Gide와 말로Malraux 등 많은 20세기 소설가들이 말했듯이 문학은 세상을 바꾸어 놓지 못한다. 하지만 동시에 문학은 인간의 생활을 해방시키는 역할을 할 수가 있다. 이 사람들은 그리 순진하지도 않고 동시에 미학적 글쓰기의 논리를 잘 알고 있으므로 어떤 해결책을 찾아내려는 유혹을 강하게 느낀다. 그래서 문학은 그 역설에 대답을 내놓지 못한다. '왜 그것은 유익한가?' 왜냐하면 대답을 내놓지 않기 때문이다. …… 문학은 무해하고 어떤 의미에서 세상의 악에 대하여 무력하다. 바로 그렇기 때문에 우리는 우리 자신을 바보로 만들지 않기 위하여 문학을 필요로 한다. …… 하지만 내가 문학을 좋아한다고 해서 문학을 가르치는 학과나 문학 교수방법을 좋아하는지 여부는 불확실하다. 나는 상징적 창의성이라는 분야를 물신화(무조건 숭배)하는 것을 싫어한다. 위대한 텍스트, 그보다 좀 떨어지는 텍스트, 심지어 억압받는 사람들과 노동자들이 내놓은 텍스트 등을 연구하는 데 있어서 그런 물신화의 경향이 보이는 것이다. …… 상호 텍스트성을 가진 사회적 담론의 한 분야를 따로 떼어내어 연구하다 보면 그런 물신화가 불가피하다. …… 나는 현재의 문학 학과가 그리 좋다고 보지 않는다. 그것은 이미 오래 전에 죽어버린 학원에서의 분업 개념을 따른 것이다. 설혹 당신이 문학에 관심을 갖고 있다고 하더라도 이런 분업의 정당화 요인은 될 수 없다. 그것은 당신이 섹스에 흥미가 있다고 하여 섹스 전문가인 체하는 태도와 비슷한 것이다. 학과들은 대상을 다루는 것이 아니라 질문들을 다룬다. 그래서 우리가 어떤 학과에서 다루는 대상은 일련의 질문들인 것이다. 내가 갖고 있는 질문들은 나로 하여금 때때로 혹은 빈번하게 문학적 텍스트들을 만나게 한다. 하지만 그 텍스트들을 완전 배제하는 법도 없고 완전 중심에 놓는 법도 없다. 내가 해명하고 싶어 하는 핵심 질문들과 관련하여 문학은 결정적으로 아무런 관계가 없다.[6]

앙주노는 문학은 특별한 지식 주장을 갖고 있지 않은 담론적 실천이라고 말한다(이런 입장은 촘스키의 저서에서도 발견된다). 따라서 문학을 특정 과목으로 분리시키거나 연구하는 것은 합당하지 않다. 문학 텍스트는 사회학적 문제나 역사적 문제들을 이해하려고 할 때 필요한 통찰을 제공한다. 동시에 문학은 그 어떤 단일한 이데올로기나 제도의 바탕을 갖고 있지 않기 때문에 그 독창성이나 창의성은 다른 담론 영역들에서 나온 주장보다 더 깊은 통찰을 담을 수 있다. 사정이 이렇기 때문에 촘스키는 문학이 사회 안의 사회학적 기능을 넘어서는 역할을 할 수 있다고 상상한 것이다. 촘스키가 문학적 텍스트의 역할을 어떻게 보는지 보여주는 중요한 인터뷰가 《촘스키 독본》에 들어 있다. 또 미초우 로나트와 가진 중요한 인터뷰가 《언어와 책임》에 수록되어 있다. 우리는 이런 자료들을 바탕으로 그의 문학인식론을 살펴보기로 하자.

《촘스키 독본》의 편집자이면서 책의 맨 앞에 실린 인터뷰의 인터뷰어였던 제임스 펙은 촘스키의 개인적 배경과 성장경로를 묻는 과정에서 이런 중요한 질문을 던졌다. "선생님은 현재의 정치관에 영향을 미친 다양한 체험들에 대하여 별로 저서를 남기지 않았습니다. 선생님의 배경에 따라 형성되고 영향을 받은 체험들 말입니다. …… 나는 선생님이 문학과 문화, 특히 예술적 수단을 통하여 인생의 대안적 형태를 찾으려는 노력인 문화에 대하여 별로 언급하지 않은 것을 보고서 놀랐습니다. 가령 선생님에게 영향을 준 장편소설에 대해서는 논평하지 않았습니다. 이건 왜 이렇습니까? 혹시 선생님에게 영향을 준 소설들이 있었습니까?"⑶ 촘스키는 대답한다. "나는 그런 문제들에 대해서는 별로 저술하지 않습니다. 왜냐하면 내가 다루고자 하는 주제와 특별한 관련이 없는 듯해서입니다." 그는 문학이 그에게 감동을 준다는 점은 인정한다. 하지만 그의 감정과 태도는 문학을 읽기 이전에 이미 형성되어 있다. "사실 나는 문학이 나의 사회적 신념과 태도에 영향을 미치는 것에 대하여 의식적으로 저항해왔습니다." 그러니까 사회적·정치적 상황의 문학적 형상화가 오늘날의 사건이나 권력구조에 대하여 특별한 정보를 제공해주지 못한다는 것이다. 하지만 그는 문학이 지식의 다른 영역에 대하여 깊은 통찰을 준다는 점은 인정했다. 제임스 펙은 이 인터뷰에서 그것을 '전체적 인간full human person'의 연구라고 불렀다.(《촘스키 독본》, 3-4)

촘스키에 따르면 문학은 그 어떤 과학적 탐구보다 전체적 인간에 대하여 통찰 깊은 정보를 준다. 사회과학보다 자연과학의 힘과 가치를 숭상하는 촘스키로서는 예외적인 발언이다. 이것은 미하일 바흐친의 대화주의dialogism라는 사상과도 일치한다. 이것은 대화주의적 소설이라는 용어로 가장 적절하게 표현되는데, 이런 소설이야말로 그가 말하는 '전체적 인간'을 재현하는 데 가장 적절한 수단이다. 하지만 촘스키는 문학과 지식 사이에 '어떤 긴밀한 관계'를 설정하는 데에는 소극적이다. 그는 문학이 어떤 중요하면서도 인상적인 방식으로 자신의 태도와 세상에 대한 이해를 변화시켰다고 생각하지 않는다. "만약 내가 중국과 그 혁명의 성격에 대해서 알고 싶다면, 그런 사건을 표현해놓은 문학작품에 대해서는 조심스럽게 접근해야 합니다. 어릴 때 나는 중국에 관한 책을 읽었는데 그것이 나의 태도에 영향을 주었습니다. 가령《인력거 소년 Rickshaw Boy》이라는 책이 그랬습니다. 내가 그 책을 읽었을 때 엄청나게 감동을 받았습니다. 이미 오래 전의 일이라 감동을 받았다는 거 말고는 그 내용을 하나도 기억하지 못합니다. …… 문학이 상상력, 통찰력, 이해력을 높여주는 것은 사실입니다. 하지만 어떤 결론을 내리거나 그 결론을 증명하는 데 필요한 증거는 제공하지 못합니다."(4)

이런 관점에서 볼 때 문학은 어떤 특정 사회의 전반적 사회담론이나 부분적 담론을 반영하지 못한다. 단지 앙주노가 지적한 것처럼 체험들에 대하여 의문을 제기하고, 다시 읽어보고, 검토하는 수단에 지나지 않는다. 어떤 특정 문제에 대하여 독자들이 갖고 있는 태도가 문학 텍스트를 읽기 이전에 이미 형성되었는지, 아니면 문학 텍스트 덕분에 그런 태도를 갖게 되었는지(가령 촘스키가 어릴 적에 소설을 읽은 경험)를 평가하는 것은 어려운 일이다(불가능한 일은 아니겠지만 사람에 따라 편차가 심하다). 하지만 문학적 지식과 경험적 사실과의 관계에 대해서 촘스키는 회의적인 시각으로 바라본다. 그래서 문학 텍스트가 어떤 특정 사건의 분석에 영향을 미치지 못하도록 '의식적으로' 거부한다. 하지만 이런 거부는 방법론적인 것이고, 문학담론이 세상의 맥락적 현실을 묘사하고 있다는 사실을 부정하지는 않는다.

제임스 펙이 "선생님은 현재의 정치관에 영향을 미친 다양한 체험들에 대하여 별로 저서를 남기지 않았습니다. 선생님의 배경에 따라 형성되고 영향을 받은 체험들 말입니다"라고 말했을 때, 촘스키는 "나는 그런 문제들에 대해서는 별로 생각하지 않습니다"라고 말했다. 또 중국문제를 논의하다가 《인력거 소년》이라는 장편소설 얘기가 나오자 "감동받았다는 거 말고는 그 내용을 하나도 기억하지 못합니다"라고 말했다. 문학이 어떤 개인을 전에는 겪지 못했던 인간적 체험으로 유도할 것이냐는 질문에 대하여 촘스키는 "자신의 마음에 영향을 주는 게 무엇이냐에 대해서는 사람마다 생각이 다릅니다" (4)라고 대답했다.

촘스키가 볼 때 접촉 불가의 기억들을 갖춘 풍성한 동질적 저수지 같은 것은 없다. 왜냐하면 그 저수지는 모든 요소들을 동일한 방식으로 용해시키는 동질적 액체로 채워져 있지 않기 때문이다. 설사 그런 저수지가 있다고 하더라도 인간의 마음이 어떻게 작동하는지 알게 해주는 한에서만 흥미가 있을 뿐이다. 하지만 현재 이 시점에서 마음의 작동양식에 대해서는 우리가 발견한 것이 거의 없다.

깊이 있는 설명의 원칙

　여기서 정치담론과 언어학 연구를 서로 연결시키지 않으려 하는 촘스키의 태도를 다시 검토해보기로 하자. 그는 정치란 순전히 관찰에 따른 것인 반면, 언어학은 과학적 현상이라는 믿음을 가지고 있다. 이것은 그가 문학적 텍스트를 이해하는 데에도 중요한 영향을 미친다. 우리가 앞에서 살펴본 바와 같이 촘스키는 문학이 자신의 역사적 신념과 태도에 영향을 미치는 것을 거부한다. 《언어와 책임》에 실린 미초우 로나트와의 인터뷰 기사를 보면, 그가 지식 주장에 대해서 발언하는 게 나오는데 이걸 보면 왜 촘스키가 이런 문학관을 갖게 되었는지 알 수 있다.

　"학문은 그 대상과 결과에 따라 정의됩니다. 사회학은 사회를 연구하는 학문입니다. 그 결과에 대해서 말해보자면 이렇다 할 게 별반 없습니다. 일반적 수준에서 보면 말입니다. 관찰, 직관, 인상, 약간의 타당한 일반화를 발견합니다. 모두 가치 있는 것들이지만 설명의 원칙이라는 수준에는 미치지 못합니다. 문학평론 또한 많은 것을 말해주지만 설명의 원칙들은 가지고 있지 않습니다. 물론 고대 그리스인 이래 문학비평의 바탕이 되는 일반 원칙들을 발견하려고 노력해왔지만, 내가 이 분야의 전문가가 아니라서 잘 모르겠지만, 그 누구도 설명의 원칙들을 확립하지 못했습니다. …… 이것은 비판이 아니라 어떤 특징을 제시하고 있는 겁니다. 내가 보기에 이런 특징화는 타당합니다. 사회언어학은 사회학의 원칙들을 언어 연구에 적용하려는 것입니다. 하지만 이 학문은 사회학으로부터 가져올 게 별로 없고 언어학에도 별로 기여할 것 같지 않습니다." 그러자 미초우 로나트가 말한다. "일반적으로 말해서, 사회계층과 언어학적 형태는 1대 1로 대응하는 듯한데요." 촘스키는 이렇게 대답한다. "나비들을 수집하여 많은 관찰을 할 수 있습니다. 당신이 나비를 좋아한다면 그건 좋습니다. 하지만 이런 작업을 연구와 혼동해서는 안 됩니다. 학문이 되려면 어떤 깊이 있는 설명의 원칙들을 발견해야 합니다. 그런 발견이 없다면 학문으로서 실패입니다."(57)

이러한 발언은 상당히 코믹하게 들린다. 그리고 사회과학의 '이론'을 대하는 촘스키의 입장을 잘 보여준다. 그런 이론을 적용하여 사회의 문제를 해결하려는 사람들에 대한 촘스키의 태도를 알 수 있다. 더욱이 이것은 상아탑 내외에서 벌어지는 지적 작업의 문제에도 적용된다. 지식인들이 할 수 있고 또 해야 마땅한 것들이 자유와 해방의 가치를 추진해주어야 한다는 뜻이다. 사상을 의도적으로 왜곡하거나 은폐하거나 방해하는 것은 부정적 효과를 가져온다. 그리하여 우리의 생활과 우리 주변 사람들의 생활에 진정으로 중요한 것들에 대하여 관심이 멀어지게 만든다.

이런 관점에서 볼 때 촘스키의 어프로치는 〈정치와 영어Politics and the English Language〉라는 논문에서 오웰이 했던 말을 상기시킨다. "우리의 시대에 정치적 말하기와 글쓰기는 대체로 보아 옹호할 수 없는 것을 옹호하기가 되었다. 영국의 인도 식민지 통치, 러시아의 숙청과 강제이주, 일본 땅에 원자탄을 투하한 것 등은 실제로 옹호될 수 있지만 사람들이 너무 잔인하다고 생각하는 논증에 의해서만 옹호가 가능하다. 게다가 이것은 정당들의 공식 목표와도 일치하지 않는다. 그리하여 정치적 언어는 대체로 완곡어법, 질문어법, 애매모호함 등으로 채워지게 되었다. 공중에서 민간인 마을을 폭격하고, 주민들을 지방으로 쫓아내고, 가축들을 기관단총으로 쏴죽이고, 오두막들에 소염탄을 쏘아 불태운다. 그리고서 이것을 **평화작업**이라고 부른다. 수백만 명의 농민들에게서 농장을 빼앗고 휴대품만 지닌 채 길을 나서게 만든다. 그리고서 이것을 **주민의 이동** 혹은 **변경의 구획**이라고 부른다. 사람들을 재판하지도 않고 여러 해 동안 감옥에 처박아 넣고, 등 뒤에서 총으로 쏴 죽이고, 북국의 목재 채취장에서 괴혈병으로 죽게 만들고서 이것을 **믿을 수 없는 요소의 제거**라고 한다. 실제의 생생한 그림을 상기시키지 않기 때문에 이런 용어들을 사용하는 것이다."[7]

이것은 실천 아나키즘과 이론 아나키즘을 대비시킨 루돌프 로커를 상기시킨다. 그라우어는 이렇게 썼다. "조합주의 활동가들은 이론가의 역할을 주로 교육자의 역할로 보았다. 이론가는 행동을 일으키는 동기를 설명해야 했다. 노동자들로 하여금 그들의 행동에 대한 강한 자의식을 갖게 해야 하지만, 조합원들에게 이론가의 철학을 강요하려고 해서는 안 되고 노동자들에게 영향력을 행사하려고 해서도 안 된다. ⋯⋯ 로커는 많은 사람들에 의해서 아나키스트-신디칼리즘의 주요 이론가로 여겨지고 있지만, 정작 로커는 자신을 이론가라고 생각하지 않았다. ⋯⋯ 그는 기자요, 프로파간다 행동가요, 교사요, 역사가였다. 그는 자신의 저서에서 조합이 활동하는 사회적 배경을 설명함으로써 노동자들이 그들의 직접행동을 통하여 비참한 현실을 바꿀 수 있다고 역설했다."(161)

사회학이나 문학에서의 관찰을 설명의 원칙과 구분하려는 태도는 문학의 인식론에 관한 앙주노의 말을 연상시킨다. 문학은 설명의 원칙과 관련하여 아무것도 '알' 수가 없다. 따라서 문학 텍스트 속에서 그런 원칙을 찾으려 한다는 것은 오류다. 일부 문학이론가들(그리고 사회학자들, 정치학자들, 인류학자들 등)은 그들의 연구활동을 약간 경멸하듯이 말하는 촘스키의 발언에 기분 나빠한다. 하지만 앙주노의 발언은 그런 심정을 완화시키리라 믿는다. 촘스키가 '설명의 원칙'을 유일하게 갖고 있다고 보는 자연과학을 포함하여 모든 지식 영역은 문화와 사회에 영향을 받는다. 그러니까 문학적 지식만 그런 것이 아니라 자연과학의 지식도 문화적으로나 사회적으로 가변적이라는 얘기다.

받아들일 수 있는 담론

문학은 또 그 정전들 속에서 받아들일 수 있는 담론과 받아들일 수 없는 담론의 관계를 드러낸다. 피에르 부르디외는 그의 저서 《언어와 상징적인 힘》에서 이것을 **말할 수 있는 것**과 **들을 수 있는 것**으로 구분했다. 이것은 촘스키가 공공의 담론과 관련하여 했던 발언과 연결된다.

촘스키 | 한번은 《보스턴 글로브》의 또다른 편집자에게 왜 그 신문의 이스라엘-팔레스타인 갈등에 대한 보도가 그처럼 편파적이냐고 물어본 적이 있습니다. 실제로 그 문제에 대한 기사는 편파적이었습니다. 그는 씩 웃더니 이렇게 말하더군요. "아랍 광고주가 몇 명이나 된다고 생각하십니까?" 그걸로 대화의 끝이었습니다.

질문자 | 그건 사실이 아닙니다. 그 편집자가 농담을 한 거겠지요.

촘스키 | 그건 사실입니다. 게다가 그는 농담을 한 게 아닙니다. 전혀 농담이 튀어나올 분위기가 아니었습니다.

질문자 | 편집자는 광고에 대해서 신경 쓰지 않습니다. 광고 수주는 그의 관심사가 아닙니다.

촘스키 | 무슨 말씀이십니까? 편집자가 광고에 대해서 신경을 쓰지 않는다면 그는 편집자 노릇을 오래 하지 못할 겁니다.

질문자 | 선생님 말씀은, 《글로브》의 편집 결정이 광고 수주를 계속, 거시기 하려는 것이란 말씀입니까?

촘스키 | 광고 수주를 계속 유지하려는 것이지요. 제조업체들이 그 신문에 광고를 내지 않으면 《글로브》는 파산할 수밖에 없습니다.

질문자 | 하지만 《글로브》는 독점시장을 갖고 있는데요.

촘스키 | 독점시장이 아닙니다.

질문자 | 제조업체들이 《헤럴드》(보스턴의 두 번째 신문)에 광고를 낼 거라는 말씀입니까?

촘스키 | 당연하죠.

질문자 | 그건 너무 지나친 단순화가 아닐까요?

촘스키 | 그런 일이 실제로 벌어졌습니다. 그것도 몇 번씩이나. 하지만 대부분의 경우 벌어지지 않지요. 신문이 궤도에서 이탈하지 않으니까……

질문자 | 대기업 신문사에서 근무하는 사람의 사정은 어떤지 잘 모르겠습니다. 하지만 소규모 지방지에서 기자로 일하고 있는 나는 상당한 자율권을 부여받고 있습니다.

촘스키 | 소규모 지방지는 얘기가 다릅니다. 하지만 당신이 지방기업의 이익에 해를 주는 기사를 쓰기 시작한다면 당신은 그런 기사를 계속 쓰기가 어려울 겁니다. 원한다면 국제적 사건들에 대하여 계속 쓸 수는 있겠지요. 소도시 신문은 그런 일에는 별로 신경 쓰지 않으니까.

질문자 | 모르겠습니다. 나는 그런 사항을 전혀 고려하지 않습니다. 나는 내 고장의 기업 담당 기자입니다. 나는 내가 하고 싶은 대로 할 수 있습니다.

촘스키 | 당신은 하고 싶은 대로 한다고 생각하겠지요. 가령 《뉴욕타임스》의 탐 위커Tom Wicker 기자는 자신이 원하는 것을 하고 있고 자신이 쓰고 싶은 것을 쓴다고 생각합니다. 물론 그의 그런 생각은 맞는 것입니다. 그가 원하는 것은 바로 권력이 원하는 것이니까.[8]

문학비평가나 기타 인사들은 이 발언에 대하여 문제를 삼을지 모르지만, 여기서 주목해야 할 사항은 촘스키의 견해가 학문의 전 분야에 걸쳐서, 미디어에서 문학에서 이르기까지 《보스턴 글로브》에서 《1984년》에 이르기까지), 문학에서 사회에 이르기까지 아주 유사하다는 것이다. 우리가 때때로 그의 저서를 변칙적이고 불협화적不協和的이라고 생각하지만 그럼에도 불구하고 우리는 다른 학문들과의 연결고리가 있음을 발견하고 나아가 그것(연결고리)이 다양한 맥락 속에서 제기된 까다로운 문제들과 연결된다는 것을 알게 된다. 그의 저서에서 발견되는 이런 박학다식 때문에 사람들은 그를 매력적인 인물이라고 생각한다. 이 때문에 세상을 다르게 보는 길을 찾는 사람들이 그의 강연회를 가득 메운다. 또 그런 학습과정의 극화로 인해 촘스키는 이제 교사가 아니라 뮤즈(문학적 영감을 주는 자)로 나서게 된다.

문학적 영감을 주는 촘스키

촘스키는 사람들에게 영감을 주어 창조적으로 생각하는 법을 가르쳐 주었을 뿐 아니라 작품을 쓰는 방법도 가르쳐주었다. 이것은 우리에게 이 책의 1장에서 다루었던 얘기를 상기시킨다. 록 뮤지션들은 촘스키의 저서를 하나의 영감으로 삼아 작곡을 하고 특정한 형태의 사회적 행동에 나섰던 것이다. 또 그들에게 아나키스트 교육이 어떠한 것인지 그 윤곽을 파악하게 해주었다. 아나키스트 교육은 곧 유익한 지식과 영감의 종합을 지향하는 것이다. 촘스키가 대중에게 영감을 주는 행동방식은 상아탑 바깥의 지역에서의 지식인의 역할을 다룬 다음 장에서 자세히 소개될 것이다. 여기서는 그가 사람들의 작업에 영감을 주고 창조적으로 생각하게 만드는 방식만을 살펴보기로 하자. 촘스키는 다른 대중적 지식인과 마찬가지로 신화, 잡담, 이야기의 대상이 되었다. 개중에는 촘스키의 저서, 영향력, 어프로치 등을 깊이 생각하면서 그를 '올드 맨 촘스키Ol' Man Chomsky'로 생각하는 사람들도 생겨났다.

올드 맨 촘스키Ol' Man Chomsky

* '올드맨 리버Ol' Man River'의 가사를 바꾼 것, 1982년 LSA 섬머 인스티튜트 발간 음반

올드 맨 촘스키
저 늙은 영감 촘스키
그의 생각은 계속 바뀌고
편집된다네
그는 자꾸만 책을 써내
책을 계속 써낸단 말이야

그는 독일어를 몰라
월피리어는 더욱 몰라
그런 언어들은 알려고 하지도 않아
그것들이 그의 이론에 들어맞을 때까지!
그는 자꾸만 책을 써내
책을 계속 써낸단 말이야

자네와 나는 통제는 물론이고
구속이라는 용어를 갖고 씨름해야 돼
저 중심점을 묶어!
저 프로를 떨어트려!
난 저 말을 믿지 않아, 하지만 노엄이 그렇게 말하니

> 난 피곤해져
> 내 눈은 흐릿해져
> 저 표준이론에 또다른
> 확장형 이론이 생겨났구나!
> 하지만 올드 맨 촘스키
> 그는 책을 계속 써낸단 말이야

내가 이 노래 가사를 시카고 대학의 존 골드스미스에게 보내니 그는 이런 답변을 보내왔다. "올드 맨 촘스키? 어떻게 이 가사를 입수했어요? 나는 1982년 여름에 기숙사에서 생활하고 있었어요. 그 당시 우리의 생활습관이 그러했듯이 (1960년대의 잔재지만) 우리는 많은 노래 가사를 썼어요. 때때로 우리가 알고 있는 노래의 가사를 바꾸기도 했지요. 나는 이 가사를 약 15분 만에 썼어요. 메릴랜드 대학에서요." 나는 이 가사가 널리 퍼져 있음을 확인했다. 그것은 불경한 태도와 매혹된 태도가 반반씩 뒤섞인 것인데, 대중문화 영역에서 널리 퍼져나가는 촘스키 효과의 일부인 것이다.

또다른 현상은 책을 읽다 보면 그 안에 촘스키 비슷한 인물들을 만나게 된다는 것이다. 나는 노만 메일러의 논픽션 소설 《밤의 군대》, 필립 로스의 《샤일록 작전》, 고어 바이덜Gore Vidal의 저작, 닐 스티븐슨Neal Stephenson의 장편소설 《크립토노미콘Cryptonomicon》[9] 등에서 그것을 확인할 수 있었다. 다음은 스티븐슨 소설의 한 부분이다.

> 랜디는 말한다. "너는 전에 내게 우리가 평생을 바쳐 획득해야 할 가장 높고 가장 좋은 목표가 무엇이냐고 물었어. 그 분명한 대답은 '미래의 홀로코스트를 막아야 한다'는 거야." 애비는 우울하게 웃었

다. "그 목표가 그처럼 분명하게 보인다니 기쁘네. 그렇게 생각하는 사람은 나뿐인줄 알았어." "뭐라고? 애비, 자네 자신을 극복하게. 사람들은 홀로코스트를 늘 추모하고 있어." "추모는 미래의 홀로코스트를 예방하는 것 하고는 결코 같은 것이 아니야. 결코, 결코, 결코. 추모하는 자들은 대부분 징징거리는 자들일 뿐이야. 모든 사람이 과거의 홀로코스트를 죄스럽게 생각하면 인간성이 마술처럼 바뀌어지고 아무도 장래에 인종학살을 저지르지 않을 거라고 생각해." "애비, 자네는 그런 견해에 동의하지 않는 것 같은데." "보스니아를 한번 봐!" 애비가 코웃음을 쳤다. "인간성은 바뀌지 않아, 랜디. 교육은 가망 없어. 세상에서 가장 교육 받았다는 사람들이 하루아침에 저처럼 아스텍이나 나치가 되고 말아." 그는 손가락을 딱딱 꺾었다. "그럼 무슨 희망이 남아 있어?" "홀로코스트를 저지를지 모르는 장래의 범죄자들을 교육하기보다는 희생자가 될지도 모르는 사람들을 열심히 교육시켜야 해. 그들은 하다못해 교육에 신경이라도 쓸 거 아니야."

이 문장은 인생의 최고 목표에 대하여 언급하고 있기 때문에 잠시 우리의 눈길을 끌고 있고 또 그 교육적 어프로치도 깊은 생각을 안겨준다. 이 어프로치는 스티븐 핑커 스타일에 크게 의존하고 있는데(가령 《빈 서판The Blank Slate》 같은 책) 우리 인간은 유전적으로 사전 프로그램이 되어 있다는 것이다. 심지어 어떤 상황에서 어떤 행동을 일으키는 등 아주 작은 부분까지도 미리 정해져 있다는 것이다. 이것은 촘스키의 저서에 관심 있는 사람들에게는 아주 중요한 사항이다. 왜냐하면 촘스키의 사상은 생물학적 결정론과 사회적 행동주의 사이에서 미묘한 긴장상태를 이루고 있기 때문이다.

우리는 분명 태어날 때 빈 서판書板이 아니다. 하지만 우리의 태도를 갈고 닦기 위해서는 세상과의 상호작용과 토론이 필요하다. 우리의 생래적 태도는 정보, 체험, 만남 등을 통해서 우리의 기본적 태도가 바뀔 수 있는 정도는 분명 제약한다. 이러한 양자 사이의 긴장은 이 책의 마지막 장에서 다룰 것이다. 나는 마지막 장에서 상아탑 바깥의 지역에서 벌어지는 다양한 어프로치들을 살펴보려 한다. 하지만 이것은 촘스키가 논의하는 문제들을 극화劇化하는 방법과도 상관이 있다.

진짜 오프 브로드웨이 연극

문학에 대하여 생각하게 하고 시가詩歌에 영감을 주는 것에 더하여 촘스키는 몇몇 연극의 공연에도 영감을 주었다. 그 연극 공연은 그 자체로 하나의 흥미로운 이벤트가 되었다. 1991년 대니얼 브룩스Daniel Brooks[10]와 기예르모 베르데키아Guillermo Verdecchia[11]는 희곡을 발표했는데 노암 촘스키(와 에드워드 허만)의 '언어와 분석'에 바탕을 둔 것으로서 〈노암 촘스키 강연The Noam Chomsky Lectures〉이란 작품이다.[12] 이 희곡은 1990년 2월 토론토의 어넥스 극장에서 개최된 '어려울 때의 친구들 러바드! 페스티벌Buddies in Bad Times Rhubard! Festival'에서 초연되었다. 이어 1990년 7월 '월드 스테이지 페스티벌'에서 확대 공연되었다. 단행본으로 출판된 텍스트는 토론토의 파스 무라유 극장에서 3월 12~22일에 공연된 버전을 바탕으로 한 것이다. 촘스키는 이 책을 재미있게 읽었고 "어쩌면 새로운 장르가 탄생하는 중인지도 모르겠다"고 말했다. 《사회주의자 노동자The Socialist Worker》는 그 텍스트가 "반제국주의 기초 독본"이라고 했고, 《디어트럼Theatrum》은 "연극이 반체제의 장임을 다시 한 번 확인했다"고 말했다. 이러한 리뷰는 촘스키의 저작이 언어학과 정치의 분야를 뛰어넘어 문학과 연극의 세계로 진입하는 등 얼마든지 예술적으로 활용될 수 있음을 증명한다.

또다른 연극은 몬트리얼의 '연극창조 집단Groupe de Création Théâtrale Mécanique Générale'에 의해 공연되었는데 그 작품은 〈촘스키, 약간의 소음과 성스러운 친구의 춤: 한 시민운동가의 환각적 유래Chomsky, quelques bruits et la danse de Saint-Guy: Dérives hallucinatoires d'une activiste〉다. 이 출판되지 않은 희곡은 촘스키를 납치했으나 아무도 촘스키의 몸값을 치르려 하지 않아 어려움을 겪는 납치단의 얘기를 코믹하게 다루고 있다. 뤽 당스로Luc Dansereau가 연출을 맡았고 에스텔 클레어톤Estell Clareton, 미셸 당스로Michèle Dansereau, 미셸 코테Michel Côté, 뤽 당스로가 1998년 4월 28일부터 5월 2일까지 출연했다. 촘스키의 어프로치와 그가 여러 사람들에게 미친 효과를 감안할 때, 이런 창작 공연물이 앞으로도 많이 나올 것으로 예상된다.

보다 최근에는 〈노엄 촘스키의 외로움The Loneliness of Noam Chomsky (A Performance)〉이 2004년 2월 27일부터 28일까지 뉴욕시의 차사마에 있는 '아츠 스페이스'에서 공연되었다. 이 연극은 전적으로 촘스키의 저서에 바탕을 둔 것인데 평론가들 사이에서 호평을 받았다. 《오프 브로드웨이Off Broadway》의 매슈 머레이Matthew Murray는 이렇게 보도했다. "폭넓은 자료(촘스키의 책자들에서 1994년 〈이 현대 세계This Modern World〉 만화에 이르기까지 총 24가지 자료를 활용)에 바탕을 둔 이 연극은 놀라운 주제에 대한 비상한 찬사다. 이런 유형의 연극이 늘 그렇듯이 대립적이면서도 생각을 불러일으키는 작품이다. 연극 중에는 촘스키가 이런 연극이 공연된다는 사실을 알고서 놀라는 반응이 들어가 있다. 살츠만Salzman의 노력은 기존에 보여주었던 이해, 재치, 재능, 배려를 훨씬 뛰어 넘는 것이라고 촘스키는 말했다. 이런 것을 볼 때 촘스키 자신도 〈노엄 촘스키의 외로움〉을 승인한 듯하다."[13] 다른 보도문은 좀더 침착한 반응을 보이고 있다.

　　연극은 촘스키가 무대 중앙에 앉아 있는 장면으로 시작한다. 촘스키의 역할은 아시아계 미국인 여배우 아야 오가와Aya Ogawa가 맡아서 아주 정확하고 맵시 있게 소화해냈다. 촘스키는 관중으로부터 고개를 돌린 채 거울들의 벽을 쳐다본다. 무대는 모두 하얗고 군용 나무 상자로 만든 듯한 낮은 담장으로 둘러싸여 있다. 그 담장 위에는 트랙을 따라 회전하며 움직이는 두 대의 비디오 모니터가 설치되어 있다. 극장의 뒷벽들은 전부 거울로 둘러쳐져 있고, 유일한 가구는 촘스키가 앉아 있는 항공의자 스타일의 안락의자뿐이다. 촘스키는 아주 천천히 약간 망설이는 듯한, 거의 들리지 않는 목소리로 말한다. 그것은 그의 연설회에 참석해본 사람이라면 익숙한 목소리다. 그는 영화에 나오고 텔레비전에 나오는 문제를 토론한다. 그에게 집중되는 시선이 성가시다고 말한다. 그는 자신이 나오는 텔레비전이나 영화는 절대 보지 않는다고 말한다. 그걸 보면 좀더 잘할 수 있었을 텐데, 다르게 말할 수 있었을 텐데 하는 생각이 들기 때문이다.

　　이때 '미디어'가 들어온다. 저드슨 니픈Judson Kniffen과 알라나 메들록Alanna Medlock이 남녀 뉴스캐스터로 분장했다. 그들은 분장 테이블을 금방 떠나온 사람들처럼 목 칼라에 하얀 냅킨을 쑤셔 넣고 있다. 그들은 뉴스 데스크 뒤에 앉는다. 니픈과 메들록이 대본을 보면서 대화를 해나가는데 비디오 모니터 위에 〈톰 투머로우Tom Tomorrow〉 만화가 떠오른다.

　　"브래드, 내가 당신 생일선물로 가져온 것을 좋아하게 될 거예요!"
　　"뭔데? 《네이션》과 《Z매거진》의 정기구독권? 새로운 정수기 필터? 아니, 난 그게 뭔지 알아. 홀치기염색을 한 '우림의 친구들Friends of the Rainforest' 티셔츠!"

"그래요, 브래드. 당신이 이제 이걸 얻었으니, 다른 장난감들은 다 치워요!"

"오, 수잔. 당신은 그러면 안 돼. 촘스키 인형이라니!"

메드록은 자그마한 2피트 해골을 꺼내어 앞쪽의 고리에다 건다. 이것은 연극에 존경과 자기모멸의 모순적 분위기를 부여한다. 그 때문에 〈노엄 촘스키의 외로움〉은 아주 감동적인 연극이 된다. 연극은 전반적으로 촘스키에게 동정적인 반면, 인식된 촘스키와 실제 촘스키 사이에 벌어지는 긴장을 보여주는데 그것은 거의 오싹하기까지 하다. 이런 긴장을 조성하는 것은 현대 정치판의 '이미지'와 '실제'의 차이점에 적극적으로 의문을 표시하고, 촘스키의 자의식에 대하여 좀 부드럽게 질문을 던져보자는 것이다.[14]

촘스키의 사상을 여러 모로 검토해보는 데에는 연극이 여러모로 적절한 예술형태라는 생각이 든다. 1930년대의 '페더럴 연극 프로젝트 Federal Theater Project'[15] 작품들의 목표는 직장과 동네의 일에 적극적으로 참여하도록 권장함으로써 노동자들에게 생활관심사들을 교육시키자는 것이었다. 촘스키 연설의 높은 인기도를 감안할 때 그의 사상을 연극으로 재현하는 것은 아이디어와 논의를 더욱 널리 확산시키는 데 도움이 될 것이다. 소비 위주의 미디어와 연예계에서는 이런 틈새가 거의 닫혀져 있는 것이다.

노엄 촘스키의 데이비드 레터맨식 유머

웃음의 원칙은 …… 시간 외의 의미와 절대 필요의 가치라는 허세를 파괴한다. 인간의 의식, 생각, 상상력을 자유롭게 하여 새로운 가능성을 획득하게 한다.[16]

촘스키의 활동은 가끔 《포스트모던 헤어컷The Postmodern Haircut》의 만화에서 놀림의 소재로 등장한다. 이렇게 된 것은 그가 때때로 무수한 사실들로부터 개념을 종합하는 독자의 능력에 도전을 걸기 때문이다. 그가 다루는 주제들은 때때로 독자 혹은 청중을 절망으로 내몬다. 그가 제시하는 각종 자료와 통계들이 권력의 이중성, 위선, 폭력, 낭비를 여지없이 폭로하기 때문이다. 그는 지금까지의 발전 상황을 강조하면서 사람들이 힘을 합쳐 억압의 전략에 대응하면 장래가 밝다는 낙관론을 펼친다. 가령 다음과 같은 문장이 그러하다.

오늘날의 세계는 꽤 끔찍하지만 그래도 어제에 비하면 훨씬 낫다. 공격을 허용하지 않는 태도라든지 기타 여러 면에서 진전이 이루어졌는데 우리는 지금 그것을 당연하게 여긴다. 여기에는 우리가 늘 명심해야 하는 중요한 교훈이 있다. 하지만 그 교훈은 엘리트 계급 안에서는 교묘하게 억압되어 있다. 과거 여러 해 동안 문명사회를 향한 중요한 진전이 있었고 거기에는 이유가 있었음을 잊어서는 안 된다. 그럼에도 불구하고 우리는 현재 조성되고 있는 제국주의적 주권개념에 신경을 써야 한다. 사람들이 점점 더 문명화함에 따라 '거대한 짐승'(건국의 아버지들은 민중을 이렇게 불렀다)을 통제하려는 권력층의 시도도 집요해졌다. 거대한 짐승은 정말로 무서운 존재인 것이다.[17]

세상의 전반적인 그림은 황량하다. 저항운동이 거둔 산발적 승리에 대하여 우리가 아무리 열광한다고 해도, 핵폭탄이나 자살폭탄으로 우리가 갑자기 연기 속에 사라져버릴지도 모른다는 우려는 늘 그대로 남아 있다. 촘스키의 연설은 전반적으로 어둡다. 가끔 성공적인 저항이 산발적으로 터져 나와서 그 분위기를 완화시키지만 그래도 어둡다. 그런데도 그가 활동을 계속하고 연설회에 많은 사람을 끌어들이는 것은 그 나름의 독특한 유머를 갖고 있기 때문이다. 그의 무표정 유머, 자칭 무색무취한 전달 스타일, 명석한 반체제 발언 덕분에 촘스키는 종종 우디 알렌Woody Allen과 데이비드 레터맨David Letterman을 섞어놓은 사람 같은 인상을 준다. 그가 미국 제국주의의 참상을 논의할 때에도 그의 스타일은 때때로 **익살스럽다**. 그냥 사실을 있는 그대로 전달하고 어떤 기관이나 개인을 '스탈린주의' '코미사르' 등으로 부를 뿐이지만, 거기에는 유머가 있다. 어떤 진술이나 사건의 논리를 파헤쳐나갈 때에는 냉소적이고 풍자적이다. 《프로파간다와 대중의 마음》에서 인용해온 다음 문장은 촘스키의 유머가 어떻게 작동하는지 잘 보여준다. **다자간 투자협약**에 관한 백악관의 성명을 논평한 것인데, 백악관은 "국내 지지세력에게 이 협정을 통보했다"고 말했다.

자, 그러면 여기서 논리학 연습을 잠깐 해봅시다. 국내 지지세력이란 누구를 가리키는 것입니까? 분명 의회는 아닐 겁니다. 물론 의원들은 알았겠지만 의회를 상대로 통보가 된 것은 아닙니다. 25명의 의원이 백악관에 편지를 써서 물었습니다. "어떻게 이 협상을 3년 동안이나 진행하면서 우리에게는 일언반구 말이 없었습니까?" 헌법에 따르면 국제 상거래는 의회의 소관입니다. 그들은 백악관이 일반 민원인들에게 보내는 그런 형식의 답변을 받았습니다. "친애하는 데이비드, 관심 있는 논평에 감사드립니다." 그건 컴퓨터로 작성한 편지였습니다. 의원들은 그런 답장을 받았던 겁니다. 그러니 의회는 지지세력이 아닙니다. 일반 대중은 더 더욱 아닙니다. 오히려 반대세력이라고 해야 할 겁니다. 백악관의 아이디어는 가능하면 대중을 제치고 관여하지 못하게 하려는 것이었습니다. 그러니 대중은 지지세력이 아니고 의회도 지지세력이 아닙니다.

하지만 미국 국제무역협의회는 지지세력이었습니다. 이 협의회에는 시종 관련 정보가 통보되었고 협상에 개입하기도 했습니다. 기업계도 관여했습니다. 백악관은 우리에게 그들의 지지세력이 누구인지 분명하게 말해주고 있는 겁니다. 정치지도자들이 그들의 세계관을 이처럼 분명하고, 이처럼 천박하게 드러내는 경우는 거의 없습니다. 이것은 너무나 분명한 인식입니다. 하지만 중학교 2학년 공민시간이나 콜로라도 대학 대학원 정치학과 강좌에서 이런 얘기를 해주면 안 되는 겁니다. 이건 진실입니다. 그들이 진실을 말했다는 것은 좋은 일입니다. 언론들은 영리해서 그걸 숨기고 억압했지요. 누군가가 이런 상황을 다 내다보고 있을 겁니다.(9-10)[18]

왜 이 문장이 유머러스한가? 그리고 왜 이 문장이 객관적 사실을 재현하는 효과적인 방식인가? 이 문장에서 구사된 수사법은 병치다. 국내 지지세력이 의회나 대중이 아니라 엉뚱하게도 기업과 유관 협의회들이다. 또 '분명한 진실'을 중학생이나 대학원 학생에게 가르치지 못하게 한다는 것이다. 그의 반反연극적 어조도 효과적이다. 백악관에서 컴퓨터로 뽑아낸 "친애하는 데이비드"를 포함하여 사건 당사자들의 다양한 목소리를 흉내 내는 능력도 탁월하다. 이런 은근한 폭로로 인해 청중들은 미소를 짓고, 머리를 흔들고, 고개를 끄덕이고, 웃음을 터트리게 된다. 그 웃음은 사람을 계몽하는 것이지만 동시에 음울한 것이기도 하다. 이것이 촘스키가 구사하는 유머이고 또 유머가 가진 힘이다.

'광대'는 데이비드 레터맨과 마찬가지로 무슨 말이든(진실을 포함하여) 할 수 있고, 또 아무런 문책도 당하지 않는다. 우디 알렌 같은 '비천한 피해자'는 시나리오에다 상처받은 자존심을 쏟아 부울 수 있고 우리는 그의 대사 속에서 연민과 자기실현을 동시에 발견한다. 우리는 모두 웃음에 대하여 알고 있다. 우리는 모두 웃음을 터트리고 이런 저런 방식으로 유머를 사용한다. 하지만 유머의 효과나 역할에 대해서는 별로 생각하지 않는다. 그것이 '사물을 현실의 수준으로 끌어내려' 우리가 노골적이거나 불쌍한 상태의 사물을 찬찬히 검토하게 해준다는 것을 별로 생각하지 않는다.

우리는 자칫 진지하게 받아들일 수도 있는 이런 성명들에 대하여 웃음을 터트린다. "우리는 평화를 가져오기 위해 저 나라에서 전쟁을 할 필요가 있다." "우리는 저 도시를 구하기 위하여 저 도시를 파괴해야 한다." "전략적인 핵전쟁에 참가하기 위하여 얼마나 많은 무기를 구축해야 하는지 정확하게 계산해야 한다." 이렇게 웃음을 터트릴 때, 우리는 논쟁을 시작하기도 전에 굴욕적인 논쟁의 조건을 받아들여야 하는 일을 하지 않아도 된다. 우리는 논쟁에 가담하기 전에 그 논쟁이라는 게 얼마나 우스꽝스러운가 하고 웃음을 터트리는 것이다. 이런 관점에서 볼 때 웃음은 창조적인 것이다. 위압적이고 권위적 인물이 우리에게 보여주는 인위적 태도를 파괴하는 힘이 있다.

웃음의 다면적 특징을 지속적으로 연구한 소수의 학자들 중 한 사람이 미하일 바흐친이다. 그의 언어연구는 현대의 인문과학과 사회과학 분야에 커다란 영향을 미쳤다. 이 때문에 이 책에서도 그의 이름이 여러 번 언급되었다. 하지만 1929년 이전에는 무명이나 다름없었다. 그때까지 그의 이름으로 발표된 논문은 이름 없는 지방신문에 실린 짧은 글이 전부였다. 하지만 이 무렵 바흐친은 문학, 법률, 종교 등 일상생활의 전 영역을 포괄하는 정교한 철학 프로젝트를 완성한 상태였다. 언어, 웃음, 인간의 상호작용 등에 대한 바흐친의 이론은 노엄 촘스키의 활동에 많은 빛을 던진다. 앞으로 살펴보겠지만, 촘스키의 유머러스한 '광대짓'은 독자와 대중들에게 예기치 않은 통찰을 안겨주려는 고도의 계산된 행동이다.

바흐친의 대화적 상호작용이라는 개념은 노엄 촘스키를 평가할 때 아주 효과적인 수단이 된다. 이 상호작용은 물론 권위에의 일방적 복종은 배제한다. 바흐친에 따르면 진정한 대화적 상호작용은 갑이라는 화자가 을이라는 화자에게 대화를 건네는 그런 평면적인 것이 아니다. 두 사람의 대화가 평소 갑이나 을이 잘 말하지 않던 예기치 못한 발화, 아이디어, 개념을 가져온다는 것이다. 갑이 어떤 문맥적 요소들을 감안해가면서 을에게 말을 하면 을 또한 당연시하는 문맥적 요소들을 참작하여 대답을 하지만, 거기에 평소 말하지 않던 어떤 것이 추가된다는 것이다. 이런 방식으로 두 화자 사이에 존재하는 공간에 창조적인 대화가 구축된다. 이런 모델에서 갑이나 을 어느 한 사람만으로는 충분하지 않다. 갑은 자신이 보지 못하는 공간에 **채워 넣기** 위해 을을 필요로 하고 을은 갑의 발화에 **대답하기**를 해야 하는 것이다.

앞에서 인용된 촘스키 발언에서 촘스키는 서로 다른 목소리와 표기 register를 하고 있다. 그런데 바흐친의 **발화 장르** speech genres라는 용어는 이것을 잘 설명한다. 발화 장르란 장르, 길이, 구성적 구조 등 특정 상황에서 말이 조직되는 방식을 가리킨다. 발화 장르란 언어학의 표기와 비슷한 개념인데, 그것을 넘어서서 발화의 사회적 요소들까지도 포함한다. 우리는 이 장르를 사용하여 특정 상황에 맞게 우리의 언어를 정립시킨다. 인사말, 축하의 말, 소원, 어떤 사람의 안부에 대한 문의 등

발화에는 다양한 종류가 있다. 장편소설은 이런 장르들을 많이 포함하고 있는데 찰스 디킨스의 소설에서는 특정한 표현형태를 취한다. 가령 의회의 담론, 범죄자들의 농담, 자족하는 부르주아지의 경건한 선언 등이 그런 것이다. 촘스키의 발언에서는 이런 장르들이 패러디, 불경不敬, 단절, 소란스러움 등을 통해 전복된다.

이러한 장르의 전복은 경직된 일상생활에서는 벌어지지 않는다. 이런 파격적 전복과 기이한 병치는 청중들에게 웃음을 일으킨다. 왜냐하면 그것들(전복과 병치)이 죽음과 재탄생, 부정과 긍정 등의 정반대 거울 이미지들을 만들어내 조롱하고, 비웃고, 확인하는 작업을 동시에 수행하기 때문이다. 이런 의미에서 웃음은 "또 웃는 사람들을 향한다." 따라서 웃음은 청중들에게 하나의 배출구를 선사하고, 사람들은 웃음 덕분에 자신의 불완전성을 확인한다. 웃고 있을 때, 청중은 세상의 온전함으로부터 자신을 배제하지 않는다. 바흐친은 말한다. "세상과 마찬가지로 그들 또한 불완전하다. 그래서 그들은 죽었다가 다시 살아나고 새롭게 되는 것이다."(12) 우리가, 그러니까 촘스키 연설회의 청중이 우리 자신을 향해 웃음을 터트리는 이유는 이러하다. 우리가 촘스키의 말을 들음으로써 그동안 정부 당국이 한 말을 곧이곧대로 믿은 우리 자신, 완전한 날조를 진짜인 것으로 받아들인 우리 자신의 어리석음을 깨닫고 그에 대하여 웃음을 터트리는 것이다. 다시 한 번 《프로파간다와 대중의 마음》의 한 문장을 인용해보자.

1970년대에 이런 우려가 널리 퍼져 있었습니다. 무능한 경영 때문에 미국이 일본은 물론이고 유럽에도 뒤떨어진다는 것이었습니다. 미국에는 유연한 제조기술이 없다는 것이었지요. 경영이 제대로 안 되니까 기술이 뒤떨어진 것이지요. 그래서 무슨 일이 벌어졌을까요? 펜타곤이 그 문제를 해결하기 위해 들어섰습니다. 이 정부 부서는 자신의 입장을 잘 알고 있었고 그래서 제조기술Manufacturing Technology의 줄인 말인 맨테크ManTech를 시작했습니다. 그것은 이른바 '미래의 공장'을 디자인하는 새로운 프로그램이었습니다. 통합 생산, 컴퓨터 제어장치, 유연한 테크놀로지 등을 갖춘 것이었지요. 이것이 레이건 시대에 들어와서는 더욱 확대되었습니다. 왜냐하면 레이건주의자들은 극우 국가주의자들이고 필요 이상으로 시장원칙을 혐오했던 사람들입니다. 그 프로그램은 나중에 민간기업에게 이양되었습니다. 이것이 이른바 미국의 개인주의요, 소비자의 선택이라는 겁니다. 국가가 관리하다가 망해버린 동아시아 시스템과는 비교가 되는 것이지요. 이 프로그램은 시작부터 끝까지 일관된 날조극이었습니다. 이건 간단한 스토리가 아닙니다. 이걸 자세히 들여다보면 아주 다양한 종류의 복잡성이 깃들어 있음을 알 수 있습니다. 하지만 이런 스토리가 《프라우다》에 실렸다면 사람들은 웃음을 터트렸을 겁니다.

그러니까 우리는 레이건을 '자유시장' 옹호자로 알고 있었는데 실제로는 정반대였다는 얘기다. 바로 이런 이중적 이미지 때문에 우리는 유머를 발견하고 웃음을 터트린다. 동시에 동유럽 국가들에서《프라우다》를 읽는 독자들이 우리 '자유세계'의 독자들처럼 그리 우둔하지 않다는 서늘한 인식을 안겨준다! 촘스키 저서의 이런 문장들은 우리가 우리 자신의 진면목을 알아보고 웃음을 터트리게 되는 공간이기도 하다.

또다른 사례로는 레이건이 엉뚱한 행동을 하기 위해 대중들에게 공포를 주입한 것을 들 수 있다. "니카라과는 텍사스에게 걸어서 이틀의 거리다. 히틀러의 표현을 쓰자면, 텍사스의 심장을 겨누는 단도다. 또다시 여러분은 사람들이 웃다가 쓰러질 것이라고 생각하기 쉽다. 하지만 그들은 웃지 않는다. 우리를 겁주기 위해 그 얘기는 되풀이된다. 니카라과가 서반구를 정복하는 길에 우리를 정복하러 올지 모른다는 것이다. 니카라과가 국가 안보에 위협을 주기 때문에 전국에 비상경계령이 내려질 것이다. 리비아 저격수가 우리의 지도자들을 암살하기 위해 워싱턴 거리를 활보할지 모른다. 혹은 스페인계 마약 테러리스트들이 설칠지 모른다. 대중들에게 끊임없이 공포를 주입하기 위하여 이런 이야기들이 계속 반복된다. 그러면서 미국 정부는 주요 테러전쟁을 계속 수행한다."[19]

사람들이 배를 잡고 웃지 않는다는 것은 대중의 웃음이 당국에 의하여 효과적으로 차단되었다는 뜻이다. 그리고 이 블랙 유머는 언론에 전혀 보도되지 않는다. 부시 정부는 특히 유머가 없는 사람들이다. "내 길을 방해한다면 네 얼굴에 총질을 하겠다"고 말하는 듯하고 동시에 아주 조용하고 폐쇄적이고 신앙심 깊은 이미지를 내비친다. 백악관 내부가 능묘의 내부 같은 인상을 주면서 동시에 펜타곤은 '충격과 공포'를 안겨줄 소란스러운 폭격을 준비하느라고 바쁜 것이다.

유토피아와 웃음

유머를 하나의 전략으로 생각하기 위해서는 학계나 기타 분야에서 웃음을 어떻게 생각하는지 살펴보는 게 유익하리라. 바흐친은 중세 후기나 르네상스 초기의 '카니발 웃음'과 관련하여 웃음이론을 정립했다. 그는 그런 웃음이 프랑수아 라블레 Francois Rabelais의 소설과 셰익스피어 Shakespeare의 연극에서 많이 발견된다고 했다. 왜 특별히 이 시기일까? 바흐친은 《라블레와 그의 세계 Rabelais and His World》에서 이렇게 썼다.

르네상스 시기의 웃음관은 대체로 이렇게 서술될 수 있다. 웃음은 깊은 철학적 의미를 갖고 있다. 그것은 이 세상에 대한 진실, 역사와 인간에 대한 진실의 일부를 구성하는 필수불가결한 요소다. 이것은 세상을 바라보는 특별한 관점이다. 웃음 속에서 세상이 새롭게 보이고, 진지한 관점에서 바라볼 때만큼 혹은 그 이상으로 심오하게 세상을 파악할 수 있다. 따라서 웃음은 진지함 못지않게 위대한 문학의 한 부분이며, 또 보편적 문제들을 제시한다. 세상의 어떤 본질적 측면은 웃음에 의해서만 접근 가능하다.(66)

또다른 중요한 사실로는 이 웃음이 사순절 직전의 카니발 동안에만 아주 독특한 방식으로 발생한다는 것이다.

중세의 민속 유머는 이데올로기와 문학의 공식적 영역 바깥에서 존재했고 발전했다. 그런 비공식적인 존재로 인해 예외적인 급진주의, 자유, 무자비함 등을 특징으로 했다. 중세는 생활과 이데올로기의 공식적 영역에서는 웃음을 금지시켰지만, 그런 공식 영역 바깥에서는 방종과 무법의 이례적 특혜를 부여했다. 가령 시장, 축일, 축제적인 오락문학 등이 그것이다. 중세의 웃음은 이런 영역을 폭넓게 사용할 줄 알았다.(72)

카니발의 웃음은 "유전적으로" 제의적祭儀的 웃음이라는 가장 오래된 형태와 연결된다. 그것은 "언제나 보다 더 높은 어떤 것을 향했다. 태양(최고의 신), 다른 신들, 가장 높은 지상의 권위 등이 수치와 조롱을 당했고 그리하여 그들 자신을 갱신하라고 강요당했다."(127) 더욱이 바흐친은 이렇게 설명한다. "신성을 조롱하는 고대의 제의"는 카니발의 웃음 속에 살아남았으나 새로운 본질적 의미를 획득했다. "순전히 제의적이거나 제한적인 용도는 사라지고, 그 대신 인간적이고, 보편적이고, 유토피아적인 요소들이 들어섰다."(12)

자신의 연설에 '인간적' 풍모를 더하기 위하여 촘스키는 정치적 담론에서 '우리'와 '그들' 사이의 거리를 거부했다. 이러한 특징은 촘스키 비판가들을 화나게 했으나 구체적 효과를 발휘했다. 가령 빈 라덴을 어떻게 할까 라는 토론에서 촘스키는 말했다. "모든 사안이 저마다 다릅니다. 하지만 몇 가지 유추를 살펴봅시다. 런던 시내에 폭탄을 터트리는 IRA에 대해서 영국이 어떻게 대처하는 게 옳은 방법입니까? 한 가지 선택사항은 영국 공군을 IRA 활동의 지원 근거지인 보스턴 등지로 보내서 금융센터를 폭파해버리는 겁니다. 아니면 특공대를 보내 이런 자금 지원에 관련된 것으로 보이는 자들을 모두 죽여버리거나 아니면 런던으로 납치해와 재판을 받게 하는 겁니다. 실현성 여부를 논외로 하더라도, 이런 조치는 범죄적 우행이 될 겁니다."(62) 촘스키는 계속해서 이런 말도 했다. "오클라호마시의 연방청사 폭파사건을 한번 보세요. 중동을 폭격하자는 요구가 즉각 나왔습니다. 만약 희미한 관련 단서라도 발견되었더라면 분명 그렇게 했을 겁니다. 그것이 민병대 출신의 내국인 소행으로 밝혀진 후에 몬태나, 아이다호를 폭파하자 혹은 '텍사스 공화국' 등을 폭파하자는 소리는 나오지 않았습니다. 텍사스주는 워싱턴의 연방정부로부터 부당한 압력을 받은 나머지 연방에서 탈퇴하겠다고 소리쳐왔습니다."20

바흐친에 따르면, 고대와 중세에 모든 제의적 웃음의 형태는 죽음과 재탄생, 재생산의 행위, 재생산하는 힘의 상징 등과 관련이 있었다. 그렇기 때문에 "의식적 웃음은 태양의 생애(하지와 동지)의 위기, 신적인 생활 속의 위기, 세상과 인간의 위기(장례식 웃음)에 대한 반응이었다. 그 안에서 조롱은 환희와 합쳐져 하나가 되었다." 그리고 고대의 의식적 웃음은 "고대와 중세의 웃음의 특권"을 정의定義했다. 카니발의 세계나 의식적 웃음의 형태에는 "진지한 형태였다면 허용되지 않았을 …… 많은 것이 허용되었다." 가령 신들을 조롱하거나 신성한 종교적 텍스트를 패러디하는 것이 허용되었다. 제의적 웃음의 후예인 카니발 웃음 또 좀더 높은 어떤 것을 향했다. "권위와 진실 사이의 균형, 세계 질서들의 균열" 등이 웃음의 대상이었다. 제의적 웃음과 마찬가지로 카니발 웃음은 위기와 관련이 있었다. 그것은 "변화의 양극을 포용하면서 변화의 과정, 나아가 위기 그 자체를 다루었다." (127)

여기서 현대 정치연설의 음울한 에티켓을 생각해보자. 그 연설은 아주 세밀한 곳까지 어휘가 사전 안무되어 있다. 그 연설 전체가 성실성과 진실 말하기의 표본인 것처럼 꾸며져 있지만, 실은 텔레프롬프터(연설자에게 연설대본을 확대해서 보여주는 장치)를 보고서 읽는 것에 지나지 않는다. 사실 현대라고 해서 중세와 별반 다를 것이 없다. 공식적인 세계는 아주 단단히 짜여 있고, 진실은 데이비드 레터맨 같은 연예인 혹은 광대에 의하여 심야시간에 말해지는 것이다. 이렇게 된 것은 권력이 잘 단련되어 있기 때문인데, 촘스키에 따르면 언론 역시 그렇다. "나토 창립 50주년 기념행사에 참가한 사람과 논평가들이 1990년에 벌어진 최악의 인종청소가 나토에서(터키 남동부) 벌어졌다는 사실을 '일부러 모른 체 하기' 위해서는 상당한 단련이 필요했다. 게다가 대규모 학살행위는 서방에서 흘러들어온 무기들에 의존하고 있었다. 특히 미국 것이 현저하게 많았는데, 1990년대 중반 학살행위가 피크에 도달했을 때 터키 무기의 약 80퍼센트를 공급했다." (11)[21] 공식적인 담론과 비공식적 담론 사이에 어떻게 이런 균열이 생길 수 있을까? 또 다시 바흐친의 말은 공식세계의 이러한 '단련'을 지적하는 촘스키의 논평을 상당 부분 설명해준다.

우리가 말한 바와 같이, 중세의 웃음은 이데올로기의 공식적 영역, 사회적 관계의 공식적 형태 바깥에서 존재했다. 웃음은 종교적 컬트, 중세와 국가의 의례, 에티켓, 모든 장르의 고상한 명상으로부터 배제되었다. 불관용의 일방적인 진지함의 분위기가 중세 공식문화의 특징이었다. 중세 신학의 여러 구성요소들(금욕주의, 음울한 신성주의, 죄악, 속죄, 고통, 억압과 위협을 주로 하는 중세체제 등)이 이런 얼음처럼 굳어진 진지함의 분위기를 결정했다. 진실한 것, 선량한 것, 본질적이고 의미있는 것을 표현하려면 그런 분위기를 취해야 했다. 공포, 종교적 외경, 겸양 등은 이런 진지함의 부산물이었다.(73)

부시 정부가 회의를 하기 전에 기도를 올린다거나 정부정책을 설명할 때 하느님의 이름을 자꾸 들먹이는 것을 알고 있는 사람들은 바흐친이 말하는 진지함을 금방 이해할 것이다. 어떤 단일한 체제를 강조하기 위하여 그런 진지함을 꾸미고 있는 것이다.

웃음이 좀더 높은 어떤 것을 공격의 대상으로 삼는다는 것은 의미심장하다. 왜냐하면 그것은 에테르처럼 영기靈氣를 띤 것을 인간화하고 우리의 머리 위에서 권력을 얻는 어떤 것을 '지상으로 끌어내리기' 때문이다. 촘스키는 권력자들을 상대로 바로 이런 전략을 구사하고 있다. 동시에 권력자들이 유권자들과 아주 가까이 있다는 이미지를 꾸미기 위해 동일한 전략을 구사한다는 것도 폭로한다.

2004년 선거 직전에 약 10퍼센트의 유권자들이 후보의 '어젠다/사상/정강'에 의거하여 투표할 것이라고 말했습니다. 좀더 자세히 살펴보면 부시 투표자들의 6퍼센트, 케리 투표자들의 13퍼센트였습니다. 그 나머지는 홍보산업 사람들이 말하는 '품질'과 '가치'에 입각하여 투표했습니다. 후보가 강력한 지도자의 이미지를 풍기는가, 술집 같은 데서 만날 법한 그런 후보인가? 유권자들을 잘 보살피는, 한 마디로 말해 보통사람 같이 생긴 지도자인가? 부시가 nuclar(nuclear: 핵의) 혹은 misunderestimate(underestimate: 과소평가)라고 일부러 틀리게 말한 것은 그리 놀라운 일도 아닙니다. 이런 부시의 고의적인 실수를 지식인들은 조롱했습니다. 이런 일부러 무식한 척하는 태도는 그의 주말목장, 서민적인 분위기 등과 한 세트를 이루는 이미지 만들기였습니다. 아무튼 그를 예일 대학 출신의 버릇없는 자, 돈과 권력의 연줄 덕분에 자연히 부자가 되고 권력자가 된 자로 내보이는 것은 절대로 안 되었습니다. 유권자들처럼 보통사람이라는 인상을 꾸며야 했습니다. 우리의 '도덕적 가치'를 공유하는 자로 보이는 게 낫지, 상장을 위조한 엉터리 사냥꾼으로 보이는 건 절대 안 되었습니다.[22]

촘스키는 바흐친과는 다르게 자신의 유머에 대하여 체계적으로 명상하지는 않는다. 하지만 그는 때때로 자신이 메시지를 전달하는 방식에 대하여 논평한다.

촘스키 | 그건 아주 훌륭한 연설회였습니다(최근에 벌어진 케임브리지 연설회). 아주 건설적이고 많은 소득이 있었어요. 일을 조직하기 위해 단체들이 만들어졌습니다. 수년 동안 주된 업무라고는 대중의 운동을 파괴하는 게 전부인 분파적 좌파 기생집단도 물론 있었습니다. 그 그룹의 모토는 이랬습니다. '난 벌떡 일어나서 노동자들을 조직하여 자본주의를 쳐부수어야겠어. 그 밖에 다른 것은 아무 소용도 없어.' 나는 이렇게 대답한 것 같습니다. '동의합니다. 노동자를 조직하여 자본주의를 쳐부수겠다는 것은 좋은 아이디어입니다. 하지만 이곳이 그런

활동을 할 수 있는 곳이 아닌 건 분명해 보이는군요. 그러니 당신은 지금 당장 가까운 공장으로 달려가는 게 좋겠습니다. 제가 기꺼이 당신의 교통비를 대어드리지요.' 그건 새로운 전략이 아닙니다. 그렇다고 오래된 전략이 있는 것도 아니지만.

바사미언 | 때때로 유머를 구사하여 그런 주장을 피해 나가는 것이 아주 효과적입니다.

촘스키 | 그건 의도적인 건 아니었어요. 즉흥적인 것이었습니다.

바사미언 | 아무튼 그 친구 입을 다물게 했군요.

촘스키 | 그런 것 같습니다.[23]

촘스키는 자신의 어프로치에 대하여 잘 말하지 않으려는 경향이 있다. 하지만 《Z매거진》의 리디아 사전트Lydia Sargent의 발언은 주목할 만하다. 그녀는 바흐친이나 촘스키의 어프로치와 상당히 유사한 발언을 했다.

시민운동을 조직하는 데 있어서 코미디나 드라마를 활용하면 재미있는 일이 많이 벌어져요. '전문가들'을 불러오거나 극단을 결성하자는 얘기는 아닙니다. 물론 이렇게 하자면 못할 것도 없지만. 그러니까 시민운동에 참가한 사람 5~6명으로 그룹을 조직하여 드라마의 형태로 정보, 영감, 유머를 제공하는 겁니다. 이렇게 하면 사람들이 활발해지고 정보를 주고받게 됩니다. 참가자들은 뉴스를 추적하고 사실, 세부사항, 배경 등을 파헤칩니다. 그들의 관심사와 갈등을 위주로 대본을 작성하다 보면 연대감과 유대의식이 더 깊어집니다. 혹은 그 그룹들로 하여금 직접 대본을 쓰고 실연하게 합니다. 그 과정에서 유머가 많이 발생하고 사람들이 크게 웃게 됩니다. 그것은 전통적인 연설이나 워크숍 패널을 대체하는 멋진 대안이 될 수 있습니다. 극단은 무대뿐 아니라 라디오와 TV에도 자료를 제공할 수 있습니다. 이건 비용도 거의 안 들고 시간도 많이 걸리지 않습니다. 게다가 기동성이 높고요. 우리는 간이식당, 양로원, 지하실, 교실, 조합 사무실 등에서 공연했습니다. 우리가 선량한 싸움을 계속 해나가는 동안에, 수백 개의 소규모 극단을 만들어서 공동체 사람들을 즐겁게 하고 정보를 제공할 수 있습니다. 이것보다 신나고 흥분되는 일이 있을까요? 게다가 지난번 선거 이후 우리는 한번 크게 웃어줄 필요가 있어요.[24]

웃음은 하나의 치료약이고, 희망의 원천이며, 도발적 행위 혹은 변화의 촉매제다. 바흐친은 웃음을 다룬 장의 결론에서 웃음은 지고한 곳에서 통치한 자들을 지상으로 끌어내리는 것을 겨냥한다고 말했다.

> 그러나 중세의 웃음은 단절 없는 시간적 흐름에서 생겨나는 주관적·개인적·생물적 의식意識이 아니었다. 그것은 모든 사람의 사회적 의식이었다. 사람은 축제의 시장에서, 카니발의 군중 속에서 다양한 계층과 연령대의 사람들과 접촉하면서 이러한 시간의 흐름을 경험했다. 그는 자신이 꾸준히 성장하고 새로워지는 사람들의 일원임을 의식했다. 이 때문에 축제의 민속적 웃음은 초자연적 경외감, 신성한 것, 죽음 등에 대한 승리의 요소를 제공했다. 그것은 또 권력, 지상의 왕들, 지상의 상류층들, 그 모든 억압과 제약의 패배를 의미했다.(92)

이것은 정말 고상한 대의大義다. 보안 조치와 국경 강화를 강조하는 이 시대에 많은 함축적 의미를 던진다. 촘스키의 어프로치와 바흐친의 통찰을 종합해 보면, 우리가 점점 더 축제적인 공공의 장에 저항하는 시대에 살고있음을 깨닫게 된다. 공공의 노력 혹은 집단적 노력(교육, 운송, 의료에 있어서 대중의 주도적 역할)에서 우리가 거두어들이는 혜택은 공공의 장에서의 '아나키'를 두려워하는 나머지 포기되고 있다. 실은 이곳(공공의 장)이 성장하고 갱신하는 바로 그곳인데 말이다. 이런 관점에서 볼 때 지식인들이 공공의 장으로 뛰어들어가는 것은 아주 중요하다. 우리는 이 문제를 다음 장에서 살펴볼 것이다.

주

1. See Mikhail Bakhtin, *Rabelais and His World*, trans. Helene Iswolsky(Bloomington: Indiana University Press, 1984).

2. See my *Marc Angenot and the Scandal of History*, available online at http://muse.jhu.edu/journals/yale_journal_of_criticism/toc/yale17.2.html (accessed 02/13/2007).

3. David Barsamian and Noam Chomsky, *Propaganda and the Public Mind*, (Boston, MA: South End Press, 2001), pp. 79-80.

4. Noam Chomsky, *Language and Politics* (Montreal: Black Rose Books, 1988); *Language and Responsibility*, trans. John Viertel (New York: Pantheon, 1979); *Problems of Knowledge and Freedom: The Russell Lecture*(New York: Vintage, 1972).

5. 저자와의 개인편지

6. "Conversation between Robert F. Barsky and Marc Angenot," *Marc Angenot and the Scandal of History*, a special issue of the *Yale Journal of Criticism* 17, no. 2 (2004).

7. Cited online at http://www.mtholyoke.edu/acad/intrel/orwell46.htm(accessed 02/13/2007).

8. *Understanding Power*, pp. 22-23.

9. Neal Stephenson, 《Cryptonomicon》(NY: Avon, 1999). 나는 Michel Pierssens와 얘기를 나누다가 이 책을 알게 되었다.

10. 1958년생인 대니얼 브룩스는 토론토에서 연극, 뉴욕에서 'the Method'를, 파리에서 광대를, 부에노스아이레스에서 춤을, 브라질에서 인형극을 배웠다.

11. 기예르모 베르데키아는 극작가, 배우, 연출가, 번역가인데 그의 작품은 캐나다와 전 세계에 알려져 있다. 아르헨티나 출신이고 현재는 밴쿠버에서 활동하고 있다.

12. 이 희곡은 1991년 토론토의 Coach House에서 발간되었다.

13. http://www.talkinbroadway.com/ob/02_27_04.html(accessed 02/13/2007).

14 http://www.culturebot.org/archives/2004/02/28/TheLonelinessOfNoamChomsky.php (accessed 02/13/2007).

15 For information on this New Deal initiative see http://memory.loc.gov/ammem/fedtp/fthome.html(accessed 02/13/2007).

16 Caryl Emerson and Gary Saul Morson, *Mikhaïl Bakhtin: Creation of a Prosaics* (Stanford: Stanford University Press, 1990), p.49.

17 Cited online at http://www.chomsky.info/articles/20041129.htm(accessed 02/13/2007).

18 Available online at http://www.radioproject.org/transcript/1998/9838.html (accessed 02/13/2007).

19 Noam Chomsky, "Chomsky on the Anti-War Movement: An Interview in the *Guardian*," *Guardian*, February 4, 2003, available online at http://www.zmag.org/content/showarticle.cfm?SectionID=1&ItemID=2962(accessed 02/13/2007).

20 Noam Chomsky, 9/11, p. 63, available online at http://www.zmag.org/chomcalmint.htm(accessed 02/13/2007).

21 Chomsky, *A New Generation Draws the Line: Kosovo, East Timor and the Standards of the West*(London: Verso, 2000).

22 "Imperial Presidency: Strategies to Control the 'Great Beast'," online at http://zmagsite.zmag.org/Feb2005/chomsky0205.html(accessed 02/13/2007).

23 Barsamian and Chomsky, *Propaganda and the Public Mind*, p. 73.

24 Lydia Sargen, "Humor, Theatre and Social Change," online at http://zmagsite.zmag.org/Feb2005/sargent0205.html(accessed 02/13/2007).

THE CHOMSKY EFFECT

CHAPTER
08

효과적인 '대중' 지식인
The Effective 'Public' Intellectual

질문 | 당신은 투표를 하십니까?

촘스키 | 투표요? 어떤 선거냐에 따라 다르게 대응합니다. 가령 학교위원회 대표 같은 하급 직책 선거 때는 거의 언제나 투표에 참가합니다. 왜냐하면 나의 한 표가 차이를 만들어내기 때문입니다. 그러나 대중의 통제로부터 점점 멀어지는 선거일수록 차이를 만들어내기가 더욱 어렵습니다. 가령 내가 사는 지역의 하원의원 선거의 경우, 좀 아카데믹한 케이스라고 할 수밖에 없습니다. 한 명만 뽑는 선거구인데 같은 친구가 나와서 언제나 당선이 됩니다. 따라서 내가 투표하고 말고는 아무런 상관이 없습니다. 상원의원 선거로 올라가면 꽤 상징적 의미를 띠게 됩니다. 대통령 선거의 경우, 투표하면 뭐하나 하는 마음이 늘 절반입니다. 대통령 선거에는 아주 미묘한 판단의 문제가 개재되지요. 닉슨과 험프리 중 누가 더 빨리 베트남 전쟁을 종식시킬 수 있을까 판단하는 건(1968년의 대통령 선거) 아주 어려운 문제라는 거지요. 나는 실제로 그 선거에서는 투표를 하지 않았습니다. 왜냐하면 닉슨이 아마도 더 빨리 해결하지 않겠나 예측했기 때문이었지요. 나는 레이건이 후보로 나왔을 때 그를 찍지 않았습니다. 그의 주위에 있는 인물들은 아주 위험한 사람들이라고 생각했기 때문입니다. 레이건 본인은 상관없는 인물이었고 레이건 행정부에 몸담은 인물들은 정말 살인자요 고문자였습니다. 그들은 사람들로 하여금 너무 많이 고통 받게 했습니다. 그래서 그들이 상당한 차이를 만들어냈다고 생각합니다. 하지만 이런 것들은 정말 판단하기 어려운 문제입니다.[1]

대중 지식인이 된다는 것은 상아탑 바깥의 지역에서 활동을 벌인다는 것이다. 학계와 일반 사회의 복잡한 경계가 설정된 이래 의식적이면서도 양심적인 대중활동이 꾸준히 전개되어왔다. 유럽과 북아메리카의 기성체제 비판 인사들은 다양한 출신성분을 갖고 있다. 그들은 자신이 그리스, 로마, 르네상스, 계몽시대의 사상가들로부터 영향을 받았다고 생각하고 공동선을 추진하는 사상과 어프로치를 널리 퍼트리는 것을 자신의 역할로 생각했다. 그 결과 상아탑의 고고한 분위기를 벗어난 지역에서 활동하는 지식인들은 생시몽주의자, 마르크시스트, 페미니스트, 사회주의자, 공리주의자, 페이비언Fabian, 실존주의자, 사회민주주의자, 리버테리언, 급진주의자, 아나키스트 등의 레이블 아래 각종 사회 프로젝트를 진행해왔다. 보다 최근에 들어와서는 민권 운동가, 트로츠키주의자, 마오주의자, 사회비리 폭로자 등 좌우를 가릴 것 없이 폭넓은 스펙트럼에서 대중 지식인들이 등장하고 있다.[2]

이 책은 특정 사회 프로그램에 대한 찬반을 다루기보다는 지식인, 특히 명망 있는 학자로서의 사회적 책무에 관한 촘스키의 사상과 활동을 살펴본다. 이 문제를 다루다보면 우리는 자연스럽게 '대중'과 '지식인'의 관계를 살펴보게 된다. 하워드 진은 지식인의 사회적 책무에 대하여 이렇게 말했다. "지식인은 암묵적으로 사회적 책임을 수행함으로써 이 사회 안에서의 지위를 확보한다. 어리석은 대중들 덕분에, 우리는 문화의 역사에 관한 수많은 사소한 연구서들을 펴내고서도 높임을 당하고, 칭송을 받고, 심지어 돈을 얻기도 한다. 수만 편의 기사들, 책들, 논문들, 수백만 편의 학기말 보고서, 신들의 귀도 멀게 할 정도로 많은 강연회. 우리 지식인은 정치가들과 마찬가지로 대중의 순진함을 먹고 산다. 하지만 한 가지 다른 점은 이런 것이다. 정치가들은 대중을 돌보라고 월급을 받는데 실제로는 돌보지 않는다. 우리는 대중을 돌보지 않는 일을 하면서 월급을 받는데 실제로는 대중을 돌보고 있다."[3]

이것은 물론 지식인들이 특별하면서도 유익한 정보를 갖고 있음을 전제로 하는 것이다. 촘스키는 여기에 대하여 이렇게 말한다. "지식인들은 정부의 거짓말을 폭로하고, 정부의 대의, 동기, 감추어진 의도 등에서 나오는 행동들을 분석한다." 지식인들이 이런 위치를 확보한 것은 "정치적 자유, 정보접근 권리와 표현의 자유 덕분이다." 이러한 상황에 있는 특혜 받은 소수를 위하여 서구 민주주의는 시간, 시설, 훈련을 제공한다. "지식인들은 이 덕분에 왜곡, 날조, 이데올로기, 계급 이해 등의 베일 뒤에 가려져 있는 진실을 파헤치는 것이다. 사실 현대의 사건은 이런 베일을 통해서만 일반 대중에게 전달되는 것이다."[4]

이 마지막 장은 책임 있는 지식인 촘스키의 모습을 상아탑 바깥의 지역에서 벌어지는 여러 문제들과 함께 조망할 것이다. 대중 지식인의 역할에 대한 촘스키의 사상과 선배 사상가들 및 동료 대중 지식인들의 사상도 함께 살펴본다.

 분간과 '문화비평'

"진실을 파헤치는" 능력은 특별한 훈련, 시설, 시간 투자 끝에 얻은 특별한 기술을 의미하는데 **분간**discernment이라는 말이 그것을 가장 잘 묘사한다. 촘스키의 저작에는 이런 능력이 어떻게 발휘되는지 명확하게 설명되어 있지는 않다. 단지 대중이 상식을 발휘하여 거짓말을 꿰뚫어봐야 한다는 식으로 설명되어 있을 뿐이다. 그렇다면 현대의 지식인은 현실세계(소설 속의 가상세계와 대비되는 세계)에서 어떤 역할을 수행해야 하는가? 이런 의문과 관련하여 에밀 졸라가 좋은 출발점이 될 것 같다.

졸라는 자신의 필명과 문학적 재능을 이용하여 그 자신이 보는 진실을 말할 수 있었다. 그가 써낸 소설들은 당대의 사상들에게 도전장을 내밀었다. 마르크 앙주노의 말을 빌리면, "이건 말이 안 돼, 이건 이야기의 전부가 아니야, 얘기는 여기서 그치면 안 되는 거야" 하고 소리를 질렀다. 이러한 상황에 대하여 햄릿은 "천상과 지상에는 그보다 더 많은 것이 있다"고 말했고, 거쉰Gershwin의 〈포기와 베스Porgy and Bess〉는 "사태가 반드시 그런 것은 아니다It ain't necessarily so"[5]라고 말했다. 하지만 졸라, 셰익스피어, 디킨스의 힘은 역설적이게도 소설가라는 지위에서 나오는 것인데, 그런 지위는 일상의 담론영역과는 동떨어져 있다. 실제로 졸라가 기자 자격으로 휘두른 권력은 어떤 면에서 보면 소설가라는 권위에서 나온 것이다. 앙주노는 이것을 가리켜 "**관용된** 일탈과 전복, **과시적인** 언어의 낭비, 권력자에 의해 보호되는 풍자"라고 말했다(앙주노, 같은 책). 에드워드 사이드, 노엄 촘스키, 머레이 북친 등이 졸라로부터 힌트를 얻기는 했지만 이들은 창작의 영역으로부터 한 단계 떨어져 있다. 이것은 어떻게 보면 부담일 수도 있다. 그들은 알베르 카뮈Albert Camus, 찰스 디킨즈, 움베르토 에코, 필립 로스, 장–폴 사르트르, 에밀 졸라 같은 작가들에게 부여된 대중적 힘을 갖고 있지 못하기 때문이다.

문학이 고유의 영역을 갖고 있다는 것은 권력의 원천이 될 수 있다. 왜냐하면 문학은 허구와 언어에 관한 논평이기 때문에 복잡한 사회적 문제들에 대하여 신속한 해결책을 제시해야 할 의무가 없다. 이것은 작가들에게 세상의 복잡한 문제들에 대해 면피하는 구실을 제공한다. 그리고 문학은 그 사실을 손쉽게 독자들에게 상기시킬 수 있다. 이에 대한 좋은 사례가 킹즐리 에이미스Kingsley Amis의 장편소설 《럭키 짐Lucky Jim》에 나오는 저 유쾌한 장면이다. 작중인물 딕슨은 심사를 위해 제출한 학위논문의 제목을 말해달라는 요청을 받는다. "그건 완벽한 제목이었다. 그 논문의 지독한 한심함, 하품 나는 사실들의 지루한 열거, 시시한 문제들에 대한 의미 없는 조명 따위를 잘 요약했다. 딕슨은 그런 식의 논문들을 수십 편 읽었는데, 아주 유익하고 의미심장한 내용이라고 확신하는 태도를 가진 그 자신의 논문이 더 한심했다. '이 기이하게 무시된 주제를 고려해볼 때'라고 그 논문은 시작했다. 이 기이하게 무시된 뭐? 이 기이한 주제가 어쨌다고? 이 기이하게 무시된 게 뭐라고? 그 논문 원고를 확 불살라버리지 않고 끝까지 생각을 밀고 나갔다는 것이 그에게 기이하게 보였고 그 자신이 그 누구보다 더 위선자이고 바보 같다는 느낌이 들었다."(14-15)

문학비평은 이런 쓸모없음의 느낌으로 고통을 당한다. 하지만 프레데릭 제임슨이나 에드워드 사이드 같은 문화적 영향력을 갖춘 인사들에게는 진지한 문제들을 토의하는 안전한 영역을 제공한다. 특히 사이드는 넓은 의미에서의 지식인과 비평가의 임무를 이렇게 설정했다. "내가 볼 때 지식인이란 평화를 추구하는 자 혹은 합의를 도출하는 자가 아니다. 그의 전全 존재가 중요한 문제들과 연계되어 있다. 손쉬운 해결안, 기성제품의 상투어, 권력자들의 유들유들한 태도 등을 단호히 거부하는 것이다. 수동적으로 마지못해 하는 거부가 아니라 일반 대중 앞에서 적극적으로 그런 것들을 거부하는 태도를 보여야 한다."[6]

촘스키의 사상으로부터 영향을 많이 받은[7] 듯한 짐 미로드Jim Merod는 이렇게 말한다. "북아메리카의 문학평론가들은 긍정적인 역할을 할 수 있다. 왜냐하면 그들은 문학연구의 장단점을 넘어서는 지식을 확보했기 때문이다. 그러니까 지식이 사회변화에 어떤 기여를 할 수 있다고 보는 것이다. 비평적 인식은 충분한 지적 성취를 이루어서 전문직의 자기유폐성을 뛰어넘을 수 있게 되었다. 모든 종류의 연구가 대학 안에서 정통성을 획득하고 나아가 그 기술적 권위를 사회 일반에 요구하는 방식을 객관적, 제도적으로 평가함으로써 그렇게(유폐성의 초월) 할 수 있는 것이다." 미로드는 촘스키와는 다르게 문학적 영역이 그 안에 특별한 지식 혹은 '비평적 인식'을 갖고 있다고 말한다.(25) 하지만 이러한 인식을 어떻게 정의하고 그것을 어떻게 실제 세상에 적용할 것인가 하는 점은 꼬집어 말하기가 어렵다.

다른 학자들도 그들의 전문적 지식이 갖고 있는 가치에 대하여 회의적이다. 강의실 바깥에서 사회학을 어떻게 활용할 것인가 하는 최근의 논문모음을 보아도 그렇다. 그 중 한 사람인 찰스 더버Charles Derber는 그들의 전문적 저작이 전국의 학생들에게는 도움이 된다고 말했다. "전문적 사회학은 제한된 자격 있는 청중들만 대상으로 한다. 왜냐하면 전문직의 핵심은 지식을 독점하고 비입문자에게는 접근 불가능한 지식 기반을 창조하는 것이기 때문이다. 이와 대조적으로 대중사회학의 핵심은 일반 대중이 접근할 수 있는 지식을 추구한다."[8]

이 주장의 전제는 이런 것이다. 소수의 전문가들을 대상으로 하는 것이 아니라 대중적 지식 기반을 구축하는 것이 목표라면, 전문직이라는 아이디어는 붕괴된다는 것이다. "마르크스, 베버, 뒤르켐(가장 유명한 대중 사회학자들)은 역사, 정치, 사회학, 경제학 등 현대 세계의 여러 분야에 걸쳐 지적 활동을 벌였다. 이들은 오늘날의 비좁은 전문지식의 세분화를 거부했다. 대중사회학은 대중을 상대로 하는 것으로서 어떤 특정 학문을 뛰어넘을 뿐 아니라 그런 경계 설정에도 반대한다."[9]

하워드 진도 이런 견해에 동의했다. 그는 공공의 영역에서 어떤 변화를 가져오려는 학자는 '행동가-학자'가 되어야 하며 그가 깊이 신봉하는 가치를 실현하기 위하여 자기 자신과 저작을 역사라는 광적인 메커니즘 속으로 집어넣어야 한다고 말했다. "이것은 그에게 학자 이상의 존재가 되기를 요구한다. 고대 아테네의 시민 같은 존재가 되기를 바란다."[10] 역사학자가 역사의 메커니즘 속으로 자기 자신을 던진다는 것은 말의 위력을 보여주는 것이기도 하다. 푸엔테스Carlos Fuentes[11]는 이와 관련하여 이렇게 말했다. "말의 힘은 오늘날 부당한 권력을 몰아낼 수 있게 되었다. 사상 처음으로 작가의 타당한 말은 권력의 말이 부당함을 증명했다. 린든 존슨 대통령은 재직 기간 내내 불신임으로 시달렸고 그 때문에 현 체제를 유지할 목적으로 재선을 포기했다." 푸엔테스는 베트남 시대를 회상하면서 아주 낙관적인 어조로 말했다. "지상에서 가장 부강한 나라의 지도자가 학생, 지식인, 기자, 작가 등에 의해 그 자리에서 밀려났다. 이들은 말 말고는 다른 무기가 없었다. 그런데 이 말은 미 행정부의 지속적인 기성질서와는 맞지 않는 것이었다. 그래서 말은 권력의 적이 되었다. 노만 메일러, 윌리엄 스타이론William Styron, 아더 밀러Arther Miller, 수잔 손탁Susan Sontag, 로버트 로웰Robert Lowell, 조안 바에즈……."(114) 그러니까 대중 지식인은 이성과 상식을 무기 삼아 공공의 장에 나선다는 것이다. 그런 다음에 적절한 전투장소와 행동동기를 수립하면 되는 것이다.

 ## 행동을 위한 동기

상아탑 바깥의 지역에서 기여하고자 하는 지식인의 노력에는 다양한 정당화와 동기가 따른다. 그가 상대하는 이슈와 개인의 전문지식 등에 따라서 대응방식도 달라진다. 가장 이상적인 어프로치는 아이디어 자체가 힘을 갖고 있다고 생각하면서, 지식인이 그 유익한 지식을 널리 퍼트리기만 하면 되는 것이다. 어떤 사람들은 학자들이 지식 원천에 대하여 독특한 접근권을 갖고 있고 그래서 대중과 소통하기 좋은 도구를 갖고 있다고 말한다. 그런 만큼 학자는 중요한 문제들에 개입해야 할 책임이 있다는 것이다. 실제로 그런 책임을 떠안고 또 성공하는 지식인들이 있으므로 아이디어(사상) 그 자체보다는 그런 아이디어를 전달하는 사람들에게 더 관심을 갖게 된다. 이 지식인이 어떻게 활동하느냐에 따라 그가 지지하는 대의에 도움을 줄 수도 있고 반대로 방해를 할 수도 있다. 그러한 참여 활동의 개인적 측면도 방정식의 중요한 한 부분이다. 특히 그 지식인이 자신의 명성, 출세, 안전 등을 위협하는 입장을 취할 때는 더욱 그렇다.

'지식인의 표시Representations of the Intellectual'라는 글에서 에드워드 사이드는 지식인 활동의 진정한 가치를 묘사하기 위하여 두 가지 아이디어를 제시했는데 하나는 도덕적 문제로 인하여 개인적 모험을 감수하는 것이고 다른 하나는 정치권력으로부터 의도적으로 단절되려는 행위의 가치다. "발언할 수 있는 희귀한 기회를 붙잡고, 청중들의 주의를 사로잡고, 토론장에서 상대보다 더 세련되게 토론하여 우위에 서는 것 등은 드라마틱하면서도 폭발적인 느낌을 안겨준다. 지켜야 할 임무도 보초서야 할 영토도 가지고 있지 않은 지식인은 뭔가 문제가 있는 사람이다. 이런 사람은 오만함보다는 자기 모멸감이 더 자주 등장하고 직접적으로 발언하기보다는 둔사를 날리게 된다. 따라서 지식인이라면 피해갈 수 없는 현실을 피해서는 안 된다. 이러한 지식인의 표시는 그를 고위층의 친구로 만들어주지 않을 것이고 공식적 영예를 안겨주지도 않을 것이다. 그렇다, 이것은 외로운 조건이다. 하지만 현상을 있는 그대로 인정해버리는 집단적 관용보다는 그것이 더 낫다."[12]

사이드는 글이나 행동에서 권력자에 대한 아부를 포기했을 뿐 아니라 미 행정부의 아이콘들과 미디어를 상대로 끊임없이 토론하려 했고 미디어에 접근하려(자신의 반체제적 발언을 싣기 위하여) 했으나 물론 충족되지 않았다. 그의 이러한 용기에 대해서는 많은 사례를 들 수 있으나 2차 이라크 전쟁에 이르는 몇 주간(이 기간 동안 우리는 엄청난 긴장을 경험했었다)에 나온 기사들이 아주 강력한 주장을 담고 있다. "이 나라의 뉴스를 보거나 듣는 것은 마침내 참을 수 없는 일이 되어버렸다. 낮에는 일간신문을 들추고 저녁에는 TV로 전국 뉴스를 봐야 한다고 나 자신을 무사히 타일렀다. '이 나라'가 생각하고 계획하는 것을 알기 위해서 말이다. 하지만 인내와 피학주의도 한계가 있는 법이다." 그가 스스로 부과한 책임의식은 여기서 개인적 능력의 한계를 만났고 그를 공공의 영역으로 밀어냈다. "우리는 모두 목소리를 높이고 한 번, 두 번, 세 번, 항의의 행진을 거듭해야 합니다. 우리는 창조적인 생각과 과감한 행동으로 워싱턴, 베이징, 텔아비브 같은 곳의 복종적인 전문관료들이 계획하는 악몽들을 물리쳐야 합니다. 그들이 머릿속에 갖고 있는 생각이 이른바 '보다 든든한 안보'라고 한다면, 일상적 의미의 단어들은 아무런 의미가 없게 됩니다. 부시와 샤론이 이 세상의 백인 아닌 주민들을 경멸한다는 것은 분명합니다. 문제는 저들이 그런 짓을 저지르도록 계속 놔두어야 한다는 것입니다."[13]

실제로 사이드는 대중 지식인의 많은 덕목을 실현했다. 그는 문학평론가로서 획득한 전문지식을 실용적인 문제에 적용하려 했다. 그는 전문적 명성과 기관이 뒷받침해주는 힘 덕분에 팔레스타인 사람들의 권리 등 인기 없는 대의를 위해 싸웠다. 그는 1999년 《보스턴 글로브》와의 인터뷰에서 이렇게 말했다. "어떤 사람이 특혜를 받은 사람이라면 …… 자기 자신처럼 운이 좋지 못한 사람들을 돕는 것이 최소한의 예의라고 생각합니다." 팔레스타인 사람들을 돕기 위한 그의 활동은 "개인적 약속이고 그는 그것을 조금도 후회하지 않았다."[14] 만약 사이드가 아무것도 하지 않고 그냥 있었더라면 후회했을 것이다. 그는 현대의 문제들에 대하여 발언할 능력이 있었고 또 책임의식을 느꼈기 때문에 그렇게 했다. 하지만 그가 활용해야 한다고 생각한 이 능력이라는 것은 무엇일까? 인문학자, 문학비평가, 문헌학자 등이 정치, 법률, 사회문제 등에 관한 현대의 토론에서 기여할 수 있는 것은 무엇일까?

사이드의 《오리엔탈리즘Orientalism》은 몇 가지를 제안한다. "인문학적 비판을 활용하여 갈등의 장을 개방하고, 좀더 숨이 긴 사상과 분석의 과정을 도입해야 한다. 우리는 단발성으로 논쟁적이고 생각 없는 분노를 터트리며 적대적 논쟁의 틀 속에 가두는 것은 피해야 한다. 그것은 우리를 호전적인 집단 정체성으로 이끌어갈 뿐 따뜻한 이해와 지적인 교환을 가져다주지 못한다."(xxii) 이것이 사이드가 말하는 '휴머니즘'으로서 경직된 문학적 비판보다는 현실에의 참여를 더 강조하는 것이다. "우리는 블레이크Blake의 복잡한 촉수觸手를 모두 걷어내버리고 역사적으로 또 이성적으로 우리의 정신을 활용해야 한다. 그래야 반성적인 이해와 진정한 폭로를 할 수 있는 것이다."[15]

이것은 에드워드 사이드를 대학의 무대에서 끌어내리는 것이다. 그의 인본주의적 시도는 "다른 해석자들과 다른 사회, 다른 시대와의 공동체의식에 의해 지탱되는 것이다."(《오리엔탈리즘》, xxiii) 하지만 그가 의식적으로 그렇게 고집하기 때문에 사이드의 활동은 그의 학문 분야 안에 머물고 있다. 가령 역사, 문헌학, 언어 등의 비판적 도구를 이용하여 한편으로는 러드야드 키플링Rudyard Kipling을 평가하는가 하면 다른 한편으로는 콘돌리자 라이스Condoleezza Rice를 평가하는 것이다. 이런 이유로 《오리엔탈리즘》의 사이드는 문학과 고전 문헌학이 어떻게 정치적 의미를 획득하는지 살펴본다. 또 문학을 공손한 대화의 경직된 분위기에서 구출한다. "진정한 지식이 근본적으로 비정치적이라는 일반적 합의(반대로 지나치게 정치적인 지식은 진정한 지식이 아니라는 합의)는 지식이 생산될 때의 복잡한 정치적 상황을 교묘하게 흐리는 것이다. 우리는 연결 관계들에 의하여 존재하는 것이며, 그 관계들 밖이나 위에 있는 것이 아니다. 지식인, 인문주의자, 세속의 비평가인 우리들은 이런 사실을 이해하는 것이 중요하다. 미국은 국가들의 세계 속에 존재하는 것이고 현실성 내부에 있는 국가권력이다. 우리는 그 권력 안에 참여하는 것이고, 그 권력과는 상관없이 초연하게 존재하는 구경꾼이 아니다. 예이츠Yeats가 말한 바 있듯이 마음의 꿀단지를 의도적으로 홀짝거리는 올리버 골드스미스Oliver Goldsmith 같은 사람이 아니다."[16]

'혁명적 예술을 창조하고 절판되기On Creating Revolutionary Art and Going Out of Print'[17]라는 도발적 제목의 텍스트에서 트루먼 넬슨Truman Nelson은 미국인들 내부에는 혁명의 도덕성이 그 어느 나라 사람들 못지않게 "강하고 단단하고 지속적으로 흐르고 있다"고 말한다. 하지만 그런 정신이 점점 무시되고 소홀히 되기 때문에 그는 이 시대를 곰곰 되돌아보게 된다. "왜 혁명적 인품의 소유자, (탐욕과 불합리의 혼란을 뛰어넘어) 미래에의 생명줄을 담보하고 강화시키는 자들이 그처럼 무시되고 원칙 없이 되어버리는가? 왜 그들은 평화와 아름다움의 합리적 세상을 건설할 수 있다는 희망을 더 이상 강화시켜주지 못하는가?" 넬슨이 볼 때, 기억에 대한 일종의 음모가 진행되고 있기 때문이다(촘스키도 자주 이런 음모를 지적했다). "이제 아주 먼 해안에 떨어져 있어서 희미하게만 보이는 위대한 이름들이 생각난다. 섬너Sumner, 시어도어 파커Theoder Parker, 개리슨Garrison, 존 브라운John Brown, 웬델 필립스Wendell Phillips, 프레더릭 더글러스Frederick Douglass, 아트겔드Atgeld, 데브스Debs 등의 이름이……. 나는 이 사람들의 이름이 거세되었다고 생각한다. 이들이 젊고 박력 있고 개화開花한 자본주의 민주사회가 당면하고 있는 위기사항들을 이해하고 강조했기 때문이다. 민주사회의 모순사항들을 날카롭게 지적하여 이 꽃이 더욱 아름다운 사회적 형태로 활짝 피어나게 하려 했던 사람들인데 그들의 이름이 거세된 것이다."(93)

이것을 보면 지식인의 역할이라는 카테고리에서는 상황의 맥락이 핵심임을 알 수 있다. 현재와 같은 정치적 기상도라면 권부 주위의 엘리트들은 현재의 상태를 더욱 강화하려고 들 것이다. 가령 마이클 이그나티에프Michael Ignatieff가 노골적으로 부시 정책을 옹호하는 것이 그 좋은 사례다. 그 정책이 인권사상을 무시하고 갈등상황에서 기대되는 미국의 역할을 배반하고 있는데도 옹호하고 나서는 것이다. 이러한 정치적 기능은 보부아르Beauvoir의 초창기 소설 《만다린The Mandarins》에 잘 묘사되어 있다. 또 노엄 촘스키가 집필한 최근의 논픽션 저서에도 지적되어 있다.[18]

새로운 만다린

트루먼 넬슨은 '혁명적 인품의 소유자'에 대한 제거가 마치 외부의 힘에 의해서만 발생되는 것처럼 말하고 있다. 그러나 일부 학자들 또한 그런 외부적 힘과 결탁했거나 아니면 그 힘의 한 부분이다. 지식인들로 하여금 사회의 도덕적·정치적 부분에서 강력한 역할을 하도록 하는 데에는 분명 이점이 있으나 그에 못지않은 위험 혹은 단점이 있다.

우선, 지식인 혹은 학자에게 특정 권력을 부여할 때 위험이 있다. 특히 이들의 이익이 통치계급의 이익과 연계되어 있을 때에는 더욱 그렇다. 가령 정치가들은 어리석은 군사임무를 정당화하려 할 때 지식인을 정당화의 방패로 삼는 것이다. 유명 대학이나 연구소의 지식인들은 이런 저런 군사작전을 정당화하는 데 동원된다. 반면에 이런 정책에 반대하는 지식인들은 하는 일 없이 사회에서 특혜만 받고 있는 자들이라고 매도당한다. 상아탑에 틀어 박혀 일반 대중과 '격리되어' 있기 때문에 일반 대중들이 주목할 만한 존재가 못 된다는 것이다. 이런 이중적 태도는 미국인들 상당수가 공유하고 있다. 그들은 한편으로는 자신들의 자녀가 하버드, 예일, 밴더빌트 같은 대학에서 공부하기를 바라면서, 다른 한편으로는 이런 대학에 소속된 교수들의 자유주의적 휴머니즘에 대해서는 경멸감을 표시한다. 이러한 대조는 '지식인' 대 '유명 대학에서 연구하는 자'의 구분에 의해 잘 요약된다. 전자는 현실 감각이 없다고 매도당하지만 후자는 존경하고 부러워하는 대상인 것이다. 후자에서 중요한 것은 레이블이나 딱지, 이들 명문대학이 강조하는 인간주의적 가치는 아니다.

이와 유사한 구분이 지난 날 '급진주의자'와 '공산당 당원' 사이에 존재했다. 이런 구분은 오늘날에도 여러 집단들에 의하여 다른 목적으로 사용되고 있다. 1940년대에 조지 오웰은 공산당원이 아닌 급진주의자에 대하여 이렇게 말했다. "'지식인'이라는 단어는 좌익 정치가들이 서로를 비난하거나 공동의 라이벌을 비난할 때 사용하는 용어가 되었다. 이러한 정책의 목적은 당과 정치적 집단에 대한 지도자들의 장악력을 강화하자는 것이었다. 독립적 입장을 취하면서 당의 노선을 따르지 않는 사람을 '지식인'으로 매도하면 아주 간편했기 때문이다. 일단 지식인이라는 딱지가 붙으면 자기 이익만 노리는 사람, 노동자들과는 공통점이 없는 자로 치부되었다." 사후에 이런 수정주의에 노출되어 있는 오웰은 자신의 이런 말을 상기하는 게 좋으리라. "나는 이런 방법이 많은 좌익 운동에서 통하는 것을 직접 보았다. 이런 논조를 대중 선동의 목적으로 사용한다는 것은 명백하다. 이것은 독창적으로 생각하는 작가를 당원들로부터 차단시켜 그들의 대오를 효과적으로 유지하게 해주었다. 또 당의 도그마와 그 도그마를 가르치는 자들을 자유로운 비판으로부터 보호해주었다."《에세이 전집The Collected Essays》, 16)

노동운동과 상아탑 양쪽에 경력이 있어서 이런 문제에 소상한 허버트 마르쿠제Herbert Marcuse는 합리적인 반대세력을 매도하는 과정을 직접 목격했다. 마르쿠제는 그 경험을 '풍요로운 사회로부터의 해방 Liberation from the Affluent Society'이라는 글에서 이렇게 회상했다. "우리는 처음부터 그 치명적 편견을 알고 있었다. 사회변화의 촉매제인 지식인들에 대한 노동운동의 편견을. 지식인들에 대한 이런 편견, 그로부터 발생한 지식인들의 열등감, 이런 것들이 사회주의 사회뿐 아니라 자본주의 사회의 발전에 있어서 핵심적 요소가 아니었는지 물어볼 때가 되었다. 동시에 반대파(노동자들)의 발전과 약화를 가져온 요소가 아니었는지 돌아봐야 한다."[19]

 실제 현실

대중을 위해 발언한다는 문제는 누가 무슨 근거로 실제 대중을 대변하느냐 하는 문제와 직결된다. 이것은 아프리카계 미국인들에게는 중요한 고려사항이었다. 그들을 위해서 고 레이 찰스Ray Charles, W. E. B. 뒤부아W. E. B. Dubois, 랄프 앨리슨Ralph Ellison, 마틴 루터 킹Martin Luther King, 말콤 엑스Malom X, 기타 많은 흑인 인사들이 아이콘 겸 정치적 어프로치의 대표자로 떠올랐다. 생존하고 있는 흑인 지식인들로는 크와메 안토니 아피아Kwame Anthony Appiah, 스티븐 카터Stephen Carter, 헨리 루이스 게이츠Henry Louis Gates, 스튜어트 홀Stuart Hall, 벨 훅스bell hooks, 르로이 존스Leroi Jones, 토니 모리슨Toni Morrison, 셸비 스틸Shelby Steele, 앨리스 워커Alice Walker, 코넬 웨스트Cornell West, 패트리셔 윌리엄스Patricia Williams 등이 있다.

이들은 아프리카계 미국인들, 나아가 아프리카 대륙의 정신적·대중적 문제들을 대변하면서 다양한 방면의 토론에 참석하여 큰 흐름을 주도하고 있다. 이들의 실제 현실은 평생 겪어온 차별대우의 경험이다. 그리고 이제 그들이 특혜의 자리를 차지하게 됨에 따라 각자의 학문 분야에서 혹은 그 너머에서 책임 있는 활동을 규정하기 위해 애쓰고 있다. 이는 아프리카계 미국 지식인들이 일련의 제도적·공공적 의무사항을 수행해야 한다는 뜻이다. 캐논(정전이 되는 작품)을 재규정하고 그런 작품에 기여하기, 대학의 기능을 재고하면서 대학에서의 새로운 프로그램을 수립하고 그것에 기여하기, 상아탑과 지역사회의 유대를 재건하고 그 사이에서 가교를 마련하기, 전통적 방식이 반드시 옳은 것만은 아님을 각성시키고, 아이비리그 같이 전통적인 대학들도 변화시킬 수 있음을 증명하기 등이 그런 의무사항이다.

여성 대중 지식인들이 당면하고 있는 과제는 위의 경우처럼 분명하게 정의되지 않는다. 둘 사이에 이슈가 일부 겹쳐지는데도 불구하고 말이다. 여성의 현실에는 다양한 목소리가 존재하고, 그래서 대학 바깥의 지역에서 활동하는 지식인들 사이에 남녀가 거의 동수로 활동할 것이라는 기대를 갖게 한다. 그런데 현실은 그렇지 못하다. 두 연구서는 다양한 기준에 의거하여 영국과 미국에서 활약하는 대중 지식인들의 리스트를 작성했다. 이 중 여성은 전체 지식인의 15퍼센트를 넘지 않는다. 《프로스펙트 매거진Prospect Magazine》이 열거한 '가치 있는 지식인 100인'의 경우 여성은 겨우 12명이다. 그들은 카렌 암스트롱Karen Armstrong(종교역사가), A. S. 바이어트A. S. Byatt(소설가 겸 평론가), 린다 콜리Linda Colley(역사가), 수잔 그린필드Susan Greenfield(약리학자 겸 영국 과학연구소 소장), 저메인 그리어Germaine Greer(작가 겸 학자), 리사 자딘Lisa Jardine(역사학자), 메리 미즐리Mary Midgley(도덕철학자), 오노라 오닐Onora O'Neill(철학자), 멜라니 필립스Melanie Phillips(작가 겸 칼럼니스트), 지타 시리니Gitta Sereny(전기작가), 메리 워녹Mary Warnock(철학자 겸 공공윤리학자), 지네트

윈터슨Jeanette Winterson(소설가) 등이다.

이 부실한 리스트에 대하여 데이비드 허만은 이런 의문을 품는다. "이것은 언론계와 대학사회의 제도화된 성차별의 결과인가? 아니면 이미 전쟁이 끝나서 성차별은 더 이상 우리의 정신문화에서 주요 단층선이 아닌가?"[20] 로라 바튼Laura Barton은 《가디언Guardian》 2004년 7월 2일자에 '여기에 몇몇 빠진 명단이 있다Here's a few you missed'[21]라는 기사를 실었다. 바튼은 이 글에서 말한다. "데이비드 허만의 주장은 여권운동이 더 거세게 전개되었다면 더 많은 여성이 이런 리스트에 올라갔을 것을 전제한다. 그 운동이 아직도 동정표를 이끌어낼 힘이 있다면 말이다. 그리고 그런 운동이 끝나고 나면 우리 여성은 다시 주방으로 물러가야 한다는 얘기다." 바튼의 글은 이어 워릭 대학의 사회학 교수인 스티브 풀러Steve Fuller의 책 《지식인이 되는 방법How To Be An Intellectual》[22]을 인용한다. "남자 지식인들은 여자들에 비해 서로 끌어주는 경향이 강하다. 지식인 사회에도 동창 네트워크가 영국사회의 다른 분야 못지 않게 광범위하게 깔려 있다." 풀러의 진단에 따르면 여성 대중 지식인들은 남성 지식인들만큼 존경을 받지 못한다. 그리고 다른 기준에 따라 좀더 강하게 비판받는다. 예를 들어 "수잔 그린필드는 미니스커트 때문에, 저메인 그리어는 개인생활 때문에" 비난을 받는다. 풀러는 말한다. "여성 지식인들은 신문이나 잡지에 많이 나오면 오히려 그 때문에 대중의 눈에 지성이 떨어지는 사람처럼 보인다. 반면 남자 지식인들은 아무리 많이 나와도 피해를 보지 않는다. 지식인 사회에서도 칠칠치 못한 여자, 씩씩하게 활동하는 남자라는 구분이 있는 것이다."

《가디언》은 빠진 여자 지식인들을 보충하는 자체 101 명단을 발표했다. 여기에는 이런 여자 지식인들이 포함되었다. 일레인 쇼월터Elaine Showalter(문학평론가), 질리언 비어Gillian Beer(학자), 바네사 레드그레이브

Vanessa Redgrave(배우 겸 정치운동가), 도리스 레싱Doris Lessing(소설가), 줄리엣 미첼Juliet Mitchell(정신분석의 겸 작가), 나오미 클라인Naomi Klein(작가), 샤미 차크라바르티Shami Chakrabarti(리버티 소장), 리사 아피냐네시Lisa Appignanesi(TV 프로듀서, 작가, ICA협의회 회원), 보니 그리어Bonnie Greer(작가), 레이디 아모스Lady Amos(상원 지도자), 메리 케이 윌머스Mary Kay Wilmers(《런던 리뷰 오브 북스London Review of Books》의 편집자), 연구소 폴리테이아Politeia의 소장, 실리 롤로Sheila Lawlor(작가) 등.

리처드 포스너Richard Posner는 자체적으로 대중 지식인을 조사하여 《대중 지식인Public Intellectuals》에 미국의 대중 지식인 총 607명의 리스트를 올렸다.[23] 포스너는 다시 이 지식인들을 여성, 흑인, 유대인 등으로 분류하고, 학계와의 관계, 관계官界와의 관계, 학문적 업적, 이름의 인터넷 조회수 등으로 분류했다. 이 리스트에는 비교적 적은 수의 여성 대중 지식인들이 들어 있는데 다음과 같다.

레나타 애들러Renata Adler, 한나 아렌트Hannah Arendt, 마사 베일즈Martha Bayles, 시몬 드 보부아르Simone de Beauvoir, 루스 베네딕트Ruth Benedict, 시셀라 복Sissela Bok, 주디스 버틀러Judith Butler, 레이첼 카슨Rachel Carson, 린 채니Lynn Chaney, 앤 쿨터Anne Coulter, 로라 단드레아 타이슨Laura D'Andrea Tyson, 안젤라 데이비스Angela Davis, 미지 덱터Midge Decter, 안드레아 드워킨Andrea Dworkin, 바바라 에렌라이히Barbara Ehrenreich, 진 베스키 엘시타인Jean Bethke Elshtain, 바바라 엡스타인Barbara Epstein, 신시아 푹스 엡스타인Cynthia Fuchs Epstein, 수잔 에스트리히Susan Estrich, 수잔 팔루디Susan Faludi, 프랜시스 피츠제럴드Frances Fitzgerald, 엘리자베스 폭스-제노비스Elizabeth Fox-Genoves, 베티 프리든Betty Frieden, 캐롤 길리건Carol Gilligan, 메리 앤 글렌든Mary Ann Glendon, 도리스 컨스 굿윈Doris Kearns Goodwin, 린다 그린하우스Linda Greenhouse,

래니 기니어Lani Guinier, 에이미 거트맨Amy Gutmann, 엘리자베스 하드위크Elizabeth Hardwick, 비키 헌Vicki Hearne, 캐롤라인 하일브런Carolyn Heilbrun, 릴리언 헬먼Lillian Hellman, 게르트루드 힘멜파르브Gertrude Himmelfarb, 벨 훅스bell hooks, 에이다 루이스 헉스터블Ada Louise Huxtable, 캐롤 이아논Carol Iannone, 폴린 카엘Pauline Kael, 메리 레프코위츠Mary Lefkowitz, 캐더린 맥키넌Catharine MacKinnon, 자넷 맬컴Janet Malcolm, 메리 맥카시Mary McCarthy, 데이드리 맥클로스키Deirdre McCloskey, 마가렛 미드Margaret Mead, 케이트 밀레트Kate Millett, 마사 미노우Martha Minow, 제시카 미트포드Jessica Mitford, 토니 모리슨Toni Morrison, 마사 누스바움Martha Nussbaum, 조이스 캐롤 오츠Joyce Carol Oates, 신시아 오직Cynthia Ozick, 캐밀 파야Camille Paglia, 버지니아 포스트렐Virginia Posterel, 프랜신 프로스Francine Prose, 힐러리 퍼트넘Hilary Putnam(!), 에인 랜드Ayn Rand, 다이안 래비치Diane Ravitch, 애드리언 리치Adrienne Rich, 엘레인 스케리Elaine Scarry, 이브 코소프스키 세지윅Eve Kosofsky Sedgwick, 낸시 셔먼Nancy Sherman, 주디스 스클라Judith Sklar, 엘레인 쇼월터Elaine Showalter, 테다 스카치폴Theda Skocpol, 크리스티나 호프 서머스Christina Hoff Sommers, 수잔 손탁Susan Sontag, 글로리아 스타이넘Gloria Steinem, 캐슬린 설리번Kathleen Sullivan, 아비게일 선스트롬Abigail Thernstrom, 다이애너 트릴링Diana Trilling, 바바라 터크맨Barbara Tuchman, 캐트리나 반덴 호이벨Katrina Vanden Heuvel, 레베카 웨스트Rebecca West, 패트리셔 윌리엄스Patricia Williams, 엘렌 윌리스Ellen Willis, 로버타 월스테터Roberta Wohlstetter, 나오미 울프Namoi Wolf.

이 78명 중 13명이 죽었고 그 중 한 명(힐러리 퍼트넘)은 남자다. 포스트 리스트에 오른 총 607명 중 생존하는 여자 지식인은 10퍼센트 정도인데 이것은 《프로스펙트 매거진》의 비율과 비슷하다.

이런 역학관계와 그것을 뒷받침하는 제도에 대한 비판의식은 캐밀 파야[24]의 저서에 잘 나와 있다. 그녀는 MIT에서 연설하면서 자신의 상황과 여자라는 지위에 대해 신랄하게 말했다. 그녀는 개그우먼 같은 코미디와 엘리트 학계에 대한 페미니즘의 도발적 공격을 동시에 수행했다. "여기 MIT에 와서 연설을 하자니 하나의 딜레마를 느낍니다. 나는 자문해봅니다. 내가 숙녀처럼 행동해야 할까? 나는 그렇게 할 수 있다. 하지만 그건 어렵다. 나의 상당 부분을 떼어내야 한다. 몇 시간 정도라면 그렇게 할 수 있다. 하지만 나는 곧 생각을 바꿉니다. 아니야, 이 사람들, 여기 온 내 친구들과 적들, 이들은 숙녀처럼 행동하는 나를 보러 온 게 아니야. 그래서 나는 본래의 내 모습대로 가는 게 좋겠다고 생각합니다. 거칠고, 까다롭고, 불쾌한 사람 말입니다. 그러면 여러분은 강연회가 끝나고 밖에 나가서 말할 겁니다. '야, 대단한 년이야!'"(250)

그녀는 변화를 일으키는 촉매자의 역할을 기꺼이 받아들인다. 남이 뭐라고 하든 자기 생각대로 말할 권리가 있다. 그렇게 해서 성장하고 자기 방식대로 활동하는, 지적이고 독립적인 인물이 되는 것이다. 파야는 계속 말한다. "내가 이처럼 주목을 많이 받는 이유는 꽤 분명하다고 생각합니다. 우리는 현대적 사고방식이 교착상태에 빠진 시대에 살고있습니다. 내가 대변하는 것은 독립적 생각입니다. 내가 대변하는 것은 1960년대의 정신입니다. 그때는 자유로운 생각과 자유로운 언론을 지지했습니다. 그런데 많은 사람이 그걸 싫어했습니다. 정치적 스펙트럼의 양쪽에 있는 많은 사람들이 자유로운 언론을 통제하려 했습니다. 나는 그런 상황에 맞서서 가능하면 그런 사람들을 고통스럽게 만들려고 합니다." (250) 그녀의 일차적 목표는 사회적 프로그램을 옹호하는 것이 아니라 비난하는 것이다. 그녀는 청중의 목소리를 대신 할 수 있다고 주장하는 권위적 목소리에 도전한다.

그녀의 어프로치에는 한 가지 유머러스한 측면도 보인다. 그녀는 다원적 문화주의를 전혀 알 것 같지 않은 사람들이 갑자기 문화다원론을 칭송하기 시작했다고 꼬집었다. "스탠리 피시(나는 이 사람을 어설픈 땜장이라고 부르는데) 같은 사람들이 갑자기 그런 얘기를 하고 나섰어요. 아니, 그가 어떻게 그런 말을 합니까? 정말 굉장한 위선자예요! 듀크 대학의 사람들은 우리에게 다문화주의를 말합니다. 사립 예비학교 출신이 아니면 아예 뽑지를 않는 대학에서 말이에요. 그런 설교를 하려 들다니 믿어지지 않아요! 듀크 대학에 있는 그 모든 사람들은 소수 인종이라면 고개를 돌려왔어요. 그런 사람들이 WASP이라는 구체제가 문제 있다고 떠들고 있는 거예요. 그럼, 그들에 대한 처방은 무엇일까요? 소수인종들에게 동정적이 되라는 겁니다! 오케이? 그들이 글 쓰는 스타일을 한번 보세요. 게임을 하듯이 세련된 두뇌 플레이만 하고 있어요. 이들은 정말 정체성에 문제가 있는 사람들이에요!"(255)

그녀는 자신이 이런 사람들과 다르다면서 자신이 성장한 토양에 대해서 말한다. 자신의 노동자 경력을 사람들에게 드러낸다. "학계에 있는 사람 중에서는 내가 아마도 유일하게 공장일을 해본 사람일 거예요. 이른바 마르크스주의자라는 사람들, 온갖 그럴 듯한 외모와 제스처만 꾸미는 사람들. 그래요 옥스퍼드 대학에서 근무하는 테리 이글턴 같은 사람들. 이글턴의 소득이 얼마나 되는지 아십니까? 그 사람이 받는 연봉이 얼마인지 아십니까? 생각만 해도 혐오스러워요. 그 때문에 그는 청바지를 입고 다니는 겁니다. '아니에요, 실은 나 돈 없어요'라고 말하기 위해서. 이 사람들은 위선자입니다! 그들은 정말 그런 사람들이에요. 그건 모두 문학적 게임일 뿐이에요. 진정한 자기희생도 없고, 노동자로서 노동계급의 사람으로서 실제 체험도 없습니다. 이런 상황이란 정말 끔찍스러워요. 이런 상황이 도처에서 벌어지고 있어요. 아이비리그 대학들

의 도처에서!"(255)

그녀의 말에도 물론 긴장과 모순이 있다. 파야 자신도 교수고, 자칭 대중주의자이고, 작가이고, 예일 대학원 졸업생이고, 열광하는 팬 앞에서 MIT 강연을 하는 사람이다. 좀더 사회적 관점에서 볼 때 지행합일을 요청하는 지식인들은 허버트 마르쿠제나 하워드 진이 말한 지식인의 이상, 젤리그 해리스의 '대중을 어리석음에서 깨우치기'를 상기해볼 필요가 있다. 그리고 거짓 선전으로 가득한 미디어와 대중문화의 바다에서 익사하지 않기 위해 때때로 유머의식을 발휘할 필요가 있다.

 정신적 구명부대

이런 위선에 맞서 싸우기 위해서는 문학비평가의 정치적 책무를 논한 짐 미로드의 책[25]에서 언급된 복잡한 아이디어와 문제들을 깊이 생각해볼 필요가 있다. 미로드는 도발적으로 말한다. "인문학은 소중한 텍스트들을 우아하게 읽기만 하는 것이 아니라 그것을 정치적으로 생산적인 지식으로 바꾸어서 소비주의와 거짓 해방의 이미지가 만연한 현대의 사회를 시정할 수 있다." 이렇게 하기 위해서 인문학의 애매모호한 비판 프로젝트를 일신하여 유익한 일에 봉사하도록 해야 한다. 그러자면 인문학의 비평은 우선 그 애매모호한 언어를 바꾸어야 한다. "문제는 비평이 그 명징성과 분석적 기량을 잃지 않고서 실용적이 되어야 한다는 것이다. 보다 민주적이어야 하고 애매모호해서는 안 된다."(89)

미로드가 이런 노력을 위해 거론하는 저작들은 정치철학, 문학이론, 언어이론을 종합한 것인데 위르겐 하버마스, 러셀 재코비Russel Jacoby, 프레데릭 제임슨, 줄리아 크리스테바, 에드워드 사이드, 가야트리 스피박Gayatri Spivak 같은 저명한 사상가들의 저작을 많이 언급하고 있다. 이들은 사상적 배경은 달라도 자신들의 학술저서가 실생활의 문제에 도움이 되기를 바란다. 이들은 상아탑 안에 있으면서도 상아탑 바깥의 현실 문제에 신경을 쓴다. 좋은 사회를 수립하는 데 장애가 되는 현대 사회의 구조적 문제들에 대하여 비판의 목소리를 낸다.

문제는 항상 이런 비판적 어프로치를 어떻게 구체적으로 실천할 것인가 하는 것이다. 그런 구체안을 다룬 여러 포럼들은 다양한 대응방안을 제시하는 중에, 학자들의 의견도 반드시 하나의 아이디어로 참고해야 한다고 주장한다. 그런데 이런 실천에 나선 학자들의 문장이 너무 어렵기 때문에 문제 해결보다는 오히려 문제를 제기하는 경향이 있다. 작가나 학자들이 자기 봉사적이고 애매모호한 정치적 둔사를 사용하지 말고 분명하고 합리적이고 생산적인 문장을 사용해야 한다는 요구는 오래 전부터 있어왔다.

러셀 재코비는 그의 저서 《마지막 지식인들The Last Intellectuals》에서 학자들의 언어가 애매모호한 사실보다는 대학이 지식인들의 영혼을 앗아가버리는 게 더 문제라고 지적했다. 더 높은 보수를 찾아서 기웃거리는 현대의 학자들은 점점 더 단순하고, 범위가 좁고, 관료적인 일만 하고 있다는 것이다.[26] 리처드 포스너는 2001년 《대중 지식인들》이라는 책을 펴냈는데 좋은 리뷰를 얻지는 못했다.[27] 그는 이 책에서 대학을 크게 비판했다. 하지만 그는 자신의 지식을 위해 싸우는 지식인의 시대로 되돌아갈 의사는 없다. 그보다는 보다 공리적인 어프로치를 선호한다. 사상이란 공개시장에서 그 존재가치를 위해 싸우는 상품 같은 것으로서 유토피아의 사상보다는 자유주의적 목적에 더 잘 봉사하는 아이디어를 지지해야 한다는 것이다.[28] 이것은 피에르 부르디외의 담론의 공개시장을 연상시킨다. 하지만 부르디외에게는 포스너와 다른 점이 하나 있다.

개인들의 발화發話를 판단하는 기준인 타당한 담론은 유익한 정보의 교환보다는 권력을 선호하는 경향이 있다는 것이다.[29]

많은 연구서들이 고고한 상아탑과 현실적인 기업계의 유착관계, 가령 무기 거래[30] 등을 지적하고 있다. 현 정부에 들어가 있는 박사학위 소지자나 전직 교수들, 주요 대학들의 행정직을 차지하고 있는 전직 관료들의 숫자를 살펴볼 때 상아탑이 다른 권력기관으로부터 그리 멀리 떨어져 있는 곳이 아님을 알 수 있다. 빌 레딩스Bill Readings는 《폐허가 된 대학University in Ruins》[31]에서 이런 강력한 비판을 하고 있다. "한때 이상적 공동체였던 대학은 더 이상 합리적 공동체, 순수한 형태의 공적 영역이 아니다. 훔볼트가 대학을 가리켜 말했던 '가장 우수한 사회의 모델'이 아니다. 대학은 이제 이상적 모델이 없는 모델일 뿐이다. 대학은 이제 끼리끼리 정신이 통하는 여러 장소들 중 한곳이 되었다. 이제 제도적 형태가 사라졌기 때문에 그런 끼리끼리 정신이 득세하는 것이다. 그리고 지난 3세기 동안 국가라는 제도(형태)가 이런 모델의 부재를 간신히 은폐해주었을 뿐이다."(20)

 현대의 관심사

지식인들이 어떻게 공공의 문제에 참여할 것인가 하는 비판은 종종 학자들의 이해利害와 대중들(학자들이 도와주려고 하는 사람들)의 일상적 관심사 사이의 균열을 드러낸다. 어떤 경우에 대중들은 학자들의 말이나 글이 너무나 애매모호하고 복잡하여 도움을 받았다기보다 소외되었다고 느낀다. 예를 들어 호미 바바Homi Bhabha나 가야트리 스피박 같은 학자들은 해체나 라캉의 정신분석에서 나오는 복잡한 아이디어들을 사용하고 있다. 이들은 또 소속 대학이 제공한 특별한 혜택을 누려가며 포스트 식민주의 사회를 더 잘 이해하려고 애쓰고 있다. 대학에서 해체 같은 복잡한 이론을 사용하면서 평론하는 것과 편중된 부의 완화(해체)라는 실용적 목적을 위해 발언하는 것 사이에는 종종 모순이 존재한다. 이런 모순은 다양한 맥락 속에서 모습을 드러낸다. 그래서 소니아 샤Sonia Shah의 Z네트 기사들 중 '아주 심하게 왜곡된 우리의 세계관Our Deeply Twisted Understanding of the World'이라는 제목을 단 기사는 이렇게 말하고 있다. "지금 현재 사람들은 서구 자본주의 때문에 죽어가고 있다. 그들은 산업 독극물에 중독되고 있고 거대한 댐 때문에 자기 고향에서 수몰되고 있다. 여자들은 국제 섹스산업에 내몰리거나 착취공장에서 일하거나 고통스러운 부상을 겪고 있다. 이런 사람들이 어떻게 살고있는지에 대해서 많이 알 필요도 없다. 그들은 그야말로 생존 그 자체를 위해 싸우고 있다. …… 이것은 너무나 중요하기 때문에 상아탑에 안주하고 있는 고상한 지식인들에게 맡겨둘 문제가 아니다."[32]

그 문제가 너무나 중요하기 때문에 상아탑에 안주하고 있는 '고상한 지식인들'에게 맡겨둘 게 아닌 것은 사실이다. 하지만 역정보를 해체하는 일은 대부분의 사람들이 관심을 두지 않는 일이다. 따라서 유일한 희망은 학자들의 활동이 현대적 관심사와 관련을 맺게 되는 것이다. 이것이 현대의 문제에 적극 참여해야 한다고 주장하는 사르트르의 입장이다. "작가들은 그로부터 도망칠 길이 없다. 우리는 그가 그의 시대를 꼭 껴안기를 원한다. 이것이 그의 유일한 기회다. 그 기회는 그를 위한 것이고 그 자신도 이 기회를 붙잡아야 한다."[33] 이것은 사회 참여를 거부한 채 애매모호하고 단절된 작업만 타당하다고 주장하는 상아탑의 관행에 도전을 걸어온다. 다시 말해 작가는 뉴크리티시즘의 구성물이 아니다. 그의 시대나 주변환경에 아무것도 빚진 것이 없어 초연하게 존재하는 사람이 아니라는 뜻이다.

사르트르는 말한다. "작가는 그의 시대에 **위치**해 있다. 그가 말하는 모든 말은 반향을 일으킨다. 그의 침묵 역시 마찬가지다. 나는 플로베르와 공쿠르Goncourt 형제가 파리코뮌 이후의 탄압사태에 책임이 있다고 생각한다. 왜냐하면 그들은 그것을 예방하기 위한 글을 단 한 줄도 쓰지 않았기 때문이다. 어떤 사람들은 이게 그들의 일이 아니라고 말할지 모른다. 하지만 칼라스 재판이 볼테르의 일이었는가? 드레퓌스 사건이 졸라의 일이었는가? 콩고 행정부가 지드의 일이었는가? 이런 작가들은 서로 다른 시기에 작가로서의 책임을 다했다. 독일에 점령되었던 시기는 우리에게 우리의 책임을 가르쳐주었다. 우리의 존재 그 자체로 우리의 시대에 영향을 가하는 것이기 때문에 우리의 행동은 자발적이어야 한다."[34] 사르트르는 이처럼 작가란 현대의 문제에 대하여 발언해야 한다고 주장했다. 이 연장선상에서 학자들도 상아탑 바깥의 지역에서 발언해야 하고 그의 행동(혹은 침묵)에 따른 결과에 대하여 책임을 져야 한다.

학자의 사회적 책임에 대하여 글을 쓴 사람들은 사회의 문제를 주로 경제적인 것으로 보고, 이런 문제는 국가의 경제권력의 재편을 통해서만 해결할 수 있다는 입장을 취한다. 이것은 코넬리우스 카스토리아디스Cornelius Castoriadis[35] 같은 작가들이 취하는 입장이다. 그는 진정한 사회 참여가 없는 공허한 철학에 대하여 개탄한다. "많은 '마르크시스트'와 '좌파' 지식인들이 《자본론》의 1권과 3권과의 관계, 이런 저런 마르크스 학자들의 해석들에 대한 논평을 쓰면서 시간과 정력을 낭비한다. 이렇게 주석에 주석을 쌓아올리는 일에만 집중할 뿐 실제의 역사 혹은 사람들의 행동을 통한 형태와 의미의 효과적 창조 등에 대해서는 전혀 신경을 쓰지 않는다." (255) 그들이 이렇게 행동하는 것은 직업적 이유 때문인데 폴 스트리트Paul Street의 말을 들어보자.

한 급진적 교수가 몇 년 전에 내게 이런 말을 했다. 그의 동료들은 "서로에게 기다란 연애편지를 쓰면서 시간을 보낸다"는 것이다. 그 '연애편지'란 학자들의 특별한 자기지칭적 책이나 논문들을 말한다. …… 평생에 걸친 저작이기는 하나 극소수의 내부 독자들만 읽을 뿐이다. 그 책이나 논문은 저자의 교수재직권tenure 확보나 진급에만 소용이 될 뿐 대학도서관에서 계속 먼지만 뒤집어쓰고 있다. 반면에 강의에 열중하고, 강의실과 강당에 가득 들어찬 수천 명의 학생들(교수들의 봉급을 지불하는 학부형의 자녀들)에게 영감을 주는 교수는, 진정한 청중이 누구인지 모르는 한심한 사람이라고 조롱을 당한다. 또 대학의 급진적 잠재력은 세밀하게 나누어져 있는 학과목과 프로그램 등 반反지성적 전문화에 의해 희석되어버린다. 오늘날 대학의 인위적인 세분화(나는 사회학자 마르크스, 정치학자 마르크스, 경제학자 마르크스, 역사학자 마르크스, 인류학자 마르크스 등으로 세분된 강의를 들은 적이 있다)는 학자와 학생들의 활동을 방해하고 있다. 그들은 지적 연구와 급진적 비판을 서로 연결시키는 의미 있는 활동을 하지 못하는 것이다. 이런 비좁은 경계를 벗어난 사람들은 …… 학문의 전문 영역을 벗어나서 발언하는 자라는 비난을 받는다."[36]

우리가 앞에서 살펴본 바와 같이 촘스키는 외교정책, 경제학, 사회과학 등에 대하여 지속적으로 발언해왔기 때문에 이런 비난의 대상이 되었다. 하워드 진은 〈시민으로서의 역사가Historian as Citizen〉[37]라는 논문에서 역사가의 임무에 대하여 동일한 주장을 폈다. 그는 전문적 연구보다는 개인적 책임을 더 강조했다.

나는 역사의 책임 소재는 과거가 아니라 미래에 놓여야 한다고 주장합니다. 카이사르가 좋은 사람이냐 나쁜 사람이냐, 나폴레옹이 진보적이냐 보수 반동적이냐, 루즈벨트가 개혁가냐 혁명가냐 하는 것은 역사들이 오래 전부터 해오는 무익한 게임입니다. 물론 이런 명제가 오늘날의 관심사에도 관련이 있을지 모릅니다. 가령 아테네의 법률을 따른 소크라테스는 옳았는가 등이 그렇습니다. 하지만 과거의 범죄를 서술하는 데 있어서 주안점은 '그 당시 누구에게 책임이 있었느냐' 하는 것이 아닙니다. 그것은 반드시 '지금 현재 우리의 책임은 무엇인가'로 연결되어야 합니다.(513)

위의 두 입장은 혁명적 사고방식과 관련이 있는데 요점은 실제 역사와 협의적으로 정의된 '사상의 역사'를 구분하자는 것이다. 왜냐하면 역사는 역사적 '사실들'의 나열로 끝나는 게 아니기 때문이다. 혁명적 관점에서 보자면 정말로 중요한 것은 그런 사실들의 **해석**이다. 이런 해석은 대학의 역사학자들에게만 맡겨놓을 수 없는 것이다.[38] 이런 관점에서 볼 때 학자들에게는 분명 책임이 있지만 그렇다고 해서 그들이 전면적으로 그 책임을 져야 한다는 뜻은 아니다. 허버트 마르쿠제가 지적한 것처럼 학자들은 무엇보다도 촉매제 역할의 수행에 더 중점을 두어야 한다.

지식인들이 역사적 변화의 동인動因이라고 말할 수 있을까? 오늘날의 지식인들이 혁명가계급이라고 할 수 있을까? 나의 대답은 이렇다. 아니다. 우리는 그렇게 말할 수 없다. (하지만) 지식인들이 결정적 준비의 기능은 발휘할 수 있다고 말할 수 있다. 이것만 해도 굉장한 역할이다. 지식인은 그 자체로는 혁명적 계급이 되지 못한다. 하지만 촉매제 역할은 할 수 있다. 그들은 나름대로 준비의 기능을 담당할 수 있다. 이런 촉매의 기능은 예전에도 발휘되었다. 사실 그렇게 해서 혁명이 시작되었다. 이전보다 앞으로 더 이런 기능이 발휘될 것이다. 이에 대하여 우리는 아주 구체적이고 실제적인 근거를 갖고 있다. 왜냐하면 이 그룹으로부터 생산과정의 결정적 위치를 차지하는 자들이 동원될 것이기 때문이다. 이것은 지금보다는 앞으로 더욱 활발하게 이루어질 것이다.[39]

시무어 멜만 어프로치

이 논의에서 핵심적인 인물은 예전에 노엄 촘스키의 친구이면서 스승이기도 했던 시무어 멜만이다. 멜만은 평생 동안 '펜타곤 자본주의'에서 발생하는 일과 펜타곤 조치의 결과로 사회의 다른 분야에서 발생하는 일에 대하여 신랄한 텍스트를 저술했다. 나는 멜만의 저서를 읽을 때마다 처연한 느낌이 된다. 특히 그의 마지막 책 《자본주의 이후After Capitalism》를 읽었을 때에는 더욱 그런 심정이었다. 이 책은 걸작이지만 9.11 사태 직전에 출판되는 바람에 거의 무시되었다. 그는 사망할 당시 새로운 책을 집필하고 있었다. 그 책의 일부를 여기 전재함으로써 멜만이 적극 수집하면서 변화시키려 했던 상황들을 짚어보고자 한다. '국방에 따른 인간의 비용과 산업의 비용'이라는 장에서 멜만은 상아탑 바깥의 지역에서 활동하고자 하는 사람들이 주목해야 할 과제를 제시했다.

1990년부터 2000년 사이에 미국 정부는 국방비로 2조 8956억 달러를 썼다. 이 놀라운 액수(어떤 비용이든 10억 달러라고 하면 엄청난 것이다)는 국민 전체에게 국방비용의 규모를 제대로 표현해주지 못한다. 진정한 비용은 '기회비용'에 의하여 측정된다. 그러니까 할 수 없이 배제된 것, 인생의 여러 분야에서 축적된 낙후한 환경, 오랫동안 인간의 비참함을 덜어주지 못한 무능력 등으로 측정해야 하는 것이다. 다음은 사람들이 감당해야 했던 낙후한 환경의 일부다.

1. 2001년에 이르러 미국 주택의 상당수가 노후했다. 200만 가구의 주택이 심하게 파손되었다. 130만 가구는 지붕에서 물이 샌다. 100만 가구는 집 마루에 구멍이 나 있다. 100만 가구는 쥐가 들끓는다. 7만 2000가구는 전기가 들어오지 않는다.
2. 2002년 미국 농업부의 통계에 따르면 미국인 930만 명이 '밥을 굶는 것'으로 집계되었다. 더욱이 거의 350만 명(미국 세대의 12.5퍼센트)이 소득 부족으로 음식물을 제대로 조달하지 못한다.
3. 2002년 미국인 348만 명이 가난 속에 살고있다. 이것은 전 인구의 12.4퍼센트이고 2001년에 비해 130만 명이 늘어난 것이다.
4. 매해 230만 내지 350만 명(130만 명의 어린이 포함)의 미국인이 무주택자다.
5. 4120만 명의 미국인이 2001년 내내 건강보험의 혜택을 받지 못했다. 2002년 1만 8000명의 미국인이 미보험으로 치료를 받지 못해 사망했다.
6. 1400만 명의 어린이들이 노후한 공립학교에 다닌다. 공립학교의 3분의 2가 문제 있는 주변환경을 갖고 있다.

멜만은 이어 "군사비를 우선하다보니 이처럼 인간이 희생되었고 동시에 인력과 자본을 군사 테크놀로지와 군 관련 사업에만 집중하다보니 민간 테크놀로지가 퇴보했다"고 말했다. 그 구체적 사례는 다음과 같다.

1. 1996년 현재, 미국 산업 분야에서 사용되는 공작기계는 11년 된 것이다.
2. 도로 적체는 매년 미국에서 57억 시간의 지체를 발생시킨다. 이것은 65만 684년을 낭비한 것에 해당한다.
3. 미국 철도는 노후했다. 미국이 다른 나라에서 사용되는 빠르고 효율적인 기차를 이용하려면 6만 마일의 전기 트랙을 새로 건설해야 한다.

민간 산업기술이 노후하거나 진보하지 못하므로 미국인들의 생산적인 고용기회는 감소한다.

멜만은 산업 엔지니어 겸 지식인으로서 또 사르트르식 참여를 실천하기 위하여 실제 세계에서 모험을 감수하는 것도 마다하지 않았다. 그러나 여기에 하나의 위험이 놓여 있다. 지식인들은 비록 고상한 목표를 갖고 있다 할지라도 이데올로기에 의해 유혹되거나 '매혹'될 수 있는 것이다. 폴 아롱Paul Aron은 문제작 《지식인의 아편The Opium of the Intellectuals》에서 살인적인 독트린에 대해서는 지적인 피난처를 제공하면서도 민주주의의 실패만 무자비하게 공격하는 지식인들을 비난한다. 아롱은 마르크시즘을 맹렬하게 공격한다. 하지만 현대의 관심사에 대한 인간적·상식적 어프로치는 무시하고 이데올로기만 옹호하고, 지지하고, 추진하는 지식인들도 크게 비난한다.

 급진적 지식인으로서 발언하기

비판의 내용과 언론매체에의 접근 권리 사이에는 어떤 연결고리가 있을까? 물론 언론은 이런 연결관계를 부인한다. 가령 2006년 3월에 나온 《뉴욕타임스》 NYRB 사설이나 《워싱턴포스트》의 논설 등은 WMD(대량살상무기)가 없는데도 불구하고 이라크를 침공했다는 증거에 대하여 두 신문이 의도적으로 묵살했다는 비난을 부인했다. 하지만 몇몇 비평가들은 공개적 발언과 발언 내용 사이에 관계가 있다고 지적했다. 예를 들어 에드워드 S. 허만과 데이비드 피터슨은 Z네트에 이렇게 썼다. "언론에 얼굴이 많이 나오는 지식인들은 아메리칸 엔터프라이즈, 맨해튼 인스티튜트, 헤리티지재단, 후버연구소 등으로부터 재정지원을 받는다. 그런 인물로는 디네쉬 디수자Dinesh D'Souza, 선스트롬Thernstrome 부부, 크리스티나 호프 서머스Christina Hoff Sommers, 셸비 스틸, 히더 맥도날드Heather MacDonald 등이 있다. 이처럼 언론에 자주 나오는 지식인들은 기성체제가 현재의 이슈들에 대해서 말해주었으면 하는 것을 대신 말해준다. 민간 주도, 정치적 올바름, 인종, 자유무역, 인도주의적 개입, 미국의 문명화 미션 등."

허만과 피터슨이 볼 때 공공 서비스보다는 파워 역학이 "앨런 울프Alan Wolfe, 찰스 머레이Charles Murray, 폴 크루그먼Paul Krugman, 로버트 카플란Robert Kaplan, 데이비드 리프David Rieff, 마이클 이그나티에프 등의 활동에 스며들어 있다. 이들은 지난 10년 동안 언론에 얼굴을 많이 비추어온 인물이다. 신문기사를 집필하고, 라디오와 텔레비전에 출연하고, 그들의 저서는 좋은 리뷰를 받는다. 권력에 봉사하기 때문에 이들 지식인은 '대중' 지식인이라기보다 '권력 추종' 지식인으로 분류하는 게 좋을 듯하다. 대중과 권력 추종이라는 구분은 공공의 분야에서 지식인의 선택과 배척으로 이어지는데 이는 미국 시스템의 주요한 특징이기도 하다."[40] 이것은 아주 유익한 구분이다. 그런데 상아탑 바깥에서 활동을 벌일 때 양심적으로 어떤 특정 세력에 봉사하는 것과 우연하게 혹은 의도적으로 특정 세력의 **도구**가 되는 것을 어떻게 구분할 수 있는가. 여기에 좋은 방법이 있는가.

문제는 이런 논의의 어느 한쪽을 지지하기가 어렵다는 것이다. 각각의 입장에는 잠재적 위험이 도사리고 있다. 어떤 지식인의 활동은 오해되어 그가 실은 지지하지 않는 세력을 지지하는 게 될 수도 있다. 사정이 이렇기 때문에 솔제니친의 저작들은 크게 매도되었다가 다시 살아나기도 했다. 또 조지 오웰의 《1984년》 같은 작품도 현재의 사고방식을 예언하는 것 혹은 지지하는 것 등으로 해석되기도 했다. 이런 까다로운 문제에서 벗어나는 한 가지 방법은 유익한 행동의 방향을 일방적으로 지시하는 것이 아니라 그런 행동의 촉매제가 되는 것이다. 또다른 방법은 자유사회주의 혹은 아나키스트 사상이 지지하는, 지식인의 창조적이고 양육적인 기능을 강조하는 것이다.

'풍요로운 사회에서의 해방'이라는 글 서두에서 허버트 마르쿠제는 이렇게 말했다. "나는 여기에 이렇게 많은 꽃이 피어 있는 곳을 보니 기쁘다. 동시에 당신들에게 이런 점을 상기시키고 싶다. 꽃들은 그 자체로는 자기 자신을 보호할 힘이 아무것도 없다. 공격과 파괴에 맞서서 꽃들을 보호하고 지키려는 선남선녀의 힘이 절실히 필요한 것이다." (276) 사르트르도 비슷한 맥락의 말을 했다. "정치적으로 적극 활동하는 사람이 인간성을 새로이 만들어내야 할 필요는 없다. 인간성이 꽃피는 것을 가로막는 방해물만 제거하면 되는 것이다."[41] 꽃피기 위해 좋은 토양과 햇빛을 필요로 하는 씨앗이 곧 인간성이라고 보는 관점은 우리가 지금껏 살펴온 여러 문헌들에서도 이미 언급되었고, 개인의 창조성을 촉진한다는 문제와도 관련된다. 이것은 인간의 의식意識을 높이는 문제와도 관련이 있다. 한편으로 인간의 개성을 존중하고 다른 한편으로는 사람들끼리 유익한 아이디어를 교환하여 자신의 에너지를 쏟는 방법에 대하여 눈뜨게 해주는 것이다.

우리가 지금껏 살펴본 바와 같이 촘스키는 자신의 신념을 위해 대중 앞에 나서서 발언하며 개인적 모험을 거는 지식인들과 깊은 유대감을 느낀다. 하지만 대중 지식인들은 겸손해야 할 필요가 있다. 상아탑 바깥의 지역에서 활동하는 학자들은 자기 활동의 한계와 여론 형성에 스며드는 권력의 힘을 진지하게 살펴봐야 한다. 이 때문에 지식인들은 자신의 활동을 도와줄 사회에서의 환경 조성에 힘써야 한다. 동시에 대중의 머릿속에 들어 있는 생각들을 일깨워주는 촉매제가 되어야 하고 창의성의 산파가 되어야 한다. 하지만 방해물들도 대면해야 한다. 특히 엉뚱한 어젠다를 대중에게 주입하려고 하는 많은 시도들에 대하여 과감하게 반격해야 한다. 오늘날 이런 방해 공작은 풍부한 자금지원으로 아주 만연되어 있다.

결론적으로 상아탑이 단 하나의 의미로 정의되지 않는 것처럼 상아탑 바깥 지역에서의 활동도 어느 한 가지 방식으로 정의되지 않는다. 따라서 상아탑 안팎에서 활동하는 사람들의 특징을 알아보는 방법은 먼저 지나간 시대의 영향력 있는 사례들을 살펴보는 것이다. 하지만 상아탑 안에서 안존하고 있는 지식인들도 오늘날 대학생활의 한 흐름임을 인정하면서 그런 지식인들의 다양한 면모를 적절히 폭로하는 것도 도전적 과제다.

세계에서 가장 중요한 대중 지식인

이제 논의는 이 책의 맨 처음에서 꺼내들었던 화두로 돌아간다. 거기서 나는, 촘스키가 영국의 월간지인 《프로스펙트》와 워싱턴에서 발간되는 잡지인 《포린 폴리시》가 공동으로 실시한 여론조사 2만 표 중에서 4827표를 얻어 오늘날의 가장 중요한 (상아탑 바깥의 지역에서 적극적으로 활동하며 발언하는) 대중 지식인으로 꼽혔다[42]고 말했다. 촘스키의 어프로치와 효과에 대해서는 이 결과를 두고 나온 여러 기사와 논문에서 충분히 논의된 바 있으나 특히 촘스키 자신의 논평이 인상 깊다.

촘스키 | 그런 일이 처음 벌어진 것도 아닙니다. 그게 도대체 무슨 의미인지 심층적으로 살펴봐야 합니다. 1970년대 초반에도 그와 유사한 조사가 있었어요. 미국 지식인들 중에서 정치 분야에서 가장 영향력 있는 인물이 누구냐는 거였지요. 그런데 내가 그 리스트에서 1위 혹은 2위였던 거 같아요. 하지만 거기에 또다른 조사가 있었는데 이건 정말 말이 되는 거였지요. 설문조사자들은 이렇게 물었어요. "당신은 누구의 말에 가장 주의를 기울이는가?" 그 질문에서는 내가 꼴찌를 차지했어요.

질문 | 그렇다면 오늘날 살아있는 가장 중요한 지식인은 누구라고 생각하십니까?

촘스키 | 그건 정말 대답하기 어려워요. 내가 가장 인상 깊게 생각하는 사람들은 지식인이 아닙니다. 예를 들어 하비에르 히랄도Javier Giraldo 신부가 있어요. 이 예수회 신부는 콜롬비아에서 '다종파간 정의와 평화를 위한 위원회'를 운영하고 있어요. 이 단체는 그곳의 주요 인권센터지요. 콜롬비아는 지금껏 서반구에서 가장 열악한 인권기록을 갖고 있는데 물론 미국 군사원조의 주요 수혜국입니다. 이 두 가지는 서로 긴밀하게 연결되어 있습니다. 특히 군인과 무장세력들은 끔찍한 학살을 계속 저지르고 있어요. 히랄도 신부는 이런 자들에게 그대로 노출되어 있고 어떤 경우에는 사람들에게 국제조사를 받아들이라고 강요

하고 있어요. 그는 사람들을 보호해주고 있습니다. 그리고 커다란 위험에 노출되어 있어요. 그는 끊임없이 죽음의 위협을 받고 있습니다. …… 지난 번 내가 그를 마지막으로 보았을 때, 그는 마을의 지도자인 산 호세를 내게 데려왔어요. 그의 마을은 스스로 평화지역임을 선언한 평화공동체들 중 하나입니다. 그들은 군인들의 간섭을 받는 것을 아주 싫어해요. …… 그는 보고타에 있는 나에게 이 그룹의 지도자를 데려왔어요. 그것 자체가 위험한 일이지요. 그 마을은 당시 군사적 공격을 받고 있었고 그런 상태가 여러 달 지속되고 있었어요. 그 지도자는 내게 마을 사람들, 어린아이들이 먹을 게 없어 굶고 있다고 말했어요. 가끔씩 군대와 무장세력들이 마을에 나타나 총질을 해댔어요. 자기들의 존재를 각인시키려고. 그는 도움을 호소했어요. 뭔가 좀 도와달라는 거였지요. 그리고 몇 달 전 군부대는 그 마을로 들어가 다른 사람들과 함께 그 지도자를 살해했습니다. 하지만 히랄도 신부는 아직도 거기 남아 있어요. 이런 사람이 그 신부뿐이 아닙니다. 전 세계에 그런 사람들이 많이 있습니다.[43]

이처럼 서방세계의 지식인관에 정면으로 도전하는 것도 촘스키 등록상표 중 하나다. 그는 지식인들의 **진짜** 활동을 존경한다. 자신들의 소규모 활동그룹 바깥에서는 알려지지 않은 사람, 자신의 확신을 위해 '지상에서' 싸우는 사람, 진정한 개인적 모험을 마다하지 않는 사람, 이런 사람들을 존경한다. 촘스키는 자신을 거짓 추켜세우는 사람들의 말에 초연하지 않고 그 말의 진정한 의미를 꿰뚫어본다.

그들은 내가 가장 영향력 있는 인물이라는 편집병적 이미지를 고집하고 있어요. …… 하지만 속으로는 나를 증오합니다. 미국의 자유주의 지식인들 말입니다. 미국 자유주의 지식인들, 케임브리지 지식인들의 기관지를 한번 보세요. 그게 《아메리칸 프로스펙트American Prospect》라는 겁니다. 주위에 그런 지식인들이 많아요. 실제로는 좌파 자유주의자이지요. 그런데 이 잡지의 표지가 웃겨요. …… 올해 초 어려움에 빠진 미국 자유주의자들을 묘사하는 표지를 실었는데 거기 그들의 목덜미를 노리는 두 명의 사냥개 같은 인물이 나왔어요. 하나는 딕 체니이고 다른 하나는 저입니다. 그들은 이 두 무서운 세력 사이에 갇혀 있다는 뜻이지요.

그 모든 압력, 비판, 칭송, 요구 등을 감안할 때 어쩌면 촘스키가 이제 활동의 속도를 늦추고 싶어 하지 않을까 하는 생각도 든다. 하지만 그와 다른 동조자들이 충분한 에너지와 사상의 촉매작용을 일으켜 이 세상을 전보다 훨씬 좋은 세상으로 이미 만들어놓았다면 모를까, 그렇게 되지는 않을 듯하다. 실제로 촘스키 발전소는 지금도 활활 타오르면서 더 좋은 앞날을 내다보며 결의를 다지고 있다.

질문 | 당신이 앞으로 50년을 더 산다고 하면 무슨 일을 하고 싶으십니까?

촘스키 | 그건 가능하지 않을 것 같군요. 120세가 최대입니다.

질문 | 그렇게 오래 산다고 말하는 사람들도 있습니다. 아무튼 앞으로 50년을 산다면 무엇을 하고 싶습니까?

촘스키 | 내가 지금 하고 있는 것을 계속하는 거지요. 나는 버틸 수 있는 데까지 이렇게 생활하는 것이 만족스럽습니다.[44]

노엄 촘스키. 언제나 낙천적이고, 언제나 열심히 일하고 영원히 언더독(패배할 것으로 예상되는 사람)을 옹호해주는 사람. 나 또한 그런 사람 중 하나로서 그의 활동이 영원히 끝나지 않기를 희망한다.

주

1 *Understanding Power*, p. 56.

2 이 리스트는 나라별로 세분된다. 나라의 전통이 상아탑 안팎에서의 활동형태와 스타일을 결정짓기 때문이다. 또 나라별로 참여 지식인의 정의가 다르기도 하다. 이러한 차이점은 최근에 발간된 지성사 관련 책들을 서로 비교해 보면 알 수 있다. Cecilia Tichi, 《Exposés and Excess: Muckraking in America 1900/2000》(Philadelphia: University of Pennsylvania Press, 2003), Zeev Sternhell, 《Neither Right nor Left》, translated by David Maisel. (Princeton: Princeton University Press, 1995).

3 Howard Zinn, "The Uses of Scholarship," *Saturday Review*, October 18, 1969, reproduced in *The Zinn Reader: Writings on Disobedience and Democracy*. (New York: Seven Stories Press, 1997), pp. 499-500.

4 February 23, 1967, article in the *New York Review of Books* and published in *American Power and the New Mandarins* and available online at http://www.chomsky.info/articles/19670223.htm (accessed 02/13/2007).

5 Marc Angenot, "The Scandal of History," special issue of the *Yale Journal of Criticism*, cited online at http://muse.jhu.edu/login?uri=/journals/yale_journal_of_criticism/v017/17.2barsky01.pdf (accessed 02/13/2007).

6 Edward Said, *Representations of the Intellectual* (New York: Pantheon, 1994), pp. 12-13.

7 In *The Social Responsibility of the Critic*, (Ithaca: Cornell University Press, 1987).

8 Charles Derber, "Public Sociology as a Vocation," *Social Problems*, February 2004, p. 119.

9 Ibid., p. 120.

10 Howard Zinn, "Historian as Citizen," *Zinn Reader*, p. 510.

11 Carlos Fuentes, "The Enemy: Words," in George Abbott White and Charles Newman, eds., *Literature in Revolution* (Chicago: Northwestern University Press,

1972).

12 From Edward Said's Reith lectures, "Representations of the Intellectual," broadcast on the BBC in 1993 and reproduced in *Representations of the Intellectual* (New York: Pantheon Books, 1994), p. 18.

13 Edward Said, "A Monument to Hypocrisy," *Counterpunch*, February 15, 2003, online at http://www.counterpunch.org/said02152003.html.

14 Cited in the *Boston Globe* obituary marking the passing of Edward Said, available online at http://www.boston.com/news/education/higher/articles/2003/09/26/edward_said_critic_scholar_palestinian_advocate_at_67/ (accessed 02/13/2007).

15 "Window on the World", 《Guardian Unlimited》, August 2, 2003. 다음 기사에 인용된 것. "Response to Christopher Hitchens Weasel words" by Clare Brandabur, 이 기사는 사이드에 대한 히친스의 공격을 비판하고 있다. 온라인 사이트 참조. http://www.dissidentvoice.org/Articles8/Brandabur_Hitchens.htm (accessed 02/13/2007).

16 Edward Said, "Representing the Colonized: Anthropology's Interlocutors" *Critical Inquiry* 15, no. 2 (Winter 1989): 205-225, cited online at http://links.jstor.org/sici?sici=0093-1896(198924)15%3A2%3C205%3ARTCAI%3E2.0.CO%3B2-5 (accessed 02/13/2007).

17 In White and Newman, *Literature in Revolution*.

18 *American Power and The New Mandarins*.

19 Herbert Marcuse, *Liberation from an Affluent Society*(Boston, Mass: Beacon Press, 1971), p. 285.

20 David Herman, "Thinking Big," *Prospect Magazine*, July 2004, online at http://www.prospect-magazine.co.uk/article_details.php?id=6227 (accessed 02/13/2007).

21 Online at http://www.guardian.co.uk/genger/story/0,11812,1252410,00.html (accessed 02/13/2007).

22 Steve Fuller, *How to Be an Intellectual* (London: Icon Books, 2004).

23 Online at http://home.uchicago.edu/~rposner/TABLE%20II.pdf (accessed 02/13/2007).

24 Camille Paglia, *Sex, Art and American Culture*(New York: Vintage Books, 1992).

25 Jim Merod, *The Political Responsibility of the Ciritic*(Ithaca: Cornell University Press, 1987).

26 Russell Jacoby, *The Last Intellectuals: American Culture in the Age of Academe*(New York: Basic Books, 1987).

27   See http://www.complete-review.com/reviews/posnerr/publicis.htm (accessed 02/13/2007).

28   이러한 문제에 대한 포스너의 접근은 최근에 미국 지식인 607명을 분류한 리스트에 잘 드러나 있다. 다음 인터넷 사이트 참조. http://home.uchicago.edu/~rposner/TABLE%20II.pdf.

29   On this point see as well David Damrosch, *We Scholars*(Cambridge: Harvard University Press, 1995).

30   See for example Jonathan Feldman's *Universities in the Business of Repression* (Boston: South End Press, 1998).

31   Bill Readings, *The University in Ruins*(Cambridge: Harvard University Press, 1996).

32   Sonia Shah, *Z Magazine*, November 21, 1999, online at http://www.zmag.org/ASustainers/ZDaily/1999-11/21shah.htm(accessed 02/13/2007).

33   Jean-Paul Sartre, "Introducing *Les Temps modernes*," originally published in October 1, 1945, reproduced in Jean-Paul Sartre and Steven Ungar, *What Is Literature and Other Essays* (Cambridge: Harvard University Press, 1988), p. 252.

34   Ibid., pp.252-253.

35   Cornelius Castroriadis, *Political and Society Writings*, ed. and trans. David Ames Curtis, vol. 3(University of Minnesota Press, 1993).

36   "Defending Civilization and the Myth of Radical Academia," July 15, 2002. http://www.zmag.org/content/print_article.cfm?itemID=2116&sectionID=37 (accessed 02/13/2007).

37   Howard Zinn, "Historian as Citizen," *New York Times*, September 25, 1966, in the *Zinn Reader*.

38   Castoriadis, *Political and Social Writings*, p. 255.

39   Herbert Marcuse, *The Dialectics of Liberation* (London: Pelican Books, 1968), citied online at http://www.marcuse.org/herbert/pubs/60spubs/67dialecticlib/67LibFromAfflSociety.htm.

40   Edward Herman and David Peterson, "Public Versus Power Intellectuals," part I, *Z Magazine*, May 11, 2001, cited online at http://www.zmag.org/sustainers/content/2001-05/11peterson.htm(accessed 02/13/2007).

41   Jean-Paul Sartre, *What Is Literature?*, p. 257.

42   See www.prospect-magazine.co.uk/intellectuals/results.

43   The interview was conducted by Shira Hadad haaretz. and was cited onlen at http://

www.zmag.org/content/showarticle.chm?SectionId=1&ItemID=9121 (accessed 02/13/2007).

44 Ibid.

THE CHOMSKY EFFECT
옮긴이의 글

　이 책은 미국 밴더빌트 대학의 영문학과 교수인 로버트 바스키가 미국의 대표적 시민운동가 노엄 촘스키(1928~　)의 영향과 효과를 세밀하게 추적한 책이다. 록음악, 영화, 연극 등에서 촘스키의 사상이 어떻게 수용되는지를 검토하고 그의 사상적 선배들을 살펴본 다음, 정치·법률·교육·인권·윤리·언어·미디어·포스트모더니즘·문학 등 다양한 분야로 파급되어나간 촘스키의 효과를 심층 분석하고 있다. 촘스키 본인의 저서가 아닌 만큼 촘스키를 객관적으로 분석하면서 그의 개인적인 면모를 많이 보여주고 있다.

　특히 이 책에는 총 10컷의 8칸 만화가 들어 있다. 그 중에서도 CHAPTER 01 중간에 들어 있는, 촘스키를 브루스 윌리스에 비유한 만화가 제일 압권이다. 영화 〈다이하드 4〉를 본 후 막강한 헬리콥터와 붙어도 조금도 꿀리지 않는 브루스 윌리스에게서 통쾌한 카타르시스를 느꼈는데, 미국이라는 나라가 전 세계를 상대로 부리는 횡포에 대하여 시원하게 펀치를 먹이는 촘스키는 정말 브루스 윌리스라는 생각이 들었다. 또 CHAPTER 01 시작 부분에 여류 만화가 패트리셔 스톰스가 촘스키의 초상화를 연필로 그리고서 약간의 논평을 한 컷도 인상적이다. 패트리셔는 말한다. "나는 그가 지금 이 순간 세계에서 활약하고 있는 가장 중요한 지성인이라고 생각한다. 그의 나른한 목소리는 좀 지겹긴 하지만 …… 그가 집필한 저서는, 나로서는, 아주 읽기가 빡빡하다. 그래도 계속 읽으려고 애쓴다. …… 노엄 촘스키 선생님, 나는 당신에게 무척 끌려요. 하지만 사모님에게는 걱정하실 필요 없다고 말해주세요."

CHAPTER 01은 주로 미국의 유명한 록 뮤지션들이 저항문화의 사상적 원천으로서 촘스키를 들고 있다는 사실을 자세히 기술하고 있는데 아주 재미있는 읽을거리다. 패트리서 스톰스의 말대로 촘스키 본인이 집필한 저서는 좀 읽기가 빡빡하지만 본인이 아닌 다른 사람이 기술한 촘스키 얘기, 그 중에서도 록 뮤지션들이 왜 촘스키에게 그토록 마음이 끌리는지 그 이유를 밝힌 이 장은 대중잡지처럼 잘 읽힌다.

MIT 대학의 언어학 석좌교수를 지냈고 현재 80대 노인임에도 불구하고 활발하게 강연·저작·시민 활동을 벌이고 있는 촘스키는 많은 사람들에게 수수께끼 같은 인물이다. 그를 가리켜 어설프기 짝이 없는 좌파 이상주의자라고 부르는 사람이 있는가 하면, 아인슈타인에 맞먹을 정도로 획기적인 발견을 한 대학자라고 극찬하는 사람도 있다. 이처럼 찬반이 극과 극이지만 그가 오늘날 영향력 강한 대중 지식인이라는 점에 대해서는 이론의 여지가 없다. 이에 대한 객관적인 자료로는 이런 것이 있다.

영국의 월간지인 《프로스펙트》와 워싱턴에서 발간되는 잡지인 《포린 폴리시》가 2007년에 공동으로 실시한 여론조사에서 2만 표 중 4827표를 얻어, 촘스키는 오늘날의 가장 중요한 대중 지식인 1위로 꼽혔다. 하지만 이런 조사결과에 대하여 정작 촘스키 자신은 그 심층적 의미를 살펴봐야 한다고 말한다. 1970년대 초반에도 그와 유사한 조사가 있었는데 그때에도 그가 1위 혹은 2위를 했다는 것이다. 하지만 과거의 조사에는 '당신은 누구의 말에 가장 주의를 기울이는가?'라는 추가질문이 있었는데 그 항목에서는 촘스키가 꼴찌를 했다는 것이다.

가장 중요하지만 가장 무시당하는 대중 지식인이라는 얘기인데 이 책은 그것을 이렇게 설명한다. 사람들은 촘스키의 강연을 들으면 깊이 감동한다. 그래서 강연회 직후 그의 다른 책들을 열심히 사본다. 하지만 그런 열광이 새로운 행동으로 이어지지는 않는다. 그들이 소속되어 있는 보수적 사회의 불문율이 너무나 완고하고 그것을 깨트리려고 하면 너무 아득하여 겁부터 나기 때문이다. 이처럼 촘스키 효과를 깨닫기는 하지만 그것이 구체적 행동으로 진일보하지는 못한다. 개인의 욕구와 사회적 책임 사이에 간극이 있는데 사람들은 그런 비좁은 울타리를 벗어나지 못한다는 것이다.

저자 바스키는 그런 울타리의 전형으로 상아탑을 거론하면서 날카로운 비판의 칼날을 들이댄다. 가령 교수들은 자신의 학문이라는 비좁은 울타리 속에 갇혀 있다는 것이다. 보다 구체적으로 예를 들면, 경제학 교수들은 《자본론》의 1권과 3권의 차이점과 유사점, 그 둘의 상호관계, 이런 저런 해석들에 대한 논평을 쓰는 일에만 몰두한다. 이처럼 주석에 주석을 쌓아올리는 일에만 집중할 뿐 실제 역사 혹은 사람들의 구체적 행동이 가져올 효과 등에는 별로 관심이 없다. 반면 권력의 눈치를 보지 않고 미래의 좋은 사회를 열망하며 현실의 상황에 대하여 적극적으로 발언하는 교수는 한심한 사람이라고 조롱당한다. 그 대표적 표적이 바로 촘스키다. 촘스키의 강연회에서 한 질문자가 왜 당신은 세계적 석학이고 캠퍼스에 그대로 있어도 존경의 대상이 될 텐데 이렇게 흙먼지를 뒤집어쓰면서 시민 활동을 벌이느냐고 묻자 촘스키는 이렇게 대답했다.

버트란드 러셀과 앨버트 아인슈타인의 예를 들어봅시다. 두 사람은 핵무기에 대해서는 의견이 일치했습니다. 그들은 핵무기가 인류를 파괴해버릴지 모른다고 우려했습니다. 그들은 유사한 성명서에 서명했고 공동성명서도 작성했습니다. 하지만 그 다음부터 두 사람은 다르게 행동했습니다. 아인슈타인은 프린스턴 대학의 고등연구소 사무실로 돌아가 통일장이론 연구에 몰두했습니다. 반면에 러셀은 거리로 나갔습니다. 그는 핵무기에 반대하는 시위에 동참했습니다. …… 그래서 러셀은 크게 매도당했습니다. 반면에 아인슈타인은 거의 성자 같은 존재였습니다. 두 사람은 거의 같은 입장을 지니고 있었지만 아인슈타인은 현 체제를 흔들어대지 않았습니다. 지식인들 중에는 이런 일이 흔했습니다. 러셀은 1960년대에 《뉴욕타임스》, 국무장관 딘 러스크, 기타 인사들에 의해 맹렬하게 공격당했습니다. 그는 대중 지식인이 아니라 아예 미친 늙은이 취급을 받았습니다.(이 책의 5장)

이 답변은 촘스키의 지향점이 어디에 있는지 분명하게 보여준다. 저자 바스키는 이런 촘스키의 모습을 다양하게 보여주면서 학자가 나아가야 할 길은 현실 참여적이고 미래 지향적이어야 한다고 말한다. 보다 구체적으로 말해, 신라시대의 향가를 연구하는 학자라도 그것이 오늘과 미래에 어떤 관계를 갖고 있느냐에 주력해야지, 처용은 신라사람이냐 외국인이냐, 월명사와 수로부인은 서로 알고 있었을까, 광덕과 엄장은 어느 절 출신의 사문이고, 기파랑이 죽었을 때 몇 살이었나 따위를 열거해서는 죽은 지식이라는 것이다. 촘스키는 미래 지향과 관련하여 의미심장한 발언을 했다. 자신의 시민운동이 무망한 일이 아니냐는 청중의 질문에, 과거 전통시대에 왕정이 붕괴되리라고 믿었던 사람들이 과연 몇 명이나 있었느냐고 반문하면서 지금은 난공불락일 것 같은 사회조건들도 시민들이 힘을 합쳐 노력하면 우공이산愚公移山처럼 결국은 변화를 가져오게 된다는 것이다.

이처럼 어려운 일을 하고 있기 때문에 촘스키는 유머를 발휘하며 그 긴장을 해소한다. 촘스키의 연설은 전반적으로 어둡지만 그 연설회가 많은 사람을 끌어들이는 것은 그 나름의 독특한 유머가 있기 때문이다. 무표정 유머, 자칭 무색무취한 전달 스타일, 명석한 반체제적인 발언 덕분에 촘스키는 종종 우디 알렌과 데이비드 레터맨을 섞어놓은 것 같다는 평가를 받는다. 촘스키가 미국 제국주의의 참상을 논의할 때 그 스타일은 때때로 익살스럽기까지 하다. 우리가 그의 연설을 듣고 웃음을 터트리는 이유는, 촘스키의 정부 비판을 이해함으로써 그동안 정부 당국이 한 말을 곧이곧대로 믿은 우리 자신, 완전한 날조를 진짜인 것으로 받아들인 우리 자신이 얼마나 어리석었는지 깨닫기 때문이다.

그가 자신의 주장을 강화하기 위하여 들이대는 사례도 놀랍다. 가령 현대 사회의 프로파간다(여론조작)를 언급하면서 표도르 도스토예프스키의 장편소설 《카라마조프 형제들》에 나오는 대심문관 에피소드(지상에 다시 나타난 예수에게, 권력에 반드시 복종해야 한다는 여론을 당신이 악화시킬 우려가 있으니 당신은 다시 천국으로 돌아가라고 말한 대심문관)를 인용하고 있는데, 이런 것은 촘스키가 문학에 대해서도 상당한 조예가 있음을 보여준다. 또 촘스키는 저자 바스키에게 "나는 때때로 일반 대중들 앞에서 안 그런 척했지만 실은 대중문화로부터 그리 멀리 떨어져 있는 사람이 아닙니다"라고 말하면서 록 뮤지션, 연극, 영화, 만화 등에 대해서도 관심이 있음을 표시했다.

이상에서 설명한 바와 같이, 이 책은 촘스키 본인이 집필했더라면 하기 어려웠을 다양한 이야기를 재미있게 풀어나가고 있다. 촘스키의 사상을 어느 정도 아는 독자라면 그의 배경을 이해하는 데 아주 적절한 책이라 생각된다. 나는 시대의창의 배려로 지금까지 세 권의 촘스키 책을 번역했다. 처음에는 촘스키 방식이 과연 통할까 의심스러운 생각도 들었으나 그의 책을 계속 읽어나갈수록 깊은 매력을 느끼면서 언젠가 그의 말대로 되리라는 생각을 갖게 되었다.

사람은 이기적인 측면이 있으나 그에 못지않게 자기 자신의 비좁은 울타리를 벗어나 이웃과 공동체에 기여하고 싶은 강력한 소망이 있다.

대립하는 두 명제, 가령 실용과 원칙, 경쟁과 협동, 권력과 정의가 함께 있다면 사람들은 우선 앞의 것을 잡는다. 그렇게 해야만 자신의 지위가 위태롭지 않고 앞날이 순탄하기 때문이다. 그렇지만 이런 자기보호 본능 바로 옆에는 변화를 기대하면서 더 큰 어떤 것에 기여하겠다는 숭고한 열망이 숨어 있다. 1등을 하는 학생이 늘 1등만 하는 교실은 재미없듯이, 권력을 가진 자가 독식하는 사회는 매력이 없고, 가난한 자가 늘 가난한 자로 남아 있는 사회는 정의로운 사회가 아니다. 비록 역사의 일상적 흐름은 이렇게 이분법으로 고정되어 있는 것처럼 보이지만 때때로 힘이 없어 보이는 원칙, 협동, 정의가 승리하는 경우가 있고 그런 때가 바로 역사의 전환점을 형성했다. '어설프기 짝이 없는 좌파 이상주의자' 혹은 '해왕성에서 온 또라이'라는 비난에도 불구하고 촘스키 효과는 계속 퍼져나가고 있다. 이 책은 원칙, 협동, 정의가 살아있는 사회에 대한 줄기찬 열망이 그 효과의 본질이라고 말하고 있다.

이종인

참고문헌

Abt, Lawrence E., and Stanley Rosner. *The Creative Experience*. New York: Grossman Publishers, 1970 (cf. s. v. Chomsky).
Achbar, Mark, ed. *Manufacturing Consent: Noam Chomsky and the Media*. Montreal: Black Rose Books, 1994.
d'Agostino, Fred. *Chomsky's System of Ideas*. Oxford: Clarendon Press, 1986.
Albert, Michael. *What Is to Be Undone?* Boston: Porter Sargent, 1974.
_____, et al. *Liberating Theory*. Boston: South End Press, 1986.
_____, and Robin Hahvel. *Looking Forward: Participatory Economics for the 21st Century*. Boston: South End Press, 1991.
_____, and Robin Hahvel. *The Political Economy of participatory Economics*. Princeton: Princeton University Press, 1991.
Allen, J., ed. *March 4: Scientists, Students, and Society*. Cambridge: MIT Press, 1970.
Avrich, Paul, and Barry Patemen. *Anarchist Voices, Anarchist Portraits*. Princeton: Princeton University Press, 2005.
_____. *The Haymarket Tragedy*. Princeton: Princeton University Press, 1986.
_____. *The Russian Anarchists*. Princeton: Princeton University Press, 1967.
_____. *Sacco and Vanzetti: The Anarchist Background*. Princeton: Princeton University Press, 1991.
Avukah. *An Approach to Action: Facing The Social Insecurities Affecting The Jewish Position*. Avukah Pamphlet Service. New York: Avukah, 1943.
_____. *Avukah Cooperative Summer School. Summer of 1941 Lectures* (featuring contributions from Shmuel Ben-Zvi, D. Mcdonald, I. Mereminski. Alfred Kahn, A. Rosenberg, Nathan Glazer, Adrien Schwartz). New York: Avukah, 1941.
_____. *Avukah Student Action*. Avukah Pamphlet Service. New York: Avukah, 1938.
_____. *Program for American Jews*. Avukah Pamphlet Service. New York: Avukah, 1938.
_____. *A Short History of Zionism*. By Suzanne Harris Sankowsky. Avukah Pamphlet Service. New York: Avukah, s.d.
_____. *What Can Be Done*. Avukah Pamphlet Service. New York: Avukah, 1940.
Bakhtin, Mikhail Mikhailovitch. *Dialogic Imagination*, edited by Michael Holquist. Translated by Caryl Emerson and Michael Holquist. Austin: University of Texas Press, 1984.
_____. *Rabelais and His World*, trans. Helene Iswolsky. Bloomington: Indiana

University Press, 1984.

Barsky, Robert F. *Arguing and Justifying: Assessing the Convention Refugee Choice of Moment, Motive and Host Country.* Aldershot, UK; Ashgate, 2001.

———. "Interview Between Marc Angenot and Robert F. Barsky." *Marc and the Scandal of History, Yale Journal of Criticism* 17, no. 2(Fall 2004).

———. *Noam Chomsky: A Life of Dissent.* Cambridge: MIT Press, 1997.

———. *Noam Chomsky: Une voix discordante,* translated by Geneviève Joublin Paris: Odile Jacob, 1998.

———, editor. Anton Pannekoek, *Workers Councils.* Introduction by Robert F. Barsky and Noam Chomsky. San Francisco: AK Press, 1998.

Barsamian, David, and Noam Chomsky. *Propaganda and the Public Mind.* Boston: South End Press, 2001.

Baudrillard. Jean. *The Gulf War Did Not Take Place.* Translated by Paul Patton. Bloomington: Indiana University Press, 1995.

Bauman, Zygmunt. "A Sociological Theory of Postmodernity." *Between Totalitarianism and Postmodernity.* Edited by Peter Beilharz, Gillian Robinson, and John Rundell. Cambridge: MIT Press, 1992.

Billingsley, K. L., "Noam Chomsky, Punk Hero," *Heterodoxy,* March 1996.

Boesche, Roger. *The Strange Liberalism of Alexis de Tocqueville.* Ithaca: Cornell University Press, 1987.

Bookchin, Murray. The Ghost of Anarcho-Syndicalism. *Anarchist Studies.* Volume I. Cambridge: The White Horse Press, 1993, pp. 3–24.

———. "Looking Back at Spain," in Dimitrios Rossopoulos, ed., *The Radical Papers,* 1987, pp. 53–96.

———. *The Spanish Anarchists: The Heroic Years 1868–1936.* Edinburgh: AK Press, 1998[1977].

———. *To Remember Spain: The Anarchist and Syndicalist Revolution of 1936.* San Francisco: AK Press, 1996.

Botha, Rudolf. *Challenging Chomsky.* London: Blackwell, 1989.

Bourdieu, Pierre. *Language and Symbolic Power.* Edited with an introduction by John B. Thompson; translated by Matthew Admason. Cambridge: Harvard University Press, 1991.

Bracken, H. *Mind and Language: Essays on Descartes and Chomsky.* Dordercht: Foris, 1984.

Bricianer, Serge. *Pannekoek and the Workers' Councils.* St. Louis, Mo.: Telos, 1978.

Bricmont, Jean, and Alan Sokal, *Intellectual Impostures.* London: Profile Books, 1998.

———. "Exposing the Emperor's New Clothes: Why We Won't Leave Postmodernism

Alone." *Free Inquiry* 18 (Fall 1998).
Brooks, Danel, and Guillermo Verdecchia. *The Noam Chomsky Lectures*. Toronto: Coach House Press, 1991.
Bruggers, H. "Stages of Totalitarian Economy." *Living Marxism* 6, no. 1 (Fall 1941): 15–24.
Carling, Christine. *Understanding Language: Towards a Post-Chomskyan Linguistics*. London: Macmillan, 1982.
Casas, J. G. *Anarchist Organization: The History of the FAI*. Montreal: Black Rose Books, 1986.
Castoriadis, Cornelius. *Political and Social Writings*, vol. 3. Edited and translated by David Ames Curtis. University of Minnesota Press, 1993.
Chandra, T. V. Prafulla, and L. S. Ramaiah. *Noam Chomsky: A Bibliography*. Gurgaon, Haryana (India): Indian Documentation Service, 1984.
Chomsky, Noam. *American Power and the New Mandarins*. New York: Pantheon, 1969.
_____. *A New Generation Draws the Line: Kosovo, East Timor and the Standards of the West*. London: Verso, 2000.
_____. "An Interview With Noam Chomsky." *Working Papers in Linguistics* 4, Supplement (Spring 1978): 1–26.
_____. *Aspects of the Theory of Syntax*. Cambridge: MIT Press, 1965.
_____. *At War With Asia*. New York: Pantheon, 1970.
_____. *Barriers*. Cambridge: MIT Press, 1986.
_____. "Cambodia Year Zero." To the Editor. *Times Literary Supplement*, January 4, 1980, p. 14, and January 15, 1980, p. 177.
_____. "Creation and Culture." Alternative Radio cassette recording. Barcelona, 1992.
_____. "The Creative Experience." *The Creative Experience*. Eds. Stanley Rosner and Lawrence E. Abt. New York: Grossman Publishers, 1970, pp. 71–87.
_____. *Cartesian Linguistics: A Chapter in the History of Rationalist Thought*. New York: Harper and Row, 1966.
_____, "Chomsky on the Anti-War Movement: An Interview in the Guardian." *Guardian*, February 4, 2003.
_____. *The Chomsky Reader*. Edited by James Peck. New York: Pantheon, 1987.
_____. *Chronicles of Dissent*. Introduction by Alexander Cockburn. Monroe, Me.: Common Courage Press/Stirling, Scotland: AK Press, 1992.
_____ (with Edward S. Herman). *Counter-Revolutionary Violence; Bloodbaths in Fact and Propaganda*. Preface by R. Falk. Andover, Mass.: Warner Modular Publication, 1973.
_____. *The Culture of Terrorism*. Boston: South End Press/Montreal: Black Rose Books, 1988.
_____. *Current Issues in Linguistic Theory*. The Hague: Mouton, 1964.

_____. *The Debate Between Chomsky and Piaget*. Cambridge: Harvard University Press, 1980.
_____. "Democracy and Education," Mellon Lecture given at Loyola University, 1994.
_____. *Deterring Democracy*. Boston: South End Press, 1991.
_____. *Écrits politiques 1977–1983*. Peyrehorade: Acratie, 1984.
_____. *Essays on Form and Interpretation*. New York: North-Holland, 1977.
_____. *The Fateful Triangle: The United States, Israel and the Palestinians*. Boston: South End Press, 1983/Montreal: Black Rose Books, 1984.
_____. *For Reasons of State*. New York: Pantheon, 1973.
_____. (with van Riemsdijk and Huybregts). *The Generative Enterprise*, Dordrecht, Foris, 1982.
_____. *Generative Grammar: Its Basis, Development and Prospects*, Kyoto: Kyoto University of Foreign Studies, 1987.
_____. "His Right to Say It." *The Nation*, February 28, 1981.
_____. "Is Peace at Hand?" November 1987, *Z Magazine*, January 1988.
_____. *Keeping the Rabble in Line*. Monroe, Me.: Common Courage, 1994.
_____. *Knowledge of Language: Its Nature, Origin and Use*. New York: Praeger, 1986.
_____. *Language and Information: Selected Essays on the Theory and Application*. Reading, Mass.: Addison-Wesley/Jerusalem: The Jerusalem Academic Press, 1964.
_____. *Language and Mind*. New York: Pantheon, 1968; enlarged edition New York: Harcourt, 1972.
_____. *Language and Politics*. Edited by C. P. Otero. Montreal: Black Rose Books, 1988. Cf. 1981, RP.
_____. *Language and Problems of Knowledge: The Manage Lectures*. Cambridge: MIT Press, 1987.
_____. *Language and Responsibility*. Translated from the French by John Viertel[Dialogues avec Mitsou Ronat. Paris: Flammarion, 1977]. New York: Pantheon, 1979.
_____. *Language in a Psychological Setting*. Tokyo: Sophia U, 1987.
_____. *Lectures on Government and Binding: The Pfsa Lectures*. Dordrecht: Foris, 1981; corrected edition, 1982.
_____. *Letters from Lexington: Reflections on Propaganda*. Monroe, Me.: Common Courage Press, 1993.
_____. "Linguistics and Politics." *New Left Review* 57 (September-October 1969): 21–34.
_____. *Logical Structure of Linguistic Theory*. New York: Plenum, 1975[1955–56].
_____. (with Edward S. Herman). *Manufacturing Consent: The Political Economy of*

the Mass Media. New York: Pantheon, 1988.

_____. "Market Democracy in an Neoliberal Order: Doctrines and Reality," Davie Lecture, University of Cape Town, May 1997.

_____. *A Minimalist Program for Linguistic Theory*. Cambridge: MIT Department of Linguistics, 1992.

_____. *The Minimalist Program*. Cambridge: MIT Press, 1995.

_____. *Modular Approaches to the Study of the Mind*. Distinguished Graduate Research Lecture Series Ⅰ, 1980; California State University Press, 1984.

_____. *Necessary Illusions*. Boston: South End Press, 1989.

_____, *9-11*. London: Open Media, 2001.

_____. "Noam Chomsky Interviewed by Eleanor Wachtel." *Queen's Quarterly* 101.1 (Spring 1994): 63-72.

_____. "Old Wine, New Bottles: Free Trade, Global Markets and Military Adventures," University of Virginia, February 10, 1993.

_____. *On Power and Ideology: The Managua Lectures*. Boston: South End/Montreal: Black Rose Books, 1987.

_____. "On the Limits of Civil Disobedience." In *The Berrigans*, edited by William Van Etten Casey, S. J., and Philip Nobile, Avon Books, 1971, pp. 39-41.

_____. *Peace in the Middle East? Reflections on Justice and Nationhood*. New York: Pantheon, 1974.

_____. *Pirates and Emperors: International Terrorism and the Real World*. New York: Claremont Research and Publications, 1986; Montreal: Black Rose Books, 1987.

_____. (with Edward S. Herman). *The Political Economy of Human Rights*. Boston: South End Press/Montreal: Black Rose Books, 1979, 2 vols.

_____. "Political Pilgrims." To the Editor. *Times Literary Supplement*, January 22, 1982, p. 81.

_____. *Powers and Prospects: Reflections on Human Nature and the Social Order*. Delhi: Madhyam Books, 1996.

_____. *Problems of Knowledge and Freedom: The Russell Lectures*. New York: Pantheon, 1971.

_____. *The Prosperous Few and the Restless Many*. Berkeley: Odonian Press, 1993.

_____. "Psychology and Ideology." *Cognition* Ⅰ (1972): 11-46.

_____. *Radical Priorities*. Edited, introduction, and notes by Carlos P. Otero, Montreal: Black Rose Books, 1981; Enlarged edition 984.

_____. *Réponses inédites à mes détracteurs parisiens*. Paris: Spartacus, 1984.

_____. *Rethinking Camelot: JFK, the Vietnam War and US Political Culture*. Boston: South End Press/Montreal: Black Rose Books, 1993.

_____. "Review of Skinner", *Verbal Behaviour. Language* 35 (1959): 26–58.

_____. "Review of Skinner", *Beyond Freedom and Dignity. New York Review of Books*, December 30, 1971.

_____. "Roots of Progressive Thought in Antiquity," transcription of a speech given Capital Hill on January 9, 1997.

_____. *Rules and Representations*. New York: Columbia University Press, 1980.

_____. (with Morris Halle). *The Sound Pattern of English*. New York: Harper & Row/Cambridge: MIT Press, 1968.

_____. *Secrets, Lies and Democracy*. Berkeley: Odonian Press,1994.

_____. *Syntactic Structures*. The Hague: Mouton, 1957.

_____. *Studies on Semantics in Generative Grammar*. The Hague: Mouton, 1972.

_____. *Terrorizing the Neighbourhood: American Foreign Policy in the Post-Cold War Era*. Stirling, Scotland: AK Press, 1991.

_____. "The Gulf Crisis" January 1991, *Z Magazine* February 1991.

_____. "The Tragedy of Political Science." To the Editor. *Times Literary Supplement*, April 19, 1985, p. 1437.

_____. *Towards a New Cold War. Essays on the Current Crisis and How We Got There*. New York: Pantheon, 1982.

_____. *Turning the Tide: U.S. Intervention in Central America and the Struggle for Peace*. Boston: South End Press, 1985; enlarged edition subtitled *The U.S. and Latin America*, 1987.

_____. *Understanding Power: The Indispensable Chomsky*. Edited by Peter R. Mitchel and John Schoeffel. New York: The New Press, 2002.

_____. *What Uncle Sam Really Wants*. Berkeley: Odonian Press, 1992.

_____. "Whose World Order: Conflicting Visions," September 22, 1998, The University of Calgary.

_____. *World Orders Old and New*. New York: Columbia University Press, 1994.

_____. *Year 501: The Conquest Continue*. Boston: South End Press/Montreal: Black Rose Books, 1993.

_____. "The Intifada and the Peace Process," *Fletcher Forum of World Affairs* 14, no. 2 (Summer 1990): 345–353.

_____. "World Order and its Rules: Variations on Some Themes," *Journal of Law and Society* 20, no. 2 (Summer 1993): 145–165.

_____. (with Edward S. Herman). "Why American business supports third world fascism: our president is campaigning for 'human rights' abroad, but for 30 years our government and corporations have been supporting precisely the opposite." *Business- and Society-Review*, Fall 1977, pp. 13–21.

_____, and Edward S. Herman. "The United States Versus Human Rights in the Third World." *Monthly Review* 29 (August 1977): 22–45.

_____. "World Order and Its Rules: Variations on Some Themes." *Scandinavian Journal of Development Alternatives* 13, no. 3 (September 1994): 5–27.

_____. "World Order and Its Rules: Variations on Some Themes." *Journal of Law and Society* 20, no. 2 (Summer 1993): 145–165.

_____. "The United States versus Human Rights in the Third World." *Monthly Review* 29, no. 3 (July–August 1977): 22–45.

Chomsky, William, *Hebrew, the Story of a Living Language*. New York: Education Department, Zionist Organisation of America, 1947.

_____. *Hebrew, the Eternal Language*, Philadelphia: Jewish Publication Society of America, 1957.

_____. *How to Teach Hebrew in the Elementary Grades*. New York: The United Synagogue Commission on Jewish Education, 1946.

_____, ann. and intro. *David Kimche's Hebrew Grammar (Mikhlol)*. New York: Dropsie College for Hebrew and Cognate Learning, 1952/5713.

_____. *Teaching and Learning*. Third edition. New York: Jewish Education Committee Press, 1959.

CIA study, *Kampuchea: A Demographic Catastrophe*, GC 80–0019U.

Cohen, Joshua, and Joel Rogers. "Chomsky's Social Thought." *New Left Review* (1991): 187.

Cohn, Werner. *The Hidden Alliances of Noam Chomsky*. New York: Americans for a Safe Israel, 1988.

Collier, Peter, and David Horowitz, eds., *The Anti-Chomsky Reader*. Encounter Books, 2004.

Cook, Vivien. *Chomsky's Universal Grammar: An Introduction*. Oxford: Basil Blackwell, 1988.

Cooper, David E. "Chomsky." *Times Literary Supplement*, October 1, 1976, p 1255.

Cordemoy, Géraud de. *Discours Physique de la Parole*. Geneva: Slatkine Reprints, 1973 [1668].

Courtois, Stephane, Nocolas Werth, Jean-Louis Panne, Andrzej Paczkowski, Karel Bartosek, Jean-Louis Margolin, Mark Kramer, translator, Jonathan Murphy, translator. *The Black Book of Communism*. Cambridge: Harvard University Press, 1999.

Cowan, Marianne, ed. *Humanist Without Portfolio*. Detroit: Wayne State University Press, 1963.

Culler, Jonathan. *Structuralist Poetics: Structuralism, Linguistics and the Study of Literature*. London: Routledge, 1975.

Damrosch, David. *We Scholars.* Cambridge: Harvard University Press, 1995.

Dellinger, Dave. *The New Nonviolence.* Nashville, Tenn.: Southern Student Organizing Committee, 1968.

———. *What Is Cuba Really Like?* New York: Liberation, 1964.

Daiches, David. *Style Périodique and Style Coupé: Hugh Blair and the Scottish Rhetoric of American Independence.* In Sher and Smitten. Scotland and America in the Age of the Enlightenment, pp. 209–226.

De Leon, ed. *Contemporary America Activists: A Biographical Sourcebook, 1960 Onward.* Westport, Conn.: Greenwood Press, 1995.

Dershowitz, Alan M. *Chutzpah.* New York: Simon and Shuster, 1991.

Descartes, René. *The Philosophical Works of Descartes.* Translated by E. S. Haldane and G. R. T. Ross, 1955.

Dewey, John. *Dewey on Education: Selections,* introduction and notes by Martin S. Dworkin. New York: Bureau of Publications, Teachers College, Columbia University, 1959.

Dolgoff, Sam. *The Anarchist Collectives: Workers' Self-Management in the Spanish Revolution.* Montreal: Black Rose Books, 1990.

Dolgoff, S., ed., trans., intro. *Bakunin on Anarchy.* New York: Knopf, 1973.

Donaghue, Denis. "The Politics of Grammar." Review of Noam Chomsky, *Reflections on Language. Times Higher Educations Supplement,* November 1976, p. 19.

Ehrlich, H., et al., eds. Reinventing *Anarchy: What Are Anarchists Thinking These Days?* London: Routledge and Kegan Paul, 1979.

Einstein, Albert. *Ideas and Opinions by Albert Einstein,* based on *Mein Weltbild,* ed. Carl Seelig, and other sources, new translations and revisions Sonja Bargmann. New York, Wings Books, 1954.

Elders, Fons, ed. *Reflexive Waters: The Basic Concerns of Mankind.* London: Souvenir Press, 1974.

Emerson, Caryl, and Gary Saul Morson, *Mikhaïl Bakhtin: Creation of a Prosaics.* Stanford: Stanford University Press, 1990.

Faurisson, Robert. "Letter to the New Statesman," *Journal of Historical Review* 1.2 (1980): 157–161.

———. *Mémoire en Défense contre ceux qui m'accusent de falsifier l'Histoire; la question des chambres à gaz.* Preface by Noam Chomsky. Paris: La Vieille Taupe, 1980.

———. *The Problem of the "Gas Chambers," or "the Rumor of Auschwitz,"* a pamphlet published by the Ridgewood Defense Fund, s.d., reprinted in *The Journal for Historical Review* 19.3 (May/June 2000).

Feinberg, Walter, and Henry Rosemont Jr., eds. *Work, Technology and Education:*

Dissenting Essays in the Intellectual Foundation of America Education. Chicago: University of Illinois Press, 1975.

Feldman, Jonathan. *Universities in the Business of Repression.* Boston: South End Press, 1989.

Ferguson, Adam. *Principles of Moral and Political Science, being chiefly a retrospect of lectures delivered in the College of Edinburgh.* 2 volumes. Edinburgh, 1792.

Franklin, Benjamin. *The Papers of Benjamin Franklin.* Edited by Leonard W. Labaree et al. 27 volumes to date. New Haven, Conn., 1959–.

Freidin, Robert. *Foundations of Generative Syntax.* Cambridge: MIT Press, 1992.

Fresco, Nadine. "Les redresseurs de morts." *Le temps modernes,* June 1980.

Fuller, Steve. *How To Be An Intellectual.* London: Icon Books, 2004.

George, Alexander, ed. *Reflections on Chomsky.* Oxford: Basil Blackwell, 1989.

Goldman, Emma. *Red Emma Speaks: Selected Writings and Speeches by Emma Goldman.* Edited by Alix Kates Shulman. New York: Random House, 1972.

Goldsmith, John A., and Geoffrey J. Huck, *Noam Chomsky and the Deep Structure Debate.* Chicago: University of Chicago Press, 1995. Goreing Andrew. "Enduring Champion of Ordinary People," *The Times Higher Education Supplement,* February 3, 1989, p. 15.

Graur, Mina. *An Anarchist Rabbi: The Life and Teachings of Rudolph Rocker,* Jerusalem: Magnes Press, 1997.

Guérin, Daniel. *Anarchism: From Theory to Practice.* Introduction by Noam Chomsky. New York: Monthly Review Press, 1970.

Habermas, Jurgen. *Lectures on the Philosophical Discourse of Modernity.* Cambridge: MIT Press, 1987.

Harman, Gilbert, ed. *On Noam Chomsky.* Amherst: University of Massachusetts Press, 1982.

Harris, Randy Allen. *The Linguistic War.* New York: Oxford University Press, 1997.

Harris, Zellig S. *A Grammar of English on Mathematical Principles.* New York: Wiley-Interscience, 1982.

_____. *Language and Information.* New York: Columbia University Press, 1988.

_____. *Linguistic Structure of Hebrew.* New Haven: American Oriental Society, 1941.

_____. *Mathematical Structures of Language.* New York: Wiley-Internscience, 1968.

_____. *Papers in Structural and Transformational Linguistics.* New York: Reidel, 1970.

_____. *Papers on Syntax.* New York: Reidel, 1981.

_____. *Structural Linguistics.* Chicago: University of Chicago Press, 1986[1951].

_____. *The Transformation of Capitalist Society.* Lanham, UK: Rowman and Littlefield Publishers, 1997.

_____, and James A. Montgomery. *The Ras Shamra Mythological Texts.* Philadelphia: The American Philosophical Society, 1935.

———, et al. *The Form of Information in Science: Analysis of an Immunology Sublanguage.* Preface by Hilary Putnam. Dordrecht: Kluwer Academic Publishers, 1989.

Hashomer Hatzair. *Pioneer Saga: The Story of Hashomer Hatzair.* New York: Hashomer Hatzair, 1944.

———. *What Is Hashomer Hatzair?* New York: Hashomer Hatzair, 1939.

Hassan, Ihab. *The Postmodern Turn: Essays in Postmodern Theory and Culture.* Columbus: Ohio State University Press, 1987.

Henry, Frank. Review of LSLT, In Otero, *Critical Assessments* 1, no. 1, 308.

Hekman, Susan J. (1990) *Gender and Knowledge: Elements of a Postmodern Feminism.* Boston: Northeastern University Press.

Herbert of Cherbury. *De Veritate*, 1624. Translated by M. H. Carré. Bristol: University of Bristol Studies no 6, 1937.

———. "Pol Pot, Faurisson and the Process of Derogation." *Noam Chomsky.* Edited by Carlos P. Otero. Oxford: Blackwell, 1994, pp. 598 ff.

———, and Noam Chomsky. *Counter-Revolutionary Violence; Bloodbaths in Fact and Propaganda.* Preface by R. Falk. Andover, Mass.: Warner Modular Publications, 1973.

———. and Noam Chomsky. *The Political Economy of Human Rights.* 2 vols. Boston: South End Press/Montreal: Black Rose Books, 1979.

———. and Noam Chomsky. *Manufacturing Consent: The Political Economy of the Mass Media.* New York: Pantheon, 1988.

Hirsh, Arthur. *The French Left: A History and Overview.* Montreal: Black Rose Books, 1982.

Hitchens, Christopher. "American Notes." *Times Literary Supplement*, January 11, 1985, p. 36.

———. "The Chorus and Cassandra," *Grand Street Magazine*, Autumn 1985.

Hook, Andrew. "Philadelphia, Edinburgh and the Scottish Enlightenment." In Sher and Smitten, *Scotland and America in the Age of the Enlightenment*, pp. 227–241.

Hooker. Richard. *The Laws of Ecclesiastical Polity.* Edited by A. S. McGrade. Cambridge, UK; Cambridge University Press, 1989.

Horvat, B., et al. *Self-Governing Socialism.* 2 vols. White Plains, N.Y.: International Arts and Sciences Press, 1975.

Humboldt, Wilhelm von. (1767–1836). *The Limits of State Action.* Introduction by J. W. Burrow. London: Cambridge University Press, 1969.

———. *Linguistic Variability and Intellectual Development.* Philadelphia: University of Pennsylvania Press, 1972 [1836].

———. *Über die Verschiedenheit des Menschlichen Sprachbaues*, 1836, Facsimile ed. Bonn: F. Dümmlers Verlag. 1960.

Hutcheon, Linda (1988) *A Poetics of Postmondernism: History, Theory, Fiction.* New York:

Routledge Kegan and Paul.
Huyssen, Andreas (1986) *After the Great Divide: Modernism, Mass Culture, Postmodernism*. Bloomington: Indiana University Press.
International Council Correspondence. Westport, Conn.: Greenwood Reprint, 1937 [1934].
Jacoby, Russell. *The Last Intellectuals: American Culture in the Age of Academe*. New York: Basic Books, 1987.
Jameson, Fredric (1991) *Postmodernism, or The Cultural Logic of Late Capitalism*. Durham, N. C.: Duke University Press.
Jay, Martin. *Cultural Semantics: Keywords of Our Time*. Amherst: University of Massachusetts Press, 1998.
Jencks, Charles (1996) "What is Post-Modernism," Laurence Cahoone (ed), *From Modernism to Postmodernism: An Anthology*, Cambridge, U.K.: Blackwell, pp. 471-480.
Jowitt, Ken. "Our Republic of Fear: Chomsky's Denunciation of America's Foreign and Economic Policy." *Times Literary Supplement*, February 10, 1995, pp. 3-4.
Kasher, Asa, ed. *The Chomskyan Turn*. Oxford: Basil Blackwell, 1990.
Kellner, Douglas, ed. *Karl Korsch: Revolutionary Theory*. Austin: University of Texas Press, 1977.
Kinne, Burdette. "Voltaire Never Said It!" *Modern Language Notes* 58 (November 1943): 534-535.
Koerner, E. F. Konrad, and Matsuji Tajima, with the collaboration of Carlos P. Otero. *Noam Chomsky: A Personal Bibliography*. 1951-1986. Philadelphia: John Benjamins, 1986.
Kristeva, Julia. *The Portable Kristeva*. Edited by Kelly Oliver. New York: Columbia University Press, 1977.
Kropotkin, Peter Alexeivich. *Modern Science and Anarchism*.
―――. *Mutual Aid: A Factor of Evolution*. Introduction by George Woodcock. Montreal: Black Rose Books. 1989.
Laclau, Ernst, and Chantal Mouffe. *The Radical Democratic Imaginary*. New York: Routledge, 1998.
Lees, Robert. *The Grammar of English Nominalizations*. Bloomington: University of Indiana Press, 1960.
―――. "Review of Noam Chomsky's Syntactic Structures." *Language* 33, no. 3 (1957).
Lilla, Mark. "The Politics of Jacques Derrida," *New York Review of Books*, June 25, 1998, p. 41.
Lipset, Seymour M. *Agrarian Socialism*. Berkeley: University of California Press, 1959.
Lipsitz, Edmond Y., ed. Canadian Jewry Today: *Who's Who in Canadian Jewry*. Downsview, Ontario: J.E.S.L. Education Products, 1989, pp. 30-36.

Lukes, Steven. "Chomsky's Betrayal of Truths." *Times*(London), November 7, 1980, p. 31.
Lyotard, Jean-François. *The Differend: Phrases in Dispute*, translated by Georges van den Abbeele, University of Minnesota Press, 1989.
_____. "On the Post Postmodern." *Eyeline* 6 (November 1987): 3–22.
_____. *The Postmodern Condition: A Report on Knowledge*. Translated by Geoff Bennington and Brian Massumi. Minneapolis: University of Minnesota Press, 1984.
Lyons, John. *Chomsky*. London: Wm. Collins [Fontana Modern Masters] 3rd Expanded Edition, 1991 [1970, 1978].
Macdonald, Dwight. *Henry Wallace: The Man and the Myth*. New York: Vanguard, 1948.
_____. *Memoirs of a Revolutionist: Essays in Political Criticism*. New York: Farrar, Straus and Cudahy, 1957.
_____. *Against the American Grain*. New York: Random House, 1962.
_____. *On Movies*. New York: Berkeley Medallion, 1971.
_____. *Discriminations: Essays and Afterthoughts, 1938–1974*. New York: Grossman, 1974.
MacCorquodale, Kenneth. "On Chomsky's Review of Skinner's *Verbal Behaviour*." *Journal of the Experimental Analysis of Behaviour* 13 (1970): 83–99.
Marcuse, Herbert. *The Dialectics of Liberation*. London: Pelican Books, 1968.
_____. *Liberation from an Affluent Society*. Boston: Beacon Press, 1971.
Matthews, P. H. "The Gene of Grammar." Review of Noam Chomsky *Rules and Representations*, *Times Literary Supplement*, November 21, 1981, pp. 13–14.
_____. *Grammatical Theory in the United States from Bloomfield to Chomsky*. Cambridge: Cambridge University Press, 1993.
_____. "Saying Something Simple." Review of Zellig Harris's *Language and Information*, *Times Literary Supplement*, December 23–29, 1988.
Mattick, Paul. *Anti-Bolshevik Communism*. White Plains, N.Y.: M. E. Sharpe, 1978.
_____. "Two Men in a Boat-Not to Speak of the 8 Points." *Living Marxism* 6, no. 1 (Fall 1941): 24–79.
_____. "Worker's Control." *The New Left*. Edited by Priscilla Long. Boston: Porter Sargent, 1969.
Melman, Seymour. *Decision-Making and Productivity*. Oxford: Blackwell, 1958.
_____. *Pentagon Capitalism: The Political Economy of War*. New York: McGrawHill, 1970.
_____. *The Permanent War Economy: American Capitalism in Decline*. New York: Simon and Schuster, 1974.
_____. *Profits Without Production*. New York: Knopf, 1983.
_____. *War Inc.*, unpublished manuscript.

Merod, Jim. *The Social Responsibility of the Critic*. Ithaca, N.Y.: Cornell University Press, 1987.
Mill, John Stuart. *On Liberty*. London, Everyman's Library, 1968.
Miller, Thomas P. "Witherspoon, Blair and the Rhetoric of Civic Humanism." In Sher and Smitten, *Scotland and America in the Age of the Enlightenment*, pp. 100–119.
Milner, Jean-Claude. *Ordres et raisons de la langue*. Paris: Le Seuil, 1982.
Mitgang, Herbert. *Dangerous Dossiers: Exposing the Secret War Against America's Greatest Authors*. New York: Donald I. Fine, 1988.
Modgil, Celia, and Sohan Modgil, eds. *Noam Chomsky: Consensus and Controversy*. Barcombe: Lewes, Falmer Press, 1987.
Morris, Brian. *Bakunin: The Philosophy of Freedom*. Montreal: Black Rose Books, 1993.
Neill, A. S., *Summerhill: A Radical Approach to Child Rearing*. New York: Hart Publishing, 1960.
Nelkin, D. *The University and Military Research: Moral Politics at MIT*. Ithaca: Cornell University Press, 1972.
Nesvisky, Matt. "Looking Right for the Revels of the Hippy Left of Yesteryear," *Jerusalem Post*, June 2, 1995, p. 4.
Newman, Charles, and George Abbott White, eds., *Literature in Revolution*. Chicago: Northwestern University Press, 1972.
Norris, Christopher. *Uncritical Theory: Postmodernism, Intellectuals and the Gulf War*. London: Lawrence and Wishart, 1992.
_____. *What's Wrong With Postmodernism: Critical Theory and the Ends of Philosophy*. Baltimore: Johns Hopkins Press, 1990.
Orwell, George. *Homage to Catalonia*. San Diego: Harcourt, Brace, Jovanovich, 1980.
_____. *The Collected Essays, Journalism and Letters of George Orwell*. Edited by Sonia Orwell and Ian Angus. London: Secker and Warburg, 1968, 5 vols.
_____. "Politics and the English Language," cited in *The Norton Anthology of English Literature* volume 2. New York: Norton, 1993, 2233–2242.
Otero, Carlos P. *Behavioral and Brain Sciences* (December 1990): 747ff.
_____. *Chomsky's Revolution: Cognitivism and Anarchism*. Oxford: Blackwell 1999.
_____. *Noam Chomsky: Critical Assessments*. Edited by Carlos P. Otero. London: Routledge, 1994, 4 vols.
_____. "The Third Emancipatory Phase of History." Introduction to Chomsky, *Language and Politics*, 22–81.
_____, and Noam Chomsky. *Radical Priorities*. London: AK Press, 2003.
Paglia, Camille. *Sex, Art and American Culture*. New York: Vintage Books, 1992.
Pannekoek, Anton. *Lenin as Philosopher: A Critical Examination of the Philosophical Basis*

of Leninism. New York: Breakout Press, 1975.
   ———. Workers Councils: The Way to Workers' Control. Melbourne: ILP, 1950.
Parini, Jay. "Noam is an Island." Mother Jones (October 1988): 36–41.
Peck, Jim. "Noam Chomsky: An American Dissident." Progressive (July 1987): 22–25.
Ponchaud, François. Cambodge, année zéro. Paris: éditions Kailash, 1998.
Portis, Larry. "Noam Chomsky, l'état et l'intelligentsia française," L'Homme et la Société (1997): 123–124.
Rai, Milan. Chomsky's Politics. London: Verso, 1995.
Readings, Bill. The University in Ruins. Cambridge: Harvard University Press, 1996.
Rendall, Jane. The Origins of the Scottish Enlightenment. London: Macmillan, 1978.
Robinson, Ian. The New Grammarians' Funeral: A Critique of Noam Chomsky's Linguistics. Cambridge: Cambridge University Press, 1975.
Rocker, Rudolf. Anarchism and Anarcho-Syndicalism. London: Freedom Press, 1988.
   ———. "Anarchism and Anarcho-Syndicalism." In Paul Eltzbacher, ed., Anarchism. London: Freedom Press, 1937.
   ———. Anarcho-Syndicalism. Preface by Noam Chomsky. London: Pluto Press, 1989.
   ———. The London Years. Translated Joseph Leftwich. London: Robert Anscombe, 1956.
   ———. Nationalism and Culture. Translated by Ray E. Chase. St. Paul, Minn.: Michael E. Coughlin, 1985.
   ———. The Tragedy of Spain. New York: Freie Arbeiter Stimme, 1937.
Rosenberg, Arthur. The Birth of the German Republic. Oxford: Oxford University Press, 1931.
   ———. Democracy and Socialism: A Contribution to the Political History of the Past 150 Years. New York: Knopf, 1939. Reprinted by Beacon Press, 1965.
   ———. A History of Bolshevism. Oxford: Oxford University Press, 1934.
Rousseau, Jean-Jacques. First and Second Discourses. Introduction by R. D. Masters. New York: St. Martin Press, 1964.
Russell, Bertrand. The Autobiography of Bertrand Russell. 3 volumes. London: Geroge Allen and Unwin, 1968.
Said, Edward. Representations of the Intellectual. New York: Pantheon, 1994.
   ———. Unpopular Essays. London: George Allen and Unwin, 1950.
Salkie, Raphael. The Chomsky Update: Linguistics and Politics. London: Unwin Hyman, 1990.
Sampson, Geoffrey. "Human Language Debates." Review of Noam Chomsky, Rules and Representations. THES, September 19, 1980, p. 14.
Sartre, Jean-Paul, and Steven Ungar. What Is Literature and Other Essays. Cambridge:

Harvard University Press, 1988.
Schachtman, Max (1903-1972). *Sacco and Vanzetti: Labor's Martyrs*. New York: International Labor Defense, 1927.
Schelling, F. W. J. *Philosophical Inquiries into the Nature of Human Freedom*. Translated and edited by James Gutmann. Chicago: Open Court Publishing, 1936.
Scheuerman, William. *Between the Norm and the Exception: The Frankfurt School and the Rule of Law*. Cambridge: MIT Press, 1994.
Schlegel, August Wilhelm. "De l'étymologie en général." In E. Böcking, ed., *Oeuvres écrits en Français*. Leipzig, 1946.
Searle, John R. "Reflections on Language." To the Editor. *Times Literary Supplement*, October 22, 1976, p. 1330.
_____. "The Rules of the Language Game." Review of Noam Chomsky, *Reflections on Language*. *Times Literary Supplement*, September 10, 1976. pp. 1118-1120.
Sgroi, Claudia. *Noam Chomsky: Bibliografia 1949-1981*. A cura di Salvatore Claudio Sgroi. Padova: CLESP editrice, 1983.
Shenker, Israel. "Experts Labor to Communicate on Animal Talk." *New York Times*, September 25, 1975, pp 45, 74.
_____. "Noam Chomsky." *Horizon* 13. no. 2 (Spring 1971): 104-109.
_____. *Words and Their Masters*. Photographs by Jill Krementz. Garden City, N.Y.: Doubleday, 1974.
Sher, Richard B., and Jeffrey R. Smitten. *Scotland and America in the Age of the Enlightenment*. Princeton: Princeton University Press, 1990.
Singh, Chhatrapati. *Law From Anarchy to Utopia*. Buffalo, N.Y.: Prometheus Books, 1982.
Skinner, B. F. *Beyond Freedom and Dignity*. New York: Knopf, 1971.
_____. *Verbal Behaviour*. Englewood Cliffs, N.J.: Prentice Hall, 1957.
_____. "Verbal Behaviour." Letter to *Times Literary Supplement*, March 9-15, 1990, p. 253.
Smart, D. A. *Pannekoek and Gorter's Marxism*. London: Pluto, 1978.
Smith, Adam. *An Inquiry into the Nature and Causes of the Wealth of Nations*. Edited by R. H. Campbell, A. S. Skinner, and W. B. Todd. 2 volumes. Oxford: Oxford University Press, 1976.
Smith, Patricia, ed. *The Nature and Process of Law: An Introduction to Legal Philosophy*. New York: Oxford University Press, 1993.
Smith, Neil, and Deirdre Wilson. *Modern Linguistics: The Results of Chomsky's Revolution*. Harmondsworth: Penguin, 1979.
Spiro, George. *Marxism and the Bolshevik State, Workers Democratic World Government Versus National Burocratic* [sic] *"Society" and Capitalist Regimes*. New York: Red Star

Press, 1951.

Steffens, Lincoln. *The Autobiography of Lincoln Steffens*. New York: Harcourt, Brace and Co., 1931.

Stephenson, Neal. *Cryptonomicon*. New York: Avon, 1999.

Sternhell, Zeev. *Neither Right nor Left*, Translated by David Maisel. Princeton: Princeton University Press, 1995.

Summers, Laura J. "Chomsky and the Cambodian Regime." Letters to the Editor. *THES* December 19, 1980, p. 22.

Terrace, Herbert. *Speaking of Apes*. New York: Plenum Press, 1980.

Tichi, Cecilia. *Exposés and Excess: Muckraking in America 1900/2000*. Philadelphia: University of Pennsylvania Press, 2003.

Townshead, Charles. "In the Name of Liberty." *Times Literary Supplement*, July 15–21, 1988, p. 777.

Vidal-Naquet, Pierre. *Assassins of Memory: Essays on the Denial of the Holocaust*. Translated and foreword by Jeffrey Mehlman. New York: Columbia University Press, 1992.

———. *Holocaust Denial in France: Analysis of a Unique Phenomenon*. New York: The Project for the Study of Anti-Semitism, 1995.

———. and David Ames Curtis. *The Jews*. New York: Columbia University Press, 1998.

Vincent, John. "Cambodia Year Zero." To the Editor. *Times Literary Supplement*, January 18, 1980, p. 63.

Watson, George. "Chomsky: What Has It to Do with Literature?" *Times Literary Supplement*, February 14, 1975, pp. 164–165.

Weiskind, Ron. "Chewing Up the Pacifier." *Pittsburgh Post-Gazzette*, October 15, 1993, p. 4.

Westbrook, Robert F. *John Dewey and American democracy*, Ithaca, N.Y.: Cornell University Press, 1991.

Whitefield, Stephen J. *A Critical American: The Politics of Dwight Macdonald*. Hamden, Conn.: Archon Books, 1984.

Wilson, James G. "Noam Chomsky and Judicial Review," *Cleveland State Law Review* 44, no. 4 (Fall 1996): 439–472.

Woodhouse, C. M. "The Anti-American Case." Review of Noam Chomsky, *Towards a New Cold War*. *Times Literary Supplement*, July 23, 1982, p. 784.

Zinn, Howard. *A People's History of the United States*. New York: Perennial, 2001.

———. *The Zinn Reader*. New York: Seven Stories Press, 1997.

———. *Student Nonviolent Coordinating Committee: The New Abolitionists*. Boston: Beacon Press, 1968.

찾아보기

가

가공기능processor ··················· 377
가능성 ···························· 218
가야트리 스피박Gayatri Spivak ········ 509
각광footlight ······················ 401
갈렌 스트로슨Galen Strawson ········ 103
개스 허퍼Gas Huffer ················ 51
거쉰Gershwin ····················· 492
건국의 아버지들 ··················· 199
게르트루드 힘멜파르브Gertrude Himmelfarb
  ······························ 506
게오르그 포스터Georg Forster ········ 211
〈경계를 바꾸기: 양자중력이론의 변형적
  해석학〉 ························ 404
〈계급 전쟁: 노동자들에 대한 공격Class
  War: The Attack on Working People〉 ··· 51
계몽사상 ························· 193
고드윈Godwin ····················· 312
고어 바이덜Gore Vidal ·············· 462
고전자유주의 ················· 193, 203
고전자유주의자 ··················· 33
고향 ···························· 236
골드만Goldmann ··················· 394
골드맨Goldman ···················· 274
골드핑거Goldfinger ················ 62
공동선 ························· 203
《공산주의의 검은 책The Black Book of
  Communism》 ···················· 307
공쿠르Goncourt 형제 ··············· 513

과테말라 ························ 295
과학철학 ························ 87
과학혁명 ························ 193
관중 동원 스포츠 ················· 13
광고advertising ··················· 382
교수재직권tenure ·················· 514
구 구조 문법이론 ················· 255
구 구조 ························· 253
구루guru ························ 18
구조주의 언어학의 방법 ······· 256, 257
《구조주의 언어학의 방법Methods in
  Structural Linguistics》 ············ 248
구조주의자 ······················ 394
국가이익 ························ 383
국가주의 ························ 240
국가주의자 ······················ 240
《국가행동의 제한The Limits of State Action》
  ······························ 210
국제법 ·························· 89
국제사법재판소 ··················· 287
국제현대건축가들회의CIMA ·········· 400
굿 리던스Good Riddance ············ 62
《권력과 전망Powers and Prospects》 ···· 232
〈권력과 테러: 우리 시대의 노엄 촘스키
  Power and Terror: Noam Chomsky in Our
  Times〉 ························ 80
권리장전 ························ 275
귀환법 ·························· 113
그라나다 ························ 41
그랜들 MGrendl M ················ 50

그런지grunge ····· 53
그레마스Greimas ····· 394
그룹스Gr'Ups ····· 62
글로 스컬스Glow Skulls ····· 51
글로리아 스타이넘Gloria Steinem ····· 506
급진적 ····· 197, 198
《급진적 우선사항Radical Priorities》····· 23
기계 속의 유령 ····· 209
기계론적 철학 ····· 208
《기억의 암살자Assassins of Memory》·· 143
〈기업The Corporation〉····· 32
기예르모 베르데키아Guillermo Verdecchia
 ····· 464
기의 ····· 391
기표 ····· 391
기호학자 ····· 394
기호현상semiosis ····· 392
깁스Gibbs ····· 88

나

《나라들 사이의 법률The Law of Nations》
 ····· 305
나오미 울프Namoi Wolf ····· 506
나오미 클라인Naomi Klein ····· 505
〈나는 노엄에게 끌린다〉····· 31
《나의 세계관Mein Weltbild》····· 38
나토 ····· 128
나폴레옹 법전 ····· 275
낭만시대 ····· 209
낭시 돌렘Nancy Dolhem ····· 126
내셔널 퍼블릭 라디오National Public Radio
 ····· 72
낸시 셔먼Nancy Sherman ····· 506

네가시오니스트négationniste ····· 100
네오나치neo-Nazi ····· 110
네이던 글레이저Nathan Glazer ····· 90, 102
네이던 파인Nathan Fine ····· 248
《네이션Nation》····· 147
넬슨 굿맨Nelson Goodman ····· 247
노동자협의회 실험 ····· 210
노먼 메일러Norman Mailer ····· 43
노버트 혼스타인Norbert Hornstein ····· 103
〈노암 촘스키 강연The Noam Chomsky
 Lectures〉····· 464
〈노암 촘스키Noam Chomsky〉····· 46
노엄 촘스키 어프로치 ····· 17
노엄 촘스키 이펙트Noam Chomsky Effect
 ····· 20
〈노엄 촘스키: 반체제인사의 생애Noam
 Chomsky: A Life of Dissent〉····· 43
〈노엄 촘스키: 쉼 없는 반항자Noam
 Chomsky: Rebel Without a Pause〉····· 32
〈노엄 촘스키의 외로움The Loneliness of
 Noam Chomsky(A Performance)〉····· 465
《노이에 탈리아Neue Thallia》····· 211
노이즈 콘스피러시Noise Conspiracy ····· 59
논리 실증주의 ····· 87
놀 뷔르지-고뤼브Nolle Burgi-Golub ·· 127
《누벨 리테라테르Nouvelles littéraires》· 164
뉘렘베르크 원칙Nuremberg principle ·· 299
뉴스피크Newspeak ····· 386
뉴크리티시즘New Critical ····· 395
니체 ····· 132
니카라과 ····· 293
니콜라스 월터Nicolas Walter ····· 229
닐 스티븐슨Neal Stephenson ····· 462

다

다 큰 아기les grands enfants ············ 402
다니엘 뒤랑Daniel Durant ············· 127
다니엘 방세Daniel Bensaid ············ 127
다다주의자들dadaist ················· 400
다운 바이 로Down By Law ············ 51
다이안 래비치Diane Ravitch ·········· 506
다이애너 트릴링Diana Trilling ········ 506
단순성 메트릭simplicity metric ········ 87
달랑베르D'Alembert ················ 209
담론적 통합형태discursive configuration
 ································ 440
담화이론 ························· 371
《대격변 이후After the Cataclysm》 ··· 174
대니얼 구에린Daniel Guerin ·········· 58
대니얼 브룩스Daniel Brooks ········· 464
대니얼 패트릭 모이니헌Daniel Patrick
 Moynihan ······················ 304
대수적 생성자algebraic generator ······ 377
대심문관 ························· 442
대중 지식인 ······················ 521
대중선동가 ······················· 90
대화주의dialogism ················· 453
더글러스 파이크Douglas Pike ········ 182
《더 높은 수준의 미신Higher Superstition》
 ································ 404
데드 케네디DEAD KENNEDYS ········ 56
데이드리 맥클로스키Deirdre McCloskey
 ································ 506
데이브 SDave S ··················· 50
데이비드 그레고리David Gregor ······ 200
데이비드 데이쉬즈David Daiches ····· 199
데이비드 레터맨David Letterman ····· 469
데이비드 리프David Rieff ············ 519
데이비드 바사미언David Barsamian ···· 33
데이비드 스즈키David Suzuki ········ 40
데이비드 페세츠키David Pesetsky ···· 101
데이비드 호로비츠David Horowitz ····· 46
데이비드 흄David Hume ············ 195
데이비드 히프David Heap ············ 44
《데카르트 언어학Cartesian Linguistics》·· 205
데카르트 학파 ··············· 195, 205
데카르트 합리주의 ················ 193
데카르트적 접근 ··················· 12
도날드 바셀미Donald Barthelme ······ 399
도로시 리처드슨Dorothy Richardson ··· 399
도리스 레싱Doris Lessing ············ 505
도리스 컨스 굿윈Doris Kearns Goodwin ·· 505
도브스Dwarves ···················· 62
돈 워스Don Was ··················· 52
동티모르 ························· 170
듀이 초등학교 ···················· 246
듀이주의자 ······················· 338
드니 슬락타Denis Slakta ············ 126
디네쉬 디수자Dinesh D'Souza ······· 519
《디센트Dissent》 ·················· 405
디킨스 ·························· 438
디페랑différand ··················· 146
딕시 칙스Dixie Chicks ··············· 54
딘 애치슨Dean Acheson ············ 278

라

라 비에유 토프La Vieille Taupe ········ 159
라이브Live ························ 50
라이프니츠Leibniz ················· 208
랄프 앨리슨Ralph Ellison ············ 502

랄프 월드 에머슨Ralph Waldo Emerson ·· 154
래니 기니어Lani Guinier ················ 506
래리 포티스Larry Portis ················· 151
랜디 해리스Randy Harris ··············· 247
랜시드Rancid ······················· 50, 51
러드야드 키플링Rudyard Kipling ······· 498
러셀 재코비Russel Jacoby ··············· 509
레나타 애들러Renata Adler ············· 505
레드 안츠Red Aunts ····················· 51
레반틴화 ······························ 120
레베카 웨스트Rebecca West ············ 506
레슬리 피들러Leslie Fiedler ············ 399
레아디 슐크Readi Sulch ················ 117
레이 재켄도프Ray Jackendoff ··········· 86
레이 찰스Ray Charles ·················· 502
레이디 아모스Lady Amos ··············· 505
레이저케이크 팬진Razorcake Fanzine ··· 62
레이지 어게인스트 더 머신Rage Against the
  Machine ··························· 47
레이첼 카슨Rachel Carson ············· 505
레진 로뱅Régine Robin ················· 439
레히Lehi ······························ 289
로 대 웨이드Roe vs. Wade 판결 ········· 62
로라 단드레아 타이슨Laura D'Andrea Tyson
  ·································· 505
로렌스 스턴Laurence Sterne ············ 399
로렌스 암스Lawrence Arms ············· 62
로만 야콥슨Roman Jakobson ············ 85
로뱅 푸트Robin Foot ··················· 127
로버터 월스테터Roberta Wohlstetter ··· 506
로버트 레인홀드Robert Reinhold ······· 44
로버트 로웰Robert Lowell ············· 495
로버트 맥체스니Robert McChesney ·· 54, 58
로버트 슐만Robert Shulman ············ 409
로버트 시겔Robert Siegel ··············· 106
로버트 심슨Robert Simson ·············· 200
로버트 카플란Robert Kaplan ··········· 519
로베르 방투리Robert Venturi ··········· 394
로빈 래코프Robin Lakoff ··············· 86
〈로스앤젤레스의 싸움The Battle of Los
  Angeles〉 ·························· 58
로자 룩셈부르크Rosa Luxemburg ········ 33
〈로큰롤 컨피덴셜Rock and Roll
  Confidential〉 ····················· 46
록 더 보트Rock the Vote ················ 65
록 어게인스트 레이건Rock against Raegan
  ··································· 65
롤랑 트랑프Rolande Trempe ············ 127
롤링스톤스Rolling Stones ··············· 47
《롤링스톤Rolling Stone》 ················ 49
루너치크스Lunachicks ··················· 62
루돌프 로커Rudolph Rocker
  ····················· 33, 193, 195, 224
루스 개릿 밀리컨Ruth Garrett Millikan ·· 103
루스 베네딕트Ruth Benedict ··········· 505
루이스 브란데이스Louis Brandeis ·· 116, 217
루이즈 앤터니Louise Antony ··········· 103
루퍼트 머독 ··························· 63
뤼스 이리가레Luce Irigaray ············ 394
뤽 당스로Luc Dansereau ················ 465
《르 누벨 옵세바퇴르Le Nouvel Observateur》
  ·································· 147
《르 마탱 드 파리Le Matin de Paris》 ····· 164
《르 카나르 데셰네Le Canard Déchaîné》 ·· 123
르네 데카르트René Descartes ·········· 195
르로이 존스Leroi Jones ················ 502
《르몽드 디플로마티크Le Monde
  diplomatique》 ····················· 123

《르몽드Le Monde》 ······················ 126
리 리스커Leigh Lisker ······················ 86
리디아 사전트Lydia Sargent ············ 481
리버테리언 ································ 490
《리베라시옹Libération》 ················ 123
리사 아피냐네시Lisa Appignanesi ······ 505
리사 자딘Lisa Jardine ···················· 503
리좀rhizomes ····························· 399
리처드 월Richard Wall ··················· 122
리처드 테일러Richard Taylor ············ 274
리처드 포스너Richard Posner ············ 505
리처드 후커Richard Hooker ············· 312
리프만Lippman ··························· 387
린 채니Lynn Chaney ····················· 505
린다 그린하우스Linda Greenhouse ····· 505
린다 콜리Linda Colley ··················· 503
릴리언 헬만Lillian Hellman ·············· 506
《링구아 프랑카Lingua Franca》 ·········· 405

마

마가렛 미드Margaret Mead ············· 506
마그나 카르타Magna Carta ············· 275
마담 드 스타엘Mmme de Staël ········· 211
마르셀-프란시스 칸Marcel-Francis Kahn
 ··· 127
마르크 앙주노Marc Angenot ············ 438
마르크스 ·································· 58
마르크스-레닌주의 ······················ 198
마르크시스트 ····························· 198
마르크시즘 ······························· 240
마르틴 하이데거Maritn Heidegger ····· 394
마사 누스바움Martha Nussbaum ······· 506
마사 미노우Martha Minow ·············· 506

마사 베일즈Martha Bayles ··············· 505
마오毛澤東 ································ 307
마이크 버케트Mike Burkett ·············· 66
마이크 오닐Mike O'Neill ················ 46
마이클 그레이브스Michael Graves ····· 400
마이클 무어Michael Moore ·············· 72
마이클 앨버트Michael Albert ············ 33
마이클 홀퀴스트Michael Holquist ······ 409
마인드 프로젝트 ························ 361
마크 아크바Mark Achbar ················ 72
마킬라도라 ······························· 112
마틴 루터 킹Martin Luther King ········ 502
마틴 제이Martin Jay ····················· 134
마하 서클 ································· 87
마하 스피드 ······························ 87
막스웰Maxwell ··························· 88
막시모프Maximov ······················· 449
《만다린The Mandarins》 ················· 500
말로Malraux ······························ 450
말콤 엑스Malom X ······················ 502
말콤 X ···································· 58
매슈 아놀드Matthew Arnold ············ 211
매트 곤잘레스Matt Gonzalez ············ 62
매트 쉴드Matt Schild ···················· 66
《맥시멈로큰롤MAXIMUMROCKENROLL》
 ·· 50
맥켄지 킹Mackenzie King ··············· 91
맨테크ManTech ·························· 474
머레이 북친Murray Bookchin ··········· 225
메리 레프코위츠Mary Lefkowitz ········ 506
메리 맥카시Mary McCarthy ············· 506
메리 미즐리Mary Midgley ··············· 503
메리 앤 글렌든Mary Ann Glendon ····· 505
메리 워녹Mary Warnock ················ 503

메리 케이 윌머스Mary Kay Wilmers ···· 505
메이데이May Day ················· 280
멜라니 필립스Melanie Phillips ········· 503
멜런 강연Mellon Lecture ················ 343
멩겔레 ························· 144
모르데카이 엘리야후Mordechai Eliyahu
························· 290
모리스 홀Morris Halle ··············· 101
모비Moby ······················· 55
모세 네그비Moshe Negbi ············· 289
모튼 화이트Morton White ············· 247
몬로Monro ····················· 200
무기無機의 세계 ················ 208
무사 알라미Mussa Alami ············· 116
무선 정보wire source ·············· 107
무한한 세트의 스트링infinite set of strings
·························· 378
문학이론 ···················· 407
문학작품 ···················· 437
문화이론 ···················· 407
뮤즈 ························ 460
《미국 자유의 기수들Pioneers of American
Freedom》 ·················· 153
미국 헌법 ···················· 275
《미국의 권력과 새로운 만다린American
Power and the New Mandarins》 ······ 164
미나 그라우어Mina Graur ············ 154
《미니멀리스트 프로그램The Minimalist
Program》 ··················· 125
미드나이트 오일Midnight Oil ········· 46
미드타운Midtown ················ 62
미디어 ······················ 379
미셸 당스로Michéle Dansereau ········ 465
미셸 위송Michel Husson ············ 127

미셸 코테Michel Côté ················ 465
미스터 브레트Mr. Brett ·············· 50
미지 덱터Midge Decter ·············· 505
미초우 로나트Mitsou Ronat ·········· 251
미키 ZMickey Z ··················· 80
미하일 바쿠닌Michael Bakunin ···· 33, 195
미하일 바흐친Mikhail Bakhtin ········· 438
민족주의 ················· 89, 240
《민족주의와 문화Nationalism and Culture》
························· 36, 153
〈민주주의의 전망Prospects fro Democracy〉
·························· 51
믿을 수 없는 요소의 제거 ············ 457
밀스Mills ······················ 107

바

바네사 레드그레이브Vanessa Redgrave
··························· 504
바롱 드 몽테스키외Baron de Montesquieu
··························· 312
바르트Barthes ··················· 394
바바라 에렌라이히Barbara Ehrenreich ·· 505
바바라 엡스타인Barbara Epstein ········ 505
바바라 터크맨Barbara Tuchman ········ 506
반反볼셰비키 마르크스주의자 ··· 33, 195
반反자본주의자 ·················· 194
반볼셰비키 마르크시즘 ············ 240
반사성reflexivity ··················· 393
《반자본주의 독본Anti-Capitalist readers》
··························· 64
《반촘스키 독본Anti-Chomsky Reader》 ·· 102
반투스탄 ···················· 112

《반혁명적 폭력: 사실과 프로파간다 속의 학살》 ········ 170
발자크 ·············· 438
발화 장르speech genres ········ 472
발Bal ·············· 394
《밤의 군대Armies of the Night》 ···· 43, 462
배드 릴리전Bad Religion ········ 47
배리 글래스너Barry Glassner ······ 63
버지니아 울프Virginia Woolf ······ 399
버지니아 포스트렐Virginia Posterel ·· 506
버트란드 러셀Bertrand Russell ··· 32, 348
법의 날 ············· 280
법인 ·············· 281
베나헴 베긴Menahem Begin ······ 290
베르나르 드 망드빌Bernard de Mandeville
················ 312
베르나르 랑글루아Bernard Langlois ··· 127
베르나르 앙리-레비Bernard Henri−Lévi
················ 127
베르누이Bernoulli ·········· 208
베를린 대학 ············ 211
베티 프리든Betty Frieden ······· 505
벤-구리온Ben-Gurion ········ 116
벤자민 프랭클린 ·········· 199
벤저민 배그디키언Benjamin Bagdikian ·· 58
벤저민 프랭클린 ·········· 233
벨 훅스bell hooks ········ 502, 506
변경의 구획 ············ 456
변형 ·············· 256
변형 생성문법 ··········· 378
보노Bono ············· 46
보니 그리어Bonnie Greer ······· 505
보니 레이트Bonnie Raitt ······· 47
《보바리 부인Madame Bovary》 ····· 437
보수적 ············· 198
보안 ·············· 219
볼츠만Boltzmann ·········· 88
부두Voodoo ············ 51
분간discernment ·········· 491
분식粉飾 ············· 202
분업 ·············· 204
분트Bund ············· 39
브루스 로빈스Brece Robbins ······ 410
브리콜라주bricolage ········ 398
블레이츠Blatz ··········· 62
블룸필드 학파Bloomfieldian ······ 247
비달−나케 ············ 144
비엔나 서클 ············ 87
비지칭성nonreferentiality 연구 ····· 398
비츠Beats ············ 400
비키 헌Vicki Hearne ········ 506
《비평적 평가: 노엄 촘스키Critical Assessments: Noam Chomsky》 ······ 23
빅터 파리아스Victor Farís ······ 401
빈 서판書板 ············ 463
《빈 서판The Blank Slate》 ······ 463
빌 레딩스Bill Readings ······· 511
빌헬름 폰 훔볼트Wilhelm von Humboldt
············ 33, 195, 210

사

사랑 ·············· 221
사이버 텍스트 ··········· 400
사코 앤 반제티Sacco and Vanzetti ··· 214
사회공학 ············· 238
사회비평 ············· 439
사회주의적 두 민족 국가 ······· 118

산업자본주의 ················ 193
상징기호들의 스트링a string of symbols
　·· 377
《상호부조론Mutual Aid》 ··············· 333
《샤일록 작전》 ···························· 462
새로운 만다린들new mandarins ········ 35
〈새로운 만다린New Mandarins〉 ······ 107
《새로운 만다린New Mandarins》 ······· 174
〈새로운 세계질서New World Order〉 ··· 50
〈새로운 세계 질서: 전쟁 #1New World
　Order: War #1〉 ······················· 68
새뮤얼 베케트Samuel Beckett ·········· 399
샌디 카터Sandy Carter ···················· 54
샘 돌고프Sam Dolgoff ···················· 326
샘 어빈Sam Ervin ·························· 302
생성문법 ····································· 253
생성의미론 ··································· 84
샤미 차크라바르티Shami Chakrabarti ·· 505
《샤일록 작전Operation Shylock》 ········ 134
샤프츠베리 경Lord Shaftesbury ········· 312
서구 자유주의 ····························· 193
서머힐Summerhill ··············· 353, 359
《서머힐: 자녀 교육에 대한 급진적 어프로
　치Summerhill: A Radical Approach to Child
　Rearing》 ································· 359
서사학주의자 ······························ 394
선스트롬Thernstrome 부부 ············· 519
세계 법정World Court ···················· 287
세르비아 ····································· 128
세르주 티옹Serge Thion ················ 142
세속적인 두 민족 국가 ··············· 120
섹스 피스톨스Sex Pistols ················· 49
셰익스피어Shakespeare ··················· 475
셸비 스틸Shelby Steele ··················· 502

소문자 c ····································· 199
소문자 l ······································ 198
《소셜 텍스트Social Text》 ················ 404
소칼의 사기극 ···························· 404
쇼아 비즈니스Shoah business ·········· 134
수용이론reception theory ················ 380
수잔 그린필드Susan Greenfield ········ 503
수잔 손탁Susan Sontag ············ 495, 506
수잔 에스트리히Susan Estrich ·········· 505
수잔 팔루디Susan Faludi ················ 505
수직적 유명인사 ························ 133
수평적 유명인사 ························ 133
쉬잔 드 브뤼노프Suzanne de Brunhoff ·· 127
쉼 없는 반항자rebel without a pause ····· 13
〈쉼 없는 반항자Rebel Without a Pause〉 ·· 72
스코틀랜드 계몽사상 ················· 199
스코틀랜드 계몽사상가 ············· 195
스키너 ······································· 239
스탈린주의 ································ 193
스탠리 아라노비츠Stanley Aranowitz ·· 410
스탠리 피시Stanley Fish ················· 410
스테판 캔퍼Stefan Kanfer ··············· 131
스튜어트 홀Stuart Hall ·················· 502
스티브 풀러Steve Fuller ················· 504
스티븐 카터Stephen Carter ············· 502
스티븐 핑커Stephen Pinker ··············· 86
스티븐 호킨스Stephen Hawkins ········· 40
스티븐 J. 굴드Stephen J. Gould ········· 40
스티안 뉴고르Stian Nygard ·············· 56
스파르타쿠스 출판사 ················· 159
스페인 내전 ······························ 193
《스페인의 미로The Spanish Labyrinth》 ·· 326
《스페인의 아나키스트들The Spanish
　Anarchists》 ······························ 227

슬래커즈Slackers ·················· 48
슬로보단 밀로셰비치 ············· 129
시몬 드 보부아르Simone de Beauvoir ·· 505
시무어 멜만Seymour Melman ······ 32, 516
시뮬라크라simulacras ·············· 202
시셀라 복Sissela Bok ·············· 505
시오니즘 ························· 88
《시오니즘과 아랍인들 1882-1948
　　Zionism and the Arabs 1882-1948》 ··· 119
시온주의 ····················· 38, 88
시온주의자 ······················ 39
시장옹호론자 ··················· 194
식오브잇올Sick Of It All ············ 62
신경과학자 ····················· 362
신디칼리즘 ····················· 228
신시아 오직Cynthia Ozick ··········· 506
신시아 푹스 엡스타인Cynthia Fuchs Epstein
　····························· 505
신앙 ··························· 221
실리 롤로Sheila Lawlor ············ 505
실언失言 ······················· 437
실정법 ························· 304
심층구조 ······················· 446

아

아곤느Agone ····················· 126
아나-마리아 갈라노Ana-Maria Galano
　····························· 127
아나코-신디칼리스트anarcho-syndicalism
　························ 193, 228
아나코-신디칼리즘 ··············· 228
아나키anarchy ··················· 273
아나키스트 ················ 195, 198

아나키스트 교육 ················· 334
아나키스트 랍비 ················· 224
아나키스트 사상 ················· 193
아나키스트 전위그룹 ·············· 41
《아나키스트 조직Anarchist Organization》
　····························· 327
아나키스트 혁명 ················· 193
《아나키스트 컬렉티브The Anarchist
　Collectives(집산주의 사회)》 ········ 326
《아나키에서 유토피아에 이르는 법률
　Law From Anarchy to Utopia》 ······· 273
아나키즘 ·············· 36, 198, 235
《아나키즘과 아나코-신디칼리즘
　Anarchism and Anarcho-Syndicalism》 · 226
《아나키즘: 이론에서 실천으로Anarchism:
　From Theory to Practice》 ·········· 58
아담 스미스Adam Smith
　················ 33, 194, 195, 200, 204
아담 퍼거슨Adam Ferguson ········· 200
아더 밀러Arther Miller ············ 495
아랍-유대인 협력동맹Arab-Jewish
　Cooperation ···················· 33
아르그AAARGH ················· 134
아리스토텔레스 ················· 194
아리안 란츠Ariane Lantz ··········· 127
아미르 아슬란Amir Aslan ·········· 117
아부카Avukah ············· 33, 88, 195
아브람 체이스Abram Chayes ········ 294
아비 네이던Abie Nathan ··········· 289
아비게일 선스트롬Abigail Thernstrom ·· 506
아이러니 ······················· 393
아이티에 ······················· 295
아카스AKAs ···················· 62
아파르트헤이트 ················· 119

아페르세리아apercería ················ 227
아합왕 ····························· 114
〈악의 제국Evil Empire〉 ··············· 47
안네 프랑크의 일기 ················· 145
안드레아 드워킨Andrea Dworkin ······· 505
안드레아 위상Andreas Huyssen ········ 393
안젤라 데이비스Angela Davis ·········· 505
안톤 판네코크Anton Pannekoek ··· 32, 195
안티플래그 ·························· 62
알골ALGOL ························ 378
알렉산더 딕 경Sir Alexander Dick ······· 200
알렉산더 윌슨Alexander Wilson ········ 200
알린 페예Aline Pailler ················ 127
알베르 카뮈Albert Camus ············· 492
알튀세Althusser ····················· 395
압둘 하디Auni Abdul Hadi ············ 117
앙리 로크Henri Roques ··············· 159
《양상Aspects》 ····················· 446
애드리언 리치Adrienne Rich ··········· 506
앤 쿨터Anne Coulter ················· 505
앤드류 로스Andrew Ross ·············· 410
앤드류 후크Andrew Hook ············· 200
앤디 컬킨Andy Kaulkin ················ 51
앤티 플래그Anti-Flag ·················· 59
앨런 긴스버그Allen Ginsberg ·········· 214
앨런 더쇼위츠Alan Dershowitz ········ 120
앨런 울프Alan Wolfe ················· 519
앨리스 워커Alice Walker ·············· 502
앨리슨 고프닉Alison Gopnik ··········· 104
앨버트 아인슈타인 ··············· 37, 116
앵그리 영맨Angry Young Men ·········· 400
어빙 하우Irving Howe ··········· 102, 399
어셈블러assembler ·················· 379
어용론語用論 ······················· 391

언더독 ····························· 89
《언론기업과 민주주의에 대한 위협
 Corporate Media and the Threat to
 Democracy》 ······················ 58
《언론의 독점The Media Monopoly》 ······ 58
《어리석게 성장하기Growing Up Absurd》
 ······························· 332
언어연구 ················ 371, 380, 389
《언어와 마음Language and Mind》 ······ 205
《언어와 자유의 문제Problems of Language
 and Freedom》 ··················· 444
《언어와 정치Language and Politics》 ······ 23
《언어와 책임Language and Responsibility》
 ······························· 251
언어의 창조적 사용 ················· 446
언어학 ···························· 380
언어학 연구 시리즈 ················· 207
에드워드 사이드Edward Said ··········· 32
에드워드 S. 허만Edward S. Herman
 ··························· 33, 170
에든버러 ·························· 199
에디 베더Eddie Vedder ················ 46
에른스트 마하Ernst Mach ·············· 87
에밀 졸라Émile Zola ················· 127
에밀루 해리스Emmylou Harris ·········· 55
에스텔 클레어톤Estell Clareton ········ 465
에이다 루이스 헉스터블Ada Louise
 Huxtable ······················· 506
에이미 거트맨Amy Gutmann ·········· 506
에이미 레이Amy Ray ················· 54
에이브러햄 링컨Abraham Lincoln ······ 154
에인 랜드Ayn Rand ·················· 506
에코Eco ··························· 394
에피탑Epitaph ······················· 51

엘레인 쇼월터 Elaine Showalter ········· 506
엘레인 스캐리 Elaine Scarry ············· 506
엘렌 식수 Hélène Cixous ················ 394
엘렌 윌리스 Ellen Willis ················· 506
엘리야 ······································ 114
엘리자베스 폭스-제노비스 Elizabeth Fox-
    Genoves ······························ 505
엘리자베스 하드위크 Elizabeth Hardwick
    ··· 506
엘리트 ······································ 238
엘시 촘스키 ······························· 34
엠마 골드만 Emma Goldman ············ 331
엥겔스 ······································ 58
〈여론조작: 노엄 촘스키와 언론〉······ 72
〈여론조작 Manufacturing Consent〉····· 14
《여론조작: 매스 미디어의 정치경제학
    Manufacturing Consent: The Political
    Economy of the Mass Media》······ 170
역사적 수정주의 ························· 157
역사하기 doing history ··················· 443
연방제 ······································ 116
〈연방주의자 Federalist〉················ 204
연방파 ······································ 226
연성 타겟 ·································· 294
오노라 오닐 Onora O'Neill ·············· 503
《오리엔탈리즘 Orientalism》············ 498
오마르 카이얌 Omar Khayyam ·········· 427
오소리티 제로 Authority Zero ··········· 62
오슬로협약 ································ 112
오일러 Euler ······························· 209
오토 바우어 Otto Bauer ··················· 39
오토 키르히하이머 Otto Kirchheimer ··· 309
오퍼레이션 아이비 Operation Ivy ······· 62
오프스프링 Offspring ····················· 51

올드 맨 촘스키 Ol' Man Chomsky ······· 460
올름스테드 대 미국 정부 Olmstead v.
    United States ························· 216
《옹호의 회고록 Mémoire en Defense》
    ································· 133, 147
〈완벽한 공화정의 이상 Idea of a Perfect
    Commonwealth〉···················· 204
요세프 고르니 Yosef Gorny ············· 119
요한 볼프강 괴테 Johann Wolfgang Goethe
    ··· 211
욤키푸르전쟁 ····························· 120
우고 차베스 ······························· 12
우디 거드리 ······························· 67
우디 알렌 Woody Allen ·················· 469
우익 ·· 198
《운명의 삼각지대 Fateful Triangle》··· 121
《율리시즈의 거짓말 Mensonge d'Ulysse》
    ··· 142
워딩 wording ······························ 150
원외행동 extraparliamentary action ······ 284
웨인 크레이머 Wayne Kramer ··········· 51
웹서핑 ······································ 371
위노나 라듀크 Winona LaDuke ········· 55
위르겐 하버마스 Jürgen Habermas ····· 403
윌 파스코 Will Pascoe ···················· 72
윌리엄 로버트슨 William Robertson ···· 200
윌리엄 버클리 William Buckley ········· 309
윌리엄 스타이론 William Styron ········ 495
윌리엄 컬렌 William Cullen ············· 200
윌리엄 템플 William Temple ············ 312
윌리엄 G. 라이컨 William G. Lycan ···· 103
유고슬라비아 ····························· 210
유대국가 ·································· 39
유대민족 ·································· 39

유대인 로비 ················· 113
유대인 자기혐오 ············· 113
유펜Upenn ··················· 101
의미론 ······················· 391
이르군 즈바이 레우미Irgun Zvai Leumi
  ··························· 290
이브 코소프스키 세지윅Eve Kosofsky
  Sedgwick ················· 506
이성 ························· 221
이즘ism ······················ 218
이츠학 샤미르Yitzhak Shamir ··· 290
이합 하산Ihab Hassan ········· 399
이후드Ihud ·················· 119
인간 동기human motivation ···· 208
인공지능 ····················· 237
《인권의 정치경제학The Political Economy of
  Human Rights》 ············ 170
인도네시아 ··················· 171
인도주의적 개념 ·············· 355
인디고 걸스Indigo Girls ······· 54
인민 민주주의 ················ 119
인민위원(코미사르) ············ 303
인지과학자 ··················· 362
인터펑크 닷컴interpunk.com ··· 56
인티파다 ····················· 168
일레인 쇼월터Elaine Showalter ······· 504

자

자기이익 효과 ················ 19
자넷 맬컴Janet Malcolm ······· 506
자동기계 개념 ················ 239
《자본주의 이후After Capitalism》 ······ 516
자연법 ······················· 304

자유 ························· 218
《자유, 아나키, 법률: 정치철학 입문
  Freedom, Anarchy, and the Law: An
  Introduction to Political Philosophy》 ··· 274
〈자유로운 인류에 위하여, 아나키를 위하
  여For Free Humanity, For Anarchy〉 ···· 68
《자유론On Liberty》 ············ 352
자유사회주의적libertarian ·········· 197
자유주의 ····················· 231
자크 데리다Jacques Derrida ········ 394
자크 라캉Jacques Lacan ············ 394
자크 아탈리Jacques Attali ·········· 172
자크 쿠스토Jacques Cousteau ······· 40
장 보드리야르Jean Baudrillard ······ 394
장 브릭몽Jean Bricmont ············ 405
장-자크 루소Jean-Jacques Rousseau ··· 195
장-크리스토프 쇼메롱Jean-Christophe
  Chaumeron ················ 127
장-클로드 밀너J.C. Milner ········ 165
장-폴 사르트르Jean-Paul Sartre ···· 58, 81
장-프랑수아 리오타르Jean-François
  Lyotard ··················· 394
장-필리프 밀시Jean-Philippe Milesy ··· 127
재키 렌Jackie Renn ············· 65
잰 웨너Jan Wenner ············· 50
저메인 그리어Germaine Greer ········ 503
《저항의 행위: 시장의 횡포에 반대하며
  Acts of Resistance: Against the Tyranny of the
  Market》 ·················· 128
전자 시청electronic town hall ······· 343
전前자본주의자 ················ 194
전체적 인간full human person ······ 453
정신적 구명부대 ··············· 509

〈정치와 영어Politics and the English
　Language〉 ················· 456
《정치학Politics》 ················· 194
〈제국이 먼저 친다The Empire Strikes First〉
　·· 69
제국주의적 자부심 ················· 146
제럴드 브레난Gerald Brenan ········· 326
제럴드 J. 카츠Jerrold J. Katz ········ 254
제시카 미트포드Jessica Mitford ······· 506
제의적祭儀的 웃음 ··················· 476
제이 파리니Jay Parini ················· 275
제임스 매디슨James Madison ····· 199, 204
제임스 오블리비언James O'Blivion ······ 57
제임스 조이스James Joyce ············ 399
제조기술Manufacturing Technology ···· 474
제츠투브라질Jets To Brazil ············· 62
제프 그린필드Jeff Greenfield ········· 106
제프리 폴런드Jeffrey Poland ········· 103
제프리 헉Geoffrey Huck ··············· 84
제1차 인터내셔널 ····················· 226
젤로 비아프라JELLO BIAFRA ············ 56
젤리그 해리스Zellig Harris ···· 32, 195, 243
조 식스 팩Joe Six Pack ················ 13
조르주 레이Georges Ray ·············· 103
조르주 조크노비츠George Jochnowitx ··· 150
조르주-루이 뷔퐁George-Luis Buffon ·· 312
조르지오 레비 델라 비다Giorgio Levi Della
　Vida ······························ 248
조브레이커Jawbreaker ················· 62
조안 고프닉Joan Gopnik ·············· 86
조안 바에즈Joan Baez ················· 55
조안 브레스넌Joan Bresnan ········· 102
조이스 캐롤 오츠Joyce Carol Oates ···· 506
조이킬러Joykiller ······················· 51

조지 레이코프George Lakoff ·········· 373
조지 슈워브George Schwab ·········· 309
조지 오웰 ··························· 202
조지 워싱턴 ·························· 233
조지프 벤더스키Joseph Bendersky ····· 309
조지프 블랙Joseph Black ············ 200
조지프 후드넛Joseph Hudnut ········· 400
조합주의 ···························· 457
존 골드스미스John Goldsmith ········· 84
존 단지거John Danziger ············· 78
존 듀이John Dewey ·················· 281
존 밀라John Millar ··················· 200
존 바스John Barth ··················· 399
존 볼링브로크John Bolingbroke ······· 312
존 브렝크만John Brenkman ··········· 410
존 스튜어트 밀John Stuart Mill ········· 211
존 앤더슨John Anderson ············· 200
존 위더스푼John Witherspoon ········ 204
존 폰 노이만John von Neumann ······· 249
존 하틀John Hartl ····················· 72
좋은 사회 ····················· 18, 33, 213
좌익 ····························· 198
주네트Genette ······················· 394
주디스 버틀러Judith Butler ·········· 505
주디스 스클라Judith Sklar ··········· 506
주민의 이동 ························· 456
주세페 파넬리 ······················· 327
줄리아 크리스테바Julia Kristeva ·· 391, 394
줄리엣 미첼Juliet Mitchell ··········· 505
《중동의 평화?Peace in the Middle East?》
　·································· 141
지그문트 바우만Zygmunt Bauman ····· 397
지그문트 프로이트 ··················· 437
지네트 윈터슨Jeanette Winterson ····· 503

지드Gide ···················· 450
《지배와 결합에 관한 강의Lectures on
　Government and Binding》 ······ 125
지식인 ······················ 501
《지식인이 되는 방법How To Be An
　Intellectual》 ················ 504
《지식인의 아편The Opium of the
　Intellectuals》 ················ 518
《지적 사기Impostures intellectuelles》 ··· 405
지타 시러니Gitta Sereny ············ 503
직조공시대 ······················ 67
진 베스키 엘시타인Jean Bethke Elshtain
······························ 505
진보적 ························ 198
〈진화가 불법화 된다면 오로지 범법자만
　이 진화할 것이다〉 ············ 56
질 들뢰즈Gilles Deleuze ············ 394
질리언 비어Gillian Beer ············ 504
짐 미로드Jim Merod ··············· 493
집단 법인 ······················ 281
쓰나미 밤Tsunami Bomb ············ 62

차

차트라파티 싱Chhatrapati Singh ······· 273
찰스 더버Charles Derber ············ 494
찰스 머레이Charles Murray ··········· 519
찰스 영Charles Young ·············· 49
찰스 젱크스Charles Jencks ··········· 394
찰스 호케트Charles Hockett ·········· 251
창조적 담론 ····················· 437
창조적 언어 ····················· 438
창조적 폭력 ····················· 226
체 게바라 ··················· 58, 63

촉매 역할 ······················ 326
《촘스키 독본The Chomsky Reader》 ······ 72
촘스키 목장 ······················ 52
《촘스키, 세상의 물음에 답하다
　Understanding Power》 ·········· 78
〈촘스키, 약간의 소음과 성스러운 친구의
　춤: 한 시민운동가의 환각적 유래〉
······························ 465
《촘스키 업데이트: 언어와 정치The Chomsky
　Update: Language and Politics》 ······ 23
촘스키 재방문Chomsky Revisited ······· 177
촘스키 채트 포럼ChomskyChat forum ·· 341
촘스키 타이프 0 ················ 377
촘스키 타이프 1 ················ 377
촘스키 타이프 2 ················ 378
촘스키 타이프 3 ················ 378
촘스키 탄원서 ·················· 142
촘스키 효과 ···················· 373
《촘스키와 그의 비판자들Chomsky and His
　Critics》 ····················· 103
〈촘스키의 대이스라엘 전쟁Chomsky's War
　Against Israel〉 ·············· 115
《촘스키의 사상체계Chomsky's System of
　Ideas》 ······················· 23
《촘스키의 정치학Chomsky's Politics》 ··· 23
춤바왐바 ······················· 68

카

카니발 웃음 ····················· 475
《카라마조프의 형제들》 ············ 442
카렌 암스트롱Karen Armstrong ········ 503
카를로스 오테로Carlos Otero ·········· 33

《카탈로니아 찬가Homage to Catalonia》
.... 448
카트린 레비Catherine Levy 127
카트린 사마리Catherine Samary 127
칼 세이건Carl Sagan 40
칼 슈미트Karl Schmitt 309
칼 코르쉬Karl Korsch 33
캄보디아 171
《캄보디아, 0년》 179
《캄푸치아: 인구의 대참사Kampuchea: A
 Demographic Catastrophe》 181
캐더린 맥키넌Catharine MacKinnon 506
캐롤 길리건Carol Gilligan 505
캐롤 이아논Carol Iannone 506
캐롤 촘스키 244
캐롤라인 하일브런Carolyn Heilbrun 506
캐밀 파야Camille Paglia 506, 507
캐슬린 설리번Kathleen Sullivan 506
캐슬린 헨드릭스Kathleen Hendrix 43
캐트리나 반덴 호이벨Katrina Vanden Heuvel
.... 506
컴파일 378
컴퓨터 과학 377
케루악Kerouac 132
케이트 밀레트Kate Millett 506
켈리 커티스Kelly Curtis 47
코넬 웨스트Cornell West 502
코넬리우스 카스토리아디스Cornelius
 Castoriadis 513
코러스와 카산드라: 하나의 답변The
 Chorus and Cassandra: A Response 108
코먼 라이더Common Rider 62
코뮤니스트 198
코소보 129

콘돌리자 라이스Condoleezza Rice 498
콘래드 쾨르너Konrad Koerner 86
쿨 애로 레코즈Kool Arrow Records 62
크리미널Criminals 62
크리스토퍼 노리스Christopher Norris .. 403
크리스토퍼 롱Christopher Long 79
크리스토퍼 히친스Christopher Hitchens
.... 107
크리스트 노보셀릭Krist Novoselic 56
크리스티나 호프 서머스Christina Hoff
 Sommers 506, 519
《크립토노미콘Cryptonomicon》 462
크메르 루즈 175
크와메 안토니 아피아Kwame Anthony
 Appiah 502
클래스class 377
클로 해머Claw Hammer 51
클로드 뒤셰Claude Duchet 439
클로드 루아Claude Roy 147
〈클린턴 비전The Clinton Vision〉 51
키부츠 아르치Kibbutz Artzi
.... 33, 37, 88, 195
키부츠주의 210
킴 테일Kim Thayil 56
킹즐리 에이미스Kingsley Amis 492

타

타고난 악 232
《타임스 고등교육 부록판Times Higher
 Education Supplement》 174
《타임스 문학 증보판Times Literary
 Supplement》 291
탈영역화 399

《탐파 트리뷴The Tampa Tribune》 …… 46
테다 스카치폴Theda Skocpol ………… 506
테러 …………………………………… 219
테리 이글턴Terry Eagleton …………… 408
테일러주의 …………………………… 238
텐터클스Alternative Tentacles ………… 56
텐푸트폴Ten Foot Pole ………………… 51
텔레프롬프터 ………………………… 478
토니 모리슨Toni Morrison ……… 502, 506
토도로프Todorov ……………………… 394
토마 쿠트로Thomas Coutrot …………… 127
토마스 제퍼슨Thomas Jefferson
………………………… 154, 199, 233
토마스 페인Thomas Paine …………… 154
토마스 핀천Thomas Pynchon ………… 399
토마스 G. 비버Thomas G. Bever …… 254
토마스 P. 밀러Thomas P. Miller ……… 203
토털 케이오스Tatal Chaos ……………… 51
톰 모렐로Tom Morelo ………………… 45
통사구조syntactic structure ……… 12, 253
〈통사구조론Syntactic Structures〉 …… 372
트란스조다니아 ……………………… 117
트랜스 앰Trans Am …………………… 62
트리폴리 ……………………………… 41
티본 슬림T-Bone Slim ………………… 66
팀 요하난Tim Yohannan ………………… 50

파

《파 이스턴 이코노믹 리뷰Far Eastern
 Economic Review》 ……………… 182
파리 지식인Paris intellectual ………… 127
파시스트 ……………………………… 240
파시즘 ………………………………… 193

파울리스 형제Foulis brothers ………… 200
파트릭 모니Patrick Mony ……………… 127
《패권인가 생존인가Hegemony or Survival》
……………………………………… 12
패트 도웰Pat Dowell …………………… 72
패트 마이크Fat Mike ……………… 62, 64
패트 음반사 …………………………… 64
패트리셔 스톰스 ……………………… 31
패트리셔 윌리엄스Patricia Williams
……………………………… 502, 506
패트릭 베어드Patrick Baird …………… 200
펄잼Pear Jam …………………………… 46
펑크보터 닷컴punkvoter.com …………… 62
펑크진punkzine ………………………… 50
페니와이스Pennywise ………………… 62
페르디낭 드 소쉬르Ferdinand de Saussure
……………………………………… 124
페어FAIR ……………………………… 50
페이비언Fabian ………………………… 490
펜PEN 클럽 …………………………… 164
펠릭스 가타리Félix Guattari …………… 394
《편집되지 않은 답변Résponses inédites》
……………………………… 131, 147
평등 …………………………………… 194
평의회 공산주의Council Communism ‥ 225
평화 플랜 …………………………… 129
평화작업 ……………………………… 456
평화작전 ……………………………… 384
포드주의 ……………………………… 238
포르 루아얄Port Royal ………………… 206
포리송 사건 …………………………… 141
《포린 폴리시Foreign Policy》 …………… 12
포멀리즘formalism …………………… 395
포스트구조주의 ……………………… 394

포스트마르크시즘 393
포스트모더니즘 393
《포스트-모더니즘은 무엇인가What Is Post-Modernism》 400
포스트모더니티postmodernity ···· 393, 404
포스트모던 202
포스트모던 조건 393
《포스트모던 조건: 지식에 관한 보고 Postmodern Condition: A Report on Knowledge》 396
포스트모던 주택Post-Modern House ··· 400
포스트식민주의 393
포크 베나도트Folke Bernadotte 289
폭스뉴스Fox News 63
폴 고트프리드Paul Gottfried 309
폴 굿맨Paul Goodman 332
폴 드만Paul DeMan 401
폴 라시너Paul Rassiner 142
폴 매틱Paul Mattick 195
폴 보그다노Paul Bogdanor 115
폴 스트리트Paul Street 513
폴 아롱Paul Aron 518
폴 자캥Paul Jacquin 127
폴 크루그먼Paul Krugman 519
폴 티보Paul Thibaud 175
폴 포스탈Paul Postal 102
폴 피에트로스키Paul Pietroski 103
폴 피콘Paul Piccone 309
폴 호리치Paul Horwich 103
폴리글로시아polyglossia 424
폴리테이아Politeia 505
폴린 부트롱Pauline Boutron 127
폴린 카엘Pauline Kael 506
폴포트 사건 170

표도르 도스토예프스키 442
표현의 자유 141
푸에블로 226
푸엔테스Carlos Fuentes 494
프란츠 노이만Franz Neumann 309
프란츠 파농 58
프랑수아 라블레Francois Rabelais 475
프랑수아 마리-볼테르Francois-Marie Voltaire 312
프랑스 지식인 성명 127
프랑스 지식인French intelligentsia 126
프랑크푸르트 사회연구소 309
프랜시스 이건Frances Egan 103
프랜시스 피츠제럴드Frances Fitzgerald ·· 505
프랜신 프로스Francine Prose 506
프랭크 러코프Frank Lukoff 244
프랭크 커모드Frank Kermode 399
프레데릭 제임슨Fredric Jameson 394
프레드 러코프Fred Lukoff 86
〈프레이지어Frasier〉 13
프로 스포츠 16
프로네시스phronesis 203
《프로스펙트Prospect》 12
프로젝트 브레인트러스트Project Braintrust 50
프로타고라스의 고대 지혜 233
《프로파간다와 대중의 마음: 노엄 촘스키와의 대화Propaganda and the Public Mind: Conversation with Noam Chomsky》 66
프로파간다propaganda 176, 379, 382
프롤레타리아 242
프루동 226
프루이트-이고 스킴Pruitt-Igoe scheme 400

프리덤 프라이스Freedom Fries ········ 123
프리드리히 니체Friedrich Nietzsche ···· 394
프리드리히 야코비Friedrich Jacobi ····· 211
프리드리히 폰 실러Friedrich von Schiller
·· 211
프리드리히 하이에크Friedrich Hayek ·· 309
프리스크Frisk ································ 62
《플레이보이》······························· 49
플로랑스 르프레스네Florence Lefresne ·· 127
플로베르Flaubert ························· 437
피르두시Firdusi ···························· 427
피에르 기욤Pierre Guillaume ············ 147
피에르 란츠Pierre Lantz ················· 127
피에르 부르디외Pierre Bourdieu ········ 127
피에르 비달-나케Pierre Vidal-Naquet ·· 127
피켓라인 ······································ 65
피터 러들로우Peter Ludlow ············ 103
피터 윈토닉Peter Wintonick ············· 72
피터 크로포트킨Peter Kropotkin ········ 195
필라델피아 ································ 199
필라델피아 사상계 ····················· 200
필리프 고뤼브Philip Golub ············· 127
필립 로스Philip Roth ···················· 134
필립 존슨Philip Johnson ················ 400

하

하비에르 히랄도Javier Giraldo ········· 522
하쇼머 하차이르Hashomer Hatzair
································· 33, 37, 88
하워드 진Howard Zinn ············· 33, 63
한나 아렌트Hannah Arendt ············· 505
《할리우드 파티: 1930년대와 1940년대에 어떻게 공산주의가 미국 영화산업을 유혹했나Hollywood Party: How Communism Seduced the American Film Industry in the 1930s and 1940s》 ········ 46
해롤드 라스웰H. Lasswell ·············· 382
해리 레빈Harry Levin ···················· 399
해리 브랙큰Harry Bracken ··············· 193
해리스 서클 ······························· 258
행동주의 이론 ··························· 237
허버트 마르쿠제Herbert Marcuse ······· 501
헝가리폭동 ································ 397
헤테로글로시아heteroglossia ············ 425
헨리 데이비드 소로Henry David Thoreau
··· 154
헨리 루이스 게이츠Henry Louis Gates ·· 502
헨리 린게트Henry Linguet ··············· 312
헨리 헤니그스월드Henry Hoenigswald ·· 86
헨리 히즈Henry Hiz ················ 86, 244
현대유대인문서보관소 ················ 144
〈현대 히브리어의 형태음소론〉······ 251
호르헤 루이스 보르헤스Jorge Luis Borges
··· 399
호미 바바Homi Bhabha ················· 511
호시스Horsies ······························ 46
호이헌스Huygens ························ 208
호즈힌 O. 카림Hawzheen O. Kareem ·· 113
홀로코스트 ······························· 100
홀로코스트 수정주의 ·················· 141
홍보산업 ··································· 387
〈화씨 9/11Fahrenheit 9/11〉·············· 72
후안 고메스 카사Juan Gomez Casas ···· 327
후앙 후아르테Juan Huarte ·············· 206
히더 맥도날드Heather MacDonald ······ 519
힐러리 퍼트넘Hilary Putnam ······· 257, 506

기타

《1984년》 ······················ 447
《501년Year 501》 ············· 126
《9/11》 ························ 132
A. S. 닐A. S. Neill ············ 359
A. S. 바이어트A. S. Byatt ····· 503
AARGH ······················ 160
ADL ·························· 138
AK 출판사 ····················· 51
compañera ··················· 227
DK(데드 케네디) ················ 57
découvertes ·················· 149
findings ······················ 149
G-Unit ······················· 53
G&M ························· 138
G. L. 울만G. L. Ulman ········· 309
huis clos ····················· 288
K. L. 빌링슬리K. L. Billingsley ··· 46
liberal ························ 198
MIC ··························· 64
MMH ························ 254
NCAS ························· 15
NOFX ························ 51
NPR ···················· 106, 110
OAS ························· 289
OSCE ························ 129
PBS ··························· 72
PLO ························· 289
POUM ······················· 448
REM ·························· 47
RKLRich Kids on LSD ·········· 51
W. E. B. 뒤부아W. E. B. Dubois ······· 502
WMD ························ 519
WTO ························ 278
〈WTO를 없애려는 콤보THE NO WTO COMBO〉 ···················· 56
Z 사업 ······················· 342
Z넷Znet ················· 23, 342
Z매거진Z Magazine ············ 23

부록

● 이 책에서 언급된 주요 단행본

《공산주의의 검은 책The Black Book of Communism》
《공포의 문화: 왜 미국인들은 잘못된 것들을 두려워하는가?The Culture of Fear: Why Americans Are Afraid of the Wrong Things》
《과학에서의 정보의 형태The Form of Information in Science》
《구조주의 시학Structuralist Poetics》
《구조주의 언어학의 방법Methods in Structural Linguistics》
《국가행동의 제한The Limits of State Action》
《권력과 전망Powers and Prospects》
《규범과 예외: 프랑크푸르트학파와 법치Between the Norm and the Exception: The Frankfurt School and the Rule of Law》
《급진적인 우선사항Radical Priorities》
《기억의 암살자Assassins of Memory》
《나라들 사이의 법률The Law of Nations》
《나를 역사 왜곡자라고 비난하는 사람들에게 대항하는 옹호의 회고록: 독가스실 문제Mémoire en défense contre ceux qui m'accusent de falsifier l'histoire: La question des chambres à gaz》(《옹호의 회고록》)
《나의 세계관Mein Weltbild》
《나의 투쟁Mein Kampf》
《노엄 촘스키: 반체제 인사의 생애Noam Chomsky: A Life of Dissent》
《대격변 이후After the Cataclysm》
《대중 지식인Public Intellectuals》
《더 높은 수준의 미신Higher Superstition》
《데카르트 언어학Cartesian Linguistics》
《도덕적, 정치적 과학의 원칙Principles of Moral and Political Science》
《라블레와 그의 세계Rabelais and His World》
《럭키 짐Lucky Jim》

《마지막 지식인들The Last Intellectuals》
《만다린The Mandarins》
《메노미니 형태음소론Menomini Morphophonemics》
《모리스 재프Morris Zapp》
《무비판적 이론Uncritical Theory》
《문학이란 무엇인가?Qu'est-ce que la littérature》
《문화적 의미론Cultural Semantics》
《미국 자유의 기수들Pioneers of American Freedom》
《미국의 권력과 새로운 만다린American Power and the New Mandarins》
《미니멀리스트 프로그램The Minimalist Program》
《민족주의와 문화Nationalism and Culture》
《믿을 수 없을까? 진실, 신빙성, 믿음에 대하여Peut-on ne pas croire? Sur la vérité, la croyance et la foi》
《반자본주의 독본Anti-Capitalist Reader》
《반촘스키 독본Anti-Chomsky Reader》
《반혁명적 폭력: 사실과 프로파간다 속의 학살Counter-Revolutionary Violence: Bloodbaths in Fact and Propaganda》
《밤의 군대Armies of the Night》
《비평적 평가: 노엄 촘스키Critical Assessments: Noam Chomsky》
《빈 서판The Blank Slate》
《사회과학 백과사전Encyclopedia of Social Sciences》
《상호부조론Mutual Aid》
《새 브리태니커 백과사전New Encyclopedia Britannica》
《새로운 만다린The New Mandarins》
《샤일록 작전Operation Shylock》
《서머힐: 자녀 교육에 대한 급진적 어프로치Summerhill: A Radical Approach to Child Rearing》
《스페인의 미로The Spanish Labyrinth》
《스페인의 아나키스트들: 영웅적 시절 1868—1936The Spanish Anarchists: The Heroic Years 1868—1936》
《시오니즘과 아랍인들 1882—1948Zionism and the Arabs 1882—1948》

《아나키스트 조직Anarchist Organization》
《아나키스트 컬렉티브The Anarchist Collectives》
《아나키에서 유토피아에 이르는 법률Law From Anarchy to Utopia》
《아나키즘: 이론에서 실천으로Anarchism: From Theory to Practice》
《아나키즘과 아나코-신디칼리즘Anarchism and Anarcho-Syndicalism》
《양상Aspects》
《어리석게 성장하기Growing Up Absurd》
《언론기업과 민주주의에 대한 위협Corporate Media and the Threat to Democracy》
《언론의 독점The Media Monopoly》
《언어능력의 통합이론An Integrated Theory of Linguistic Ability》
《언어와 마음Language and Mind》
《언어와 상징의 힘Language and Symbolic Power》
《언어와 자유의 문제Problems of Language and Freedom》
《언어와 정신 연구의 새로운 지평New Horizons in the Study of Language and the Mind》
《언어와 정치Language and Politics》
《언어와 책임Language and Responsibility》
《언어학 전쟁The Linguistic Wars》
《에세이 전집The Collected Essays》
《여론조작: 매스 미디어의 정치경제학Manufacturing Consent: The Political Economy of the Mass Media》(《여론조작》)
《역사의 권리Droit et histoire》
《오리엔탈리즘Orientalism》
《온유한 땅의 살해Murder of a Gentle Land》
《운명의 삼각지대Fateful Triangle》
《율리시즈의 거짓말Mensonge d'Ulysse》
《이데올로기와 언어학적 이론: 노엄 촘스키와 심층구조 논쟁Ideology and Linguistic Theory: Noam Chomsky and the Deep Structure Debates》
《인간의 경제, 정치적 권리?conomie politique des droits de l'homme》
《인권의 정치경제학The Political Economy of Human Rights》
《인력거 소년Rickshaw Boy》

《자본주의 이후 After Capitalism》
《자유, 아나키, 법률: 정치철학 입문 Freedom, Anarchy, and the Law: An Introduction to Political Philosophy》
《자유론 On Liberty》
《저항의 행위: 시장의 횡포에 반대하며 Acts of Resistance: Against the Tyranny of the Market》
《정보와 통제 Information and Control》
《정치학 Politics》
《중동의 평화? 정의와 국가에 대한 고찰 Peace in the Middle East? Reflections on Justice and Nationhood》
《지배와 결합에 관한 강의 Lectures on Government and Binding》
《지식인의 아편 The Opium of the Intellectuals》
《지식인이 되는 방법 How To Be An Intellectual》
《지적 사기 Impostures intellectuelles》
《촘스키 독본 The Chomsky Reader》
《촘스키 업데이트: 언어와 정치 The Chomsky Update: Language and Politics》
《촘스키, 세상의 물음에 답하다 Understanding Power》
《촘스키와 그의 비판자들 Chomsky and His Critics》
《촘스키의 사상체계 Chomsky's System of Ideas》
《촘스키의 정치학 Chomsky's Politics》
《카탈로니아 찬가 Homage to Catalonia》
《캄보디아: 0년 Cambodia: Year Zero》
《캄푸치아 사람: 인구의 대참사 Kampuchea: A Demographic Catastrophe》
《크립토노미콘 Cryptonomicon》
《통사구조론과 언어이론의 논리적 구조 Syntactic Structures and Logical Structure of Linguistic Theory》
《파리의 나의 비방자들에게 보내는 편집되지 않은 답변 Réfenses inédites à mes détracteurs parisiens》(《편집되지 않은 답변 Résponses inédites》)
《패권인가 생존인가 Hegemony or Survival》
《폐허가 된 대학 University in Ruins》
《포스트-모더니즘은 무엇인가 What Is Post-Modernism》

《포스트모던 조건: 지식에 관한 보고Postmodern Condition: A Report on Knowledge》

《프로파간다와 대중의 마음: 노엄 촘스키와의 대화Propaganda and the Public Mind: Conversation with Noam Chomsky》

《필요한 환상Necessary Illusions》

《할리우드 파티: 1930년대와 1940년대에 어떻게 공산주의가 미국 영화산업을 유혹했나Hollywood Party: How Communism Seduced the American Film Industry in the 1930s and 1940s》

《허어조그Herzog》

《혁명 이후에After the Revolution》

《현대 히브리어의 형태음소론Morphophonemics of Modern Hebrew》

《1984년》

《501년Year 501》

《9/11》

● 이 책에서 언급된 주요 논문

〈경계를 바꾸기: 양자중력이론의 변형적 해석학Transforming the Boundaries: Towards a Transformative Hermeneutics of Quantum Gravity〉

〈새로운 만다린New Mandarins〉

〈연방주의자Federalist〉

〈완벽한 공화정의 이상Idea of a Perfect Commonwealth〉

〈정치와 영어Politics and the English Language〉

〈촘스키의 대 이스라엘 전쟁Chomsky's War Against Israel〉

〈통사구조론Syntactic Structures〉

〈현대 히브리어의 형태음소론Morphophonemics of Modern Hebrew〉

● 이 책에서 언급된 주요 기사

'고삐 풀린 언어학자The Unbridled Linguist'

'골치 아픈 펑크 원조 조 케이틀리의 전통과 민중의 힘A Tradition of Troublemaking Punk Grandad Joe Keithley on post-grunge music and People Power'

'권력에 맞서 싸우다Fight the Power'

'노엄 촘스키, 펑크의 영웅Noam Chomsky, Punk Hero'
'미국의 가장 멍청한 지식인America's Dumbest Intellectual'
'보스턴 회의에서 도덕적 문제가 제기되다Moral Question is Raised At Conference in Boston'
'촘스키는 주류에 역류하여 헤엄친다Chomsky Swims Against Mainstream'
'코러스와 카산드라: 하나의 답변The Chorus and Cassandra: A Response'

● 이 책에서 언급된 주요 영화

〈권력과 테러: 우리 시대의 노엄 촘스키Power and Terror: Noam Chomsky in Our Times〉
〈기업The Corporation〉
〈노엄 촘스키: 쉼 없는 반항자Noam Chomsky: Rebel Without a Pause〉
〈여론조작Manufacturing Consent〉
〈화씨 9/11Fahrenheit 9/11〉

● 이 책에서 언급된 주요 앨범

〈계급 전쟁: 노동자들에 대한 공격Class War: The Attack on Working People〉
〈노엄 촘스키Noam Chomsky〉
〈로스앤젤레스의 싸움The Battle of Los Angeles〉
〈로큰롤 컨피덴셜Rock and Roll Confidential〉
〈민주주의의 전망Prospects fro Democracy〉
〈새로운 세계질서: 전쟁 #1New World Order: War #1〉
〈악의 제국Evil Empire〉
〈자유로운 인류를 위하여, 아나키를 위하여For Free Humanity, For Anarchy〉
〈제국이 먼저 친다The Empire Strikes First〉
〈진화가 불법화 된다면 오로지 범법자만이 진화할 것이다If Evolution is Outlawed, Only Outlaws Will Evolve〉
〈클린턴 비전The Clinton Vision〉
〈WTO를 없애려는 콤보THE NO WTO COMBO〉